21世纪中国高校法学
系列教材

警察法通论

主　编　李元起　师　维
副主编　杨玉海　孙振雷
撰稿人（以撰写章节先后为序）
李元起　陆徐元　齐小力　师　维
贾建平　杨玉海　孙振雷　刘　杰
孟昭阳　银炳少　孙卫华　王晓林
余湘青　张　超　邓国良　尤成湖

中国人民大学出版社
· 北京 ·

编写说明

关于什么是警察法、警察法是不是一个独立法律部门的问题，自警察法产生至今，一直众说纷纭、争议不断。在我国，关于什么是警察法和警察法是不是独立法律部门的问题，当前也存在着很大的观点分歧。其实，这并不奇怪。因为，警察和警察法这两种社会现象的产生和发展，本来就是一个从无到有、由简单到复杂、由零散到系统的逐步发展过程。不同国家、同一国家不同时期，人们对警察的认识和警察体制的实际设置不尽相同，调整警察现象的法律也必然各呈特色。因此，人们对警察和警察法是什么等问题各持己见也是自然的现象，尤其是对警察法是不是独立法律部门的问题，存在争论更为正常。因为一个独立法律部门的形成是一个主观和客观因素共同作用、相互协调的结果，不仅客观上需要有足够数量的一系列调整同类性质社会关系的法律规范存在，还需要人们通过对法律规范的深入研究，在主观上充分认识到这些法律规范的内在联系，认识到它们在国家和社会生活中的重要性，认识到将它们作为独立法律部门加以研究和适用的必要性。当主客观条件俱已成熟之时，一个法律部门的独立性才会得到普遍的认可。

基于上述认识，我们认为，警察法作为调整警察现象的法律规范的总和，有成为独立法律部门的客观必然性和可能性，但由于其规范的数量、规范体系的整合程度以及人们对其主观认知程度的不足性等因素，在我国把其作为独立法律部门来对待，目前尚得不到人们的普遍认可。警察法研究目前的首要任务，不是去争论调整哪个警种的法才是警察法，警察法是不是独立的法律部门，而应当是先进行必要的实务基础研究，弄清现实中到底有哪些调整警察的法，它们有哪些联系和区别，有哪些共同特点和有哪些基本内容，以为进一步深入研究警察法、确立警察法的应有地位创造条件、提供依据。因此在本书中，我们淡化争议，对什么是警察法、警察法是不是一个独立法律部门的问题只提出初步的看法，而把重点放在对实务问题的研究上，从我国的警察体制建设和警察法规范制定实践出发，对我国有哪些警察法律规范、其基本内容是什么等展开研究，尽可能对涉及警察的法律规范进行系统化整合，总结其共同规律和特点，以促进警察法研究的深入化和系统化，为警察法和警察法学研究的进一步发展奉献绵薄之力。

目前我国研究警察法的著作，大都是按照不同警察职能来分类撰写的，且以研究公安警察法的为多，甚至有的著作所说的警察法就是指公安警察法，将各类职能的警察法律规范作为统一整体来研究的著作极为少见。本书将调整各类职能的警察法律规范作为一个统一整体来研究，这是我们力图深化警察法研究、使人们对警察法获得全貌性了解、整合警察法研究体系的初步尝试，也是本书在编写上的一个主要特色。由于这一整合性研究刚刚起步，书中的缺陷和错误在所难免，欢迎并感谢广大读者提出批评改进意见。中国人民大学出版社的编辑们对本书的出版发行付出了艰辛的劳动，在此一并表达谢意。

本书撰写分工如下：

第一章：李元起（中国人民大学副教授），

陆徐元（信达证券股份有限公司高级经理，中国人民大学法律硕士）；
第二章：齐小力（中国人民公安大学教授）；
第三章：师维（河南公安高等专科学校教授），
贾建平（河南公安高等专科学校讲师）；
第四章：杨玉海（北京警察学院教授）；
第五章：孙振雷（河南公安高等专科学校副教授），
刘杰（河南公安高等专科学校讲师）；
第六章：孟昭阳（中国人民公安大学教授）；
第七章：银炳少（中国银行辽宁省分行干部，中国人民大学法律硕士）；
第八章：孙卫华（河南公安高等专科学校讲师）；
第九章：王晓林（北京政法学院副教授）；
第十章：余湘青（（浙江公安高等专科学校副教授）；
第十一章：张超（河南公安高等专科学校副教授）；
第十二章：邓国良（江西公安高等专科学校教授）；
第十三章：尤成湖（天津市发改委干部，中国人民大学法律硕士）。

李元起

2013年5月8日于中国人民大学法学院

目　录

第三编 国家安全、狱政管理、司法和人民武装警察法

第四编 警务保障、监督、救济和国际警务合作法

第一编

警察法基础

第一章
警察法概述

□・本章概要・□

警察是国家为实现对社会的统治与管理而组建的，能够依法拥有并在日常活动中通过使用武装、行政、司法等手段行使警察权，以维护国家安全与社会治安秩序、保障人民生命和财产安全的特定国家机关，是国家机器的重要组成部分。警察法是对警察的组织和行为进行保障、规范和约束的各种法律规范的总称。本章在明确警察和警察法基本含义的基础上，对警察的范围、警察权的性质、警察和警察法的历史发展、警察法律关系、警察法的渊源和体系等问题进行了探讨。目的在于通过对这些基本问题的研究，使学习者对警察法有一个概括性的了解，掌握警察法的基本概念，了解警察法的调整对象和范围，了解警察法在我国和世界其他国家的发展状况，了解我国警察法立法、研究的概况和发展前景。

关键术语

警察　警察法　警察范围　警察权的性质　警察法律关系　警察法历史发展　警察法渊源　警察法体系　警察法体系构成

第一节　警察法基本概念

一、警察的含义及范围界定

（一）警察的含义

1. 警察的定义

古今中外的各个国家，无一例外都设有专司警察职能的政府机构或者兼行警察职能的政府机构。

近代警察学研究中，对警察的含义基于不同的研究角度，有着不同的理解。

从社会力量的角度来看，警察是依法维护国家安全和管理社会治安的武装力量，是国家机器的重要组成部分。

从社会行为的角度来看，警察是国家在统治与管理中，运用武装的、行政的、刑事等手段维护国家安全与社会治安秩序的行为。

从社会功能的角度来看，警察是依法维护公共秩序和公共安全，以防止一切危害、促进人民福利为目的，以强制、指导、服务等为手段的行政作用。包括了警察的消极行政作用、积极行政作用和协助行政作用等诸般行政作用。①

而近些年来，我国学术界有关“警察”的解释颇多，主要有以下几种有代表性的观点：

（1）警察是指警察组织及其人员

警察是指警察机关中执行警察任务的人员。如《法学词典》中将警察表述为：“武装性质的维护社会秩序的国家公职人员。”②

（2）警察是指警察职权及作用

警察是指警察职权，警察的作用在于依法维持公共秩序和社会安全，保护社会公共利益。

（3）警察是指警察行为

随着国际刑警组织的扩大及该组织警务活动的全球化，世界各国警察机关都用英语 Po-

① 参见戴文殿：《公安学基础理论研究》，2 页，北京，中国人民公安大学出版社，1992。

② 《法学词典》编辑委员会编：《法学词典》，1055 页，上海，上海辞书出版社，1989。

lice给“警察”一词定位，并且作为一种标志，广泛应用于各个领域。而英语中的“警察”（Police）是个多义词，包含警察组织、警察职能和警察人员等多种意思。因此，警察的含义不仅指警察机关及其警察人员，还应包含其运用警察权力实现维护国家安全和社会秩序的活动。[①]

2. 警察的职能

论及警察的含义，还得涉及警察职能。而警察职能到底是什么？可谓众说纷纭。

我国台湾地区学者梅可望曾经列举各种观点如下：

苏顿（Soden）说：警察为以增进公共利益及预防发生危害为目的之政务。

伯伦智理（Bluntchli）说：国家为保护公益，以强制力限制人民之自由，而行使其行政行为者为警察，如无强制之必要，即不得谓为警察。

史丁格尔（Stengel）说：限制人民之身体财产，以防止国家及人民安全幸福之危害为目的之行为者，即警察也。

美浓部达吉说：警察者，以维持社会安全、保全公共利益为直接目的，基于国家一般统治权，命令或强制人民之作用也。

松井茂说：警察者，以防止社会民众之危害，限制人民之自由，维持正义，保持公众安宁秩序为目的之国家重要权力关系也。

李士珍说：警察者，以直接防止公共危害，维持社会安宁秩序，指导民众生活，促进一般福利为目的，基于国家统治权，执行法令，并协助诸般行政之行为也。

范扬说：警察者，以维持社会公共安宁秩序为目的，依一般统治权而限制人民自由之作用，以保持社会之安宁秩序为其直接目的，以命令强制为手段，而以国家一般统治权为其根据。

胡存忠说：警察者，为防止社会之公共危害，直接维持安宁秩序，而限制个人自由之行政行为也。[②]

在西方国家，关于警察的职能，“较有代表性的学说之一‘福利警察论’强调：警察的目的是保护公益、社会安宁和公共福利。另一较有代表性的学说‘警察中立论’强调：警察武力是国家的，绝不可受党派的威胁和利诱而卷入政治斗争中去”[③]。

根据马克思主义学说，警察历来是阶级专政的重要工具之一，是按照统治阶级的意志和利益，依靠暴力和强制等特殊手段维持社会治安秩序和公共安全的具有武装性质的国家力量。由此，警察的本质属性具体表现为三个方面：第一，警察是国家的重要专政工具之一。警察作为国家机器的重要组成部分，依据国家所赋予的特殊强制手段维护统治阶级的国家意志和利益。第二，警察是拥有武装和特殊强制手段的行政力量。警察拥有侦查、拘捕、关押、搜查等多种法定的强制手段，是国家的一个特殊暴力机关。第三，警察是维护国家安全、公共安全和维持社会秩序的行政机关。在维护国家安全和公共安全方面，警察主要是保卫统治阶级政权和国家主权不受侵犯和颠覆。而在维护社会秩序方面，警察主要是保障统治阶级所要求的生产秩序、工作秩序、科研秩序、公民生活秩序等不被破坏。[④]

尽管人们对警察的性质认识不一，世界上不同国家和地区的警察体制也各不相同，但

① 参见高文英、严明主编：《警察法教材》，7～8页，北京，群众出版社，2002。

② 参见 http：//book. sir. com. tw/prvpdf/PL26. pdf。

③ 王渤：《发达国家警察管理制度》，2页，北京，时事出版社，2001。

④ 参见孟宪嘉、江礼华：《警察学》，24页，重庆，重庆出版社，1990。

是在所有国家警察几乎都有着相同的职能，那就是：维护国内安全，实施法律，维持社会和政治秩序。“警察是国家政治和社会制度的外延，其社会职能就是实施它所在国家的各项社会法规，维护国内安全。”“警察是政府的一个职能机构，它们相互依赖，共同生存，有什么制度的政府，就有什么体制的警察组织为其服务，以保证国家政权的实现。”① 这一点，从各个国家警察法律的相关规定中就能得到认证。比如《法国国家警察守则》（1986年）规定：“全体国家警察确保国家领土完整，捍卫国家主权，保卫共和制度，维护公共安宁和公共秩序，保护人身和财产。”《韩国警察法》（1991年）规定：“警察的任务是保护国民生命、身体和财产，对犯罪进行预防、镇压与搜查，搜集治安情报，管制交通及其他维持公共安全和秩序的事项。”在我国香港特别行政区，警察提出的目标是“为确保社会安稳，香港警队务必：维护法纪，维持治安，防止及侦破罪案，保障市民生命财产……”② 我国的《人民警察法》也规定：“人民警察的任务是维护国家安全，维护社会治安秩序，保护公民的人身安全、人身自由和合法财产，保护公共财产，预防、制止和惩治违法犯罪活动。”

综上所述，我们认为警察是国家为实现对社会的统治与管理而组建的，能够依法拥有并在日常活动中通过使用武装、行政、司法等手段行使警察权，以维护国家安全与社会治安秩序、保障人民生命和财产安全的特定国家机关，是国家机器的重要组成部分。

（二）警察的范围

1. 我国警察的范围

《人民警察法》第2条第2款规定：“人民警察包括公安机关、国家安全机关、监狱、劳动教养管理机关的人民警察和人民法院、人民检察院的司法警察。”《人民武装警察法》又规定了一个新类型的警察——人民武装警察。据此，我国的警察从总体上可以划分为公安警察、国家安全警察、狱政管理警察、司法警察和武装警察五大类别。它们各自承担着不同的职责与任务，为便于组织和指挥，隶属于不同的领导机关。各种警察体系内部由于具体分管的工作任务有所不同，还可以进一步划分为不同的警种。

中国的绝大部分警察属于公安部领导，《人民警察法》调整的对象主要是公安警察，公安警察又可以进一步划分为刑警、交警、户籍警、巡警、消防警等。还有一些担负其他重要任务的警种可以划归公安警察的范畴，如铁道部系统的乘警、民航总局系统的空警等。

根据《人民警察法》的相关规定，国家安全警察是人民警察的一种，隶属于国家安全机关直接领导。《国家安全法》第6条关于国家安全机关的职权规定：“国家安全机关在国家安全工作中依法行使侦查、拘留、预审和执行逮捕以及法律规定的其他职权。”国家安全警察主要打击五大危害行为：（1）阴谋颠覆政府，分裂国家，推翻社会主义制度的；（2）参加间谍组织或者接受间谍组织及其代理人的任务的；（3）窃取、刺探、收买、非法提供国家秘密的；（4）策动、勾引、收买国家工作人员叛变的；（5）进行危害国家安全的其他破坏活动的。

狱政管理警察，又称狱警，《监狱法》第5条对狱警有规定：“监狱的人民警察依法管理监狱、执行刑罚、对罪犯进行教育改造等活动，受法律保护。”监狱人民警察是我国人民警察的重要组成部分，应当严格遵守宪法和法律，忠于职守，秉公执法，严守纪律，清正廉洁。根据我国《监狱法》、《人民警察法》的规定，监狱人民警察主要由以下人员组成：

---

① ［美］哈罗德·K·贝克尔、唐娜·L·贝克尔：《世界警察概览》，刘植荣译，导论，太原，山西人民出版社，1991。

② http：//sc. info. gov. hk/gb/www. info. gov. hk /police/aa-home/chinese/home-c. htm。

(1) 各级监狱管理机关的公务员；(2) 监狱、未成年犯管教所的公务员；(3) 各类监狱科研和教育机构的研究人员和教学人员。

《人民警察法》规定：法院、检察院可设司法警察，此为法检系统设立司法警察的法律依据。司法警察，又简称为法警，其隶属于最高人民法院、最高人民检察院领导，一般执行逮捕、押解人犯、站庭、执行判决等法律事务。① 司法警察履行的是对司法机关（法院、检察院）司法行为的辅助职责。

对于武装警察的任务与职责，《人民武装警察法》第 2 条规定："人民武装警察部队担负国家赋予的安全保卫任务以及防卫作战、抢险救灾、参加国家经济建设等任务。人民武装警察部队是国家武装力量的组成部分。"按其担负的工作任务，又可以划分为内部保卫部队、边防部队、黄金部队、水电部队、防暴队（特警）等。关于武装警察的领导体制，我国的人民武装警察部队由国务院、中央军事委员会领导，实行统一领导与分级指挥相结合的体制。

2. 国外警察的范围

世界各国警察的范围各不相同，难以一一细述，以下只就美国、英国、法国和日本四个主要国家的情况做简单介绍。

与世界上大多数国家不同，美国没有全国统一的警察力量。相反，与美国人崇尚联邦主义和地方自治的一致，美国的警察主要是适应地方的需要和要求发展起来的。这种发展演变过程形成了一种独特的美国警察体制，其中包括市警察机构、州警察机构、联邦警察机构与特种公共警察，以及私人警察机构等，其各自执行的法律及职责界定也不尽相同。②

英国警察执法管辖区域是以首都伦敦、三个警备区和部门警察的不同权限而划定的，这样的划分格局也是自治型警察体制的一种具体体现。伦敦警察总局是根据《大都市警察法》于 1829 年成立的，是英国最大的警察局，直属内政部领导。伦敦共有 24 个警辖区，组成 4 个地区，24 个警辖区的警察局各由一名局长领导。每个警辖区划分成若干分区，分区警察局由一名警司领导。包括泰晤士河警察局的若干派出所在内，伦敦共有 160 个派出所，派出所之间互相保持联系并与苏格兰场警察总部直接保持联系。在常规警种中，英国还有国防部警察和私人保安警察。除常规警种外，还有各部门专业警察，如海军军港警察、交通部警察、民航警察等。③

法国警察实行中央集权式的管理体制，中央设国家警察总局，隶属于内政部，日常的管理工作则由国家警察总局局长负责，在国家警察总局下设 7 个直属的单位和 11 个分管各项业务工作的中央局以及巴黎警察局。国家警察实行垂直领导。另一支国家治安力量是国家宪兵，目前总警力有 10 万人，隶属于国防部。国家警察负责 2 万人口以上的城镇的治安，而国家宪兵负责所有农村地区、公路以及 2 万人口以下的城镇的治安。法国国家警察总局下设有行政管理局、培训局、司法警察中央局、本土警戒局、边防警察中央局、情报警察局、公共安全局、监察局、治安部队总局、警察国际技术合作局、高级人士安保局等。④

---

① 参见 http://hi.baidu.com/%D1%A7%BE%AF%CD%BB%BB%F7/blog/item/7a31445120c0061d377abe6f.html。

② 参见张兆端：《警察哲学——哲学视阈中的警察学原理》，235～236 页，北京，中国人民公安大学出版社，2008。

③ 参见张志祥：《英国的警察体制》，载《山西警官高等专科学校学报》，2002 (1)。

④ 参见程小白：《法国警察管理概述——赴法国研修考察报告之一》，载《江西公安专科学校学报》，2002 (5)。

现代日本的警察制度是依据1954年的警察法而建立起来的。日本的国家和地方的警察机构分别由国家公安委员会与国家警察厅、地方公安委员会与地方警察机关所共同构成。国家及地方的各级公安委员会分别对国家警察厅和地方警察机关具有行政监督权。国家警察厅是全国最高警察机关，其机关工作人员均为国家公务员。地方警察机关主要是指都、道、府、县的地方警察机关，日本的47个都、道、府、县所设的警察本部（东京都为警视厅）为地方警察机关，其人员身份均为地方公务员。各警察本部（警视厅）根据辖区情况直接下辖若干警察署。派出所和驻在所均是警察署的下属机构。①

（三）警察权的性质

论及警察的含义，一个不可回避的问题就是如何对警察权的性质进行界定。由于我国警察划分为公安警察、国家安全警察、狱政管理警察、武装警察、司法警察五个类别，分别隶属于不同的机关，因而将警察权统一归类于行政、刑事或司法等某一种权力是不恰当的，对警察权的性质界定也不能统一而论，应当予以分类研究。当前研究中关于警察权性质的探讨实际上要么根本没有进行分类别讨论，要么主要关注于公安警察的警察权，对武装警察、狱政管理警察与司法警察的警察权经常忽视。以下，我们主要探讨公安警察警察权的性质，并对国家安全警察、狱政管理警察、武装警察、司法警察警察权的性质进行简要分析。

1. 公安警察的警察权性质

目前，对于公安警察的警察权性质的争论主要有两种观点：（1）从警察权的设立目的及权力体系划分来看，治安警察的警察权本质上应该属于行政权力，不应具有司法属性，所谓的“刑事司法权”只能是一种特殊的行政权。持行政权本质说的代表主要有陈永生《论侦查权的性质与特征》、毕惜茜《论我国侦查权的性质》、陈卫东、石献智《警察权的配置原则及其控制——基于公安行政管理和刑事诉讼的视角》等。（2）公安警察的警察权具有行政权和司法权的双重属性，持该观点的主要有杨宗辉《论我国侦查权的性质——驳“行政权本质说”》、邬炼《侦查权性质新探》等。上述两种观点的共同之处是都认为公安警察的警察权包括刑事侦查权，主要争议焦点是刑事侦查权到底属于行政权还是司法权，其实质应当是刑事侦查权的属性问题。

认为刑事侦查权属于司法权这一观点的主要法律根据有：（1）《宪法》第135条规定：人民法院、人民检察院和公安机关办理刑事案件，应当分工负责，互相配合，互相制约，以保证准确有效地执行法律。因此就有学者将警察权与检察机关及人民法院的司法权并列论述，认为治安警察的警察权具有司法属性。（2）《刑法》第94条规定：“本法所称司法工作人员，是指有侦查、检察、审判、监管职责的工作人员。”而且侦查活动为起诉、审判提供基础，属于诉讼程序中的一项活动，因而具有司法性质。（3）《刑事诉讼法》第17条规定：“根据中华人民共和国缔结或者参加的国际条约，或者按照互惠原则，我国司法机关和外国司法机关可以相互请求进行司法协助。”（4）《公安机关组织管理条例》（2006年）第2条更明确规定：“公安机关是人民民主专政的重要工具，人民警察是武装性质的国家治安行政力量和刑事司法力量”，这便从立法上承认了治安警察的警察权的司法性质。刑事侦查权是一种司法权的观点具有一定道理，尤其体现在我国的一些立法条文中。但是，我们在界定刑事侦查权的性质时，不能单凭外在的客观表现，必须要深入本质，理清思路，先明确刑事侦查权和司法权的各自含义，分析各自具有的不同属性，进而探究归属问题。

笔者认为，在探讨如何界定刑事侦查权的性质前，我们应当首次明确：把“司法权”

① 参见关飞、田铁成：《日本的警察与警务概要》，载《中央政法管理干部学院学报》，2001（5）。

的内涵限定在“小司法”即“审判权”，这样司法活动就可以有行政权或行政行为的参与。在我国刑事司法领域，存在“大司法”与“小司法”两种说法：“大司法”一般指刑事诉讼法规定的，公、检、法三机关从立案到审结的整个刑事诉讼过程，其中包括了侦查过程，侦查过程是对未知事实的调查过程，在侦查初始有时完全不清楚犯罪嫌疑人；而“小司法”则仅指法院的审判过程，审判过程是已有充分证据证明的犯罪事实的判断或裁决过程。在把“司法权”的内涵限定为“小司法”的情况下，我们就可以说，司法权的本质是一种判断权或裁判权，是对法律事实以及法律适用进行审查判断的一项权力。而刑事侦查权的本质在于“执行”，是执法，即收集证据查找犯罪嫌疑人，而不是判断或裁判案件。如果用“小司法”的标准来评判“大司法”，毫无疑问会存在冲突，在此环境下对刑事侦查权性质的探讨尽管各抒己见，也难有实质意义上的进展。

在把“司法权”的内涵限定在“小司法”即“审判权”的基础上，我们再来对刑事侦查权的属性进行界定。

（1）刑事侦查权属性的理论角度分析

下面从侦查的本质、目的、主体、结构和手段等理论角度分析刑事侦查权的属性。

第一，与司法权的本质在于“判断”不同的是，行政权的本质在于“执行”，是一种“处理权”，即将国家法律规定的职能目标在社会生活中加以实现。在现代宪政体制下，立法机关负责集中意志和制定规则，行政机关就负责将立法机关制定的规则加以执行。我国宪法也规定，国务院是最高权力机关的执行机关，地方各级人民政府是地方各级权力机关的执行机关。而刑事侦查权在本质上与行政权一样，也在于“执行”，即通过收集确实、充分的证据，尽可能将所有的犯罪分子都绳之以法，从而实现宪法和法律维护社会安宁与秩序的基本目标。

第二，侦查的目的是查明事实真相，预防惩治犯罪。侦查中，侦查机关为防止犯罪现场的被破坏及迅速、准确地查明案件事实、抓获犯罪人，往往侧重追求效率。① 这一目的决定了在侦查中适宜使用行政权，而不是司法权的公正原则优先。侦查的本义就是以公权力查明犯罪事实、犯罪嫌疑人，为刑罚权的适用打好事实基础。

第三，侦查的主体是行政机关。在我国，履行刑事侦查权职能、作为主要侦查机关的是公安机关，当今世界各国也都普遍采用这种设置，这主要是因为刑事犯罪侦查活动与治安管理活动之间有着密切联系，很多时候侦查活动与治安管理活动是结合在一起的，行使主体作为同一机关，可以更好地履行职能，维护社会治安和公共秩序。

第四，侦查程序在整体上呈现出上下位的管理结构，在行使刑事侦查权时，上级可以根据案件的具体情况随时将指示以命令的方式下达到下级，表现出了明显的行政特色，与司法权的三角形权力行使结构截然不同。因此，刑事侦查权与其他种类的行政权在结构上没有区别。

第五，侦查的手段强调效率，与行政权较为一致。在价值取向上，刑事侦查权与司法权追求的公正不同，侦查权讲究的是效率，花最小的人力物力，尽快查明案件事实。侦查处于同犯罪作斗争的第一线，犯罪分子为了逃避法律的制裁，经常采取种种手段逃脱追捕，破坏犯罪现场，威胁、引诱证人改变证言，甚至杀死证人、被害人等，因而侦查活动的迅速推进对于确保准确查清案件事实具有极其重要的意义。②

---

① 参见毕惜茜：《论我国侦查权的性质》，载《江西公安专科学校学报》，2004（2）。

② 参见陈永生：《论侦查权的性质与特征》，载《法制与社会发展》，2003（2）。

(2) 刑事侦查权属性的实践角度分析

由于行政权包括了治安行政管理权和刑事侦查权，相应地作为履行主体的警察可划分为行政治安警察和刑事警察。在界定侦查权的属性时，我们有必要从行政治安警察和刑事警察的实践角度进行对比分析，以得出客观结论。

对于行政治安警察而言，就是要防止社会秩序受到扰乱，而且在必要情况下，尽可能快地恢复受扰乱的社会秩序，保障民众正当权利的同时让他们遵守法律法规。然而，当社会秩序受到严重破坏，行政治安警察只能通过其权力范围内的手段恢复部分受破坏的社会秩序时，行政治安警察的这一作用就不能完全实现。如有人实施了某种犯罪行为，履行侦查权的刑事警察就应承担起职责，去查找犯罪人，查明犯罪事实，以便对他们提起公诉，这明显不同于行政治安警察。

这样，刑事警察和行政治安警察之间似乎就有了明显的职责分工，但如此分类在有效应对刑事犯罪方面却有其局限性。由于刑事犯罪是严重危害国家安全和社会治安的行为，应当予以预防和沉重打击，一旦行政治安警察的作用不能得到充分发挥，刑事警察则应该站出来履行其职责。积极主动地预防、查获、惩治犯罪，维护社会治安和社会秩序，这是所有警察的共同责任，不能以警察间的职责分工不同为由而对应承担的共同责任予以推诿，否则显然对有效维护社会治安和保证良好社会秩序是不利的。①

可以看出，行使侦查权的刑事警察同行政治安警察虽然各自的职责范围有所不同，但两者是不可分割的，刑事警察同行政警察一样，实际上承担的也是行政权职责，两者本质上都是一致的。因此可以说，警察的刑事侦查权同其他行政权一样，都是必须以维护政府的统治秩序、社会治安和保障公共安全为目标，积极主动出击以预防、侦破、打击犯罪，使社会维持一种安定的状态。

在从理论与实践层面对刑事侦查权的属性进行分析后，笔者认为，公安警察警察权的性质从本质上讲是一种行政权，不是司法权。但毋庸置疑，其中包含的刑事侦查权又与司法权密不可分，且有一定程度的交汇。因此，可以说，公安警察的警察权是一种兼有司法功能的行政权。

2. 国家安全警察的警察权性质

国家安全警察归由国家安全机关领导。国家安全部成立于 1983 年 7 月 1 日，同年 9 月 2 日，全国人民代表大会常务委员会颁布了《关于国家安全机关行使公安机关的侦查、拘留、预审和执行逮捕的职权的决定》，明确指出："国家安全机关承担原由公安机关主管的间谍、特务案件的侦查工作，是国家公安机关的性质，因而国家安全机关可以行使宪法和法律规定的公安机关的侦查、拘留、预审和执行逮捕的职权。"② 这是国家安全机关开展工作的法律依据，安全部作为国务院的一个职能部门，受国务院领导。因此，作为履行国家安全保卫职责的国家安全警察，其警察权性质无疑是一种兼有司法功能的行政权。

3. 狱政管理警察的警察权性质

监狱、劳动教养管理机关是我国的刑罚执行机关，这些机关的人民警察进行的是司法行政管理行为，行使司法行政权力，虽然他们臂章和胸徽上有"司法"字样，但这不是代表他们是司法警察，而是说明其上级管理部门是司法行政机关（即司法部、司法厅、局），所以监狱、劳动教养管理机关的人民警察不属于司法警察类别。③ 因此，狱政管理警察的警

① 参见杨俊、薛雨：《试论警察权性质之界定》，载《山东警察学院学报》，2008（5）。

② http://www.people.com.cn/item/flfgk/rdlf/1983/111501198302.html。

③ 参见 http://zhidao.baidu.com/question/232611246.html。

察权性质应该是行政权。但是，由于狱政管理机关不仅担负着管理罪犯、改造罪犯的任务，还同时担负着一定的刑事侦查任务，因此，狱政管理警察权也是一种兼有司法功能的行政权。

4. 武装警察的警察权性质

武装警察部队是担负国家赋予的国家内部安全保卫任务的部队，受国务院、中央军事委员会双重领导。和平时期，武警部队主要担负固定目标执勤、处置突发事件、反恐怖并支援国家经济建设等任务；战时则担负着协助人民解放军进行防卫作战的任务。从其任务职责可以看出，武警部队的警察权是一种兼具军事性和行政性的权力。

5. 司法警察的警察权性质

司法警察是内设于人民法院、人民检察院两个司法系统内一个警种，其在作出送达法律文书、提押嫌疑人以及强制执行等行为时起着对司法机关的辅助作用，其履行的是辅助性质的司法行为，因此其警察权性质应归为司法权。

综上所述，警察权不能简单地归类于按现行职能分工划分的行政、刑事、司法等中的任何一种权力，它是在对行政、刑事、司法、安全和武装等权力进行整合的基础上形成的一种综合性权力。这种权力的共同性在于：①权力的拥有和行使主体，都是行使统治管理职能的国家机关；②权力的运用和实现，都以国家的特殊强制力为保障；③权力的行使，都以维护社会安全、保全公共利益为直接目的；④权力运行的方式，都以可以采取限制公民自由的措施为手段。正是因为具有这些共同性，由各个性质不同的机关分别拥有和行使的一系列权力才能够整合为统一的警察权，这也是警察法和警察法学能够系统化的内在基础。

二、警察法的含义及特征

（一）警察法的含义

关于警察法的定义，有不同的表述。在警察法研究初期，一般将警察法称为“公安法规”[①]。而当前对于警察法概念的界定主要有以下几种观点：

第一种观点认为，警察法是行政法的一个分支，是调整警察机关在治安管理过程中发生的行政法律关系的法律规范的总称。其主要理由是，警察机关是行政机关，警察具有行政性，警察法的调整对象是行政关系。

第二种观点认为，警察法即公安法规，是指公安机关代表国家行使警察权，履行人民民主专政职能，维护国家安全和社会秩序的法律规范的总称。

第三种观点认为，警察法历史上也称公安法规，是指国家机关制定的，规定公安机关和人民警察在其职权范围内行使职权、履行职责的法律规范的总称。[②]

第四种观点认为，警察法是调整国家警察机关人民警察在行使警察权过程中所发生的社会关系的法律规范的总和。[③]

第五种观点认为，警察法是关于警察活动的法律规范，它是调整警察机关与警察相对人之间关系的法律规范之总和。[④]

---

① 高文英、严明：《警察法学教程》，16页，北京，中国人民公安大学出版社，1998。

② 第一、二、三种观点参见中国警察学会编著：《中国警察法学》，31～32页，北京，群众出版社，2002。

③ 参见徐发科：《中国警察法论》，281页，长沙，湖南出版社，1997。

④ 参见陈晋胜：《警察法学概论》，61页，北京，高等教育出版社，2002。

第六种观点认为，警察法是调整国家警察机关在行使警察权力过程中发生的各种社会关系的法律规范的总称。①

我们认为，警察法的概念可以从广义和狭义上进行划分。广义上的警察法指的是：调整警察机关代表国家行使警察权，维护国家安全和社会治安秩序，保护公民、组织权益和公共财产，预防、制止和惩治违法犯罪活动过程中发生的警察关系的法律规范的总称。② 简言之，广义上的警察法是调整警察权的行使或警察职能的实现过程中的各种社会关系的警察法律规范的总和。狭义上的警察法是指警察法法典，在我国专指《人民警察法》。

（二）警察法的特征

警察法作为我国法律体系的重要组成部分，与其他部门法相比有其自身的特性：

1. 主体的特定性。警察法的主体是特定的，是指警察机关或警察人员。警察法发挥调整社会关系的功能，需要通过这一特定主体在行使警察权或履行警察职能中体现出来。

2. 内容和对象的广泛性。警察法的广泛性一是指内容的广泛性，警察法调整的社会关系涉及社会各行各业、各种人员和组织，这决定了警察法内容非常广泛，包括警察组织法、公安警察行政法、公安警察刑事法、监督救济法等。二是指适用对象广泛，既包括公民、法人和其他组织，又包括警察机关、警察人员和其他有关国家机关。③

3. 特殊的强制性。毋庸置疑，任何法律都具有强制性，警察法也不例外，但警察法和其他法律相比有其特殊的强制性：一是警察法具有行政强制性和刑事强制性，与一般法律相比其强制性更强。二是表现为它是其他法律法规实施的有力保证，即可以称为实施法的法。④ 三是警察法的强制性程度严厉，突出地表现为对人身的行政和刑事强制。⑤ 可以说，警察法的特殊强制性表现在它直接以特定的暴力手段为后盾，比一般法律有更明显和强烈的强制性。

4. 实体规范与程序规范的交融性。警察法是集程序与实体规范于一身的系统法律，其中既有对实体权利义务的规定，又有对实现权利、承担义务方式和途径等法律程序的规定。如《治安管理处罚法》，它既规定什么是违反治安管理行为，应受何种处罚，同时也规定公安机关通过何种程序来依法追究违法责任。⑥

5. 位阶的多层次性。警察法位阶的多层次性表现为，它是由不同层级、不同职能的国家机关在各自的职权范围内制定的宪法、法律、行政法规、地方法规、自治条例与单行条例、行政规章、国际公约和国际条约等法律文件构成的一个系统的法律规范体系。

三、警察法的渊源

（一）警察法渊源的含义

法律渊源指那些来源不同（制定法与非制定法、立法机关制定与行政机关制定等等）、因而具有法的不同效力意义和作用的法的外在表现形式。警察法的渊源主要是指由不同的有权国家机关制定的、组成警察法律规范体系的那些不同表现形式的规范性法律文件。

---

① 参见高文英、严明主编：《警察法学教程》，161 页，北京，警官教育出版社，1999。

② 参见孟昭阳：《警察法的界定及地位》，载《中国人民公安大学学报（社会科学版）》，2007（5）。

③ 参见孟昭阳：《警察法的界定及地位》，载《中国人民公安大学学报（社会科学版）》，2007（5）。

④ 参见陈晋胜：《警察法学概论》，61 页，北京，高等教育出版社，2002。

⑤ 参见孟昭阳：《警察法的界定及地位》，载《中国人民公安大学学报（社会科学版）》，2007（5）。

⑥ 参见姚华、衣家奇：《警察法若干理论问题探析》，载《福建公安高等专科学校学报：社会公共安全研究》，2000（3）。

（二）警察法渊源的种类

我国警察法的渊源大体包括以下五类：

1. 宪法与法律

宪法作为根本大法，是我国最高位阶的法源，是包括警察法在内的我国全部立法的基础和根据，任何警察法都不得与之相抵触。

法律是全国人大及其常委会制定的规范性文件。警察的消极行政作用体现出了警察的强制性和对公众权利的限制。所以，以警察实力为保障的警察权及相应职能，基本上都是由法律来进行规定的。① 在我国的法律中，《人民警察法》、《人民武装警察法》、《治安管理处罚法》、《枪支管理法》、《公民出境入境管理法》、《道路交通安全法》等都属于警察单行法律文件。

2. 行政法规、地方性法规与自治条例、单行条例

行政法规是国务院制定的规范性法律文件。国务院作为国家最高行政机关，当然地管理公安警察行政事务。国务院制定的公安警察行政规范性文件，是警察法的重要渊源，如《卖淫嫖娼人员收容教育办法》、《旅馆业治安管理办法》、《边防检查条例》等。地方性法规是省、自治区和直辖市人大及其常委会或者较大的市的人大及其常委会制定的规范性法律文件，自治条例和单行条例是民族自治地方的人大制定的规范性法律文件，它们都可以在制定机关的职权范围内规定有关警察事务的法律规范，在本行政区域内实施，也是警察法的重要渊源。

3. 部门规章和地方政府规章

部门规章是国务院各组成部门及行使行政管理职能的直属机构等根据行政法规的规定和国务院的决定，在本部门的权限范围内制定和发布的行政规范性法律文件；地方政府规章是省、自治区和直辖市人民政府和较大的市的人民政府制定的规范性法律文件，它们都可以在制定机关的职权范围内规定有关警察事务的法律规范，在本行政区域内实施，也是警察法的渊源之一。在具体表现实践中，部门规章以公安部制定颁布的为多，如《关于没收处理违反治安管理非法所得和使用工具的暂行规定》、《公安机关人民警察内务条令》、《公安机关办理行政案件程序规定》等。

4. 法律解释

作为警察法渊源的法律解释，一般仅指国家机关的规范性的解释。这种规范性解释包括最高国家权力机关的解释、国家审判机关和检察机关的解释、中央国家行政机关的解释、地方国家权力机关和行政机关的解释。在我国此类警察法的法源中，中央警察机关的解释数量非常多，如公安部《关于执行〈关于运输烟花爆竹的规定〉的有关问题的批复》等等。我国人民警察的主体是公安机关，我国公安机关立法（公安立法）已经具有相当的规模。截至2007年，从数量上看，公安立法包括法律59件、法规58件、部门规章65件。②

5. 公约、条约和协定等规范性文件

近年来，随着国际警务合作的加强，我国加入或签订了很多与警察事务有关的公约、条约和协定，如《国际刑事警察组织章程与规则》、《中华人民共和国和吉尔吉斯斯坦共和国引渡条约》、《中华人民共和国和蒙古国引渡条约》、《中华人民共和国和菲律宾共和国引渡条约》等。这些公约、条约和协定也都是我国警察法的渊源之一。

---

① 参见许韬等：《中外警察法比较研究》，13页，北京，中国检察出版社，2009。

② 参见公安部政治部编：《公安法制建设研究》，45页，北京，中国人民公安大学出版社，2007。

四、警察法律关系

（一）警察法律关系的概念

法律关系是指法律规范在调整人们行为过程中所形成的权利义务关系。警察法律关系作为法律关系的一种，是指在警察法律规范调整各种社会关系过程中所形成的警察机关及警察人员与相对人之间的权利和义务关系，也可以说是警察机关及警察人员在行使警察权的过程中与相对人之间发生的权利义务关系。[①] 这里的相对人不仅包括一般公民、法人和其他组织，也包括警察人员自身，如警察组织法律关系是警察组织内部的权利义务关系，对其的调整涵盖了设立警察机关的内部组织活动原则与管理制度等，警察人员作为警察组织的重要组成部分，当然应当列入相对人范畴。

（二）警察法律关系的特征

从警察法律规定和警务实践看，警察法律关系至少有以下三个方面的基本特征：

第一，警察法律关系一方主体的特定性。警察法律关系基于警察权的行使而发生，因而警察机关及警察人员是警察关系中当然的一方主体。[②] 警察主体在警察法律关系中具有固定性和不可替代性，警察法律关系的产生是以警察主体依法行使警察职权为前提的。没有警察主体行使职权，就不能形成警察法律关系。

第二，警察法律关系中主体双方不对等性。一是双方权利义务的不对等。在警察机关及警察人员依法行使职权或者执行警察内部管理制度的过程中作出的警察行为，一般可以引起警察法律关系的发生、变更和消灭，而无须征得对方当事人的同意。二是双方地位的不对等。警察机关及警察人员在警察法律关系中居于支配和领导地位，对于警察机关及警察人员所提出的要求或作出的决定，相对人只有接受的义务，若相对人不履行义务时，警察机关可以国家强制力为后盾采取相应强制措施。与此相反，对警察机关的行为，即使是违法或不当，相对一方当事人也不能自行否定其效力，只能通过申诉或诉讼途径解决。[③]

第三，警察法律关系的内容具有法定性和综合性。在警察法律关系中，警察机关及警察与相对人的权利义务都是事先由警察法律规范予以规定，当事人之间不能自由选择或约定权利义务内容，这与民事法律关系主体之间可以相互约定权利义务是完全不同的。而综合性体现在警察法律关系涵盖了行政、刑事、民事、军事和司法等社会事务的诸多领域。

（三）警察法律关系的要素

警察法律关系指的是警察法律关系的构成要件，主要由主体、内容、客体三个要素构成。

1. 主体

警察法律关系主体是指警察法律关系的参加者，即在警察法律关系中权利的享有者和义务的承担者。[④] 主体的构成资格又分为权利能力和行为能力。权利能力又称权义能力（权利义务能力），是指能够参与一定的法律关系，依法享有一定权利和承担一定义务的法律资格。它是法律关系主体实际取得权利、承担义务的前提条件。行为能力是指法律关系主体能够通过自己的行为实际取得权利和履行义务的能力。根据在警察法律关系中主体法律地

① 参见鞠旭远主编：《警察法学》，27页，北京，中国人民公安大学出版社，2009。

② 参见孟昭阳：《警察法的界定及地位》，载《中国人民公安大学学报（社会科学版）》，2007（5）。

③ 参见高文英、姚伟章：《警察法学教程》，66页，北京，中国人民公安大学出版社，2005。

④ 参见游秉光、邵军：《试论人民警察法调整的警察法律关系》，载《公安理论与实践》，1995（2）。

位和权利义务的不同，主体可分为警察主体和相对人主体两类。其中警察主体主要包括警察机关和警察人员，相对人包括公民、法人或其他组织。[①]

2. 内容

法律关系的内容就是法律关系主体所享有的权利和承担的义务。它是法律规范的指示内容（行为模式、法律权利与法律义务的一般规定）在实际社会生活中的具体落实，是法律规范在社会关系中实现的一种状态。在警察法律关系中，权利和义务都是国家法律确定的。警察主体依法享有的权利又称为警察权力，是国家为保障警察主体履行职责而赋予警察主体的国家强制力。而相对人的权利主要包括：要求警察机关依法履行义务的权利，人身权、财产权不受非法侵害的权利，对警察机关及警察人员的违法失职行为提出申诉、控告、检举、诉讼的权利等。同时，警察主体必须依法履行法定义务和职责，对于不履行或违反法定义务行为，应当依法追究其法律责任。[②]

3. 客体

警察法律关系的客体是指警察法律关系主体之间的权利义务所共同指向的对象。主要包括：（1）物。法律意义上的物是指法律关系主体支配的、在生产上和生活上所需要的客观实体。它可以是天然物，也可以是生产物；可以是活动物，也可以是不活动物。物理意义上的物要成为法律关系客体，须具备以下条件：第一，应得到法律之认可。第二，应为人类所认识和控制。不可认识和控制之物（如地球以外的天体）不能成为法律关系客体。第三，能够给人们带来某种物质利益，具有经济价值。第四，须具有独立性。不可分离之物一般不能脱离主物，故不能单独作为法律关系的客体存在。作为警察法律关系客体的物主要包括：合法持有的物，如征用的交通工具、通信工具等；非法持有、流通或传播的物，如禁止传播的淫秽物品，禁止公民非法携带的枪支、管制刀具、易燃易爆物品和化学危险物品。（2）行为。行为包括作为与不作为。作为是警察法律关系主体积极实施某一行为，如公民在违反治安管理秩序后，公安机关依据《治安管理处罚法》等相关规定对该公民予以治安管理处罚；不作为是主体应当依法履行某种义务而不履行的行为，不作为既包括警察主体依法应履行职责而没有履行的情形，也包括相对人依法应履行义务而不履行的行为。[③]（3）人身利益。它包括人格利益和身份利益，前者指公民、法人所固有的与其不可分离的人身利益，如生命、健康、尊严、名誉、贞操、姓名、肖像等；后者指具有特定身份的人才享有的人身利益，如荣誉等。人身利益不同于财产利益和精神财富，它不具有物质外形，但它是可以感知的客观存在，是公民、法人社会存在的前提条件。

（四）警察法律关系的种类

警察法律关系的种类，是与警察法的调整范围和调整对象密切相关的。根据我国警察法调整的范围及调整的对象，可以把警察法律关系分为警察组织法律关系、警察警务活动法律关系、警察警务保障法律关系、警察警务监督法律关系、警察警务救济法律关系。

其中警察警务活动法律关系又包括公安警察警务活动法律关系、武装警察警务活动法律关系、安全警察警务活动法律关系、狱政警察警务活动法律关系、司法警察警务活动法律关系。而警察警务活动法律关系中的公安警察警务活动法律关系又包含了公安警察行政法律关系、公安警察刑事法律关系、公安警察民事法律关系等。

---

① 参见中国警察学会：《中国警察法学》，88～89页，北京，群众出版社，2002。

② 参见高文英、姚伟章：《警察法学教程》，32～39页，北京，中国人民公安大学出版社，2005。

③ 参见鞠旭远主编：《警察法学》，33页，北京，中国人民公安大学出版社，2009。

与前述五种警察法律关系这样的分类相对应的警察法律规范可分为：警察组织法、警察警务活动法、警察警务保障法、警察警务监督法、警察警务救济法。

1. 警察组织法：是指调整和规范警察机关及其警察人员的内部组织关系的法律规范的总称。警察法中的这部分内容，从法律性质上讲仍然是行政性质的法律规范，但从调整范围来看，该类法律仅以警察内部的行政组织关系为对象，因此可以称为警察内部行政法。警察组织法的功能是：规定警察机关及其警察人员的性质、职能、任务，设立警察机关的内部组织活动原则、管理制度，总之是规范警察组织的法律。

2. 警察警务活动法：是指调整与规范警察及警察机关为履行法定职责所开展的业务与勤务活动的法律规范的总称。由于不同警种的警务活动有其自身特殊的规范要求和法律限制，因而可将警察警务活动法又分为公安警察警务活动法、武装警察警务活动法、安全警察警务活动法、狱政警察警务活动法、司法警察警务活动法。其中公安警察警务活动法占据了主体地位，是整个警察警务活动法的核心内容，其又可以分为公安警察行政法、公安警察刑事法、公安警察民事法。

（1）公安警察行政法：是指调整公安警察机关对社会治安秩序进行的行政管理活动中形成的各种行政关系的法律规范的总称。这部分法律法规占整个警察法的绝大部分，无论从种类上、数量上来讲都十分广泛，是公安警察执法的主要依据。公安警察行政法的功能是：直接授权公安警察机关及警察人员，在维护社会治安秩序方面，实施具体的行政管理措施，对公安警察机关如何管理社会及管理社会中的哪些主要问题作出规定。公安警察行政法包括多方面的、相对具有独立性的行政管理法律法规，如有关户口管理、危险物品管理、特种行业管理、公共秩序管理、交通消防管理和出入境管理等方面的法律法规。此外，在公安警察行政法中还包括大量十分重要的、有关管理行为方式的法律法规，如治安行政处罚法律法规、治安行政强制措施法律法规，这部分法律法规配合公安警察机关进行各方面的行政管理，为公安警察机关提供有法律依据的管理手段。

（2）公安警察刑事法：是指调整和规范公安警察机关在打击犯罪，维护国家安全和社会治安秩序稳定，行使刑事权过程中形成的各种刑事关系的法律规范的总称。这方面的法律法规是公安警察机关具有刑事追诉职能，享有刑事权力的根本依据。公安警察刑事法律规范的作用在于通过法律赋予公安警察机关侦查权，赋予其履行预防、制止与揭露犯罪、维护社会安定的职能。

（3）公安警察民事法：是指调整和规范公安警察以调解民事纠纷方式介入民事活动的法律规范的总称。从现行法律规定和警察执法实践看，警察广泛参与了民事纠纷案件，发挥了重要的民事调解作用。公安警察参与民事调解活动主要发生在基层，多以派出所的民警为主。

3. 警察警务保障法：警务保障是指依法对警务活动提供必要的物质条件和履行行为的保障。警察法中有必要对警务保障加以专门规定，制定有关警务保障的配套法规，以适应警务活动的需要。[①] 警务保障法还可以进行下一级分类，分为执行职务法、劳保优抚法、经营装备法、公安科技法等。

4. 警察警务监督法：是指对警察机关及其警察人员的警务活动进行监督的法律规范。警务监督法还可以进行下一级分类，分为督察制度法、控告申诉法、执法监督法、行政复议法、行政诉讼法、国家赔偿法等。[②]

---

① 参见惠生武：《警察法论纲》，13页，北京，中国政法大学出版社，2000。

② 参见雷鸣霞：《我国公安警察法体系论》，载《当代法学》，2001（1）。

5. 警察警务救济法：是指调整警察执法过程中产生的监督关系和赔偿关系的法律规范的总称。救济法律制度在警察法中相对来说是比较薄弱的一部分，但在国家法律实践中却是一个重要法律环节，在立法和执法环节相对完善的情况下，救济制度也应进一步完善，这样才能体现法律实践的严肃、公正和完整。警察法中的救济制度又可以分为监督和赔偿两大部分。通过实施监督，既可以促进警察机关及其工作人员严格执法，又可以发现执法中存在的错误或违法现象。赔偿则是监督的法律后果之一，当在监督过程中发现确有侵犯公民、社会组织合法权益，造成一定损害的警察违法行为时，则进行国家赔偿以实现法律公正。警察警务救济法的内容比较复杂，其中包括社会监督、行政监督、法律监督的内容，也包括警察行政赔偿和警察刑事赔偿的内容。警察警务救济的过程通常表现在对警察机关执法活动的监督检查，对警察行为不服所进行的申请复议或提起行政诉讼活动，以及对公民和社会所造成的损害进行赔偿这几个方面。①

第二节 警察与警察法的发展简史

一、域外主要国家警察与警察法的发展简史

警察的历史可谓源远流长，警察是人类社会特定历史阶段的产物，与一定的社会生产力发展水平相适应。“警察”一词源于拉丁文的 Politia，意为有组织的管理、市民管理、行政组织等。② 恩格斯说：“警察和国家一样古老。”恩格斯在《家庭、私有制和国家的起源》一书中论述国家起源的同时，也论述了警察产生的过程：第一，警察是与国家同时产生的；第二，警察是适应维护私有制和奴隶制阶级统治的需要而产生的。他在考察雅典国家的历史后指出：“雅典人在创立他们国家的同时，也创立了警察，即由步行和骑马的弓箭手组成的真正的宪兵队。”总之，生产力的发展、私有制的产生等经济基础，是警察产生的终极原因；阶级矛盾的不可调和、镇压反抗犯罪的需要和国家机器的形成，是警察产生的社会政治条件。③ 限于研究目的，我们在此，仅对近代以来世界主要国家的警察发展情况和我国警察的产生、发展情况作简要介绍。

（一）英国警察及警察法的发展

英国是世界近代警察制度的发源地，与其社会发展的基本轨迹和历史传统相适应，英国警察与警察法的历史发展经历了三个基本发展阶段：以确认全民皆警为特色的旧式警察法时代、以创建职业警察为目标的近代警察法时代和以追求民主、法治和人权为特色的现代警察法时代。

19 世纪以前，英国警察及警察法经历了一个由习惯法到成文法，逐步确立全民皆警（即每个社会成员都要承担维护社会治安责任）的民间义务警察制度的漫长发展过程。盎格鲁—撒克逊王国时代，英国的警察制度主要沿用日耳曼的习惯法，在争端的解决方式上，充分尊重受害人是否对罪犯予以惩罚的决定权，并通过在基层社会建立的十户区、百户区等居民自治组织来维护社会治安。1066 年诺曼征服英国以后，在继续沿用基层民众治安责

---

① 参见姚华、衣家奇：《警察法若干理论问题探析》，载《福建公安高等专科学校学报：社会公共安全研究》，2000（3）。

② 参见王大伟：《英美警察科学》，46 页，北京，中国人民公安大学出版社，1995。

③ 参见许韬等：《中外警察法比较研究》，14 页，北京，中国检察出版社，2009。

任制度的同时，法律开始强化王权对警察制度的作用，出现了由国王任命的“验尸官”、“和平战士”等从事治安工作的义务法律工作者。13世纪和14世纪，英国出现了专门的警察立法，即1285年的《温彻斯特法》和1361年的《治安法官法》。前者通过确认治安法官，使警察工作正式纳入国家法制轨道；后者通过完善治安法官制度，加强国王对地方治安法官的管理权，进一步发展了警察制度。这两部法律，是旧式警察制度在英国得以确认和发展的重要法律依据。18世纪以后，随着工业革命的全面发展，原有的社会治安维持体系逐步遭到破坏，旧式警察制度也逐步为近代警察制度所取代。

英国近代警察法产生于工业革命的背景之下，国会以创建职业警察为目标制定了相关法律，其中最具代表性的是1829年的《都市警察法》、1856年的《郡市警察法》和1919年的《警察法》。《都市警察法》是英国历史上第一部直接以警察法命名的警察立法，被誉为“新型警察制度的奠基之作”，根据该法组建了伦敦都市警察；《郡市警察法》是一部将新型警察制度由伦敦推广到整个英国的关键性立法；而《警察法》则通过大幅度提高警察工资待遇，提升了警察的社会地位，使警察实现了从普通的职业化向专业化的转变。

第一次世界大战之后，英国进入现代化发展阶段，警察法也随着社会发展而更加完善和成熟。民主、法治和人权成为这一时期警察法的基本价值追求。1964年《警察法》和1984年《警察与刑事证据法》是现代英国警察法中两部最具代表性的法律。它们分别从不同的角度对现代英国警察制度进行了发展和完善，分别被誉为“现代英国警察组织的宪章”和“现代英国警察权力的宪章”。前者的基本内容是，规定通过自愿合并与强制合并等方式对地方警察进行重组，打破传统上地方警察组织与地方政府一一对应的格局，建立和实行跨地区的警察工作模式。后者则通过建立诸如警察职务侵权行为责任、公众投诉警察案件处理程序等一系列法律制度，规范警察权力的行使、保障犯罪嫌疑人的合法权利。它使以往分散、不确定的警察权力规定变得集中、统一和更加确定，为警察正当行使权力，缓和因警察刑事侦查活动引发的社会矛盾奠定了法治基础。20世纪末至今，是英国社会大变革的年代，警察制度和警察法也面临着新的变革。2002年，英国国会通过了《警察改革法》，在警察管理体制、警务工作主体、警务工作模式和警务监督机制等方面进行全面改革。英国警察和警察法的发展，进入了一个新的发展时期。①

（二）法国警察及警察法的发展

1789年，法国资产阶级革命推翻了路易十六的专制腐败统治，建立了资产阶级统治的政权，并创建了保安官制度，即实行了资产阶级共和国的公安警察行政制度。此时警察正式从军队中分离出来，开始走上专门化发展的道路。1800年，拿破仑执政时期，在巴黎创建了巴黎警察厅，这是近代第一个专设的警察机构，并发布了《1801年警察法》。1871年法国的巴黎公社成立了担任警察职能的公安委员会，这通常被称为社会主义警察的萌芽。

当前法国的警察体制是一种中央集权式的警察模式。这种警察模式在中央设有统一领导的警察机关，将警察权集中于中央政府，统辖全国的警察机构，自上而下一律按全国统一的法律实施警察职权。这种警察模式又被称为大陆警察模式，历史上的欧洲大陆国家多采用这种警察模式。②

在中央集权式的警察模式下，法国国家警察的首脑机关是内政部国家警察总局。国家警察总局除了几个直属的协调机构和综合部门外，共设有11个业务局。同时，这11个业

① 参见李温：《英国警察法历史发展与当代改革研究》，中国人民大学2009年博士学位论文。
② 参见雷鸣霞：《各国警察体制比较研究》，载《公安研究》，2006（6）。

务局又根据各自的工作需要，在全国 22 个大区及 96 个省设置数量不等的直辖机构。总的来看，整个法国国家警察部门犹如一座结构严密的“金字塔”，国家警察总局居于“塔尖”位置，其他所有国家警察部门根据级别的不同，居于“塔身”的不同位置，并一级听命于一级，最终由“塔尖”统一管理和指挥。正是由于这种体制，法国国家警察的所有经费均由国家财政统一负担。同时，只要职责、任务相当，法国任何地区的国家警察部门，其内设机构、人员数量及经费、装备等物质条件都基本相同，不受当地经济发展水平的影响。国家警察的招录条件、培训要求、晋升标准也是全国统一的，并由国家警察总局相关部门直接组织、运作。也正是由于这种体制，法国还专门制定有关法律，就国家警察的职务、警衔、薪金等问题作出全国统一的规定。法国国家警察的警衔是根据职务设定的，相应的职务对应相应的警衔。因此，不可能出现上司警衔低于下属警衔的情况。法国国家警察的衔级除了总监察、总督察外，分为三级：警监（共三等）、警官（共三等）、警员（共五等）。国家警察具体某个衔级人员的数量是恒定的。① 法国的国家警察和宪兵是两个独立的分别垂直领导的系统，各自有明确的分工，通过制度规范其协同行动，比如在巴黎警察局指挥中心，专门有宪兵警察的席位，以便在处置重大群体性事件时，两个警种能统一协同；司法警察中央局建立的情报中心，也有宪兵、海关等部门的工作人员与国家司法警察一起工作，分析与研究情报，为各自的部门供信息服务，做到信息共享。根据法国资深高级警监介绍，法国国家警察体制的改革方向之一是，在打击犯罪、维护治安活动中强化国家警察与宪兵间的协调。②

法国中央集权式的国家警察体制是法国政治制度与法律制度的必然结果。同时，法国经济发达、交通便利、人口数量较少、国土面积较小等客观因素，也为国家警察实行垂直领导体制提供了必要的条件。但这种警察体制既有利也有弊。有利的方面主要在于政令的及时上通下达，效率比较高，同时可以避免臃肿的机构设置，降低行政管理成本。在弊端方面，主要有二：一是实行中央的统一领导，使得各级地方政府与当地警察部门基本上没有关系，因此，不利于调动地方政府维护本地治安的积极性；二是一旦国家警察领导层出现决策失误，就容易造成大面积的甚至全国范围的严重损失，这对法国警察的中央领导层提出了极高的要求。正是由于看到了这种体制的缺陷，现在法国国家警察总局在加强垂直领导的同时，要求各地国家警察部门认真听取和采纳地方行政当局对治安工作的意见和要求，并在此基础上，鼓励和支持地方行政当局组建市政警察队伍。市政警察由城市行政当局直接领导与管理，协助国家警察开展执法和治安工作，但没有刑事司法权。值得一提的是，在法国国家警察系统中，有一批数量相当可观的行政人员和技术人员，这些人员不着警服，没有执法权，主要任务是协助国家警察开展警务工作。据法国国家警察总局有关官员介绍，正是由于这些人员发挥了很大作用，国家警察才能够将全部精力用于真正的警务工作。现在，法国国家警察部门对这些人员的需求量越来越大，希望将此类人员的数量在 2002 年 12 771 人的基础上再增加一倍。此外，在法国国家警察中，还设有治安助理，他们需要经过面试考核后，才统一与国家警察总局签订工作合同。治安助理是国家警察的助手，与国家警察一道开展警务工作，并在警察警务活动中处于“配角”的位置。治安助理有警服，但没有警衔，年龄一般在 18 岁至 25 岁之间，最长的合同期为 5 年。③

---

① 参见苏传庚：《聚焦法国警察》，载《人民公安》，2002（17）。

② 参见程小白：《法国警察管理概述——赴法国研修考察报告之一》，载《江西公安专科学校学报》，2002（5）。

③ 参见苏传庚：《聚焦法国警察》，载《人民公安》，2002（17）。

（三）美国警察及警察法的发展

在殖民地时期美国的警察主要是依靠各村镇、庄园自发组织的“民兵”组织，这支由群众自发组织的武装自卫队，在反英的独立斗争中发挥了巨大作用，以至美国建国初期制定的宪法中要明确美国人民有携枪自卫的权利。虽然这充分体现了美国保护个人权利的精神，但其负面作用也已显现，直到今天美国还无法完全禁枪，因为从法律上说这是违宪的，而从深层说禁枪受到了利益攸关的枪支制造大企业集团的强大阻力。① 美国现代的警察法律制度受英国的影响较大，在美国建国以后，赋予了各州政府以高度的自治权，而在警察建设方面也实行警察自治体制，各州有自己的警察法。1789 年，美国成立联邦政府后，在开发西部地区的同时，仿效英国的做法，建立了自治警察。紧接着美国各州政府相继制定警察法律，先后成立了自治警察组织，因此，美国没有统一的警察法，各种警察机构实行的法律彼此不同，职能也不相同。即使同一类型的警察机构，其职责与权力也往往各不相同。②

归纳而言，美国警察体制模式的特点是体制极度分散，警察局各自独立，互不隶属，各警察局管理地方自治，各自为政。这是一种分散类型的警察体制。美国的地方警察机构，不隶属联邦警察机构，联邦警察机构对各州、对各警察局警察机构没有管辖权；美国全国各地的警察局各自独立，互不隶属；而在一个警察局内部，警察局长则是一个依法握有全部公安警察行政权的官吏。加拿大、澳大利亚等一些国家的警察体制也属于这一类型。③

现在美国的警察大致可以分为两类，即社会治安警察和交通巡警，不过两者的职责功能也有重叠。美国警察的职责范围广泛，大到聚众骚乱、抢劫行凶、交通安全，小到邻里矛盾、家庭纠纷，无所不管。在任何一个城市，每天美国人向警方报告违法案件和向警方求助求援的事件不计其数。美国没有国家警察总局，各州警察总长的职务有点名不副实，主要负责对本州各郡、市警察局的工作进行协调；实际警力掌握在郡一级和市一级，这两级警察是美国警察的最主要力量，其人数约占美国警察总数的 3/4。从理论上说，州警察有权在全州范围内执行警务，但在实践中，州警察机关一般都避免介入市警察局的管辖范围，而把执法力量集中于各市警察局的结合部地区和州属公路上。当然，由于州警察机关往往有经验丰富的侦查人员和先进的仪器设备，所以他们经常向州内较小的警察机关提供疑难案件侦查、法庭科学鉴定、信息情报检索和各种专业培训等方面的服务。各郡、市的警察局长是通过选举、招聘或市长任命产生的。年龄在 21 岁以上的美国公民都可以参加警察的录用应聘，甄选过程比较严格。④

（四）日本警察及警察法的发展

日本近代警察法制的发展历程主要始于明治维新之后。1872 年，日本司法省设立警保寮，负责管理警察工作；1873 年设立内务省，接管警察的工作；1875 年，日本制定行政警察规则，全国警察制度粗具规模，其中设独立的课作为府县警察机构，并于 1880 年将课统称为警察本署，以后又逐步改称为警察本部、警察部。而日本最初的警察法完全是以德国的无限警察权为理论基础的，1928 年 5 月 29 日，日本政府发布《维持治安法》，规定警察在维持治安秩序时有随意处罚的权力。1945 年 9 月，美国政府发表“美国对投降后日本的

① 参见戴宜生：《美国警察史及其近期演变》，载《江苏警官学院学报》，2007（6）。

② 参见惠生武：《警察法论纲》，59 页，北京，中国政法大学出版社，2000。

③ 参见雷鸣霞：《各国警察体制比较研究》，载《公安研究》，2006（6）。

④ 参见程宏：《感受美国警察》，载《中国社会导刊》，2007（11）。

初期方针”中要求日本解散秘密警察和改革法律及警察组织，对警察制度进行彻底改革。1947年日本颁布了第二次世界大战后的第一部警察法，但其实际是美国警察法的变种，后历经修改，并于1954年基本确定下来。①

战后，日本非常重视警察的法制化建设，先后颁布实施了《国家公务员法》、《地方公务员法》、《警察法》、《警察法施行令》等法律法规，对日本警察管理相关方面作出了明确规定。其用法律、法规明确规范警察管理，使得日本警察人事管理、警察教育、编制、经费、装备有法可依，有力地推动了警察各项工作的开展。日本《国家公务员法》、《地方公务员法》是有关国家公务员、地方公务员的基本法，对涉及公务员管理各个方面的基本事项作出了原则规定；而《警察法》是警察的组织法，是《国家公务员法》和《地方公务员法》的特别法，其明确规定日本警察分属于一般职国家公务员和一般职地方公务员，这就决定了日本警察有关人事管理的事项都是根据《国家公务员法》和《地方公务员法》的规定执行的。日本警察管理法制化建设的主要经验和做法就是通过颁布相应的各项法律法规，不断健全和完善这些法律法规，对警察人事管理、警察教育、警察编制、经费、装备作出非常明确和详细的规定，实现了警察人事管理法制化和警察经费、装备保障法制化。警察管理法制化建设为日本警察机关开展工作奠定了坚实的基础。在警察人事管理方面，警察机关能够按照法律规定严格进行警察人事管理和警察教育，在警察的录用、晋升、奖惩、任免、教育培训等各个方面严格依法办事，既保证了警察具有较高的业务素质，也有力地推动了警务工作的顺利开展；在警察经费保障方面，日本《警察法》对由国库支付的都道府县警察所需经费、都道府县应负担的都道府县警察所需经费、都道府县警察补助金做了原则规定，《警察法施行令》对应由国库支付的都道府县警察所需经费、国家补助给都道府县警察所需经费做了非常详细的说明和解释，保证了日本警察经费有可靠的来源；在警察装备保障方面，日本《警察法》和《警察法施行令》对日本警察的个人装备做了非常详细的规定，既规定了装备对象，又详细地规定了装备的品种、数额、使用期限及丢失、坏损的补发，这就使得对日本警察个人装备的配发实现了法制化和规范化，做到了有法可依，有非常强的可操作性。②

日本警察是一支强有力的武装力量，保持独立的运行机制，不受政治左右或利用。为此，日本设立了日本公安委员会和都道府县公安委员会，不偏不倚、公平公正。日本公安委员会由能够代表民意、具有国民良知的委员组成，委员会主任由国务大臣担任，其兼有保证警察机构政治中立性和明确、清晰、协调警察与内阁行政两者职责的任务。因此，在某种意义上也可以说，日本和都道府县的公安委员会是一个介于民与官、官僚与政治家、警察与政府中间的特殊机构；公安委员会与其说是直接对国务大臣或都道府县的行政长官负责，还不如说是对日本国民和都道府县人民负责。日本法律赋予警察的职责是“保护日本每一个公民的生命、身体和财产安全，维护公共安全和公共秩序”。日本的都道府县警察和警察机构则是犯罪侦查、交通管理等遂行前述重任之相关警务的具体执行者。现在，日本的47个都道府县除了警察本部和警察学校之外，还有1 246个警察署、6 455个派出所和7 333个警务站。这就是说，日本的47个警察本部及其所属的警察署和派出所等以行政区划为“块”自成系统、协调动作，“连块成面”担负着全日本的公安工作，并不听命于任何政治包括行政势力或权力。因此，在理论上日本警察应该是一支只忠于宪法和人民的武装

① 参见惠生武：《警察法论纲》，60页，北京，中国政法大学出版社，2000。

② 参见李靖、彦玉英：《日本警察管理法制化建设的启示》，载《公安教育》，2004（3）。

执法力量。[①]

二、中国警察与警察法的发展简史

（一）中国古代警察与警察法的历史发展

在中国古代，并没有“警察”一词，但是“警”、“察”二字却在中国的古籍中屡见不鲜。古代“警察”二字通常是分开使用的，各有其不同的含义，“警”字如《左传》：“军卫不撤，警也”，《周礼》：“正岁则以法警戒群臣”；“察”字如《论语》：“察其所安”，《孟子》：“明察秋毫”等。就字面意思而言，“先事戒备谓之警，见微知著谓之察”，与后人“警之于先，察之于后”的解释相近。[②] 到了宋代，“警”、“察”二字开始连用，具有侦查、缉拿之意。《金史·百官志》中记载有“诸京警巡院，使一员，正六品，掌平理狱讼，警察别部”，在这里，“警察”就有了检察、监察、督察、查办等含义。[③] 但这里使用的“警察”一词并不是现代意义的“警察”，虽然中国传统社会里没有现代意义上的“警察”，但行使警察权职能的机构一直存在，如秦朝的中尉，汉代的执金吾，隋唐至宋辽金元的巡检司、警巡院，明代的厂卫和五城兵马司，清代的步军统领衙门等。

（二）中国近代警察与警察法的历史发展

在中国，最早对西方警察制度有明确认识并进行系统阐释的是何启、胡礼垣、郑观应、陈炽等一批近代改良思想家。他们长期居住在香港、澳门，是中国最早有机会接触西方制度的有识之士。何启、胡礼垣二人在1895年合作发表的《新政论议》中，提出了在中国设置“巡捕”的设想；1895年，郑观应在自己撰写的《盛世危言》一书中增入了《巡捕》一篇；1896年陈炽发表的《庸书》中也曾写有《巡捕》一篇，专门谈到了中国设置“巡捕”的问题。[④] 1898年，中国近代最早的警察机关——湖南保卫局，由主张维新变法的黄遵宪，在湖南巡抚陈宝箴的支持下，参照日本警察机关和上海等地租界巡捕制度，于长沙创设；1905年，清政府在中央建立巡警部，这是旧中国第一个全国性的专职警察机构；1912年，清政府将巡警改称为警察。中国近代以后使用的“警察”一词是从日本传入的，而日文“警察”一词最早源于明治六年（1873年），川路力良在考察欧洲警察制度归来后写道：“夫警察者，国家平时之治疗也。如人之养生，所以保护良民，培养国力也。”[⑤]

（三）新中国警察与警察法的历史发展

我国警察及警察法的发展历程主要是：1927年，我党在上海建立了第一个保卫机关，即中央特科；1931年11月，我党成立了最早的人民公安保卫机关，即在苏维埃政权中设立的国家政治保卫局和民警局；1938年在延安成立了延安市警察队，简称“边警”，这是我国最早建立的一支比较正规的警察队伍；1949年10月1日，新中国成立，在中央设立公安部，并在省级、市级、县级分设相应的公安厅（局），逐步建立比较完备的警察组织系统。最为重要的是，1995年2月28日，八届全国人大常委会第十二次会议审议通过了《人民警察法》，对人民警察的职权、任务、活动依据、义务和纪律、组织管理和警务保障等方面作

---

① 参见李明：《日本警察机构设置与中国警务管理体制改革思考》，载《辽宁公安司法管理干部学院学报》，2010（1）。

② 参见孟庆超：《中国警察近代化研究》，2页，北京，中国人民公安大学出版社，2006。

③ 参见陈实：《警察、警察权、警察法》，载《湖北公安高等专科学校学报》，1998（4）。

④ 参见梁翠、王智新：《我国近代警察制度创建的呼唤之声——论我国改良思想家的警政理论》，载《辽宁警专学报》，2009（3）。

⑤ ［日］松井茂：《警察学纲要》，吴石译，序言，北京，中国政法大学出版社，2005。

出了明确规定。

在十一届三中全会后，我国的警察法学发展可以划分为三个阶段。第一个阶段是从1978年到1988年，这是我国警察法学的建设初期，这一时期，全国人大及常委会相继批准颁布了《消防条例》、《身份证条例》、《治安管理处罚条例》等6部与警察工作相关的法律法规；同时，国务院也批准制定了《人民警察使用武器和警械规定》、《枪支管理办法》等15项公安警察行政法规和多个警察法规性文件。第二个阶段是1988年到1994年，是我国警察法学的确立与发展时期，这一时期不管是国家机关还是公安实际工作者、科研人员都加强了对警察法的研究，并出版与发表了若干著作与论文。第三个阶段是1995年至今，警察法学研究进入全新的发展阶段，随着《人民警察法》的公布实施，掀起了研究警察法与警察法学的高潮，各种教材、著作及学术论文不断涌现。①

在《人民警察法》及一系列法律法规颁布后，我国的警察法制建设可以说取得了巨大进步，但人民警察制度的基本法律还有待完善。警察制度作为一种政治制度需要不断地改进，而确立和完善其基本法律更是有着重要的意义。就当前我国警察制度的基本法律而言，还有许多方面有待我们的努力。作为一项制度的基本法律，不仅仅是制定警察职责、任务、考核等等规范，还应当确定一种执法理念，以及明确确定警察的地位。为人民服务是人民警察的宗旨，这并不是一纸空文，在我国已经出现了一些权大于法的现象，警察执法过程中也有不少轻视人权的情况，警察更多时候是在管理而不是服务。这正是基本法律中没有明确的定位所造成的缺陷。②

（四）港澳台地区警察与警察法的发展

1842年英国在香港招募了42个警察，维护陆上治安。1970年，英国女王伊丽莎白二世赐予香港警察队“皇家”头衔，香港警察队改称“香港皇家警察队”。香港警察实行集中统一的领导，基本上承袭英国的警察法制。设置有治安警、交通警、山林警、水上警、巡逻警、便衣刑警和辅助警察等警种。警察只担负维护社会治安的任务，消防、监狱、出入境管理等工作均由其他部门管辖。香港警察制度是依照香港警察的基本法律《香港警察队条例》而严格有序地建立的，它是规范香港警察基本行为的法律，确定了包括警察的职责、权限、警务保障以及纪律与处分制度在内的警察各项基本制度，共7篇60条。在此基础上，又制定了全体警务人员必须遵守的行政法令《警察通例》共28册，其内容包括警务处的组织、警区界线、警务人员职务、薪金、津贴、服务条件、福利、行为与纪律等多个方面的具体而详细的规定。《香港警察队条例》与《警察通例》28册成为香港警察管理与监督的系统而完善的法律制度，不仅使警察管理与监督有理、有据、有序、有力，也为社会的安定提供了有效的法律保障。③

澳门警察的基本任务是维持澳门内部治安、保障澳门内部居民的生命财产安全。澳门的警察架构与香港不同，主要分为治安警察及司法警察。澳门治安警察局于1691年成立，至今已有三百多年历史，经过无数次更改后，该局现由保安司管辖。澳门的保安司，实际上是“政务司”，直辖治安警察厅、司法警察司、消防局、水警稽查队及特种警察部队。简单而言，治安警察局与香港警队组织相似，同样以预防、调查及扑灭罪行，确保公共秩序

---

① 参见鞠旭远主编：《警察法学》，10页，北京，中国人民公安大学出版社，2009。

② 参见胡祎、曹娜、孙景建、姚运玲：《美国警察制度与中国警察制度之比较——浅析我国警察制度的完善》，载《天府新论》，2007（6）。

③ 参见张晓梅：《香港警察制度的启示》，载《山东公安专科学校学报》，2000（3）。

及社会安宁为目标。治安警察局辖下有不同的警务厅、交通厅、特警队等；而管理出入境事务也是由治安警察局辖下的出入境事务厅处理。局辖下有多个部门，分掌不同事务，其中澳门警务厅是负责澳门半岛的警务，该厅设有三个警务警司处及一侦查警司处，情况有如香港警队的五大总区，分设多个警署，各警署处理管辖范围内的一般警务工作，对权限以外的事件，则交由有关部门或总部统筹管理。澳门的治安警，基本上制服都是一样的，特警队成员会戴红色贝雷帽，而各不同职级警员主要是以肩上的警徽作识别，最特别的是不同部门有不同的肩章徽号，如澳门警务厅，肩章是以灯塔作标志，而海岛市警务厅则以帆船作标志；交通部、特警队、出入境事务厅等都有自己不同的徽章。澳门警队的官阶职级与香港亦有不同，治安警察局最高层是警务总监，顺次序而下有警务总长、警司、警长、准警官、副警长警员、学警等。①

台湾地区对警察法的解释与大陆类似，分为广义和狭义两种：狭义的警察法专指以“警察法”为名称的警察法典，在台湾专指1953年制定、1986年修正的“警察法”；广义的警察法泛指警察机关和警察人员所依据的一切警察法规。台湾将“警察法”的“立法”宗旨确定为“确立‘宪法’规定的警察任务，配合现行法制运作，适应国家统治需要，建立现代警察制度”。从中可见其实质、指导思想及在国家统治中的地位。台湾“警察法”全文共20条，规定了警察制度的基本原则，包括警察的任务、职权、警察救济、警察组织等基本制度。关于警察的任务，该法规定为“依法维持公共秩序，保护社会安全，防止一切危害，促进人民福利”。关于警察的职权，该法规定为8项：(1) 发布警察命令；(2) 违警处分；(3) 协助侦查犯罪；(4) 执行搜索、扣押、拘提及逮捕；(5) 行政执行；(6) 使用警械；(7) 有关警察业务之保安、正俗、交通、卫生、消防、救灾、营业、建筑、市容整理、户口查察、“外事”处理等事项；(8) 其他应执行法令事项。为了更好地贯彻实施1953年“警察法”，台湾“内政部”于1956年制定了“警察法施行细则”，该细则是“警察法”有关规定的具体化，更便于操作、施行。同时台湾于1976年制定了“警察人员管理条例”，全面、系统地规定了警察的人事管理制度。② 台湾地区的当前警察设置主要就是国民党统治时期的警察模式。台湾当局由“内政部警政署”统管公安警察行政事务，各地警察机关基本上实行同级“政府”和上级警察机关双重领导的制度。按照台湾“警察法”的规定，警察的警种分为保安警察、刑事警察、交通警察、“外事”警察、消防警察、水上警察、“国境”警察以及专业警察八类。

第三节 警察法的体系及内容

一、警察法体系的含义及构成

（一）警察法体系的含义

警察法体系，又称为警察法律体系，是指一个国家所有警察法律规范依照一定的原则和要求形成的有机联系的统一整体。所谓“警察法体系”在这里是借用法理学“法律体系”一词之称谓，并非与法律体系的内涵相一致。警察法体系的理论构成，是指警察法在理论

① 参见 http：//bbs. tiexue. net/post2 _ 2128786 _ 1. html。

② 参见米建中、杨桦：《台湾警察法律制度概述》，载《河南公安学刊》，1991（创刊号）。

上由哪几部分法律规范组成，即警察法理论体系中“分论”的内容，但又不是指警察法的渊源。在明确了警察法的含义、性质和特征之后，则必须明确警察法包括哪几部分法律规范这一基本理论问题。[①]

（二）警察法体系的构成

1. 世界警察法体系构成要览

近代警察产生的时代，正是崇尚和力行法治、尊重和保障人权的时代，由于警察机关在维护国家安全和社会稳定中的特殊重要性，许多国家无不通过法律的形式来保障和规范警察权力，推进警察法治。尽管世界各国由于政治、经济、文化、历史、传统、习俗等存在诸多差异，但是，不管是社会主义国家还是资本主义国家，不管是发达国家还是发展中国家甚至欠发达国家，都有与自己国情相应的警察法律体系，而且都非常重视警察法制建设，如日本不仅制定了《警察法》，而且制定了《警察法施行令》、《警察法实施细则》；韩国不仅有《韩国警察法》，还有《韩国警察公务员法》；英国自 2002 年以来，先后颁布了《英国警察改革法》（2002）、《英国反社会行为法》（2003）、《英国严重有组织犯罪和警察法》（2005）、《英国反恐法》（2006）。

不同国家警察法律体系的构成都与本国国情相适应，具有鲜明的本国特色。例如，实行联邦制的国家，警察法律体系则由联邦法律和作为联邦组成单位的州或者邦等的法律两大部分构成，如德国，除联邦警察法外，各州也有相似的警察法，各州警察除了执行本州制定的相关法规还要执行联邦法规[②]；而在实行单一制的国家，警察法律体系主要由国家的法律构成，如法国，其警察法律体系主要包括《国家警察组织法》、《国家警察现代化法》、《法国国家警察职业道德准则法令》[③]、《法国刑法典》、《法国刑事诉讼法典》、《公共卫生法》、《道路法》、《酒水零售法》、《海关法》、《乡村法》和《劳动法》等。[④]

2. 中国警察法体系的构成

关于警察法体系的理论构成，人们的认识并不一致，有不同的表述。有人从不同的角度对警察法体系作不同的分类，例如，根据警察法调整的对象不同可以分为警察组织法、公安警察行政法、公安警察刑事法，根据警察法的内容和作用不同可以分为警察实体法、警察程序法，根据警察法涉及的警务内容不同可以分为公安警察刑事法、安全防范法、公安警察行政法、警察组织人事法、警务保障法、警察监督法，根据警察法效力范围的不同可分为警察一般法和警察特殊法。[⑤] 还有人在其著述的目录中将其分为警察组织法、警察行为法、公安警察行政法、公安警察刑事法、警察救济法。[⑥]

在我国警察法律体系中，《人民警察法》第 2 条第 2 款规定：“人民警察包括公安机关、国家安全机关、监狱、劳动教养管理机关的人民警察和人民法院、人民检察院的司法警察。”对于武装警察部队是否属于警察范围之内，《人民警察法》第 2 条第 2 款并没有作出明确规定，但该法第 51 条规定：“中国人民武装警察部队执行国家赋予的安全保卫任务。”

---

① 参见孟昭阳：《警察法的界定及地位》，载《中国人民公安大学学报（社会科学版）》，2007（5）。

② 参见公安部外事局、人事训练局、科学技术信息研究所：《欧洲主要国家警察概况》，52～53 页，北京，群众出版社，2003。

③ 参见刘伯祥：《外国警察法》，660 页，北京，中国法制出版社，2007。

④ 参见公安部外事局、人事训练局、科学技术信息研究所：《欧洲主要国家警察概况》，118～126 页，北京，群众出版社，2003。

⑤ 参见高文英、严明主编：《警察法学教程》，20～30 页，北京，警官教育出版社，1999。

⑥ 参见陈晋胜：《警察法学概论》，61 页，北京，高等教育出版社，2002。

就其执行武警内卫这一基本任务和行使法定职权来说，无疑是我国人民警察组织中的一个大警种，是人民警察的组成部分。[①] 因此，我国的警察法律体系，不仅包括作为警察法律体系主体的《人民警察法》，以及调整公安机关及其他部门公安警察的有关法律规范，而且包括《国家安全法》、《监狱法》、《人民武装警察法》以及调整司法警察的有关法律规范。

在我国警察法律体系中，公安法规体系是其重要组成部分。公安法规体系是以《人民警察法》为核心，用以调整公安工作的各个方面，既相对独立，又有机联系的法规体系。将《人民警察法》作为核心，是因为它在公安法规体系中占有重要的地位，它直接产生于宪法，将宪法有关的原则规定具体化，对我国人民警察的性质、任务、作用、体制、组织、机构、职责、权限和警务保障等各个方面作出了明确的规定，在公安法规体系中起着主导和支配作用。建立公安法规体系，首先应当对公安法规进行科学的分类，公安法规的调整范围是极其广泛的，其内容涉及公安工作的方方面面，公安法规的分类应当从公安工作的实际出发，以公安法规体系的科学构成为指导，以警务内容为依据，以各项目的效力等级为原则，以警察法调整范围为主线进行分类。从这一观点出发，公安法规应由这样六部分构成，即公安刑事法规、治安保卫法规、公安行政管理法规、公安组织人事法规、警务保障法规、公安监督法规。实际上，这六部分法规构成了公安法规体系的横向关系。纵向构成应该是根据其适用范围和法律效力的不同，由以部分主体法规为核心而形成的等级、层次不同的公安法律、公安行政法规、公安部门规章组成。作为一个完整的法规体系，还应当包括地方性法规和地方规章这两个层次。[②]

二、警察法体系各构成环节的主要内容

警察权是一种国家权力，是警察和警察机关存在、发展和进行一切职务活动的基础和核心。我们认为警察法体系的构成核心与主要内容是警察权的法律规制体系。

警察权法律规制是指运用法律手段调整警察权，对警察权的取得、拥有和运行进行确认、规范和制约，以使警察权能够发挥积极作用、对社会产生预期效果的一种权力运行保障机制。警察权的拥有、取得和行使是一个环环相扣的严密过程，警察权法律规制体系的确立必须与这一过程相一致，其所确立的规制范围应当涵盖警察权拥有、取得和行使过程的各个主要环节，不能有所疏漏。根据警察权拥有、取得和行使以及对其监督、制约的过程，警察权法律规制体系应当由以下环节构成：

一是警察权拥有和取得环节的法律规制。在现代国家，依法拥有和取得警察权是警察机关和警察得以正当行使警察权的前提和基础。因此，对警察权的拥有和取得环节进行法律规制，是实现对警察权确认、规范和制约的首要内容。包括警察权在内的国家权力的拥有和取得，主要有设定、授予、委托和分配等方式[③]，对警察权的法律规制也就是通过对这些方式的法律调整体现出来。该环节法律规制的基本目标应当是：其一，通过加强立法，制定相应的法律文件，建立严密的法律制度，实现警察权设定、授予、委托和分配的法制化；其二，通过法律手段，使任意设定、授予、委托和分配警察权的行为，能够受到及时有效的制止和纠正，保证任何机关、组织或者个人不能任意取得和拥有警察权。只有完善

① 参见罗锋：《法律基本知识》，545页，北京，群众出版社，1999。

② 参见张兆端：《警察哲学——哲学视阈中的警察学原理》，418～419页，北京，中国人民公安大学出版社，2008。

③ 参见张正钊：《行政法与行政诉讼法》，76～90页，北京，中国人民大学出版社，2007。

警察权拥有和取得环节的法律规制，使警察权的设定、授予、委托和分配有法可依、有章可循，才能从根本上减少滥用和擅用警察权现象的发生。

二是警察权行使环节的法律规制。行使警察权是警察机关和警察得以代表国家实现统治和管理职能，维护国家安全、社会安定和人们安居乐业的最主要活动。由于这类活动数量大，涉及面宽，情况复杂，又大多与公民、法人和其他组织发生直接联系，所以，无论是发生违法事件的可能性还是发生违法事件的现实性都非常大，警察违法的绝大多数事件实际上都发生在这一环节当中。警察机关和警察能否胜任国家赋予的职责要求，能否得到公民、法人和其他组织的认可，关键在于他们在这一环节中的表现，这一环节是警察权法律规制的重中之重。该环节法律规制的基本目标应当是：其一，以法律制度和法律手段保证警察机关和警察能够严格依法办事，严格遵守实体和程序法律制度，在对社会执法时做到有法必依、执法必严、违法必究；其二，以法律制度和法律手段保证警察机关和警察加强自身建设，约束自己的行为，尽可能减少违法乱纪行为；其三，以法律制度和法律手段及时发现、制止和纠正警务违法事件。完善警察权行使环节的法律规制，是加强警察队伍建设，纠正当前警务实践中存在的违法乱纪、徇私枉法、不依法办事现象，使警察权的行使符合法律的规定、社会的需要和人民的要求的根本制度保障。

三是警察权监督环节的法律规制。孟德斯鸠指出："一切有权力的人都容易滥用权力，这是万古不易的一条经验。有权力的人们使用权力一直到遇有界限的地方才休止"，"要防止滥用权力，就必须以权力约束权力"①。中共十七大报告指出：要"确保权力正确行使，必须让权力在阳光下运行"。警察权作为一种具有特殊强制性的重要国家权力，在没有有效手段约束的情况下，极易因滥用而给国家、社会利益和人民的生命财产造成损害。因此，警察权理应得到有效的监督和制约。该环节法律规制的基本目标应当是：其一，以法律制度和法律手段架构对警察权的监督制约制度体系；其二，以法律制度和法律手段明确监督的权力和目标、监督主体和监督对象的权利义务关系、监督手段和方式；其三，以法律制度和法律手段保障监督中发现的问题能够得到重视和解决，实现监督主体和被监督主体之间的良性互动，保障警察权力能顺利运行。完善警察权监督环节的法律规制，是保障警察权有限性、责任性、透明性和服务性的基本方法，也是保障警察权能够得到依法实施，违法警务行为能够得到及时制止和纠正的重要手段。

四是警察权救济环节的法律规制。在实践中，由于种种原因，警务违法现象的发生实所难免。按照依法行政和依法治警的原则，警务违法现象一旦发生，就应当得到纠正和追究。如果违法行为给公民、法人和其他组织的合法权益造成了损害，还应当依法予以赔偿。对违法警务行为的对象给予及时、必要的救济，有利于弥补公民、法人和其他组织受损的合法权益，也有利于缓和警民关系、改进警察权的行使效率和效果。对警察权救济环节实施法律规制，是警察权法律规制的应有之意。该环节法律规制的基本目标应当是：其一，加强警察权救济法律、规范的制定，尽可能把警察机关和警察行使警察权的违法、不当行为纳入法律的监控之内；其二，加强警察权救济法律、规范的实施，按照法定的要求追究警察权行使中的违法、不当行为的相应责任，做到违法必究、不当必正、侵权必赔。完善警察权救济环节的法律规制，不仅是保障警察权顺利实现的需要，也是建设和谐社会的需要。

只有做到权利与义务、责任相一致，侵权与惩罚、补救相谐调，才能保证警察机关和

---

① ［法］孟德斯鸠：《论法的精神》上，张雁深译，154页，北京，商务印书馆，1961。

警察守法尽职、正确行使警察权，才能保证公民的权利和自由不受侵犯。

（一）警察权拥有和取得环节的主要内容

警察权法律规制在警察权拥有和取得环节的主要任务是，通过法律规范的制定，为警察机关和警察拥有和取得警察权提供法律依据，使警察权的拥有和取得有法可依、有章可循，以防止和纠正在警察权的拥有和取得领域的违法乱纪现象。与此相应，这一环节应当包括以下两个方面的主要内容：

1. 由法定有权机关制定法律规范，形成结构严密、协调一致的规范性法律文件体系。在法治社会，警察权的拥有和取得必须有法律依据，各级各类有权制定规范性法律文件的机关制定的规范性文件应当形成和谐协调的规范体系，以使警察权的拥有和取得能够顺利进行。这首先表现为，有关机关应当通过宪法和组织法设定警察权，赋予警察机关和警察拥有和取得警察权的普遍的资格和能力；其次表现为有关机关要通过相关法律、法规和规章为具体警察权的拥有和取得规定出授予、委托或者分配的条件、方式和程序。只有形成从宪法、法律、法规到规章等各种位阶的法律规范统一体，才能够使警察权的拥有和取得在不同情况下都有法律依据，以实现全面的法律规制。

2. 通过各种法律规范，把警察权予以细化，形成各个警察机关和警察能够拥有或者行使的警察职权。警察权有广义和狭义之分，广义的警察权既包括由所有警察机关和警察所整体拥有和行使的国家权力层面的警察权，也包括依法具体归属于每一个警察法律主体、由具体的警察机关和警察拥有或者行使的警察职权。对警察权的拥有和取得进行法律规制，要求不仅要以宪法和组织法为警察机关设定国家权力层面的警察权，使之与其他国家部门划清权限范围，规范不同部门权力之间权限范围的重新划分或不同部门权力之间必要的相互“肢解与让渡”。同时，也要求以相应的单行法律、法规、规章或者依法作出的决定，规定出每一个警察机关和警察所拥有或者行使的警察职权，划分出他们各自的职权范围。这一切，都应当在对警察权进行规制的法律规范中得到体现。

（二）警察权行使环节的主要内容

警察权法律规制在警察权行使环节的主要任务是：严格执行法律、法规，把法律赋予的警察权付诸实践，实现警务管理目标。就是说，在该环节，法律规制的对象是警察机关和警察的职务行为，因此，其主要的内容应当包括以下方面：

1. 为警察权的行使规定出目标和方向。法治社会要求法治统一，要求有职、有权、有责，要求国家机关真正能履行职责、发挥实效。这就要求在相关的法律、法规中，必须为警察机关和警察规定出行使警察权的目标和方向，使他们能够正确地行使法律赋予自己的职权。有了法定的明确目标和方向，一方面可以使警察机关和警察行使职权时减少失误、少走弯路，另一方面可以使对警务工作的监督检查更有可操作性，从而更有利于国家职能的贯彻和实现。

2. 为警察权的行使规定出必要的程序。孟德斯鸠说：“当一个人握有绝对权力的时候，他首先便是想简化法律。在这种国家里，他首先注意的是个别的不便，而不是公民的自由，公民的自由是不受到关怀的。”① 为了防止警察权成为不受制约或者难以制约的“绝对权力”，根据实际需要为警察权的行使规定出必要的实施程序以防止警察机关和警察“简化法律”，是对警察权行使环节进行法律规制的必然选择。虽然要为所有复杂的警务工作规定出详细的程序并不现实，但各种立法为其规定出基本的、必要的程序则是可行的。尤其是位

① ［法］孟德斯鸠：《论法的精神》上，张雁深译，76页，北京，商务印书馆，1961。

阶较低、与公安工作直接有关的立法，如公安部的规章，更应当把警务执法程序作为自己的基本内容。

3. 为保障警察权依法进行、预防和制止警察权的违法和不当行使规定出相应手段和措施。警察权要靠警察机关和警察来具体实施，必然要掺杂进人的因素，因此，实践中消极对待工作、滥用职权、超越职权、不遵守程序等违法、不当行使警察权的行为不可避免地会大量出现。如何才能调动警察机关和警察的工作积极性，防止个别警察机关或者警察消极怠工、违法行政，出现了上述现象之后如何才能及时制止和补救呢？这些都需要大量的措施来保障，规定这样的措施并使之得到落实，是法律规制的重要内容。

（三）警察权监督环节的主要内容

警察权监督环节的主要任务是，由特定的主体按照法定的原则和方式、方法对警察机关及警察的执法行为进行督促检查，及时发现和纠正警察执法中存在的违法乱纪问题。对警察权进行的监督也应当实行法律规制，因为无法无序的监督不仅会影响警察权的正常运行，而且很难发挥应有效果。该环节的法律规制应当包括以下内容：

1. 确定不同监督主体的法律地位。保障警察权依法进行，仅靠警察机关和警察本身是不够的，还必须有来自警察机关和警察之外的其他国家机关、来自国家机关之外的社会组织和公民个人的监督。应当使警察权的行使受哪些主体的监督、各种监督主体有何种监督权、各种监督是什么性质的监督等在立法中得到体现。没有法律的明确定位和分工，所谓的监督只能是一纸空洞的规定和一盘散沙，不可能发挥应有效能。

2. 确定有效的监督方式和监督后果。“工欲善其事，必先利其器”，要使各种监督主体行使监督权、发挥监督效能，就必须使其拥有有效的监督方式和监督措施，使其在监督中发现的问题能够依法得到解决。没有法律规定的监督方式、措施和后果，监督同样不能发挥应有效能。

（四）警察权救济环节的内容

警察权救济环节的主要任务是，对于已经发生的违法警务行为，及时予以纠正和追究，对其给公民、法人和其他组织合法权益造成的损害及时予以补救。因此，该环节的法律规制应当包含以下内容：

1. 制定涵盖各种违法警务行为的法律救济规范，使对违法警务行为的纠正、追究和对公民、法人和其他组织受损合法权益的补救有法可依。警察机关和警察是与公民、法人和社会组织直接打交道最多的国家机关和国家公务人员之一，因而警务行为也是出现违法情况最多的公务行为之一。违法警务行为一旦发生，若无必要的法律规范为依据来进行救济，其可能产生的后果的严重性不言而喻。

2. 设置适当的救济渠道和救济方式，使之能够付诸实施。在我国，警察机关担负的任务几乎涉及社会生活的所有领域。不仅如此，警察机关在担负行政管理职能的同时还担负着刑事侦查的职能。因此，违法警务行为不仅涉及领域极为宽泛，形式和特点也极为复杂。对在管理不同领域、行使不同职能时发生的不同形式和特点的违法警务行为，以及它们给公民、法人和其他组织造成的损害，理应设置不同的渠道和方式给予不同的救济。

三、警察法体系建设存在的问题和完善途径

（一）警察法体系建设存在的问题

警察法体系当前还存在一些问题，相关学者也研究较多，但警察权作为警察法的核心与基础，其存在的诸多问题是当前警察法体系建设中亟待解决与完善的。当前警察权存在

的主要问题有：

1. 在警察权拥有和取得方面：（1）规定警察机关和警察的权力来源、性质和地位的法律规范位阶不高，内容模糊。警察权作为国家最重要的权力之一，其来源、性质和地位应当在宪法和宪法性法律中得到明确的体现。但在我国，警察方面的“宪法缺失”①，以及警察法律、法规与实际上权威极高的政策文件规定的模糊或者不一致，导致了人们对警察机关和警察认识上的混乱。对警察法律定位的模糊，使得公安机关面临成为可以履行任何职能的“万金油”的尴尬。（2）对警察权授予、委托和分配的条件、原则和形式缺乏规定。由于法律规范的缺失，在警察权的授予、委托和分配等具体取得问题上，往往无法可依或无健全的法律可依，以致在实践中出现了许多地方政府或政府部门非法擅授、滥用警察权，许多社会组织甚至个人非法擅取、擅用警察权的现象。

2. 在警察权的行使方面：（1）警察权行使程序欠缺。程序正义是实体正义的前提，现代法治社会不仅要求实现实体正义，也要求实现程序正义。我国行政程序法制建设起步较晚，目前尚没有统一的行政程序法，公安警察行政权行使程序立法也很不完备。公安部和许多地方公安机关虽然有许多关于如何行使公安警察行政权的程序规定，但大多都是以规章以下的规范性文件的形式出现的，谈不上有法律效力。即使是在公安部的规章中有相应的规定，也因其效力位阶较低，一旦地方性法规或地方政府规章有与其规定不一致的情况，公安部的规章在地方就往往得不到严格遵守。（2）缺乏保障警察机关和警察积极依法履行日常职责的完善的法定手段和方法。法律规范对警察机关和警察在国家生活和社会生活中的定位模糊，造成了他们在一些管理领域内的分工不明、职责不清。实践中，某些地方政府把打狗、清摊、收粮、搞计划生育等其他部门的工作硬性强加给警察部门作为其日常工作，警察机关和警察把某些本应由其自己承担的管理工作擅自交给企业、事业单位的保安等部门行使等现象时有发生，警察权行使不到位和滥用情况在某些地区和部门比较常见。而在如何保障他们依法积极行使职权，有效防止外来干扰方面，尚缺乏制度上的成熟手段和措施。

3. 在警察权监督方面：（1）监督体制设置不合理。实践中，法律监督和社会监督往往被混为一谈。纪检委、政法委等党的部门，监察机关、审计部门、上级公安机关等行政机关以及公安机关的督察、法制、信访等工作部门，人民检察院，人民法院，社会舆论和公民等不同性质、地位、没有明确职责划分的监督主体搅在一起，造成了监督权行使上的混乱，形不成有效的监督工作机制。（2）很多法律规范只笼统地规定了有权对警察权进行监督的部门和监督范围，但对监督的途径、方式、欲达到的目的、监督不力的责任等细节性问题规定得过于简单，缺乏实际操作性。（3）监督后果规定得不明确，致使很多监督因法律没有规定明确的责任后果只能半途而废。（4）警务公开制度不完善，公民的知情权在很多方面得不到应有的保障，制约了监督工作的正常开展。

4. 在警察权救济方面：（1）法律规范缺失。由于警务工作涉及面广，涉及事项众多，且工作性质特殊，通常的救济法律、法规难以涵盖和反映警察权救济领域的特定需要，而专门的警察权救济法律规范又没有形成完整体系，因而在实践中，如何对警察侵权行为进行救济往往找不到适当的法律依据。（2）救济渠道不畅通。由于部分警察机关和警察特权思想严重，其违法侵权行为往往得不到确认，确认后往往也难以纠正其违法失职行为，要其履行赔偿责任则更为艰难。尤其是在实践中，由于法律规范的不完善，治安行政案件和刑事案件的救济力度存在差别，以致有些警察机关为减轻自己的责任，往往故意把治安行

① 刘杰：《我国警察权的宪法缺失》，载《河南公安高等专科学校学报》，2005（2）。

政案件当成刑事案件来办理。这些问题应当通过完善立法来得到妥善解决。

（二）警察法体系的完善途径

“发挥警察权的预期效果，抑制并逐步缩小警察权的负效应，将是一项长期而艰巨的系统工程。”① 根据我国警察法制建设的实际情况，警察权法律规制的完善应当坚持不懈地从以下方面展开：

1. 提高法律意识，充分认识警察权法律规制的重要性。警察权法律规制的完善，有赖于人们对警察权有全面正确的认识和定位。在法治意识薄弱的条件下，人们连警察权的性质和地位尚不知道为何物，就更不用说去完善警察权的运行制度了。提高关于警察权的法律意识，使人们、首先是使警察自身对警察权、警察权运行机制和警察权法律规制等问题获得比较清楚的认识，是完善警察权法律规制制度的主观前提。

2. 促进立法完善，使警察权法律规制有法可依。立法完善是实行警察法律规制的制度前提。没有完善的法律规范为依据，法律规制就无从谈起。从我国目前有关警察权及其运行的立法情况看，要促进立法完善，就必须以宪法为根据，对人民警察法和其他相关法律的各项规定进行梳理，通过法律的立、改、废，力争使警察权的性质、地位和运行基本原则、基本规则等在宪法中得到概括性体现，在人民警察法中得到系统、明确的规定，并在其他配套法律、法规中得到具体落实，建立起以宪法为依据、人民警察法为主干的完备的警察法律体系。

3. 提高执法水平，使警察权法律规制能够取得实效。警察执法不仅是一种行为，也是一门艺术。对警察权进行法律规制，不仅是为了限制或者保障警察权的运行，更重要的是要通过规制，使警察权的运行达到预期目标，实现法定目的。因此，警察执法不能不受规制，但也不能机械地讲规制。在实践中，必须努力提高警察的执法水平，使警察执法能够根据实际需要，在遵守法律基本要求的前提下，灵活机动地实现法定目的和管理目标。

4. 完善监督制度，使警察权法律规制能够稳步发展。“权力会导致腐败，绝对的权力会导致绝对的腐败”，这是为人们所公认的政治法则。警察权以自身的特性表明它不失为一种“绝对的权力”，因此，必须对它的拥有和运行予以必要的监督。要完善警察权运行监督制度，关键在于能“以权力制权力”，即能够通过有权国家机关依法进行的权力行为及时发现、制止和纠正警察权的违法拥有和运行。只有建立了能够依法定程序进行操作、能够真正产生法律后果的监督制度，监督才会有实效，对警察权的法律规制才会稳步发展。

5. 拓展救济渠道，使警察权的违法运行能得到及时补救。有违法必有救济，这是现代法治社会的最基本要求。在社会生活日益复杂的情况下，警察权的运行出现违法，不仅势所难免而且实属正常。但违法一旦发生，若不能及时得到制止或纠正则不能算是一种正常状态。而在我国目前的社会实践中，违法警务行为得不到制止或纠正、受害人得不到赔偿的情况极为常见，为了改变这种不正常现象，必须通过法律手段拓展救济渠道，解决救济渠道单一且不畅通、救济手段匮乏和救济效果不到位的制度缺陷。

第四节　警察法学的研究对象及学科体系

一、警察法学的研究对象

如何来界定警察法学的研究对象，学术界存在不同看法。主要观点有以下几种：

① 刘小荣：《警察权的行使及其规制》，载《吉林公安高等专科学校学报》，2006（2）。

1. 公安法学是研究公安法规和相应的法律现象及其规律性的一门科学。(《人民公安报》，1987-01-02，第3版)

2. 公安法学是以公安法规为主要研究对象，同时研究与之有关的法律现象及其规律的一门社会科学。(《人民公安报》，1987-07-10，第3版)

3. 公安法学是一切专门以公安法律现象为特殊研究对象的科学的总称。(《人民公安报》，1987-10-30，第3版)

4. 警察法学是以警察法及其发展规律为主要研究对象的科学。(《人民公安报》，1988-04-29，第3版)

以上四种意见尽管表述各异，但并无本质不同，它们都是依据法的基本原理，对警察法学（或公安法学）的研究对象所作的一般概括，偏重对其的静态分析。警察法学是以警察法律、法规和公安工作实践为研究对象的一门独立的法律科学。它是法律形态（静态）和实践形态（动态）的有机结合。这里所说的法律形态是指国家制定和颁布的警察法律、法规或与警察职能相关的法律规范；而实践形态是指警察法律、法规在公安工作中的具体运用和警察权行使的法律依据和实践意义等。警察法学的任务在于研究并揭示警察法律现象发展变化的内在规律，对警察立法和执法实践进行全面、系统的研究，从而为完善我国的警察法律制度提供科学的理论依据，以指导公安执法实践的正确发展。概而言之，警察法学（所要解决问题）的特有矛盾性（来自于）警察法律、法规和公安工作实践，其研究内容的特定性，不仅是警察法学得以成为独立学科的基础，也是其区别于其他法学学科的标志所在。①

二、警察法学的学科定位

警察法学即以警察法为研究对象的一门学科。具体来说要研究警察法的历史、现状及发展，对警察法进行比较研究，研究警察法的制定与实施及其相关问题。警察法学以警察法这一法律现象及其发展为研究对象，因此，属于法学的分支学科。将警察法学等同于警察组织管理学和警察治安管理学的观点是不妥当的，因为组织管理学和治安管理学是研究工作制度、工作方法、工作规律的，应属于管理学范畴；虽然在警察法中有相当多组织管理、治安管理的内容，但警察法学研究的出发点、着重点并非是研究管理工作的方法和规律，而是立足于警察法，以法学的观点、方法对有关警察法的规定进行研究。因此，对属于法学范畴的警察法学与属于管理学范畴的警察学是不能等量齐观的。

由于警察法学包括武装、司法、国家安全、狱政管理和公安管理等多重职能的内容，因而警察法学并非完全是法学中行政法学的一部分。其中对于社会的治安行政管理、行政处罚和内部的组织管理、行政处分的内容分属行政法学的范畴；而关于犯罪和刑罚、刑事案件的侦查、刑事强制措施、刑罚执行等内容，关于武装警察、司法警察等组织和执法的内容则又属于刑事法学、军事法学等其他法学研究的内容。因此，警察法学是一门多个法学学科相交叉的综合性法学学科。由于警察法学与其他部门法学和其他学科相互渗透，相互结合，因而它是一门具有一定边缘学科性的法学学科。② 而且，随着对警察法研究的不断深入，其研究对象必将日益明晰、确定，体系必将逐步成熟和完善，届时，水到渠成，警

---

① 参见邓国良：《试论警察法学的研究对象和范围》，载《中国人民公安大学学报（社会科学版）》，1989(4)。

② 参见周云：《警察法学的学科定位》，载《云南公安高等专科学校学报》，1999(4)。

察法必将成为一个独立的法学学科。

三、警察法学的学科体系

警察法学作为相对独立的法学学科，包含许多分支学科。按照不同的标准，可以对构成这一学科的分支学科作出不同的分类，警察法学体系就是由许多类型不同的分支学科构成的一个统一体系。构成警察法学学科体系的分支学科主要可以分为以下几种：

（一）现实警察法学与历史警察法学

这是根据警察法学研究对象的时代特点对警察法学学科进行的分类。现实警察法学是指以当代警察法律关系和现行警察法律制度为研究对象的警察法学分支，如“当代中国治安管理处罚法学”、“中国现行人民武装警察法律制度阐释”等；历史警察法学是指以以往的警察法律关系和警察法律制度为研究对象的警察法学分支，如“中国警察法史”、“清代警察法律制度研究”等。

（二）理论警察法学与应用警察法学

这是根据警察法学研究内容的概括性与具体性对警察法学学科进行的分类。理论警察法学是指概括地研究警察法律现象，研究警察法的本质、特点，研究警察法产生、发展一般规律等抽象内容的警察法学分支，如“警察法学原理”、“警察法学概论”等；应用警察法学是指具体地研究某些警察法律现象或适用某些警察法律规范等内容的警察法学分支，如“公安机关落实《刑事诉讼法》情况调查与研究”、“警械、警具使用规则研究”等。

（三）本体警察法学与边缘警察法学

这是根据警察法学研究内容与警察法律关系的密切程度对警察法学学科进行的分类。本体警察法学是指直接研究警察法律现象本身的警察法学分支，如“警察组织法学”、“治安管理法学”等；边缘警察法学是指间接研究警察法律现象的警察法学分支，如“警察执法心理学”、“警察法立法制度研究”等。

（四）国际警察法学与国内警察法学

这是根据警察法学研究内容与本国警察法律现象的关系对警察法学学科进行的分类。国际警察法学是指以本国以外其他国家或国际组织的警察法律现象为研究对象的警察法学分支，如“美国警察法学”、“国际刑警组织法律制度研究”等；国内警察法学是指某国以本国的警察法律现象为研究对象的警察法学分支，如对我国而言，“中国警察法学”、“中国治安管理处罚法学”等就属于国内警察法学。

（五）国别警察法学与比较警察法学

这是根据警察法学研究方法和内容涉及国家对警察法学学科进行的分类。国别警察法学是指专门研究某一国家警察法律现象的警察法学分支，如“美国警察法学”、“法国警察法学”等；比较警察法学是指对比分析多国警察法律现象的警察法学分支，如“比较警察法”、“欧美警察法比较研究”、“中外警察枪械使用法律制度研究”等。

（六）总论警察法学与分论警察法学

这是根据警察法学研究警察法律现象的全面性程度对警察法学学科进行的分类。总论警察法学是指以全部或大部分警察法律现象为研究对象的警察法学分支，如“警察法学概论”、“警察法学总论”等；分论警察法学是指以某一部分警察法律现象为研究对象的警察法学分支，如“警察组织法学”、“警务保障法学”等。

构成警察法学学科体系的分支学科的多寡取决于划分标准的选择、警察法学研究的成熟程度和人们的认知状况，因此，不同的国家、不同的时期、不同的学者，对此会有不同的认识，不能强求划一。同时应当说明的是，前述分支学科并非完全独立存在，它们之间有很大程度上的交叉。如“中国警察法史”就既是历史警察法学，同时又是国内警察法学。

我国的警察法学研究尚处于初创阶段，尤其是涵盖所有警察部门的警察法学研究更是刚刚起步，研究者应当先立足于对各种问题的具体研究，不应过分纠缠于体系的完备。只有当研究取得了丰厚的成果，达到了一定的深度和广度，学科体系的问题才会得到圆满解决。

第五节　警察法学研究面临的问题、发展契机和基本途径

一、警察法学研究面临的主要问题

当前，警察法学研究存在许多问题，其中比较突出的是警察法学基本范畴和体系建构问题、警察法学研究队伍建设和工作拓展问题等。

（一）警察法学基本范畴和体系建构问题

警察法学研究是法学研究中一个相对独立的领域，确定其对象、范围和方式、方法，并予以拓展、深入，使之系统化、体系化，是确定警察法学相对独立研究地位，使之获得长足发展的基础和关键。警察法学研究的对象是警察法律关系，在现代社会，这种关系赖以生存、维持和发展的环境是依法治国总原则下的警察法治，因此警察法治问题必然是建构和完善警察法学的基本范畴和体系的基础平台。但警察法治是一个极为复杂的体系，由许多要素和环节组成。建构和完善警察法学的基本范畴和体系，必须围绕着这些复杂的要素和环节展开深入研究。这是一个需要长期努力才能完成的艰巨任务，目前尚难以对之进行完整架构，但从以下几个方面对警察法治展开研究，应当是建构和完善警察法学基本范畴和体系所必不可少的选择：

1. 对警察法治的基础与核心——警察权的研究。警察权是一种国家权力，是警察和警察机关存在、发展和进行一切职务活动的基础和核心，警察队伍和警察机关的组建和管理、权力拥有和职权分工、职权运行和关系协调、对违法行使职权的行为的监督和补救等，无一不是围绕警察权而展开的。在现代民主法治体制下，警察权的性质、地位和范围必须以法律规定，警察权的拥有、分配和运行都必须依法而进行。因此，警察法学研究离不开对警察权的研究，警察权必然是警察法学研究的基础与核心。

2. 对警察法治自身构成的研究。正如一位学者所指出的“法治，简单地说，实际上是对权力与权利关系的合理配置，是对国家权力的控制”①。据此而言，警察法治无非是在法治的框架下，依法对警察权进行合理配置，以保障其能依法行使并使之能被依法控制的状态。概括地说，这种状态使得警察法治在构成上包括两方面内容：（1）形式法治。在立法上，警察权由立法机关以法律形式加以规定；在行政、刑事司法和其他活动中，法律规范所设定的警察权限为警察机关和工作人员所遵守；在行政、刑事司法和其他活动中，警察机关和工作人员按照法定程序行使警察权；在救济上，存在行之有效的监督制度和救济途径。（2）实质法治。在立法上，警察权分配合理；在行政、刑事侦查和其他活动中，警察权的运用能够符合并增进立法目的；在救济上，当出现涉及警察权的问题时，能够依法及

① 孙笑侠：《法律对行政的控制》，22页，济南，山东人民出版社，2004。

时、有效解决。无论是形式法治还是实质法治的内容，都是警察法治的有机组成部分，都应当纳入警察法学的范畴和体系。

3. 对警察法治与相关制度关系的研究。警察法与许多制度密切相关，研究警察法必须研究它与其他制度的相互关系。这主要包括：（1）警察法治与法治的关系。警察法治是法治的下位概念，社会生活中的警察法治是法治的重要组成部分。（2）警察法治与行政法治的关系。警察法治有相当部分属于行政法治的范畴，依法行使行政警察权是依法行政的关键领域之一。（3）警察法治与宪政的关系。警察法治是宪政发展的结果，警察法治是依据宪法、在宪政框架下实现的权力制约和权利保障，警察法治必须以宪法为依据，与宪法精神保持一致，吸收宪政建设的理论与实践成果，跟上宪政发展的步伐。对这些关系的研究，必然是警察法学研究的重要组成部分。

4. 对警察法治实施范围的研究。警察法治的实施范围非常广泛，主要包括：（1）警察立法法治。如与警察法有关的宪法规范的宪法解释；宪法监督；法律保留和法律优越；授权立法和委托立法；行政立法；地方立法；法规以下法律规范的审查和监督；法律规范的冲突规则；立法程序；立法不作为的救济；法律修改等。（2）警察执法法治。其范围大致可按两种方法划分：一是以警察权介入的社会生活领域作为划分标准，把警察法治分为公安管理、国家安全管理、狱政管理等各个具体管理领域的法治。二是以警察权行使的逻辑结构为标准，把警察法治分为警察执法主体法治和警察执法行为法治。前者主要包括警察权的设立和分配，警察机关的建立和管理，职务保障，警察人员的招考、培训、管理和奖惩等制度。后者主要包括警察工作中的警戒、安全保卫、狱政管理、刑事侦查、民事调解、行政许可、行政处罚、行政强制、行政征收征用、行政裁决等法律规制。（3）警务保障法治。警察是国家机器的重要组成部分，警察执法是一种行使国家权力的行为，必须有可靠的组织保障、法律保障和物质保障为后盾。“工欲善其事，必先利其器”，只有依法建立系统完善的警务保障体系，警察的警务活动才能有效开展。（4）警务监督法治。警察机关的内部监督和上下级监督；行政监察；人大监督；执政党的监督；舆论监督；人民群众的监督；涉及警察行为的行政复议、行政诉讼，国家赔偿，信访制度等。警察法治实施范围所涉及的这些内容，都应当包含在警察法学研究的范畴和体系当中。

只有充分考虑包括上述内容在内的诸多相关因素并进行深入研究，才能从根本上把握警察法治的内涵和外延，掌握警察法学的研究对象，解决警察法学基本范畴和体系建构问题。

（二）警察法学研究队伍建设和工作拓展问题

警察法学研究工作的创立和发展，离不开研究队伍的支撑。而警察法学研究局面的开创和发展，则离不开研究工作的拓展。下面就警察法学研究队伍建设和研究工作拓展问题谈几点看法。

1. 警察法学研究队伍建设问题。毋庸讳言，我国警察队伍的文化程度一直偏低。改革开放以来，虽然国家对警察队伍建设一直非常重视，许多警察通过多种教育形式提高了学历，普通高校毕业生也被大量吸收进警察队伍，但大专以下学历的警察仍占很大比例。这与发达国家警察队伍的高文化程度相比仍有一定差距，如丹麦警察至少有本科学历，法国学士学位以上的警察占60%，美国学士学位以上的警察占80%，日本学士学位以上的警察占1/3，埃及警察全是本科毕业，泰国尉官以上的警官都有本科学历。[①] 从总体上说，目前

① 参见姬朝远：《和谐社会公安工作：问题、成因与对策》，载《中州法学》，2007（3）。

我国警察队伍的文化程度仍亟须得到提高。

虽然对警察法学研究队伍来说，其文化程度明显高于警察队伍的整体水平，本科以上学历者居多。但与以硕士、博士甚至主要以博士为研究主体的主流法学研究队伍相比，差距仍显而易见。为了改变警察法学研究队伍素质相对较差的现状，至少应当从以下几个方面着手去解决问题：(1) 充分发挥警察院校的作用，大力培养本科以上警察业务专门人才；(2) 通过进修、培训等方式，进一步提高现有研究人员的理论水平和科研能力；(3) 通过录用、调入等方式，大量吸收普通高等院校和研究机构的学生和研究人员进入警察法学研究队伍；(4) 通过交流、合作等方式，主动争取主流法学研究人员的加入或参与；(5) 通过不懈努力，使警察法学研究进入主流法学研究领域，成为为研究者们普遍重视的研究对象。只有这样多管齐下，不断扩展警察法学的影响力，不断提高警察法学研究人员的文化素质和科研能力，不断吸收新人进入警察法学研究队伍，警察法学研究队伍才堪以担当历史重任。

2. 警察法治研究工作的拓展问题。当前，我国警察法治研究工作已经走上正轨并取得了一定成绩。尤其是随着《人民警察法》的实施，一大批关于警察法学研究的著作和论文相继出版或发表。但与其他相关学科的研究成果相比，警察法学研究工作明显存在几个不足：其一，研究的理论深度明显不够。许多著作和论文往往是在对警察法或警察实践中的某些制度和现象进行解释或描述，缺乏深入的思辨和逻辑分析。其二，理论与实践结合明显不够。警察工作是一项涉及面广泛、实践性很强的复杂工作，既能给理论研究提供丰富的素材，又迫切需要理论的概括和指导。但由于各种因素的影响，理论研究者脱离实践、实际工作者忽视理论研究，警察法学理论研究与公安实际工作脱节、难以发挥指导作用的情况比较严重。其三，与法学、警察学的理论整合明显不够。警察法学研究虽然与法学与警察学都有密不可分、甚至是种类相属的关系，但理应具有其自身相对独立的理论特征，绝不应是法学与警察学的简单拼凑。而目前的一些研究则往往有把法学与警察学简单拼凑的现象。[①] 其四，有组织有目标的系统研究明显不足。目前，在警察法学研究中，单兵作战、零打碎敲的研究方式尚占主流，研究工作缺乏主攻方向和主攻目标，未能整合各方面的力量对迫切需要解决的问题进行系统研究。

针对上述问题，警察法学研究工作必须向深度和广度两个方向拓展。具体工作可以从以下几个方面展开：(1) 采取措施，鼓励、引导研究人员进行学科基础理论研究。有关权威部门应当在研究经费、调研项目、研究时间安排等方面向基础理论研究倾斜。(2) 作出规划，有目的地组织人力物力进行相关研究。有关部门或研究机构应当针对警察法治建设过程中有待解决的问题，积极作出研究规划，组织、吸引有热心、有能力的研究人员参加科研，整合分散的研究力量，解决迫切需要解决的问题。(3) 加强研究人员之间的学术交流，促进学术研究活动的开展。有能力、有影响的警察院校和学术机构应当经常召集有关研究人员进行有充分准备、有确定目标的学术交流活动，通过交流使大家能互通有无、互相学习、共同提高。(4) 以提高理论水平为基础，以服务实践为目标，不断拓宽研究领域。警察法学理论研究人员必须努力提高自己的理论水平和科研能力，这是搞好警察法学研究工作的前提。同时，应当努力接触警察法治实践，不断发现、探索警务实践中的法律问题，把理论研究与警务实践的发展紧密结合起来，使之随着警察法治实施范围的不断扩大而不断拓展自己的研究空间。(5) 认真总结警察法治自身的特点，在探求警察法治发展规律的

① 参见余凌云：《部门行政法的发展与建构》，载《法学家》，2005 (5)。

基础上开展警察法学研究。警察法学研究人员应当尽可能避免照搬、硬套相关学科理论知识的研究方法，一定要在弄懂弄透的基础上，具体问题具体分析，对相关学科的知识进行合理的加工改造，使之适应警察法治建设的特点，恰如其分地加以应用。

二、警察法学研究的发展契机

（一）政治环境契机

20世纪90年代以来，在经济体制改革取得巨大成就的基础上，我国的政治体制改革也取得了实际性的进展，物质文明、精神文明和政治文明协调发展的理念已得到进一步发展，“社会主义经济建设、政治建设、文化建设和社会建设四位一体”[①] 的总体政治格局已经形成，“立党为公”、“执政为民”、“建设社会主义和谐社会”等新的政治理念和政治目标已经提出并付诸实践。以发展和和谐为特点的良好政治环境和政治氛围，既需要包括警察法治在内的法治体系的维护和保障，又对它们的进一步发展提出了更高的要求。在法治体系需要大力发展、不断完善的形势下，警察法学研究的发展获得了难得的良机。

（二）法治环境契机

1999年宪法修正案把“依法治国，建设社会主义法治国家”的规定纳入宪法成为我国的基本治国方略。在这一方略指引下，我国的法治建设取得了很大的发展。立法、执法、司法、守法和法律监督等法律实施的各个环节的制度建设都走上正轨并不断取得新的进展。全国各种有权机关不仅依法制定了大量的法律、法规和规章，形成了比较完善的法律体系，使“有法可依”的法治要求得以实现；而且，“依法行政”、“依法治警”、“依法治市”等要求实行法治的主张也深入人心，为广大群众所接受。全社会已经形成了一种以实行法治为荣，以破坏法治为耻的共识。这在几千年来人治观念一直占主流的中国历史上是一次巨大的转变，也是中华人民共和国成立以来的一次巨大转变。这种由专制、人治向民主、法治的巨大转变，使中国形成了良好的法治环境，为社会的发展注入了新的活力，为作为法治建设子系统的警察法治建设开启了新的发展契机，也为警察法学研究开辟了广阔的发展前景。

（三）学术环境契机

20世纪80年代以来，我国的法学研究开始起步并逐步展开，到90年代时已取得了一定的成果，进入21世纪的短短几年，法学研究的发展更是成果丰硕。法学研究不仅在传统的领域得到了发展，还逐步出现了许多边缘学科；不仅在国内法学研究方面取得了很大发展，而且在外国法和比较法方面取得了很大发展；不仅在基本原理性研究方面得到了发展，还进一步在具体法律制度研究方面取得了很大发展；不仅在国内展开了各方面的研究，还走出国门加强了与他国的交流。在法学研究整体发展良好的大环境下，警察法学研究也取得了喜人的进展，研究人才和研究成果越来越多，研究质量也不断提高，形成了一支颇有成绩、颇有希望的研究队伍。法学研究学术环境的优化为警察法学研究提供了强大的学术依托和良好的发展机遇。

（四）警务实践环境契机

社会的巨变，对警务实践提出了更高的要求。自20世纪80年代以来，突出服务宗旨，转变工作作风，改变工作态度，已逐步成为警务改革的方向。经过不断努力，尤其是在近

① 张植卿、张国轶：《十六大以来中国共产党对中国马克思主义的新贡献》，载《中州学刊》，2007（3）。

年来经济发展、社会安定、思想解放、科学发展观和正确政绩观得到树立的基础上，警务实践环境已得到了极大优化。无论是人员配备、物资装备、执法手段、执法环境还是思维导向等方面，都有了很大的改观。一方面，公安机关和人民警察自身的法治意识不断提高，在维护国家安全、驾驭社会治安形势、处置突发事件、办理刑事案件、为经济建设保驾护航和为社会发展提供服务等活动中，越来越注重依法办事。另一方面，随着社会法治意识的提高，群众对警务执法活动的要求也越来越高，促使公安机关和人民警察不断提高自己的执法水平。为了保障警察队伍建设和警务活动的开展符合法治要求和人民利益的需要，进一步开展和深化警察法学研究也势在必行。

（五）社会和谐发展契机

社会和谐是中国特色社会主义的本质属性，是实现国家富强、民族振兴、人民幸福的重要保障，是我党和我国不懈奋斗的目标。党的四代中央领导集体对这一问题进行了积极的探索和实践。党的十六届四中全会提出了构建社会主义和谐社会的执政理念，为把我国纳入科学发展的轨道提供了保障。要构建社会主义和谐社会，国家机关及其工作人员就必须以人民利益为重，严格依法办事。作为重要国家机关之一的警察机关和其工作人员——人民警察，在和谐社会建设中肩负着重要的使命，他们必须围绕国家建设的总目标及时调整自己的工作重点和工作方式，在实行法治的前提下开展工作。与此相适应，警察法学研究也得到了极大的发展空间。

三、警察法学研究的基本途径

（一）从理论到实践的研究途径

警务活动是一项实践性很强的工作，因此，警察法学研究不能只注重理论而不注重实践。只注重理论，从理论到理论，就会使研究工作因不切合实际而虚化，减少甚至丧失其意义。只注重实践问题，就事论事，就会使研究工作陷入琐碎事务的羁绊，起不到理论研究对实践的指导作用。在理论方面，应当以警察权为中心，以法律对警察权的拥有和运行进行规制的原理和规律为研究对象，进行概括性的、抽象性的研究，对警察法学研究的范畴、体系、制度等加以梳理，架构学科框架，阐释警察法治的发展原理和规律。在实践方面，应当深入警察队伍组织建设和警察权力运行的具体领域，对警察执法活动中的各种问题进行探讨，归纳总结实际工作中的经验教训，以为实际工作释疑解惑，推动警察权的具体实施。

（二）从宏观到微观的研究途径

警察法治建设是一项系统工程，既涉及宏观层面的问题也涉及微观层面的问题。警察法学研究不能只关注宏观问题而忽视微观问题，而应当宏观问题、微观问题兼而研之。只研究宏观问题，警察法学研究就会空洞乏力，不能解决制度建设和实际工作中的许多具体问题。只研究微观问题，警察法学研究就会迷失方向，摆不正警察在国家生活和社会生活的地位，搞不清警察法学研究在理论体系中的地位。在宏观研究方面，警察法学研究可以探讨警察法哲学问题、警察法学科体系架构问题、警察法主要制度的建构问题等，以阐明警察法治的性质、地位、归属和构成等；在微观方面，警察法学研究可以研究某一个公安派出所的执法情况、某一种警械警具的合法运用、录取人民警察的某个具体条件等，以阐明法律在警务活动中的具体运用。

（三）从中心到外围的研究途径

警察法治涉及社会生活的方方面面，与政治、经济、文化等制度密切相关并相互发生影响。因此，警察法学研究除了要以警察法治建设本身为主要研究对象以外，还必须对与警察法治密切相关、相互影响的有关制度进行研究。只有既进行警察法治中心理论研究，又进行相关制度的外围研究，才能全面把握警察法治的性质、地位和任务。在主干研究方面，警察法学研究可以进行警察立法、警察执法、警察法治监督等理论探讨；在外围研究方面，警察法学研究应当介入边缘学科研究，如可以进行警察法治心理学、警察法治社会学等研究。

（四）从历史到未来的研究途径

警察是一个古老的职业，研究警察法治不能割断警察制度的历史沿革。因此，警察法学研究应当进行警察制度与法的关系的历史研究。以史为鉴，可以知兴替。只有进行历史研究，才能把握警察制度由专制到民主、由人治到法治的转变，完善当前的警察法治建设。警察是一个现实的职业，当代世界依法治警是各国的普遍选择，警察法学研究应当进行现实警察法治建设的研究。只有进行现实研究，才能解决现实问题，完善现实的警察法治建设。警察又是一个具有持久生命力的职业，在未来国家存在的期间，警察法治建设必不可少。因此，警察法学研究也应当进行未来研究。只有进行未来研究，才能为警察法治的发展探索道路，做出规划。从历史方面，可以进行警察法史学研究；从现实研究方面，可以进行现实警察法学研究；而从未来研究方面，则可以进行警察法规划学、警察法预测学等研究。

（五）从国内到国外的研究途径

警察是一个世界性的职业，警务活动法治化是当代世界各国警察制度的普遍选择。他山之石，可以攻玉。研究、总结、借鉴他国的警察法治建设经验，是调整、改造和完善我国警察法治的重要途径。为此，警察法学研究应当以研究中国本土警察法治为依托，广泛拓展研究范围，积极研究外国警察法治发展情况，既进行中国警察法研究又进行外国警察法研究，既进行国别警察法研究又进行比较警察法情况研究，从而拓宽研究视野，为我国警察法学研究开创更新的研究领域和更广阔的研究空间。

问题与思考

1. 如何理解警察和警察法？
2. 如何理解警察权的性质？
3. 我国警察法有哪些渊源？如何认识其位阶？
4. 如何认识警察法律关系？
5. 如何认识警察法学的学科特点和地位？
6. 如何认识警察法学的体系？

参考文献

1. 孟宪嘉，江礼华．警察学．重庆：重庆出版社，1990

2. ［美］哈罗德·K·贝克尔，唐娜·L·贝克尔．世界警察概览．刘植荣译．太原：山西人民出版社，1991

3. 戴文殿．公安学基础理论研究．北京：中国人民公安大学出版社，1992

4. 王大伟．英美警察科学．北京：中国人民公安大学出版社，1995

5. 高文英，严明．警察法学教程．北京：中国人民公安大学出版社，1998

6. 惠生武．警察法论纲．北京：中国政法大学出版社，2000

7. 王渤．发达国家警察管理制度．北京：时事出版社，2001

8. 孟庆超．中国警察近代化研究．北京：中国人民公安大学出版社，2006

9. 刘伯祥．外国警察法．北京：中国法制出版社，2007

10. 张兆端．警察哲学——哲学视阈中的警察学原理．北京：中国人民公安大学出版社，2008

11. 鞠旭远主编．警察法学．北京：中国人民公安大学出版社，2009

第二章
警察组织法

□ · 本章概要 · □

警察组织法以法律的方式确立警察组织的权力设置，是我国警察法体系中的重要组成部分。广义上的警察组织法，是指规定警察机关的性质、地位、设置、结构、职权职责、组成编制、活动原则、警务保障以及警察人员的管理及福利待遇的法律规范的总称。本章主要介绍警察组织法的基本概念、基本内容、基本原则，特别介绍了集权式警察组织法、分权式警察组织法、集权分权相结合的警察组织法三种类型各自的特点，以及我国警察组织法的形式、警察机关的设置以及警察的录用与管理制度。警察组织是一个国家行政组织体系的重要组成部分，警察机关及其人民警察必须严格依据警察组织法的授权和设定来行使权力，完善机制，发挥职能。

关键术语

警察组织法的概念　警察组织法的特征　警察组织法的原则　集权式警察组织法　分权式警察组织法　集权分权相结合的警察组织法　我国警察组织法的基本内容

第一节　警察组织法概述

组织法一般涉及国家权力的设置问题，无论哪种类型的权力要成为国家体制结构中的一部分都必须通过组织法的方式予以确立，因此，立法机关、行政机关、司法机关都有各自的组织法，在我国就相应的有《全国人民代表大会组织法》、《地方各级人民代表大会和地方各级人民政府组织法》、《国务院组织法》以及《人民法院组织法》等。警察组织是一个国家行政组织体系的重要组成部分，其权力的设置同样需要法律授权和具体设定，警察组织法即担负此使命。警察组织法被纳入整个行政机关组织法体系之中。

一、警察组织法的概念与特征

组织法有广义和狭义之分。广义的组织法包括规范组织的法和规范组织中人员的法，狭义的组织法仅指规范组织的法。我们这里所涉警察组织法是广义上的警察组织法，是指规定警察机关的性质、地位、设置、结构、职权职责、组成编制、活动原则、警务保障以及警察人员的管理及福利待遇的法律规范的总称。

理解警察组织法的概念，需要把握以下几个方面的内容：

第一，警察组织法是规范警察机关和警察人员的法律规范的总称。就其内容来看，警察组织法包含组织自身以及组织内部组成人员两大部分内容。首先，对警察机关的规范，不仅涉及警察机关的外部和内部关系，而且涉及警察机关整体上所具有的职权职责、组成编制和活动原则。就外部和内部关系而言，前者规定警察机关在整个行政体系中的地位，后者规定警察机关上下级之间的关系，这两部分内容结合起来往往决定一个国家的警察机关组织体制的性质。警察机关外部和内部关系的不同规定最终表现为不同的组织体制模式，或是集权式组织体制，或是分权式组织体制，或是集权分权相结合的组织体制。这部分内容一般放在警察机关的性质、地位、设置和结构中予以规定。就警察机关整体上所具有的职权职责、组成编制、活动原则和警务保障而言，警察组织法对于明确警察机关在整个国家行政权力体系结构中被授予了哪些权限、其权限的边界何在具有重要意义，是警察机关行使法律授予的权力以及作出相关行为的根源性法律依据，同时也是确定警察机关的规模大小以及活动原则的直接依据。其次，对组织内部组成人员的规范，主要涉及两个方面：一方面涉及警察作为国家一种具有特殊公务身份的人员从入口到出口、从进入到退休整个阶段的管理和规范，包括进入、考核、升职、奖励、培训、辞退、待遇等一系列内容；另一方面，还规定了警察应当享有的权利和应当遵守的职责及应当履行的义务。

第二，警察组织法是警察机关和警察人员合法存在的直接依据。从法律规则的功能角度来看，法律规范有调整性规则和构成性规则之分。[①] 警察组织法的内容显然属于构成性规

① 参见沈宗灵主编：《法理学》，38页，北京，高等教育出版社，1994。

则，因为，构成性规则的功能在于组织人们按照规则授予的权利（权力）进行活动。警察组织法的功能即在于组织警察机关，并且授予警察机关相关的权力，由其行使法律法规授予的相关权力。从逻辑结构来看，警察组织法应当先于警察机关和警察人员的存在，警察机关和警察人员的出现都必须有警察组织法的规定，否则其组织设置、权力来源都难以获得合法性地位，难以在执行权力时获得社会的普遍的承认和认可。这一特点也决定了警察机关和警察人员的设置不能建立在个人意志的基础上，所有的警察机关的设置和警察人员职位的设置以及编制的增加都必须按照规定的权限和程序设置或者审批。

第三，警察组织法是静态的法，但它是警察行为法以及监督警察行为的法律的前提条件。就规范警察这一特殊主体的法律来看，大体上可以分为警察组织法、警察行为法以及监督警察行为法。由于警察组织法所规定的内容都是警察机关和警察人员合法存在的依据，仅仅涉及警察获得法律授权的问题，而不涉及警察行使权力的过程，因而其表现为静态的而非动态的特征非常明显。即使其中包括了警察作为执法主体需要获得警务保障的内容，但是它并非是从权力行使角度予以规定，而是从保障权力行使所必须具备的物质条件和社会配合等方面着眼的，从而也表现出静态特征。现实生活中，警察行为与社会发生直接的联系，更多地是以具有动态特征的行为法为法律依据的。如我国的《行政处罚法》、《治安管理处罚法》、《道路交通安全法》、《行政许可法》、《刑事诉讼法》等都是警察行使法定权力、作出具体行为的法律依据。而社会与警察发生关系，主要是依据警察行为法以及监督警察行为的法律而形成的，在我国监督警察行为的法律依据主要有《行政复议法》、《行政诉讼法》以及《国家赔偿法》等。对于警察机关、警察人员和社会主体而言，行为法以及监督警察行为的法律往往成为指导他们行为的直接依据。但是在整个体系中，警察组织法是警察行为法以及监督警察行为的法律的前提条件和基础，若没有警察组织法的规定，其他两类法律则成为无本之木、无源之水，正因为有了警察机关和警察人员的合法存在，有了合法的职权，才有了警察相关行为的产生，也才有了对警察行为进行监督的可能。

第四，警察组织法只规定警察机关和警察人员，不直接规定相对人的权利和义务。从与相对人发生的关系角度来看，与警察行为法以及监督警察行为的法律不同，警察组织法并不直接规定警察与相对人之间的关系，因此，这类法律更多地关注警察机关和警察人员内部的事务。有些研究者据此认为这类问题不应当放在法学研究范围之内，而应当放在行政管理学研究范围之内。这种理解存在很大问题，其原因是：首先，警察组织法虽然不直接规定相对人的权利和义务，但是“组织规范在和国民的关系上具有外部效果的事例绝不是少数。”① 如确定警察在行使治安管理职权时是否超越其职权的问题，就需要以组织法所规定的职权范围作为审查依据。其次，警察组织法存在的根本目的在于为警察权力的活动划定边界，保证警察权力在法治范围内活动，最终保障社会主体的权益实现，促进社会整体利益的发展。因此“外部管理规范自然与相对人的权益直接相关，对行政机关内部的规范和和控制也是为了提高行政效率，这对相对人来说，同样意味着一种利益”②。这对于理解警察组织法同样适用。由上观之，警察组织法对于警察与相对人之间的关系并非无足轻重，而是具有重要的影响和意义，对于法治目标的实现同样具有重要意义，因此，警察组织法不仅不应当被排除在法学研究的视野外，而且应当成为其重要的研究对象。

---

① ［日］盐野宏：《行政组织法》，杨建顺译，12～13页，北京，北京大学出版社，2008。

② 应松年主编：《行政法学新论》，125页，北京，中国方正出版社，1998。

二、警察组织法的基本内容

中外各国无一例外均有警察组织法之类的法律规范，其立法体例和内容可能存在重大差别，但是其内容所涉问题大致相同，基本上包含以下方面：

（一）警察机关在整个行政权力结构中的地位

随着国家管理的专业化分工越来越细化，管理职权范围不同的国家机关纷纷建立，这些国家机关各司其职固然重要，但是把这些机关统一协调起来，使其共同服务于为社会提供公共服务的目标也同样不可或缺，因此，组织法的功能之一就在于明确权力体系的整体结构模式。关于警察机关在整个权力结构中的地位问题是由警察组织法来解决的。如《日本警察法》规定，警察机关分为中央层面的和地方层面的，中央层面的是公安委员会及警察厅，地方层面的是都道府县公安委员及警察局。这些警察机关在整个国家行政权力结构中处于何种地位呢？《日本警察法》作出了明确的规定，该法第 4 条规定，在内阁总理大臣管辖之下设置国家公安委员会；第 38 条规定，在都道府县知事管辖之下设置都道府县公安委员会。根据这些规定，日本警察机关在整个权力机构中的地位就得以清晰地展现，表明警察机关是行政权力体系的组成部分，并且在中央层面受内阁总理大臣的管辖，在地方层面受都道府县知事的管辖。再如我国警察机关在整个行政权力结构中的地位在《公安机关组织管理条例》中有明确的规定。我国警察机关也分为中央层面的和地方层面的，中央层面的是公安部，地方层面的是县级以上地方各级政府公安机关。针对这些警察机关，《公安机关组织管理条例》第 3 条明确规定，公安部在国务院领导下，主管全国的公安工作，是全国公安工作的领导、指挥机关。县级以上地方人民政府公安机关在本级人民政府领导下，负责本行政区域的公安工作，是本行政区域公安工作的领导、指挥机关。可见在整个行政权力体系结构中，中央警察机关公安部接受国务院的领导，地方警察机关县级以上地方人民政府公安机关则接受双重领导，既受本级人民政府的领导，也受公安部的领导。

这部分内容的规定对于准确把握一个国家警察机关的组织体制具有重要的意义，有利于厘清中央行政权力和地方行政权力对警察机关的影响有多大，是处理警察机关外部关系的重要依据。

（二）警察组织内部结构

警察组织内部结构大体上有两大部分内容：

一是涉及各个层面警察机关的设置以及它们之间的关系。一般国家都会有不同层级警察机关的设置，并且为保证警察机关的管理和效率，对不同层级警察机关之间的关系也会在组织法中予以明确规定。以《韩国警察法》为例可以清晰地看到这一点，根据该法第 2 条规定，在中央层面设警察厅；在地方层面，即汉城、直辖市和道知事设地方警察厅，而地方警察厅下设警察署。它们之间的关系如何呢，该法第 14 条、第 16 条也作出了明确的规定：“地方警察厅长受警察厅长指挥、监督，掌握本厅事务，指挥、监督本厅公务员和所属警察机关的长官。”“警察署长受地方警察厅长指挥和监督，掌管本署事务，指挥、监督本署公务员。”由此可见警察厅、地方警察厅、警察署之间为上下级管理关系。根据此类规定能够明确警察机关内部的纵向关系，明确上下级警察机关之间的关系。有些国家的警察组织法还规定了不具有上下级关系的警察机关之间的关系如何处理的问题。如《日本警察法》专门设立一节规定都道府县警察之间的关系，规定它们之间都有互相支持的义务，同时规定了发生在辖区边界周围的案件的权限、辖区外的权限、共同办案时的指挥和联络以及针对大范围有组织犯罪时警察之间的任务分配问题等。这些规定对于处理警察机关之间的横向关系具有重要作用。

二是涉及警察机关内部部门的设置。这部分亦是警察组织法的重要组成部分，但是各国规定详简不一。日本的警察组织法对此部分内容规定非常详细，在《日本警察法》与《日本警察法实施细则》中均有规定，前者规定了内部的部、局、附属机关以及地方机构的设置，而后者对于每一个机构内部的组成机构设置又做了详尽的规定。从《日本警察法实施细则》的章节本身就可以看出该法核心即着眼于对上述机构内部组织机构进行规定。该法第 2 编即为警察厅的组织机构，该编第 1 章为内部的部、局，规定了长官官房、生活安全局、刑事局、交通局、警备局、情报通信局以及警察厅顾问；第 2 章规定了附属机关，包括警察大学校、科学警察研究所以及皇宫警察本部；第 3 章规定了地方机关，包括管区警察局、东京都警察情报通信部以及北海道警察情报通信部。在这些规定中，以长官官房为例，其中又详尽规定了政策企划官、情报公开及私人情报保护企划官、宣传室、留置管理室、人事总体策划官、监察官、会计企划官、监察室、装备计划室、装备企划开发官、犯罪受害人对策室以及工资福利企划官。该法对其他各个部门也做了详尽的规定。而我国的相关规定比较简单，在《公安机关组织管理条例》中仅规定，县级以上地方人民政府公安机关和公安分局内设机构分为综合管理机构和执法勤务机构；同时规定，县级以上地方人民政府公安机关和公安分局内设机构的设立、撤销，按照国家规定的权限和程序审批。

（三）警察机关的职权与职责

毋庸置疑，这部分内容是警察组织法中最为核心的内容之一，在各国的警察组织法中都有大量篇幅予以规定。该部分内容是警察机关存在和行动的必要前提，同时为警察权的行使划定了边界，也成为司法审查中判断警察行使权力是否超越职权的重要依据。立法的方式一般采用概括性规定与具体规定相结合的方式。首先，通过概括性地规定警察机关任务的方式明确警察机关存在的目标，是警察职权的框架性规定。这部分内容一般规定在警察组织法的总则中，如《日本警察法》第 2 条规定，警察担负着保护个人生命、身体、财产安全的责任，以一切预防犯罪、打击犯罪、侦查犯罪、逮捕嫌疑人、管理交通等维护公共安全与秩序的任务为自己的职责和义务。我国《人民警察法》第 2 条也规定，人民警察的任务是维护国家安全，维护社会治安秩序，保护公民的人身安全、人身自由和合法财产，保护公共财产，预防、制止和惩治违法犯罪活动。其次，具体规定的方式则各国不太相同，有些国家在总则之后的章节中明确列举警察职权的范围，我国即采取此种做法，在第二章第 6 条明确列举了 14 项内容。新加坡也采取此种做法，《新加坡警察法》第 6 条即明确列举了 16 项内容。有些国家则并未集中具体规定警察机关的职权和职责，而是根据警察机关和警察官员的不同级别和不同性质，明确规定与其相对应的职权与职责，这导致关于职权和职责内容的规定比较分散，散布在法律中对每一类警察机关和警察官员进行规定的地方。日本的警察组织法即采用此种规定方式。

（四）警察机关的活动原则

警察机关的行为不属于警察组织法的内容，但是警察机关的活动原则主要集中关注警察机关首长的地位和警察上下级之间的关系，因此，这部分内容也往往规定在警察组织法之中。首先，行政首长负责制是行政机关的首要原则，性质上属于行政机关类型的一般均适用此原则，警察机关亦不例外；其次，针对警察作为执法主体的特点和自身的特殊性，一方面强调警察人员必须遵守相关的法律，另一方面强调警察内部上下级之间的指挥和服从关系，要求下级必须执行上级合法的指挥和命令。如《新加坡警察法》在警察的职责和纪律部分明确规定，所有的警察都应服从所有的合法命令，不论该命令是口头还是书面的，同时规定还应遵守、服从《警察条例》、《警察总条令》、《警察条令》以及《现行规定》，行使和履行成文法所赋予和规定的权力和职责。再如，法国对此问题在《法国国家警察职业道德准则法令》中进行专篇规定，该法第二篇规定国家警察和指挥机关各自的权利和义务，其内容涉及警察机关依法履行职责以及指挥机构和下属警察人员之间的关系，强调下属的警察人员必须严格执行指挥机构下达的命令，但是责任的承担由指挥机构负责。

（五）警察机关的警务保障

各国警察组织法赋予警察职权，要求其履行职责的同时往往也在警务保障方面作出具体的规定。与其他行政权力相比，警察权力有着鲜明的特点，它承担着维护公共安全和公共秩序的重要任务，不仅要维护日常的治安秩序，而且是预防、制止和惩治违法犯罪活动的主要力量。要完成这些任务，没有相应的费用、物质技术上的支持是难以实现的，这也是组建警察队伍所必需的投入和支出，是建设警察机关的必要的组成部分，因此也成为警察组织法的重要内容之一。从立法方式来看，主要有两种：第一种是采用集中立法的方式，将警务保障的内容集中在一起进行规定，典型的国家有我国和俄罗斯。我国的《人民警察法》中专门列出一章规定了警务保障，在经费、通讯、训练设施和交通、消防以及派出所、监管场所等基础设施建设以及装备等方面作出了专门的规定。《俄罗斯联邦民警法》也专设一章规定民警机关的经费和物质技术保障，对于经费、物质技术保障费用、武器、弹药、粮食、被服、交通工具、办公用房以及通讯工具等做了比较详尽的规定。第二种是采用分散立法的方式，关于警务保障的内容分散在警察组织法的不同部分，如日本。《日本警察法》第二章国家公安委员会和第三章警察厅中均以该组织的主管事务的方式规定了警察经费预算和警察装备问题，第四章都道府县警察中则专门规定了经费问题，规定了国库支出经费和都道府县支出经费的各自范围，并在该章规定了被服的配给问题。

（六）警察人员的管理与待遇

国家权力的行使是通过具体的组织机构来实现的，但是具体的落实仍需要人的参与，警察权的实现也不例外。警察组织法中不仅关注警察机关，而且关注其中最为能动的要素，即警察人员。对警察人员的管理成为警察组织法的重要内容，韩国甚至有专门的《韩国警察公务员法》，规定对警察人员的具体管理内容。此部分内容的目的在于保证优秀的人员能够进入警察队伍中来，对违法违纪的行为给予惩戒以及对不适合警察工作人员确定退出的路径和程序，并形成内部正常的晋升机制和内部激励机制，维持警察队伍的稳定性和促进警察人员的积极性，保证警察任务的实现。与此目的相适应，在警察组织法中大都会规定以下内容：第一，进入警察机关的条件和程序。领导层的警察人员的进入条件和方式与普通警员的进入条件和方式的规定并不相同。领导层的警察人员一般采用选任或者任命方式产生，普通警员一般采用考试方式产生，有些国家还规定有调任或者转任的方式。第二，对违法违纪的行为给予惩戒并对不适合警察队伍的人员确定退出依据。对于惩戒和退出的决定提起救济的问题一般也会在警察组织法中予以规定，但是有些国家仅规定可以提供内部救济，我国立法即采用此类型规定；有些国家规定还可以提供外部救济，即被惩戒人可以提出行政诉讼要求法院审查内部行政处分，韩国警察组织法就采用此种模式。第三，规定警察的职务序列和警衔制度。此内容的规定，一方面有助于实现内部的管理，保证调度统一，因为警察的性质和目标决定了警察必须实行等级服从即上下级命令服从的关系；另一方面为内部晋升提供级别依据。第四，规定警察内部的激励机制。激励机制主要通过奖励来实现。奖励内容往往涉及精神奖励、职务奖励和物质奖励三种，我国就采用此种做法。有些国家针对有特殊功绩者采用特殊晋升方式，韩国即采用此种方式。除上述内容之外，一般还会规定警察人员的教育和培训方面的内容。

严格管理的同时，警察组织法还根据警察职业的特殊性规定相关的待遇。除正常的工资、保险、退休金以及休假等方面的规定之外，警察组织法往往对于警察因执行公务而导致的伤亡给予特殊规定，规定抚恤和优待内容。如《韩国警察公务员法》第16条规定，警察公务员在战斗中以及其他执行公务或教育训练中死亡者（包括因病死亡）及其遗属、伤残者及其家属均可根据国家对立功者的有关法律条文，享受待遇与补偿。我国《公安机关组织管理条例》第37条亦规定，公安机关人民警察因公致残的，应当享受必要的治疗、康复，其中被评定残疾的人员享受国家规定的抚恤和优待。公安机关人民警察因公牺牲或者病故的，其家属享受国家规定的抚恤和优待。

三、警察组织法的基本原则

警察组织法的制定服务于国家权力的正常运作，为警察组织展开对社会的有效管理提供组织依据，综观各国警察组织法的内容，大体上遵循以下原则：

（一）法定原则

进入现代社会后，人们普遍认为国家权力来源于人民，而非上帝或神，也并非国家自身所固有，并且在各国的宪法中也普遍确立了这一理念，我国《宪法》第2条就明确规定，中华人民共和国的一切权力属于人民。人民和国家的源流关系的确立带来了对国家权力的崭新认识。国家权力来自人民的授予，人民采用法律的方式授予国家以权力，宪法和各种国家机关的组织法就是人民授予国家权力的直接体现。因此，作为国家权力的重要组成部分的警察组织，它的存在和权力的范围及边界都必须以法律的方式予以明确，如此才能保证警察以及警察权具有合法性。显然，只要秉承权力属于人民的理念，法定原则就必然成为警察组织法根本原则，成为警察组织法的立法之本。这意味着警察组织的设置、变更和撤销、警察组织的权限、警察组织的编制等涉及警察机关及警察权的合法存在等方面的问题都必须有明确、具体和直接的法律依据。至于警察组织法中其他内容，如警察机关的内外部关系、警察机关的警务保障以及警察人员的管理和待遇等问题都是在警察机关和警察权合法存在的基础上产生的。

法定原则也为有效控制警察权提供了依据。警察权作为一种权力，也是一种让人服从的力量，且与其他权力相比更为特殊，其强制性力量更大，甚至有时具有暴力性特点，因此通过法律对其控制和约束就显得尤为必要。通过法律有效控制警察权使其成为造福于社会的力量，避免其偏离轨道，给社会带来损害和威胁，这是警察组织法的基本功能。

（二）效率原则

与立法机关坚持民主原则，司法机关坚持公平原则不同，设立行政机关更为强调效率原则，这对于警察机关同样适用，而且更为必要。由于警察机关常常面对公共安全受到威胁、公共秩序遭到破坏的问题，其任务即在于及时消除出现的危险局面和危险因素，恢复到正常有序的状态之中，因而要求警察机关能够快速对社会问题作出回应，警察机关的高效运转能力便显得尤为重要。效率原则在各国警察组织法中都有一定程度的体现，其中警察机关的个人负责制，强调警察内部上下级之间的指挥和服从关系，甚至警察人员的个体素质等方面的规定都与效率原则有直接的关系。

（三）权责明晰统一原则

警察组织法的核心内容是规定警察机关的职权职责，保证警察机关既具有行动能力又为自己的行为承担责任，不仅要避免有权无责的情形，同时也要避免有责而无权的情形，因此，权责明晰统一非常重要，这样才能保证警察机关在追求效率的同时更为慎重地对待自己作出的职权行为。在警察组织法中，对于有违法违纪行为的警察人员往往都有惩戒性的规定，避免权力滥用。同时，权责的明晰统一原则还要求明确责任主体，明确在上下级命令服从关系中的责任归属问题。就此问题，法国的警察组织法规定得非常明确，《法国国家警察职业道德准则法令》中规定，指挥机构对其所下达的命令、命令执行和后果负责，对下级在工作中执行其命令的行动负责；下属的警察人员必须严格执行指挥机构下达的命令，如果不执行上级的命令，则要对自己的行为和由此所产生的后果负责。该规定中权责非常清晰统一，保证有权指挥机构要对自己的指挥行为负责，不执行指挥的人员也要对自己的不执行行为负责，最终有效保证每一级警察机关严格依法履行自己的职责，也避免履行职责过程中彼此推诿问题的产生。

（四）保障性原则

警察机关对于任何一个国家都必不可少，在保护个人生命、财产安全，维护治安秩序，预防、打击和惩治犯罪方面承担着重要的职责，要保证警察机关能够完成任务，必须给其提供充足的经费和装备物资。如果国家不能为警察机关提供充足的保障，而仅仅赋予了其管理公共安全和公共秩序的权力的话，警察机关要维持下去就必然会沦落为通过强力进行敛财的工具，其社会危害性是显而易见的，这是最基本的常识。因此，各国警察组织法均遵循保障性原则。警察机关基于其目的和任务的定位，要求其在处理危害公共安全和公共秩序的行为时能够快速反应，有效处置，因此，不仅维持整个警察机关的经费要充足，而且配备的交通工具、通讯设施以及武器装备都必须符合警察工作需要。至于经费和装备物资保障由中央承担还是地方承担，各国根据自己的不同管理模式有不同的规定。

第二节　国外警察组织法律制度

通观世界各国的警察组织法律制度，可以发现尽管此种法律制度所欲实现的目的以及规定内容所涉问题基本上大致相同，但是立法体例和规范内容存在着很大的差别。认识和把握各国不同的警察组织法，需要从类型学的角度对其进行分析。从各国警察法的规范内容来看，存在显著差别的地方主要表现在警察机关在整个行政权力结构中的地位以及警察机关内部组织结构，以此分类标准来看，警察组织法大体上可以分为三种类型：第一种是集权式警察组织法，第二种是分权式警察组织法，第三种是集权分权相结合的警察组织法。这些类型的出现与各国的国家结构形式有很大的关系，单一制国家更多采用第一种和第三种模式，联邦制国家则更多采用第二种和第三种模式。

一、集权式警察组织法

集权式警察组织法是指规定警察机关采取集权式组织体系的法律规范的总和。集权式组织体系包含两方面的含义：一是指在外部关系中，警察机关是中央政府的组成部分；二是指在内部关系中，警察机关内部采取垂直管理方式，其中中央层面的警察机关对全国的警察机关进行统一管理和指挥体系。

法国是采取集权式警察组织法的典型国家，其特点表现在以下方面：

第一，法国警察机关接受内政与公共安全部、国防部的管理与指挥。法国警察机关分为两大部分，一曰国家警察，一曰国家宪兵。国家警察负责 1 万人以上的城市的治安工作，受内政与公共安全部的管理和指挥；国家宪兵负责 1 万人以下的城镇和所有农村地区的治安工作，受国防部的管理和指挥。[①] 内政与公共安全部相较于国防部地位高一些，因为在必要时内政与公共安全部可以调动国家宪兵力量，但国防部却没有调动国家警察的权力。

内政与公共安全部对国家警察的管理和指挥主要表现在人事管理权、经费控制权和业务指挥权三个方面。在人事管理方面，内政与公共安全部直接对国家警察的录用、晋升、任免以及培训等工作进行管理；在经费控制方面，内政与公共安全部部长掌握着中央财政划拨的所有经费，经费采取层层下拨的方式拨给国家警察的各级部门；在业务指挥方面，内政与公共安全部负责指挥国家警察的各种业务活动，对业务上存在的问题提出处理意见。

国家宪兵也被赋予了维护治安的职权，对万人以下的城镇和农村地区行使着与国家警察相同的权力，但是从其本质上来讲，却是法国军队的组成部分，其主要职责是维护军队纪律，预防和制止军人犯罪，预防和制止针对军人及军事设施的犯罪，参与战争动员，进入战争时保卫国土等军事方面的任务。依其本质，国家宪兵属于军事力量，因此，在整个国家权力体系结构中被划入军事机关系列，直接受国防部的管理和指挥，国防部则主要根据军队管理方式行使权力。

法国警察组织法对警察机关外部关系的规定突出体现了其集权式组织体系的特性，法国警察机关根据各自的性质接受内政与公共安全部、国防部的管理与指挥，受地方政府的控制则相对较少。省长并不享有警察机关的日常管理权，在人事管理和经费配给方面无任何权力。虽然有权指挥、调动国家警察和国家宪兵，但这种指挥权也是基于其作为省一级治安管理的总负责人的身份而享有的，享有此种权力意味着接受内政与公共安全部长的委托而对本省内治安问题负责。到市镇层面，国家警察机关独立于地方的特点更为明显。市镇长无权指挥、调动驻在市镇内的国家警察或国家宪兵，只能请求给予支援、配合等。对于市镇长的请求，国家警察或国家宪兵有裁量权，可以接受，也可以拒绝。由此观之，法国警察机关接受中央行政机关和军事机关管理和指挥，地方政府对其控制能力较弱，形成鲜明的纵向权力组织体系格局。

第二，法国警察机关内部采取垂直管理方式。在法国，各个层面的国家警察机关只不过是中央警察机关派驻地方的分支机构或者派出机构，与地方政府并无多大关系，地方政府对于本辖区内的国家警察机关的人事安排、经费配给以及日常管理方面均不享有任何权力，因此，下级警察机关直接服从上级警察机关的领导和管理，形成垂直管理方式。

国家警察组织体系中，最高级别的警察机关叫做警察总局，具体负责国家警察工作的指挥、监督和管理。内设有总局办公室直属机构、行政管理机构与业务机构。业务机构是其核心机构，又设有司法警察中央局、本土治安中央局、共和国保安队中央局、本土警戒局、官方旅行及高级人士安全局以及国际技术合作局。国家警察总局下的分支机构或者派出机构根据不同的业务性质进行设置：（1）司法警察中央局在地方设立的司法警察大区局。此类机构并不建立在省级地方单位上，而是一个大区局管辖 3 到 8 个省的犯罪侦查工作，大区局受中央局的管理和指挥。（2）本土治安中央局下设在省一级别的分支机构称为国家警察省局，包含城市警察中心局、综合情报中心局和边防警察中心局。城市警察中心局是其中最核心的部门，负责城市公共安全和公共秩序，下设治安联区中心警察局，其辖区范围包括若干个城市，在治安联区中心警察局之下又设治安管理中心警察局，其辖区范围一般为一个或几个城市。（3）共和国保安队中央分局下设保安团。保安团与省级地方单位也

① 参见陈真、陈合权主编：《世界警察概论》，22 页，成都，四川大学出版社，2008。

不对应，而在全国统共设置10个保安团，在保安团之下又设置61个保安连。

国家宪兵组织体系中，国家宪兵总局是最高机构，具体负责国家宪兵的指挥、监督和管理。但是在国防部之下与国家宪兵总局并列还设置了另外三个机构，即国家宪兵总监察部、国家宪兵行政与技术管理中心以及国家宪兵院校指挥部，其中国家宪兵总监察部与国家宪兵总局关系密切，负责监督国家宪兵总局及其下属各部门的工作并向国防部长汇报。国家宪兵组织体系设置以国防区的划分为依据，法国共有6个国防区，因此相应地也有6个国防区宪兵司令部。国防区之下国家宪兵组织的划分则以行政大区为单位，国防区下共有21个行政大区，每个大区设立一个大区宪兵司令部。

由上观之，无论是国家警察还是国家宪兵，警察机关的设置并没有更多地考虑与地方单位的对应，地方政府的权力对警察机关基本上没有什么影响力。而警察机关内部的纵向垂直管理关系被置于醒目的地位，不同类型的警察机关都自成体系，自上而下层级管理。

纯粹的集权式警察组织体系建立在单一制国家基础之上，只有单一制国家才有可能以国家统一立法的方式建立统一的警察体系。这种模式一般也适应于相对比较小的国家，这样保证层级的设置不至于过多、过长，不至于影响中央指挥和管理的实现。此种模式的优点在于，集权式警察组织体系有助于实现国家对警察队伍的整体调度，实现警务间的配合，实现全国范围内的统一标准化管理，并且中央财政在保障警察经费和装备方面能够有充足的供给，避免太多地受地方财政的影响，有效减少地方政府对警务活动的不当干涉。其缺点表现在，降低了警察机关对地方安全和秩序需求的回应性，忽略了不同地方的不同需求，难以保证警察机关对地方安全问题予以及时有效的预防，带来安全隐患问题。

二、分权式警察组织法

分权式警察组织法是指规定警察机关采取分权式组织体系的法律规范的总和。分权式组织体系包含两方面的含义：一是指在外部关系中，不同层面的警察机关分属不同层面的政府权力体系，中央政府与地方政府根据法律规定各自分别管理、指挥中央警察机关和地方警察机关；二是指在内部关系中，没有统一的警察组织，中央政府警察机关并不是全国警察的首脑机关，中央政府警察机关和地方警察机关在各自的法定职权和管辖范围内行动，并无上下级管理、指挥关系。

美国是采取分权式警察组织法的典型国家，其特点表现在以下方面：

第一，美国警察根据联邦和州的宪法分权归属不同层面的政府权力体系。根据美国宪法，在中央与地方的分权中，“警察权力”本为各州专有的保留事项，因此，在联邦层面无权设立统率全国警察的最高警察机关，各州警察机关的设立及职权范围由各州立法机关立法确立。虽然州设立统一的立法，但是州之下的市、县和县以下的镇或区地方政府对警察机关具有直接的控制力，经费供给和人事管理的权力往往归属于地方政府。

在联邦层面虽然没有统率全国警察的最高警察机关，但是联邦政府各部门却设立了大量的行使警察职能的机构，这些机构获得的警察权力往往依据单行法律规范规定，比如司法部即通过《1994年暴力犯罪控制和执法法案》获得对“典型或惯常”侵犯公众权利的行为进行控告的警察权力。联邦层面享有警察权力的机关分属于不同的政府部门，如司法部下有联邦调查局、移民归化局以及缉毒署等，财政部下有国内收入署的情报处、关务署的巡逻及调查处、安全勤务局以及烟酒火器管理局等。这些享有警察权力的组织分散在各种不同性质的政府部门内部，接受所属政府部门的管理、指挥。

美国作为联邦制国家，强调州的自治权，州内的地方单位也没有统一的建制，因此各州情况差别较大。但一般来讲，各州在州层面和州之下的市、县和县以下的镇或区等地方政府层面都设有警察机关。州政府往往给予各层地方政府较大的自主权，因此州层面的警察受州政府的管理、指挥，地方政府层面的警察受地方政府的管理、指挥，州政府对地方政府管理、指挥地方警察的权力并不干涉。

第二，美国警察存在联邦各类警察与州、地方政府各个层面的警察，但是彼此之间不存在管理、指挥关系，警察机关在各自的体系内对上负责。联邦层面，如美国司法部之下非常有影响的联邦调查局，它并不能对州或者地方层面警察进行调度，但是它形成了自己内部的组织体系。联邦调查局在联邦设立总局，在各大城市设立了56个地方分局，每个分局下设若干办事处，全国共设有四百多个办事处。总局、分局、办事处之间形成上下级管理关系。州层面设立的警察机关被称作州公路巡逻警察局或者州警察局，这类机关只是一种公路巡逻警察，对于地方层面的警察并无管理权限。在美国占据重大比例的是地方层面的警察，占全美政府系统总警力的3/4。地方层面的警察局内设机构一般包括四部分，分别是局长办公室、地区服务局、调查服务局和管理服务局，其中地区服务局和调查服务局是其核心业务部门。业务部门的内部分设机构比较细致，如调查服务局内部又分为行政支持部门、专门调查处、犯罪调查处、要案处以及家庭服务处等。各个层面的警察机关自成体系，仅对各自对应层面的政府负责。

建立纯粹分权式警察组织体系的国家也比较少见，它受国家结构形式以及历史传统的影响都比较大。这种模式一般见于联邦制国家中，美国是典型的联邦制国家，其宪法中关于中央与地方的分权关系的确立以及历史上地方发展先于中央的路径都是建立分权式警察组织体系的基础。这种模式的优点在于警察机关所关注的公共安全和公共秩序与地方的需求相结合，能够及时对地方的安全需求、秩序要求作出回应；还可以降低因地方安全与秩序问题而形成辐射效应的可能性，避免因某个地方的安全和秩序而带来全国性的不稳定因素。它适用于国土面积比较大的国家。其缺点表现在，没有统一协调的全国警察体系，导致在各个州、各个地方之间的警务活动难以协调、配合；同时由于没有统一的标准，会导致执法的不统一。关于分权式警察组织体系方面的法律规范并无统一的规定，分散于联邦和州的大量单行法律规范之中。

三、集权分权相结合的警察组织法

集权分权相结合的警察组织法是指规定警察机关采取集权与分权相结合的组织体系的法律规范的总和。从各国情况来看，纯粹采取集权式或者分权式组织体系的国家并不多，大多数国家采用集权与分权相结合的形式。集权与分权相结合组织体系包含两方面的含义：一是指在外部关系中，中央警察机关是中央政府的组成部分，地方警察机关为地方政府组成部分，但地方政府是受中央政府的领导和管理，因此，中央政府对地方层面的警察机关亦有管理权；二是指在内部关系中，全国有统一的警察机关组织，地方警察机关受中央警察机关的管理、指挥，地方各级警察机关之间存在上下级隶属关系。在这种组织体系中，警察机关往往处于纵横交错的结构体系中，中央警察机关受中央政府管理，但同时它又是全国的最高警察机关，地方警察机关是地方政府的一个职能部门，受地方政府管理，但同时它又受上级警察机关直接管理、指挥。

许多国家采用集权与分权相结合的警察组织体系，如英国和日本就是采用此类模式的典型国家。

英国现行警察组织体系主要依据1964年制定的《警察法》，该法规定了警察机关的外部和内部关系，主要体现在以下方面：

第一，在外部关系上，中央层面的内政部和地方政府成为警察机关的管理机关。在英格兰、威尔士这两个英国的主要地区的警察机关由内政大臣和地方政府共同管理。(1) 根据《警察法》的规定，内政部享有行使所有最有助于推动警察效率的权力。其具体权力包括以下几项：一则，在人事管理方面，内政部依法对地方政府警察局局长、副局长以及局长助理的任免享有最后的批准权，可以要求地方政府行使迫使警察局长退休的权力，并对地方警察机关的编制享有审批权；二则，在经费管理方面，地方警察机关的预算，内政部负责拨付其中 51%的经费；三则，在行政管理方面，内政部有权制定有关警察管理和警察工作条件的规范，规范内容可涉及警察级别、警察任命和升职条件、纪律约束、警察应当履行和不应当履行的职责、离职、待遇等，有权要求警察局长就当地警务具体问题提交报告，警察局长应当向内政部递交年报等，并且当地方警察委员会要求地方警察局长对特定事宜进行汇报涉及公共利益时，由内政部决定警察局长是否向地方警察委员会进行汇报。(2) 地方政府分为三级，分别是郡、郡属区和教区或社区。除大伦敦区外，各郡议会下设警察委员会，负责管理地方警察。警察委员会的成员中，2/3 是由郡议会任命的议员，1/3 是郡法院任命的治安法官。地方警察委员会的具体职能主要有以下几项：一则，保证维持人数足够、有效的地方警察组织并实施为实现该目的而为法律所授予的权力；二则，在人事管理方面，经内政部长同意任命警察局长、副局长以及局长助理，决定各级警察机关的编制和警员的人数；三则，在经费管理方面，从地方税费收入中提取所辖警察局经费预算中 49%的经费，并且经内政部同意为警察提供、维护必需的房屋、建筑等以保证地方警察的有效性，提供和维护警察工作所需的交通工具、设备、服装和其他装备；四则，在行政管理方面，警察局长要向地方警察委员会递交年报，汇报一年中警察工作基本情况，在警察委员会的要求下就特定事宜进行汇报。

内政部和地方委员会虽然各自分得一部分对地方警察的管理权，但是均不享有具体的执法权，并且对具体的执法活动也不得直接干预。具体的执法权属于各地方警察厅、局享有。

第二，在内部关系上，警察局在服从内政部和地方警察委员会管理的前提下，对下级警察机关进行指挥和管理。英国地方政府的三级模式在警察机关设置上仅仅反映为一级，只有郡政府具有维护治安、管理警察的职能，因此，郡属区和教区或社区的警察机关均不是这些地区政府的组成部分，各地区的警察机关是由郡警察局直接设置的，是郡警察局的派出机关，直接受郡警察局的全权指挥和管理。而《警察法》对警察局长的权力规定比较原则，仅规定警察组织应当受警察局长的指挥和控制，这意味着郡警察局长的权力较大，对各派出机构的执法活动和日常行政管理均享有直接的权力。并且，该法规定，警察在警察局长的指挥和控制下实施的职能行为如果侵犯了他人权益，警察局长要承担责任。此规定更为加强了警察局长对警察组织全权负责的特点。

另外一个采取集权与分权相结合的警察组织体系的典型国家是日本，其主要依据是 1954 年制定的日本《警察法》。该法明确规定了日本警察机关组织结构，具体内容如下：

第一，在外部关系上，不同层面的警察机关受相应层面的政府的管辖。在中央层面设立的全国性的警察机关是国家安全委员会，是总理府直属机关，在总理大臣的管辖之下。管辖权并非管理权，而是一种监督权，包括有权针对国家安全委员会所管事项制定相关法律规范，有权要求总理府制订警察的国家预算，有权在征得参、众两院同意后对国家安全委员会委员进行任免。同时，国家安全委员会任免其管理的警察厅长官前须征得内阁总理大臣的同意。但是内阁总理大臣无权直接干涉警察机关的警务行为。在地方层面设立的地方警察机关是都道府县公安委员会，是地方政府的组成部分，在都道府县知事管辖之下。都道府县知事的管辖权也是一种监督权，其权力包括都道府县知事征得都道府县议会同意后任命公安委员会委员，向都道府县议会提出都道府县警察所需要的国库提供的经费之外的经费预算，制定关于警察管理法律规范的提案权等。

第二，在内部关系上，形成国家公安委员会、警察厅、都道府县公安委员会与都道府县警察机关之间的复杂关系。(1) 在中央层面，不仅设立行使警察管理职权的国家公安委员会，而且设立了处于具体执行者地位的警察厅，它们之间的关系是前者管理后者。根据《警察法》的规定，国家公安委员会的管理权限包括 24 项内容，主要涉及关于警察制度的策划和立案，关于警察的国家预算，警察的培训、警察的通信与装备以及监察事务并在征得内阁总理大臣认可后任免警察厅长，等等。警察厅则在国家公安委员会的管理之下执行法律规定的具体事项。尤其值得注意的是，根据警察厅的业务需要，在地方设立警察厅的地方特设机构，叫做特设管区警局。特设管区警局局长受警察厅的指挥和管理。(2) 关于中央与地方警察机关的关系方面，一则，国家公安委员会和都道府县公安委员会并无指挥、管理关系，法律仅规定国家公安委员会同都道府县公安委员会之间要保持密切的联系；二则，警察厅在其所管辖的事务范围内指挥、监督都道府县警察，同时特设管区警局对管区内除东京都以外的道府县警察实施指挥、监督；三则，国家公安委员会和都道府县警察本部的关系表现在，都道府县警察机关中警视正以上衔级的警官，由国家公安委员会掌握任免权，不过事先须征得都道府县公安委员会的同意。(3) 在地方层面，需注意三方面的关系。一则，地方层面亦分设了都道府县公安委员会和都道府县警察本部，前者为管理机关，后者为具体执行机关。法律规定，都道府县公安委员会管理都道府县警察。警视厅（东京都警察本部称为警视厅）和道府县警察本部各自在其都道府县公安委员会的管理下掌管首都警察和道府县警察事务。二则，在警察本部之下设置不同的警察机关：北海道的五个方面区域设方面本部，方面本部长服从方面公安委员会的管理，并接受北海道警察本部长的命令指挥；在指定市的区域内设市警察部，接受都府县警察本部长的命令；都道府县下的若干区域内设警察署，警察署长机构受警视总监、警察本部长、方面本部长以及市警察部长的指挥监督；警察署下设交番、派出所或驻在所，这些机构是警察署的派出机构，受警察署的指挥管理。三则，都道府县警察之间存在相互协作的义务，可以提出援助的要求，并且在必要的限度内，其权限可以延伸到其管辖的区域以外。

许多国家采用集权与分权相结合的警察组织体系模式，强调中央和地方共同对国家的公共安全和公共秩序负责，但是，各国集权和分权的侧重点往往表现不一，前文提到的英国和日本的情况就有很大不同，英国相对比较强调地方分权，而日本中央集权的特点则更为显著。

从英国的警察组织体系来看，中央的权主要体现在制度政策的统一规定以及经费和高级警务人员的人事任免的控制，在具体的业务层面，中央甚至没有统一的具体执行警察权力的机关，而在地方层面则形成具体掌管警察事务的地方警察委员会和具体执行警察权力的地方各级警察机关。英国之所以发展出此种模式，与其历史发展有很大的关系。从其历史发展来看，英国的警察最初是从地方层面发展起来的，并在地方层面获得了充分的发展。但是随着社会的发展，对公共安全和秩序问题的认识发生了变化，其被认为不再仅仅是个人或地方性事务，而与整个国家有关，因此，自 1829 年的《大都市警察法》之后，中央控制地方警察组织的现象开始出现。自 1856 年的《郡和市警察法》后，地方警察的中央化控制不断加强。由此，可以看出，英国分权与集权相结合的模式是在地方分权的基础上发展起来的，不可避免地仍然带有强烈的地方分权的特点。

从日本的警察组织体系来看，其集权性特点比较明显。一则，从组织设置来看，中央不仅有行使警察管理职权的国家公安委员会，而且设立了处于具体执行者地位的警察厅，授权警察厅对都道府县警察进行指挥、监督。并且警察厅在地方设立特设管区警局，与地方行政单位设置并不统一，以摆脱地方权力的控制。二则，从人事控制来看，都道府县警察机关中警视正以上衔级的警官，都由国家公安委员会掌握任免权，尽管事先须征得都道府县公安委员会的同意。三则，从经费控制来看，根据法律规定，国库负担以下方面的经费：具有警视正以上警衔的警官的工作和其他待遇、缴给地方公务员共济工会的费用及公务灾害赔偿所需要的经费，警察培训设施维护和培训经费，警察通信设施维护和通信的经费，犯罪鉴定设施维护和其他犯罪鉴定业务需要的经费，犯罪统计所需要的经费，警察装备需要的经费，警卫、警备需要的经费，用于侦破特殊犯罪案件需要的经费，用于训练应对武力攻击事件的措施以及突发事态紧急处置措施以及和国家机关一起进行的有关这些措施的训练所需要的经费，处理犯罪受害人赔偿事务所需要的经费。据此规定，地方警察机关的大部分经费由国库开支。从以上方面来看，中央对地方警察机关有很强的控制权。日本的此种警察组织模式与其传统上的集权体制有很大关系。

集权与分权相结合的警察组织模式在共同照顾到中央和地方需要的前提下建立，其优点在于，吸收了集权式警察组织和分权式警察组织各自的优点，实现了统一性与多样性需求的结合。一方面，由于有全国统一的警察机关体系，因而在一定层面可以统一立法，建立统一的警察行为标准，保证警察行为的统一性；另一方面，也照顾到地方多样性的发展需求，把警察机关同地方安全与秩序的要求连在一起，保证警察行为对社会发展需求的回应性。同时国家财政和地方财政的共同投入也有利于保证经费配给的充足。其缺点在于，如果处理不好中央和地方的关系，处理不好警察机关外部与内部的关系，有可能使集权式和分权式警察组织各自的缺点都集于一身，结果既难以实现统一调度，过多受地方干扰，又可能在中央统一的名义之下，难以真正反映地方发展的需求，还有可能出现因多重领导导致意见的不统一而使警察机关无所适从的结果。因此，建立合理的中央和地方的权限划分需要在照顾历史传统的基础上慎重科学的规划。

第三节　我国警察组织法的基本内容

一、我国警察组织法的现状

新中国的警察组织法肇始于新中国成立初期，在废除国民党六法全书的基础上，经历了从无到有逐渐完善的过程。1954 年的《公安派出所组织条例》（2009 年 6 月 27 日第十一届全国人大常委会第九次会议废止）是新中国第一部关于警察组织的法律，经过几十年的发展，我国已初步形成以《中华人民共和国人民警察法》为龙头的警察组织法律体系，主要包括下列形式：

（一）法律

指全国人大及其常委会制定的有关警察组织的法律文件。主要包括 1992 年第七届全国人大常委会第二十六次会议通过的《中华人民共和国人民警察警衔条例》，1995 年第八届全国人大常委会第十二次会议通过的《中华人民共和国人民警察法》，2009 年 8 月 27 日第十一届全国人大常委会第十次会议通过的《中华人民共和国人民武装警察法》。此外，《中华人民共和国国家安全法》、《中华人民共和国监狱法》、《中华人民共和国人民法院组织法》、《中华人民共和国人民检察院组织法》等法律也分别对国家安全机关、监狱、劳动教养管理机关的人民警察和人民法院、人民检察院的司法警察的设置做了规定。

（二）行政法规

指国务院制定的有关警察组织的法规。主要有《公安机关组织管理条例》、《公安机关督察条例》、《人民警察警衔标志式样和佩带办法》等。特别应该指出的是，2006 年 11 月 1 日国务院第 154 次常务会议通过了《公安机关组织管理条例》并于 2007 年 1 月 1 日起施行。《公安机关组织管理条例》是我国改革开放以来的第一个部门行政组织法，对于规范公安机关组织管理，保障公安机关及其人民警察依法行政，具有重要意义。

（三）行政规章

指公安部或其他部委制定的有关警察组织的规范性文件。主要有《公安机关人民警察训练条令》、《公安机关人民警察内务条令》、《公安机关人民警察纪律条令》、《公安机关人民警察基本素质考试考核暂行办法》、《公安机关人民警察奖励条令》、《公安机关人民警察辞退办法》等。

（四）司法解释

指最高人民法院和最高人民检察院对法检司法警察的设立问题所做的说明。包括最高人民法院《人民法院司法警察暂行条例》、《关于加强人民法院司法警察队伍建设的若干意见》，最高人民检察院《人民检察院司法警察暂行条例》、《人民检察院司法警察执行职务规则（试行）》等。

（五）地方性法规及其他规范性文件

包括地方各级权力机关、地方各级政府结合本部门、本地区警务建设的实际，制定的地方性法规、规章及规范性文件。

二、我国警察机关的设置

警察机关的设置是指根据其工作性质、任务和特点设置的人民警察的工作机关及部门。人民警察实现其职能作用，必须通过相应的工作机关和部门来完成。根据《人民警察法》第 2 条的规定，我国警察机关按其职责可分为公安机关，国家安全机关，监狱、劳动教养管理机关的人民警察和人民法院、人民检察院的司法警察。

（一）公安机关的设置

公安机关是指国家依照法律设立的，代表国家行使公安职权和履行公安职责的，具有武装性质的国家机关。公安机关除担负着日常的社会治安管理工作外，还负有处置突发事件、侦破各种刑事犯罪案件、参与和组织抢险救灾等重大责任。根据我国现行宪法和有关法律的规定，我国警察机关的组织体系由中央警察机关（公安部）、地方各级警察机关、专门警察机关、人民武装警察部队等组成。

1. 中央公安机关。按照《国务院组织法》等有关法律的规定，国务院设公安部，是我国最高公安机关。《公安机关组织管理条例》第 3 条第 1 款规定："公安部在国务院领导下，主管全国的公安工作，是全国公安工作的领导、指挥机关。"

公安部的主要职责是：研究拟定公安工作的方针、政策，起草有关法律法规草案，指导、监督、检查全国公安工作；掌握影响稳定、危害国内安全和社会治安的情况；指导、监督地方公安机关依法查处危害社会治安秩序的行为，依法管理户口、居民身份证、枪支弹药、危险物品和特种行业等工作；组织指导侦查工作，协调处置重大案件、治安事故和骚乱，指挥防范、打击恐怖活动；依法管理国籍、口岸边防检查工作；指导、监督消防工作、道路交通安全、交通秩序以及机动车辆、驾驶员管理等工作；指导、监督地方公安机关对国家机关、社会团体、企事业单位和重点建设工程的治安保卫工作以及群众性治安保卫组织的治安防范工作和公共信息网络的安全监察工作；指导、监督地方公安机关依法承担的执行刑罚和监督、考察工作；指导对看守所、拘留所、强制戒毒所等的管理工作；组织实施对党和国家领导人以及重要外宾的安全警卫工作；组织实施公安科学技术工作；规划公安信息技术、刑事技术建设；制定公安机关装备、被装配备和经费等警务保障标准和制度；组织开展同外国、国际刑警组织和香港、澳门特别行政区及台湾地区警方的交往与业务合作，履行国际条约和合作协议；统一领导公安边防、消防、警卫部队建设，对武警总部执行公安任务及相关业务建设实施领导和指挥；制定公安机关人员培训、教育及宣传的方针和措施；按规定权限管理干部；指导公安机关法制工作；制定公安队伍监督管理工作规章制度，指导公安机关督察工作；查处或督办公安队伍重大违纪事件，维护公安民警正常执法权益。

根据公安部的上述职责，公安部设有办公厅、警务督察、人事训练、宣传、经济犯罪侦查、治安管理、边防管理、刑事侦查、出入境管理、消防、警卫、公共信息网络安全监察、监所管理、交通管理、法制、国际合作、装备财务、禁毒、科技、反恐怖、信息通信等局级机构，分别承担有关业务工作。铁道部、交通运输部、中国民用航空局、国家林业局的公安局和海关总署缉私局列入公安部序列，接受主管部门和公安部双重领导。

2. 地方各级公安机关。按照《地方各级人民代表大会和地方各级人民政府组织法》的规定，我国县级以上地方各级人民政府均设有公安机关。《公安机关组织管理条例》第 3 条第 2 款规定："县级以上地方人民政府公安机关在本级人民政府领导下，负责本行政区域的公安工作，是本行政区域公安工作的领导、指挥机关。"

（1）省级公安机关。省级公安机关包括各省、自治区公安厅及各直辖市的公安局，是各省级人民政府的重要职能部门，负责本省（自治区、直辖市）范围内的警务工作。省级公安机关的主要职责是：研究本省、自治区、直辖市的治安状况，对公安工作进行决策，向公安部和本省、自治区、直辖市党委和政府提供信息，做好参谋，提供对策；负责对所辖省、自治区、直辖市的警察队伍的管理、教育、训练工作；指导、监督、检查本省、自治区、直辖市的警察执法情况；组织、协调对重大案件的侦破以及重大事件、重大治安灾害事故的处置工作；为本省、自治区、直辖市各级公安机关提供信息、技术、后勤服务；领导本省、自治区、直辖市的边防、消防和警卫工作；承办公安部和本地党委政府交办的其他事项。

（2）省辖市、地区、自治州和直辖市所属区一级警察机关。包括省辖市公安局、地区公安处、自治州公安局和直辖市所属区、县公安分局。它们各自负责本辖区范围内的公安工作。

（3）县级公安机关。即各县级市、县、自治县、旗人民政府设立的公安局和在市辖区设置的公安分局，它们各自负责本辖区范围内的公安工作。

（4）公安机关的派出机构。《公安机关组织管理条例》第 6 条规定："设区的市公安局根据工作需要设置公安分局。市、县、自治县公安局根据工作需要设置公安派出所。"公安分局和公安派出所作为派出机关接受委派的公安机关的领导，负责组织和管理本辖区的公安工作。派出所有两种类型，即地方派出所和专门派出所。其中地方派出所又可分为户籍派出所和治安派出所；专门派出所是专业公安机关的派出机构，包括铁路、交通、民航、林业公安派出所。

3. 专业公安机关。是指经国务院批准，在有关国家机关设置的专门从事一定专业内容的公安机关，依法行使相应的公安职权。专业公安机关是相应的国家机关的组成部分，在业务上接受公安部的统一领导。我国目前的专业公安机关包括铁路、民航、交通、林业和海关公安机关。

(1) 铁路公安机关。铁路公安机关是新中国建立最早的专业公安机关。铁路公安机关是国家派驻铁路的公安机关，列入国家公安机关序列。我国铁路公安机关的设置是：铁道部设公安局，作为全国铁路公安系统的领导机关，同时也列入公安部的业务局序列，接受铁道部和公安部双重领导；各铁路局设铁路公安局；各铁路分局设有铁路公安处；大中车站设有公安段或公安派出所。铁路公安机关的主要职责是负责铁路系统的公共安全和运输秩序，保障铁路运输安全畅通，负责本系统的车站、列车上发生的刑事案件，调查处理管段内发生的重大责任事故和治安案件等。2009年铁路公安系统改革，铁路警察纳入国家公务员序列。

(2) 交通公安机关。交通公安机关是1971年经国务院批准成立的。交通公安机关的设置是：在交通部设公安局，列入公安部的业务局序列，接受交通部和公安部双重领导；交通部下属的各航运、海运局设公安局；各港口设有公安分局，各码头设有公安派出所。交通公安机关的主要职责是整治水上运输和公路运输的治安秩序，预防和查处辖区内的治安灾害事故，管辖本系统内发生的刑事案件，对水上停泊和航行的船只实施消防管理监督，保障交通运输生产建设、旅客生命财产安全及交通运输线路的畅通。

(3) 民航公安机关。民航公安机关是1981年经国务院批准在民航系统建立的警察机关。民航公安机关的设置是：国家民航总局设有公安局，列入公安部的业务局序列，接受民航总局和公安部双重领导；各民航管理局设公安局（处）；在民航地区管理局站设公安分局、公安派出所。民航公安机关的主要职责是监督管理民航的安全工作，严防非法干扰民航安全、劫持和破坏航空器的事件发生；参与民航专机安全警卫工作；监督管理民用机场道路交通、消防和民航禁毒工作；预防和打击危害民航安全和旅客利益的各种刑事犯罪活动；负责机场的消防工作等。

(4) 林业公安机关。林业公安机关是1984年经国务院批准在林业系统建立的警察机关。林业公安机关的设置是：国家林业局设公安局，列入公安部的业务局序列，接受国家林业局和公安部双重领导；在省级林业厅、局设立公安处；在一些森林集中的地区，根据需要设立相应的公安分局、公安派出所等。林业公安机关的主要职责是保护森林资源和林业生产的安全，预防灾害事故的发生；依法查处破坏森林和野生动植物资源的刑事和治安案件，维护林区的治安秩序。

(5) 海关公安机关。海关公安机关是1999年在海关系统组建的走私犯罪侦查机关。海关公安机关的设置是：国家海关总署设立走私犯罪侦查局，列入公安部的业务局序列，接受国家海关总署和公安部双重领导；在各直属海关设立走私犯罪侦查分局。海关公安机关的主要职责是依法查缉涉税走私犯罪案件。

4. 武装警察部队。中国人民武装警察部队是1982年由中国人民解放军担负内卫及执勤任务的部队和公安部门实行兵役制的边防、消防、警卫三个警种统一组建的，武装警察部队既是国家的武装力量又是人民警察的组成部分。武装警察部队的设置是：中央设立武警总部，作为武装警察部队的领导和指挥机关；省、自治区、直辖市设立武警总队；省辖市、地区、自治州、盟设立武警支队；县一级地区根据需要设立武警大队或武警中队。根据《人民警察法》、《人民武装警察法》等法律的规定，武装警察部队的主要职责是：担负国家规定的警卫对象、目标和重大活动的武装警卫；关系国计民生的重要公共设施、企业、仓库、水源地、水利工程、电力设施、通信枢纽的重要部位的武装守卫；主要交通干线重要位置的桥梁、隧道的武装守护；监狱和看守所的外围武装警戒；直辖市、省、自治区人民政府所在地的市，以及其他重要城市的重点区域、特殊时期的武装巡逻；协助公安机关、国家安全机关、司法行政机关、检察机关、审判机关依法执行逮捕、追捕、押解、押运任务，协助其他有关机关执行重要的押运任务；参加处置暴乱、骚乱、严重暴力犯罪事件、恐怖袭击事件和其他社会安全事件及国家赋予的其他安全保卫任务。武装警察部队还承担防卫作战、抢险救灾、参加国家经济建设等任务。

5. 公安机关的内设机构。《公安机关组织管理条例》规定，县级以上地方人民政府公安机关和公安分局内设机构分为综合管理机构和执法勤务机构。办公室、政工、监察、装财、后勤等部门纳入综合管理机构；国保、经侦、治安、刑侦、禁毒、交管、监管等部门纳入执法勤务机构。根据《公安机关组织管理条例》的规定，执法勤务机构实行队建制，称为总队、支队、大队、中队。综合管理机构和执法勤务机构的划分充分体现了公安队伍的武装性质和纪律部队的特点，便于公安机关对警察队伍的规范化管理。

根据我国宪法、国务院组织法、地方组织法的规定，国务院统一领导各部和各委员会的工作，统一领导全国地方各级国家行政机关的工作；县级以上的地方各级人民政府领导所属各工作部门和下级人民政府的工作。这表明我国行政机关实行的是领导—从属制。上级行政机关领导下级行政机关，下级行政机关从属于上级行政机关。《公安机关组织管理条例》第3条规定："公安部在国务院领导下，主管全国的公安工作，是全国公安工作的领导、指挥机关。县级以上地方人民政府公安机关在本级人民政府领导下，负责本行政区域的公安工作，是本行政区域公安工作的领导、指挥机关。"上述规定可以表明，我国警察机关实行双重领导，即地方各级公安机关既要接受本级人民政府的领导，也要接受上级公安机关的领导。在实践中，我国公安机关的管理体制是"统一领导、分级管理，条块结合、以块为主"。各级公安机关在同级政府的领导下工作，同时受上级公安机关的领导和指挥，在这种条块结合的领导体制中，以接受同级政府领导为主。

《公安机关组织管理条例》第4条规定："公安机关实行行政首长负责制。"这是关于公安机关内部领导管理关系的规定。公安机关的行政首长是指各级公安机关的"一把手"，即公安部部长、公安厅厅长、公安局局长。公安机关派出的公安分局、公安派出所也实行分局局长、所长负责制。我国宪法明确规定，一切国家机关实行工作责任制。我国国家机关的责任制有两种形式，一是集体负责制，如我国全国人大及其常委会、地方各级人民代表大会及其常委会、各级人民法院及各级人民检察院等都实行集体负责制；二是个人责任制，又称首长负责制，要求有关国家机关在执行决定时必须个人分工负责，以免出现无人负责或推卸责任的不正常情况。我国国务院下属行政机关均实行首长负责制，要求权限清楚、责任明确，能够迅速贯彻执行法律，完成工作任务，提高工作效率。

（二）国家安全机关的设置

根据《国家安全法》的规定，国家安全机关是国家安全工作的主管机关。国家安全机关和公安机关按照国家规定的职权划分，各司其职，密切配合，维护国家安全。国家安全机关由国家安全部和地方各级国家安全机关组成，其主要任务是维护国家安全，保卫中华人民共和国人民民主专政的政权和社会主义制度，保障改革开放和社会主义现代化建设的顺利进行。国家安全机关在国家安全工作中的职权有：在国家安全工作中依法行使侦查、拘留、预审和执行逮捕以及法律规定的其他职权；依法执行国家安全工作任务时，经出示相应证件，有权查验中国公民或者境外人员的身份证明，向有关组织和人员调查、询问有关情况；可以进入有关场所，经过批准可以进入限制进入的有关地区、场所、单位，查看或者调阅有关的档案、资料、物品；可以优先乘坐公共交通工具，遇交通阻碍时，优先通行；可以优先使用机关、团体、企业事业组织和个人的交通工具、通信工具、场地和建筑物；可以查验组织和个人的电子通信工具、器材等设备、设施；可以提请海关、边防等检查机关对有关人员和资料、器材免检。

（三）监狱、劳动教养场所警察机构设置

《监狱法》第12条第2款规定："监狱的管理人员是人民警察。"另据关于劳动教养的相关行政法规，国家在监狱和劳动教养场所设置警察管理机构。

《监狱法》第10条规定："国务院司法行政部门主管全国的监狱工作。"这表明监狱的警察管理机构由司法机关统一领导，是国家司法行政机关的重要组成部分。监狱是国家的刑罚执行机关。监狱警察机构的职权是依法管理监狱、执行刑罚，对罪犯依法监管，根据改造罪犯的需要，组织罪犯从事生产劳动，对罪犯进行思想教育、文化教育、技术教育。根据国务院批转公安部发布的《劳动教养试行办法》的规定，劳动教养场所分为县团级、区营级两种。县团级的可下设大队或中队，区营级的可下设中队或小队。

（四）人民法院、人民检察院司法警察机构的设置

《人民法院组织法》对人民法院司法警察机构的设置做了规定，其第41条第3款规定："各级人民法院设司法警察若干人。"在此基础上，最高人民法院通过了《人民法院司法警察暂行条例》、《关于加强人民法院司法警察队伍建设的若干意见》。根据《人民法院司法警察暂行条例》的规定，人民法院司法警察的任务是通过行使职权，预防、制止和惩治妨碍审判活动的违法犯罪行为，维护审判秩序，保障审判工作的顺利进行。人民法院司法警察实行编队管理。最高人民法院设立司法警察局、司法警察总队，中级人民法院设立司法警察支队，基层人民法院设立司法警察大队。人民法院司法警察受所在人民法院院长的领导，接受所在人民法院和上级人民法院司法警察部门的管理。

《人民检察院组织法》对人民检察院司法警察机构的设置做了规定，其第27条第3款规定："各级人民检察院根据需要可以设司法警察。"在此基础上，最高人民检察院通过了《人民检察院司法警察暂行条例》、《人民检察院司法警察执行职务规则（试行）》。根据《人民检察院司法警察暂行条例》的规定，人民检察院司法警察的任务是通过行使职权，维护社会主法制，维护检察工作秩序，保护公民的人身安全、人身自由和合法财产，保护公共财产，预防、制止妨碍检察活动的违法犯罪行为，保障检察工作的顺利进行。人民检察院司法警察实行编队管理。最高人民检察院设法警局；省、自治区、直辖市人民检察院设法警总队；省、自治区、直辖市人民检察院分院和自治州、省辖市人民检察院设法警支队；县、市、自治县和市辖区人民检察院设法警队。人民检察院司法警察接受所在人民检察院检察长的领导，接受所在人民检察院和上级人民检察院司法警察部门的管理。

三、警察的录用与管理

（一）人民警察的录用

人民警察的录用，是指警察机关根据法律规定的条件，按照法定的方法和程序，将自

愿从事人民警察的公民录取为人民警察的行为。我国公务员法对公务员的条件及录用程序做了专门的规定，人民警察法也规定了担任人民警察应具备的条件，这些规定是我国录用人民警察的主要法律依据。

1. 人民警察录用的条件。根据《公务员法》第 11 条的规定，公务员应当具备下列条件：具有中华人民共和国国籍；年满 18 周岁；拥护中华人民共和国宪法；具有良好的品行；具有正常履行职责的身体条件；具有符合职位要求的文化程度和工作能力；法律规定的其他条件。2007 年人事部发布的《公务员录用规定（试行）》进一步明确了招录公务员的条件：具有中华人民共和国国籍、年龄为 18 周岁以上，35 周岁以下，拥护中华人民共和国宪法，具有良好的品行，具有正常履行职责的身体条件，具有符合职位要求的工作能力，具有大专以上文化程度，省级以上公务员主管部门规定的拟任职位所要求的资格条件，法律、法规规定的其他条件。其中年龄和文化程度，经省级以上公务员主管部门批准，可以适当调整。曾因犯罪受过刑事处罚的，曾被开除公职的；有法律规定不得录用为公务员的其他情形的不得报考公务员。

人民警察依法代表国家行使治安行政管理权和刑事司法权，除应具备国家公务员录用条件外，还必须具备担任人民警察的资格条件。依照《人民警察法》第 26 条的规定，担任人民警察应当具备下列条件：除具备公务员法规定的条件外，还要求有良好的政治、业务素质；身体健康；具有高中毕业以上文化程度；自愿从事人民警察工作。曾因犯罪受过刑事处罚的和曾被开除公职的，不得担任人民警察。

根据 2010 年人力资源和社会保障部、卫生部、国家公务员局联合发布的《关于印发公务员录用体检特殊标准（试行）》的通知，单侧裸眼视力不低于 4.8，从事法医、物证检验及鉴定、信息通信、网络安全管理、金融财会、外语及少数民族语言翻译、交通安全技术、安全防范技术、排爆、警犬技术等职位，单侧矫正视力不低于 5.0，无色盲、色弱，无影响面容且难以治愈的皮肤病，或者外观存在明显疾病特征，无文身，无肢体功能障碍，单侧耳语听力不低于 5 米，无嗅觉迟钝等。另外，2011 年人力资源和社会保障部、公安部、国家公务员局联合发布了《关于印发公安机关录用人民警察体能测评项目和标准（暂行）》的规定，在录用人民警察时，男子组要测评 10 米×4 往返跑、1 000 米跑和纵跳摸高，女子组要测评 10 米×4 往返跑、800 米跑和纵跳摸高，凡其中一项不达标的，视为体能测评不合格。

根据人民警察法的规定，担任人民警察领导职务的，还应具备下列条件：第一，具有法律专业知识。第二，具有政法工作经验和一定的组织管理、指挥能力。第三，具有大学专科以上学历。第四，经人民警察院校培训，考试合格。

除上述规定外，《人民法院司法警察暂行条例》、《人民检察院司法警察暂行条例》也对招录司法警察的条件做了相应的规定。

2. 人民警察录用的程序。我国《人民警察法》第 27 条规定：“录用人民警察，必须按照国家规定，公开考试，严格考核，择优选用”。另据《公务员法》、《公务员录用规定（试行）》等法律、法规的规定，人民警察的录用要经过下列程序：录用公务员，应当按照下列程序进行：

（1）发布招考公告。招考公告要面向社会发布，内容包括：招录机关、招考职位、名额和报考资格条件；报名方式方法、时间和地点；报考需要提交的申请材料；考试科目、时间和地点；其他须知事项。

（2）报名与资格审查。按照我国相关法律、法规规定的录用条件对报考人民警察的人员进行审查，了解报考人员是否具备人民警察的录用条件，是否具有不得担任人民警察的情形。招录机关根据报考资格条件对报考申请进行审查，在规定时间内确认报考者是否具有报考资格。

（3）考试。考试的方法包括笔试和面试两种形式，笔试包括公共科目和专业科目，公共科目由中央公务员主管部门统一确定，专业科目由省级以上公务员主管部门根据需要设置。笔试结束后，根据笔试成绩由高到低确定面试人选，面试应当组成面试考官小组，面试考官小组由具有面试考官资格的人员组成。

（4）考察与体检。招录机关根据报考者的考试成绩由高到低的顺序确定考察人选，考察内容主要包括报考者的政治思想、道德品质、能力素质、学习和工作表现、遵纪守法、廉洁自律以及是否需要回避等方面的情况。体检的项目和标准依照2010年人力资源和社会保障部、卫生部、国家公务员局联合发布的《关于印发公务员录用体检特殊标准（试行）》的规定执行。

（5）公示、审批。招录机关根据报考者的考试成绩、考察情况和体检结果，择优提出拟录用人员名单，向社会公示。公示时间为7天。公示内容包括招录机关名称、拟录用人员姓名、性别、准考证号、毕业院校或者工作单位、监督电话等内容。公示期满，对没有问题或者反映问题不影响录用的，按照规定程序办理审批或备案手续；对有严重问题并查有实据的，不予录用；对反映有严重问题，但一时难以查实的，暂缓录用，待查实并做出结论后再决定是否录用。

（二）人民警察的管理

1. 人民警察实行警衔制度。警衔是区分人民警察等级、表明人民警察身份的称号、标志和国家给予人民警察的荣誉。人民警察实行警衔制度，是为了加强人民警察队伍的革命化、现代化、正规化建设，增强人民警察的责任心、荣誉感和组织纪律性，有利于人民警察的指挥、管理和执行职务，是适应人民警察性质和任务的要求。1992年7月1日第七届全国人大常委会第二十六次会议通过了《中华人民共和国人民警察警衔条例》，该法明确规定，人民警察实行警衔制度。《人民警察法》第25条也做了同样的规定。根据警察法和警衔条例的规定，我国警衔制度的内容包括：

（1）警衔的等级。我国人民警察警衔等级的设置为五等十三级，由高到低依次为：总警监、副总警监、一级警监、二级警监、三级警监、一级警督、二级警督、三级警督、一级警司、二级警司、三级警司、一级警员、二级警员。

（2）警衔的首次授予标准及条件。警衔的首次授予是按照人民警察职务等级编制，以人民警察现任职务、德才表现、担任现职时间和工作年限为依据。具体的评授标准及条件是：担任行政职务的人民警察实行下列职务等级编制警衔：部级正职授予总警监，部级副职授予副总警监，厅（局）级正职授予一级警监至二级警监，厅（局）级副职授予二级警监至三级警监，处（局）级正职授予三级警监至二级警督，处（局）级副职授予一级警督至三级警督，科（局）级正职授予一级警督至一级警司，科（局）级副职授予二级警督至二级警司，科员（警长）职授予三级警督至三级警司，办事员（警员）职授予一级警司至二级警员；担任专业技术职务的人民警察实行下列职务等级编制警衔：高级专业技术职务授予一级警监至二级警督，中级专业技术职务授予一级警督至二级警司，初级专业技术职务授予三级警督至一级警员。

（3）警衔的晋升。人民警察警衔的晋升应具备警衔条例规定的晋级条件，贯彻“先培训，后晋升”的原则。其中二级警督以下的人民警察，在其职务等级编制警衔幅度内，根据警衔条例规定的期限和条件晋级，二级警员至一级警司任职时间需满 3 年晋升，一级警司至一级警督任职时间需满 4 年晋升。一级警督以上的人民警察的警衔晋级，在职务等级编制警衔幅度内，根据其德才表现和工作实绩实行选升。

2. 人民警察的训练制度。警察的训练制度是指各级警察组织从公安工作和公安队伍建设的实际需要出发，对不同职位的人民警察所进行的政治理论、法律知识、公安业务知识、警务技能、身体素质以及指挥管理、领导科学等内容的培养训练制度。《人民警察法》第 29 条规定："国家发展人民警察教育事业，对人民警察有计划地进行政治思想、法制、警察业务等教育培训。"《公安机关人民警察训练条令》第 5 条规定："公安机关人民警察必须接受训练，各级公安机关必须保证每个人民警察定期接受训练。"第 6 条规定："公安机关人民警察训练合格方可任职、晋升职务或者授予警衔、晋升警衔。"

(1) 训练的组织。公安机关政工部门是训练工作的主管部门，负责规划、组织、指导、管理训练工作。公安机关人民警察训练工作实行统一领导，分级管理，分工负责。公安部主管全国公安机关人民警察训练工作。地方各级公安机关主管本地区或本级公安机关人民警察训练工作。地级公安机关根据省级公安机关的规划和要求，管理本地区公安机关人民警察训练工作。公安院校和公安机关的训练基地承担公安机关人民警察训练任务。

(2) 训练的目的。公安机关人民警察训练的目的是提高公安队伍的整体素质，把公安机关人民警察培养成为政治合格、纪律严明、作风过硬、业务精通、执法如山的党和人民的忠诚卫士。

(3) 训练的种类。公安机关人民警察训练包括初任训练、专业训练和晋升训练。

第一，初任训练。初任训练是对公安机关新录用、调入人员的训练。训练合格，方能正式任职和授予警衔。经考试录用或者从非公安机关调入公安机关任正科级以下职务的人员，初任训练时间不少于 3 个月。训练的主要内容包括：政治理论基础知识、法律法规基础知识、公安业务基础知识、警务技能和体能训练等。其中，警务技能和体能训练的时间，不少于训练总课时的 50%。从非公安机关调入公安机关任副处级以上职务的人员，初任训练时间不少于 2 个月。训练的主要内容包括：政治理论、公安实用法律法规、公安业务、指挥管理、警务技能和体能训练等。其中，警务技能和体能训练的时间，不少于训练总课时的 25%。

第二，专业训练。专业训练是根据公安机关人民警察工作岗位的职责要求进行的训练。公安机关人民警察应当每 3 年参加一次专业训练。专业训练的内容和方式由地级以上公安机关政工部门和相关业务部门共同确定。训练时间不少于 1 个月。副处级以上领导岗位的人民警察的专业训练的主要内容包括：政治理论、法律法规、公安业务、指挥管理、领导科学和体能训练等。其他岗位的人民警察的专业训练的主要内容包括：政治理论、公安实用法律法规、岗位专门业务、专业技术技能、警务技能和体能训练等。各级公安机关应当根据新颁布的公安法律、法规、规章的实施和形势发展的需要，结合专业训练组织开展知识技能更新训练。知识技能更新训练可以单独实施，也可以与专业训练结合实施，每年累计不少于 80 学时。

第三，晋升训练。晋升训练是公安机关人民警察晋升职务或者警衔前的训练。《公安机关组织管理条例》第 29 条规定："公安机关人民警察应当经过公安院校等人民警察培训机构培训并考试、考核合格，方可任职、晋升职务、授予警衔、晋升警衔。"副科级以下职务的人民警察的职务晋升训练或者一级警司以下警衔的人民警察的警衔晋升训练的主要内容包括：政治理论、法律法规、公安业务、警务技能和体能训练等。职（等）级内晋升，训练时间不少于10天。跨职（等）级晋升，训练时间不少于40天。正科级、副处级职务的人民警察的职务晋升训练或者三级警督警衔、二级警督警衔的人民警察的警衔晋升训练的主要内容包括：政治理论、法律法规、公安业务、指挥管理、警务技能和体能训练等。职（等）级内晋升，训练时间不少于15天。跨职（等）级晋升，训练时间不少于40天。其中，晋升为县级公安机关正、副局长级职务的人民警察的职务晋升训练，训练时间不少于2个月；晋升为地级公安机关正、副局长级职务的人民警察的职务晋升训练，训练时间不少于40天。处级以上职务的人民警察的职务晋升训练或者一级警督以上警衔的人民警察的警衔晋升训练的主要内容包括：政治理论、法律法规、公安工作研究、指挥决策和体能训练等。训练时间不少于40天。

3. 人民警察执法资格等级考试制度。为了加强公安机关执法能力建设，提高公安机关人民警察的法律素质和执法水平，保障公安机关既严格、公正、规范执法，又理性、平和、文明执法，公安部制定了《公安机关人民警察执法资格等级考试办法》，并于2011年1月1日起施行。人民警察执法资格等级考试制度的内容主要包括：

（1）考核的对象。人民警察执法资格等级考试的对象是公安机关在编在职的人民警察。人民警察必须取得基本级执法资格才能办理案件。

（2）考试的内容。执法资格等级考试主要测试应试人员应当具备的法律知识和从事公安执法工作的资格等级，内容包括：法学基础理论、社会主义法治理念、公安机关常用法律规定和案例评析、执法办案操作规程等。对公安机关刑事犯罪侦查、经济犯罪侦查、治安管理、出入境管理、交通管理、禁毒、消防机构的人民警察，考试内容除前款规定的内容外，还包括警种专业法律知识和案例评析、执法办案操作规程等内容。

（3）考试的等级与晋升。执法资格等级考试分为基本级、中级、高级三个等级，采用逐级升级方式。人民警察申报上一级执法资格等级考试的，应当先取得下一级执法资格等级。执法资格等级有效期为五年，人民警察应当在执法资格等级有效期届满前，重新申报并参加执法资格等级考试。

（4）考试组织。执法资格等级考试由公安部和省级公安机关组织实施。公安部负责统一编制公安机关人民警察执法资格等级考试大纲，并编制公安机关人民警察执法资格等级考试训练题库，指导执法资格等级考试工作。省级公安机关负责组织本省（自治区、直辖市）的执法资格等级考试。具体分工是，省级公安机关组织的中级以下执法资格等级考试由省级公安机关统一命题、统一评判。试卷应当按照公安机关人民警察执法资格等级考试大纲要求拟制，并报公安部审定。高级执法资格等级考试和公安部组织的执法资格等级考试由公安部统一命题、统一评判。执法资格等级考试每年度定期举行，采用闭卷方式。地方公安机关人民警察通过执法资格等级考试的，由省级公安机关颁发《公安机关人民警察执法资格考试等级证书》，高级执法资格考试等级证书由公安部颁发。

（5）考试结果运用。首先，执法资格等级考试是执法办案的依据。人民警察必须取得基本级执法资格，未取得基本级执法资格的，不得办理案件；担任县级、市（地）级公安机关内设执法勤务类机构、公安派出所主要负责人的人民警察，必须取得中级以上执法资格。其次，执法资格等级考试是晋升职务、级别的重要依据。在同等条件下，应当优先提拔执法资格等级高的人民警察；人民警察未取得基本级执法资格的，公务员年度考核不得被评为称职及以上等次，不得晋升职务、级别。再次，执法资格等级考试是人才管理的重要手段。对取得高级执法资格的人民警察，应当纳入公安部和省级公安机关的人才库管理。

4. 人民警察的奖励制度。人民警察奖励，是有奖励权的警察机关根据法律和有关规定，对在警察工作中表现突出，有显著成绩和特殊贡献的个人或者集体给予奖励的警察管理制度。人民警察奖励制度是充分调动人民警察工作积极性的一项重要手段。《人民警察法》第31条规定："人民警察个人或者集体在工作中表现突出，有显著成绩和特殊贡献的，给予奖励。奖励分为：嘉奖、三等功、二等功、一等功、授予荣誉称号。对受奖励的人民警察，按照国家有关规定，可以提前晋升警衔，并给予一定的物质奖励。"根据《人民警察法》、《公安机关组织管理条例》及2003年公安部颁布的《公安机关人民警察奖励条令》的相关规定，公安机关人民警察奖励制度的内容如下：

(1) 奖励的类别。奖励的类别分为集体奖励和个人奖励两种。集体奖励的对象是各级公安机关建制单位和为完成专项工作临时成立的非建制单位；个人奖励的对象是各级公安机关在职在编人民警察。因公牺牲或者病故的人民警察，生前有重大贡献或者突出事迹，符合奖励条件的，可以追授奖励。

(2) 奖励的原则。《公安机关人民警察奖励条令》第3条规定，公安机关奖励工作坚持以下原则：第一，实事求是，按绩施奖；第二，发扬民主，贯彻群众路线；第三，公开、公平、公正；第四，精神鼓励与物质奖励相结合，以精神鼓励为主。

(3) 奖励的等级。集体奖励和个人奖励由低至高均依次为：嘉奖，记三等功、二等功、一等功，授予荣誉称号。个人荣誉称号是指全国公安系统二级英雄模范、一级英雄模范。

(4) 奖励的形式。人民警察的奖励形式包括精神鼓励、物质奖励、提前晋升警衔。

(5) 奖励的条件。集体奖励的条件是：依法查处违法犯罪活动，维护社会稳定，成绩突出的；依法妥善处置群体性事件，积极参加抢险救灾，圆满完成重大活动安全保卫任务，成绩突出的；加强公安基层基础建设，落实各项管理防范措施，有效预防和制止违法犯罪活动，成绩突出的；依法履行行政管理职能，实行科学、文明、规范管理，提高工作质量和办事效率，成绩突出的；加强思想政治工作，强化教育、管理和监督，提高队伍的整体素质和战斗力，成绩突出的；认真完成综合管理、警务保障等工作任务，成绩突出的；勇于探索，大胆创新，有发明创造、革新成果或者创造典型经验，成绩突出的；密切联系群众，热情为群众服务，成绩突出的；在其他方面成绩突出的。个人奖励的条件是：不畏艰难，不怕牺牲，积极参加查处违法犯罪活动、维护稳定、治安防范管理等各项公安保卫工作，成绩突出的；依法行政，文明管理，提高办事效率和工作质量，成绩突出的；锐意进取，勇于探索，有理论创新、革新成果或者创造典型经验，成绩突出的；勤奋学习，刻苦钻研，积极参加教育训练，努力提高警务技能，成绩突出的；爱岗敬业，保持良好作风，认真完成各项工作任务，成绩突出的；秉公执法，清正廉洁，勇于与社会不良风气作斗争，成绩突出的；见义勇为，舍己救人，积极参加抢险救灾，保护国家和人民群众生命财产安全，成绩突出的；热情为群众服务，做好事，办实事，成绩突出的；在其他方面成绩突出的。

(6) 奖励的标准。对于符合奖励条件的集体和个人，按照下列标准予以奖励：对成绩突出的，可以给予嘉奖；对成绩突出，有较大贡献的，可以记三等功；对成绩显著，有重要贡献的，可以记二等功；对成绩显著，有重大贡献和影响的，可以记一等功；对成绩卓著，有特殊贡献和重大影响，堪称典范的，可以授予荣誉称号。

(7) 奖励的审批。对符合奖励条件的集体和个人，由单位推荐或者政工部门提名，经所在单位民主评议和领导班子集体研究后，确定申报奖励的等级，填写奖励审批表，撰写事迹材料和请示，按照批准权限和程序逐级申报。其中公安部的批准权限为：全国公安机关集体记一等功、授予荣誉称号和个人授予全国公安系统一级英雄模范、二级英雄模范荣誉称号奖励；省级公安机关及其正、副厅（局）长和纪委书记（督察长）、政治部主任嘉奖、记功奖励；公安部机关及直属单位集体和个人嘉奖、记功奖励。省级公安机关的批准权限为：公安部批准权限以外的本地区公安机关集体记二等功和个人记一等功、二等功奖励；地级公安机关及其正、副局长、政委和纪委书记（督察长）、政治部主任嘉奖、记三等功奖励；县级公安机关及其局长、政委记三等功奖励；省级公安机关内设机构及直属单位集体和个人嘉奖、记三等功奖励。地级公安机关的批准权限为：上级公安机关批准权限以外的本地区公安机关集体和个人记三等功奖励；县级公安机关及其正、副局长、政委嘉奖奖励；地级公安机关内设机构及直属单位集体和个人嘉奖奖励。县级公安机关的审批权限为：上级公安机关批准权限以外的本地区公安机关集体和个人嘉奖奖励。

另外，公安机关人民警察违法违纪的，应当根据国家规定给予处分；构成犯罪的，依法追究刑事责任。处分分为：警告、记过、记大过、降级、撤职、开除。对受处分的公安机关人民警察，根据国家规定降低警衔或者取消警衔。对公安机关人民警察的处分由任免机关或者监察机关决定。公安机关人民警察对涉及本人的人事处理决定不服，或者认为有关部门及其领导人员侵犯其合法权益的，可以依法申请复核，提出申诉或者控告。

人民法院和人民检察院司法警察的奖惩按照《人民警察法》和最高人民法院、最高人民检察院的有关规定办理。

5. 人民警察职务的任免、升降制度。根据《公务员法》和中共中央组织部、人事部联合发布的《公务员职务任免与职务升降规定（试行）》等法律、法规的规定，人民警察职务的任免、升降必须贯彻党的干部路线和方针，坚持党管干部原则，任人唯贤、德才兼备、注重实绩原则，民主、公开、竞争、择优原则。

（1）任职。指人民警察机关根据有关法律法规，在其权限范围内，通过法定的程序，任命人民警察担任某一职务的行为。

人民警察具有下列情形之一的，应予任职：第一，新录用公务员试用期满经考核合格的；第二，通过调任、公开选拔等方式进入公务员队伍的；第三，晋升或者降低职务的；第四，转任、挂职锻炼的；第五，免职后需要新任职务的；第六，其他原因需要任职的。

人民警察任职的程序是：第一，按照有关规定提出拟任职人选；第二，根据职位要求对拟任职人选进行考察或者了解；第三，按照干部管理权限集体讨论决定；第四，按照规定履行任职手续。

（2）免职。指人民警察机关根据有关法律法规，在其权限范围内，通过法定的程序，免去人民警察担任某一职务的行为。

人民警察具有下列情形之一的，应予免职：第一，晋升职务后需要免去原任职务的；第二，降低职务的；第三，转任的；第四，辞职或者调出机关的；第五，免职后需要新任职务的；第六，退休的；第七，其他原因需要免职的。

公务员免职的程序是：第一，提出免职建议；第二，对免职事由进行审核；第三，按照干部管理权限集体讨论决定；第四，按照规定履行免职手续。

人民警察有下列情形之一的，其职务自然免除，可不再办理免职手续，由所在单位报任免机关备案：第一，受到刑事处罚或者劳动教养的；第二，受到撤职以上处分的；第三，被辞退的；第四，法律、法规及有关章程有其他规定的。

（3）晋升职务。指人民警察从较低的职务晋升到较高的职务。

人民警察晋升职务首先应当具备拟任职务所要求的思想政治素质、工作能力、文化程度和任职经历等方面的条件和资格，在规定任职资格年限内的年度考核结果均为称职以上等次。晋升县处级以上领导职务的公务员，还应当具备《党政领导干部选拔任用工作条例》和有关法律、法规、章程规定的资格。

晋升乡科级领导职务应当符合下列资格条件：第一，具有大学专科以上文化程度；第二，晋升乡科级正职领导职务的，应当担任副乡科级职务2年以上；第三，晋升乡科级副职领导职务的，应当担任科员级职务3年以上；第四，具有正常履行职责的身体条件；第五，其他应当具备的资格。

晋升领导职务的程序是：第一，民主推荐，确定考察对象；第二，组织考察，研究提出任职建议方案，并根据需要在一定范围内进行酝酿；第三，按照干部管理权限集体讨论决定；第四，按照规定办理任职手续。

根据《公安机关组织管理条例》的规定，县级以上地方人民政府公安机关正职领导职务的提名，应当事先征得上一级公安机关的同意；县级以上地方人民政府公安机关副职领导职务的任免，应当事先征求上一级公安机关的意见。

（4）降职。指科级科员以上职务的公务员，在定期考核中被确定为不称职的，应予降职。

人民警察降职的程序是：第一，提出降职建议；第二，对降职事由进行审核并听取拟降职人的意见；第三，按照干部管理权限集体讨论决定；第四，按照规定办理降职手续。

降职的人民警察，在新的职位工作1年以上，德才表现和工作实绩突出，经考察符合晋升职务条件的，可晋升职务。

6. 人民警察辞去公职与辞退制度

（1）人民警察辞去公职制度。人民警察的辞去公职，是指人民警察依照法律、法规规定，申请终止与任免机关的任用关系。根据我国《公务员法》、《人民警察法》、《公务员辞去公职规定（试行）》等法律、法规的规定，人民警察辞去公职，应当依照法定的情形、权限和程序办理。

人民警察辞去公职是保障警察合法权益的重要形式，但是，人民警察具有下列情形之一的，不得辞去公职：第一，在涉及国家秘密等特殊职位任职或者离开上述职位不满国家规定的脱密期限的；第二，重要公务尚未处理完毕，且须由本人继续处理的；第三，正在接受审计、纪律审查，或者涉嫌犯罪，司法程序尚未终结的；第四，法律、行政法规规定的其他不得辞去公职的情形。

人民警察辞去公职的程序是：第一，向任免机关提出书面申请，填写《辞去公职申请表》；第二，公安机关组织人事部门审核；第三，任免机关审批，作出同意辞去公职或者不同意辞去公职的批复，同意辞去公职的应当同时免去其他所任职务；第四，任免机关将审批结果以书面形式通知公务员所在单位和申请辞去公职的公务员，并将同意辞去公职的批复送同级公务员主管部门备案。

经批准辞去公职的公务员，离职前应当办理公务交接手续，必要时按照规定接受审计。公务员申请辞去公职未予批准的，可以按照规定申请复核或者提出申诉。公务员辞去公职的，原系领导成员的公务员在离职3年内，其他公务员在离职2年内，不得到与原工作业务直接相关的企业或者其他营利性组织任职，不得从事与原工作业务直接相关的营利性活动。

（2）人民警察辞退制度。人民警察的辞退，是指公安机关依照法律、法规规定，解除与警察的任用关系。人民警察辞退制度是提高人民警察队伍的素质和战斗力、完善公安机关人事管理制度的重要形式。根据《公务员法》、《人民警察法》、《公务员辞退规定（试行)》、《公安机关组织管理条例》、《公安机关人民警察辞退办法》等法律、法规、规章的规定，公安机关辞退人民警察，应当依照法定的情形、权限和程序办理。

人民警察予以辞退的情形有：第一，不符合录用人民警察的条件，未按规定程序招收的；第二，在年度考核中，连续2年被确定为不称职的；第三，不胜任现职工作，又不接受其他安排的；第四，因所在机关调整、撤销、合并或者缩减编制员额需要调整工作，本人拒绝合理安排的；第五，不履行公务员义务，不遵守公务员纪律，经教育仍无转变，不适合继续在机关工作，又不宜给予开除处分的；第六，旷工或者因公外出、请假期满无正当理由逾期不归连续超过15天，或者一年内累计超过30天的。

人民警察有下列情形之一，经批评教育、纪律处分后仍不改正的，或者经培训试用后仍不合格的，应当予以辞退：第一，作风散漫，纪律松弛，经常迟到早退或者上班时间经常办私事的；第二，遇事推诿，消极怠工，工作不负责任的；第三，要特权，态度恶劣，刁难辱骂群众，侵犯公民合法权益的；第四，酗酒滋事或者经常酗酒的；第五，私自将警械、警服、警衔标志转借、赠送非人民警察的；第六，不按规定着装，警容不严整，举止不端庄的；第七，对遇有危难情形的群众拒绝提供救助的；第八，文化、业务素质低，不适应公安工作的。

人民警察有下列情形之一，错误比较严重又不宜给予行政开除处分的，应当予以辞退：第一，殴打他人或者唆使他人打人的；第二，违法实施处罚的；第三，违反规定收取费用的；第四，接受当事人及其代理人请客送礼的；第五，从事营利性的经营活动或者受雇于个人、组织的；第六，给违法人员通风报信或者给违法活动提供保护的；第七，玩忽职守，不履行法定义务的；第八，不执行上级决定和命令的；第九，在执行公务中贪生怕死，临阵脱逃的；第十，违反规定使用武器、警械的；第十一，利用职权牟取私利的；第十二，诬告他人，压制和打击报复检举人、控告人的；第十三，道德败坏，生活腐化的；第十四，有其他违法违纪行为的。

根据《公务员辞退规定（试行）》，不得辞退的情形有：第一，因公致残，被确认丧失或者部分丧失工作能力的；第二，患病或者负伤，在规定的医疗期内的；第三，女性公务员在孕期、产假、哺乳期内的；第四，法律、行政法规规定的其他不得辞退的情形。

辞退人民警察的程序是：第一，所在单位在核准事实的基础上，经领导集体讨论研究提出辞退建议，填写《辞退国家公务员审批表》，按照管理权限报任免机关；第二，任免机关人事部门审核；第三，任免机关审批。任免机关应当在30日内作出决定。凡批准辞退的，应当以书面形式通知呈报单位和被辞退人员，同时抄送同级人民政府人事部门和上一级公安机关备案；凡不予批准的，应当将辞退建议和《辞退国家公务员审批表》退回呈报单位，并说明理由。

被辞退人员5年内不得再录用为人民警察。自批准之月的下月起停发工资，按国家有关规定享受失业保险或者领取辞退费。被辞退人员对辞退决定不服，可以按照《国家公务员申诉控告暂行规定》申请复核或者提出申诉。

第四节　完善我国警察组织法律制度

我国警察组织法历经五十多年的发展，已形成了具有中国特色的警察组织法律体系，但还存在着一些不足，有的学者认为，一些警察组织法的内容有欠缺并且不合理，如警察组织法中编制方面的内容不合理，造成我国警察与人口的比例偏低；在现有的警察组织法规范中，不同警察机关的职权交叉严重，一些组织法规范缺乏责任条款，在一定程度上导致警察组织负责人随意扩充机构和人员的现象发生；一些警察组织法规范陈旧，不适应现在警察组织管理的需要，对随意扩编缺乏有效的监督和制约机制，弹性财政政策难以对机构和人员进行有效制约等。[①]

警察组织法在警察法律体系中处于十分重要的地位，它不仅是警察机关和警察人员进行自身建设的法律依据，同时也是警察机关和警察人员发挥行政管理职能，打击、预防违法犯罪的基础和保障，对于完善我国警察组织法律制度，具有重要意义。

一、制定统一的警察组织法

根据《人民警察法》第2条的规定，人民警察包括公安机关、国家安全机关、监狱、劳动教养管理机关的人民警察和人民法院、人民检察院的司法警察。我国警察机关的多样性决定了我国警察组织立法的复杂性。

我国的警察序列中存在着不同性质的警察机关，公安机关、国家安全机关、监狱、劳动教养管理机关的人民警察属于行政机关，人民法院、人民检察院的司法警察虽然纳入人民警察序列，但由司法机关管理。即使在同一警察机关中也存在着许多不同的警种，如公安机关中的铁路、交通、民航、林业、海关公安机关都带有明显的行业特点，在隶属关系上也和地方公安机关有所不同。各警察机关所行使的权力存在着很大的差别，我国《人民警察法》只对公安机关的职权做了规定，国家安全机关、监狱、劳动教养管理机关的人民警察和人民法院、人民检察院的司法警察，分别依照有关法律、行政法规的规定履行职权。由于缺乏统一的警察组织法，造成警察机关职能交叉、机构臃肿、权责脱节、多重多头执法等问题，制定统一的《人民警察组织法》，依法规范警察机构的设置，对不同警察机关的性质、任务、组织机构、职责权限作出更为明确的规定，使公安机关和其他警察机关各自的职权更加清晰，对于保障其在法律授权的范围内进行活动十分必要。

二、及时修改法律，更新警察组织法的内容

由于我国正处在历史上重大的变革时期，社会上客观情况发展变化很快，调整社会关系的法律也应不断变化，正确处理好法律、法规及规范性文件的废、改、立的关系十分必要。在这个问题上，《公安机关组织管理条例》已经开了一个好头。该条例规定了公安机关的性质、职责、领导体制、隶属关系、机构设置、公安机关人民警察职务、公安机关的编制和经费、公安机关人民警察管理、公安机关人民警察待遇等，解决了公安机关机构设置不规范、警力配置不科学、职责不清、效率不高、保障不力等问题。例如，经中央公务员主管部门或者省、自治区、直辖市公务员主管部门批准，公安机关可对专业性较强的职位和辅助性职位实行聘任制。这是对公安机关规范化管理和解决公安机关警力不足的重要举措。又如，该条例规定了公安机关的机构设置和人员编制，明确设区的市公安局根据工作需要设置公安分局，市、县、自治县公安局根据工作需要设置公安派出所；公安分局和公安派出所的设立、撤销，按照规定的权限和程序审批；县级以上地方公安机关和公安分局内设机构分为综合管理机构和执法勤务机构，执法勤务机构实行队建制，称为总队、支队、

① 参见高文英：《公安警察行政法探究》，53～54页，北京，群众出版社，2004。

大队、中队。这对于公安机关的规范化管理具有重要意义。再如，该条例还专门规定，县级以上人民政府按照国家规定的经费项目和标准，将公安机关经费列入财政预算，实行全额保障，并对经济困难地区的公安工作给予必要的经费支持。这对于警察机构规模的科学化设定以及规范化执法具有重要意义。

但是，总的来说，我国警察组织立法还不够健全和完善，不能适应变化的客观实际需要。如21世纪的警务理念是打防结合，重在预防，服务为本，网络技术已成为警务现代化的标志，而《人民警察法》第26条规定担任人民警察的文化条件是具有高中毕业以上文化程度，这显然已不能适应现代化的执法要求。《公安机关组织管理条例》颁行后，公安部有关方面负责人表示，公安部将抓紧会同有关部门，组织制定或者修订《条例》涉及的有关公安机关机构设置、编制管理、经费保障以及民警职务序列、警衔管理、录用辞退、表彰惩戒、工资福利等的法律、法规和规章制度。

三、科学配置警察机关的权力

科学配置警察机关的权力，规范警察权行使，是保证警察权配置的合理性和高效性，进而全面实现警察权法治化的重要内容。从我国警察权的配置看，以下问题应值得我们思考。

（一）公安机关行政警察与刑事警察机构应当分立

我国目前的公安机关是公安警察行政权力与警察司法权力合一的机构。公安警察行政职权和警察刑事职能统一由公安机关行使，只不过在公安机关内部存在部门上的划分而已。我国《人民警察法》第二章用了14个条文的篇幅规定了人民警察的职权，其中12条是关于公安机关职权的内容。第6条规定了公安机关的人民警察按照职责分工，依法履行的14个方面的职责，第7条到第19条规定了履行职责应行使的权力。我国公安机关是一支庞大的队伍，不仅包括地方各级公安机关的人民警察，也包括铁路、交通、民航、林业、海关人民警察在内。现行法律存在着对公安机关职权规定得过大、权力界限不清的现象。我国著名学者陈兴良教授认为，从我国公安机关的设置来看，警察权的设置与行使上，具有以下三个特征：一是垄断性，即警察权主要由公安机关集中统一行使，形成一种高度垄断的警察体制；二是广泛性，我国公安机关行使的警察权极为广泛，包括社会生活的各个方面；三是重大性，我国公安机关不仅行使着广泛的警察权，而且涉及公民的自由、权利、财产的限制乃至剥夺，这是一种十分重大的权力。行政警察活动与司法警察活动具有性质上的差别，司法警察①和行政警察不仅职责不同，而且行使权力的法律根据也有所不同，行政警察与司法警察的职能既有联系与衔接，又有区别。正是这种区别性，成为行政警察与司法警察分立的主要根据。②

我们认为，在公安部的统一领导下，公安警察行政职权与警察刑事职权由不同的警察机关行使，这种适度分权的方式对于优化警察权力配置，防止警察机关权力过大或交叉行使而造成权力的滥用具有重要意义。目前世界各国一般均分为行政警察与刑事警察，如《俄罗斯联邦民警法》第二章规定，俄罗斯联邦民警分为刑事民警和治安民警。刑事民警机关的主要任务是发现、预防、制止和侦破须经预审的犯罪，追捕逃避侦查、预审和审判者、逃避服刑者，寻找失踪者和俄罗斯联邦法律规定的其他人员；治安民警机关的主要任务是

---

① 这里的“司法警察”指行使警察刑事职权的警察，而非人民法院、人民检察院的司法警察。

② 参见陈兴良：《限权与分权：刑事法治视野中的警察权》，载《法律科学》，2002（1）。

保障人身安全公共安全、保护财产，维护社会秩序，发现、预防、制止犯罪和行政违法行为，侦破无须预审的犯罪案件，以及在职权范围内搜寻某类人员，并查明其所在地。[①] 我国可以借鉴俄罗斯的做法，在公安机关的组织上，分别设立刑事警察机关和行政警察机关。

（二）人民法院、人民检察院司法警察的定位应更加明确

根据《人民警察法》的规定，人民法院、人民检察院的司法警察属于人民警察的范畴，是行使司法保障权和司法警察权的一个独立的特殊警种，但对于法警的性质、任务和职能等，现行法律并没有给予准确的定位。《人民警察法》第二章共14条中有13条都是对公安机关的人民警察职权的具体规定，而对包括司法警察在内的其他警察则仅有“分别依照有关法律、行政法规的规定履行职权”一条原则性规定。最高人民法院曾颁发了《人民法院司法警察暂行条例》、《关于加强人民法院司法警察队伍建设的若干意见》等，最高人民检察院也专门制定了《人民检察院司法警察暂行条例》和《人民检察院司法警察执行职务规则（试行）》，只是从法警执行任务的角度做了规定，没有给法警的权力作出准确的定位，在一定程度上弱化了司法警察的职能发挥。人民法院、人民检察院的司法警察的性质、任务、职能、管理及法律责任等有待从立法的层面予以保障。

问题与思考

1. 警察组织法的基本内容包括哪些？
2. 如何理解警察组织法的基本原则？
3. 从类型学的角度，世界各国的警察组织法大体可分为哪三种类型？三种类型各自的特点是什么？
4. 试述我国警察组织法律体系的现状与不足。
5. 如何更科学地配置警察机关的权力？

参考文献

1. 沈宗灵主编．法理学．北京：高等教育出版社，1994
2. 盐野宏著，杨建顺译．行政组织法．北京：北京大学出版社，2008
3. 应松年主编．行政法学新论．北京：中国方正出版社，1998
4. 陈真，陈合权主编．世界警察概论．成都：四川大学出版社，2008
5. 高文英．公安警察行政法探究．北京：群众出版社，2004
6. 陈兴良．限权与分权：刑事法治视野中的警察权．法律科学，2002（1）
7. 刘伯祥主编．外国警察法．北京：中国法制出版社，2007

① 参见刘伯祥主编：《外国警察法》，713页，北京，中国法制出版社，2007。

第二编

公安警察法

第三章 公安警察行政法

第一节　公安警察行政法概述

一、公安警察行政法的含义

二、公安警察行政法的体系

第二节　公安警察行政许可

一、公安警察行政许可的概念与特点

二、公安警察行政许可的种类与适用

三、公安警察行政许可的实施程序

第三节　公安警察行政处罚

一、公安警察行政处罚的概念与特点

二、公安警察行政处罚的种类

三、公安警察行政处罚的适用

四、公安警察行政处罚的程序

第四节　公安警察行政强制

一、公安警察行政强制的概念与特征

二、公安警察行政强制的种类与适用

三、公安警察行政强制的程序

第五节　其他公安警察行政行为

一、劳动教养

二、收容教育

三、收容教养

□・本章概要・□

公安警察行政法是公安警察执法的主要法律依据，学习和掌握公安警察行政法的内容，对于系统了解警察法至关重要。本章首先明确了公安警察行政法的含义，然后详细地讲述了警察机关日常执法中最常见的公安警察行政许可、行政处罚、行政强制三种具体的行政行为，还对劳动教养、收容教育、收容审查进行了阐述。

关键术语

公安警察行政行为　公安警察行政许可　公安警察行政处罚　公安警察行政强制

第一节　公安警察行政法概述

一、公安警察行政法的含义

公安警察行政法有广义和狭义两种理解。广义的公安警察行政法是指作为行政法的一个分支，调整警察机关在行使职权的过程中，与公民、法人或者其他组织发生的各种行政关系的法律规范的总称。包括公安警察行政主体、公安警察行政行为、公安警察监督与救济等内容。狭义的公安警察行政法是指规范警察机关在行使职权的过程中所作出的各种行为的法律制度，即关于公安警察行政行为的法律制度。为了和其他章节保持一致又联系贯通，我们本书中探讨的公安警察行政法是狭义上的公安警察行政法。另外需要说明的是，本章的警察机关及其人民警察，仅指公安机关及其人民警察。

二、公安警察行政法的体系

如上述对公安警察行政法含义的界定，公安警察行政法体系是指以警察机关的行政行为为调整对象，以公安警察行政法律、法规、规章为依据，所构成的层次分明、井然有序的法律体系。

公安警察行政法按调整的方法进行划分，可以分为公安警察行政许可法、公安警察行政处罚法、公安警察行政强制法。实践中公安行政执法过程中经常使用劳动教养、收容教育、收容教养等手段，但鉴于理论界对这些行为的法律性质存在着较大争议，我们本着执法实务的需要，把这部分内容单独列出，作为一节。

第二节　公安警察行政许可

一、公安警察行政许可的概念与特点

许可即允许、允诺之意，是指一方允许另一方作未经允许即是违法或侵权的事情。德国行政法中，行政许可是指通过对法律禁止的解除而批准特定的行为或者特定的计划的行为。日本行政法中，将许可和认可结合在一起，统称为许认可，是指“行政机关在具备特定的法定要件时作出的具有解除由法律、法规设定的一般性禁止（不作为义务）的法律效果的行为”①。根据我国行政许可法的规定，公安警察行政许可是指公安警察行政主体在法律一般禁止的前提下，应相对方的申请，经过审查，决定是否颁发许可证，是否赋予相对方从事某种活动的权利或资格的公安警察行政行为。

---

① 朱芒：《日本的行政许可——基本理论和制度》，载《中外法学》，1999（4）。

根据其含义，公安警察行政许可一般具有以下特征：

（一）公安警察行政许可的前提是法律的一般禁止

这里所说的“一般禁止”是指不经过特别批准、认可或资质确认便不能从事的活动，是和“绝对禁止”相对应的概念。如果没有法律的一般禁止，相对人无须许可即可从事某种行为或活动，就根本无须申请许可了，因此行政许可所许可的均是法律一般禁止的事项或行为。

（二）公安警察行政许可是一种依申请的行政行为

公安警察行政许可是一种由行政相对人提出申请才能实施的具体行政行为，相对人的申请是公安警察行政许可行为作出的必经程序和条件，没有相对人的申请，公安警察行政主体就不能实施该行为。公安警察行政主体不能因行政相对人准备从事某种特定的活动而主动颁发许可证。

（三）公安警察行政许可是一种赋权性行政行为

公安警察行政许可的法律后果是警察机关准许或不准许行政相对人从事某种特定的活动。公安警察行政许可与公安警察行政处罚、公安警察行政强制不同，它不是对相对人科以义务或惩罚，而是赋予相对人某种权利或资格的行为。

（四）公安警察行政许可是要式行政行为

公安警察行政许可应遵循法定的程序，并应以书面的形式作出。警察机关作出准予行政许可的决定，应当颁发行政许可证件；作出不予颁发许可的决定也必须以书面方式通知行政相对人。公安警察行政许可决定不存在口头形式。

二、公安警察行政许可的种类与适用

（一）公安警察行政许可的种类

行政许可根据不同的分类标准，可以有不同的种类。如根据法律设定行政许可的条件，分为一般许可与特殊许可；根据行政许可是否附义务为标准，分为权利性行政许可与附义务性行政许可；根据相对人所获得的行政许可是否具有排他性，分为排他性行政许可和非排他性行政许可。这些分类在各行政法教材中都有论述，在此不再赘述。本教材针对公安警察行政许可，根据许可管理的范围不同，分为以下几类①：

1. 治安管理许可。治安管理中的行政许可包括公共场所管理许可、危险化学物品管理许可、枪支警械管理许可、民用爆破物品管理许可、特种行业管理许可、安全技术防范服务业管理许可、集会游行示威类许可。

2. 户证管理许可。户籍管理中的行政许可包括户口审批、批准发放身份证、户口登记、发给暂住证等批准许可行为。

3. 道路交通管理许可。道路交通管理中的行政许可包括有关机动车的管理许可、有关机动车驾驶员的管理许可、路面安全的管理许可等。

4. 出入境管理许可。出入境管理许可包括批准发给边境通行证，批准颁发护照，批准入境、过境、居留、旅行，批准申请国籍等。

5. 消防管理许可。消防管理许可包括消防器材生产许可、批准审核防火安全建筑设计、批准许可使用液化石油气站、批准发放防火安全合格证等。

① 参见余凌云：《警察许可与行政许可法》，209～393页，北京，中国人民公安大学出版社，2003。

6. 计算机安全管理许可。计算机安全管理中的行政许可包括计算机信息系统安全专用产品检测和销售许可，计算机信息系统安全管理人员的个人资质许可，对经营网吧的许可，收集、保存、发布计算机病毒的许可等。

7. 边检管理许可。边防检查管理中的许可包括出海船舶户籍注册、出海船舶出海登记、非出海人员在船上作业住宿的许可、香港澳门合资合作经营船舶许可、船员上下船舶的许可、珠海深圳经济特区通行证。

（二）公安警察行政许可的实施机关

根据行政许可法及警察法律法规的相关规定，我国公安警察行政许可的实施机关主要包括以下几类：

1. 县级以上地方人民政府公安机关

《行政许可法》第 22 条规定："行政许可由具有行政许可权的行政机关在其法定职权范围内实施。"县级以上人民政府公安机关作为政府的职能部门，法律法规明确赋予其行政管理的职能，如《公安机关行政许可工作规定》第 2 条第 1 款规定："公安机关实施行政许可及其监督管理，适用本规定。"即表明公安机关是实施公安警察行政许可的基本主体。

2. 法律、法规授权的公安机关内设机构或派出机构

《公安机关行政许可工作规定》第 2 条第 2 款规定："法律、法规授权实施行政许可的公安机关内设机构，适用本规定有关公安机关的规定。"目前我国能够实施行政许可的内设机构主要有：公安机关交通管理部门（我国《道路交通安全法》的授权）、公安消防机构（我国《消防法》的授权）、公安部出入境管理机构（我国《护照法》、《出境入境管理法》等的授权）、公安部计算机管理监察部门（《计算机信息系统安全保护条例》、《计算机信息系统安全专用产品检测和销售许可证管理办法》的授权）、公安边防部门（《沿海船舶边防治安管理规定》等的授权）、公安派出所（《户口登记条例》的授权），上述内设机构都有法律、法规或规章的明确授权，都具有行政主体的资格，能够以自己的名义进行公安警察行政许可。

3. 公安机关依法委托的组织

公安机关委托的组织是指有管辖权的公安机关依照法律、法规、规章的规定，将自己具有的行政许可权委托给其他的组织行使。受委托的组织不能以自己的名义实施行政许可，不具有行政主体的资格，但它能成为公安警察行政许可的具体实施机关。如《公安机关行政许可工作规定》第 8 条规定："设区的市级以上公安机关可以将自己负责实施的行政许可，委托县、区公安机关受理。"再如，我国《护照法》第 4 条第 1 款规定："普通护照由公安部出入境管理机构或者公安部委托的县级以上地方人民政府公安机关出入境管理机构以及中华人民共和国驻外使馆、领馆和外交部委托的其他驻外机构签发。"

（三）公安警察行政许可的管辖

公安警察行政许可的管辖是指各公安警察行政主体之间对实施行政许可的权限分工，是解决公安警察行政主体在自己的职权范围内各司其职、各尽其责的依据。

1. 职能管辖

职能管辖是确定具有不同公安警察行政许可权的主体之间的权限分工。通常来说，公安警察行政许可权由县级以上人民政府的公安机关来管辖，但法律特别规定将某项权利授权给某个组织行使的，我们称为专属管辖权，只能由该组织行使，其他任何机关和组织不能行使该专属管辖权的事项。如《道路交通安全法》将机动车登记的权力授权给公安交通

管理部门，则由公安交通管理部门专属行使，公安机关或者其他的内设机构都不得行使。上述法律、法规授权的内设机构均对本事项享有专属管辖权。

2. 级别管辖

级别管辖是确定不同层级的公安警察行政许可主体之间的权限分工。关于公安警察行政许可的级别管辖没有专门的法律规范作出具体规定，它散见于不同的法律文件中，但通常情况下应当由县级公安机关或机构来管辖。法律作出特别规定的，依照特别规定。如《易制毒化学品管理条例》第15条第1款规定："……申请购买第一类中的非药品类易制毒化学品的，由所在地的省、自治区、直辖市人民政府公安机关审批。"

3. 地域管辖

地域管辖是确定同级公安警察行政主体之间对许可事项的权限分工。对于地域管辖在《行政许可法》及相关的警察法律法规中也没有统一具体的规定。根据行政许可的便民原则及立法精神，我们认为通常情况下应遵循对人的管理实行"属人管理"，对物或者事的管理实行"属地管理"的原则。这里的"属人管理"是指由相对人的户籍所在地或者经常居住地来管辖，如我国《护照法》第5条规定："公民因前往外国定居、探亲、学习、就业、旅行、从事商务活动等非公务原因出国的，由本人向户籍所在地的县级以上地方人民政府公安机关出入境管理机构申请普通护照。"《机动车驾驶证申领和使用规定》第17条规定："申领机动车驾驶证的人，按照下列规定向车辆管理所提出申请：（一）在户籍地居住的，应当在户籍地提出申请；（二）在暂住地居住的，可以在暂住地提出申请；（三）现役军人（含武警），应当在居住地提出申请；（四）境外人员，应当在居留地提出申请；（五）申请增加准驾车型的，应当在所持机动车驾驶证核发地提出申请。"这里的"属地管理"是指由物之所在地或者行为所在地的机关来管辖。如《易制毒化学品管理条例》第20条规定："跨设区的市级行政区域（直辖市为跨市界）或者在国务院公安部门确定的禁毒形势严峻的重点地区跨县级行政区域运输第一类易制毒化学品的，由运出地的设区的市级人民政府公安机关审批；运输第二类易制毒化学品的，由运出地的县级人民政府公安机关审批。经审批取得易制毒化学品运输许可证后，方可运输。"

4. 相对集中管辖权

实践中常有需一个机关的多个机构审批或者几个机关审批的现象，《行政许可法》第25、26条对这种情形作了明确规定。第25条规定了省级人民政府经国务院批准，可以将几个有业务联系的行政机关行使的许可权归由一个行政机关行使，第26条规定了需一个机关多个内设机构或者多个机关审批时，应由一个内设机构或者机关统一受理（即"一个窗口对外"）或者采取联合办理、集中办理的方式，这些对建立一个廉洁高效的政府有着重要的意义。

三、公安警察行政许可的实施程序

公安警察行政许可的实施程序是指实施行政许可的警察机关以及行政许可的申请人和利害关系人，在行政许可中应遵循的方式、方法、步骤、期限等。根据行政许可法的规定，公安警察行政许可的程序分为简易程序与一般程序。

（一）简易程序

简易程序也就是当场审批程序。我国《行政许可法》第34条第2款规定："申请人提交的申请材料齐全、符合法定形式，行政机关能够当场作出决定的，应当当场作出书面的行政许可决定。"由此可见，公安警察行政许可适用简易程序应当满足以下三个条件：

（1）申请人提交的申请材料齐全。即申请人必须按照法律、法规、规章规定的条件、数量、种类、期限要求提交全部材料。提交的材料不齐全就无法当场作出决定。

（2）申请人提交的申请材料符合法定形式。也就是说申请人提交的材料不仅满足条件、数量、种类的要求，每项材料还必须符合法律、法规和规章要求的制作形式。一般来说就是要按照许可事项公示的示范文本提交材料。

（3）警察机关能够当场作出行政许可决定。所谓“能够当场作出决定”是指具备当场作出决定的人力、物力等客观条件。至于“能够当场作出决定”的标准法律没有作出明确规定。

我国《行政许可法》规定许可的简易程序是为了真正落实许可的便民原则，提高行政效率，但当场作出行政许可也必须遵循申请、受理、审查、决定的步骤。

1. 申请

公安警察行政许可是依申请的行政行为，所以相对人提出申请是行政许可的启动程序。公安警察行政许可的申请，是指行政相对人向警察机关作出拟从事依法应当经过行政许可的特定活动的意思表示。

（1）行政许可事项的公示

为便于申请人提出申请，警察机关应当公开行政许可的有关规定，包括：法律、法规、规章规定的有关行政许可的事项、依据、条件、数量、程序、期限、需要提交的全部材料的目录和申请书示范文本，以及受理行政许可的内设机构名称、地址、联系电话。

公示可以采取设置公告栏、触摸屏或者查阅本等方式进行。已经建立公共信息网站的警察机关还应当将公示内容以及受理机关的地址、咨询电话在网站上公示。

（2）申请的形式

行政许可法对相对人的行政许可申请的形式未作严格的要求，许可申请可以是口头形式，也可以采用书面形式，还可以通过信函、电报、电传、传真、电子数据交换和电子邮件等方式提出。但是依法应当由申请人到警察机关办公场所当面提出行政许可申请的除外。

行政机关为了提高行政效率、方便行政相对人，行政文书的格式文本在实践中大量存在。行政许可法规定，申请书需要采用格式文本的，行政机关应当向申请人提供行政许可申请的格式文本。

行政许可申请可以由申请人本人提出，也可以由申请人委托代理人提出。如果由委托代理人提出行政许可申请的，警察机关应当要求当事人出具授权委托书或者在申请表上委托栏中载明委托人和代理人的简要情况，并签名或者盖章，出示委托人身份证件。

2. 受理和审查

警察机关接到行政许可申请后，应当就下列事项进行审查：

（1）申请事项是否属于依法需要取得行政许可的事项；

（2）申请事项是否属于本机关管辖；

（3）申请材料是否齐全和符合法定形式，内容填写是否正确。

3. 作出是否许可的决定

经审查，认为符合简易程序的条件，应当当场作出许可决定。依法不需要取得行政许可的，应当及时口头告知申请人不予受理，并说明理由；申请人要求书面决定的，警察机关应当出具不予受理决定书；依法应当给予许可的，应当颁发许可证或作出批准的决定。认为不符合简易程序条件的，按照一般程序办理。

（二）一般程序

1. 申请与受理

申请的方式和要求与上述简易程序相同，不再赘述。

警察机关接到行政许可申请后，经初步审查，认为不符合简易程序的条件，应当按照下列情形分别作出处理：

（1）申请事项依法不属于本机关职权范围的，应当口头告知申请人向有关行政机关申请；申请人要求书面决定的，警察机关应当出具不予受理决定书。

（2）申请材料不齐全或者不符合法定形式的，应当当场或者在五日内一次告知申请人需要补正的全部内容；逾期不告知的，自收到申请材料之日起即为受理。

（3）申请事项属于本机关职权范围，申请材料齐全、符合法定形式，但不能当场作出许可决定的，应当受理行政许可申请。

警察机关受理或者不予受理行政许可申请，应当出具加盖本行政机关专用印章和注明日期的书面凭证。

2. 审查

公安警察行政许可的审查是指对已经受理的申请是否符合实际的审核过程。

（1）审查的内容

公安警察行政许可机关应当对申请材料依法进行审查后，才能作出是否准予许可的决定。其审查的内容包括：①申请人资格审查；②申请书及其附录材料的形式要件审查；③申请的实质要件审查；④有关资格的审查还须审查申请人是否通过规定考核或确认；⑤核实申请内容。

（2）审查的方式

公安警察行政许可机关对许可申请的审查分为形式审查和实质审查。形式审查时仅对申请人提交的申请材料是否齐全、是否符合法定形式进行书面审查，而对材料记载的内容的真实性不进行审查；实质审查不仅实施形式审查，还进一步审查许可事项的真实性。

对于实质审查，警察机关应当指派两名以上工作人员进行核查。核查可以采取实地或者实物查看、检验、检测以及询问、调查等方式进行。核查应当制作核查记录，全面、客观地记载核查情况。核查记录应当由核查人员和被核查方签字确认。

（3）审查的程序要求

依法应当先经下级警察机关审查后报上级警察机关决定的行政许可，下级警察机关应当在20日内将初步审查意见和全部申请材料直接报送上级警察机关。上级警察机关不得要求申请人重复提供申请材料。

警察机关对行政许可申请进行审查时，发现行政许可事项直接关系他人重大利益的，应当告知该利害关系人。申请人、利害关系人有权进行陈述和申辩。警察机关应当听取申请人、利害关系人的意见。

3. 听证

听证程序源于西方，最初适用于司法领域。听证在德国称为“听审”，在日本叫做“听闻”，叫法虽然不同，但其意思都是给予当事人参与的机会。听证可以分为正式听证和非正式听证。正式听证又称为审判式听证，当事人一方有权对另一方提供的证据发表意见，进行辩论和质证，行政机关必须根据听证笔录作出决定；非正式听证是指在行政机关作出影响相对人权益的决定时，应当给予当事人陈述和申辩的机会，供行政机关参考，行政机关无须基于听证笔录作出决定。正式听证程序严格规范，但适用于所有事项并不现实，也不必要。非正式听证具有听证程序的核心内容，较为灵活，有利于提高效率，同时又有程序公正的内核，在行政程序中应当是一个发展的趋势。听证程序的主要功能是建立一种有利于行政相对人或其他利害关系人表达意志的机制，形成相对人对行政过程的更为直接和有效的参与和监督，以实现对行政权力的制约和对公民权利的保障。

我国继《行政处罚法》首次引进听证制度后，行政许可法也规定了行政许可的听证程序。公安警察行政许可的听证是指公安警察行政许可机关在作出是否准予行政许可的决定之前，由警察机关指派专人主持听取审查行政许可申请的工作人员和申请人就行政许可事实及证据进行陈述、质证和辩论的法定程序。

（1）听证程序的适用范围

根据《行政许可法》第46、47条的规定，适用于行政许可的听证分为法定听证和选择听证。

法定听证是指法律明确规定的，不能由行政机关或行政相对人选择，行政机关在作出是否准予行政许可的决定前必须举行听证的程序。应举行听证而未听证的构成行政许可程序的违法。法定听证适用于两种情况：一是法律、法规、规章规定实施行政许可应当举行听证的；二是行政机关认为需要听证的其他涉及公共利益的重大行政许可事项。

选择听证是指行政机关在作出是否准予行政许可决定前告知申请人、利害关系人有申请听证的权利，并由申请人、利害关系人选择是否听证的程序。选择性听证适用于直接涉及申请人与他人之间重大利益关系的行政许可事项。

（2）听证的告知、申请和受理

对于法定听证的行政许可事项，警察机关应当向社会公告，公告期为10日，并在公告期满后20日内举行听证。公民、法人或者其他组织在公告期内报名参加听证的，警察机关应当登记。公告期内无人报名参加听证的，警察机关应当在案卷中载明，不再举行听证。报名人数过多难以组织安排的，警察机关可从报名者中采取随机方式确定5至10人参加听证。

对选择听证的行政许可事项，警察机关具有告知的义务，即警察机关在作出行政许可决定前应当告知当事人有要求举行听证的权利，这是警察机关必须履行的程序。行政相对人应当在公安警察行政许可机关告知后的5日内向警察机关提出听证申请。如果行政相对人没有在告知后的5日内提出听证申请，视为放弃提出听证的权利。行政相对人提出申请的形式可以是口头的，也可以是书面的。为了避免以后存在法律争议，申请以书面形式为宜，如果用口头形式，警察机关应做好记录。警察机关接到行政相对人的听证申请后，应当进行审查：第一，听证申请是否超过了5日的期限；第二，申请人是否曾经被告知；第三，该许可事项是否符合听证的适用范围；第四，提出听证要求是否符合相应的规定，格式、手续是否齐全等。经审查，符合听证条件的，应当组织听证。

（3）听证的程序

警察机关决定举行听证的，应当于举行听证的7日前将举行听证的时间、地点通知申请人、利害关系人，必要时予以公告；警察机关应当指定审查该行政许可申请的工作人员以外的人员为听证主持人，申请人、利害关系人认为主持人与该行政许可事项有直接利害关系的，有权申请回避；听证应当公开举行。举行听证时，审查该行政许可申请的工作人员应当提供审查意见的证据、理由，申请人、利害关系人可以提出证据，并进行申辩和质证。听证应当制作笔录，听证笔录应当交听证参加人确认无误后签字或者盖章。

（4）听证笔录的效力

我国《行政许可法》规定，行政机关应当根据听证笔录，作出行政许可决定。首次在听证制度中确立了听证笔录的案卷排他原则，突出了以听证笔录为依据作出行政许可决定的核心要求。这一规定相对于我国以往立法规定的听证制度而言是一个明显进步和重大突破，对于我国的行政法制建设必将产生深远影响。案卷排他性原则也称案卷唯一性原则，是指为了保护当事人的知情权和防卫权，行政许可机关作出的影响申请人或利害关系人权利义务的决定所根据的证据，原则上必须是该决定作出前，行政案卷中已经记载的，并经过当事人口头或书面质辩的事实材料。案卷排他性原则的确立意味着“行政许可决定的作出只能以行政案卷中记载的经过当事人质证的材料为依据，不能在案卷以外，以当事人所未知悉和未论证的事实作为根据”。这就表明：①行政许可机关不能在听证以外接纳证据；②行政机关不能利用其职员的秘密调查报告作为证据，因为这些材料没有记载在案卷之中，为当事人所不知，也没有经过当事人的论证，纯系片面之词，以此为根据作出决定，有违公正原则；③行政机关不能就案件中所涉及的物体，单方面进行观察，因为行政机关进行观察时，其本身已经成为证人，所以必须要求当事人在场作成记录，以符合证据法规则；④行政机关不能屈从于外界的压力与影响，这些影响不论来自哪个方面，都没有记载在案卷之中，不能作为裁决的依据。我国立法中确立了案卷排他性原则，但遗憾的是立法没有设置违反这一原则的法律责任，这是立法技术上的一大缺陷。

4. 决定

警察机关经过对许可申请的审查，对于符合许可法定条件的申请应当作出核发许可的决定，对于不符合许可法定条件的申请作出不予许可的决定。警察机关作出准予行政许可的决定，需要颁发行政许可证件的，应当向申请人颁发加盖本机关印章的证件；依法作出不予行政许可的书面决定的，应当说明理由，并告知申请人享有依法申请行政复议或者提起行政诉讼的权利。

警察机关办理行政许可，必须遵循我国《行政许可法》规定的期限，法律法规另有规定的，依照其规定。

（1）公安警察行政许可机关应当自受理行政许可申请之日起20日内作出行政许可决定。20日内不能作出决定的，经本行政机关负责人批准，可以延长10日，并应当将延长期限的理由告知申请人。但是，法律、法规另有规定的，依照其规定。

（2）行政许可采取统一办理或者联合办理、集中办理的，办理的时间不得超过45日；45日内不能办结的，经本级人民政府负责人批准，可以延长15日，并应当将延长期限的理由告知申请人。

（3）警察机关作出准予行政许可的决定，应当自作出决定之日起10日内向申请人颁发、送达行政许可证件。

5. 变更与延续程序

（1）公安警察行政许可的变更

公安警察行政许可的变更是指警察机关应被许可人的申请，依法变动、更改合法有效的行政许可的内容。被许可人要求变更行政许可事项的，应当向作出行政许可决定的警察机关提出申请；符合法定条件、标准的，警察机关应当依法办理变更手续。变更的程序按照行政许可申请的程序和期限办理。

（2）公安警察行政许可的延续

公安警察行政许可的延续是指警察机关应被许可人的申请，依法准予延长行政许可的有效期限，或者承认其在新的有效期内继续有效。许可延续与准予许可同样重要，可以使当事人的权利具有确定力，不随时间的变化而被轻易剥夺。

被许可人需要延续依法取得的行政许可的有效期的，应当在该行政许可有效期届满30日前向作出行政许可决定的警察机关提出申请。但是，法律、法规、规章另有规定的，依照其规定。

警察机关应当根据被许可人的申请，在该行政许可有效期届满前作出是否准予延续的决定；逾期未作决定的，视为准予延续。这里确立了行政许可延续申请的默示批准制度，体现了行政许可的便民原则，并且有利于督促行政机关及时作出是否延续许可的决定，有利于保护行政相对人的权利，这是行政许可法的一大亮点。

第三节　公安警察行政处罚

一、公安警察行政处罚的概念与特点

（一）公安警察行政处罚的概念与特征

公安警察行政处罚，是指享有公安警察行政处罚权的主体对违反公安警察行政法律规范但尚不构成犯罪的公民、法人或其他组织依法给予制裁的具体行政行为。

公安警察行政处罚有以下特征：

1. 公安警察行政处罚的主体是依法享有公安警察行政处罚权的主体，包括警察机关和法律法规授权的组织。在这里需要注意的是，公安警察行政处罚的主体是公安警察行政主体，但并不意味着任何一个公安警察行政主体都有行政处罚权，某一特定的公安警察行政主体是否拥有处罚权和拥有何种处罚权，在多大范围内拥有处罚权是由法律法规予以明确规定的。

2. 公安警察行政处罚的对象是作为外部相对方的公民、法人或其他组织。这一点使之区别于警察机关基于隶属关系或监察关系依职权对其公务员所作出的行政处分。

3. 公安警察行政处罚的前提是行政相对方实施了违反公安警察行政法律规范的行为。这里有两层含义：其一，只有相对方实施了违反公安警察行政法律规范的行为，才能给予公安警察行政处罚；其二，相对方实施的违法行为只能是一般违法行为，不能是构成犯罪的行为，这一点使之区别于对犯罪予以制裁的刑罚。

4. 公安警察行政处罚的目的是对违法的相对人予以惩戒，带有制裁性质。这种制裁性体现于对违法相对方权益的限制、剥夺或对其设定新的义务。这一点使之区别于以处罚的形式促使当事人履行义务的执行罚。

（二）公安警察行政处罚与相关概念的区别

为了便于我们进一步理解公安警察行政处罚的概念和特征，现将公安警察行政处罚与几个相关概念作比较分析，以明确它们之间的区别。

1. 公安警察行政处罚与公安警察行政处分

公安警察行政处分是指警察机关或监察机关对其内部违法失职的人民警察实施的一种惩戒措施。应该说，无论是公安警察行政处罚还是公安警察行政处分，其本质上都属于一种法律制裁措施。公安警察行政处罚与公安警察行政处分的区别主要有以下几个方面：

（1）作出的主体不同。公安警察行政处罚是由享有行政处罚权的公安警察行政主体作出；而公安警察行政处分是由受处分的人民警察所在的警察机关或上级警察机关、行政监察机关作出。

（2）制裁的对象不同。公安警察行政处罚针对外部相对人违反公安警察行政法律规范并构成行政违法的行为；而公安警察行政处分则针对人民警察基于其身份以及公务活动中的职务所构成的违法行为。

（3）制裁的形式不同。公安警察行政处罚的形式、种类很多，如警告、罚款、没收财物、吊销警察机关发放的许可证照、责令停产停业、行政拘留，法律、行政法规规定的其他行政处罚等；而公安警察行政处分的形式有警告、记过、记大过、降级、撤职、开除留用察看、开除等八种。

（4）行为的性质不同。公安警察行政处罚属于外部行政行为，以行政管理关系为基础；而公安警察行政处分属于内部行政行为，以行政隶属关系为基础。

（5）依据的法律法规不同。公安警察行政处罚所依据的是有关公安警察行政管理的法律法规；而公安警察行政处分则只能依据有关行政机关工作人员或国家公务员的法律法规的规定。

（6）救济途径不同。公安警察行政处罚的救济途径是行政复议、行政诉讼及行政赔偿；公安警察行政处分的救济途径是向上一级警察机关或行政监察机关申诉。

2. 公安警察行政处罚与刑罚

刑罚是人民法院依法对犯罪分子所作出的最为严厉的法律制裁，公安警察行政处罚与刑罚都是具有国家强制力的制裁方式，但二者有明显区别：

（1）权力性质不同。公安警察行政处罚与刑罚虽然都是追究违法者对国家的责任，但行政处罚是国家行政权力的运用，刑罚是国家司法权力的运用。

（2）适用处罚的主体不同。公安警察行政处罚是由有外部管理权限的警察机关或法律、法规授权的组织来适用；而刑罚的适用主体是国家司法机关——人民法院。

（3）适用的对象不同。公安警察行政处罚适用于违反公安警察行政法律规范“尚未构成犯罪”的公民、法人或其他组织；而刑罚适用于违反刑法构成犯罪的自然人或单位。

（4）适用的程序不同。公安警察行政处罚是依据行政法律规范规定的行政程序作出，包括《行政处罚法》规定的基本程序和单行法律规定的程序；而刑罚是根据《刑事诉讼法》规定的程序作出，要比公安警察行政处罚程序复杂得多。

（5）处罚的种类不同。公安警察行政处罚的种类很多，既有《行政处罚法》的统一规定，又有各单行法律、法规的分散规定。而刑罚的种类则由《刑法》统一规定，有两类九种，即五种主刑和四种附加刑：主刑是管制、拘役、有期徒刑、无期徒刑、死刑；附加刑是罚金、剥夺政治权利、没收财产、驱逐出境（适用于外国人）。

3. 公安警察行政处罚与执行罚

公安警察行政处罚是一种剥夺或限制相对人权利的制裁性行为。而执行罚是行政强制执行的一种方法，它是以惩罚的形式迫使当事人履行义务。例如警察机关对超过法定期限拒不缴纳罚款的相对人所收的滞纳金是一种督促相对人履行义务的执行罚，虽然它本身具有一定的制裁性，但其主要目的是迫使相对人履行某种法定义务或实现法律要求的状态。公安警察行政处罚与执行罚有明显的区别：

（1）法律性质上存在差异。引起执行罚的行为不具有严格意义上的违法性；而处罚则以相对人的违法行为为前提。

（2）目的上存在着差异。处罚的目的是惩罚、教育行政违法行为人，制止与预防行政违法行为；而执行罚的目的是促使相对人在法定期限内履行法定义务。

二、公安警察行政处罚的种类

公安警察行政处罚的种类是指公安警察行政处罚的具体表现形式，划定公安警察行政处罚的种类是设定和实施公安警察行政处罚的前提条件。

（一）国外行政处罚的种类①

行政处罚种类的多少各国情况不同，有的国家种类不多，而有的国家则种类繁多，在行政处罚的分类上各国都有自己的特色。

在奥地利，行政处罚法规定的处罚种类主要包括申诫罚、自由罚和财产罚。具体地讲主要有五种表现形式：一是警告，是最轻的一种行政处罚，适用于即使处以最轻的财产罚仍然过重的案件；二是自由罚，包括拘留和住宅禁足，是一种对人身自由权的处罚，自由罚不得少于 6 小时；三是没收，即没收财物，是对财产权的一种剥夺，既可以单独适用，也可以与其他行政处罚合并使用；四是罚锾，即罚款，对罚锾的强制执行，应以不影响被处罚人的最低限度的生活、法律上的赡养义务的履行以及对被害人的损害赔偿为限度；五是补充罚，也称易科罚，指受罚锾处罚的行为人无力缴纳罚锾时，应当易科拘留，易科拘留的时间一般不得超过两星期。

意大利的行政处罚共有三种形式：一是罚款，分为定额罚款、比例罚款和规定了上下限的幅度罚款；二是吊销许可证和执照；三是没收财物。这三种处罚形式可以单独适用，也可以合并适用。意大利不存在自由罚，限制人身自由、居住自由只能由司法机关依照刑法适用，属于刑罚范畴。

澳大利亚的行政处罚主要有罚款、吊销许可证、责令停业以及某些束缚或者剥夺人身自由权的处罚。

德国的《秩序违反法》仅规定了一种处罚种类即财产罚。其不仅没有规定拘束人身自由的人身罚，而且扣留或者吊销执照、停止营业、警告或限期改善等不利处分也没有被纳入其中。这些不利处分一般是由行政机关根据特定行政法律规定和行政程序法，以行政决定的方式实施。

日本的行政处罚又称行政罚，由行政刑罚与秩序罚两部分组成，行政刑罚为主，秩序罚为辅。行政刑罚是刑法典以外的单行法律规定的刑罚，其种类与刑法典上的种类相同，有死刑、徒刑、监禁、罚金、拘留、科金（轻微罚金）等。秩序罚作为行政刑罚的补充，主要是指“过料”（罚款），是国家对不按行政法规定进行登记申报等违反行政秩序的行为科处罚款。日本的情况与德国类似，吊销许可证、公表（通报批评）等不是秩序罚。

（二）我国公安警察行政处罚的分类

据统计，我国行政处罚多达一百二十余种，可见，行政处罚种类众多，在行政处罚制度中地位重要。

从学理上分，行政处罚可分为四类②：

（1）申诫罚。亦称声誉罚，是行政处罚机关向相对人发出警告，申明其具有违法行为，通过对其名声、名誉、信誉等施加影响，引起精神上的警惕，使其及时改正不再违法。申诫罚属于行政处罚中最轻的处罚种类，不具体剥夺或限制行政相对人的其他实体权利。具体包括警告、通报批评、责令悔过等，其中以警告最为典型和常用。

---

① 参见肖金明：《行政处罚制度研究》，54～55 页，济南，山东大学出版社，2004。

② 参见王连昌主编：《行政法学》，190 页，北京，中国政法大学出版社，1999。

(2) 财产罚。财产罚是指行政主体依法对违法者剥夺一定数额的货币或实物或者科以财产给付义务的处罚类型，即剥夺违法行为人某种财产权不影响其人身自由和其他活动的制裁手段。经常使用的有罚款、没收非法财产或非法所得等。

(3) 行为能力罚。亦称资格罚，是一种取消或限制某种行为能力或资格的较严厉的处罚类型，一般来说，该行为能力或资格是个人、组织赖以从事某种活动的条件，不具备该行为能力或资格，就无法从事某种活动。主要有吊销或者暂扣许可证和执照、责令停产停业等。

(4) 人身罚。亦称人身自由罚，是指行政机关依法对不履行法定义务的行政相对人，在短期内限制或剥夺其人身自由的一种处罚，属于行政处罚中最严厉的处罚种类，典型的人身罚就是行政拘留。人身罚只能由法律规定，由警察机关行使，以防人身罚的滥用。

根据我国《行政处罚法》及相关警察法律法规的规定，公安警察行政处罚主要分为以下几种：

1. 警告

警告是警察机关对违反公安警察行政法律规范的行为人所作出的正式的谴责和告诫。警告是公安警察行政处罚中最轻的一种处罚种类，它只具有精神惩戒作用。它是以损害被处罚人名誉权为内容的，并不涉及被处罚人的其他权益，如财产权益或行为资格等。警告一般适用于一些初次、偶然违反行政管理法律法规，情节轻微，违法后认错态度较好的行为人，如交通民警对偶尔闯红灯又没有造成什么危害后果的骑车人的警告处罚。警告既可以适用于公民个人，也可以适用于法人或其他组织。警告必须以书面形式作出，并必须向本人宣布和送交本人。指明行为人的违法错误并责令其改正、纠正违法行为，具有国家强制性。不能适用所谓的口头警告处罚。但在我们行政执法实践中口头警告现象普遍存在，例如，在市场检查时执法人员对使用不合格计量器的商户给予口头警告其不得再使用。这种警告并非行政处罚，只是行政管理中纠正违法行为的一种方式，最多也就是处罚前的告诫。警告既可与其他处罚合并适用，亦可单独适用。

2. 罚款

罚款是指警察机关依法强制实施的要求行政违法行为的相对人在一定期限内缴纳一定数量货币的处罚行为。罚款是一种财产罚，通过处罚使当事人在经济上受到损失，增加被处罚人的财产义务或财产负担，警示其今后不再发生违法行为。同时罚款又不影响被处罚人的人身自由，所以罚款是一种适用范围比较广泛的行政处罚。罚款的数额通常由法律、法规和规章加以规定。

在执法实践中适用罚款应当注意以下几个问题：

(1) 罚款所剥夺的应是违法行为人的合法收入，对其非法收入则不应适用罚款，而应适用收缴或没收等强制措施或处罚，如对赌资只能予以收缴。

(2) 罚款的数额应当考虑违法行为人的缴纳能力，如果违法行为人的收入支付不起罚款额，就会造成处罚决定得不到执行的现象，从而有损法律的权威。

(3) 罚款必须给受罚人开具国家财政部门统一制发的罚款收据，并由执法者和受罚人签名。

(4) 罚款实行“罚缴分离制度”。

罚款与罚金这两个概念虽然都属于金钱处罚，但两者存在很大的区别：①罚金是刑罚中的一种附加刑，因而受过罚金处罚的就是受过刑罚的人，在法律上就算有前科；而罚款是一种行政处罚，不发生前科问题。②处罚的根据不同。罚金由刑法规定，适用时依据刑法和其他单行刑事法律规范；而罚款则由行政法规定，适用时依据行政法律。③适用主体不同。罚金由人民法院依法判处，而罚款则由行政机关或法律、法规授权的组织科处。④适用对象不同。罚金适用于犯罪分子，而罚款适用于违反行政法律、法规的人或其他组织，其惩罚程度要比罚金轻。

3. 没收违法所得和非法财物

没收是行政机关将生产、保管、加工、运输、销售违禁物品或者实施其他营利性违法行为的相对人的，与违法行为相关的财物收归国有的制裁方式。没收是一种较为严厉的财产罚，其执行领域具有严格的限定性，并非所有违反行政管理法律法规的案件都可以实行此种处罚。只有对那些为谋取非法收入而严重违反法律法规的公民、法人及组织才可以实行这种财产罚。没收范围包括违法所得和非法财物。没收违法所得是指警察机关依法将行政违法行为人的违法收入和所得收归公有的制裁方式。如《出境入境边防检查条例》第33条规定："协助他人非法出境、入境，情节轻微尚不构成犯罪的，处以2 000元以上10 000元以下的罚款；有非法所得的，没收非法所得。"没收非法财物是警察机关将违法行为人非法占有的财物、违法行为所使用的工具、物品和违禁品依法收归国有的制裁形式。如前述《条例》第34条规定，未经批准携带或者托运枪支、弹药出境、入境的，没收其枪支、弹药，并处以1 000元以上5 000元以下的罚款。

在这里需要注意的一个问题是，我国《治安管理处罚法》没有将《行政处罚法》中规定的没收的处罚纳入治安管理处罚种类中，而是变通地规定了收缴和追缴两种行政强制措施。

4. 暂扣和吊销警察机关发放的许可证

暂扣警察机关发放的许可证或者执照，是警察机关中止行为人从事某项活动的资格，待行为人改正以后或经过一定期限以后，再发还许可证、有关证书或执照。

吊销警察机关发放的许可证是指警察机关依法撤销违反治安管理行为人已经取得的、由警察机关许可从事某种活动的权利或资格证书，剥夺其从事某种特许活动的权利或资格的行政处罚。核发许可证和执照是特定的行政机关的行政许可行为。公民、法人或其他组织在从事警察机关颁发的证照许可的活动时违反有关公安警察行政法规范，将导致行政处罚，其中被广泛运用的就是暂扣和吊销证照。在我国的公安警察行政处罚实践中，暂扣或吊销证照被大量运用，如暂扣或吊销驾驶证、吊销持枪许可证等。

在这里需要注意三个问题：(1) 这里的许可证特指警察机关发放的许可证，不包括其他行政机关发放的许可证，其他行政机关发放的许可证如工商机关发放的营业执照，警察机关无权吊销。(2) 应当正确区分"吊销"与"撤销"、"撤回"、"注销"的区别。"吊销"许可证是一种行政处罚方法，而"撤销"、"撤回"、"注销"则属于行政管理措施，警察机关依据行政许可法的规定执行。(3) 吊销许可证可以间接地给被处罚人的财产权益造成损害，尤其是对于法人或组织而言，是一种比较严厉的行政处罚方式。因为许可证一旦被吊销，就意味着企业的生产经营权利随之丧失，企业也就无法继续存在，所以在适用该处罚时应当非常慎重，要充分考虑适用这一处罚的法律后果和社会后果。

5. 责令停产停业

责令停产停业是指公安警察行政主体对工商企业和个体工商户适用的强令违法从事生产、经营者停止生产或经营的处罚，属于一种不作为义务的科处。这种处罚对生产经营者的物质利益造成的损失是非常大的，是一种比较严厉的处罚。它并不直接限制或剥夺违法者的财产，而是责令违法者暂时停止其生产经营活动，这一特点也使得其与财产罚区分开来。这种处罚适用于须获得资格才能从事生产或经营的行业，对那些无须批准许可而当然享有的权利，如公民的休息权、受教育权等，就不可能适用此种处罚。停产停业的目的是纠正错误，使相对人不再从事被停止的生产经营活动或在停产停业期间进行整顿达到恢复生产的条件。在一些行政管理活动过程中会出现限期治理、限期改正等措施，这些措施与停产停业处罚性质完全不同，它们不是行政处罚，不剥夺相对人行使权利的资格，相对人在继续生产的同时进行整顿改进。它们可以被看作是对违法行为的告诫，若在限期内未达到整改目标，则还可能受到行政处罚。若违法者在一定期限内及时纠正违法行为，仍可继续从事其被暂停的生产经营活动，不需要重新申请许可证和执照。如消防机构在日常检查中发现某商场消防设施不达标，擅自营业，往往被责令限期整改，逾期复查中，如果发现仍未改正，就会被处责令停产停业的处罚。

6. 行政拘留

行政拘留，是行政处罚中人身自由罚的一种，是警察机关依据行政法律规范对违反公安警察行政法的人短期内限制其人身自由的一种强制性惩罚措施。行政拘留是行政处罚中最严厉的一种，因此，法律对其适用作了严格的规定：

(1) 在适用对象上，行政拘留只适用于违反行政管理法律的自然人，而不能适用于法人或其他组织。它只适用于违反行政管理情节较为严重的行为人。对县级以上人民代表大会的代表处以行政拘留的，作出行政拘留处罚决定前应经该级人民代表大会主席团或人民代表大会常务委员会许可。

(2) 在适用机关上，行政拘留只能由县级或县级以上的警察机关决定和执行，警察机关内设机构不得以自己的名义作出行政拘留处罚。除此以外，其他任何组织和个人，非经授权不得实施。目前设定行政拘留的法律主要有《治安管理处罚法》、《集会游行示威法》、《出境入境管理法》、《戒严法》、《消防法》、《道路交通安全法》、《枪支管理法》及《国家安全法》等，此外关于行政拘留的规定还散见于其他一些法律之中，如《人民银行法》第42、43条均规定，违反该法有关条款的，由公安机关处15日以下行政拘留。

(3) 在适用期限上，法律规定为1日以上15日以下，数个违法行为合并执行的，不得超过20日。

(4) 在适用程序上，必须经过受理案件、调查取证、裁决、执行等程序。

行政拘留不同于刑事拘留。二者的区别在于：

(1) 性质不同。行政拘留是行政处罚的一种，而刑事拘留是警察机关依据《刑事诉讼法》的规定对罪该逮捕的现行犯或者重大嫌疑分子，在紧急情况下采取的一种临时剥夺人身自由的刑事强制措施。

(2) 目的不同。行政拘留的目的是惩戒严重违反社会治安的违法分子，而刑事拘留的目的是防止犯罪嫌疑人逃避侦查、审判或者继续进行犯罪活动。

(3) 期限不同。行政拘留的期限为1日至15日，而刑事拘留应在拘留后的3日以内提请人民检察院审查批捕或释放，在特殊情况下，提请审查批准的时间可延长1日至4日，对检察院批准逮捕的期限则为7日，所以一般刑事案件从刑拘到逮捕之间的最长期限应该是14日，当然，对那些流窜作案、多次作案、结伙作案的重大嫌疑分子，提请审查批准的时间可以延长至30日。

行政拘留不同于司法拘留。二者的区别在于：

(1) 性质不同。行政拘留是一种行政处罚，司法拘留是一种司法强制措施。

(2) 目的不同。行政拘留的目的是惩戒严重违反社会治安的违法分子，司法拘留的目的是保证诉讼活动的顺利进行。

（3）适用机关不同。行政拘留由警察机关决定；而司法拘留由人民法院决定，由警察机关执行。

（4）适用对象不同。行政拘留针对的是违反治安管理行为人；司法拘留适用于妨碍民事诉讼、行政诉讼情节严重，但尚未构成犯罪的人。

（5）法律后果不同。行政拘留执行完毕才能解除；被司法拘留人在司法拘留期间承认并改正错误的，法院可以决定提前解除拘留。

行政拘留也不同于扣留。扣留是一种行政强制措施，如《道路交通安全法》第72条规定的对事故车辆的扣留，是指警察交通管理部门因搜集证据的需要，对事故车辆予以扣留并妥善保管，以备核查的一种保障性行政强制措施。

7. 法律、行政法规规定的其他处罚

上述六种处罚是行政处罚的基本种类，也是运用最多的种类。为了防止现有法律和行政法规规定的处罚有漏洞和今后立法中可能出现新的处罚形式，《行政处罚法》从立法技术的角度作了这一项规定。需要注意的是，这里的其他处罚种类必须是法律或行政法规中规定的处罚种类，地方性法规、部门规章和地方政府规章无权设定其他的处罚种类。

根据《治安管理处罚法》、《出境入境管理法》的规定，其他处罚还有限期出境或驱逐出境。限期出境或驱逐出境，是指强迫违反我国行政法律法规的外国人在指定的期间内离开中国国（边）境的行政处罚方法。这里需要注意三个问题：（1）这种处罚方法仅仅适用于违反我国行政法律法规的外国人（包括具有外国国籍的人和无国籍人），不具普遍适用的性质。对违反治安管理的我国公民，包括香港、澳门特别行政区的居民和台湾地区居民，不能适用限期出境或驱逐出境。（2）这种处罚只是附加处罚，它们应当与其他处罚并处，不能单独适用。同时，法律规定“可以”对违反治安管理的外国人适用，而不是“应当”适用，也就是说，对违反治安管理的外国人不是一律都要适用限期出境或驱逐出境，而是由警察机关根据案件的具体情况，灵活掌握运用。（3）限期出境或驱逐出境与遣送出境的区别。限期出境与驱逐出境属于行政处罚，适用于违反《治安管理处罚法》、《出境入境管理法》的规定，即外国人从事与停留居留事由不相符的活动，或者有其他违反中国法律、法规规定，不适宜在中国境内继续停留居留情形的，可以处限期出境。外国人违反《出境入境管理法》规定，情节严重，尚不构成犯罪的，公安部可以处驱逐出境。遣送出境是《出境入境管理法》规定的行政强制措施，适用于有下列情形之一的外国人或其他境外人员：被处限期出境，未在规定期限内离境的；有不准入境情形的；非法居留，非法就业的；违反本法或者其他法律、行政法规需要遣送出境的。

三、公安警察行政处罚的适用

（一）公安警察行政处罚的管辖

1. 地域管辖

根据《公安机关办理行政案件程序规定》第9条的规定，行政案件由违法行为发生地的公安机关管辖。由违法行为人居住地公安机关管辖更为适宜的，可以由违法行为人居住地公安机关管辖，但是涉及卖淫、嫖娼，引诱、容留、介绍卖淫，赌博的案件除外。对违法行为发生地公安机关移交违法行为人居住地公安机关管辖的行政案件，违法行为发生地公安机关在移交前应当及时收集固定相关证据，并配合违法行为人居住地公安机关开展调查取证工作。

2. 级别管辖

根据《行政处罚法》、《治安管理处罚法》等的规定，公安警察行政处罚由县级以上公安机关管辖。至于说上下级之间具体的分工没有统一明确的规定，只能根据行政处罚案件的性质、情节的轻重、处罚对象的级别、影响的范围等因素来具体确定上下级之间的管辖权限。

3. 专门管辖

专门管辖是指某一案件依照规定只能由某一机关内的某一职能部门管辖的制度。即铁路、交通、民航、林业的公安机关和海关侦查走私犯罪的公安机关的管辖分工。

《公安机关办理行政案件程序规定》第 12 条和《海关行政处罚实施条例》第 6 条规定：

(1) 铁路公安机关负责调查处理列车上，火车站工作区域内，铁路系统的机关、厂、段、所、队等单位内发生的案件，以及在铁路线上放置障碍物或者损毁、移动铁路设施等可能影响铁路运输安全、盗窃铁路设施的案件。

(2) 港航公安机关负责调查处理港航系统的轮船上、港口、码头工作区域内和机关、厂、所、队等单位内发生的案件。

(3) 民航公安机关负责调查处理民航管理机构管理的机场工作区域以及民航系统的机关、厂、所、队等单位内和民航飞机上发生的案件。

(4) 国有林区的森林公安机关负责调查处理林区内发生的案件。

(5) 抗拒、阻碍行使走私犯罪侦查职能的公安机关依法执行公务的，由设在直属海关、隶属海关的海关侦查走私犯罪公安机关依照《治安管理处罚法》的有关规定给予处罚。抗拒、阻碍其他海关工作人员依法执行职务的，应当报告地方公安机关依法处理。

4. 指定管辖

它适用于对管辖权有争议的情况或有管辖权的公安警察行政主体因特别原因不能行使管辖权的情况。管辖权有争议，是指两个以上的主体都有管辖权或者都不行使管辖权，在这种情况下报共同的上级公安警察行政主体指定管辖。

（二）公安警察行政处罚的适用条件

公安警察行政处罚的适用条件是指一个行为要受到公安警察行政处罚应当具备的条件。我们认为公安警察行政处罚的适用应当包括以下几个条件：

第一，主体条件。公安警察行政处罚的主体必须是能以自己的名义实施行政处罚并独立承担责任的公安警察行政主体。

第二，对象条件。公安警察行政处罚适用于外部行政相对人，相对人必须是实施违法行为者本人，并且具有行政责任能力。公安警察行政处罚适用“谁违法，谁受罚”的原则，不能搞株连，不能对违法行为人的家属或其他人员适用行政处罚。行政处罚的责任能力从年龄和精神状态两个方面进行认定，已满 14 周岁并能辨认或控制自己行为的人是有行政责任能力人，反之，不满 14 周岁或不能辨认或控制自己行为的人是无行政责任能力人。

第三，事实条件。公安警察行政处罚只能适用于违反公安警察行政法律法规尚不构成犯罪的行为。这种违法行为排除了刑法、民法的适用。这里的违法行为包含两个方面的要素：一是它必须是客观存在的，是相对人正在实施或实施了的违法行为；二是它必须是违反有关公安警察行政法律、法规或规章规定的行为。

第四，时效条件。对违法行为人实施处罚必须在法律规定的追罚时效内，在追罚时效内没有被警察机关发现的，不得再对违法行为人实施处罚。公安警察行政处罚的追罚时效主要有《行政处罚法》规定的 2 年的时效和特别法《治安管理处罚法》规定的 6 个月的时效。这里所谓“在追罚时效内没有被警察机关发现”是指自违法行为发生之日起在法定期限内警察机关没有受理该违法行为；如果警察机关受理了该违法行为，但行为人不能到案接受处罚或行为人逃逸、藏匿，使警察机关无法决定处罚的，不能视为警察机关没有发现。对于时效的起算，《行政处罚法》规定，从违法行为发生之日起计算；违法行为有连续或者继续状态的，从行为终了之日起计算。“违法行为发生之日”是指违法行为完成或停止之日，如 2008 年 4 月 8 日某人实施盗窃行为，该行为的追罚时效期限的截止日期是 2008 年 10 月 7 日；“违法行为终了之日”是指有连续或继续状态的违法行为结束之日，如某甲在 2007 年 5 月 5 日开始无证驾驶摩托车，2009 年 8 月 2 日被交警发现，某甲的无证驾驶处于继续状态，其行为的追罚时效应从 2009 年 8 月 2 日起算。

第五，程度条件。适用公安警察行政处罚的行为必须达到一定的程度，如果违法行为轻微并及时纠正，没有造成危害后果的，不适用行政处罚。

（三）公安警察行政处罚的适用规则

1. 处罚与责令改正相结合的规则

我国《行政处罚法》第 23 条规定：“行政机关实施行政处罚时，应当责令当事人改正或者限期改正违法行为。”行政机关在处理违法案件时，无论对违法行为人给以何种行政处罚，都应当要求违法行为人及时纠正违法行为。这是现代法治原则的基本要求。行政处罚只是手段，其目的不是为罚而罚，而是在于纠正违法和防范违法。因此，公安警察主体在行使行政处罚权时，同时有权责令受罚对象纠正其违法行为。如果公安警察主体对违法行为只是一罚了之，对违法行为及其后果不令其纠正而任其存在，这样并不能达到行政处罚的目的，反而会产生以处罚认可违法的不良后果。行政处罚和责令纠正是针对同一违法行为同时采取的两种手段，两者不能替代，不能只罚不管，也不能管而不罚。

2. 一事不再罚原则

一事不再罚原则是一事不再理原则在行政处罚中的具体运用。一事不再理在英美法系国家称为禁止双重危险，起源于古罗马法的“一事不二讼”、“一案不二理”，是指对同一行为，法院作出的判决发生法律效力后，除法律另有规定外，不得对行为人再行追诉和审判。一事不再理原则首先在民事诉讼中确立下来，后来广泛适用于诉讼领域。一事不再理原则已被公认为现代法治社会的一个重要原则，其基本含义是指一个人不能因同一行为或同一罪名受到两次或多次审判或处罚。

我国《行政处罚法》立法时引进了该原则，但我国的“一事不再罚”是狭义上的理解，仅指对当事人的同一违法行为，不得给予两次以上罚款的行政处罚。该原则的确立，对防止乱罚款、滥处罚，保护相对人的合法权益起到了重要作用。

对“一事不再罚”原则的理解，国内理论界观点不一。我们认为，对一事不再罚原则的理解及适用重点是如何理解“一事”，如何能更好地制止违法行为，又能兼顾到公平。因此，从《行政处罚法》规定一事不再罚原则的立法本意上看，一事不再罚原则包括以下几层含义：

（1）同一个违法行为违反了一个行政法规范，由一个行政机关实施处罚，不得以任何理由给予违法行为人两次以上的行政处罚。这里需要注意：其一，同一个违法行为违反了一个行政法规范，一般由一个行政机关实施处罚，一个机关不得给予违法行为人两次以上罚款的处罚，如果行政机关对违法行为人的违法所得给予没收并对其处以罚款，不违背该原则；行政机关对某违法行为人处以拘留并处罚款也不违背该原则。其二，同一个违法行为违反了一个行政法规范，也有两个以上行政机关都有权处罚的特殊情况。如违法生产、销售仿真玩具手枪的行为，公安机关和工商行政管理机关都有权实施行政处罚。对此应由一个行政机关实施处罚，遵循“最先查处”规则，由最先查处的行政机关实施处罚，其他行政机关不得再实施处罚。

（2）同一违法行为违反两个以上的行政法规范，由两个以上行政机关实施处罚，但不得给予违法行为人两次以上罚款的处罚。同一违法行为违反两个以上行政法规范，属于事实上的一个行为构成法律上的多个行为，大致有两类：一类是由于立法的问题，不同法律规范对同一社会领域的社会关系进行交叉调整，造成一个违法行为违反不同法律规范的情形，如销售、制作淫秽书刊的行为，既违反了《治安管理处罚法》，又违反了《图书出版管理规定》等；另一类是违法行为的牵连问题，即行为人实施的行为已构成违法，但其实施该行为的目的、手段、对象等又触犯了其他法律法规的规定，如汽车超载，既违反了警察机关关于交通安全的有关规定，又违反了交通部门关于道路管理的有关规定。对上述两种情况，应当允许行政机关基于不同的法律规定对违法行为人进行处罚，但应当遵循以下规则：一是“后罚”行政机关在实施处罚时，应当充分考虑被处罚人已受处罚的事实，对其从轻或免予处罚；二是“后罚”行政机关不得给予与“前罚”行政机关相同种类的处罚，特别是罚款。

（3）两种特殊形态的违法行为的处理。对于有连续状态或者持续状态的违法行为，如果被行政机关处罚后，没有及时纠正，继续实施违法行为的，行政机关再行处罚不违背一事不再罚原则。如对于超载的重复处罚，不违背一事不再罚原则，但行政机关的执法行为也有瑕疵——没有督促违法行为人改正。

3. 行政处罚的量罚规则

（1）从轻或减轻处罚

从轻处罚是指在法定的处罚种类和处罚幅度内，选择较轻的处罚种类或者幅度适用处罚。减轻处罚是指在法定的处罚种类和处罚幅度的最低限以下选择适用处罚。我国《行政处罚法》第27条规定，有下列情形之一的，应当从轻或减轻处罚：主动消除或者减轻违法行为危害后果的；受他人胁迫有违法行为的；配合行政机关查处违法行为有立功表现的；其他依法从轻或者减轻行政处罚的。

（2）从重处罚

从重处罚是对违法行为人在可能的处罚方式上选择较重的，或在同一处罚种类中处罚幅度内选择较高的额度进行处罚。我国《行政处罚法》对从重处罚情节没有作出规定，但《治安管理处罚法》作了明确规定。《治安管理处罚法》第20条规定，违反治安管理有下列情形之一的，从重处罚：有较严重后果的；教唆、胁迫、诱骗他人违反治安管理的；对报案人、控告人、举报人、证人打击报复的；6个月内曾受过治安管理处罚的。

（3）对数种违法行为的处罚

数种违法行为是指两种以上的违反公安警察行政管理法律法规的行为。这里的两种以上是指两种以上不同性质的违法行为，如某甲连续两次实施盗窃行为，就不能认定属于这里的两种违法行为。对于数种违法行为，应当分别裁决，合并执行。行政拘留合并执行不能超过20日。

（4）对共同违法行为的处罚

共同违法行为是指两人以上共同实施同一违法行为。共同违法行为必须同时具备三个条件：一是从主体上看，必须是两个以上具有责任能力的自然人；二是在客观方面，两个以上违法行为人共同参与实施违法行为；三是主观上，两个以上的行为人有共同的主观故意。对共同违法行为人，根据他们在行为中的地位主次、作用大小、情节轻重等情况分别予以处罚。对数个违法行为人在不同的处罚决定书中分别作出处罚，分别执行。

（5）对单位违法行为的处罚

单位违法行为是指机关、团体、公司、企业、事业单位实施了应当给予公安警察行政处罚的行为。在实践中，大量违法行为的主体是自然人，但一些特定的行业，如废旧物品收购业、娱乐行业等同样存在单位违反公安警察行政管理法规的情况。单位违法行为是在单位意志支配下，由单位成员实施的违反公安警察行政管理法律法规的行为。对单位的违法行为在《行政处罚法》中没有明确的规定，根据我国《治安管理处罚法》的规定，单位违反治安管理的，对其直接负责的主管人员和其他直接责任人员进行处罚。直接责任人员可能是一人，也可能是多人，还可能就是直接负责的主管人员。如果单位违法行为是直接负责的主管人员所为，只对其给予处罚；如果既存在直接负责的主管人员，也存在直接责任人员，则对他们都应当给予处罚。根据我国《消防法》的规定，单位违法的，对单位予以处罚，并对其直接负责的主管人员和其他直接责任人员予以处罚。

四、公安警察行政处罚的程序

行政处罚程序，指处罚实施机关实施行政处罚的步骤、过程和方式。《行政处罚法》规定的行政处罚的程序包括简易程序和一般程序。

（一）公安警察行政处罚的简易程序

行政处罚的简易程序又叫当场处罚程序，是指行政处罚主体对符合法定条件的行政处罚事项，可以当场作出行政处罚决定的程序。简易程序是当场实施处罚的一种简便易行的工作程序。这种程序手续简单、时间快、效率高，但只能针对案情简单、清楚，处罚较轻的违法案件。

1. 适用简易程序的条件

根据《公安机关办理行政案件程序规定》第30条和《出境入境管理法》第86条之规定，违法事实确凿，且具有下列情形之一的，人民警察可以当场作出处罚决定，有违禁品的，可以当场收缴：对违反治安管理行为人或者道路交通违法行为人处200元以下罚款或者警告的；对违反出境入境管理行为处500元以下罚款的；对有其他违法行为的个人处50元以下罚款或者警告、对单位处1 000元以下罚款或者警告的；法律规定可以当场处罚的其他情形。卖淫、嫖娼，引诱、容留、介绍卖淫，拉客招嫖和赌博案件，不适用当场处罚。

2. 适用简易程序的程序

设置简易程序不仅要注意行政效率，也要考虑这一直接影响当事人权益的行为必须是公正和公平的。因此，简易程序也应当按照下列程序实施：

（1）向违法行为人表明执法身份，指明其违法事实。

（2）对违法行为人的陈述和申辩，应当充分听取；违法行为人提出的事实、理由或者证据成立的，应当采纳。

（3）填写当场处罚决定书并当场交付被处罚人；当场处罚决定书，应当载明被处罚人的姓名、违法行为、处罚依据、罚款数额、时间、地点以及警察机关名称，并由经办的人民警察签名或者盖章。

（4）当场收缴罚款的，同时填写罚款收据，交付被处罚人；不当场收缴罚款的，应当告知被处罚人在规定期限内到指定的银行缴纳罚款。

（5）备案制度。当场作出处罚决定的，经办的人民警察应当在24小时内报所属警察机关备案；在旅客列车、民航飞机、水上作出行政处罚决定的，应当在返回后的24小时内报所属警察机关备案。

适用简易程序处罚的，可以由人民警察一人作出行政处罚决定。

（二）公安警察行政处罚的一般程序

1. 受案

受案是警察机关对所发现（包括通过举报、主动发现等）的、应当追究法律责任的违法活动，将其登记并确立为应受到调查处理的案件的活动。受案的条件是：警察机关经审查认为有违法行为发生；违法行为是应受行政处罚的行为；属于本部门职权范围且归本机关管辖；不适用简易程序的案件。

根据《公安机关办理行政案件程序规定》，公安机关对报案、控告、举报、群众扭送或者违法嫌疑人投案，以及其他行政主管部门、司法机关移送的案件及日常执法执勤中发现的违法行为，应当及时受理，进行登记，并分别作出以下处理：（1）对属于本单位管辖范围内的事项，应当及时调查处理；（2）对属于警察机关职责范围，但不属于本单位管辖的，应当在受理后的24小时内移送有管辖权的单位处理，并告知报案人；（3）对不属于警察机关职责范围内的事项，告知当事人向其他有关主管机关报案或者投案。

受理案件需遵守有关法律、法规规定的期限，应当填写专门格式的《受理案件登记表》，立案后应指派承办人员负责案件的调查工作。

2. 调查取证

调查取证是警察机关及其人民警察对相对人违法案件进行调查，收集有关证据的过程。

警察机关对行政案件进行调查时，应当全面、及时、合法地收集、调取证据材料，并予以审查、核实。需要调查的案件事实包括：（1）违法嫌疑人的基本情况；（2）违法行为是否存在；（3）违法行为是否为违法嫌疑人实施；（4）实施违法行为的时间、地点、手段、后果以及其他情节；（5）违法嫌疑人有无法定从重、从轻、减轻以及不予处罚的情形；（6）与案件有关的其他事实。

公安机关在调查取证时，人民警察不得少于两人，并应当向被调查取证人员表明执法身份。人民警察可以通过询问、勘验检查、鉴定检测、辨认、抽样取证、证据保全等方法调取证据。

3. 告知和申辩

警察在调查取证之后、作出行政处罚决定之前，应当告知当事人作出行政处罚决定的事实、理由及依据，并告知当事人其依法享有的权利。当事人有权进行陈述和申辩。警察机关必须听取当事人的意见，对当事人提出的事实、理由和证据，应当进行复核；当事人提出的事实、理由和证据成立的，警察机关应当采纳。警察机关不得因当事人申辩而加重处罚。未履行告知义务或拒绝听取当事人陈述、申辩的，行政处罚决定不能成立。

4. 听证

公安警察行政处罚中的听证是指在公安警察行政处罚决定作出之前举行的，由行政案件调查承办人员一方和当事人一方参加的，由警察机关主持听取当事人申辩、质证和意见，进一步核实证据和查清事实，以保证处理结果合法、公正的程序。

并不是所有的行政处罚案件都必须听证，听证也不是公安警察行政处罚的必经程序。只有在拟定作出下列处罚时才进行听证：责令停产停业；吊销警察机关颁发的许可证或者执照；较大数额罚款，这里的“较大数额罚款”，是指对个人处以2 000元以上罚款，对单位处以10 000元以上罚款，对违反边防出入境管理法律、法规和规章的个人处以6 000元以上罚款。对依据地方性法规或者地方政府规章作出的罚款处罚，适用听证的罚款数额按照地方规定执行。

听证由警察机关法制部门组织实施；警察机关内设机构依法以自己的名义作出行政处罚决定的，由该机构非本案调查人员组织听证。听证设听证主持人1名，负责组织听证；记录员1名，负责制作听证笔录。必要时，可以设听证员1至2名，协助听证主持人进行听证。听证主持人由警察机关负责人指定。本案调查人员不得担任听证主持人、听证员或者记录员。

对适用听证程序的案件，办案部门在提出处罚意见后，应当告知违法嫌疑人拟作出的行政处罚和有要求举行听证的权利。违法嫌疑人要求听证的，应当在警察机关告知后3日内提出申请。违法嫌疑人在被告知后3日内没有提出听证申请的，视为当事人不要求听证。如果违法嫌疑人放弃听证或者撤回听证申请后，处罚决定作出前，又提出听证要求的，只要在听证申请有效期限内，应当允许。

警察机关收到听证申请后，应当在2日内决定是否受理。认为听证申请人的要求不符合听证条件，决定不予受理的，应当制作不予受理听证通知书，告知听证申请人；逾期不通知听证申请人的，视为受理。警察机关受理听证后，应当在举行听证的7日前将举行听证通知书送达听证申请人，并将举行听证的时间、地点通知其他听证参加人。

听证应当在警察机关收到听证申请之日起10日内举行。除涉及国家秘密、商业秘密、个人隐私的行政案件外，听证公开举行。听证结束后，听证主持人应当写出听证报告书，连同听证笔录一并报送警察机关负责人。对行政处罚中听证笔录的效力，法律没有作出明确规定。

5. 决定

警察机关经过调查，根据行政案件的不同情况分别作出如下处理决定：

（1）确有违法行为，应当给予行政处罚的，根据其情节和危害后果的轻重，作出行政处罚决定。公安警察行政处罚决定书应当载明下列内容：①被处罚人的姓名、性别、年龄、身份证件的名称和号码、住址；②违法事实和证据；③处罚的种类和依据；④处罚的执行方式和期限；⑤对处罚决定不服，申请行政复议、提起行政诉讼的途径和期限；⑥作出处罚决定的警察机关的名称和作出决定的日期。处罚决定书应当由作出处罚决定的警察机关加盖印章。

（2）确有违法行为，但有依法不予行政处罚情形的，作出不予行政处罚决定；有违法所得和非法财物的，应当予以追缴或者收缴。

（3）违法事实不能成立的，作出不予处罚决定。

（4）对需要给予强制戒毒、收容教育等处理的，依法作出决定。

（5）对符合劳动教养条件的，依法呈报劳动教养。

（6）违法行为涉嫌构成犯罪的，转为刑事案件办理或者移送有权处理的主管机关、部门办理，无需撤销行政案件。警察机关已经作出行政处理决定的，应当附卷。

（7）发现违法行为人有其他违法行为的，在依法作出行政处罚或者其他行政处理决定的同时，通知有关行政主管部门处理。

6. 送达与执行

行政处罚决定作出后，警察机关应当向被处罚人送达行政处罚决定书，送达的方式有直接送达、间接送达、留置送达、委托送达、邮寄送达和公告送达等。决定给予行政拘留处罚的，应当及时通知被处罚人的家属。有被侵害人的，警察机关应当将处罚决定书副本抄送被侵害人。

行政处罚决定送达后，被处罚人应当执行，逾期拒不执行的，可以强制执行或者申请人民法院强制执行。

第四节　公安警察行政强制

一、公安警察行政强制的概念与特征

根据我国《行政强制法》的规定，行政强制是指行政主体和人民法院为实现具体行政行为的内容，或为了维护公共利益和公共秩序，预防和制止违法行为和危害事件发生，而实施的强制公民、法人或其他组织权利的行为。公安警察行政强制是行政强制的一种，是指公安警察行政主体为了实现特定的行政管理目的，依法对相对人的人身、财产或者行为、场所进行控制，使其保持一定状态的程序上的处置行为。

从公安警察行政强制的概念可以分析它具有以下特点：

（一）主体的特定性

公安警察行政强制的实施主体只能是有行政强制权的警察机关或者法律法规授权的警察组织。目前我国享有公安警察行政强制权的主体主要有县级以上人民政府公安机关、公安派出所、公安消防机构、公安交通管理部门等，其他的内设机构不得以自己的名义采取强制措施。

（二）目的的多重性

不像行政处罚的单一目的性，公安警察行政强制的目的具有多重性。有的是为了预防或者控制违法行为或者危险状态的发生，如对醉酒人进行约束；有的是为了调查取证的需要，如传唤、扣押等；有的是为了便利执行，如暂扣驾驶证、暂扣车辆等；有的是为了行政处理决定的强制执行，如加收滞纳金、强行带离现场等。

（三）过程的程序性

公安警察行政强制往往仅存在于某一完整的行政程序的一个相对独立的阶段，是整个行政程序的一个独立环节，不对相对人的实体权利做最终处理，是对相对人人身或财产的一种处置。如在治安处罚的一般程序中，为了询问查证而对违法嫌疑人进行传唤，为了保全证据而对涉案物品进行扣押、登记，对罚款逾期不执行而加收滞纳金等，都是行政处罚程序中的一个阶段的行为，是具有临时性的，条件满足就要予以解除。

二、公安警察行政强制的种类与适用

我国《行政强制法》将行政强制分为行政强制措施和行政强制执行两大类，行政强制措施包括限制公民人身自由；查封场所、设施或者财物；扣押财物；冻结存款、汇款及其他行政强制措施。行政强制执行包括加处罚款或滞纳金；划拨存款、汇款；拍卖或依法处理查封、扣押的场所、设施或者财物；排除妨碍、恢复原状；代履行及其他强制执行方式。鉴于警察强制在执法实践中运用的广泛性及自身特性，本书通过对现有警察强制的法律规范进行梳理，根据行为作用的客体不同，将公安警察行政强制分为对人身的强制、对财产的强制、对行为的强制和对场所的强制四大类。

（一）对人身的强制

1. 行政传唤

行政传唤是行政主体为了查明案情，充分收集行政处罚证据，对行政相对人人身采取的临时性限制措施。根据我国现行法律规定，行政传唤只能由公安机关在办理行政案件中实施，是公安机关特有的行政强制权。其基本法律依据是《治安管理处罚法》、《道路交通安全法》、《消防法》和《公安机关办理行政案件程序规定》等相关法律、法规和规章。

行政传唤分为书面传唤和口头传唤两类。书面传唤是基本的传唤形式，一般情况下对违法相对人进行传唤，都要使用统一的传唤证，并向相对人出示，要求相对人在传唤证上签字或捺手印。相对人拒绝签收的可以在传唤证上注明，不影响传唤措施的实施。对于现场发现的违法嫌疑人，因情况紧急来不及办理传唤证的，可以口头传唤。但是口头传唤到案后第一次询问时要在询问笔录中注明，并由违法嫌疑人签字确认。在办理治安案件中，对于无正当理由不接受传唤或逃避传唤的违反治安管理行为人，公安机关可以使用手铐、警绳等约束性警械强制传唤。

传唤的期限一般不超过 8 小时，案情复杂，可能适用行政拘留处罚的，报经办案部门负责人批准，可以适当延长，但最长不超过 24 小时。在实践中，很多执法人员不能把握“案情复杂，可能适用行政拘留处罚”的标准，常常造成可以延长的传唤没有延长，而不能延长的传唤反而延长了。对“可能适用拘留处罚”的理解应当是：只要该违法行为涉及的相关法律责任中有拘留处罚的，就视为可能适用拘留处罚，至于最后的实际处罚结果是否就是拘留在所不问。现行《治安管理处罚法》中共有五种情况不能适用行政拘留：擅自进入铁路防护网或者火车来临时在铁路线路上行走坐卧、抢越铁路，影响行车安全的（第 36 条）；旅馆业的工作人员对住宿的旅客不按规定登记姓名、身份证件种类和号码的，或者明知住宿的旅客将危险物质带入旅馆，不予制止的（第 56 条第 1 款）；房屋出租人将房屋出租给无身份证件的人居住的，或者不按规定登记承租人姓名、身份证件种类和号码的（第 57 条第 1 款）；违反关于社会生活噪声污染防治的法律规定，制造噪声干扰他人正常生活的（第 58 条）；饲养动物，干扰他人正常生活的或者放任动物恐吓他人的（第 75 条）。不属于以上五种情况的均可延长传唤时间至 24 小时。实践中，只要对以上五种情况熟记在心则可准确适用关于延长传唤时间的规定。

在程序上，办案人员无权决定是否进行传唤，在认为需要适用传唤时报经办案部门负责人批准方可适用。办案人员要填写传唤审批表进行书面审批，口头传唤时也应当通过电话等形式现场请示。将违法嫌疑人传唤到案后应当及时进行询问查证，并在 24 小时内将传唤的时间和处所通知其家属，如果违法嫌疑人拒不提供其家属的联系方式或有其他无法通知的客观原因，应当在询问笔录中注明。传唤到案后询问查证的地点可以是公安机关，也可以是其他指定地点，但是不得将嫌疑人带离其住所地所在的市县。不得以连续传唤的方式变相拘禁违法嫌疑人。

2. 当场盘查与继续盘问

当场盘查与继续盘问是公安机关在日常社会治安管理中特有的行政强制权。根据我国《人民警察法》第 9 条和公安部《公安机关适用继续盘问规定》，当场盘查是指为维护社会治安秩序，公安机关的人民警察对有违法犯罪嫌疑的人员，经出示相应证件，当场采取的盘问、检查措施。继续盘问是指在当场盘查仍然不能排除违法犯罪嫌疑的情况下，就近将嫌疑人带至公安机关进一步调查处理的强制措施。继续盘问适用于以下四种情况：被指控有犯罪行为的；有现场作案嫌疑的；有作案嫌疑身份不明的；携带的物品有可能是赃物的。

继续盘问的期限，根据我国《人民警察法》第 9 条的规定，对被盘问人的留置时间自带至公安机关之时起不超过 24 小时，在特殊情况下，经县级以上公安机关批准，可以延长至 48 小时，并应当留有盘问记录。对于批准继续盘问的，应当立即通知其家属或者其所在单位。对于不批准继续盘问的，应当立即释放被盘问人。经继续盘问，公安机关认为对被盘问人需要依法采取拘留或者其他强制措施的，应当在前款规定的期间作出决定；在前款规定的期间不能作出上述决定的，应当立即释放被盘问人。

理解这两种强制措施，要重点把握两点：一是它们适用的对象是不特定的违法犯罪嫌疑人。这一点也是它们与行政传唤和刑事拘传的根本区别。行政传唤的对象是行政案件受理后特定的行政违法相对人，刑事拘传的对象是刑事立案后特定的刑事犯罪嫌疑人，而当场盘查与继续盘问措施采取时，盘查（问）对象并不确定是一般违法嫌疑人还是犯罪嫌疑人，只是不排除作案嫌疑。一旦确定是行政案件并受理或确定是刑事案件而立案后，则不能再适用当场盘查与继续盘问。二是当场盘查与继续盘问的递进法律关系。继续盘问以当场盘查为前提。如果当场盘查确定或排除了相对人的违法犯罪嫌疑，则继续盘问已无必要，不得实施。只有当场盘查不能确定或排除相对人的违法犯罪嫌疑时，才能依法将相对人带至公安机关继续盘问。

3. 行政约束

行政约束是对特定的具有潜在社会安全威胁或者已经形成社会安全威胁的相对人人身采取的即时性强制措施。强制约束的对象有两类人：一是精神病人。我国《人民警察法》第 14 条规定："公安机关的人民警察对严重危害公共安全或者他人人身安全的精神病人，可以采取保护性约束措施。需要送往指定的单位、场所加以监护的，应当报请县级以上人民政府公安机关批准，并及时通知其监护人。"《治安管理处罚法》第 13 条也规定："精神病人在不能辨认或者不能控制自己行为的时候违反治安管理的，不予处罚，但是应当责令其监护人严加看管和治疗。"二是醉酒人。《治安管理处罚法》第 15 条第 2 款规定："醉酒的人在醉酒状态中，对本人有危险或者对他人的人身、财产或者公共安全有威胁的，应当对其采取保护性措施约束至酒醒。"

行政约束的适用要符合比例原则，注意以下三点：第一，目的的正当性。行政约束必须是为了消除特定的违法、危害状态。第二，手段的必要性。采取其他手段不能实现行政目的，行政约束是在迫不得已情况下实施的。即使已经采取了强制，也要加强监管，密切关注被强制人的行为举止和精神状态。如果出现异常情况要立即采取应对措施，以免发生意外情况。第三，强制的适度性。能够不使用约束带等械具时坚决不能使用。一旦违法、危害状态消除，应当立即解除强制，严禁变相限制人身自由。

4. 强制隔离戒毒

强制隔离戒毒是指对吸毒成瘾人员进行的强制性教育医疗措施。根据我国《禁毒法》的规定，吸毒成瘾人员有下列情形之一的，由县级以上人民政府公安机关作出强制隔离戒毒的决定：拒绝接受社区戒毒的；在社区戒毒期间吸食、注射毒品的；严重违反社区戒毒协议的；经社区戒毒、强制隔离戒毒后再次吸食、注射毒品的。对于吸毒成瘾严重，通过社区戒毒难以戒除毒瘾的人员，公安机关可以直接作出强制隔离戒毒的决定。吸毒成瘾人员自愿接受强制隔离戒毒的，经公安机关同意，可以进入强制隔离戒毒场所戒毒。对怀孕或者正在哺乳自己不满 1 周岁婴儿的妇女吸毒成瘾的，不适用强制隔离戒毒。不满 16 周岁的未成年人吸毒成瘾的，可以不适用强制隔离戒毒。

公安机关对吸毒成瘾人员决定予以强制隔离戒毒的，应当制作强制隔离戒毒决定书，在执行强制隔离戒毒前送达被决定人，并在送达后 24 小时以内通知被决定人的家属、所在单位和户籍所在地公安派出所；被决定人不讲真实姓名、住址，身份不明的，公安机关应当自查清其身份后通知。被决定人对公安机关作出的强制隔离戒毒决定不服的，可以依法申请行政复议或者提起行政诉讼。

对被决定予以强制隔离戒毒的人员，由作出决定的公安机关送强制隔离戒毒场所执行。强制隔离戒毒的期限为 2 年。执行强制隔离戒毒 1 年后，经诊断评估，对于戒毒情况良好的戒毒人员，强制隔离戒毒场所可以提出提前解除强制隔离戒毒的意见，报强制隔离戒毒的决定机关批准。强制隔离戒毒期满前，经诊断评估，对于需要延长戒毒期限的戒毒人员，由强制隔离戒毒场所提出延长戒毒期限的意见，报强制隔离戒毒的决定机关批准。强制隔离戒毒的期限最长可以延长 1 年。

5. 行政检查

行政检查是指公安机关在办理行政案件中对与违法行为有关的场所、物品、人身进行的检查措施。行政检查有对人身的检查、对财产的检查、对场所的检查，在此一并阐述。

检查时，人民警察不得少于两人，并应当出示工作证件和县级以上公安机关开具的检查证。对确有必要立即进行检查的，人民警察经出示工作证件，可以当场检查（公安机关及其人民警察对机关、团体、企业、事业单位或者公共场所进行的日常监督检查除外）。

对违法嫌疑人人身进行检查时，应当尊重被检查人的人格，不得以有损人格尊严的方式进行检查。检查妇女的身体，应当由女性工作人员进行。依法对卖淫、嫖娼人员进行性病检查，应当由医生进行。

检查公民住所必须持有县级以上公安机关开具的检查证。但是，有证据表明或者有群众报警公民住所内正在发生危害公共安全或者公民人身安全的案（事）件，或者违法存放危险物质，不立即检查可能对公共安全或者公民人身、财产安全造成重大危害的，人民警察经出示工作证件，可以立即检查。

检查场所或者物品时，应当注意避免对被检查物品造成不必要的损坏。检查场所时，应当有被检查人或者其他见证人在场。检查情况应当制作检查笔录。检查笔录由检查人员、被检查人或者见证人签名；被检查人不在场或者拒绝签名的，办案人民警察应当在检查笔录中注明。

6. 强行带离与强行驱散

根据我国《人民警察法》第 8 条的规定，公安机关的人民警察对严重危害社会治安秩序或者威胁公共安全的人员，可以采取强行带离现场的措施。该法第 17 条还规定，对严重危害社会治安秩序的突发事件，在实行现场管制时可以采取必要手段强行驱散，并对拒不服从的人员可以强行带离现场或采取其他相应措施。根据《治安管理处罚法》第 24 条的规定，因扰乱体育比赛秩序被处以行政拘留处罚并同时被责令 12 个月内不得进入体育场馆观看同类比赛的，如果违反规定进入场馆，可以强行带离现场。根据《集会游行示威法》第 27 条的规定，违法举行集会游行示威，不听制止的，人民警察现场负责人有权命令解散；拒不解散的，公安机关有权强行驱散，并对拒不服从的人员强行带离现场。

强行带离和强行驱散是两种各自独立的强制行为，但是又联系密切，实践中常常结合在一起适用。在群体性事件处置中，强行带离往往适用于事件的组织者和主要参与者，强行驱散则往往适用于一般参与者和围观者。强行带离和强行驱散本身不是处罚，只是对现场事态的控制和消弭。带离和驱散后，对构成违法的相关涉案人员还要依法追究相应的法律责任。这种非处罚性或曰非结果性正是行政强制一般法律特点的具体体现。

（二）对财产的强制

1. 扣押

扣押是指公安机关在办理行政案件中对与案件有关的需要作为证据的物品采取的强制性扣留的调查措施。根据我国《治安管理处罚法》的规定，对与案件无关的物品，不得扣押。对已经扣押的物品，经查明与案件无关的，应当立即解除扣押。对被侵害人或者善意第三人合法占有的财产，不得扣押。公安机关人民警察扣押物品时，应当会同被扣押物品的持有人查点清楚，当场开列扣押物品清单一式两份，写明扣押的理由，被扣押物品的名称、规格、数量、特征，由办案人民警察和被扣押物品的持有人签名后，一份交给被扣押物品的持有人，一份附卷。有见证人的，还应当由见证人签名。对可以作为证据使用的录音带、录像带、电子数据存储介质，在扣押时应当予以检查，记明案由、内容以及录取和复制的时间、地点等，并妥为保管。公安机关人民警察扣押物品，应当在扣押后的12小时内向所属公安机关办案部门或者公安派出所负责人报告；公安机关办案部门或者公安派出所负责人认为不宜扣押的，应当立即解除扣押。对于扣押的物品，应当妥善保管，不得挪用、调换或者损毁。对容易腐烂变质及其他不易保管的物品，经公安机关负责人批准，在拍照或者录像后变卖或者拍卖，变卖或者拍卖的价款暂予保存，待结案后按有关规定处理。

扣押的期限为30日，案情重大、复杂的，经公安机关负责人批准可以延长30日，法律、法规另有规定的除外。逾期不作出处理决定的，公安机关应当将被扣押物品退还当事人。对扣押物品需要进行鉴定、检测、检验的，鉴定、检测、检验期间不计入扣押期间，但应当将鉴定、检测、检验时间告知当事人。行政案件变更管辖时，与案件有关的财物及其孳息应当随案移交。移交时，由接收人、移交人当面查点清楚，并在交接单据上共同签名。

2. 登记

登记是指公安机关在办理行政案件中对被侵害人或者善意第三人合法占有的与案件有关的物品采取的措施，即将物品的名称、规格、数量、重量、质量、产地、特征、新旧程度等予以登记，并写明被登记物品持有人的基本情况和执行登记的公安机关及人民警察。

同样作为行政证据保全措施，扣押和登记的区别在于：第一，对象不同。扣押针对的是不属于受害人和第三人合法占有的与案件有关的财物，登记针对的是属于受害人和第三人合法占有的与案件有关的财物。第二，占有状态不同。扣押的财物由公安机关占有，原持有人的民事权利行使受到限制，登记的财物仍由原持有人占有，其民事权利行使未受到限制。第三，期限要求不同。扣押期限最长不超过60日，登记没有期限限制。

3. 查封

查封是指公安机关对相对人的动产或不动产予以查实、封存，待实体结论作出后再加以处理的具体行政行为。查封主要针对的是不动产，往往称为“就地封存”，并须贴上封条予以登记造册，其所有人或使用人在查封期间不得进入或使用被查封的标的。

4. 收缴与追缴

收缴是指公安机关在办理行政案件中对所查获的违禁品、赌具赌资、毒品用具以及直接用于实施违法行为的本人所有的工具予以扣留处置的行政强制措施。追缴是指公安机关在办理行政案件中对涉案的违法所得予以扣留处置的行政强制措施。

收缴与追缴在实施主体和程序上是一样的，只是对象不同而已。收缴的对象具体包括：

毒品、淫秽物品等违禁品；赌具和赌资；吸食、注射毒品的器具；伪造、变造的公文、证件、证明文件、票证、印章等；倒卖的有价票证；直接用于实施违法行为的本人所有的工具；其他法律、法规规定可以收缴的非法财物。以上所说的工具，除非有证据表明属于他人合法所有，可以直接认定为违法行为人本人所有。追缴的对象则是违法所得的财物。多名违法行为人共同实施违法行为，违法所得或者非法财物无法分清所有人的，作为共同违法所得或者非法财物予以处理。

收缴由县级以上公安机关决定。但是，违禁品，吸食、注射毒品的器具以及非法财物价值在500元以下且当事人对财物价值无异议的，公安派出所可以收缴。追缴由县级以上公安机关决定。但是，追缴违法所得的财物应当退还被侵害人的，公安派出所可以追缴。

公安机关对收缴和追缴的财物，经原决定机关负责人批准，按照下列规定分别处理：属于被侵害人或者善意第三人的合法财物，应当及时返还；没有被侵害人的，登记造册，按照规定上缴国库或者依法变卖或者拍卖后，将所得款项上缴国库；违禁品、没有价值的物品，或者价值轻微，无法变卖或者拍卖的物品，统一登记造册后予以销毁；对无法变卖或者拍卖的危险物品，由县级以上公安机关主管部门组织销毁或者交有关厂家回收。

5. 加收滞纳金

加收滞纳金是专门针对罚款处罚的相对人采取的执行性强制措施。行政处罚决定作出后，相对人应当在法定期限内予以履行。按照我国《行政处罚法》第46条和第51条的规定，除了当场收缴的罚款外，相对人应当在收到行政处罚决定书之日起15日内，到指定的银行缴纳罚款。逾期不缴的，每日按照罚款数额的3%加收滞纳金，直至相对人罚款义务全部履行完毕为止。滞纳金不替代原来的罚款义务。《公安机关办理行政案件程序规定》等其他规范性法律文件也有类似的规定。作为救济手段，相对人对加收滞纳金的决定不服，有权依法申请行政复议和提起行政诉讼。

（三）对行为的强制

对行为的强制主要是指交通管制。交通管制是公安机关交通管理部门为了迅速控制突发事态的发展，依法对车辆和行人在道路上通行以及其他与交通有关的活动所进行的行政管制措施。一般是在集会游行、大型运动会、道路桥梁建设、救灾抢险、执行重要警卫任务等情况下对交通行为实行的限制，主要是临时性的规定。根据我国《人民警察法》第15条的规定，县级以上人民政府公安机关，为预防和制止严重危害社会治安秩序的行为，可以在一定的区域和时间，限制人员、车辆的通行或者停留，必要时可以实行交通管制。实施交通管制应当公开发布或者内部下达实施管制的通告、通知，明确交通管制的具体内容。在紧急情况下，也可以直接采取交通管制措施。

（四）对场所的强制

对场所的强制比较常见的就是现场管制。现场管制是指公安机关及其人民警察在紧急情况下，为了预防和制止严重危害社会治安秩序的行为，维护社会公共安全，依法对特定区域、建筑物、车辆等场所在紧急情况下予以临时控制的行为。根据我国《人民警察法》第17条的规定，县级以上人民政府公安机关，经上级公安机关和同级人民政府批准，对严重危害社会治安秩序的突发事件，可以根据情况实行现场管制。

现场管制与交通管制密切相连，很多情况下甚至在手段上带有一定的交叉，但是仍然有明显的区别：一是适用的前提不同。现场管制适用于发生了严重危害社会治安秩序的突发事件的情况下，交通管制适用于可能或已经发生严重危害社会治安秩序的行为时。二是实施的程序不同。现场管制必须由上级公安机关和同级人民政府共同批准，并由县级以上公安机关实施，交通管制则只需县级以上公安机关决定和实施即可。三是具体管制内容不同。现场管制的内容不仅包括对特定区域的人员、车辆通行或停留的限制，还包括对相关人员身份的查验、物品的检查等，交通管制仅限于对特定区域的人员、车辆通行或停留的限制。可见，现场管制的严厉程度要大于交通管制。

三、公安警察行政强制的程序

公安警察行政强制的实施没有统一的程序规定，各种具体措施规定各不相同，但总结起来，基本上都必须包括以下基本程序：

（一）表明身份

公安警察行政强制措施的采取必须由两名以上正式的人民警察，在作出可能影响对方合法权益的强制措施之前，表明执法身份。公安警察行政主体在未表明执法身份的情况下实施的行政行为，构成程序违法。表明身份包括两种方式：一是出示有效的执法证件；一是说明自己的执法身份及所属公安警察行政主体的名称。通常情况下两种方式要同时采用。如果相对人对其执法身份或者证件的有效性、齐备性有异议，执法人员有义务予以解释。关于执法证件，不同的行政强制要求不同，如对公民住所的检查，无论情况是否紧急，都必须出示工作证件和县级以上公安机关开具的检查证，而对人身、物品的检查，一般要出示检查证，但确有必要立即检查的，只需要出示工作证件即可当场检查。

（二）告知

告知是指在采取具体的强制措施之前，向相对人说明采取措施的原因、依据、后果，督促相对人自觉履行行政义务，服从行政命令。告知程序是公安警察行政主体的义务，是对相对人知情权的保障。告知包含两个方面的内容：

1. 告知相对人采取行政强制的理由、依据和后果。告知理由和依据主要是告知相对人采取强制措施所赖以依据的事实依据及法律依据。告知后果主要适用于行政强制执行中，告知相对人剩下最后一次自动履行行政义务的机会，如果不自觉履行，将面临被强制执行的风险。让相对人感受到法律的权威和理性，综合权衡，能自觉主动地履行义务，公安警察行政主体尽量减少采取强制手段。

2. 告知相对人救济的权利和救济途径

在对相对人实施涉及其切身利益的强制措施之前，告知其享有的权利以及实现的途径和方式，旨在通过相对方行使这些权利，抵抗警察行政主体违法行使警察权。这是行政救济原则和正当程序原则的基本要求。告知的权利主要是陈述权和申辩权。

除了特定情况下的即时性强制可以口头告知外，一般情况下，告知应采用书面形式，并向相对人送达行政强制告知书。

（三）听取陈述和申辩

在对相对人进行告知后，应当充分听取当事人的陈述和申辩，以最大限度地减少错误强制带来的负面影响/效应。

（四）采取具体的强制措施

不论采取何种的强制措施，都必须严格按照法律规定的对象、方式、期限进行，具体要求前面已经述及。

第五节　其他公安警察行政行为

一、劳动教养

劳动教养是对违反治安管理经处罚仍不悔改，或者有轻微犯罪行为，但尚不够刑事处罚的人所实施的强制性教育改造的行政措施。

（一）劳动教养制度的历史发展

新中国成立后，为了巩固政权，进行了“三反”、“五反”运动，逮捕拘留了几百万人，为了处理这些人，1955 年 8 月中共中央批准下发了《关于彻底肃清暗藏反革命分子的指示》这个内部肃反文件，规定：“对这次运动中清查出来的反革命分子和其他坏分子，除判处死刑和罪状较轻、坦白彻底或因立功而继续留用以外，分两种办法处理。一种办法，是判刑后劳动改造。另一种办法，是不够判刑、而政治上又不适用于继续留用，放到社会上又增加失业的，则进行劳动教养，就是虽不判刑，虽不完全失去自由，但亦应集中起来，替国家做工，由国家发给一定的工资。”这是我们国家出台的第一份有关劳动教养的红头文件，从此，“劳动教养”这个名词也就诞生了，劳动教养的对象是不够判刑的反革命分子或坏分子。接着，1956 年 1 月中共中央又发出《关于各省、市立即筹办劳动教养机构的指示》，于是，劳动教养机构在全国办起来了。为了使劳动教养合法化，1957 年 8 月 1 日，经第一届全国人民代表大会常务委员会第 78 次会议批准，国务院出台了《关于劳动教养问题的决定》，第一次以法律的形式确立了劳动教养制度。当时规定劳动教养的对象是不够逮捕判刑而政治上又不适合继续留用，放到社会上又会增加失业的人员。没有规定明确的期限，直到 1979 年颁布《国务院关于劳动教养的补充规定》，明确规定了劳动教养的期限。1982 年 1 月颁布《劳动教养试行办法》，对劳动教养的对象、程序、期限等作了明确的规定。

（二）劳动教养决定机关

各省、自治区、直辖市公安厅（局）、新疆生产建设兵团公安局和地、地级市、州、盟公安局（处）设立劳动教养审批委员会，作为同级劳动教养管理委员会的审批机构，依照有关法律、行政法规和规章审批劳动教养案件，并以劳动教养管理委员会的名义作出是否劳动教养的决定。劳动教养审批委员会的日常工作由本级公安机关法制部门承担。

（三）劳动教养的对象

根据全国人民代表大会常务委员会批准的《国务院关于劳动教养问题的决定》、《国务院关于劳动教养的补充规定》、国务院转发的公安部《劳动教养试行办法》和《公安机关办理劳动教养案件规定》等法律、法规和规章的规定，对年满 16 周岁、具有下列情形之一的，应当依法决定劳动教养：

1. 危害国家安全情节显著轻微，尚不够刑事处罚的；

2. 结伙杀人、抢劫、强奸、放火、绑架、爆炸或者拐卖妇女、儿童的犯罪团伙中，尚不够刑事处罚的；

3. 有强制猥亵、侮辱妇女，猥亵儿童，聚众淫乱，引诱未成年人聚众淫乱，非法拘禁，盗窃，诈骗，伪造、倒卖发票，倒卖车票、船票，伪造有价票证，倒卖伪造的有价票证，抢夺，聚众哄抢，敲诈勒索，招摇撞骗，伪造、变造、买卖国家机关公文、证件、印章，以及窝藏、转移、收购、销售赃物的违法犯罪行为，被依法判处刑罚执行期满后5年内又实施前述行为之一，或者被公安机关依法予以罚款、行政拘留、收容教养、劳动教养执行期满后3年内又实施前述行为之一，尚不够刑事处罚的；

4. 制造恐怖气氛、造成公众心理恐慌、危害公共安全，组织、利用会道门、邪教组织、利用迷信破坏国家法律实施，聚众斗殴，寻衅滋事，煽动闹事，强买强卖、欺行霸市，或者称霸一方、为非作恶、欺压群众、恶习较深、扰乱社会治安秩序，尚不够刑事处罚的；

5. 无理取闹，扰乱生产秩序、工作秩序、教学科研秩序或者生活秩序，且拒绝、阻碍国家机关工作人员依法执行职务，未使用暴力、威胁方法的；

6. 教唆他人违法犯罪，尚不够刑事处罚的；

7. 介绍、容留他人卖淫、嫖娼，引诱他人卖淫，赌博或者为赌博提供条件，制作、复制、出售、出租或者传播淫秽物品，情节较重，尚不够刑事处罚的；

8. 因卖淫、嫖娼被公安机关依法予以警告、罚款或者行政拘留后又卖淫、嫖娼的；

9. 吸食、注射毒品成瘾，经过强制戒除后又吸食、注射毒品的；

10. 有法律规定的其他应当劳动教养情形的。

对实施危害国家安全、危害公共安全、侵犯公民人身权利、侵犯财产、妨害社会管理秩序的犯罪行为的人，因犯罪情节轻微人民检察院不起诉、人民法院免予刑事处罚，符合劳动教养条件的，可以依法决定劳动教养。

对未成年人决定劳动教养，应当从严控制。对违法犯罪未成年人中的初犯、在校学生，且其父母或者其他监护人有实际管教能力的，不得决定劳动教养，但是应当依法责令其父母或者其他监护人严加管教。

对精神病人、呆傻人员不得决定劳动教养。

对盲、聋、哑人，严重病患者，怀孕或者哺乳自己不满1周岁婴儿的妇女，以及年满60周岁又有疾病等丧失劳动能力者，一般不决定劳动教养；确有必要劳动教养的，可以同时决定劳动教养所外执行。

违法犯罪嫌疑人为抗拒审查、逃避惩罚而自伤、自残，符合劳动教养条件的，应当依法决定劳动教养。

对在中华人民共和国领域内违法犯罪的外国人、无国籍人、华侨，在大陆违法犯罪的台湾居民和在内地违法犯罪的香港、澳门特别行政区居民，不得决定劳动教养。

（四）劳动教养期限和追究时效

决定劳动教养的期限，应当与违法犯罪嫌疑人的违法犯罪事实、性质、情节、动机、社会危害程度及应当承担的法律责任相适应。劳动教养的期限一般确定为1年、1年3个月、1年6个月、1年9个月、2年、2年3个月、2年6个月、2年9个月或者3年。

对未成年人决定劳动教养的期限，除强制戒除后又吸食、注射毒品的以外，一般为1年或者1年3个月，最长不得超过1年6个月。

劳动教养期限自作出劳动教养决定之日起计算，作出劳动教养决定前因同一行为被依法先行羁押的，羁押1日折抵劳动教养1日。被决定劳动教养人员逃跑的期间不计入劳动教养期限。

依法应当予以劳动教养的违法犯罪行为在3年内未被公安机关发现的，不再决定劳动教养。但是违法犯罪行为已被公安机关立案调查，违法犯罪嫌疑人逃避调查的，以及被侵害人在上述期限内提出控告，公安机关应当立案而不予立案的，不受这一期限的限制。以上期限，从违法犯罪行为发生之日起计算；违法犯罪行为有连续或者继续状态的，从行为终了之日起计算。

（五）劳动教养的程序

1. 报批。县级以上公安机关办案部门对刑事案件、治安案件调查完毕后，认为基本事实清楚，基本证据确实充分，符合劳动教养条件的，应当制作《劳动教养呈批报告》，经办案部门负责人审核后，加盖办案部门印章，连同案卷材料报送本级公安机关法制部门审核。本级公安机关法制部门应当在3日内审核完毕，并写出《审核报告》，根据案件的不同情况作出处理：认为违法犯罪事实已经查清，证据确实充分，符合劳动教养条件的，在《劳动教养呈批报告》上签署意见，报经本级公安机关负责人批准后，加盖本级公安机关印章，连同《审核报告》报送上一级公安机关法制部门审核（有权审批劳教的地市级以上公安机关的办案部门需要报批劳教案件的，应当向本级公安机关法制部门报批）。认为基本事实不清、基本证据不足，或者需要查证其他违法犯罪问题的，应当列出补充调查提纲，退回办案部门限期补充调查。必要时，法制部门也可以自行补充调查。认为不符合劳动教养条件的，应当写明理由；依法应当追究刑事责任、予以治安管理处罚或者作其他处理的，应当提出处理意见，退回办案部门依法处理。

2. 审批。对县级以上公安机关呈报的劳动教养案件，受理的公安机关法制部门应当组成合议组进行书面审核。根据《公安机关办理劳动教养案件规定》，受理的公安机关法制部门应当在收到《劳动教养呈批报告》及有关材料之日起的3日内审核完毕。

3. 聆询。聆询是劳动教养案件办理中特有的听证程序。必须经过聆询方可作出劳教决定的案件有：组织、利用邪教组织破坏国家法律实施的案件；吸食、注射毒品的案件。可以组织聆询的案件有：应当对违法犯罪嫌疑人决定劳动教养2年以上的；应当对未成年违法犯罪嫌疑人决定劳动教养的。其他种类劳动教养案件是否需要聆询由省级公安机关根据当地实际决定。公安机关应当在合议完毕后的2日内将《聆询告知书》送达违法犯罪嫌疑人，告知其有要求聆询的权利。对可以举行聆询的劳动教养案件，违法犯罪嫌疑人或者其监护人要求聆询的，应当在收到《聆询告知书》之日起的2日内提出书面或者口头申请。违法犯罪嫌疑人或者其监护人因不可抗力或者其他特殊原因未在规定的期限内提出聆询申请，但是在障碍消除后的1日内提出的，公安机关应当准许。违法犯罪嫌疑人或者其监护人在规定的期限内未提出聆询申请的，视为放弃要求聆询的权利。违法犯罪嫌疑人或者其监护人在收到《聆询告知书》后即明确表示不要求聆询或者在收到《聆询告知书》后的2日内未提出聆询申请的，劳教审批部门应当在知道违法犯罪嫌疑人或者监护人不要求聆询后的2日内提请本级公安机关劳动教养审批委员会审议决定。经过对聆询申请审查，劳动教养审批委员会认为符合规定的，应当决定聆询一次；认为不符合规定的，应当在收到聆询申请之日起的2日内作出不聆询的决定，在作出决定后的2日内书面通知聆询申请人，并说明理由。

地级以上公安机关决定聆询后，应当制作《聆询通知书》，在举行聆询的2日前送达聆询申请人，并通知呈报单位和其他参加人。除涉及国家秘密、个人隐私的案件，未成年人违法犯罪案件，以及其他不宜公开聆询的案件外，违法犯罪嫌疑人的近亲属和单位可以各派1至3名代表参加旁听。聆询结束后，聆询主持人应当组织聆询人员进行合议，写出《聆询报告》，根据少数服从多数的原则提出处理意见。地级以上公安机关法制部门应当根据《聆询报告》和《聆询笔录》提出处理意见，提请本级公安机关劳动教养审批委员审议决定。

4. 决定。上级公安机关劳动教养审批委员会应当在收到本级公安机关法制部门提请审议的劳动教养案件之日起的 2 日内，以同级劳动教养管理委员会的名义作出是否劳动教养的决定。

5. 执行。劳动教养决定自作出决定之日起生效。呈报单位应当在收到《劳动教养决定书》之日起的 2 日内，向被劳动教养人员及其家属宣布决定劳动教养的事实、依据、期限，以及被劳动教养人员依法享有的权利，并将《劳动教养决定书》送达被劳动教养人员和被侵害人。呈报单位应当在《劳动教养决定书》送达被劳动教养人员之日起的一个月内，将被劳动教养人员投送指定的劳动教养场所执行，并将《劳动教养决定书》、《劳动教养通知书》一并送达劳动教养场所。

对下列违法犯罪嫌疑人，可以决定劳动教养所外执行：盲、聋、哑人，严重病患者，怀孕或者哺乳自己不满 1 周岁婴儿的妇女以及年满 60 周岁又有疾病等丧失劳动能力者；有特殊业务技术专长，确为本单位生产、科研所必需，其单位提出申请的；家庭成员患有严重疾病、生活不能自理或者没有生活来源，确需本人照顾或者扶养的。

对下列人员，除严重病患者和怀孕或者哺乳自己未满 1 周岁婴儿的妇女外，不得批准所外执行：因实施危害国家安全行为被决定劳动教养的；属于多次作案、流窜作案或者其违法犯罪行为在当地造成恶劣影响的；曾被劳动教养或者受过刑事处罚的；染有毒瘾未戒除的；为逃避劳动教养或者决定劳动教养后自伤、自残、逃跑的；不投送劳动教养场所执行可能有社会危险性的；被决定劳动教养人员的家庭、监护人和单位均没有实际帮教条件的。

（六）对劳动教养的评价

劳动教养制度在中国特定的历史下发挥了积极作用，但随着法治国家进程的推进，受到了越来越多的批评，主要存在“没有法律的明确授权，与立法法相冲突”、“劳动教养对象不明确”、“处罚太严厉”、“程序不公正”、“规范不统一，司法解释多元化”等弊端，导致有关部门滥用权力，侵犯公民人身权利的现象屡屡发生。国家正在酝酿起草的《违法行为矫治法》，有望对该制度进一步规范，我们拭目以待。

二、收容教育

收容教育是公安机关依法对卖淫、嫖娼人员集中进行法律教育和道德教育，组织参加生产劳动以及进行性病检查、治疗的行政强制措施。收容教育也具有行政性、强制性、结果性和人身处置性的特点。目前，收容教育的法律依据主要是全国人大常委会《关于严禁卖淫嫖娼的决定》、国务院《卖淫嫖娼人员收容教育办法》等。

收容教育的对象：实施了卖淫、嫖娼行为较为严重但又不够劳动教养的违反治安管理行为人。对有下列情形之一的卖淫、嫖娼人员，可以不予收容教育：年龄不满 14 周岁的；患有性病以外其他急性传染病的；怀孕或者哺乳本人所生 1 周岁以内婴儿的；被拐骗、强迫卖淫的。

收容教育的决定程序：对卖淫、嫖娼人员实行收容教育，由县级公安机关决定。决定实行收容教育的，有关县级公安机关应当填写收容教育决定书。收容教育决定书副本应当交给被收容教育人员本人，并自决定之日起 15 日内通知其家属、所在单位和户口所在地的公安派出所。

收容教育的期限：收容教育期限为 6 个月至 2 年，自执行之日起计算。

收容教育的执行：收容教育由公安机关设置的收容教育所执行。收容教育所对被收容教育人员，应当按照性别和有无性病实行分别管理。被收容教育的女性人员，应当由女性工作人员进行管理。收容教育所应当依法管理，建立、健全各项管理制度，严禁打骂、体罚或者以其他方式侮辱被收容教育人员。被收容教育人员应当遵守收容教育所的各项管理制度，服从管理。对被收容教育人员应当进行法律教育和道德教育，并组织他们参加生产劳动，学习生产技能，增强劳动观念。被收容教育人员参加生产劳动所获得的劳动收入，用于改善被收容教育人员的生活和收容教育所的建设。

对参加生产劳动的被收容教育人员，可以按照规定支付一定的劳动报酬。收容教育所对劳动收入和支出应当单独建账，严格管理。收容教育所应当实行文明管理，组织被收容教育人员开展有益的文化体育活动。被收容教育人员在收容教育期间的生活费用一般由本人或者家属负担。被收容教育人员入所时携带的物品需要由收容教育所保管的，收容教育所应当造册登记，妥善保管，在被收容教育人员离所时将原物交还本人。收容教育所应当允许被收容教育人员的家属探访。被收容教育人员在收容教育期间，遇有子女出生、家属患严重疾病、死亡以及其他正当理由需要离所的，由其家属或者其所在单位担保并交纳保证金后，经所长批准，可以离所。离所期限一般不超过 7 日。保证金收取办法由公安部规定。

三、收容教养

收容教养是指对不满 16 周岁而不予刑事处罚的少年犯罪人员，集中进行文化教育、法律教育、职业技术教育的一种行政强制措施。收容教养的法律依据是《刑法》，该法第 17 条第 4 款规定："因不满十六周岁不予刑事处罚的，责令他的家长或者监护人加以管教；在必要的时候，也可以由政府收容教养。"

收容教养的对象为不满 16 周岁不予刑事处罚的人，既包括已满 14 周岁不满 16 周岁犯罪但不予刑事处罚的人，也包括未满 14 周岁犯罪但不负刑事责任的人。

在收容教养期间，对被收容教养的未成年人实行教育、感化、挽救的方针，坚持教育为主、惩罚为辅的原则。根据《预防未成年人犯罪法》第 39 条的规定，执行机关应当保证其继续接受文化知识、法律知识或者职业技术教育；对没有完成义务教育的未成年人，执行机关应当保证其继续接受义务教育。解除收容教养的未成年人，在复学、升学、就业等方面与其他未成年人享有同等权利，任何单位和个人不得歧视。

问题与思考

某区公安局派出所突击检查孔某经营的娱乐城，孔某向正在赌博的人员通风报信，派出所突击检查一无所获。派出所工作人员将孔某带回调查，孔某因受到逼供而说出实情。派出所据此决定对孔某拘留 10 日，孔某不服提起诉讼。

问题：

1. 孔某经营娱乐城是否需要经过公安机关的审批？
2. 派出所欲将孔某带回调查，能否使用传唤？
3. 派出所对孔某逼供取得的证据，能否使用？
4. 对孔某决定拘留之前，孔某能否要求听证？如果公安机关主动告知孔某可以听证，公安机关的做法是否合法？
5. 派出所能对孔某进行拘留吗？

参考文献

1. 朱芒．日本的行政许可——基本理论和制度．中外法学，1999（4）
2. 余凌云．警察许可与行政许可法．北京：中国人民公安大学出版社，2003
3. 王连昌主编．行政法学．北京：中国政法大学出版社，1999
4. 孙振雷主编．行政法原理．郑州：河南人民出版社，2006
5. 阮国平主编．公安行政法适用教程．北京：高等教育出版社，2007
6. 肖金明．行政处罚制度研究．济南：山东大学出版社，2004

第四章

公安警察刑事法

第一节　公安警察刑事法概述

一、公安警察刑事法的基本概念

二、公安警察刑事法的表现形式

三、公安警察刑事法的特点

四、公安警察刑事法的原则

第二节　刑事案件管辖

一、刑事案件管辖的基本概念

二、刑事案件管辖的法律依据

三、刑事案件管辖的具体划分

第三节　刑事立案制度

一、刑事立案的概念和意义

二、刑事立案的材料来源和条件

三、决定立案与不立案

第四节　刑事侦查制度

一、刑事侦查制度概述

二、讯问犯罪嫌疑人

三、询问证人、被害人

四、勘验、检查

五、搜查

六、查封、扣押物证、书证

七、查询、冻结

八、鉴定

九、技术侦查措施

十、辨认

十一、通缉

十二、侦查终结

十三、补充侦查

第五节　刑事强制措施

一、刑事强制措施概述

□·**本章概要**·□

公安警察刑事法是我国警察法体系中的重要组成部分，在警察法体系中有着特殊的地位和意义，具有很强的司法属性。警察刑事法，是指规定和调整警察机关及其人民警察在行使法律所授予的国家刑事司法职权中产生的各种法律关系的法律规范的总称。本章重点介绍警察刑事法的基本概念和基本原则，特别是警察刑事法的刑事案件管辖、刑事立案制度、刑事侦查制度、刑事强制措施、刑罚执行制度等五大制度，警察机关及其人民警察在刑事诉讼中，必须依据《刑事诉讼法》以及《公安机关办理刑事案件程序规定》等有关的法律、法规和规章，规范执法，顺利完成刑事诉讼的任务。

关键术语

警察刑事法的基本概念和原则　刑事案件管辖　刑事立案制度　刑事侦查制度　刑事强制措施　刑罚执行制度

第一节　公安警察刑事法概述

一、公安警察刑事法的基本概念

公安警察刑事法，是指规定和调整警察机关及其人民警察在行使法律所授予的国家刑事司法职权中产生的各种刑事法律关系的法律规范的总称。[①] 具体来说，就是国家通过法律规定警察机关及其人民警察行使国家刑事司法职权，履行预防、制止、侦查犯罪和执行刑罚职责，维护国家安全和社会秩序，保护公民人身安全和公私财产安全方面的各种法律规范的总和。

① 参见中国警察学会编著：《中国警察法学》，240页，北京，群众出版社，2002。

这一概念包含以下几层含义：

一是公安警察刑事法是规定和调整警察刑事法律关系的所有法律规范。警察刑事法和其他的法律一样，是规定和调整某一方面法律关系的法律规范的总和，其外延非常广泛，包括警察机关及其人民警察行使国家刑事司法职权所依据的所有法律规范，既有刑事实体法，也包括刑事程序法。

二是公安警察刑事法所体现的行使国家刑事司法职权的主体是法定的。行使国家刑事司法职权的主体是以行使侦查、刑罚执行等为主要内容的警察机关，具体包括公安机关、国家安全机关、监狱管理机关等，这些机关行使法律赋予的国家刑事司法职权，不受其他机关、团体和个人的干涉。

三是公安警察刑事法的目的是促进和保障国家刑事司法职能的实现。法定的警察机关及其人民警察代表国家协调公民、法人、其他组织在维护国家安全与社会治安秩序，保护公民人身安全和公私财产安全过程中形成的各种权利与义务关系。在实现这些职能的过程中，警察机关运用法律赋予的公开与秘密相结合的方式、手段、措施，履行预防、制止、揭露犯罪和执行刑罚、维护司法诉讼等职责。

公安警察刑事法与公安警察行政法相对应，共同构成我国警察法体系，是我国警察法体系不可或缺的重要组成部分。它侧重体现的职能主要包括两个方面：第一，预防与保障职能。随着社会主义市场经济的不断发展和对外开放的进一步扩大，各种社会矛盾的加剧，社会关系越来越复杂，特别是一些新的严重犯罪，威胁着社会的稳定和社会秩序的安定，干扰着市场经济的健康发展，为此，警察机关以及人民警察通过贯彻实施警察刑事法，采取各种预防对策和手段，维护社会稳定和社会秩序，保护公共利益和公民的合法权益。第二，惩治与执行职能。为了有效地维护社会治安秩序，保护合法利益，促进社会的稳定和市场经济的发展，警察机关以及人民警察通过贯彻实施警察刑事法，履行警察刑事法职能，行使国家刑事司法职权，发现、揭露和证实违法犯罪行为，制止、惩治和打击违法犯罪行为，使违法犯罪人员受到法律的惩处，同时，通过执行刑罚，对其进行教育和改造。

二、公安警察刑事法的表现形式

公安警察刑事法的表现形式即公安警察刑事法的渊源。关于法的渊源，就是凡是载有某一法律部门法律规范的各种法律文件或其他法的形式都是该法律部门的法源。对于警察刑事法来说，由于法律规范文件在制定机关、效力等级及规定内容方面具有分散性，其表现形式也是多种多样的。在我国，警察刑事法的表现形式主要有以下几个方面：

（一）宪法中有关警察机关的职权以及与其他机关之间的关系的规定

宪法是我国的根本大法，规定国家制度和社会制度的根本原则和重大问题，具有最高的法律权威和最高法律地位，是制定与实施其他一切法律、法规的根本依据。宪法中确定的刑事法律制度和基本原则是警察机关及其人民警察执法的依据和准绳。如《宪法》第37条规定，“任何公民，非经人民检察院批准或者决定或者人民法院决定，并由公安机关执行，不受逮捕”。第135条规定，“人民法院、人民检察院和公安机关办理刑事案件，应当分工负责，互相配合，互相制约，以保证准确有效地执行法律”。

（二）法律中关于警察刑事法的规定

法律是由全国人民代表大会及其常务委员会制定的规范性法律文件。前者制定的为基本法律，如《刑法》、《刑事诉讼法》[①] 等关于警察机关在预防犯罪、侦查破案和刑事执行过程中享有的职权、法律依据和程序的规定，这是警察刑事法的主要表现形式；后者制定的为普通法律，如《人民警察法》、《国家安全法》、《监狱法》、《律师法》等有关警察刑事法的内容。

（三）立法解释和司法解释中关于警察刑事法的规定

立法解释和司法解释是具有法律效力的法律解释。立法解释就是指国家立法机关就《刑法》、《刑事诉讼法》执行中有关问题所作的决定或者补充决定中有关警察刑事法的规定；司法解释就是指最高人民法院和最高人民检察院就如何具体运用法律、法令问题所作的有关警察刑事法的解释。法律解释对于弥补法律规定的不足，指导警察机关正确适用有关法律的规定有着重要的意义。

（四）警察机关与其他机关联合颁布的有关警察刑事法的规定

警察机关与其他机关联合颁布的有关警察刑事法的规定，如最高人民法院、最高人民检察院、公安部、国家安全部、司法部和全国人大常委会法制工作委员会《关于实施刑事诉讼法若干问题的规定》[②] 等。

（五）警察机关颁布的有关警察刑事法的规定

警察机关为了执行国家法律、法令颁布的有关警察刑事法的规定，如公安部制定颁发的《公安机关办理刑事案件程序规定》[③] 等。

三、公安警察刑事法的特点

公安警察刑事法是警察机关及其人民警察刑事执法活动的法律依据。公安警察刑事法不仅规定了警察机关及其人民警察刑事执法中依法享有的职权和应当履行的职责，同时还规定了警察机关及其人民警察刑事执法活动的程序性规范。警察刑事法具有以下几个特点：

（一）公安警察刑事法具有执法主体的特定性

按照《刑事诉讼法》、《人民警察法》、《国家安全法》和《监狱法》等法律的规定，警察刑事法执法的主体主要包括公安机关及其人民警察、安全机关及其人民警察以及监狱管理机关及其人民警察等，其他任何机关、团体和个人都不得干涉。

（二）公安警察刑事法具有很强的专业性

根据有关法律的规定，只有公安机关、国家安全机关等机关享有警察刑事执法权，因为刑法规定的几百种刑事罪名，具有很强的专业性，加上刑事犯罪的多样性和复杂性，没有一定的专业知识和没有受过一定的专业训练很难适应，所以警察刑事法的专业性就很突出。

（三）公安警察刑事法具有一定的强制性

警察机关及其人民警察的刑事执法活动，以自身的实力为后盾，具有很强的制服抵抗的能力，包括警力、物质技术装备和设施以及武器、警械等，以克服障碍。特别是在许多特定情况下，警察机关及其人民警察根据法律授权，随时可以作出强制性的决定，以保证

---

① 2012年3月14日第十一届全国人民代表大会第五次会议审议通过了《关于修改〈中华人民共和国刑事诉讼法〉的决定》，由225条增加至290条。

② 2012年12月26日最高人民法院、最高人民检察院、公安部、国家安全部、司法部和全国人大常委会法制工作委员会发布《关于实施刑事诉讼法若干问题的规定》，自2013年1月1日起施行。

③ 2012年12月13日公安部发布修订后的《公安机关办理刑事案件程序规定》，自2013年1月1日起施行。

刑事执法活动的顺利进行。

(四) 公安警察刑事法具有执行的规范性

警察机关及其人民警察进行刑事执法活动是国家法律规定的，警察机关及其人民警察履行职责、行使权力，必须按照法律所提供的行为模式、标准、条件或方法行使，不能超出法律规定的范围，否则就要承担相应的法律后果。特别需要强调的是必须按照法律的程序进行，非经法律的许可，警察机关及其人民警察进行刑事执法活动不得擅自变更、转让或者放弃；警察机关及其人民警察刑事执法行为一经作出，非经法定程序不得被改变或撤销。

(五) 公安警察刑事法具有影响的广泛性

警察机关及其人民警察的刑事执法活动的内容非常广泛，对整个社会带来的影响非常巨大。警察机关及其人民警察的刑事执法活动涉及社会的方方面面，在预防、制止、侦查各种违法犯罪活动，维护社会治安秩序和公共安全的过程，其影响力辐射到政治、经济、文化和生活领域。

四、公安警察刑事法的原则

(一) 依靠群众原则

依靠群众是警察机关及其人民警察进行刑事执法活动必须坚持的一项基本原则。《刑事诉讼法》第 6 条规定："人民法院、人民检察院和公安机关进行刑事诉讼，必须依靠群众……"群众路线是我们党的基本路线，依靠群众原则是由警察机关和人民警察的性质决定的。群众路线是我们一切工作的基本路线，贯穿于警察机关及其人民警察整个刑事执法活动中。警察机关及其人民警察在刑事执法活动中，只有相信群众，依靠群众，认真听取群众的意见和建议，才能及时准确地查明案件事实，顺利完成刑事执法活动。

警察机关及其人民警察进行刑事执法活动必须依靠群众，主要体现在：第一，警察机关及其人民警察进行刑事执法活动时，对于群众的报案、控告和举报，应当立即受理，并及时作出相应的处理；第二，警察机关及其人民警察进行刑事执法活动时，要深入群众，从群众中了解有关第一手情况，从群众中收集有关信息，确保案件的质量；第三，警察机关及其人民警察在预防犯罪等方面，要组织人民群众的力量，相信人民群众的觉悟和智慧，进行社会治安综合治理，确保社会治安秩序稳定。

坚持专门机关和群众路线相结合，发挥专门机关的独特优势和特长，充分依靠和组织人民群众，才能完成好刑事执法活动。

(二) 以事实为根据，以法律为准绳原则

《刑事诉讼法》第 6 条规定："人民法院、人民检察院和公安机关进行刑事诉讼，必须依靠群众，必须以事实为根据，以法律为准绳。"这一规定确立了我国刑事诉讼以事实为根据，以法律为准绳的基本原则。这一原则要求警察机关及其人民警察在办理刑事案件的过程中，必须做到事实清楚、证据确凿、程序合法、适用法律准确。

以事实为根据，就是要求警察机关及其人民警察在办理刑事案件的过程中，无论是立案侦查还是定性处理，都必须以客观存在的真实情况为依据，而不能以主观想象、推测或者无任何根据的推理、议论为根据；以法律为准绳，就是要求警察机关及其人民警察在办理刑事案件的过程中，必须以刑事实体法、刑事程序法和其他法律的有关规定为基准，而不是另立标准或随意背离法律。

以事实为根据，以法律为准绳是密不可分的一个整体，两者紧密联系、相互依存。事实是正确处理案件的前提和基础，法律是正确处理案件的标准和尺度。警察机关及其人民警察在办理刑事案件的过程中，只有把二者紧密地结合起来，才能保证刑事诉讼的质量和水平。

（三）公民在适用法律上一律平等原则

《宪法》第33条规定："中华人民共和国公民在法律面前一律平等。"《刑法》第4条规定："对任何人犯罪，在适用法律上一律平等。不允许任何人有超越法律的特权。"《刑事诉讼法》第6条规定："对于一切公民，在适用法律上一律平等，在法律面前，不允许有任何特权。"这些规定确立了公民在适用法律上一律平等的原则。这项原则的含义是：对于国家的法律，人人都必须毫无例外地遵守，人人都毫无例外地依法办事，对任何人都不得歧视，同时禁止任何人谋求不遵守法律，甚至超越于法律之外、凌驾于法律之上的特权。①

警察机关及其人民警察在办理刑事案件的过程中贯彻这一原则，就要求对于一切公民的犯罪行为，都要严格按照法律的有关规定处理，应当追究法律责任的必须追究，绝不容许任何人置身于法律之外或者凌驾于法律之上；对于一切公民的合法权益，一律依法平等地加以保护，包括对于犯罪嫌疑人的合法权益也要给以同等的重视和保护。

（四）分工负责，互相配合，互相制约原则

《刑事诉讼法》第7条规定："人民法院、人民检察院和公安机关进行刑事诉讼，应当分工负责，互相配合，互相制约，以保证准确有效地执行法律。"分工负责，就是要求公、检、法机关依照国家法律规定的职权，各司其职，各尽其责，严格按照法律规定的职权分工进行刑事诉讼活动，不允许互相代替和超越职权，更不允许任何一个机关独自包办；互相配合，就是要求公、检、法机关依照国家法律规定通力协作，互相支持，互通信息，共同完成刑事诉讼的任务；互相制约，就是要求公、检、法机关在刑事诉讼活动中，应当按照其职能和分工，相互约束，相互制衡，防止可能出现的偏差和督促纠正已经出现的错误。

分工负责是互相配合、互相制约的前提和基础，互相配合、互相制约是分工负责的结果和必然要求。没有分工负责，谈不上互相配合、互相制约；没有互相配合、互相制约，分工负责也必然失去其意义。互相配合、互相制约之间，应当是辩证统一、相辅相成的关系，是制约中体现配合、配合中体现制约的关系。

警察机关及其人民警察在办理刑事案件中，必须严格遵守分工负责，互相配合，互相制约原则，以便准确及时查明案件事实，惩罚犯罪，保障无辜。

（五）依法接受监督原则

《刑事诉讼法》第8条规定："人民检察院依法对刑事诉讼实行法律监督。"这一原则是指在刑事诉讼中人民检察院除行使法律赋予的职权，履行自己的诉讼职能外，还要依法对整个刑事诉讼活动进行法律监督，包括对立案、起诉、审判、执行等环节进行全面的法律监督。警察机关在刑事诉讼活动中是侦查和刑罚执行机关，其进行的刑事诉讼活动应当接受人民检察院的监督。

《公安机关办理刑事案件程序规定》第7条规定："公安机关进行刑事诉讼，应当建立、完善和严格执行办案责任制度、执法过错责任追究制度等内部执法监督制度。在刑事诉讼中，上级公安机关发现下级公安机关作出的决定或者办理的案件有错误的，有权予以撤销或者变更，也可以指令下级公安机关予以纠正。下级公安机关对上级公安机关的决定必须

① 参见罗旭红等：《公安刑事办案程序通论》，24页，北京，中国人民公安大学出版社，2008。

执行，如果认为有错误，可以在执行的同时向上级公安机关报告。”

（六）重证据，重调查研究，严禁刑讯逼供原则

《刑事诉讼法》第53条规定：“对一切案件的判处都要重证据，重调查研究，不轻信口供。”《公安机关办理刑事案件程序规定》第8条规定：“公安机关办理刑事案件，应当重证据，重调查研究，不轻信口供。严禁刑讯逼供和以威胁、引诱、欺骗以及其他非法方法收集证据，不得强迫任何人证实自己有罪。”这是警察机关收集、运用证据的重要指导原则。这一原则要求警察机关及其人民警察在办理刑事案件中，必须注重对证据的全面收集，不仅要收集对犯罪嫌疑人不利的证据，也要收集对犯罪嫌疑人有利的证据；必须要注重调查研究，对犯罪嫌疑人的供述要持慎重态度，不能轻信口供，更不能以非法的方法获取口供，口供必须要经过查证属实，严格禁止刑讯逼供，保障证据的客观、真实、合法，确保刑事案件的质量。

（七）保障诉讼参与人诉讼权利原则

《刑事诉讼法》第14条规定：“人民法院、人民检察院和公安机关应当保障犯罪嫌疑人、被告人和其他诉讼参与人依法享有的辩护权和其他诉讼权利。”《公安机关办理刑事案件程序规定》第9条规定：“公安机关在刑事诉讼中，应当保障犯罪嫌疑人、被告人和其他诉讼参与人依法享有的辩护权和其他诉讼权利。”这一原则要求警察机关在办理刑事案件时，只有切实保障诉讼参与人的各项诉讼权利，才能使诉讼参与人积极地参加诉讼，协助公安机关查明事实、惩罚犯罪，才能保障诉讼活动的顺利进行和刑事案件的正确处理，才能体现诉讼民主，保障人权，实现诉讼公正。

（八）使用本民族语言文字进行诉讼原则

《刑事诉讼法》第9条规定：“各民族公民都有用本民族语言文字进行诉讼的权利。”这一规定确立了使用本民族语言文字进行诉讼的原则，是我国宪法关于国内各民族一律平等的规定在刑事诉讼中的体现。警察机关在办理刑事案件中坚持这一原则，是依法办案的需要，也是消除语言障碍，准确查明案件的需要。

第二节　刑事案件管辖

一、刑事案件管辖的基本概念

在刑事诉讼中，刑事案件的管辖是指公安机关、人民检察院和人民法院在刑事案件受理范围上的权限划分，以及人民法院系统内在审判第一审刑事案件的权限范围上的分工。由此可见，刑事案件的管辖分为立案管辖和审判管辖，警察刑事法上的管辖是指立案管辖。立案管辖是指公、检、法机关在侦查、审判刑事案件上的分工，即分工办理刑事案件的职责范围。这种分工是根据公、检、法各自职责、犯罪性质和办案程序确定的。具体说，就是有侦查权的公安机关负责立案侦查哪些案件，有检察权的人民检察院直接受理哪些案件，有审判权的人民法院直接受理哪些案件。

案件管辖是刑事诉讼法在对各司法机关的诉讼职能进行分工后，又针对具体案件的立案在各个司法机关之间的再次分工。确定管辖的目的是更充分地发挥各司法机关的职能，防止相互推诿、争执、拖延和告状无门现象的发生，从而提高诉讼效率，完成刑事诉讼的任务。

二、刑事案件管辖的法律依据

《刑事诉讼法》第 18 条规定："刑事案件的侦查由公安机关进行，法律另有规定的除外。"这一规定说明：公安机关在刑事诉讼中是主要侦查机关，法律没有明确规定由其他机关立案侦查的案件，都由公安机关立案侦查，其中"法律另有规定的"[①]，是指以下规定：

第一，《刑事诉讼法》第 18 条第 2 款规定："贪污贿赂犯罪，国家工作人员的渎职犯罪，国家机关工作人员利用职权实施的非法拘禁、刑讯逼供、报复陷害、非法搜查的侵犯公民人身权利的犯罪以及侵犯公民民主权利的犯罪，由人民检察院立案侦查。对于国家机关工作人员利用职权实施的其他重大的犯罪案件，需要由人民检察院直接受理的时候，经省级以上人民检察院决定，可以由人民检察院立案侦查。"

第二，《刑事诉讼法》第 18 条第 3 款规定："自诉案件，由人民法院直接受理。"

第三，《刑事诉讼法》第 4 条规定："国家安全机关依照法律规定，办理危害国家安全的刑事案件，行使与公安机关相同的职权。"

第四，《刑事诉讼法》第 290 条规定："军队保卫部门对军队内部发生的刑事案件行使侦查权。对罪犯在监狱内犯罪的案件由监狱进行侦查。"

三、刑事案件管辖的具体划分

（一）人民检察院立案侦查的案件

1. 贪污贿赂犯罪案件，具体包括：贪污案、挪用公款案、受贿案、行贿案、私分国有资产案、巨额财产来源不明案等；

2. 国家工作人员渎职犯罪案件，具体包括：滥用职权案、玩忽职守案、故意泄露国家秘密案、过失泄露国家秘密案、徇私枉法案、私放在押人员案等；

3. 国家机关工作人员利用职务实施的侵犯公民人身权利和民主权利犯罪案件，具体包括：非法拘禁案、非法搜查案、刑讯逼供案、暴力取证案、虐待被监管人员案、报复陷害案、破坏选举案等；

4. 其他由人民检察院直接受理的案件，具体是指对国家机关工作人员利用职权实施的其他重大的犯罪案件，需要由人民检察院直接受理的时候，经省级以上人民检察院决定，可以由人民检察院立案侦查。

（二）人民法院直接受理的自诉案件

自诉案件是指被害人及其法定代理人或近亲属，为追究被告人的刑事责任，自行向人民法院起诉的，由人民法院直接受理的刑事案件。《刑事诉讼法》第 204 条规定："自诉案件包括下列案件：（一）告诉才处理的案件；（二）被害人有证据证明的轻微刑事案件；（三）被害人有证据证明对被告人侵犯自己人身、财产权利的行为应当依法追究刑事责任，而公安机关或者人民检察院不予追究被告人刑事责任的案件。"

1. 告诉才处理的案件

告诉才处理的案件是指被害人及其法定代理人提起控告和起诉，人民法院才予以受理的案件，根据最高人民法院《关于适用〈中华人民共和国刑事诉讼法〉的解释》第 1 条第 1

---

① 指六部委《关于实施刑事诉讼法若干问题的规定》、公安部《公安机关办理刑事案件程序规定》和最高人民法院《关于适用〈中华人民共和国刑事诉讼法〉的解释》等的规定。

项规定[①]，具体包括：侮辱、诽谤案，暴力干涉婚姻自由案，虐待案，侵占案等。但在特殊情况下，如侮辱罪、诽谤罪达到严重危害社会秩序或者国家利益的，由公安机关管辖；暴力干涉婚姻自由罪致被害人死亡的，由公安机关管辖；虐待罪致被害人重伤、死亡的，由公安机关管辖。

2. 被害人有证据证明的轻微刑事案件

被害人有证据证明的轻微刑事案件是指不需要人民检察院提起公诉而且被害人有证据证明的轻微刑事案件。由人民法院管辖的被害人有证据证明的轻微刑事案件，根据最高人民法院《关于适用〈中华人民共和国刑事诉讼法〉的解释》第1条第2项规定，包括：故意伤害案，非法侵入住宅案，侵犯通信自由案，重婚案，遗弃案，生产、销售伪劣商品案，侵犯知识产权案，属于《刑法》分则第四章、第五章规定的，对被告人可能判处3年有期徒刑以下刑罚的案件。对于上列八类案件，被害人直接向人民法院起诉的，人民法院应当依法受理。对于其中证据不足、可由公安机关受理的，或者认为对被告人可能判处3年有期徒刑以上刑罚的，应当告知被害人向公安机关报案，或者移送公安机关立案侦查。

上述八类案件，被害人向公安机关控告的，公安机关应当受理。对于其中既可以按治安案件处理，又可以按民事案件起诉，也可以追究刑事责任的案件，公安机关应当告知被害人或控告人，由其作出选择。

3. 被害人有证据证明被告人侵犯权利而公安机关或者人民检察院不予追究的案件

根据最高人民法院《关于适用〈中华人民共和国刑事诉讼法〉的解释》第1条第3项规定，被害人有证据证明对被告人侵犯自己人身、财产权利的行为应当依法追究刑事责任，而公安机关或者人民检察院不予追究被告人刑事责任的案件。

（三）国家安全机关管辖的刑事案件

《刑事诉讼法》第4条规定："国家安全机关依照法律规定，办理危害国家安全的刑事案件。"可见，危害国家安全的案件由国家安全机关负责侦查。但目前国家安全机关只设到省级，因此，地级市以下公安机关的政保部门负责本辖区发生的危害国家安全犯罪案件和《刑法》第282、284条规定的涉及国家秘密犯罪和生产、销售、使用间谍器材犯罪案件的侦查。

公安机关工作中发现涉及国家安全的犯罪案件，要及时通报国家安全机关；国家安全机关办案中需要公安机关协助的，公安机关要积极做好配合工作。

（四）军队保卫部门管辖的刑事案件

《刑事诉讼法》第290条规定："军队保卫部门对军队内部发生的刑事案件行使侦查权。"由此可见，军队内部发生的刑事案件由军队保卫部门行使侦查权。

（五）监狱管理机关管辖的刑事案件

《刑事诉讼法》第290条规定："对罪犯在监狱内犯罪的案件由监狱进行侦查。"由此可见，罪犯在监狱内犯罪的案件由监狱管理机关行使侦查权。

（六）公安机关管辖的刑事案件

《刑事诉讼法》第18条规定："刑事案件的侦查由公安机关进行，法律另有规定的除外。"由此可见，公安机关管辖绝大部分刑事案件。公安机关管辖的案件，主要包括：危害国家安全罪、危害公共安全罪、破坏社会主义市场经济秩序罪、侵犯公民人身权利民主权

① 2012年11月20日最高人民法院公布《关于适用〈中华人民共和国刑事诉讼法〉的解释》，自2013年1月1日起施行。

利罪、侵犯财产罪、妨害社会管理秩序罪、危害国防利益罪等。

公安机关内部关于刑事案件的管辖，主要是级别管辖、地域管辖和专门管辖。

1. 级别管辖

级别管辖，是指各级公安机关在立案侦查刑事案件上的分工和权限划分。其主要根据案件的性质、犯罪行为的社会危害性和公安机关的工作特点来确定。

根据《公安机关办理刑事案件程序规定》第 21 条的规定，级别管辖具体为：县级公安机关负责侦查发生在本辖区内的刑事案件。设区的市一级以上公安机关负责重大的危害国家安全犯罪、恐怖活动犯罪、涉外犯罪、经济犯罪、集团犯罪案件的侦查。上级公安机关认为有必要的，可以侦查下级公安机关管辖的刑事案件；下级公安机关认为案情重大需要上级公安机关侦查的刑事案件，可以请求上一级公安机关管辖。

2. 地域管辖

地域管辖，是指同级公安机关之间在立案侦查刑事案件上的分工和权限划分。根据《公安机关办理刑事案件程序规定》第 15～20 条的规定，刑事案件由犯罪地的公安机关管辖。如果由犯罪嫌疑人居住地的公安机关管辖更为适宜的，可以由犯罪嫌疑人居住地公安机关管辖。几个公安机关都有管辖权的刑事案件，由最初受理的公安机关管辖。必要时，可以由主要犯罪地的公安机关管辖。对管辖不明确或者有争议的刑事案件，可以由有关公安机关协商。协商不成的，由共同的上级公安机关指定管辖。对情况特殊的刑事案件，可以由共同的上级公安机关指定管辖。另外，针对或者利用计算机网络实施的犯罪，用于实施犯罪行为的网站服务器所在地、网络接入地以及网站建立者或者管理者所在地，被侵害的计算机信息系统及其管理者所在地，以及犯罪过程中犯罪分子、被害人使用的计算机信息系统所在地公安机关可以管辖；行驶中的交通工具上发生的刑事案件，由交通工具最初停靠地公安机关管辖；必要时，交通工具始发地、途经地、到达地公安机关也可以管辖。

3. 专门管辖

专门管辖是指普通公安机关与铁路、交通、民航、林业、海关缉私等专门公安机关以及专门公安机关之间对刑事案件受理范围的分工。专门公安机关包括铁路公安机关、交通公安机关、民航公安机关、林业公安机关、海关缉私机关和海警机关等。

根据《公安机关办理刑事案件程序规定》第 23～27 条的规定，专门管辖主要是：

（1）铁路公安机关管辖的案件。铁路公安机关管辖铁路系统的机关、厂、段、院、校、所、队、工区等单位发生的刑事案件，车站工作区域内、列车内发生的刑事案件，铁路沿线发生的盗窃或者破坏铁路、通信、电力线路和其他重要设施的刑事案件，以及内部职工在铁路线上工作时发生的刑事案件。铁路系统的计算机信息系统延伸到地方涉及铁路业务的网点，其计算机信息系统发生的刑事案件由铁路公安机关管辖。对倒卖、伪造、变造火车票的案件，由最初受理案件的铁路公安机关或者地方公安机关管辖。必要时，可以移送主要犯罪地的铁路公安机关或者地方公安机关管辖。铁路建设施工工地发生的刑事案件由地方公安机关管辖。

（2）交通公安机关管辖的案件。交通公安机关管辖交通系统的机关、厂、段、院、校、所、队、工区等单位发生的刑事案件，港口、码头工作区域内、轮船内发生的刑事案件，水运航线发生的盗窃或者破坏水运、通信、电力线路和其他重要设施的刑事案件，以及内部职工在交通线上工作时发生的刑事案件。

（3）民航公安机关管辖的案件。民航公安机关管辖民航系统的机关、厂、段、院、校、所、队、工区等单位、机场工作区域内、民航飞机内发生的刑事案件。

重大飞行事故刑事案件由犯罪结果发生地机场公安机关管辖。犯罪结果发生地未设机场公安机关或者不在机场公安机关管辖范围内的，由地方公安机关管辖，有关机场公安机关予以协助。

(4) 森林公安机关管辖的案件。森林公安机关管辖破坏森林和野生动植物资源等刑事案件，大面积林区的森林公安机关还负责辖区内其他刑事案件的侦查。未建立专门森林公安机关的，由所在地公安机关管辖。

(5) 海关走私犯罪侦查机构管辖中华人民共和国海关关境内发生的涉税走私犯罪案件和发生在海关监管区内的非涉税走私犯罪案件。

第三节　刑事立案制度

一、刑事立案的概念和意义

刑事立案是指警察机关（主要是公安机关）对于报案、控告、举报、自首的刑事案件，依照法定的管辖范围，经迅速审查，认为有犯罪事实并需要追究刑事责任的，按法定程序予以立案侦查的一种诉讼活动。立案是侦查的前提条件，侦查是立案目的的体现。因此，立案是刑事侦查的开始阶段，也是刑事诉讼中的一项独立程序，是警察机关进行侦查的合法依据。也就是说立案是进行侦查和对有关人员采取强制措施的前提和合法根据。

立案是刑事案件的必经程序，其主要任务是：接受报案、控告、举报或犯罪嫌疑人自首等各方面的材料，并对材料进行审查，根据事实和有关法律，正确作出是否作为刑事案件进行侦查的决定，并制作相应的法律文书，办理有关的法律手续。立案的目的在于：对刑事案件尽快地进行确认，及时地对案件进行侦查，使犯罪分子得到应有的惩罚。对于不符合立案条件的案件尽快作出不立案的决定，以保护公民的权利。

立案作为刑事诉讼的一个独立阶段，具有重要的意义①：

第一，立案是刑事诉讼的必经程序，标志着刑事诉讼的开始。警察机关（主要是公安机关）进行刑事诉讼活动，必须严格依照立案、侦查等法定的程序进行，不能随意地颠倒或者超越每一个阶段，立案是每个刑事案件都必须经过的法定程序。只有这样，才能保证准确、及时、有效地处理刑事案件，保证刑事诉讼任务的完成。只有经过立案，其他的诉讼阶段才能依次进行，公安机关的侦查活动才有法律依据，才能产生法律效力。总而言之，没有立案程序，就没有刑事诉讼的整个过程。

第二，立案有利于及时揭露犯罪、证实犯罪和惩罚犯罪。公安机关受理的报案、控告、自首等材料是复杂多样的，有的是真实的，有的可能是虚假的，有的可能构成刑事案件，有的不构成刑事案件。这样，通过立案阶段的审查，对于有犯罪事实需要依法追究刑事责任的，应立即作出立案决定，并组织进行侦查；对于不属于刑事案件的，作出不立案决定或移送其他单位和部门处理。这样就可以及时地揭露和证实犯罪进而惩罚犯罪。

第三，立案有利于保护公民的合法权益不受侵犯，保障无罪的公民不受刑事追究。警

---

① 参见谢盛坚、林维业、李松梅：《公安机关办理刑事案件程序教程》，152～154页，北京，中国人民公安大学出版社。

察机关在对犯罪嫌疑人开始侦查前，先通过立案阶段的严格审查，对那些不具备犯罪事实或依法不追究刑事责任的人，作出不立案的决定，使无辜的公民免受刑事追究，从而保证公民的合法权益不受侵犯。

二、刑事立案的材料来源和条件

（一）刑事立案的材料来源

刑事立案的材料来源，是指反映有关犯罪可能存在的各种事实情况或者犯罪嫌疑人情况的材料。这些材料是公安机关决定是否立案的依据。根据《刑事诉讼法》等的规定，公安机关接受案件的材料来源主要有：

1. 单位和公民的报案或者举报、被害人的报案或控告、群众扭送或犯罪嫌疑人投案自首

（1）报案。报案是指刑事案件发生后，被害人、有关单位或者公民个人主动向公安机关进行报告和反映有关发现的犯罪事实和犯罪嫌疑人情况的行为。报案是立案材料的主要来源之一。

（2）举报。举报是指被害人以外的其他单位和公民个人认为有犯罪事实发生并有怀疑的犯罪嫌疑人，出于责任心和义务而向公安机关报告或者提供案情线索、证据的行为。举报是立案的重要材料来源。

（3）控告。控告是指被害人及其法定代理人、近亲属向公安机关告发犯罪嫌疑人对其人身或者财产及其他权利实施了犯罪行为，并要求依法追究其刑事责任的行为。控告是立案的重要材料来源。

（4）自首。自首是指犯罪嫌疑人犯罪后主动投案，如实供述自己罪行的行为。被采取强制措施的犯罪嫌疑人、被告人和正在服刑的人员，如实供述警察机关等还未掌握的本人的其他罪行的，也以自首论。

（5）扭送。扭送是指在紧急情况下，人民群众依法将当场抓获的犯罪嫌疑人强制送交警察等机关的行为。扭送的对象主要是现行犯、越狱犯、通缉犯和正在被追捕的犯罪嫌疑人。

2. 移送管辖的案件

（1）公安机关以外的机关移送来的案件，主要是其他行政机关、司法机关、纪检机关等移送来的案件。

（2）公安机关内部互相移送的案件，主要是公安机关内部根据管辖的规定互相移送的案件。

3. 公安机关自行发现的刑事犯罪案件线索

公安机关自行发现的刑事犯罪案件线索是受案的重要来源，主要是公安机关在侦查、调查中发现的犯罪线索或者犯罪的信息资料等。

（二）刑事立案的条件

刑事立案的条件，就是刑事立案必须具备的基本要件，是正确立案的依据。刑事立案必须具备三个条件：

第一，必须有犯罪事实。有犯罪事实是指客观上行为已对社会发生了某种危害，该行为根据《刑法》有可能构成犯罪。这是立案的首要条件。对有犯罪事实的理解，只要有犯罪发生，并有材料证实，就已符合立案的首要条件，不要求全部掌握嫌疑人所有犯罪的过程或犯罪的所有实施人。有犯罪事实发生，必须是有证据证明犯罪事实确已发生，而不是

主观猜测，凭空推定。关于证据要求，只要能证明犯罪事实已发生即可，不一定要求有证据证明行为人是谁，及实施犯罪的动机、目的、手段等。有犯罪事实是立案的前提，没有犯罪事实，即行为对社会没有危害或虽有危害但不构成犯罪，而是属于一般违法行为的，不能立案。

第二，需要追究刑事责任。需要追究刑事责任是指根据《刑法》、《刑事诉讼法》等法律的规定，对具备一定情形的，应予追究刑事责任。有犯罪事实发生，但不一定都要立案。要立案，还应具备需要追究刑事责任的条件。需要追究刑事责任，是立案的法律上的理由，它与必须有犯罪事实一起共同构成刑事立案的必备条件。需要追究刑事责任是决定立案的法律要件。只有当某项犯罪事实依法应当追究行为人的刑事责任时，才能立案。因为立案是以追究行为人的刑事责任为前提的，所以，凡是不应追究行为人的刑事责任的，就不应立案。

第三，属于公安机关管辖的案件。公安机关立案的案件必须是依法属于公安机关管辖的案件，如果依法不属于公安机关管辖的案件，应当移交有管辖权的机关立案。刑事诉讼中可以依法进行立案的机关除公安机关外，还有人民检察院、人民法院、国家安全机关、监狱、军队保卫部门，其他任何单位都无权进行刑事诉讼立案。但如果是违法行为需要给予行政处罚或者行政处分，则由享有行政处罚权的单位和有行政处分权的组织实施。

上述立案的三个条件是一个整体，相互联系，缺一不可，缺少任何一个条件，公安机关都不应立案。

三、决定立案与不立案

公安机关在对立案材料进行审查后，应分别不同情况，作出立案或者不立案的决定。

（一）决定立案

公安机关经过审查，认为有犯罪事实需要追究刑事责任，且属于自己管辖的，经县级以上公安机关负责人批准，予以立案。如果久拖不立，不仅会使侦查活动陷于被动，还会使有关人员和社会各界造成误解，甚至会造成矛盾激化，影响社会稳定。

（二）决定不立案

公安机关经过审查，认为没有犯罪事实存在，或者依法不需要追究刑事责任的，由接受案件的单位制作《呈请不予立案报告书》，经县级以上公安机关负责人批准，不予立案。

根据《公安机关办理刑事案件程序规定》第 175、176 条的规定，对于有控告人的案件，决定不予立案的，公安机关应当在立案审查的期限内，制作《不予立案通知书》，在 3 日内送达控告人。控告人对不立案决定不服的，可以在收到《不予立案通知书》后 7 日内向原决定的公安机关申请复议，原决定的公安机关应当在收到复议申请后 7 日内作出决定，并书面通知控告人。控告人对不予立案的复议决定不服的，可以在收到复议决定书后 7 日内向上一级公安机关申请复核；上一级公安机关应当在收到复核申请后 7 日内作出决定。对上级公安机关撤销不予立案决定的，下级公安机关应当执行。公安机关不予立案，控告人还可以向人民检察院提出，要求公安机关立案。对于人民检察院要求说明不立案理由的案件，公安机关应当在收到通知书后 7 日内，对不立案的情况、依据的理由作出书面说明，回复人民检察院。人民检察院通知公安机关立案的，公安机关应当在收到通知书后 15 日内立案，并将立案决定书复印件送达人民检察院。

第四节　刑事侦查制度

一、刑事侦查制度概述

（一）刑事侦查的概念、任务和意义

1. 刑事侦查的概念

刑事侦查是指警察机关（主要是公安机关）在刑事诉讼中，依法进行专门调查和采取有关强制措施，搜集证据、揭露犯罪、查缉犯罪嫌疑人并追究刑事责任所进行的活动。《刑事诉讼法》第113条规定："公安机关对已经立案的刑事案件，应当进行侦查，收集、调取犯罪嫌疑人有罪或者无罪、罪轻或者罪重的证据材料。对现行犯或者重大嫌疑分子可以依法先行拘留，对符合逮捕条件的犯罪嫌疑人，应当依法逮捕。"第114条规定："公安机关经过侦查，对有证据证明有犯罪事实的案件，应当进行预审，对收集、调取的证据材料予以核实。"

根据《刑事诉讼法》第115～166条的规定，警察机关（主要是公安机关）在刑事诉讼中的侦查活动，包括讯问犯罪嫌疑人、询问证人、勘验检查、搜查取证、技术鉴定、通缉通报、技术侦查、侦查终结等环节，其目的是准确、及时地查明犯罪事实，惩罚犯罪嫌疑人，保障无罪的人不受刑事追究，维护法制的严肃性，保护公民合法权益，确保社会的安全稳定。

2. 刑事侦查的任务

刑事侦查是刑事诉讼的一个独立的诉讼阶段，是提起公诉和正确审判的前提，其主要任务是：

第一，收集证据。收集证据是刑事诉讼的重要任务，也是刑事诉讼的中心工作。收集证据是刑事侦查的中心环节，主要包括发现证据、固定证据、收取证据和核实证据等内容，刑事侦查从立案开始，就是要收集一切能够证明案件真实情况的证据材料。

第二，查明犯罪事实。查明犯罪事实是处理刑事案件的基础，也是刑事侦查的重要任务。警察机关通过侦查，准确、及时地查明犯罪嫌疑人的犯罪事实，收集充分的证据，为提起公诉、依法审判这后两道工序打下基础。在整个侦查阶段，各种措施和工作都是围绕查明案情而展开的。

第三，确定和查获犯罪嫌疑人。确定犯罪嫌疑人，就是在查明犯罪事实的基础上，揭露犯罪，确认犯罪嫌疑人。任何犯罪都有犯罪嫌疑人，如何及时准确地确定犯罪嫌疑人是刑事侦查的重要任务。通过侦查，证明犯罪嫌疑人无罪的，就应依法撤销案件，立即释放，保障无罪的人不受刑事追究，保护公民的合法权益。

第四，预防和减少犯罪。警察机关通过侦查，掌握和研究犯罪的规律和特点，为预防犯罪提供可靠的情况和数据；通过做好教育和挽救的工作，预防和减少犯罪的发生，促进社会的稳定。同时警察机关在刑事侦查中坚持群众路线，依靠群众，教育、组织群众同各种犯罪活动作斗争，以达到社会治安秩序的综合治理。

3. 刑事侦查的意义

刑事侦查是刑事诉讼的必经程序，是刑事诉讼的独立阶段，在整个刑事诉讼中具有非常重要的作用。

第一，刑事侦查是刑事诉讼的重要程序，是提起公诉和进行审判的前提和基础。刑事诉讼活动是从立案开始的，但是，全面而系统地收集证据，揭露和证实犯罪，查获犯罪嫌疑人的实质性活动是从侦查阶段开始的。侦查工作的好坏直接影响到案件能否及时正确地处理。可以说，侦查工作对于整个刑事诉讼活动的顺利开展起着决定意义的作用。

第二，刑事侦查是同刑事犯罪作斗争的重要手段，直接关系到打击犯罪的成效。在刑事诉讼中，大多数的刑事案件都是要经过侦查才能查明犯罪事实和查获犯罪嫌疑人，侦查工作直接影响同犯罪活动作斗争的成效。只有切实做好刑事侦查工作，才能准确及时地打击犯罪活动，维护社会治安秩序。

第三，刑事侦查是预防犯罪的重要手段和措施，对社会治安综合治理具有重要意义。刑事侦查活动，不仅能够查明案件事实，还可以了解其他的犯罪线索和社会治安状况，掌握犯罪的一些规律和特点，发现社会管理上的一些漏洞和薄弱环节，教育和发动群众采取有效措施，消除隐患，堵塞漏洞，加强安全防范，预防和减少犯罪的发生。

（二）刑事侦查的原则

为了有效地完成刑事诉讼的任务，从而揭露犯罪、证实犯罪、惩罚犯罪，有关的侦查人员除了必须遵守刑事诉讼法规定的基本原则外，还必须根据刑事侦查的工作特点，遵守以下原则[①]：

1. 迅速及时原则

迅速及时是刑事侦查在时限上的要求。迅速及时，就是要求警察机关（主要是公安机关）在接到报案后，应立即组织侦查力量，制订侦查方案，及时采取刑事措施，全面准确收集证据，查明犯罪事实，查获犯罪嫌疑人。因为刑事案件发生后，由于主观或者客观的因素，能够证实犯罪事实的各种证据有可能发生变化，而且随着时间的推移，差异性渐大，会给案件造成这样或那样的影响，为案件的最终处理带来困难。因此，接报案件后，应在最短的时间内，以最快的速度到达现场，进行及时的现场勘验和收集证据。

2. 客观全面原则

客观全面是刑事侦查工作的基本要求。所谓的客观，就是一切从案件的实际情况出发，尊重客观事实，按照客观事物的本来面目去认识案件的事实、了解案件的真实情况，而不是主观臆断、先入为主；所谓全面，就是要尽可能周全地了解和反映案件的方方面面的真实情况，而不能仅仅根据案件的某个情节或者某些案件材料就下结论，既要防止放纵犯罪，又要防止冤枉无辜。客观和全面是相互联系的两个方面，只有尊重案件的客观事实，才能全面地查清案件的事实；只有全面地收集证据，才能客观地认清案件的真实情况。

3. 细致完备原则

细致完备是刑事侦查在工作作风上的要求。所谓细致，就是要认真地调查、详细地分析、周密地研究、谨慎地推敲和深入地了解整个案件的情况，切忌粗枝大叶、马虎草率，避免主观片面性；所谓完备，就是要对构成犯罪的基本条件和犯罪的具体情节全部查清，并有相关的证据材料，不可遗漏或者忽视。

4. 程序合法原则

程序合法是刑事侦查在法律上的要求。程序合法就是一切的侦查活动都要严格地依照法定的程序进行，严格依法办事。侦查人员必须增强法治观念，自觉维护法律的尊严，养成严格依法办案的习惯，切实做到有法必依、执法必严。

---

① 参见中国警察学会编著：《中国警察法学》，254～261页，北京，群众出版社，2002。

二、讯问犯罪嫌疑人

（一）讯问犯罪嫌疑人的概念和意义

讯问犯罪嫌疑人，是指侦查人员为了查清犯罪事实，依照法定程序，以言词方式向犯罪嫌疑人查问案件事实和其他与案件有关问题的一种侦查活动。

讯问犯罪嫌疑人是每一个刑事案件的必经程序，是重要的侦查行为，在侦查活动中具有重要的意义：一是有利于侦查人员收集和核实证据，查明案件事实，查清犯罪情节，发现新的犯罪线索和其他应当追究的犯罪嫌疑人；二是侦查人员讯问犯罪嫌疑人可以给犯罪嫌疑人如实供述罪行或进行申辩的机会，以保护犯罪嫌疑人的合法权益，保障无罪的人和其他依法不应追究刑事责任的人不受刑事追诉。

（二）讯问犯罪嫌疑人的程序

讯问犯罪嫌疑人必须依照法定程序进行，根据《刑事诉讼法》第116～121条和《公安机关办理刑事案件程序规定》第193～204条的规定，讯问犯罪嫌疑人的程序是：

1. 讯问的人员安排

根据《刑事诉讼法》第116条的规定，讯问犯罪嫌疑人必须由侦查人员进行，讯问的时候，侦查人员不得少于2人。犯罪嫌疑人被送交看守所羁押后，侦查人员对其进行讯问，应当在看守所内进行。

2. 讯问的地点和时间

根据《刑事诉讼法》第117条和《公安机关办理刑事案件程序规定》第194、195条的规定：

（1）以传唤的方式讯问犯罪嫌疑人。公安机关对于不需要拘留、逮捕的犯罪嫌疑人，经办案部门负责人批准，可以传唤到犯罪嫌疑人所在市、县内的指定地点或者到他的住处进行讯问。传唤犯罪嫌疑人时，应当出示传唤证和侦查人员的工作证件，并责令其在传唤证上签名、捺指印。传唤持续的时间不得超过12小时。案情特别重大、复杂，需要采取拘留、逮捕措施的，经办案部门负责人批准，传唤持续的时间不得超过24小时。不得以连续传唤的形式变相拘禁犯罪嫌疑人。传唤期限届满，未作出采取其他强制措施决定的，应当立即结束传唤。

（2）对被拘留、被逮捕的犯罪嫌疑人的讯问。根据《刑事诉讼法》第84条的规定，公安机关对于被拘留、被逮捕的犯罪嫌疑人，应当在拘留或逮捕后的24小时以内进行讯问。在发现不应当拘留、逮捕的时候，必须立即释放，发给释放证明。

3. 讯问的方法

根据《刑事诉讼法》和《公安机关办理刑事案件程序规定》第196～204条的规定，讯问犯罪嫌疑人应采取以下方法：

第一，侦查人员讯问犯罪嫌疑人时，应当首先讯问犯罪嫌疑人是否有犯罪行为，并告知犯罪嫌疑人如实供述自己罪行可以从轻或者减轻处罚的法律规定，让他陈述有罪的情节或者无罪的辩解，然后向他提出问题。

第二，第一次讯问，应当问明犯罪嫌疑人的姓名、别名、曾用名、出生年月日、户籍所在地、现住地、籍贯、出生地、民族、职业、文化程度、家庭情况、社会经历、是否属于人大代表、政协委员、是否受过刑事处罚或者行政处理等情况。

第三，讯问犯罪嫌疑人时，应当告知其对侦查人员的提问应当如实回答，对与本案无关的问题有拒绝回答的权利。

第四，讯问聋、哑的犯罪嫌疑人，应当有通晓聋、哑手势的人参加，并在讯问笔录上注明犯罪嫌疑人的聋、哑情况，以及翻译人员的姓名、工作单位和职业。讯问不通晓当地语言文字的犯罪嫌疑人，应当配备翻译人员。

第五，侦查人员应当将问话和犯罪嫌疑人的供述或者辩解如实地记录清楚。制作讯问笔录应当使用能够长期保持字迹的材料。

第六，讯问笔录应当交犯罪嫌疑人核对或者向他宣读。如果记录有遗漏或者差错，应当允许犯罪嫌疑人补充或者更正，并捺指印。笔录经犯罪嫌疑人核对无误后，应当由其在笔录上逐页签名、捺指印，并在末页写明“以上笔录我看过（或向我宣读过），和我说的相符”。拒绝签名、捺指印的，侦查人员应当在笔录上注明。

第七，犯罪嫌疑人请求自行书写供述的，应当准许；必要时，侦查人员也可以要求犯罪嫌疑人亲笔书写供词。犯罪嫌疑人应当在亲笔供词上逐页签名、捺指印。侦查人员收到后，应当在首页右上方写明“于某年某月某日收到”，并签名。

第八，讯问犯罪嫌疑人，在文字记录的同时，可以对讯问过程进行录音或者录像。对于可能判处无期徒刑、死刑的案件或者其他重大犯罪案件，应当对讯问过程进行录音或者录像。对讯问过程录音或者录像的，应当对每一次讯问全程不间断进行，保持完整性。不得选择性地录制，不得剪接、删改。

第九，对犯罪嫌疑人供述的犯罪事实、无罪或者罪轻的事实、申辩和反证，以及犯罪嫌疑人提供的证明自己无罪、罪轻的证据，公安机关应当认真核查；对有关证据，无论是否采信，都应当如实记录、妥善保管，并连同核查情况附卷。

三、询问证人、被害人

（一）询问证人

1. 询问证人的概念和意义

询问证人是指侦查人员依照法定程序，以言词方式向证人调查了解案件情况的一种侦查活动。

询问证人是一种经常采用的侦查行为，在侦查程序中起着非常重要的作用。通过询问证人，使证人能够客观、全面、真实地提供其所了解的有关案件的全部情况，从而获取证人证言这一刑事诉讼运用最普遍的证据，有助于侦查人员发现、收集证据和核实证据，查明案件事实真相，正确认定案件事实和查获犯罪嫌疑人。

2. 询问证人的程序和要求

根据《刑事诉讼法》第122～124条和《公安机关办理刑事案件程序规定》第205～207条的规定，询问证人应当遵守下列程序和要求：

第一，询问证人，可以在现场进行，也可以到证人所在单位、住处或者证人、提出的地点进行。在必要的时候，可以通知证人到公安机关提供证言。

第二，询问证人应当个别进行。

第三，在现场询问证人，侦查人员应当出示工作证件。到证人所在单位、住处或者证人提出的地点询问证人，应当经办案部门负责人批准，制作询问通知书。询问前，侦查人员应当出示询问通知书和工作证件。

第四，询问前，应当了解证人、被害人的身份，证人、犯罪嫌疑人、被害人之间的关系。

第五，询问时，应当告知证人、被害人必须如实地提供证据、证言和有意作伪证或者隐匿罪证应负的法律责任。侦查人员不得向证人、被害人泄露案情或者表示对案件的看法，严禁采用暴力、威胁等非法方法询问证人、被害人。

第六，询问证人应当制作询问笔录，询问笔录应当如实、完整地记载证人的陈述，询问结束后，交证人核对或者向他宣读。

（二）询问被害人

1. 询问被害人的概念和意义

询问被害人，是指侦查人员依照法定程序，以言词方式向直接遭受犯罪行为侵害的人就其所受侵害及犯罪嫌疑人的有关情况进行调查了解的一种侦查活动。

被害人就是遭受犯罪直接侵害的人，也是案件的当事人。被害人可能同犯罪分子有过直接的正面接触，可能对实施犯罪的过程和犯罪分子的体貌特征有比较具体和准确的了解，而且有着追究犯罪的强烈愿望，因此，被害人陈述对于查明案情、惩罚犯罪有着重要的意义。

2. 询问被害人的程序和要求

根据《刑事诉讼法》第125条和《公安机关办理刑事案件程序规定》第205～207条的规定，询问被害人应当遵守下列程序和要求：

第一，询问被害人，可以在现场进行，也可以到证人、被害人所在单位、住处或者证人、被害人提出的地点进行。在必要的时候，可以通知证人、被害人到公安机关提供证言。

第二，询问被害人应当个别进行。

第三，在现场询问被害人，侦查人员应当出示工作证件。到被害人所在单位、住处或者被害人提出的地点询问被害人，应当经办案部门负责人批准，制作询问通知书。询问前，侦查人员应当出示询问通知书和工作证件。

第四，询问前，应当了解被害人的身份，犯罪嫌疑人、被害人之间的关系。询问时，应当告知被害人必须如实地提供证据、证言和有意作伪证或者隐匿罪证应负的法律责任。

第五，侦查人员不得向被害人泄露案情或者表示对案件的看法，严禁采用暴力、威胁等非法方法询问被害人。

第六，询问被害人应当制作询问笔录，询问笔录应当如实、完整地记载被害人的陈述，询问结束后，交被害人核对或者向他宣读。

四、勘验、检查

（一）勘验、检查的概念和意义

勘验、检查是指侦查人员对与犯罪有关的场所、物品、人身、尸体等进行实地观察、调查和了解，以发现和收集犯罪活动所遗留下来的各种痕迹和物品的一种侦查活动。

勘验、检查的性质是一样的，只是对象不同。勘验的对象是现场、物品和尸体；检查的对象则是活人的身体。勘验、检查的任务是发现、固定、提取与犯罪有关的痕迹、物证及其他信息，存储现场信息资料，判断案件性质，分析犯罪过程，确定侦查方向和范围，为侦查破案、刑事诉讼提供线索和证据。任何犯罪都会在一定的时间和空间中进行，必然会客观地留下各种痕迹。勘验、检查是发现和取得各种痕迹的重要途径，是侦查中常用的获取第一手证据的侦查方法。在现场及时发现和收集犯罪的痕迹和证物，有助于侦查人员了解案件的性质、犯罪嫌疑人作案的手段和犯罪动机，为确定侦查范围和方向，进一步查清案情，证实犯罪事实以及发现新的破案线索提供可靠的依据。①

---

① 参见罗旭红、杨学军：《公安刑事办案程序通论》，191页，北京，中国人民公安大学出版社，2008。

(二) 勘验、检查的种类和程序要求

1. 现场勘验

现场勘验，是侦查人员对犯罪现场，与犯罪有关的场所、物品和痕迹进行的勘验和检查的一种侦查活动。犯罪现场是犯罪分子实施犯罪的地点，是犯罪行为的客观记录，犯罪证据较为集中，是获取破案线索和犯罪证据的重要场所。

根据《刑事诉讼法》第 126～133 条和《公安机关办理刑事案件程序规定》第 208～216 条的规定，现场勘验应遵循以下程序要求：

第一，保护现场，及时发现和严密保护好现场，是做好勘验工作的前提条件。

第二，执行勘查的侦查人员接到通知后，应当立即赶赴现场；勘查现场，应当持有刑事犯罪现场勘查证。

第三，公安机关对案件现场进行勘查不得少于 2 人。勘查现场时，应当邀请与案件无关的公民作为见证人。

第四，勘查现场，应当拍摄现场照片、绘制现场图，制作笔录，由参加勘查的人和见证人签名。对重大案件的现场，应当录像。

第五，为了确定死因，经县级以上公安机关负责人批准，可以解剖尸体，并且通知死者家属到场，让其在解剖尸体通知书上签名。

第六，公安机关进行勘验、检查后，人民检察院要求复验、复查的，公安机关应当进行复验、复查，并可以通知人民检察院派员参加。

第七，为了查明案情，在必要的时候，经县级以上公安机关负责人批准，可以进行侦查实验。对侦查实验的经过和结果，应当制作侦查实验笔录，由参加实验的人签名。必要时，应当对侦查实验过程进行录音或者录像。进行侦查实验，禁止一切足以造成危险、侮辱人格或者有伤风化的行为。

2. 人身检查

人身检查，是指为了确定被害人、犯罪嫌疑人的人身损伤情况、生理状态或某些特征，而依法由侦查人员对其人身进行检查的侦查活动。人身检查的目的在于查明犯罪嫌疑人是否犯罪，犯罪的手段、情节、危害后果，以及查对犯罪工具等案内证据。

根据《刑事诉讼法》第 130 条和《公安机关办理刑事案件程序规定》第 212 条的规定，人身检查应遵循以下程序要求：

第一，人身检查应当由侦查人员进行。

第二，犯罪嫌疑人如果拒绝检查、提取、采集的，侦查人员认为必要的时候，经办案部门负责人批准，可以强制检查、提取、采集。

第三，检查妇女的身体，应当由女工作人员或者医师进行。

第四，检查的情况应当制作笔录，由参加检查的侦查人员、检查人员、被检查人员和见证人签名。被检查人员拒绝签名的，侦查人员应当在笔录中注明。

五、搜查

(一) 搜查的概念和意义

搜查，是指为了收集犯罪证据和查获犯罪嫌疑人，侦查人员依法对犯罪嫌疑人以及可能隐藏罪犯或者犯罪证据的人的身体、物品、住处和其他有关地方进行搜寻、检查的一种侦查活动。[①]

搜查是侦查机关获取证据的重要手段之一，是侦查活动不可缺少的重要环节。搜查既可以单独进行，也可以与其他侦查活动同时进行。搜查对于侦查机关及时收集证据、查获犯罪嫌疑人、防止犯罪嫌疑人逃跑和毁灭、转移证据，具有十分重要的意义。

（二）搜查的程序和要求

根据《刑事诉讼法》第134～138条和《公安机关办理刑事案件程序规定》第217～221条的规定，搜查应当遵守如下程序和要求：

第一，搜查只能由侦查机关的侦查人员依法进行，执行搜查的侦查人员不得少于2人。

第二，搜查时，侦查人员应当持有县级以上侦查机关的负责人签发的搜查证，进行搜查时必须向被搜查人出示搜查证，否则被搜查人有权拒绝搜查。

第三，执行拘留、逮捕的时候，遇有下列紧急情况之一的，不用搜查证也可以进行搜查：可能随身携带凶器的；可能隐藏爆炸、剧毒等危险物品的；可能隐匿、毁弃、转移犯罪证据的；可能隐匿其他犯罪嫌疑人的；其他突然发生的紧急情况。

第四，搜查时，应当有被搜查人或者他的家属、邻居或者其他见证人在场；搜查妇女的身体，应当由女侦查人员进行。

第五，搜查的情况应当写成笔录，由侦查人员和被搜查人员或者他的家属、邻居或者其他见证人签名或盖章。如果被搜查人在逃或者他的家属拒绝签名、盖章的，应当在笔录中注明。

六、查封、扣押物证、书证

（一）查封、扣押物证、书证的概念和意义

查封、扣押物证、书证，是指侦查机关依法对发现的能够证明犯罪嫌疑人有罪或无罪的物品、文件予以强制提取、留置、封存的一种侦查活动。

扣押物证、书证的目的在于获取和保全证据，防止其被毁损或隐匿，以保证侦查人员能够及时揭露、证实犯罪，保障无罪的公民不受刑事追诉。

（二）查封、扣押物证、书证的程序和要求

根据《刑事诉讼法》第139～143条和《公安机关办理刑事案件程序规定》第222～230条的规定，查封、扣押物证、书证应当遵守如下程序和要求：

第一，在侦查活动中发现的可用以证明犯罪嫌疑人有罪或者无罪的各种财物、文件，应当查封、扣押；但与案件无关的财物、文件，不得查封、扣押。持有人拒绝交出应当查封、扣押的财物、文件的，公安机关可以强制查封、扣押。

第二，在侦查过程中需要扣押财物、文件的，应当经办案部门负责人批准，制作扣押决定书；在现场勘查或者搜查中需要扣押财物、文件的，由现场指挥人员决定；但扣押财物、文件价值较高或者可能严重影响正常生产经营的，应当经县级以上公安机关负责人批准，制作扣押决定书。在侦查过程中需要查封土地、房屋等不动产，或者船舶、航空器以及其他不宜移动的大型机器、设备等特定动产的，应当经县级以上公安机关负责人批准并制作查封决定书。

第三，执行查封、扣押的侦查人员不得少于2人，并出示有关法律文书。查封、扣押

① 参见谢盛坚、林维业、李松梅：《公安机关办理刑事案件程序教程》，177页，北京，中国人民公安大学出版社，2005。

的情况应当制作笔录，由侦查人员、持有人和见证人签名。对于无法确定持有人或者持有人拒绝签名的，侦查人员应当在笔录中注明。

第四，对查封、扣押的财物和文件，应当会同在场见证人和被查封、扣押财物、文件的持有人查点清楚，当场开列查封、扣押清单一式三份，写明财物或者文件的名称、编号、数量、特征及其来源等，由侦查人员、持有人和见证人签名，一份交给持有人，一份交给公安机关保管人员，一份附卷备查。对于无法确定持有人的财物、文件或者持有人拒绝签名的，侦查人员应当在清单中注明。依法扣押文物、金银、珠宝、名贵字画等贵重财物的，应当拍照或者录像，并及时鉴定、估价。

第五，对作为犯罪证据但不便提取的财物、文件，经登记、拍照或者录像、估价后，可以交财物、文件持有人保管或者封存，并且开具登记保存清单一式两份，由侦查人员、持有人和见证人签名，一份交给财物、文件持有人，另一份连同照片或者录像资料附卷备查。财物、文件持有人应当妥善保管，不得转移、变卖、毁损。

第六，扣押犯罪嫌疑人的邮件、电子邮件、电报，应当经县级以上公安机关负责人批准，制作扣押邮件、电报通知书，通知邮电部门或者网络服务单位检交扣押。不需要继续扣押的时候，应当经县级以上公安机关负责人批准，制作解除扣押邮件、电报通知书，立即通知邮电部门或者网络服务单位。

第七，对查封、扣押的财物、文件、邮件、电子邮件、电报，经查明确实与案件无关的，应当在 3 日以内解除查封、扣押，退还原主或者原邮电部门、网络服务单位；原主不明确的，应当采取公告方式告知原主认领。在通知原主或者公告后 6 个月以内，无人认领的，按照无主财物处理，登记后上缴国库。

第八，对被害人的合法财产及其孳息权属明确无争议，并且涉嫌犯罪事实已经查证属实的，应当在登记、拍照或者录像、估价后及时返还，并在案卷中注明返还的理由，将原物照片、清单和被害人的领取手续存卷备查。查找不到被害人，或者通知被害人后，无人领取的，应当将有关财产及其孳息随案移送。

第九，对查封、扣押的财物及其孳息、文件，公安机关应当妥善保管，以供核查。任何单位和个人不得使用、调换、损毁或者自行处理。对容易腐烂变质及其他不易保管的财物，可以根据具体情况，经县级以上公安机关负责人批准，在拍照或者录像后委托有关部门变卖、拍卖，变卖、拍卖的价款暂予保存，待诉讼终结后一并处理。对违禁品，应当依照国家有关规定处理；对于需要作为证据使用的，应当在诉讼终结后处理。

七、查询、冻结

（一）查询、冻结的概念和意义

查询、冻结是指公安机关根据侦查犯罪的需要，可以依照规定查询、冻结犯罪嫌疑人的存款、汇款、债券、股票、基金份额等财产，并可以要求有关单位和个人配合。

查询、冻结的目的是收集和固定证据，以完善案件的证据体系并减少被害人的损失。在办理经济犯罪案件时，查询、冻结是查明案件事实，核实犯罪嫌疑人主观故意的非常重要的侦查方法。

（二）查询、冻结的程序和要求

根据《刑事诉讼法》第 142、143 条和《公安机关办理刑事案件程序规定》第 231～238 条的规定，查询、冻结应当遵守如下程序和要求：

第一，向金融机构等单位查询犯罪嫌疑人的存款、汇款、债券、股票、基金份额等财产，应当经县级以上公安机关负责人批准，制作协助查询财产通知书，通知金融机构等单位执行。

第二，需要冻结犯罪嫌疑人在金融机构等单位的存款、汇款、债券、股票、基金份额等财产的，应当经县级以上公安机关负责人批准，制作协助冻结财产通知书，通知金融机构等单位执行。

第三，不需要继续冻结犯罪嫌疑人存款、汇款、债券、股票、基金份额等财产时，应当经县级以上公安机关负责人批准，制作协助解除冻结财产通知书，通知金融机构等单位执行。

第四，犯罪嫌疑人的存款、汇款、债券、股票、基金份额等财产已被冻结的，不得重复冻结，但可以轮候冻结。

第五，冻结存款、汇款等财产的期限为6个月。冻结债券、股票、基金份额等证券的期限为2年。有特殊原因需要延长期限的，公安机关应当在冻结期限届满前办理继续冻结手续。每次续冻存款、汇款等财产的期限最长不得超过6个月；每次续冻债券、股票、基金份额等证券的期限最长不得超过2年。继续冻结的，应当按照规定重新办理冻结手续。逾期不办理继续冻结手续的，视为自动解除冻结。

第六，对冻结的债券、股票、基金份额等财产，应当告知当事人或者其法定代理人、委托代理人有权申请出售。权利人书面申请出售被冻结的债券、股票、基金份额等财产，不损害国家利益、被害人、其他权利人利益，不影响诉讼正常进行的，以及冻结的汇票、本票、支票的有效期即将届满的，经县级以上公安机关负责人批准，可以依法出售或者变现，所得价款应当继续冻结在其对应的银行账户中；没有对应的银行账户的，所得价款由公安机关在银行指定专门账户保管，并及时告知当事人或者其近亲属。

第七，对冻结的存款、汇款、债券、股票、基金份额等财产，经查明确实与案件无关的，应当在3日以内通知金融机构等单位解除冻结，并通知被冻结存款、汇款、债券、股票、基金份额等财产的所有人。

八、鉴定

（一）鉴定的概念和意义

鉴定是指侦查机关为了查明案情，解决案件中的某些专业性问题，指派或者聘请具有专门知识，并具备鉴定资格的人，就案件的某些专门性问题进行分析、检验和实验等，进而作出鉴别和判断的一种侦查行为。

在侦查实践中，鉴定的范围很广泛，包括刑事技术鉴定、人身伤害的医学鉴定、精神病的医学鉴定、价格鉴定、珍贵文物鉴定、珍稀动植物及其制品鉴定、违禁品和危险品鉴定、电子数据鉴定等。鉴定是侦查机关收集证据、固定证据、证明所收集证据的证明力大小以及鉴别其他证据真伪的重要手段，鉴定对查明案件事实真相、查获犯罪嫌疑人具有重要作用。

（二）鉴定的程序和要求

根据《刑事诉讼法》第144～147条和《公安机关办理刑事案件程序规定》第239～248条的规定，鉴定应当遵守如下程序和要求：

第一，为了查明案情，解决案件中某些专门性问题，应当指派、聘请有专门知识的人进行鉴定。需要聘请有专门知识的人进行鉴定，应当经县级以上公安机关负责人批准后，制作鉴定聘请书。

第二，公安机关应当为鉴定人进行鉴定提供必要的条件，及时向鉴定人送交有关检材和对比样本等原始材料，介绍与鉴定有关的情况，并且明确提出要求鉴定解决的问题。禁止暗示或者强迫鉴定人作出某种鉴定意见。

第三，侦查人员应当做好检材的保管和送检工作，并注明检材送检环节的责任人，确保检材在流转环节中的同一性和不被污染。

第四，鉴定人应当按照鉴定规则，运用科学方法独立进行鉴定。鉴定后，应当出具鉴定意见，并在鉴定意见书上签名，同时附上鉴定机构和鉴定人的资质证明或者其他证明文件。多人参加鉴定，鉴定人有不同意见的，应当注明。

第五，对鉴定意见，侦查人员应当进行审查。对经审查作为证据使用的鉴定意见，公安机关应当及时告知犯罪嫌疑人、被害人或者其法定代理人。

第六，犯罪嫌疑人、被害人对鉴定意见有异议提出申请，以及办案部门或者侦查人员对鉴定意见有疑义的，可以将鉴定意见送交其他有专门知识的人员提出意见。必要时，询问鉴定人并制作笔录附卷。

第七，经审查，发现有下列情形之一的，经县级以上公安机关负责人批准，应当补充鉴定：鉴定内容有明显遗漏的；发现新的有鉴定意义的证物的；对鉴定证物有新的鉴定要求的；鉴定意见不完整，委托事项无法确定的；其他需要补充鉴定的情形。经审查，不符合上述情形的，经县级以上公安机关负责人批准，作出不准予补充鉴定的决定，并在作出决定后3日以内书面通知申请人。

第八，经审查，发现有下列情形之一的，经县级以上公安机关负责人批准，应当重新鉴定：鉴定程序违法或者违反相关专业技术要求的；鉴定机构、鉴定人不具备鉴定资质和条件的；鉴定人故意作虚假鉴定或者违反回避规定的；鉴定意见依据明显不足的；检材虚假或者被损坏的；其他应当重新鉴定的情形。重新鉴定，应当另行指派或者聘请鉴定人。经审查，不符合上述情形的，经县级以上公安机关负责人批准，作出不准予重新鉴定的决定，并在作出决定后3日以内书面通知申请人。

第九，公诉人、当事人或者辩护人、诉讼代理人对鉴定意见有异议，经人民法院依法通知的，公安机关鉴定人应当出庭作证。鉴定人故意作虚假鉴定的，应当依法追究其法律责任。

第十，对犯罪嫌疑人作精神病鉴定的时间不计入办案期限，其他鉴定时间都应当计入办案期限。

九、技术侦查措施

（一）技术侦查措施的概念和意义

技术侦查措施是指公安机关为了侦查犯罪的需要，根据法律规定，借助于现代技术和设备审查犯罪嫌疑人、获取犯罪证据的一种特殊的侦查手段。公安机关在立案后，根据侦查犯罪的需要，可以对下列严重危害社会的犯罪案件采取技术侦查措施：危害国家安全犯罪、恐怖活动犯罪、黑社会性质的组织犯罪、重大毒品犯罪案件；故意杀人、故意伤害致人重伤或者死亡、强奸、抢劫、绑架、放火、爆炸、投放危险物质等严重暴力犯罪案件；集团性、系列性、跨区域性重大犯罪案件；利用电信、计算机网络、寄递渠道等实施的重大犯罪案件，以及针对计算机网络实施的重大犯罪案件；其他严重危害社会的犯罪案件，依法可能判处7年以上有期徒刑的。公安机关追捕被通缉或者批准、决定逮捕的在逃的犯罪嫌疑人、被告人，可以采取追捕所必需的技术侦查措施。

技术侦查措施是指由设区的市一级以上公安机关负责技术侦查的部门实施的记录监控、行踪监控、通信监控、场所监控等措施。技术侦查措施的适用对象是犯罪嫌疑人、被告人以及与犯罪活动直接关联的人员。

技术侦查是侦破一些隐蔽性较强的犯罪案件必不可少的手段，通过其获取的证据材料具有形象生动、客观真实的优越性；同时，技术侦查手段并不必然侵犯公民基本权利，技术侦查具有合理性和必要性。同时，《刑事诉讼法》规定了对技术侦查规定了严格规范的程序，对于提高诉讼效率、保护人权具有重要意义。

（二）技术侦查措施的程序和要求

根据《刑事诉讼法》第148～152条和《公安机关办理刑事案件程序规定》第254～264条的规定，技术侦查措施应当遵守以下程序和要求：

第一，需要采取技术侦查措施的，应当制作呈请采取技术侦查措施报告书，报设区的市一级以上公安机关负责人批准，制作采取技术侦查措施决定书。人民检察院等部门决定采取技术侦查措施，交公安机关执行的，由设区的市一级以上公安机关按照规定办理相关手续后，交负责技术侦查的部门执行，并将执行情况通知人民检察院等部门。

第二，批准采取技术侦查措施的决定自签发之日起3个月以内有效。在有效期限内，对不需要继续采取技术侦查措施的，办案部门应当立即书面通知负责技术侦查的部门解除技术侦查措施；负责技术侦查的部门认为需要解除技术侦查措施的，报批准机关负责人批准，制作解除技术侦查措施决定书，并及时通知办案部门。对复杂、疑难案件，采取技术侦查措施的有效期限届满仍需要继续采取技术侦查措施的，经负责技术侦查的部门审核后，报批准机关负责人批准，制作延长技术侦查措施期限决定书。批准延长期限，每次不得超过3个月。有效期限届满，负责技术侦查的部门应当立即解除技术侦查措施。

第三，采取技术侦查措施，必须严格按照批准的措施种类、适用对象和期限执行。在有效期限内，需要变更技术侦查措施种类或者适用对象的，应当按照有关规定重新办理批准手续。

第四，采取技术侦查措施收集的材料在刑事诉讼中可以作为证据使用。使用技术侦查措施收集的材料作为证据时，可能危及有关人员的人身安全，或者可能产生其他严重后果的，应当采取不暴露有关人员身份和使用的技术设备、侦查方法等保护措施。采取技术侦查措施收集的材料作为证据使用的，采取技术侦查措施决定书应当附卷。

第五，采取技术侦查措施收集的材料，应当严格依照有关规定存放，只能用于对犯罪的侦查、起诉和审判，不得用于其他用途。采取技术侦查措施收集的与案件无关的材料，必须及时销毁，并制作销毁记录。

第六，侦查人员对采取技术侦查措施过程中知悉的国家秘密、商业秘密和个人隐私，应当保密。公安机关依法采取技术侦查措施，有关单位和个人应当配合，并对有关情况予以保密。

第七，为了查明案情，在必要的时候，经县级以上公安机关负责人决定，可以由侦查人员或者公安机关指定的其他人员隐匿身份实施侦查。隐匿身份实施侦查时，不得使用促使他人产生犯罪意图的方法诱使他人犯罪，不得采用可能危害公共安全或者发生重大人身危险的方法。

第八，对涉及给付毒品等违禁品或者财物的犯罪活动，为查明参与该项犯罪的人员和犯罪事实，根据侦查需要，经县级以上公安机关负责人决定，可以实施控制下交付。

第九，公安机关依照规定实施隐匿身份侦查和控制下交付收集的材料在刑事诉讼中可以作为证据使用。使用隐匿身份侦查和控制下交付收集的材料作为证据时，可能危及隐匿身份人员的人身安全，或者可能产生其他严重后果的，应当采取不暴露有关人员身份等保护措施。

十、辨认

（一）辨认的概念和意义

辨认，是指侦查机关为了查明案情，在必要的时候，组织被害人、犯罪嫌疑人或者证人对与犯罪有关的物品、文件、尸体、场所或者犯罪嫌疑人进行识别指认，从而作出判断的一种侦查活动。

辨认是重要的侦查手段，在侦查实践中，当被害人、证人与犯罪嫌疑人有正面接触时，会对犯罪嫌疑人的相貌有印象，通过辨认可以为查获犯罪嫌疑人指明方向以及对确定犯罪嫌疑人有重要作用。同时，辨认也对犯罪现场、作案工具等收集、固定证据有重要意义。

（二）辨认的程序和要求

根据《公安机关办理刑事案件程序规定》第249～253条的规定，辨认应当遵守以下程序和要求：

第一，辨认应当在侦查人员的主持下进行。主持辨认的侦查人员不得少于2人。几名辨认人对同一辨认对象进行辨认时，应当由辨认人个别进行。

第二，辨认时，应当将辨认对象混杂在特征相类似的其他对象中，不得给辨认人任何暗示。辨认犯罪嫌疑人时，被辨认的人数不得少于7人；对犯罪嫌疑人照片进行辨认的，不得少于10人的照片；辨认物品时，混杂的同类物品不得少于5件。对场所、尸体等特定辨认对象进行辨认，或者辨认人能够准确描述物品独有特征的，陪衬物不受数量的限制。

第三，对犯罪嫌疑人的辨认，辨认人不愿意公开进行时，可以在不暴露辨认人的情况下进行，并应当为其保守秘密。

第四，对辨认经过和结果，应当制作辨认笔录，由侦查人员、辨认人、见证人签名。必要时，应当对辨认过程进行录音或者录像。

十一、通缉

（一）通缉的概念和条件

通缉，是指公安机关对于应当逮捕而在逃的犯罪嫌疑人，通令缉捕归案的一种侦查活动。通缉充分发挥了公安机关系统内部通力合作、协同作战的能力，是动员广大人民群众共同捉拿犯罪嫌疑人的紧急手段，对于及时制止和打击犯罪，保障侦查和审判活动的顺利进行具有重要意义。

通缉对象必须是已经在逃的而且是应当逮捕的犯罪嫌疑人，这两个条件必须同时具备，缺一不可。通缉以发布通缉令的方式进行，有权发布通缉令的只有公安机关。

（二）通缉的程序和要求

根据《刑事诉讼法》第153条和《公安机关办理刑事案件程序规定》第265～273条的规定，鉴定应当遵守如下程序和要求：

第一，应当逮捕的犯罪嫌疑人如果在逃，公安机关可以发布通缉令，采取有效措施，追捕归案。县级以上公安机关在自己管辖的地区内，可以直接发布通缉令；超出自己管辖的地区，应当报请有权决定的上级公安机关发布。通缉令的发送范围，由签发通缉令的公安机关负责人决定。

第二，通缉令中应当尽可能写明被通缉人的姓名、别名、曾用名、绰号、性别、年龄、民族、籍贯、出生地、户籍所在地、居住地、职业、身份证号码、衣着和体貌特征、口音、行为习惯，并附被通缉人近期照片，可以附指纹及其他物证的照片。除了必须保密的事项以外，应当写明发案的时间、地点和简要案情。

第三，通缉令发出后，如果发现新的重要情况可以补发通报。通报必须注明原通缉令的编号和日期。

第四，公安机关接到通缉令后，应当及时布置查缉。抓获犯罪嫌疑人后，报经县级以上公安机关负责人批准，凭通缉令或者相关法律文书羁押，并通知通缉令发布机关进行核实，办理交接手续。

第五，需要对犯罪嫌疑人在口岸采取边控措施的，应当按照有关规定制作边控对象通知书，经县级以上公安机关负责人审核后，层报省级公安机关批准，办理全国范围内的边控措施。需要限制犯罪嫌疑人人身自由的，应当附有关法律文书。紧急情况下，需要采取边控措施的，县级以上公安机关可以出具公函，先向当地边防检查站交控，但应当在 7 日以内按照规定程序办理全国范围内的边控措施。

第六，为发现重大犯罪线索，追缴涉案财物、证据，查获犯罪嫌疑人，必要时，经县级以上公安机关负责人批准，可以发布悬赏通告。悬赏通告应当写明悬赏对象的基本情况和赏金的具体数额。

第七，通缉令、悬赏通告应当广泛张贴，并可以通过广播、电视、报刊、计算机网络等方式发布。

第八，经核实，犯罪嫌疑人已经自动投案、被击毙或者被抓获，以及发现有其他不需要采取通缉、边控、悬赏通告的情形的，发布机关应当在原通缉、通知、通告范围内，撤销通缉令、边控通知、悬赏通告。

第九，通缉越狱逃跑的犯罪嫌疑人、被告人或者罪犯，适用有关规定。

十二、侦查终结

（一）侦查终结的概念和意义

侦查终结是指侦查机关对于所受理的刑事案件，经过侦查后认为案件事实已经查清，证据确实充分，足以认定犯罪嫌疑人的行为是否涉嫌犯罪而决定结束侦查，并决定依法对案件作出相应处理的侦查活动。

侦查终结是立案侦查的侦查机关，根据一定的客观事实标准和侦查程序的要求，主动实施的侦查行为。侦查终结是侦查机关侦查程序中的最后一个阶段，是完成侦查任务的标志。这既是侦查机关侦查活动的总结，也是检察机关审查起诉工作的前提和基础，起着承上启下的重要作用。①

（二）侦查终结的条件

根据《刑事诉讼法》第 160 条和《公安机关办理刑事案件程序规定》第 274 条的规定，侦查终结的案件，应当同时符合以下条件：

第一，案件事实清楚，就是犯罪嫌疑人有罪或无罪、罪轻或罪重的事实和情节已经清

---

① 参见谢盛坚、林维业、李松梅：《公安机关办理刑事案件程序教程》，205～206 页，北京，中国人民公安大学出版社，2005。

楚。这是侦查终结的首要条件。

第二，证据确实、充分，就是证据必须查证属实，确凿无误，来源可靠合法，证据与案件存在必然的联系；证据达到了一定的数量，足以证明案件的事实真相。

第三，犯罪性质和罪名认定正确，就是认定犯罪嫌疑人是否涉嫌犯罪，涉嫌什么罪。

第四，法律手续完备，就是各种法律文书完整，手续齐全。这是侦查终结的重要条件。

第五，依法应当追究刑事责任。

（三）侦查终结的期限

按照《刑事诉讼法》第 77 条和第 154～158 条的规定，侦查终结的期限有三种情况：一是对取保候审的犯罪嫌疑人，应在 12 个月内侦查终结，作出移请起诉或者解除取保候审的决定。二是对监视居住的犯罪嫌疑人，应在 6 个月内侦查终结，作出逮捕、移请起诉或者解除监视居住的决定。三是对逮捕的犯罪嫌疑人，应在逮捕后 2 个月内侦查终结，届期不能终结的案件，报请人民检察院批准，可以延长 1 个月；届期仍不能终结的，经省级人民检察院批准可以再延长 2 个月；如届期仍不能终结而犯罪嫌疑人可能判处 10 年以上有期徒刑的，经省级检察机关决定可以再延长 2 个月。在侦查期间发现犯罪嫌疑人另有重要罪行的，侦查终结的期限，从发现之日起重新计算羁押期限；犯罪嫌疑人不讲真实姓名、身份不明的，从查明其身份之日起计算侦查羁押期限。

（四）侦查终结后对案件的处理

根据《刑事诉讼法》第 160、161 条的规定，公安机关对自己立案的案件，侦查终结后，可以分别以下两种情况进行处理：一是经过侦查，如果犯罪事实清楚，证据确实、充分，足以认定犯罪嫌疑人已构成犯罪，依法应当追究刑事责任的，写出起诉意见书，可连同案卷材料移送检察机关审查决定，同时将案件移送情况告知犯罪嫌疑人以及辩护律师；二是经过侦查，查明犯罪嫌疑人不应追究刑事责任的，应当经法定手续撤销案件，对在押的犯罪嫌疑人应当立即释放。

十三、补充侦查

（一）补充侦查的概念和意义

补充侦查是指侦查机关依照法定的程序，在原有侦查工作的基础上，就案件的部分事实和情况重新进行侦查的诉讼活动。公安机关在接到人民检察院退回补充侦查的意见后，应当立即进行补充侦查。[①]

补充侦查是侦查活动的重要组成部分。正确及时地进行补充侦查，对于查清全部的案件事实，客观公正地处理案件，防止和纠正可能的错误，都具有非常重要的意义。

（二）补充侦查的范围和期限

人民检察院退回公安机关补充侦查的案件，主要是：审查批准逮捕时的补充侦查；审查起诉时的补充侦查；法庭审理时的补充侦查。

根据《公安机关办理刑事案件程序规定》第 284 条的规定，公安机关移送起诉的案件，人民检察院应在 1 个月以内作出决定，重大复杂的案件可以延长半个月。人民检察院退回公安机关补充侦查的案件，公安机关应按人民检察院退回补充侦查的意见，如补充证据或者查清某些尚不明的案情等，并应在 1 个月内补充侦查完毕。按照规定，一个案件补充侦

① 参见谢盛坚、林维业、李松梅：《公安机关办理刑事案件程序教程》，223 页，北京，中国人民公安大学出版社，2005。

查以两次为限。

（三）补充侦查后对案件的处理

根据《公安机关办理刑事案件程序规定》第285条的规定，对人民检察院退回补充侦查的案件，根据不同情况，报县级以上公安机关负责人批准，分别作如下处理：

第一，原认定犯罪事实清楚，证据不够充分的，应当在补充证据后，制作补充侦查报告书，移送人民检察院审查；对无法补充的证据，应当作出说明；

第二，在补充侦查过程中，发现新的同案犯或者新的罪行，需要追究刑事责任的，应当重新制作起诉意见书，移送人民检察院审查；

第三，发现原认定的犯罪事实有重大变化，不应当追究刑事责任的，应当重新提出处理意见，并将处理结果通知退查的人民检察院；

第四，原认定犯罪事实清楚，证据确实、充分，人民检察院退回补充侦查不当的，应当说明理由，移送人民检察院审查。

第五节　刑事强制措施

一、刑事强制措施概述

（一）刑事强制措施的概念和特点

刑事强制措施，是指警察机关（主要是公安机关）、人民检察院和人民法院为了防止犯罪嫌疑人、被告人逃逸、毁灭证据、继续犯罪，保证刑事诉讼活动的顺利进行，依法对犯罪嫌疑人、被告人采取的在一定期限内暂时限制或剥夺其人身自由的法定的各种强制方法的总称。强制措施主要是一种针对犯罪嫌疑人、被告人强行剥夺或限制其人身自由的手段和措施，它是在刑事诉讼活动中所采用的必要手段和措施。

由此可以看出，刑事强制措施具有以下特点：

第一，刑事强制措施具有法定性。强制措施是一种针对人身自由的手段和措施，必须按照法律的规定适用。一是适用刑事强制措施的主体是只能是公安机关、人民检察院和人民法院，其他任何国家机关、团体或个人都无权采取刑事强制措施；二是刑事强制措施的种类和程序都是国家基本法律规定的，必须严格按照法律规定执行。

第二，刑事强制措施具有强制性。刑事强制措施是在一定期限内暂时限制或剥夺犯罪嫌疑人、被告人的人身自由，具有很强的强制性，犯罪嫌疑人、被告人必须服从。

第三，刑事强制措施具有特定性。刑事强制措施的适用对象是特定的，只能是犯罪嫌疑人、被告人，对于其他任何人都不得适用。

第四，刑事强制措施的预防性。刑事强制措施是为了防止犯罪嫌疑人、被告人逃逸、毁灭证据、继续犯罪，保证刑事诉讼活动的顺利进行而采取的，其预防性非常突出。

第五，刑事强制措施的非惩罚性。刑事强制措施对犯罪嫌疑人、被告人强行剥夺或限制其人身自由是暂时的，属于程序上的强制方法，不同于刑罚执行方法的羁押，不具有刑事惩罚的性质。

（二）刑事强制措施与其他概念的区别

1. 刑事强制措施与刑罚的区别

第一，法律性质不同。刑事强制措施是一种预防性和临时性措施，其目的是为保证刑事诉讼的顺利进行；刑罚是一种惩罚性措施，是行为人承担刑事责任的体现，刑罚一经人民法院终审确定，非经审判监督程序不得修改。

第二，适用对象不同。刑事强制措施适用于犯罪嫌疑人、被告人；刑罚适用于罪犯。

第三，适用机关不同。公安机关、人民检察院和人民法院均可适用刑事强制措施；刑罚只能是人民法院才能判处。

第四，适用时间不同。刑事强制措施在刑事诉讼过程中都可适用；刑罚只能进入审判程序，由人民法院进行审判后才能适用。

第五，法律根据不同。刑事强制措施只能根据《刑事诉讼法》的规定适用；刑罚的根据是《刑法》。

第六，法律后果不同。被采取过刑事强制措施的人，只要未被判有罪，不产生犯罪经历，在刑法上不存在累犯问题；刑罚可能会产生累犯，成为从重处罚的法定情节。

2. 刑事强制措施与行政处罚的区别

第一，性质不同。刑事强制措施是刑事诉讼中的一种保证刑事诉讼正常进行的强制性措施，具有程序性；行政处罚是一种行政制裁，是实体性结论。

第二，适用对象不同。刑事强制措施适用于犯罪嫌疑人、被告人；而行政处罚适用于违反行政法律的公民、法人或其他组织。

第三，有权适用的机关不同。刑事强制措施由公安机关（安全机关等）、人民检察院和人民法院适用；行政处罚是由国家行政机关适用。

第四，法律依据不同。刑事强制措施依据的是《刑事诉讼法》，行政处罚依据的是《行政处罚法》和其他行政法律法规。

第五，稳定性不同。刑事强制措施是一种程序性和保证性措施，因此，其必须根据案件情况及时变更或撤销；行政处罚是一种行政制裁措施，具有一定的稳定性。

3. 刑事强制措施与民事诉讼强制措施、行政诉讼强制措施的区别

第一，法律性质不同。刑事强制措施是为了防止犯罪嫌疑人、被告人逃避侦查、起诉和审判，具有预防性和保证性；民事诉讼、行政诉讼的强制措施除了保障功能外，还具有对妨碍民事诉讼或行政诉讼顺利进行者的制裁功能。

第二，法律依据不同。刑事强制措施的依据是《刑事诉讼法》；民事诉讼强制措施、行政诉讼强制措施的依据是《民事诉讼法》和《行政诉讼法》。

第三，适用对象不同。刑事强制措施适用于犯罪嫌疑人、被告人；民事诉讼、行政诉讼的强制措施不仅适用于当事人和其他诉讼参与人，还可以适用于没有参加诉讼但妨害诉讼顺利进行的人。

第四，适用阶段不同。刑事强制措施适用于立案、侦查、起诉和审判阶段，在执行阶段不存在适用刑事强制措施的问题；民事诉讼、行政诉讼的强制措施既适用于审判阶段，也适用于执行阶段。

第五，适用机关不同。刑事强制措施除拘留不能由人民法院适用外，其他刑事强制措施，公安机关、人民检察院和人民法院均可适用；民事诉讼、行政诉讼的强制措施只能由人民法院适用。

第六，具体种类不同。刑事强制措施有拘传、取保候审、监视居住、拘留和逮捕；民事诉讼强制措施有拘传、训诫、责令退出法庭和拘留；行政诉讼强制措施有训诫、责令具结悔过、罚款和拘留。虽然在三种诉讼强制措施中都出现了拘传或拘留，但性质完全不同。

（三）刑事强制措施的意义

刑事强制措施作为一项重要的诉讼制度，对于保证刑事诉讼的顺利进行具有重要的意义①：

第一，刑事强制措施可以防止现行犯、犯罪嫌疑人、被告人逃避侦查、起诉和审判，保证刑事诉讼的顺利进行。

第二，刑事强制措施可以防止现行犯、犯罪嫌疑人、被告人继续犯罪和危害社会，有利于社会安定，防犯罪于未然。

第三，刑事强制措施可以震慑犯罪，起到预防犯罪的作用，并鼓励人民群众积极同犯罪行为作斗争，有利于社会治安秩序的稳定。

二、拘传

（一）拘传的概念和意义

拘传，是指公安机关对未被逮捕、拘留的犯罪嫌疑人依法强制其到指定地点接受讯问而使用的一种强制措施。《刑事诉讼法》第 64 条规定："人民法院、人民检察院和公安机关根据案件情况，对犯罪嫌疑人、被告人可以拘传、取保候审或者监视居住。"《公安机关办理刑事案件程序规定》第 74 条第 1 款规定："公安机关根据案件情况对需要拘传的犯罪嫌疑人，或者经过传唤没有正当理由不到案的犯罪嫌疑人，可以拘传到其所在市、县内的指定地点进行讯问。"拘传是刑事强制措施中最轻的一种，其目的主要是强制犯罪嫌疑人到案接受讯问，以便迅速及时地查明案情，揭露和惩罚犯罪。

（二）拘传的条件

根据《公安机关办理刑事案件程序规定》第 74 条的规定，公安机关适用拘传有两种情况：

第一，经公安机关依法传唤，没有正当理由不到案的。所谓没有正当理由，是指被传唤的人在没有身患重病无法行动、出门在外或其他不可抗拒的原因的情况下拒不到案。在实践中，公安机关一般会使用传唤通知书，责令未被逮捕、拘留的犯罪嫌疑人在指定时间到法定行政区域内的指定地点接受讯问，犯罪嫌疑人没有正当理由不到案，这时，应使用拘传的方法强制其到案接受讯问。

第二，根据案件情况需要强制到案的。这种情形没有先经过传唤，其好处在于可及时收集证据，防止未被逮捕、拘留的犯罪嫌疑人串供或隐匿、毁灭证据。只要案件情况需要不经传唤也可以直接拘传。

（三）拘传的程序

根据《刑事诉讼法》第 64 条和《公安机关办理刑事案件程序规定》第 74、75、76 条的规定，拘传应按下列程序进行：

第一，需要拘传的，应当填写呈请拘传报告书，并附有关材料，报县级以上公安机关负责人批准。

第二，公安机关拘传犯罪嫌疑人应当出示拘传证，并责令其在拘传证上签名、捺指印。犯罪嫌疑人到案后，应当责令其在拘传证上填写到案时间；拘传结束后，应当由其在拘传证上填写拘传结束时间。犯罪嫌疑人拒绝填写的，侦查人员应当在拘传证上注明。

---

① 参见谢盛坚、林维业、李松梅：《公安机关办理刑事案件程序教程》，115 页，北京，中国人民公安大学出版社，2005。

第三，拘传持续的时间不得超过12小时；案情特别重大、复杂，需要采取拘留、逮捕措施的，经县级以上公安机关负责人批准，拘传持续的时间不得超过24小时。不得以连续拘传的形式变相拘禁犯罪嫌疑人。

第四，拘传期限届满，未作出采取其他强制措施决定的，应当立即结束拘传。

三、取保候审

（一）取保候审的概念

取保候审是指公安机关责令犯罪嫌疑人提出保证人或者交纳保证金，保证其随传随到，不逃避或不妨碍侦查的一种刑事强制措施。所谓“取保”，是指犯罪嫌疑人必须有符合规定的保证人担保或者按规定交纳保证金；所谓“候审”，即犯罪嫌疑人取保以后，未经批准不得离开住地市、县，不得串供、毁灭或者伪造证据，不得干扰证人作证，并随传随到接受审查。

取保候审的刑事强制措施，是由犯罪嫌疑人提出保证人或者交纳保证金，保证在取保候审期间遵守法律规定，即缴纳一定数量的金钱或者由保证人来约束被取保人的行为。取保候审一般是对罪行比较轻微、不够逮捕条件，或者是采取取保候审的刑事强制措施足以防止犯罪嫌疑人发生社会危险性的情况下采取的一种强制方法。

（二）取保候审适用的条件

取保候审是一种限制而不剥夺人身自由的强度较轻的强制措施，根据《刑事诉讼法》第65条和《公安机关办理程序案件程序规定》第77条的规定，公安机关在侦查过程中，对犯罪嫌疑人应当采取取保候审强制措施的情形包括：

第一，可能判处管制、拘役或者独立适用附加刑的；

第二，可能判处有期徒刑以上刑罚，采取取保候审不致发生社会危险性的；

第三，患有严重疾病、生活不能自理，怀孕或者正在哺乳自己婴儿的妇女，采取取保候审不致发生社会危险性的；

第四，羁押期限届满，案件尚未办结，需要继续侦查的。

第五，对拘留的犯罪嫌疑人，证据不符合逮捕条件，以及提请逮捕后，人民检察院不批准逮捕，需要继续侦查，并且符合取保候审条件的，可以依法取保候审。

根据规定，对累犯，犯罪集团的主犯，以自伤、自残办法逃避侦查的犯罪嫌疑人，严重暴力犯罪以及其他严重犯罪的犯罪嫌疑人不得取保候审。

（三）取保候审的方式

《刑事诉讼法》第66条规定：“人民法院、人民检察院和公安机关决定对犯罪嫌疑人、被告人取保候审，应当责令犯罪嫌疑人、被告人提出保证人或者交纳保证金。”《公安机关办理程序案件程序规定》第80条规定：“公安机关决定对犯罪嫌疑人取保候审的，应当责令犯罪嫌疑人提出保证人或者交纳保证金。对同一犯罪嫌疑人，不得同时责令其提出保证人和交纳保证金。”根据这些规定，公安机关决定取保候审时应当责令犯罪嫌疑人提出保证人或者交纳保证金，取保候审的方式有两种：

1. 保证人保证

保证人保证，是指公安机关责令犯罪嫌疑人提出保证人并出具保证书，保证被保证人在取保候审期间不逃避和妨碍侦查，并随传随到的保证方式。保证人保证的取保候审的保证责任是由保证人承担的。保证人是由犯罪嫌疑人提出，经公安机关审查符合条件为犯罪嫌疑人担保的人。

根据《刑事诉讼法》第67条的规定，保证人必须符合相关的条件：与本案无牵连；有能力履行保证义务；享有政治权利，人身自由未受到限制；有固定的住处和收入。

公安机关对犯罪嫌疑人提出的保证人，经审查符合保证人条件，同意担任保证人的，应当由保证人填写《取保候审保证书》，并在保证书上签名。公安机关在对犯罪嫌疑人办理取保手续时，应当向犯罪嫌疑人和保证人宣读《取保候审决定书》，由犯罪嫌疑人签名（盖章）、捺指印。同时告知犯罪嫌疑人应当遵守的有关规定和保证人应当履行的义务，以及违反规定和不履行义务的法律后果，并在《取保候审决定书》注明。

根据《刑事诉讼法》第 68 条的规定，保证人应当履行的义务是：监督被保证人遵守《刑事诉讼法》第 69 条的规定；发现被保证人可能发生或者已经发生违反《刑事诉讼法》第 69 条规定的行为的，应当及时向执行取保候审的公安机关报告。

根据规定，采取保证人形式取保候审时，被取保候审人违反《刑事诉讼法》第 69 条的规定，保证人未及时报告的，经查证属实后，都由县级以上公安机关对保证人处1 000 元以上 2 万元以下罚款。保证人与被取保候审人串通，协助被取保候审人逃匿，已构成犯罪的，应根据《刑法》第 310 条的规定，依法追究刑事责任。

如果保证人在取保候审期间情况发生变化，不愿继续担保或者丧失担保条件，公安机关应当责令犯罪嫌疑人重新提出保证人或者交纳保证金，或者根据案件具体情况变更为其他强制措施。

2. 保证金保证

保证金保证，是指公安机关责令犯罪嫌疑人交纳保证金，保证其在取保候审期间，不逃避和妨碍侦查，并随传随到的保证方式。保证金保证是通过保证金的财产性保证被取保候审的人在取保候审期间遵守《刑事诉讼法》的相关规定。

公安机关决定采取保证金保证时，应当制作收取保证金通知书，通知被取保候审人，同时也应当向犯罪嫌疑人宣读取保候审决定书，告知犯罪嫌疑人应当遵守的有关规定，以及违反规定的法律后果，并在取保候审决定书上注明。保证金必须在公安机关决定取保候审时一次性交清，由犯罪嫌疑人或其家属、法定代理人或者单位持公安机关出具的交纳保证金的证明文件，向公安机关指定的银行专户交纳。

在决定以保证金形式取保候审时，保证金应当以人民币交纳，其他币种以及财物不能折抵来交纳保证金。

公安机关在决定保证金的数额时，应当以保证被取保候审人不逃避、不妨碍刑事诉讼活动为原则，综合根据当地经济发展水平、犯罪嫌疑人的经济状况以及案件性质、情节、社会危害性和可能判处刑罚的轻重等情况综合确定。对经济犯罪、侵犯财产犯罪或者其他造成财产损失的犯罪，可以按涉案数额或者直接财产损失数额的 1 至 3 倍确定收取保证金的数额；对其他刑事犯罪，根据案件的不同情况，保证金的数额标准可以确定在 1 000 元以上。

犯罪嫌疑人在取保候审期间违反《刑事诉讼法》第 69 条规定的，公安机关应当根据其违法行为的情节，决定没收部分或者全部保证金，并且区分情况，责令其具结悔过、重新交纳保证金、提出保证人或者变更为监视居住，或者提请人民检察院批准逮捕。需要没收保证金的，应当经过严格审查后，由执行部门提出意见，报县级以上公安机关负责人批准，签发没收保证金决定书。

犯罪嫌疑人在取保候审期间未违反《刑事诉讼法》第 69 条规定的，在解除取保候审的时候，应当退还保证金。公安机关决定退还保证金的，侦查人员应当撰写呈请退还保证金报告书，经过严格审核后，报县级以上公安机关负责人批准，签发退还保证金决定书。

公安机关决定退还犯罪嫌疑人的保证金后，应当在解除对犯罪嫌疑人取保候审的同时，通知指定的银行将保证金如数退还给犯罪嫌疑人，并由犯罪嫌疑人在退还保证金决定书上签名（盖章）、捺指印。

（四）取保候审的程序

1. 取保候审的申请

根据规定，被羁押的犯罪嫌疑人及其法定代理人、近亲属、被逮捕的犯罪嫌疑人聘请的律师，如果申请取保候审，应当书面提出。

2. 取保候审的决定

公安机关接到申请后，应当在 7 日内作出同意或者不同意的答复。同意取保候审的，办案人员应当制作呈请取保候审报告书，说明取保候审的理由及采取的保证形式，经办案部门负责人签署意见后，报请县级以上公安机关负责人批准，并依法办理取保候审决定书、取保候审执行通知书以及其他法律手续。不同意取保候审的，办案人员应当制作呈请取保候审报告书，经办案部门负责人签署意见后，报请县级以上公安机关负责人批准，应当制作不予取保候审通知书，并通知申请人。

3. 取保候审的期限和执行

《刑事诉讼法》规定取保候审的期限最长不得超过 12 个月。《公安机关办理刑事案件程序规定》第 87 条规定公安机关决定取保候审的，应当及时通知犯罪嫌疑人居住地派出所执行。

4. 取保候审的解除

根据《刑事诉讼法》第 77 条的规定，在取保候审期间，对于发现不应当追究刑事责任或者取保候审期限届满的，应当及时解除取保候审。解除取保候审，应当及时通知被取保候审人和有关单位。公安机关对需要解除取保候审的，应当由办案部门制作呈请解除取保候审报告书，报经县级以上公安机关负责人批准后，制作解除取保候审决定书和解除取保候审通知书，并且及时通知执行取保候审的派出所，由派出所通知被取保候审的犯罪嫌疑人和保证人。如果是以保证金担保的，要同时通知指定的银行如数退还保证金。

四、监视居住

（一）监视居住的概念和意义

监视居住，是指公安机关为防止犯罪嫌疑人逃避或者妨碍侦查等诉讼活动的顺利进行，依法责令犯罪嫌疑人在一定的期限内未经批准不得离开住处或者指定的居所，并对其活动予以监控的一种强制措施。

监视居住是我国在刑事强制措施中的独创，具有重要的意义：监视居住可以在不关押的情况下，对犯罪嫌疑人予以应有的控制，使其不逃避和妨碍侦查活动，有利于保障刑事诉讼活动的顺利开展；监视居住可以使犯罪嫌疑人能够正常的生产和生活，有利于社会的稳定；监视居住还可以节约成本，体现经济节约原则。

（二）监视居住的条件

根据《刑事诉讼法》第 72 条和《公安机关办理程序案件程序规定》第 105 条的规定，公安机关对符合逮捕条件，有下列情形之一的犯罪嫌疑人，可以监视居住：

第一，患有严重疾病、生活不能自理的；

第二，怀孕或者正在哺乳自己婴儿的妇女；

第三，系生活不能自理的人的唯一扶养人；

第四，因案件的特殊情况或者办理案件的需要，采取监视居住措施更为适宜的；

第五，羁押期限届满，案件尚未办结，需要采取监视居住措施的。

第六，对人民检察院决定不批准逮捕的犯罪嫌疑人，需要继续侦查，并且符合监视居住条件的，可以监视居住。

第七，对于符合取保候审条件，但犯罪嫌疑人不能提出保证人，也不交纳保证金的，可以监视居住。

第八，对于被取保候审人违反规定的，可以监视居住。

（三）监视居住的程序

1. 监视居住的决定

根据《刑事诉讼法》第 72 条和《公安机关办理程序案件程序规定》第 106 条的规定，对犯罪嫌疑人监视居住，应当制作呈请监视居住报告书，说明监视居住的理由、采取监视居住的方式以及应当遵守的规定，经县级以上公安机关负责人批准，制作监视居住决定书。监视居住决定书应当向犯罪嫌疑人宣读，由犯罪嫌疑人签名、捺指印。

2. 监视居住的执行

根据根据《刑事诉讼法》第 73 条和《公安机关办理程序案件程序规定》第 107～118 条的规定，监视居住应当在犯罪嫌疑人、被告人住处执行；无固定住处的，可以在指定的居所执行。对于涉嫌危害国家安全犯罪、恐怖活动犯罪，在住处执行可能有碍侦查的，经上一级公安机关批准，也可以在指定的居所执行。

有下列情形之一的，属于本条规定的“有碍侦查”：可能毁灭、伪造证据，干扰证人作证或者串供的；可能引起犯罪嫌疑人自残、自杀或者逃跑的；可能引起同案犯逃避、妨碍侦查的；犯罪嫌疑人、被告人在住处执行监视居住有人身危险的；犯罪嫌疑人、被告人的家属或者所在单位人员与犯罪有牵连的。

指定居所监视居住的，不得要求被监视居住人支付费用。

固定住处，是指被监视居住人在办案机关所在的市、县内生活的合法住处；指定的居所，是指公安机关根据案件情况，在办案机关所在的市、县内为被监视居住人指定的生活居所。

指定的居所应当符合下列条件：具备正常的生活、休息条件；便于监视、管理；保证安全。

公安机关不得在羁押场所、专门的办案场所或者办公场所执行监视居住。

监视居住后 24 小时以内，由决定机关通知被监视居住人的家属。有下列情形之一的，属于本条规定的“无法通知”：不讲真实姓名、住址、身份不明的；没有家属的；提供的家属联系方式无法取得联系的；因自然灾害等不可抗力导致无法通知的。无法通知的情形消失以后，应当立即通知被监视居住人的家属。无法通知家属的，应当在监视居住通知书中注明原因。

公安机关在宣布监视居住决定时，应当告知被监视居住人必须遵守以下规定：未经执行机关批准不得离开执行监视居住的处所；未经执行机关批准不得会见他人或者以任何方式通信；在传讯的时候及时到案；不得以任何形式干扰证人作证；不得毁灭、伪造证据或者串供；将护照等出入境证件、身份证件、驾驶证件交执行机关保存。

公安机关对被监视居住人，可以采取电子监控、不定期检查等监视方法对其遵守监视居住规定的情况进行监督；在侦查期间，可以对被监视居住的犯罪嫌疑人的电话、传真、信函、邮件、网络等通信进行监控。

公安机关决定监视居住的，由被监视居住人住处或者指定居所所在地的派出所执行，办案部门可以协助执行。必要时，也可以由办案部门负责执行，派出所或者其他部门协助执行。

人民法院、人民检察院决定监视居住的，负责执行的县级公安机关应当在收到法律文书和有关材料后24小时以内，通知被监视居住人住处或者指定居所所在地的派出所，核实被监视居住人身份、住处或者居所等情况后执行。必要时，可以由人民法院、人民检察院协助执行。负责执行监视居住的派出所或者办案部门应当严格对被监视居住人进行监督考察，确保安全。对于人民法院、人民检察院决定监视居住的，应当及时将监视居住的执行情况报告决定机关。

被监视居住人有正当理由要求离开住处或者指定的居所以及要求会见他人或者通信的，应当经负责执行的派出所或者办案部门负责人批准。人民法院、人民检察院决定监视居住的，负责执行的派出所在批准被监视居住人离开住处或者指定的居所以及与他人会见或者通信前，应当征得决定机关同意。

被监视居住人违反应当遵守的规定，公安机关应当区分情形责令被监视居住人具结悔过或者给予治安管理处罚。情节严重的，可以予以逮捕；需要予以逮捕的，可以对其先行拘留。人民法院、人民检察院决定监视居住的，被监视居住人违反应当遵守的规定，执行监视居住的县级公安机关应当及时告知决定机关。

3. 监视居住的期限

根据《刑事诉讼法》第77条的规定，监视居住最长不得超过6个月。监视居住期限届满10日前，执行机关应当通知原决定机关。在监视居住期间，公安机关不得中断案件的侦查，对被监视居住的犯罪嫌疑人，应当根据案情变化及时解除监视居住或者变更强制措施。

4. 监视居住的解除和变更

公安机关决定解除监视居住，应当经县级以上公安机关负责人批准，制作解除监视居住决定书，并及时通知执行的派出所或者办案部门、被监视居住人和有关单位。

人民法院、人民检察院作出解除、变更监视居住决定的，公安机关应当及时解除并通知被监视居住人和有关单位。

五、拘留

（一）拘留的概念和特点

刑事拘留，是指公安机关等在紧急情况下，对现行犯或者重大嫌疑分子依法采取的剥夺其人身自由的一种临时性强制措施。

刑事拘留是一种暂时剥夺人身自由的强制性措施。刑事拘留的实施，对于及时迅速的制止犯罪，抓获现行犯或者重大嫌疑分子，迅速查明案件事实，查获犯罪证据，正确处理案件，以及及时排除有可能发生的逃避和妨碍刑事诉讼活动的行为，具有重要的意义。

刑事拘留具有以下特点：

第一，刑事拘留的决定主体是公安机关和人民检察院。有权决定拘留的机关是公安机关和人民检察院，人民检察院在自侦案件中，对符合拘留条件的犯罪嫌疑人有权决定拘留。不管是公安机关决定的拘留还是人民检察院决定的拘留，都一律由公安机关执行。

第二，刑事拘留是在紧急情况下采取的一种应急性措施。只有在紧急情况下，来不及办理逮捕手续而又需要马上剥夺现行犯或者重大犯罪嫌疑人的人身自由的，才能采取拘留。

第三，刑事拘留是一种临时性强制措施。刑事拘留的期限较短，一般为3日，随着诉讼的进行，拘留一定会发生变更，或转为逮捕，或转为取保候审或监视居住，或释放被拘留的人。

（二）刑事拘留与相关措施的区别

1. 刑事拘留与行政拘留的区别

第一，法律性质不同。刑事拘留是在刑事诉讼过程中为了保证诉讼的顺利进行而采取的强制措施，不是实质上的制裁手段；行政拘留是行政处罚的一种，是对违反行政法律行为的一种行政制裁。

第二，适用对象不同。刑事拘留的对象是实施了犯罪行为，触犯了刑事法律，可能被追究刑事责任的现行犯或者重大犯罪嫌疑人；行政拘留的对象则是那些违反《治安管理处罚法》或者其他有关行政法律，尚未构成犯罪的违法者。

第三，使用目的不同。刑事拘留的目的在于防止现行犯或者重大犯罪嫌疑人继续危害社会、逃避侦查和审判，保证诉讼顺利进行；行政拘留则是通过行政处罚的手段达到惩罚和教育一般违法者的目的。

第四，羁押期限不同。根据《刑事诉讼法》的规定，刑事拘留的期限一般是 3 日，在特殊情况下，可以延长 1 至 4 日，对于流窜作案、多次作案、结伙作案的重大犯罪嫌疑人，拘留的时间可以延长至 30 日；根据《治安管理处罚法》的规定，行政拘留的羁押期限最长是 15 日。

2. 刑事拘留与司法拘留的区别

第一，实施目的不同。刑事拘留具有预防性，对现行犯和重大犯罪嫌疑人逃跑、继续危害社会具有预防作用；司法拘留的目的在于排除妨害民事诉讼进行的行为，是对已经发生的妨害民事诉讼的行为采取的。

第二，适用对象不同。刑事拘留的对象只能是现行犯或者重大犯罪嫌疑人；司法拘留是依据《民事诉讼法》对实施了妨害诉讼秩序行为的诉讼参与人和其他人采取的，可能是原告、被告，也可能是证人或者案外人。

第三，羁押期限不同。刑事拘留的期限一般是 3 日，在特殊情况下，可以延长 1 至 4 日，对于流窜作案、多次作案、结伙作案的重大犯罪嫌疑人，拘留的时间可以延长至 30 日；司法拘留的羁押期限为 15 日。

第四，法律后果不同。刑事拘留是在刑事诉讼过程中采取的暂时性强制措施，不是实质上的制裁手段，刑事拘留的期限可以折抵刑期；司法拘留是对实施妨害司法诉讼行为的人的一种制裁，拘留的期限没有折抵的问题。

（三）刑事拘留的条件

根据《刑事诉讼法》第 80 条的规定，刑事拘留必须同时具备以下两个条件：

1. 拘留的对象是现行犯或者重大犯罪嫌疑人。

现行犯，是指正在进行犯罪的人；重大犯罪嫌疑人，是指有证据证明具有犯罪嫌疑的人。本条所说的“重大嫌疑”，是指有根据的怀疑，虽然尚不能认定但又无法予以排除的事实。

2. 适用的情况必须是紧急情况。

根据《刑事诉讼法》第 80 条的规定，公安机关对于具备下列情形之一的，可以先行拘留：

第一，正在预备犯罪、实行犯罪或者在犯罪后即时被发觉的。预备犯罪，是指为犯罪准备工具、制造条件的行为。实行犯罪，是指正在进行犯罪活动。

第二，被害人或者在场亲眼看见的人指认他犯罪的。被害人，是指遭受犯罪行为直接侵害的人。在场亲眼看见的人指认罪犯犯罪的，是我们的证人，其证人证言是案件的原始证据和直接证据。

第三，在身边或者在住处发现有犯罪证据的。身边，是指犯罪嫌疑人的身体、衣服、随身携带的物品等。住处，是指其工作、学习、生活的场所。

第四，犯罪后企图自杀、逃跑或者在逃的。

第五，有毁灭、伪造证据或者串供可能的。

第六，不讲真实姓名、住址，身份不明的。这是指本人拒不说明其姓名、住址等基本情况，公安机关无法核实其身份。

第七，有流窜作案、多次作案、结伙作案重大嫌疑的。流窜作案，是指跨市、县管辖范围连续作案，或者在居住地作案后逃跑到外市、县继续作案。多次作案，是指 3 次以上作案。结伙作案，是指 2 人以上共同作案。

（四）刑事拘留的程序

根据《刑事诉讼法》第 81～84 条和《公安机关办理程序案件程序规定》第 121～128 条的规定，刑事拘留的程序是：

第一，拘留犯罪嫌疑人，应当填写呈请拘留报告书，经县级以上公安机关负责人批准，制作拘留证。执行拘留时，必须出示拘留证，并责令被拘留人在拘留证上签名、捺指印，拒绝签名、捺指印的，侦查人员应当注明。紧急情况下，对于符合规定情形的，应当将犯罪嫌疑人带至公安机关后立即审查，办理法律手续。

第二，拘留后，应当立即将被拘留人送看守所羁押，至迟不得超过 24 小时。异地执行拘留的，应当在到达管辖地后 24 小时以内将犯罪嫌疑人送看守所羁押。

第三，除无法通知或者涉嫌危害国家安全犯罪、恐怖活动犯罪通知可能有碍侦查的情形以外，应当在拘留后 24 小时以内制作拘留通知书，通知被拘留人的家属。拘留通知书应当写明拘留原因和羁押处所。有下列情形之一的，属于“有碍侦查”：可能毁灭、伪造证据，干扰证人作证或者串供的；可能引起同案犯逃避、妨碍侦查的；犯罪嫌疑人的家属与犯罪有牵连的。无法通知、有碍侦查的情形消失以后，应当立即通知被拘留人的家属。对于没有在 24 小时以内通知家属的，应当在拘留通知书中注明原因。

第四，对被拘留的人，应当在拘留后 24 小时以内进行讯问。发现不应当拘留的，应当经县级以上公安机关负责人批准，制作释放通知书，看守所凭释放通知书发给被拘留人释放证明书，将其立即释放。

第五，对被拘留的犯罪嫌疑人，经过审查认为需要逮捕的，应当在拘留后的 3 日以内，提请人民检察院审查批准。在特殊情况下，经县级以上公安机关负责人批准，提请审查批准逮捕的时间可以延长 1 日至 4 日。对流窜作案、多次作案、结伙作案的重大嫌疑分子，经县级以上公安机关负责人批准，提请审查批准逮捕的时间可以延长至 30 日。“流窜作案”，是指跨市、县管辖范围连续作案，或者在居住地作案后逃跑到外市、县继续作案；“多次作案”，是指 3 次以上作案；“结伙作案”，是指 2 人以上共同作案。犯罪嫌疑人不讲真实姓名、住址，身份不明的，应当对其身份进行调查。经县级以上公安机关负责人批准，拘留期限自查清其身份之日起计算，但不得停止对其犯罪行为的侦查取证。对符合逮捕条件的犯罪嫌疑人，也可以按其自报的姓名提请批准逮捕。

第六，对被拘留的犯罪嫌疑人审查后，根据案件情况报经县级以上公安机关负责人批准，分别作出如下处理：需要逮捕的，在拘留期限内，依法办理提请批准逮捕手续；应当追究刑事责任，但不需要逮捕的，依法直接向人民检察院移送审查起诉，或者依法办理取保候审或者监视居住手续后，向人民检察院移送审查起诉；拘留期限届满，案件尚未办结，需要继续侦查的，依法办理取保候审或者监视居住手续；具有规定情形之一的，释放被拘留人，发给释放证明书；需要行政处理的，依法予以处理或者移送有关部门。

第七，人民检察院决定拘留犯罪嫌疑人的，由县级以上公安机关凭人民检察院送达的决定拘留的法律文书制作拘留证并立即执行。必要时，可以请人民检察院协助。拘留后，应当及时通知人民检察院。公安机关未能抓获犯罪嫌疑人的，应当将执行情况和未能抓获犯罪嫌疑人的原因通知作出拘留决定的人民检察院。对于犯罪嫌疑人在逃的，在人民检察院撤销拘留决定之前，公安机关应当组织力量继续执行。

六、逮捕

（一）逮捕的概念和意义

逮捕，是指公安机关经人民检察院的批准或决定，对可能判处徒刑以上刑罚的犯罪嫌疑人剥夺其人身自由，实行羁押的一种强制措施。

逮捕是刑事强制措施中最严厉的一种，它不仅剥夺犯罪嫌疑人的人身自由，而且逮捕后除发现不应当追究刑事责任和符合变更强制措施体条件的以外，对被逮捕的人的羁押期间一般会到人民法院判决生效为止。逮捕在整个刑事诉讼中具有重要的意义，它是同犯罪作斗争的重要手段，正确及时使用逮捕措施，可以发挥其打击犯罪、维护社会秩序稳定的重要作用，可以有效防止犯罪嫌疑人或被告人串供、毁灭或者伪造证据，自杀、逃跑或继续犯罪，有助于公安机关全面收集证据、查明案情、证实犯罪，保证侦查、起诉和审判活动的顺利进行。

（二）逮捕的条件

《刑事诉讼法》第 79 条规定，对有证据证明有犯罪事实，可能判处徒刑以上刑罚的犯罪嫌疑人、被告人，采取取保候审尚不足以防止发生社会危险性，应当予以逮捕。根据规定，逮捕的条件包括：

1. 可能实施新的犯罪的；

2. 有危害国家安全、公共安全或者社会秩序的现实危险的；

3. 可能毁灭、伪造证据，干扰证人作证或者串供的；

4. 可能对被害人、举报人、控告人实施打击报复的；

5. 企图自杀或者逃跑的；

6. 对有证据证明有犯罪事实，可能判处 10 年有期徒刑以上刑罚的，或者有证据证明有犯罪事实，可能判处徒刑以上刑罚，曾经故意犯罪或者身份不明的，应当予以逮捕。

7. 被取保候审、监视居住的犯罪嫌疑人、被告人违反取保候审、监视居住规定，情节严重的，可以予以逮捕。

在刑事诉讼中，绝对不能随意扩大或者缩小逮捕范围，以免错捕或漏捕。

（三）逮捕的程序

1. 提请批准逮捕

提请批准逮捕是指公安机关认为所承办的刑事案件中的犯罪嫌疑人符合逮捕条件，提交人民检察院审查批准的诉讼行为。根据《刑事诉讼法》第 85～90 条和《公安机关办理程序案件程序规定》第 133～137 条的规定，需要提请批准逮捕犯罪嫌疑人的，应当经县级以上公安机关负责人批准，制作提请批准逮捕书，连同案卷材料、证据，一并移送同级人民检察院审查批准。

对于人民检察院不批准逮捕并通知补充侦查的，公安机关应当按照人民检察院的补充侦查提纲补充侦查。公安机关补充侦查完毕，认为符合逮捕条件的，应当重新提请批准逮捕。

对于人民检察院不批准逮捕而未说明理由的，公安机关可以要求人民检察院说明理由。

对于人民检察院决定不批准逮捕的，公安机关在收到不批准逮捕决定书后，如果犯罪嫌疑人已被拘留的，应当立即释放，发给释放证明书，并将执行回执送达作出不批准逮捕决定的人民检察院。

对人民检察院不批准逮捕的决定，认为有错误需要复议的，应当在收到不批准逮捕决定书后五日以内制作要求复议意见书，报经县级以上公安机关负责人批准后，送交同级人民检察院复议。

如果意见不被接受，认为需要复核的，应当在收到人民检察院的复议决定书后五日以内制作提请复核意见书，报经县级以上公安机关负责人批准后，连同人民检察院的复议决定书，一并提请上一级人民检察院复核。

2. 执行逮捕

第一，接到人民检察院批准逮捕决定书后，应当由县级以上公安机关负责人签发逮捕证，立即执行，并将执行回执送达作出批准逮捕决定的人民检察院。如果未能执行，也应当将回执送达人民检察院，并写明未能执行的原因。

第二，执行逮捕时，必须出示逮捕证，并责令被逮捕人在逮捕证上签名、捺指印，拒绝签名、捺指印的，侦查人员应当注明。逮捕后，应当立即将被逮捕人送看守所羁押。

第三，执行逮捕的侦查人员不得少于2人。

第四，对被逮捕的人，必须在逮捕后的24小时以内进行讯问。发现不应当逮捕的，经县级以上公安机关负责人批准，制作释放通知书，送看守所和原批准逮捕的人民检察院。看守所凭释放通知书立即释放被逮捕人，并发给释放证明书。

第五，对犯罪嫌疑人执行逮捕后，除无法通知的情形以外，应当在逮捕后24小时以内，制作逮捕通知书，通知被逮捕人的家属。逮捕通知书应当写明逮捕原因和羁押处所。对于没有在24小时以内通知家属的，应当在逮捕通知书中注明原因。

第六，人民法院、人民检察院决定逮捕犯罪嫌疑人、被告人的，由县级以上公安机关凭人民法院、人民检察院决定逮捕的法律文书制作逮捕证并立即执行。必要时，可以请人民法院、人民检察院协助执行。执行逮捕后，应当及时通知决定机关。公安机关未能抓获犯罪嫌疑人、被告人的，应当将执行情况和未能抓获的原因通知决定逮捕的人民检察院、人民法院。对于犯罪嫌疑人、被告人在逃的，在人民检察院、人民法院撤销逮捕决定之前，公安机关应当组织力量继续执行。

第七，人民检察院在审查批准逮捕工作中发现公安机关的侦查活动存在违法情况，通知公安机关予以纠正的，公安机关应当调查核实，对于发现的违法情况应当及时纠正，并将纠正情况书面通知人民检察院。

第六节　刑罚执行制度

一、刑罚执行概述

（一）刑罚执行的概念和特点

刑事诉讼中的执行，是指刑事执行机关将已经发生法律效力的判决、裁定所确定的刑罚内容付诸实施而进行的活动。刑事诉讼中的执行，是实现国家刑罚权的具体活动。刑事诉讼中已经发生法律效力的判决和裁定，只有通过执行机关的执行活动，才能够得以实现。

刑罚执行具有合法性、及时性和强制性的特点。刑罚执行的合法性是指刑事执行机关必须严格依法办事，严格依照法律规定的程序进行，正确执行判决、裁定所确定的刑罚内容，不得随意变更；刑罚执行的及时性是指已经发生法律效力的判决、裁定，必须立即执行，不得以任何借口加以拖延，只有这样刑罚才能落到实处；刑罚执行强制性是指已经发生法律效力的判决、裁定是有约束力的，执行机关必须无条件的执行，受判决约束的人，不管是否同意判决的内容，都必须无条件地强制其接受并执行。

对于大多数案件来说，刑事诉讼活动是以执行刑罚为终结的，执行刑罚在刑事诉讼中具有重要意义。如果人民法院的刑罚判决得不到执行，其他刑事诉讼活动就失去了意义，公民、法人和其他组织的合法权益就得不到保障，刑事诉讼就落不到实处。

(二) 刑罚执行的依据

刑事执行的主体，在我国是人民法院、公安机关和监狱。依照有关法律规定，三机关分别行使不同的刑罚执行权。人民法院负责死刑、罚金刑、没收财产刑、无罪判决和免除刑罚判决的执行；监狱负责死缓、无期徒刑、有期徒刑的执行；公安机关负责拘役、缓刑和假释等的执行。除此之外，公安机关还负责将刑事诉讼中被羁押的犯罪嫌疑人、被告人，在判决、裁定发生法律效力，被确定为罪犯后交付执行机关执行。

根据《刑事诉讼法》第 248 条的规定，刑罚执行的依据是发生法律效力的判决、裁定，主要有：已过法定期限没有上诉、抗诉的判决和裁定；终审的判决和裁定；高级人民法院核准的死刑缓期 2 年执行的判决；最高人民法院核准死刑的判决。

二、监狱内执行的刑罚

(一) 监狱概述

监狱是国家的刑罚执行机关，其功能是惩罚和改造罪犯，预防和减少犯罪。《监狱法》第 2 条规定，监狱是国家的刑罚执行机关，其前身为劳动改造机关，属国务院司法部主管。监狱的设置、撤销、迁移须经司法部批准。各省、自治区、直辖市的监狱管理局为监狱的领导机关，下辖若干个监狱，每个监狱设监狱长一人，副监狱长若干人，并根据需要设置工作机构和配备管理人员。监狱管理人员即人民警察，依法行使监狱管理职权并遵守人民警察的义务、纪律。①

依法被判处死刑缓期 2 年执行、无期徒刑、有期徒刑的罪犯，由监狱执行刑罚，依法对罪犯进行监管，组织生产劳动，进行思想、文化、技术教育，将罪犯改造成为守法的公民。这是监狱的基本任务。

监狱对罪犯实行惩罚和改造相结合、教育和劳动相结合的原则。人民警察依法管理监狱、执行刑罚、对罪犯进行教育改造的执法活动，受法律保护，接受人民检察院的监督。

罪犯有人格不受侮辱、保护人身与合法财产安全和辩护、申诉、控告、检举等权利，并有必须遵守法律、法规、监狱纪律和服从管理、接受教育、参加劳动等义务。

国家保障监狱的经费，监狱依法使用的土地、资源和监狱的财产，受法律保护，任何组织或者个人不得侵占、破坏。②

①② 参见中国警察学会编著：《中国警察法学》，278～279 页，北京，群众出版社，2002。

(二) 刑罚的执行

监狱执行刑罚的对象是被判处死刑缓期2年执行、无期徒刑、有期徒刑1年以上的罪犯。公安机关应在收到判决书、执行通知书之日起1个月内将罪犯交监狱执行，并将起诉书副本、判决书、执行通知书、结案登记表送达监狱。罪犯收监后5日内通知其家属。

对罪犯不服判决的申诉或者提出的检举、控告材料，监狱应及时转递公安机关或人民检察院、人民法院处理；上述机关收到监狱提请处理意见书之日起6个月内将处理结果通知监狱。

在监狱服刑的无期徒刑、有期徒刑罪犯，符合《刑事诉讼法》规定的保外就医等监外执行条件的，由监狱提出书面意见，报省级监狱管理局批准，并将暂予监外执行决定通知罪犯居住地公安机关和原判人民法院，并抄送人民检察院。

被判处死刑缓期2年执行的罪犯，2年期满时，符合减为无期或有期徒刑条件的，所在监狱应及时提出减刑建议书，报监狱管理局审核后，提请高级人民法院裁定；被判处无期、有期徒刑的罪犯，在服刑期间确有悔改或者立功表现，符合法定减刑、假释条件的，由监狱提出减刑建议书或假释建议书，人民法院自收到之日起1个月内审核裁定，并将裁定副本抄送人民检察院。

罪犯在监狱服刑期满，监狱应当按期释放并发给释放证明书。刑满释放人员依法享有与其他公民一样的平等权利。

三、公安机关执行的刑罚

(一) 罪犯的交付执行

罪犯的交付，是指公安机关依据已经发生法律效力的判决、裁定，将已被采取强制措施的，被人民法院判处刑罚的罪犯交付执行机关执行的活动。罪犯的交付，是刑事执行的开始。公安机关除了本身负责执行的刑罚之外，对于由其他执行机关负责执行的刑罚，还承担将羁押的罪犯交付执行的职责。

1. 无罪、免除刑罚判决的交付

对人民法院作出无罪或者免除刑事处罚的判决，如果被告人在押，公安机关在收到相应的法律文书后应当立即办理释放手续；对人民法院建议给予行政处理的，应当依照有关规定处理或者移送有关部门。

2. 对判处死刑、死缓、无期徒刑、有期徒刑和拘役的罪犯的交付

死刑，是人民法院依法判处的剥夺罪犯生命的刑罚，是刑罚中最严厉的刑种。对于判处死刑（立即执行）的，公安机关应当依据人民法院执行死刑的命令，将罪犯交由人民法院执行。

对于被判处死缓、无期徒刑、有期徒刑的罪犯，应由公安机关依法交付监狱执行刑罚。公安机关在接到人民法院判处死缓、无期徒刑、有期徒刑的判决书、裁定书、执行通知书后，应当在1个月以内将罪犯送交监狱执行，对未成年犯应当送交未成年犯管教所执行刑罚。对于被判处有期徒刑的罪犯，在被执行前，剩余刑期在3个月以下的，由看守所根据人民法院的判决代为执行。

对被判处拘役的罪犯，由看守所执行。

3. 对判处管制、剥夺政治权利、暂予监外执行和缓刑、假释罪犯的交付

对被判处管制、宣告缓刑、假释或者暂予监外执行的罪犯，已被羁押的，由看守所将其交付社区矫正机构执行。

对被判处剥夺政治权利的罪犯，由罪犯居住地的派出所负责执行。

对被判处有期徒刑由看守所代为执行和被判处拘役的罪犯，执行期间如果没有再犯新罪，执行期满，看守所应当发给刑满释放证明书。

公安机关在执行刑罚中，如果认为判决有错误或者罪犯提出申诉，应当转请人民检察院或者原判人民法院处理。

（二）减刑与假释

1. 减刑

减刑，是指被判处管制、拘役、有期徒刑、无期徒刑的罪犯，在刑罚执行期间，确有悔改或立功表现的，可以依法对其减轻原判的刑罚的制度。减刑就是将原判刑罚予以适当减轻，包括把原判较重的刑种减为较轻的刑种，即刑种的减轻，如无期徒刑减为有期徒刑；把原判较长的刑期减为较短的刑期，即刑期的减轻。

根据《刑事诉讼法》第 262 条的规定，被判处管制、拘役、有期徒刑或者无期徒刑的罪犯，在执行期间确有悔改或者立功表现，应当依法予以减刑、假释的时候，由执行机关提出建议书，报请人民法院审核裁定，并将建议书副本抄送人民检察院。人民检察院可以向人民法院提出书面意见。

对依法留看守所执行刑罚的罪犯，符合减刑条件的，由看守所制作减刑建议书，经设区的市一级以上公安机关审查同意后，报请所在地中级以上人民法院审核裁定。

2. 假释

假释，是指被判处有期徒刑、无期徒刑的部分犯罪人员，在执行一定的刑罚之后，如果确有悔改表现，不致再危害社会的，可以附条件地将其提前释放的制度。假释是附条件的提前释放，但不同于释放。释放既可以是无罪释放，也可以是刑罚执行完毕的释放，还可以是赦免释放，这些都是无条件的释放，不存在再执行的问题。

假释的对象和条件，是被判处有期徒刑的罪犯执行原判刑期的 1/2 以上，被判处无期徒刑的罪犯刑期实际执行 10 年以上，确有悔改表现，不致再危害社会。根据《刑事诉讼法》的规定，假释由执行机关提出意见，移送材料，报请人民法院审核裁定。监狱是有期徒刑和无期徒刑罪犯的执行机关，因此，绝大多数的假释由监狱负责。由公安机关负责的假释仅限于被判处有期徒刑由看守所代为执行的罪犯。对依法留看守所执行刑罚的罪犯，符合假释条件的，由看守所制作假释建议书，经设区的市一级以上公安机关审查同意后，报请所在地中级以上人民法院审核裁定。

（三）对剥夺政治权利的执行

剥夺政治权利，是我国刑法规定的附加刑的一种，对被剥夺政治权利的罪犯，由公安机关执行，具体由罪犯居住地县级公安机关指定的派出所负责。负责执行剥夺政治权利的派出所应当按照人民法院的判决，向罪犯及其所在单位、居住地基层组织宣布其犯罪事实、被剥夺政治权利的期限，以及罪犯在执行期间应当遵守的规定。

根据《公安机关办理程序案件程序规定》第 301 条的规定，被剥夺政治权利的罪犯在执行期间应当遵守下列规定：遵守国家法律、行政法规和公安部制定的有关规定，服从监督管理；不得享有选举权和被选举权；不得组织或者参加集会、游行、示威、结社活动；不得出版、制作、发行书籍、音像制品；不得接受采访，发表演说；不得在境内外发表有损国家荣誉、利益或者其他具有社会危害性的言论；不得担任国家机关职务；不得担任国有公司、企业、事业单位和人民团体的领导职务。

被剥夺政治权利的罪犯违反规定，尚未构成新的犯罪的，公安机关依法可以给予治安管理处罚。

被剥夺政治权利的罪犯，执行期满，公安机关应当书面通知本人及其所在单位、居住地基层组织。

（四）对暂予监外执行的执行

暂予监外执行，是指被判处有期徒刑或者拘役的罪犯，由于出现法定特殊情形，不宜在监狱或其他刑罚执行机关执行刑罚时，暂时采取的一种变通执行的方法。

暂予监外执行的作出具体分两种情况：一种是交付执行前，人民法院决定的暂予监外执行；另一种是交付执行后，监狱或其他执行机关决定的暂予监外执行。公安机关作为部分有期徒刑和拘役罪犯的执行机关，根据法律规定，有权决定暂予监外执行。

根据《公安机关办理程序案件程序规定》第295～299条的规定，公安机关执行暂予监外执行应符合以下程序：

第一，对依法留看守所执行刑罚的罪犯，符合假释条件的，由看守所制作假释建议书，经设区的市一级以上公安机关审查同意后，报请所在地中级以上人民法院审核裁定。

第二，对依法留所执行刑罚的罪犯，有下列情形之一的，可以暂予监外执行：有严重疾病需要保外就医的；怀孕或者正在哺乳自己婴儿的妇女；生活不能自理，适用暂予监外执行不致危害社会的。

第三，对罪犯暂予监外执行的，看守所应当提出书面意见，报设区的市一级以上公安机关批准，同时将书面意见抄送同级人民检察院。

第四，对适用保外就医可能有社会危险性的罪犯，或者自伤自残的罪犯，不得保外就医。

第五，对罪犯确有严重疾病，必须保外就医的，由省级人民政府指定的医院诊断并开具证明文件。

第六，公安机关决定对罪犯暂予监外执行的，应当将暂予监外执行决定书交被暂予监外执行的罪犯和负责监外执行的社区矫正机构，同时抄送同级人民检察院。批准暂予监外执行的公安机关接到人民检察院认为暂予监外执行不当的意见后，应当立即对暂予监外执行的决定进行重新核查。

第七，对暂予监外执行的罪犯，有下列情形之一的，批准暂予监外执行的公安机关应当作出收监执行决定：发现不符合暂予监外执行条件的；严重违反有关暂予监外执行监督管理规定的；暂予监外执行的情形消失后，罪犯刑期未满的。对暂予监外执行的罪犯决定收监执行的，由暂予监外执行地看守所将罪犯收监执行。

第八，不符合暂予监外执行条件的罪犯通过贿赂等非法手段被暂予监外执行的，或者罪犯在暂予监外执行期间脱逃的，罪犯被收监执行后，所在看守所应当提出不计入执行刑期的建议，经设区的市一级以上公安机关审查同意后，报请所在地中级以上人民法院审核裁定。

问题与思考

1. 如何认识和把握警察刑事法的原则？
2. 如何理解刑事立案的重要性？
3. 在办理刑事案件中如何规范地适用刑事侦查程序？
4. 试述完善我国刑事强制措施制度的必要性和可行性。

5. 在和谐社会的背景下如何进一步发挥社区矫正的作用？

参考文献

1. 中国警察学会编著. 中国警察法学. 北京：群众出版社，2002

2. 罗旭红，杨学军. 公安刑事办案程序通论. 北京：中国人民公安大学出版社，2008

3. 谢盛坚，林维业，李松梅. 公安机关办理刑事案件程序教程. 北京：中国人民公安大学出版社，2005

4. 陈晋胜. 警察法学概论. 北京：高等教育出版社，2002

第五章

公安警察民事法

第一节　公安警察民事法律制度概述

一、公安警察民事法律制度的概念与特征

二、公安警察民事法律制度的理论基础

三、公安警察民事法律制度的现实基础

四、警务执法中相对人的民事权利

第二节　公安警察民事法律制度的基本内容

一、警务执法中的人身权保障制度

二、警务执法中的财产权保障制度

三、警务执法中的知识产权保障制度

四、警务执法中的住宅权保障制度

第三节　公安警察民事法律制度的基本形式

一、警务调解的概念与特点

二、警务调解的非警察权属性定位

三、警务调解的种类和适用

四、警务调解的立法完善

□·本章概要·□

公安警察民事法律制度是指警察在警务执法的过程中，保护民事权利、解决民事纠纷时所涉及的一切实体和程序法律规范的总和。公安警察民事法律制度是践行“立警为公、执法为民”的警务执法理念、转变警察职能的重要内容。本章介绍了公安警察民事法律制度的概念、特征、理论基础、现实基础、基本内容以及基本形式等。重点阐述了警务执法中的人身权、财产权、知识产权、住宅权保障制度，以及作为公安警察民事法律制度基本形式的警务调节。

关键术语

公安警察民事法律制度　相对人民事权利　人身权保障制度　财产权保障制度　知识

产权保障制度　住宅权保障制度　警务调解

第一节　公安警察民事法律制度概述

一、公安警察民事法律制度的概念与特征

目前，公安警察民事法律制度还没有一个统一的概念，有人把公安警察民事法律制度的概念界定为“警察机关及警务人员在警务执法过程中所运用的民事法律制度的总称”①。这种将公安警察民事法律制度的概念仅仅界定在一个单纯的警务执法中所运用的民事法律制度的集合的静态层面上表述是不完整的，公安警察民事法律制度还应当包括警察在执法过程中运用各类民事法律规范解决纠纷时所形成各类制度的集合。因此，公安警察民事法律制度应该是指警察在警务执法的过程中，保护民事权利、解决民事纠纷所涉及的一切实体和程序法律规范的总和。

公安警察民事法律制度具备以下基本法律特征：

第一，主体的特定性。公安警察民事法律制度所涉及的主体身份是特定的。这里的警察不仅仅包括警察机关的警察，还应当包括其他机关的警察，譬如海关、森林、航空等部门的警察，甚至还包括人民法院和人民检察院等部门的司法警察。这里的“执法”也不仅仅包括警察依职权行使的刑事执法活动和行政执法活动，还应该包括依职权的民事执法活动。

第二，内容的综合性。所谓内容的综合性是指公安警察民事法律制度不仅包括实体法内容，如民事权利的主体、客体、内容、变动、救济等有关民事制度，也包括民事权利保护的程序性内容，如行政调解制度、刑事调解制度等。公安警察民事法律制度的内容综合性还在于它不仅仅是警察在执法过程中运用的各类静态的民事法律规范的总和，也包括警察在警务执法的过程中，为保护民事权利、解决民事纠纷所涉及的一切动态的法律规范的总和。

第三，私权的保护性。警察在执法过程中，行使职权的行为不仅会涉及相对人的宪法性权利，如集会权、结社权、游行示威权以及言论自由权等，也会涉及相对人的私权利，如生命权、健康权、财产权、知识产权等民事权利。而公安警察民事法律制度仅仅包括警察在执法过程中为保护民事权利、解决民事纠纷所涉及的各类法律规范。

二、公安警察民事法律制度的理论基础

（一）公私法划分理论的起源与发展及由此对法律调整范围之界定的重新审视

在探讨公安警察民事法律制度的理论基础之前，我们需要先对公私法划分理论的起源和发展进行梳理。而梳理公私法划分理论的起源，离不开古老但至今仍然绽放出强大生命力的罗马法。它是目前唯一能追溯一千多年、跨越人类历史最壮观和最关键时期的法。

公元前后，庞大的罗马帝国屹立于世界的西方，地跨亚、欧、非三洲，疆域广阔，地理差异大，各地经济发展不平衡。以土地兼并形成的庄园格局、战争带来的资本原始积累、帝国丰富的廉价劳动力和天然资源以及庞大的国内市场需求奠定了商品经济发展的客观基

① 鞠旭远主编：《警察法学》，126页，北京，中国人民公安大学出版社，2009。

础，强大统一的帝国政权和发达的交通使商品流通和交换的繁荣成为可能。在商品经济的发展过程中，人们逐渐培养了平等、自由和尊重的强烈意识。这种意识与迅速传入罗马帝国的古希腊自然法思想相结合，孕育并催生了以物权和商品交易规则为主要内容的发达的罗马法律制度和成熟的法学理论。

在这样的背景下，作为古罗马五大法学家之一的乌尔比安首先提出了公私法划分学说。他认为：公法调整政治关系以及国家应当实现的目的，有关“罗马国家的稳定”；私法调整公民个人之间的关系，为个人利益确定条件和限度，“涉及个人福利”。

在同样的背景下，私法极度发达，公法极度薄弱也是自然的结果。但是，这并不意味着公法的可有可无。广阔的疆域仍然需要强大的政权维持，公法的存在自有其现实的政治基础。只是在当时特定的经济和政治因素双重影响下，公法被极度浓缩。然而即使在这样的状态下，我们仍然可以发现，乌尔比安的公私法划分理论从来没有将公法和私法截然对立起来。公法并不排斥私利益的保障，私法也不排斥公共利益的实现。公私法的划分只是说明二者的法律功能定位和调整范围有所不同。具体地说，公法调整公共领域的国家内部关系和国家与社会之间的关系，它将公共利益和公共秩序的保障作为首要的价值选择；私法调整私人领域的不同社会单元之间的关系，它将私权利保障作为首要的价值选择。在论述公法与私法差异的同时，我们也注意到二者之间存在的关联性。事实上，没有公法的支撑，公民的私利益很难得到充分保障；没有私法做基础，公共利益和公共秩序维护必然成为空中楼阁。二者应当是相辅相成的，甚至对于很多具体制度，我们很难单纯的界定为公法或私法，二者往往是交织在一起的，公法与私法之密切关系可见一斑。例如，根据当时的规定，人们可以在契约中规定不对过失负责任，但是却不能对诈欺作出这样的规定，因为不让欺诈占便宜这涉及一般利益。同样在嫁资制度中有大量旨在保护妇女的嫁资不受损害的规定，妇女不能放弃这一法律照顾，因为国家重视维护妇女的嫁资；父亲也不能免除监护人报账的义务，因为国家重视保护受监护人的财产。从另一个侧面讲，公法通过很多具体规定在调整公共关系领域的同时，也对私权利保障产生间接影响；私法通过很多具体规定调整私人之间关系的同时，也影响着公权力的行使。从其中，我们似乎已经窥测到像现代公安警察民事法律制度这样公私法紧密融合、难以分割的若干法律制度的身影。

后世，公私法划分理论在争议中曲折地发展。特别在中世纪，虽然仍有奥古斯丁和托马斯·阿奎那等神学家的法律思想闪现，但在教会和世俗君主的世俗统治下，法律分裂为教会法和世俗法两部分，法学成了神学的婢女，公法与私法的划分不值一提。正如恩格斯所说：“中世纪是从粗野的原始状态发展而来的……政治和法律都掌握在僧侣手中，也和其他一切科学一样，成了神学的分枝……法学还久久处于神学控制之下。”直到18世纪，与天赋人权、社会契约等宪政思想相结合的自然法学，才结束了一直以来对公法三缄其口的“忌讳”，公法与私法的区分才真正具有了实际意义。特别是19世纪以来，公私法划分的理论得到长足发展。围绕公私法划分标准和存在的合理性与否衍生出许多学说，这一时期，德国关于公私法划分的理论发展引人注目。我们引用萨维尼的一段话来阐述当时的主流思想。他说：“倘若我们综观整个法律，我们可把它划分成两个领域，即国家法和私法。第一种法以国家为内容，是有机的民族现象；而第二种法是法律关系的整体，这些法律关系关涉到个人，个人在其中可以开展自己的内在生活，并把自己塑造成某种类型。当我们在区分这两种法律时，不应该给人有这样的感觉，它们之间好像缺乏相通性和相似性……但是这两种法律存在着某种固有的矛盾，在公法中社会整体被当作了目的，个体看上去是从属的；而在私法中个体的人是自身的目的，每一个法律关系只能被当成一种手段，它与个人的存在或个人的特殊状态有关。”很显然，与古罗马时代的公私法划分相比，以萨维尼等人为代表的这一时期的公私法划分理论已经有了很大的变化和发展。在萨维尼看来，第一，公法和私法存在着调整范围和价值取向的差异。公法调整以国家关系为代表的公共关系，私法调整社会中的个体关系。个体和私权利在私法领域受到法律高度重视，但在公法领域则退居次要地位；相反地，社会整体和公权力在公法领域受到法律高度重视，但在私法领域则退居次要地位。这反映出公法和私法价值取向的差异。第二，公法和私法之间具有相通性和相似性。它们之间并不是截然分开和对立的。虽然公法注重公权力和公共利益的维护，却仍然将私权利纳入调整视野内，只是居于次要地位而已；同样的，私法注重私权利的维护，却仍然将公权力纳入调整视野内，当然也是放在次要地位。可以看出，在萨维尼这里，仍然不排除公法里存在着私权利的基础，也不排斥私法里存在着公权力的基础。19世纪末直到20世纪，公私法划分理论一直在不断丰富和发展，它甚至不再仅仅作为一个具体的法学问题而存在，还被作为一种研究法学的范式和方法来探究纷繁复杂的法律现象。但是后世的各种观点大体上与我们以上的论断都不相悖逆。

（二）公权力与私法调整及私权保护之相互关系再认识

应当说公权和私权的划分最初的源泉就是古罗马法学家乌尔比安的公私法划分理论。

公权又称公共权力，是指社会公共领域中由公众所赋予和认同的、能够给公众带来保护和幸福的集体性权力。现代社会中，公权力往往通过国家（政府）权力集中体现出来。一般来说，国家权力可以进一步分解为立法权、司法权、行政权等。而作为一个权力层级体系，其中的每一项权力又可以细化，如司法权可以分解为检察权和审判权，而行政权可分解为财政权、税收权、警察权等。现代公共权力来源于民众的授予、法律的确认。正如霍布斯所说：“把大家所有的权力和力量托付给另一个人或一个能通过多数的意见把大家的意见化为一个意志的多人组成的集体。这是由从相互订立信约而形成的，其方式就好像是人人都向每一个其他人说，我承认这个人或这个集体，但条件是你也把自己的权利拿出来授予他，并以同样的方式承认他的一切行为……像这样统一在一个人格之中的一群人就称为国家，这就是伟大的利维坦（Leviathan）的诞生。”同时，民众托付给国家的这些公共权力又必须由法律予以规定和确认，这才使公共权力在公共性的基础上又获得合法性。

私权又称私人权利，是指个人所享有的权利，包括作为社会成员所拥有的个人人身权利和财产权利，以及作为国家成员而拥有的公民权利等。在自由主义者看来，私人权利更多属于普遍的、先验的、与生俱来的天赋权利，其最终的合法性根据是自然法，作为一种应然权利，它无须根据特定的成文法典来解释。而其对立面社群主义者则怀疑天赋权利也许任何时候都没有存在过，他们认为自由主义者所说的应然的道德权利是缺乏说服力的，在他们看来，私人权利就应该是法律权利，权利就是一种由法律规定的人与人之间的社会关系，是一种保护个人正当利益的制度安排，离开了一定的社会规则或法律规范，个人的正当行为就无法转变为不受他人干涉的权利。实际上，我们在现实生活中看到了这两种情形在私人权利上的有效结合，即私人权利既包含有法律确认的法定权利，也有一些纯属个人自由或个人行为、没有或暂时没有上升为法定权利的私人权利。所以，现代法治原则有一个普遍得到认可的含义：对私人权利来讲，法无明文禁止即合法。

霍布斯认为，任何两个人想取得同一样东西而又不能同时享用时，彼此就会成为仇敌。加上天然的平等使每个人有敢于挑战的信心，结果就形成了“人对人像狼一样的战争状态”，为了使人免于这种状态，人们将强大的国家权力作为保障人们生命和财产安全的有效选择，于是巨兽一般的国家——“利维坦”诞生了。应该说，这是在神学的阴霾下，人们对公共权力必要性及其何以产生的最早的理性思考。他把国家看作社会契约的产物，为卢梭、洛克、罗尔斯到诺齐克等人的自由主义之路奠定了开端。

霍布斯之后的洛克对人类原初的自然状态进行了更富理想色彩的描述，他认为人们在自由、平等、温和的状态中孕育出了彼此尊重、互不侵犯的集体良知，这种自然法规可以为每一个有理性的个体成员所承认和信奉。但是，洛克也认为，即使在这种状态中，人们在追求自我利益的时候也难免对别人造成损害，此时由个人来作为公共仲裁机关作出评判和相应处罚就显得力有不逮，而且这也容易带来宿怨世仇，造成广泛的惶恐不安。所以，洛克认为，惩戒和处罚如果由个人去强行实施会产生严重的负面效应，这样的事情必须交由公共权力机关去做。这便是洛克关于公共权力必要性的阐释。在他看来，当公共权力机关作为公平的仲裁者和维持正义秩序的实施者发挥作用的时候，它也在为每个个人的生命、自由和财产等权利提供着保护。可以认为，洛克从公权力的终极价值取向方面阐释了它的私法保护功能，从独特的政治学的角度指出了公权力的私权基础。

以诺齐克为代表的新自由主义者们一方面否定霍布斯论证出的在最坏的自然状态中产生的带有集权政治方向的国家存在的合理性，一方面希望在洛克描摹的那种较好的自然状态中导出既不侵犯个人权利又比原初自然状态有效率的国家状态。所以他们主张"弱国家"，主张公共权力和国家权能的合理边界。他们承认国家存在的必要，因为神圣而脆弱的个人权利有赖保护；但他们又对国家充满恐惧，因为具有强制性的国家权力若运用不当将对个人权利构成致命威胁，所以，他们倾向于把国家看作人们为了过一种共同的和有秩序的生活所不得不付出的代价，"国家是必要的恶"。他们认为，一定要将保障和维护人的自然权利视为国家（公共权力）的根本宗旨，并在维持安定秩序的目的中，尽量压缩国家权力的活动空间，并拓展个人与市民社会的自治领域。

很显然，诺齐克等人关于国家和个人、公权力和私权利关系的认识比霍布斯、洛克大大前进了一步。他们不但认识到了公权力的合理性和必要性，更认识到了公权力的与生俱来的弱点，"运用不当将对个人权利构成致命威胁"，公共权力和国家权能应当有合理边界。这与孟德斯鸠所说的"权力只有在遇到边界的地方才会停止"以及阿克顿勋爵说的"绝对的权力即绝对的腐败"存在着惊人的一致性。所以，在论证公权力的合理性和必要性时，诺齐克等人同时思考了公权力与私权利的平衡，从公法角度思考了私权利的法律保护。在他们看来，公权力的属性和目的在协调公权力与私权利关系的方法上体现的非常明确，必须通过立法合理划分公权力与私权利的边界，法律的使命就是衡平二者的关系，从而实现社会正义和秩序。公法和私法的划分只是人们为了更深刻地认识法的功能并更好地运用法来调整公权力与私权利关系而作的人为切割。这反映出公权力与私权利、公法与私法本原上的天然联系。正如私权利保护离不开公法一样，公权力行使也离不开私法支撑。这些认识和思考在美国独立之父杰斐逊那里得到了进一步印证。他认为，政府是必要的恶，要用宪法之链束缚，以免受其祸害。这样的观点让我们清楚地看到公共权力与私人权利冲突而至协调的逻辑过程：为避免战争状态，为实现私人权利，人们让渡出权利合成公共权力（如国家）从而规制每个人的私权，而这种公共权力又难免侵害个人的自由和权利，并有膨胀的危险，因其本身是不好的，是恶的，又需要对其进行规制，此是对规制的规制。

在本部分最后，我们不得不说明的是，从霍布斯到洛克、诺齐克，甚或孟德斯鸠和阿克顿，我们引用以上诸思想家的思想并进行理性的梳理，不是简单的材料堆砌，而是试图更充分地从不同角度说明法的本原。应该说，正是在如上的层面上我们看到了公共权力和私人权利冲突的恒在性，但同时我们也看到了两者在实践和理论双重层面努力协调的，从古至今并将延展至未来的永恒过程。任何时代、任何国家的法律，公法也好，私法也好，从本原上讲都是对公共权力和私人权利关系的调整。只不过是，公法着重于在公共领域通过规范公权力来实现对二者关系的调整，私法着重于在私人领域通过保护私权利来实现对二者关系的调整。从整体上讲，公法和私法主要是调整范围的差异，不存在调整对象的区别。可以说，国家与社会，公共权力与私人权利，公域与私域的均衡将伴随人类法治文明的演进过程，成为超越时空的一切法律的终极价值所在。

至此，我们完成了一个公法/私法←→公权/私权相互关系的逻辑论证。

（三）警察权的本原属性及警察权与私权利和私法的关系

1. 警察权的本原属性。在人类社会的“原始群”和氏族社会早期，血缘关系和道德规范的约束力是维系原始群和氏族等共同体完整的主要权力。随着部落特别是地区联盟部落出现以后，血缘关系和道德规范的约束力日渐式微。加上公有财富的增加和氏族内部冲突的加剧，亟须具有公立立场的公共权力机构的出场提供强制措施以仲裁纷争并使人们服从管理，于是类似警察的机构和职能应需而生。原始社会管理的公共性在含义上发生了质的变化，由原来的全体成员的管理转变为一个公意机构的单方面管理，于是一种权力或力量出现，这就是政治权力，或曰国家权力。最初的国家权力基本上等同于警察权力。在《家庭、私有制和国家的起源》一书中，恩格斯在论述国家起源的同时，对以上警察权产生的过程也进行了详尽的描述。“我们已经看到，国家的本质特征，是和人民大众分离的公共权力。雅典在当时只有一支国民军和一支直接由人民提供的舰队，它们被用来抵御外敌和压制当时已占人口绝大多数的奴隶。对于公民，这种公共权力起初只不过当作警察来使用，警察是和国家一样古老的，所以十八世纪的质朴的法国人才不讲文明民族而讲警察民族(nations policées)。这样，雅典人在创立他们国家的同时，也创立了警察，即由步行的和骑马的弓箭手组成的真正的宪兵队，或者如德国南部和瑞士所说的 Landjäger（方言，意即宪兵）。不过，这种宪兵队却是由奴隶组成的。这种警察职务，在自由的雅典人看来是非常卑贱的，以致他们宁愿叫武装的奴隶逮捕自己，而自己却不肯去干这种丢脸的事。这仍是旧的氏族思想。国家是不能没有警察的，不过国家还很年轻，还未享有充分的道义上的威望，足以使那种必然要被旧氏族成员视为卑贱的行业受到尊敬。”“雅典民主制的国民军，是一种贵族的、用来对付奴隶的公共权力，它控制奴隶使之服从；……为了也控制公民使之服从，宪兵队也成为必要了。”

以上经典论述清楚地表明：第一，警察是适应维护私有制和奴隶主阶级统治的需要而产生的，在时间上，它与国家同时产生。作为一种特殊的国家武装力量，它从诞生之日起就以维护阶级统治秩序和作为阶级统治赖以存在基础的经济秩序为己任，“为了控制公民使之服从”。对于侵犯统治阶级意志和侵犯有产者财产的现象，理所当然地视之为犯罪，依法予以暴力镇压。国家不可能没有警察，警察也不可能离开国家而存在。“警察是和国家一样古老的”。当然，仅靠警察还不能支撑和替代整个国家大厦，和国家同时产生的国家机器的基本部件还有军队、监狱、法庭、行政机关等等。第二，警察不仅是一种社会现象，也不仅是一种社会力量，更是一种公共权力。作为一种使人服从并维持秩序的公共权力，警察权能确实是举足轻重的，只不过早期它暗含在国家职能中罢了。我们甚至可以说，早期的警察的含义就是国家统治，只是此时候的警察还没有从军务、政务甚至裁判权中独立出来，承担警察权能的机构和人员也远没有从这些机构和人员中独立出来。警察权能的独立或曰警察的制度化实际上是穿越了历史的长河直到资本主义制度逐渐成熟才渐行渐明的。警察的职业性和专门化是伴随着资本主义生产关系的确立和发展，为应付日益严重的阶级冲突、日益动荡的社会秩序和日益复杂的治安状况而逐渐明晰起来的。所以，我们将资本主义制度带来的激烈的阶级冲突看作是现代警察制度诞生的根本原因，将社会转型中的动荡不安和秩序混乱看作是现代警察制度诞生的直接动因，而将新兴工业城的扩张和城市犯罪率的攀升作为现代警察制度诞生的现实要求。这使我们可以比较容易地在社会历史和地理原因上理解为什么现代警察制度是诞生在1829年的英国伦敦而不是其他地方。

2. 警察权的功能定位及警察权的私法规制。从本原上讲，最早因警察权与国家职能、与王权、军权等混合，其似乎受之于国家、政权甚至君主个人，而现代警察权制度则逐渐显露其真相：警察权无论是其行政执法权还是其刑事执法权都是由法律授予。而法律是什么？作为一种抽象，它是国家意志的体现；作为一种具象，它是全体公民达到合意基础上的公意表达。所以，从根本上看，警察权仍来自全体民众权利的让渡，来自公民对其“涉他行为”的限制和对自身自由的某种程度的牺牲，警察权就是公共权力。正因为此，我们说警察或曰警察权的存在是为保卫自由而限制自由。从动态的层面上进一步分析作为公共权力的警察权，我们还可以形成这样的认识：警察权的行使从国家的角度来说是为维护国家之秩序，其中包括政治秩序、经济秩序和社会秩序；而从公民个人的角度来说，警察权的行使是对公民行为的限制和保护，限制表现为警察积极行政作用，即警察主体通过警察行为对部分公民危害他人权益的行为的侦查和预防，而保护则表现为警察消极行政作用，它是在限制基础上的自然结果。当然，警察行为或过程的中心价值取向是限制还是保护，或曰是积极行政作用还是消极行政作用，在现实层面的警察工作中是有差异的。一般说来，在传统警察中，警察权的行使大多定位在限制层面，所以早期的警察职能更多表现为查缉，甚至对危害行为的惩罚也是由具有警察职能的主体或机关实施的，警察的角色就是“战士”。而在现代警察体系中，警察权有向保护衍化的趋势，警察的角色更多地表现为“保姆”。比如，当今世界各国普遍对“福利警察”、“警察服务”等警察消极行政作用的强化便是明证。萌芽于1215年英国大宪章、正式起源于19世纪德国警察法、后来甚至上升为宪法原则的警察比例原则在世界各国的普遍施行，也是恰当处理警察权与私权利关系并特别注重私权利保护的警察权思想的集中体现。可以说，警察消极行政作用的强化和警察比例原则的普适化强烈地反映出警察权深厚的私法基础。这种认识当然也应当是我国《人民警察法》修改时必须考虑的重要立法指导思想。

以上通过对警察权的缘起、警察权的功能定位之私法规制等内容的考察，已经很清楚地论证了警察权的本原属性就是公权力。而我们在前文也早已系统地阐述并明确得出了这样一个论断：公权力与私权利的衡平关系既是公法的调整对象，也是私法的调整对象。现在，我们可以很自然的这样推论：警察权与私权利的衡平关系是私法的重要调整对象。当然，私法对警察权的调整与公法对警察权的调整存在着调整形式和效力的微观差异：公法更多地通过直接形式对警察权进行调整，产生的法律效力也是直接的，例如《刑事诉讼法》关于侦查权的规定、《治安管理处罚法》关于治安处罚权的规定等都是对警察权直接而明确的规范；私法更多地通过间接形式对警察权进行调整，产生的法律效力也是间接的，例如《物权法》关于财产所有权和他物权保护的规定、《民法通则》关于私生活权保护的规定等，无疑也是对警察权滥用的强有力对抗和约束，只不过这种对抗和约束不像公法制度那样直接而已。从另一个角度讲，无论是公法还是私法对警察权的约束，同时也是对相对人私权益的有效保护。在警察执法中，公安警察民事法律制度，也就是保护相对人民事权利、解决民事纠纷所涉及的一切法律规范，也就有了深厚的存在基础。

三、公安警察民事法律制度的现实基础

随着我国经济的发展，社会主义法治建设不断的深入，公民的法律意识也不断增强，这也就给警察的执法能力和水平提出了更高的要求，尤其是随着“立警为公，执法为民”的警务执法理念的确立，警务工作由原来的单纯“打击”犯罪转变为“预防、打击”犯罪并重，警察的职能由原来单纯的“管理”转变为“服务、管理”并行。这也就要求必须改变长期以来在基层警察机关形成的重公法轻私法、过分强调社会正义而忽视个人权利的思想。因此，加强民法的理论素养，不仅是提高警察执法能力的必然要求，也是社会主义法治建设的客观需要。这就是公安警察民事法律制度的现实基础所在。具体地讲，它体现为以下几方面：

（一）公安警察民事法律制度是警察树立公正、平等、诚实信用等正确执法理念的现实需要

执法理念是执法过程中的最高指导思想，它存在于执法者的意念之中。民法在漫长的历史发展过程中，逐渐培育了博大精深的民法文化，产生了公正、平等、诚实信用、禁止权利滥用等民法基本理念。现在人们普遍关注的人民警察公正执法的问题，就是要求人民警察执法时要树立公正的理念。首先，人民警察作为执法者，代表国家行使权力，相对人根据法律规定接受管理。但警察所执行的法律，并不仅仅是管理他人的工具，对自己同样具有约束力，警察也应该在法律范围内行使职权。可见，执法者与执法相对人均必须遵守法律，二者在此意义上是平等的。其次，平等还意味着警察在面对执法相对人时，应以相同的标准对待同类的人或事。对各个主体平等地保护，对案件作出公平公正的处理，坚持和实现“法律面前一律平等”。只有在平等、公平的执法环境下，市场经济才能更有序地发展。正是民法深厚的平等、公平意识孕育着人民警察的公正执法观念。

另一方面，警察在执法工作中要树立诚信的理念，就是要心怀善意、言而有信、不损人利己、不谋求不正当利益。这不仅是民事活动应遵循的一个最基本原则，也是对人民警察的一个最基本的职业道德规范的要求，人民警察作为执法者，应以维护社会正义和秩序为己任，法律和道德要求人们诚实、讲信用，警察首先应做表率。

（二）公安警察民事法律制度是培养警察科学的法律思维方式的现实需要

传统的中国文化注重的是实质公平而不是形式公平，中国人普遍关注的是结果公平而不是程序公平，而民法的思维却与我国的传统文化不一致。法律作为一种批量化地处理问题的工具，公平虽然是其追求的价值，但是效率同样是其追求的目标，法律制度本身就是在公平与效率之间的某种平衡。民法对效率的追求就体现在民法的一系列理念和价值观中，譬如民法中对法律事实与自然事实的区分，就是我们在民法学习中要形成的一种思维模式，也是我们理解法律制度的一个出发点。

民法有“万法之源”之称，民法精神的提升产生了宪法，民法价值的维护诞生了刑法。正如著名学者王泽鉴先生所说：“多年来从事法律的教学研究工作，使我深刻地认识到法学研究的基础在于民法。罗马法的发展，就是罗马民法的发展，英美法的发展亦属如此。民法学与法学的发展具有密切不可分的关系，在实现公平、正义等法的价值理念外，也训练法律人的思维方法。”[①] 如民法中的法人、自然人、诉讼时效、善意取得、人身权等概念或

① 王泽鉴：《民法学说与判例研究》，自序，北京，中国政法大学出版社，1998。

者理论在刑事执法、行政执法中经常运用。

在目前立法日益增多的前提下，不可能也不应当就每一部法律都要开一门课，任何一个人也不可能对每一部法律都需要学习掌握好，即使这样也难以应付法律生活中随时随地出现的新问题。要解决这一问题，尤其警察作为一名执法者，更应当注意加强对民法思维的培养，能够“举一反三”，能够依靠民法教育培养起来的素质和思维方法去理解法律，解决新问题。

（三）公安警察民事法律制度是培养警察职业素质中的人文精神的现实需要

民法是一门从民事活动并从法律的角度来看待人、认识人的学科，同时，民法涉及人生的各个方面、各个时期。因此提高民法素养对警察职业素质的培养及职业道德的形成至关重要。

从人性的角度来看，民法是“人法”。民法就是人们在其丰富的生活中形成的生活、工作、交往的行为规则。表面上民法虽然只是一些条文或相关理论，但其背后却蕴藏着极其丰富的内涵，蕴藏着对人个体、对人类生活的深刻体会和对基本人性价值的执著追求。民法所追求的公平、正义、平等、诚信的“人性”价值，从古至今都没有太大的变化，以后也不会有变化。虽然人类从古到今发生了巨大的变化，但是人类的交往中基本的行为模式却几乎没有变化。民法所体现的对人的尊重，对他人、对社会应当承担的责任感没有变化。民法始终将人看作一种权利的载体，而将权利看作是有待实现的可能性，并用法律的形式来确保权利得以实现，只有他人的正当权益、社会的正当利益，才可以限制个人的权利，任何公权力都不能随意以牺牲私权利为代价，侵犯他人合法的私权利。

（四）公安警察民事法律制度是培养警察尊重权利、维护权益的法律意识的现实需要

人之所以为人，在于人享有法律赋予的基本权利和自由，其中最为基本的就是人身权和财产权，而与人身权和财产权相对应的人身关系和财产关系正是民法调整的两大基本对象，民法在调整人身关系和财产关系的法律规范中，处处闪耀着平等、自由、公平、诚信、尊重公序良俗、禁止权利滥用等精神的光辉。如果说“人及人的尊严是整个法律秩序的最高原则”①，那么现代民法在体现和维护人的尊严方面可以说是达到了极致，所以有人将民法称为“人法”。“无论人类社会如何进步及变化，有一件事永远不会变，那就是人类的活动必然会受到某些观念的支配，进而左右他们的命运，无论古今中外都没有例外。”②

我国的宪法、刑法、诉讼法等法律，从不同角度、不同层次上对公民各项财产权利、人身权利、诉讼权利都进行了全面保护。尤其是民法，其一切制度的建立都以权利为轴心，是一个以权利为本位的法律，因此民法被称为“人民权利的圣经”。在公民权利意识普遍增强、人权日益受到重视的今天，更应当倡导私权神圣的观念，与国际接轨。因此，我们国家也签署了《公民权利和政治权利国际公约》等一系列有关的国际公约。但要想将法律规定的权利转化为现实的权利，还要求警察在行使公权时能得到有效的监督与制约，能真正尊重私权。人民警察手中的权力是人民授予的，其性质决定了它只能为人民谋利益。权力的行使及其运用必须以公民权利的真正实现为前提，否则不但不能起到保护权利的作用，还会侵犯公民的各项权利，甚至有可能因滥用权力而导致违法犯罪。人民警察执法为民的核心就是保护公民权利免受不法侵害。

民法对于权利观念的强调，不仅有利于培养人民警察在执法中尊重个人权利的观念，

---

① 王泽鉴：《民法总则》，35页，北京，中国政法大学出版社，2001。

② 高希均：《构建一个干净社会》，1页，上海，上海三联书店，1999。

也有利于维护其自身合法权益不受侵害。警察维权是当前警界讨论的一个热点问题。保护警察正当权利，对提高警察的战斗力有积极意义。警察执法过程中，经常遭遇包括生命健康、名誉及财产等各种损害，对警察的侮辱、诽谤、诬告、陷害，严重侵害了警察的人身权。维护警察的合法权益，是对警察执法的最好保障，不能因为人民警察的身份而削弱了对其保护的力度。民法明确地赋予了人民警察可以与普通公民享有同等的权益。当警察受到不法伤害时，可以行使正当防卫、紧急避险等权利，也可以依据受伤程度及后果，要求加害人承担相应的赔偿责任，没有加害人的应适当增加抚恤的数额，以缩小一般公民伤亡与警察受伤、牺牲之间的差距。

（五）公安警察民事法律制度是全面提高警察的刑事、行政执法能力的现实需要

警务执法中，具备一定的民法素养，有助于人民警察深刻理解法律精神，正确适用相关法律。如在刑事侦查阶段会碰到涉及刑事附带民事诉讼的问题；审理未成年人案件中，会遇到未成年人权益保护的问题；在侦查过程中，会遇到公民隐私权保护问题；对犯罪嫌疑人进行讯问、搜查时，会遇到如何避免侵害公民的生命健康权和身体权问题；追缴涉案财物时会遇到如何理解民法中善意取得制度、如何确定财产所有权等问题；如何区分民法的不当得利行为与侵占罪的界限问题等。尤其是经济犯罪的侦查，如果没有民商法知识作为基础，将寸步难行。

公安行政执法中，民法更是经常适用的法律依据。譬如派出所工作中的户政管理与姓名权保护、一般伤害案件中民事赔偿的行政调解、社区警务与小区物业管理、邻里之间相邻权纠纷的解决、交通事故的责任认定基础及赔偿调解、处置群体性事件等均需要直接运用民法知识。警察机关在履行职责过程中致人损害的民事责任承担，见义勇为与无因管理，特别是“110”巡警工作，这些与民法的联系都十分密切。

可见，警务执法实践中，无论是刑事侦查还是治安、户政、消防、交通以及出入境管理等公安业务，都会在不同程度上涉及民法的相关内容。因此，执法实践中民警只有具备了相应民法的理论素养，执法能力才能得到全面提高，在遇到刑事附带民事诉讼、处理交通肇事损害赔偿、进行治安行政调解、侦查经济犯罪等问题时，才能得心应手、游刃有余，才能真正做到“立警为公、执法为民”。

四、警务执法中相对人的民事权利

公安警察民事法律制度的核心是行政相对人的民事权利。因此，探讨公安警察民事法律制度具体内容和形式的基本前提是理清相对人民事权利的有关问题。

（一）民事权利概述

1. 民事权利的概念与特征

民事权利是指民事活动中民事主体为实现其利益而由法律所保证的行为自由。其基本特征表现为：

（1）民事权利首先是公民的一种法定资格。民事权利的类型、范围、行使方式以及权利主体活动等受宪法和法律的约束。民事权利的法定性是民事活动合理性与合法性的基础。（2）民事权利是民事主体依照法定形式实现其利益的行为。民事权利作为一种行为，可采取作为和不作为两种模式。一方面，权利主体依照法律规定做或不做某种行为以获得某种利益；另一方面，权利主体可以要求公民、国家机关、社会团体、企事业组织做或不做某种行为，使民事主体的利益得到满足。（3）民事权利具有相对性。权利作为主体的意志活动，其活动范围存在着严格的界限，超出其合理的界限则会失去合法性保护的基础。民事

权利主体行使权利的前提条件之一是依照法律规定履行义务，权利与义务是不可分离的，享有权利必须履行义务。

2. 民事权利的类型

民事权利依据不同的标准可以分为不同类型。按照权利的客体是否具有财产价值，可以将民事权利分为人身权、财产权和综合性权利。

人身权，是指以人格利益或身份利益为内容、与权利人的人身不可分离的民事权利。人身权包括人格权和身份权。人格权，是指权利人直接支配其人格利益并排除他人干涉的民事权利。人格权一般又可分为一般人格权和具体人格权。一般人格权包括人格尊严权、人格自由等，具体人格权则主要有生命权、健康权、身体权、姓名权、名称权、肖像权、名誉权、信用权、荣誉权、隐私权、人身自由权和性自主权等。身份权，是指权利人基于特定的亲属身份而产生的支配身份利益的民事权利。在现代社会，身份权以义务为中心，包括配偶权、亲权和亲属权。

财产权，是指与权利人的人格、身份相分离，直接体现某种财产价值的权利。财产权包括物权、债权和股权。

综合性权利，是指那些兼具财产性和人身性，其内容既包括人身利益又包括财产利益，专属性并不强烈的民事权利。综合性权利包括知识产权、继承权以及住宅权等。

当然，民事权利依据不同的标准还可以做其他分类。譬如按照民事权利的功用，可以将其分为支配权、请求权、形成权和抗辩权；依据民事权利的义务主体是否特定，可以将其分为绝对权和相对权；依据民事权利之间是否存在主从关系，可以将其分为主权利和从权利；依据民事权利是否可以与其主体相分离，可以将其分为专属权和非专属权。人格权、身份权都具有人身性，为专属权。非专属权，是指非专属于权利人本人，可以转让、继承的民事权利。物权、债权、知识产权等财产权原则上属于非专属权。

（二）民事权利主体

民事权利主体又称为民事主体，它是指依照民事法律规范具有参与民事法律关系的资格，并以自己的名义享有民事权利和承担民事义务的人。

民事权利主体的法律特征表现为：（1）民事权利主体具有民法规定的主体资格。民法对于哪些人具有民事权利主体资格有着明确的规定，只有具有民事主体资格的人才能成为合格的民事权利主体。民法关于民事权利能力的规定实际上就是规定民事主体资格的，即只有具有民事权利能力的人才能成为民事权利主体。（2）民事权利主体能够以自己的名义享有民事权利和承担民事义务。不能以自己的名义享有权利和承担义务的组织，不能成为民事权利主体。例如，公司内设机构不具有营业资格，不能以自己的名义订立合同并享有合同权利或者承担合同义务。（3）民事权利主体的法律地位具有平等性。在民法上，任何民事权利主体的法律地位都是平等的，不存在管理与服从等不平等的关系，这与行政法上的行政主体与行政相对人之间的管理与服从关系截然不同。（4）民事权利主体具有广泛性。民事权利主体的种类是繁多的，自然人、法人和其他组织都是民事权利主体，国家也可以成为特殊的民事权利主体。在自然人中，无论是中国人、外国人、无国籍人，还是成年人、未成年人，都可以是民事权利主体。民事权利主体之所以如此广泛，是因为民事活动是人们最普遍、最基本的活动，是维持人们生存的基本条件，没有民事权利主体资格是无法在社会上生存的。

根据我国《民法通则》和有关法律的规定，民事权利主体分为下列基本类型：一是自然人。它包括中华人民共和国公民和外国人、无国籍人。二是法人。它是具有法人资格的组织，又分为多种类型。三是其他组织。我国《民法通则》没有将“其他组织”单列为一类独立的民事权利主体，但我国《合同法》等其他法律普遍承认其他组织的民事权利主体资格。四是国家。尽管国家是主权者，但在特殊的情况下可以成为民事权利主体，如国有资产所有权的主体是国家。

（三）民事权利客体

民事权利客体又称民事法律关系的客体，通指民事法律关系主体享有的民事权利和承担的民事义务所共同指向的对象。其范围一般包括：

1. 物

民法上的物，作为民事权利客体之一，是指存在于人身之外，能够满足人们的社会需要而又能为人所实际控制或支配的物质客体。民法上的物具有以下法律特征：(1) 物存在于人身之外；(2) 物能满足人们的社会需要；(3) 物能为人所实际控制或支配；(4) 物以有体物为限。

物可以依据不同的标准分为不同类型。以物是否能移动和移动是否损害其价值为标准，可将物分为动产和不动产。动产的流转以交付作为生效的条件，而不动产主要指土地及土地上的定着物，其流转则是以登记作为条件。

当然依据不同标准还可以做不同的分类。如根据物是否具有独立的特征或者是否被权利人指定而特定化，可将物分为特定物与种类物；依照物能否分割，以及分割是否损害其用途及价值的特点，物可分为可分物与不可分物；依据两个物在物理上相互独立，而在经济用途上又相互联系的关系，又把物划分为主物与从物等。

2. 有价证券

有价证券与物不是同一概念，有价证券通常为权利凭证。证券可分为有价证券和无价证券。有价证券是指设定并证明持券人有权取得一定财产权利的书面凭证。无价证券是不具有交换价值的证券。有价证券具有下列特征：(1) 有价证券与证券上所记载的财产权利不能分离；(2) 有价证券的债务人是特定的；(3) 有价证券的债务人的支付是单方义务，债务人不得要求权利人支付相应对价。

有价证券可以依据不同的标准分为不同类型。依其所设定的财产权利的性质不同所作的分类：(1) 设定一定股份权利的有价证券，如股票；(2) 设定一定物权的有价证券，如提单、仓单；(3) 设定一定债权的有价证券，如债券、汇票、本票、支票等。也可以依有价证券记载权利人的方式不同进行分类：(1) 记名有价证券；(2) 无记名有价证券；(3) 指示有价证券，是指在证券上指明第一个权利人的姓名或名称的有价证券，如指示支票等。

3. 智力成果

智力成果是知识产权的客体。智力成果又称知识产品，是指人们通过创造性劳动创造的，具有一定表现形式的成果。具有下列特征：(1) 创造性；(2) 非物质性；(3) 公开性。

智力成果的主要类型有：(1) 作品。作品是指在文学、艺术和科学领域内，具有独创性并能以某种形式加以复制的智力创作成果。其特征为：独创性、可复制性、具有经济上的利用价值。(2) 发明。发明是指对产品、方法或其改进所提出的新的技术方案。其具备的实质性要件是：新颖性、创造性、实用性。(3) 实用新型。实用新型是指对产品的形状、构造及其组合所提出的适用于实践的新的技术方案，俗称“小发明”。(4) 外观设计。外观设计是指对产品的形状、图案、色彩或者其结合所作出的富有美感并且适于工业上应用的新设计。(5) 商标。商标是指以显著的文字、图形或两者的组合为形式并置于商品表面或商品包装上的标识。其特性为：合法性、显著性、表现性。

4. 非物质利益

人身权的客体为非物质利益，亦称精神利益。主要包括人格利益和身份利益。人格利益是人格权的客体，如生命、健康、姓名、肖像、名誉、荣誉等人格利益。身份利益是身份权的客体，如监护、继承、扶养、同居等身份利益。

5. 行为

债权是请求特定人为一定给付行为的权利，这种行为通常体现为财产利益，所以，债务人的作为和不作为是债权的客体。

（四）民事权利变动

任何事物都有一个发生、发展、变化、终止的过程，民事权利亦如此。民事权利的变动是民事法律关系变动的核心内容。所谓民事法律关系的变动就是指民事法律关系不断产生、变更和消灭的运动过程，它推动着民法社会的不断发展和变化。民事权利变动的事由主要有民事法律事实、诉讼时效、除斥期间、期限等。

1. 民事法律事实

民事法律事实是指能够引起民事法律关系产生、变更和消灭的客观现象或者客观事实。任何事物的发展都要有动力来推动，民事权利的变动同样需要动力来推动。民事法律事实就是民事权利发生、发展和变化的动力。因为民事法律规范本身并不能在当事人之间引起民事上的权利与义务，而只能表明民事主体享有民事权利和承担义务的可能性。只有通过法律事实，才能使民事法律规范所规定的权利义务，转化成当事人实际享有的民事权利和承担的民事义务。

根据客观事实是否与人的意志有关，可以将民事法律事实分为行为和事件。

（1）事件。事件是指与人的意志无关，能够引起一定民事法律后果的客观情况。例如，人的生死、成年，物的灭失，时间的经过等，都属于事件。

根据事件是否由人的行为所引起，可以将事件分为绝对事件和相对事件。绝对事件即不是由人们的行为而是由某种自然原因引起的自然事件，如自然灾害、人的出生与死亡、时间的经过等。相对事件是由人们的行为所引起的社会事件，其出现在该法律关系中并不以权利主体的意志为转移，如罢工、社会变革等。

（2）行为。行为是当事人的有意识的活动。行为可分为两类：一是民事行为，即行为人旨在确立、变更、终止民事权利义务关系的行为。民事行为依据不同标准又可以作不同分类。依效力它可分为有效民事行为、无效民事行为、效力待定的民事行为以及可变更可撤销的民事行为；依内容它可分为合同行为、婚姻行为、遗嘱行为等。二是事实行为，即行为人实施的一定行为一旦符合了法律的构成要件，不管当事人主观上是不是有确立、变更、消灭某种民事法律关系的意思，都会由于法律的规定而引起一定的法律后果的行为。如无因管理行为、不当得利行为、正当防卫行为、紧急避险行为、侵权行为等。

2. 民事法律行为

民事法律行为是指自然人、法人或者其他组织设立、变更、终止民事权利和民事义务的，以意思表示为要素的合法行为。民事法律行为具有以下特征：（1）民事法律行为是一种人为的法律事实；（2）民事法律行为是一种表意行为；（3）民事法律行为以意思表示为要素；（4）民事法律行为是合法行为。

民事法律行为在符合其成立要件时成立。民事法律行为成立是指民事法律行为在客观上已经存在。民事法律行为的成立要件是：（1）须含有设立、变更或终止民事法律关系的意图；（2）须内容表达完整；（3）须将内心意思表达于外部。

民事法律行为的生效是指民事法律行为因符合法律规定而能够引起民事法律关系的设立、变更或者终止的法律效力。民事法律行为的一般生效条件是：(1) 行为人具有相应的民事行为能力；(2) 当事人的意思表示真实；(3) 不违反法律或者社会公共利益。

民事法律行为的效力状态，分为以下几种：(1) 绝对无效的民事行为。绝对无效的民事行为是指已经成立但严重欠缺民事行为的有效要件，自始、绝对、确定地不发生法律效力的民事行为。(2) 可变更可撤销的民事行为。可变更、可撤销的民事行为是因为欠缺民事法律行为的有效条件但又并不当然无效，是否归于无效取决于撤销权人的意思。这类行为主要有：重大误解的民事行为、显失公平的民事行为、没有侵害国家利益的欺诈和胁迫行为、乘人之危的行为等。(3) 效力待定的民事行为。效力待定的民事行为是指民事行为虽已成立，但是否生效尚不确定，只有经过特定当事人的行为，才能确定生效或者不生效的民事行为。效力待定的民事行为的类型有：限制民事行为能力人实施的依法不能独立实施的民事行为、无权处分行为、无权代理行为等。效力待定民事行为的效力确定，可以经由以下途径：一是特定当事人的追认权的行使与不行使，二是相对人行使撤销权。民事行为无效或者被撤销的法律效果，不是行为人预期追求的后果，而是法律规定的行为人应当承担的后果责任，包括返还财产、赔偿损失和追缴财产收归国家或者返还集体、第三人。

由于民事主体不可能亲自进行所有的民事行为，因此产生了代理制度。代理是指代理人在代理权范围内以被代理人的名义与第三人实施的、法律效果直接归属于被代理人的行为。根据代理权产生的根据不同，代理分为委托代理、法定代理和指定代理三种。委托代理，又称为授权代理，是指代理人根据被代理人的委托而进行的代理。法定代理是指以法律的直接规定为根据而发生的代理。指定代理是指按照人民法院或者指定单位的指定而产生的代理。

3. 诉讼时效与除斥期间

诉讼时效和除斥期间可以说都是民事权利终止的事由。

诉讼时效，又称消灭时效，是指权利人在一定期间内不行使权利，即在某种程度上丧失民事权利的时效制度。诉讼时效也是一种能够引起民事法律关系发生变化的法律事实。诉讼时效制度设定的目的就是促使权利人及时地行使其请求权，超过法律设定的一定期限而怠于行使其权利，其权利将不受法律保护。

除斥期间，又称为不变期间，是指法律对某种权利所规定的存续期间。除斥期间制度的设定的目的恰恰是促使权利人及时地行使其支配权，超过法律设定的一定期限而怠于行使其权利，则该民事权利消灭，与诉讼时效的法律效力不同的是它是实体权利的消灭而不是胜诉权的丧失。

4. 期限

期限，既指民事法律关系产生、变更和终止的时间，也是民事权利产生、变更和终止的时间。期限分为期日和期间。

期日，是指不可分割的一定时间。期日以静态的某一点作为表示时间的一种方式，因此，通常将期日称为“时间点”。期间，是指从某一时间点到另一时间点所经过的时间。期间是期日与期日之间的间隔时间，如某时至某时，某日至某日等。因此，确定期间，须首先确定其起始时间和终止时间，即确定期日。

在民法上，期限制度设定的法律意义在于：(1) 决定民事主体的民事权利能力与民事行为能力的起止；(2) 是进行某些法律推定的依据，如进行死亡宣告时首先须确定失踪人失踪的时间是否合乎法律要求；(3) 决定权利行使和义务履行的时间限度；(4) 可以用来确定权利的取得、存续或丧失，如所有权转移、商标权的有效期、诉讼时效期间等。

（五）民事权利救济

民事权利的救济是指一方民事主体因违反合同或者不履行其他民事义务，对他方民事权利造成侵害的救济。对他方民事权利救济的表现形式就是承担相应的民事责任，因此，民事责任制度与民事权利救济制度是一个问题两个方面，只是两者强调的侧重点不同而已。

1. 民事权利救济的形式

民事权利救济的形式也就是民事责任承担的方式。按照我国民法的规定，主要有以下几种：停止侵害，排除妨碍，消除危险，返还财产，恢复原状，修理、重作、更换，赔偿损失，支付违约金，消除影响、恢复名誉，赔礼道歉。以上承担民事责任的方式，可以单独适用，也可以合并适用。

2. 民事损害赔偿

民事损害赔偿分为财产损害赔偿和人身损害赔偿两部分。

财产损害赔偿，是指行为人对他人财产的侵害应负的赔偿责任。我国民法规定，侵占国家的、集体的财产或者他人财产的，应当返还财产；不能返还财产的，应当折价赔偿。损坏国家的、集体的财产或者他人财产的，应当恢复原状或折价赔偿。受害人因此遭受其他重大损失的，损害人应当赔偿损失。

人身损害赔偿，是指对他人身体的侵害并造成经济或精神上的损失应负的赔偿责任。人身损害赔偿分为一般伤害赔偿、人身残废的赔偿、致人死亡的赔偿，以及精神损害赔偿。关于人身损害赔偿的法律依据，主要有《民法通则》、最高人民法院《关于审理人身损害赔偿案件适用法律若干问题的解释》和最高人民法院《关于确定民事侵权精神损害赔偿责任若干问题的解释》等。

第二节　公安警察民事法律制度的基本内容

一、警务执法中的人身权保障制度

（一）人身权概述

人身权指与权利主体的人身不可分离的、以特定的人格利益和身份利益为内容的民事权利。人身权是民事主体最基本的民事权利，是人们在现代社会生存发展必不可少的条件。如果民事主体丧失了人身权，就丧失了做人的资格和人的基本价值，也就无法享有其他的民事权利。

与其他民事权利相比，人身权具有以下法律特征：（1）固有性。所谓固有性，是指人身权是民事主体固有的与生俱来的权利。具体表现为：一是自动产生性，二是与主体伴随性，三是不可剥夺性。（2）法定性。人身权的法定性表现在：一方面，尽管人身权是人的固有权利，但法律如不加以确认和保护，人身权就不能成为民事主体实际享有的权利，在受到侵害后，也难以获得法律的救济；另一方面，为了维护社会利益和社会秩序，也要对人身权的权能和行使方式等作出适当的限制。（3）非财产性。人身权以民事主体的人格利益和特定的身份利益为客体，不具有直接的财产内容，不能用金钱计价。因此对人身权的侵害应当赔偿精神损失。（4）专属性。人身权因民事主体的存在而存在，与民事主体的人身不可分离。（5）对世性。人身权是一种绝对支配权，具有对世性。其权利主体是特定的，任何权利主体之外不特定的人，都负有不侵犯和妨碍权利主体人身权的义务，即特定的不作为义务。

人身权可进一步分为人格权与身份权两大类。人格权是以权利人的人格利益为内容的人身权权利，身份权则是民事主体以在家庭中的特定身份利益为内容的人身权。人格权与身份权的区别主要有：（1）权利主体不同。任何民事主体均享有人格权，而是否享有身份权则取决于该民事主体是否具有相应的身份。（2）客体不同。人格权的客体是民事主体的人格利益；而身份权的客体是特定身份利益。（3）权利的取得方式不同。只要取得民事主体资格即取得相应的人格权；但是身份权却往往需要具备一定的条件或者是实施一定的行为才能够取得。（4）权利的内容不同。人格权仅具有利益而不具有义务；身份权是权利与义务的结合体，既是一种权利也是一种义务。

（二）警务执法中的人格权保障制度

在我国，警察担负着维护社会秩序和公共安全、保护公民合法权益、侦查犯罪、保卫社会主义现代化建设的重要职责。法律赋予警察各项职责，就是为了保障每一个公民实现自己的权利，因此在警务执法中只有树立尊重民事权利的意识，才能真正实现执法为民的宗旨。我国宪法确立的“国家尊重和保障人权”基本原则，才能从“纸上的宣言”走向社会的现实。在警务执法中，会涉及许多公民的人格权问题。

1. 对公民姓名权的保护

自然人的姓名权与户政管理工作密切联系，主要涉及以下问题：

（1）姓名设定权的限制。民事权利是社会利益和个人利益的结合。户政管理工作，一方面要依法保护公民合法的人格利益，另一方面对滥用姓名权的行为也必须制止。在户口登记实践中，有的父母给孩子进行姓名登记时，户籍民警发现孩子既不随父姓也不随母姓，认为违反法律规定而不予登记，导致发生行政诉讼。自然人的姓名权包括姓和名两部分，《民法通则》规定公民有决定自己姓名的权利；《婚姻法》第 22 条也规定，子女可以随父姓，也可以随母姓。法律没有禁止就不能对公民的姓名选择权加以限制。但姓名选择的自由同样也应该受到一定的限制，否则就会不可避免在姓氏选择上出现当事人之间，以及公民与户籍管理机关之间的纠纷，这是我国立法和户籍管理中应当注意的。

（2）姓名使用权、变更权的限制。虽然法律赋予了公民有使用和变更自己姓名的权利，但任何一个私权利行使同样应当受到社会公共利益和公共秩序限制，否则便会失去警察机关对姓名户籍登记管理的作用，也不利于警察机关更好地为民服务，不适应预防和打击违法犯罪的需要。因此在日常户籍登记管理中，警察机关既要严格地履行法定程序，又要方便快捷地为民服务。

2. 对公民名誉权的保护

在我国，名誉权不但受民法保护，同时受刑法和行政法保护。因为侵害名誉权的行为方式主要是侮辱和诽谤，而侮辱、诽谤行为情节严重的，既可能在刑法上构成犯罪，也可能构成治安处罚。侮辱、诽谤行为往往直接侵害了公民名誉权，因此警察机关在对行为人实施治安处罚的同时，要注意对受害人的名誉损失采取保护措施，进行恢复和补偿，应当注意对于加害人和受害人之间的名誉侵权纠纷予以调解或裁决，责令侵权人赔礼道歉、消除影响、恢复名誉或者赔偿损失，这正是警察机关行政司法职能的具体表现。

3. 对公民隐私权的保护

人民警察在执法过程中，可能侵犯公民的隐私权的行为主要有两类：一类是非法侵入、侵扰私人领域的行为，包括非法侵入住宅、非法搜查。私人住宅、身体以及箱包等财物，均属私人领域，不得非法侵入、侵扰。另一类是非法监听、监视行为，即非法对他人行踪及居所进行监听、监视，安装使用窃听、窃照专用器材等。

因此在刑事执法过程中，凡采取侦查手段的，都须严格依照法定程序，履行有关审批手续。否则，违背职责的规定行使职权、滥用职权，重者可能构成犯罪，轻者也涉嫌民事侵权。例如，不按规定采取侦查措施，不履行合法手续进行搜查，强制犯罪嫌疑人回答与本案无关的问题，在侦查期间擅自公开控告人、检举人不愿公开的姓名，泄露、传播因履行职务需要而掌握的有关当事人的隐私，等等。由于上述行为往往会侵犯公民的隐私权，因而有可能引起诉讼，承担相应民事责任。

在治安管理执法中，那些未经住宅主人同意、没有正当理由擅自进入私人住宅、或者主人要求退出而无权拒不退出的行为，以私自跟踪、窃听、窃照、窥探他人室内情况、电话骚扰等方式干扰他人正常生活的行为，以及私自开拆他人信件、侵犯公民通信秘密的行为，都会导致对公民隐私权的侵害。

在户政工作中，公民的户籍档案资料也属于个人信息秘密，户政机关有为之保密的义务。除出于社会公共利益的需要，经履行有关手续和程序，有关单位及其工作人员可以加以利用之外，户政机关不得任意对外提供。户籍民警所掌握的这些个人信息资料，更不能擅自对外传播。这一问题在我国的户籍立法中应当明确规定。

4. 对公民人身自由权的保护

公民的人身自由权历来是我国私法和公法共同保护的对象。侵犯公民人身自由权的行为人，可能要承担民事、行政、刑事多种法律责任。侵害公民人身自由权要构成犯罪，行为人主观上必须有故意，客观上必须以作为方式实施。而民事侵权行为主观上不以故意为要件，过失也可构成侵权，行为的方式可以是作为，也可以是不作为。过失的不作为侵害他人的自由权，必须严格考察行为人是否具有作为的义务，只有违反特定的法律义务，才可以确认其有过失。

在警务执法中，对公民的人身自由权极易造成侵害的行为主要有：非法采取逮捕、拘留等刑事诉讼强制措施以及劳动教养等行政处罚，非法采取盘问、强制带离现场、强制戒毒或治疗、交通管制等行政措施。当然如果公民的人身自由权受到严重威胁或者遭到实际侵犯，公民申请警察机关履行保护其人身自由权的法定职责，警察机关无论是出于故意还是过失，只要不履行这种职责，也可以构成不作为的侵权。但警察机关及人民警察依法限制或剥夺公民人身自由的行为，可以构成对抗侵害自由权侵权责任的抗辩事由，不得视为侵权。

5. 对公民婚姻自主权的保护

公民行使婚姻自主权，不得违背法律规定的禁止性条件。根据《婚姻法》第 7 条的规定，直系血亲和三代以内的旁系血亲禁止结婚。但在婚姻登记中，一直难以杜绝近亲婚的出现。因为我国公民现行的户口簿和身份证无法反映双方的这种亲属关系。这就说明作为我国警察法规重要组成部分之一的现行户籍法规，在身份登记的项目上存在漏洞，因此为保障公民依法行使婚姻自主权，预防和制止违法婚姻，应当完善警察法制，在户籍立法及其实施细则中作出相应规定。

对于非法干涉婚姻自主权的行为，如非法限制他人人身自由，阻止公民结婚、离婚的，警察机关可以对行为人作出治安处罚。警察机关对于涉嫌重婚的行为应当主动介入，构成犯罪的应当及时地依法移送检察机关提起公诉。暴力干涉他人婚姻构成犯罪，公民告诉的，人民法院可以立案审判。在证据方面，警察机关对暴力干涉他人婚姻的行为曾经作出过处罚，或者有处理笔录等，均可成为重要的证据供法庭使用。

（三）警察执法中的身份权保障制度

公民在亲属法上的身份权，与警察立法、执法和司法具有密切关系。下面以公民的亲权为重点进行简要阐述。

1. 对居住所决定权的保护

为了保障未成年子女的身心健康和安全，各国立法均规定，父母对于未成年子女的住所或居所享有指定权，这种权利是父母教养、保护未成年子女权的重要内容，由父母双方共同行使，应当受到他人、社会和国家的尊重。然而，我国有众多的省市在户籍登记管理中，依然坚持如夫妻分居两地的，未成年子女只能随母落户的做法，即只能以母亲的住所为住所。这种做法显然没有尊重和保障父母对于未成年子女的居住所指定权，不符合警察立法保障公民权利并为其实现创造积极条件的宗旨。在民法上，只要父母双方一致同意，其未成年子女随母或随父落户都是应当允许的，是合法的，这是父母对其未成年子女享有亲权的重要内容之一，不应当加以限制。我国的户口迁移制度正在进行改革，社会舆论也普遍认为法律上应当允许未成年子女随母或随父落户，我国新的户籍立法对此应当予以确认。

2. 对子女交还请求权的保护

子女交还请求权，是亲权的保护权内容的重要体现。根据《刑法》的规定，拐卖、拐骗、收买 14 岁以下的未成年人，是一种犯罪行为。这些行为既是对未成年人人身自由权的侵害，也是对父母亲权的侵害。警察机关侦查、处理这类刑事案件，应当注意保护未成年人父母的亲权，在破案后将被拐或被收买儿童及时交还其父母。如果其父母因查找失踪子女而遭受物质损失，根据《刑事诉讼法》第 99 条的规定和最高人民法院的有关司法解释，被害人有权在刑事侦查阶段提起附带民事诉讼，警察机关在移送起诉时对此应当注明；如果被害人没有提起诉讼要求，警察机关应当告知其享有这一权利。对于父母这种赔偿损失的要求，警察机关也可以进行调解。

3. 对公民配偶权的保护

由于现代民法理论认为侵害配偶权的行为主要是通奸行为，而该行为在我国《刑法》和《治安管理处罚法》上并不认为是犯罪或违法，因而该行为不与公法责任重合。换言之，侵害配偶权的行为只是一种纯粹的民事侵权行为，不属于警察机关的法定职责。

二、警务执法中的财产权保障制度

（一）财产权概述

财产权是指权利人对财产利益依法享有的民事权利，主要包括物权和债权两种。物权是指权利人依法对特定的物享有直接支配和排他的权利，包括所有权、用益物权和担保物权。债权是在债的关系中，一方（债权人）请求另一方为一定行为或者不为一定行为的权利。两者区别主要有几个方面：

1. 物权是静态财产权，而债权是动态财产权。物权关系强调的是权利人对财产享有静态的支配关系，债权关系则强调的是权利人对财产的流转关系。物权是债权产生的前提和结果，债权通过维护“静的安全”而确保物的流转。

2. 物权是绝对权，债权是相对权。物权的权利主体是特定的，义务主体是不特定的，其他任何人都负有不得非法干涉和侵害权利人所享有的物权的义务。而债权只发生在特定的当事人之间，无论是权利主体还是义务主体都是特定的。主体的特定与否使债权与物权区别开来。

3. 物权具有排他性，债权具有相容性。物权的排他性是指同一物之上不得同时成立两个内容不相容的物权，而所有的债权都具有相容性，针对同一标的物可以成立内容相同的数个债权，其相互之间并不排斥。

4. 物权是支配权，债权是请求权。物权是以对物的支配并享受利益为内容，而债权以给付为内容，债权的实现有赖于债务人为一定行为或者不为一定行为，而物权人可以通过直接支配物而实现权利，物权人以外的人只要不妨碍物权的行使就可以了。

5. 物权具有法定性，债权具有约定性。物权的内容、种类以及行使的方式都是法定的，当事人不得随意设定物权。债权的设定多是任意的，在法律并不禁止的情况下，经过当事人自由协商，就可以任意创设债权。

物权的种类和内容，是由法律规定的。物权法定的原则是由物权的性质决定的。依据不同标准物权可以分为：（1）自物权和他物权。自物权即所有权，是指所有人依法可以对物进行占有、使用、收益和处分的权利。他物权是指所有权以外的物权。（2）用益物权和担保物权。用益物权是指以物的使用收益为目的的物权，包括地上权、地役权、永佃权等。担保物权是指以担保债权为目的，即以确保债务的履行为目的的物权，包括抵押权、质权、留置权等。

债权一般根据产生的原因不同分为：（1）合同之债。合同是引起债的发生的最主要、最普遍的根据，因合同而产生的债权称之为合同债权。（2）损害赔偿之债。侵权行为是行为人不法侵害他人的财产或者人身权利的行为。因侵权行为发生的债，被称为“侵权之债”或者“损害赔偿之债”。（3）不当得利之债。因不当得利而发生的返还财产之债称为不当得利之债。（4）无因管理之债。无因管理人可以请求受益人支付由此而支出的合理费用，或者赔偿直接损失。

（二）警务执法中的物权保护制度

胡锦涛总书记在中央政治局进行的关于制定和实施《物权法》若干问题的集体学习上，就曾特别强调：要认真学习全面实施《物权法》，牢固树立物权观念。尤其要正确处理行使国家权力和保障公民权利的关系。而在警务执法中，警察无论是对治安、户政、消防、交通以及出入境管理等行政事务的管理，还是刑事执法中侦查、强制措施的运用，乃至警察对民事纠纷的调解、公民危难情形的救助，都会不同程度地涉及物权法的适用。因此，在警务执法中只有进一步强化物权观念，丰富自己的物权理论知识，才能更好地做到理性、平和、文明和规范地执法，才能真正实现执法为民的宗旨。

1. 警务执法与物权观念

（1）私权观念。西方有一个关于物权的格言：“风可进，雨可进，国王不可进。”这个格言阐释的就是私权神圣的观念，此处的“国王”即意指公权力。警察亦是公权力的化身，警务执法行使的就是国家公权力。因此警务执法中强化私权观念是警务执法理念培养的一个重要内容。

物权属于财产权，是私权的重要表现形式，也是人权的重要组成部分，尊重个人的物权，就是尊重人权。没有对物权的保护，对人权的保障就是不完善的。物权是实现人权的基础，没有最基本的财产，人身、信仰、言论、出版等诸多自由和权利也就成了水中月、镜中花。民生的最大问题就是权利问题，物权得不到应有的保护，就根本谈不上民生。因此保护物权是保障人类正常生活、保护其他基本人权的基础。

警务工作从立法到执法，都会涉及物权问题。就立法而言，从前几年有些地方出台的

"撞了白撞"法规，到近几年来出台的"电动车禁行"和"私家车限行"规定，都涉及如何保护公民私权的问题。就执法而言，警务执法中的查封、扣押、冻结、罚款、追缴、没收等都会涉及物权问题。因此，在警务执法中牢固树立私权观念对于人民警察践行社会主义法治理念，做到理性、文明、平和、规范执法具有重要的现实意义。

(2) 平等观念。平等保护原则是《物权法》的一个基本原则。《物权法》的许多条款都体现了平等保护的原则和理念，实践了宪法关于法律面前人人平等的基本原则，对合法的公私财产实行平等保护。因此，在警务执法中，要树立平等观念，切实做到在执法和服务中平等对待，保障人民群众的知情权和表达权。权力只有正确行使并在阳光下运行，才能提高警察机关的公信力，彰显警察机关的执法权威，树立警察机关执法为民的良好形象，调动最广大人民群众建设社会主义法治国家的积极性。

(3) 排他观念。物权的排他性是物权的重要属性之一。物权的排他性，不仅排除一般人的干涉，而且排除国家的干涉。物权的排他性就是划分公权力与私权利的界限。物权界线之外，属于公共场所，是公权力活动的范围；物权界线之内，是私权利的活动空间，属于私人意思自治的范围。公权力要跨越这个界线，唯有两条：一是权利人同意，二是持有合法的法律文书。如江平先生所言："《物权法》就是竖立在公权力面前的私权利保护之墙。"《物权法》的一个核心任务就是妥善平息公权力与私权利的冲突。因此，物权的排他性观念其实就是法治的观念。这与警务执法中依法行政的理念是统一的，与我们的"立警为公，执法为民"的宗旨是一致的。

2. 公安行政执法与物权保护

(1) 业主的建筑物区分所有权、相邻关系与社区治安

《物权法》为我们构建和谐社会的生活法则。可以说正是这些法则支撑着民间社会的和谐、安定、有序。

业主的建筑物区分所有权与社区治安。业主的建筑物区分所有权是指各业主对住宅等专有部分享有完全所有权，对社区公共设施、公共场所等共有部分享有共同所有权的权利。它是随着高层建筑物的出现和小区的形成而产生的新的所有权形式。业主的建筑物区分所有权是引发社区治安纠纷的一种常见形式。因此，社区民警只有自觉学习有关建筑物区分所有权的法律知识，才能及时化解和处理有关纠纷，这也是我们社区警务的重要内容之一。

相邻关系与社区治安。在和谐社区创建中，良好的相邻关系是一个重要的环节。所谓相邻关系，是指相互毗邻的不动产的所有人或使用人因对不动产行使所有权或使用权而发生的权利义务关系。譬如小区出口被堵怎么办？通风采光被高楼阻挡怎么办？邻居装修扰民怎么办？楼下住宅改成餐厅怎么办？……诸如此类的家长里短、琐碎矛盾，为社会治安带来了新的问题。《物权法》第七章对相邻关系中的用水、排水、通行、铺设管线、排污、通风、采光和日照等作了具体规定。作为一名社区民警只有具备这些知识，才能更好地解决社区居民的相邻纠纷，才能更好地履行《人民警察法》第21条的职责要求，及时地给予社区居民以法律帮助，及时地调解或者疏导纠纷，积极防止民事纠纷转化为治安案件甚至刑事案件。因此，正确处理相邻关系，避免矛盾激化，是维护社会稳定、构建和谐社区的重要警务工作。

(2) 物权保护与公安警察行政处罚、行政强制

公安警察行政处罚与物权保护。公安警察行政处罚是指享有行政处罚权的公安警察行政执法主体依法对违反公安警察行政法律规范的行政相对人实施制裁的具体行政行为。公安警察行政处罚中的财产罚均涉及物权保护问题。因此，警察机关以及民警在依法对违法

行为实施行政处罚时，就要严格依法行使权力，尊重和保护行政相对人的物权，防止权力的滥用给相对人私权造成的侵害。

公安警察行政强制与物权保护。公安警察行政强制包括公安警察行政强制措施和公安警察行政强制执行。公安警察行政强制措施是指警察机关及其人民警察在公安警察行政管理活动中，依法定职权和程序，采取强制手段限制特定的相对人行使某种权利或者强制其履行某种义务的公安警察行政执法行为。公安警察行政强制执行是指相对人不履行警察机关作出的、已发生效力的执行性行政决定时，警察机关依法强制其履行的公安警察行政执法行为。涉及财产的公安警察行政强制措施主要有查封、扣押、冻结等；涉及财产的公安警察行政强制执行主要有强制划拨、强制扣除、强制拆除等。可见无论是公安警察行政强制措施还是公安警察行政强制执行，都可能涉及行政相对人的物权保护问题。

(3) 公安警察行政执法与遗失物招领、保管

《物权法》第109条规定："拾得遗失物，应当返还权利人。拾得人应当及时通知权利人领取，或者送交公安等有关部门。"第110条规定："有关部门收到遗失物，知道权利人的，应当及时通知其领取；不知道的，应当及时发布招领公告。"可见，如果遗失物拾得人将遗失物送交警察机关，则警察机关可能产生两项义务：知道权利人的应当及时通知其领取；不知道权利人的应当及时发布招领公告。如果警察机关知道权利人而没有及时通知其领取，或者不知道权利人又未及时发布招领公告导致权利人损失的，要承担相应的法律责任。该法第111条还规定："拾得人在遗失物送交有关部门前，有关部门在遗失物被领取前，应当妥善保管遗失物。因故意或者重大过失致使遗失物毁损、灭失的，应当承担民事责任。"因此警察机关在保管遗失物期间应当履行妥善保管义务，因故意或者重大过失致使遗失物毁损、灭失的应当承担民事责任。

(4) 群体性事件处置与征收、征用

积极预防、妥善处置群体性事件，最大限度地化解不稳定因素，切实维护社会稳定是警察机关的重要职责。当前，由于我国正处于经济转轨、社会转型的特殊历史时期，经济基础和社会结构剧烈变动，利益关系和利益格局深刻调整，影响社会稳定的不确定因素明显增多。近年来全国频繁发生因人民内部矛盾引发的上访、集会等群体性事件，据有关部门统计，目前的上访事件约有三分之一以上因拆迁、征地而起。而城市拆迁、农村征地已成为公权力侵犯私权利的重灾区。

《物权法》第42、43、44条对征收、征用问题作了明确的制度安排，对征收、征用的条件，征收补偿的原则、内容，以及征收补偿不到位和侵占补偿费用等内容也都做了规定，这些将会对涉及征地、拆迁的法律法规产生巨大的影响，未来的相关法律将会对不动产被征收人合法财产权给予更周到和周延的保护，在私权利与公权力的博弈中，私权利将会越来越受到尊重。第57条对国有资产的保值增值和防止国有资产流失问题作了规定，第62、63条对村务公开、集体财产的保护问题作了规定，这些规定对维护公民的合法权益，避免和减少因企业改制、村务纠纷等问题引发的群体性事件也将产生深远的影响。民生的背后是民权，民权的背后是公正。对民生问题的真诚关怀，使《物权法》真正成为公民财产权利的保障书，也从本源意义上证明了法乃善良公正之术。

3. 警察刑事执法与物权保护

(1) 虚拟财产与刑事犯罪

《物权法》和《刑法》有着密切的联系，保护国有财产和劳动群众集体所有的财产、保护公民私人所有的财产是我国《刑法》的重要任务之一。有形财产关系不构成犯罪的，主

要由经济法及《物权法》调整，构成犯罪的则需要由《刑法》作出规定。我国《刑法》除在分则第五章规定了侵犯财产罪外，还在分则第三章破坏社会主义市场经济秩序罪和第八章贪污贿赂罪中规定了相关侵犯财产的罪名，因此，《刑法》是保护物权的最后一道关卡，是实现物权正义的最后一道防线，严厉打击有关犯罪，就是切实保护物权。

当前，由于网络社会的迅速发展，虚拟财产问题日益成为警察刑事执法的热点和难点。面对侵犯虚拟财产案件，司法机关内部经常就罪与非罪问题发生激烈争执。即使在确定有罪的情况下，以什么罪名定罪也有不同意见，包括破坏计算机信息系统罪、侵犯商业秘密罪、非法经营罪、盗窃罪或者诈骗罪等。我国现行法律只对公民的合法收入、储蓄、房屋和其他合法财产予以认可，虽然在司法实践中虚拟财产已逐渐获得认可，但目前尚没有针对虚拟财产的立法，因此应尽快明确虚拟财产的法律地位。另外，立法思想应当从惩治传统的计算机犯罪转移到惩治网络犯罪，增加窃用计算机网络服务罪、提供计算机网络犯罪工具罪等新罪名。同时，将非法入侵计算机信息系统罪中被侵入的计算机信息系统的范围从国家事务、国防建设、尖端科学技术领域扩大到经济建设、公共信息服务领域，给予所有合法计算机网络用户以同样的保护。

（2）善意取得与涉案财物的追缴

善意取得，是指无权处分他人动产或不动产的让与人，在将其持有的动产或不动产转让给受让人后，如果受让人取得该动产或不动产时系出于善意，则其即取得该动产或不动产的所有权，原动产或不动产所有人不得要求受让人返还。善意取得直接关系到警察机关追缴涉案财物的问题。追缴涉案财物是警务执法的一个重要环节，而追缴涉案财物的关键就是弄清涉案财物哪些可以追缴、哪些不可以追缴。当前有关追缴涉案财物的法律依据由于时间跨度长，历史变迁大，其间过时的、相互矛盾的规定等都不同程度地存在，而且内容过于简单，难以适应当前执法的需要，因此，《物权法》关于善意取得的规定对于完善警务执法中追缴涉案财物的法律依据将起到重要指导作用。但是《物权法》对被盗赃物的善意取得问题未作直接规定，“立法考虑是，对被盗、被抢的财物，所有权人主要通过司法机关依照《刑法》、《刑事诉讼法》、《治安管理处罚法》等有关法律的规定追缴后退回。在追赃过程中，如何保护善意受让人的权益，维护交易安全和社会经济秩序，可以通过进一步完善有关法律规定解决，《物权法》对此可以不作规定”。

但是，善意取得是全世界普遍采纳的一个通行规则，为妥善处理打击犯罪和维护交易的秩序与安全的关系，应借鉴《物权法》善意取得的立法精神，尽快完善有关法律规定。随着社会关系调整的复杂性、多元性以及柔性化的不断发展，警务执法依据的法律类型也正在发生深刻的变化，民商法律、经济法律、劳动法律等法律规范中有关警务执法的直接依据或者间接依据将不断增加，公安民警应不断转变执法观念，克服重刑轻民等传统观念，自觉践行社会主义法治理念，努力促进社会公平正义。

（三）警务执法中的债权保障制度

1. 合同纠纷与经济犯罪的区别

合同纠纷是指当事人在签订、履行合同中所发生的争议。而合同诈骗罪是指以非法占有为目的，在签订、履行合同的过程中，骗取对方当事人数额较大财物的行为。在各种合同纠纷中，与合同诈骗罪容易混淆的主要是违约纠纷和合同欺诈行为产生的纠纷。

违约和合同民事欺诈都是合同纠纷，它们区别于合同诈骗犯罪的基本标准是看行为人主观上是否有非法占有对方财物的目的、是否有履行合同的诚意。根据《刑法》的规定和司法实践，应从以下几个方面加以掌握：

一是要查清行为人主体资格是否真实。在正常交易活动中，签约是为了履约，因而必然要求双方当事人的主体资格真实。即使是合同民事欺诈，由于行为是意图通过履约来谋取不当利益，因而在主体资格上也不会弄虚作假。反之，行为人如果在签约时以假的面目出现，以虚构的单位或者冒用他人名义签订合同的，即可说明其主观上具有非法占有财物的目的。

二是要考察行为人客观上有无实际履约能力。行为人客观上有无履约能力，是判断行为人是否进行合同诈骗犯罪、有无非法占有目的一个重要方面。一般来说，凡客观上不具有履约能力，或者以伪造、变造、作废的票据或者其他虚假的产权证明作担保，蒙蔽对方的，即证明了行为人在主观上根本不打算履行合同，具有为骗取财产而签订合同的犯罪故意。此外，没有实际履行能力，以先履行小额合同或者部分履行合同的方法，诱骗对方当事人继续签订和履行合同的，即俗称"钓鱼合同"的情况，也是同一类表现。

三是要查明行为人有无实际履约行为。行为人客观上具备履约能力，并不能排斥其主观上不存在骗取他人财物的目的，因此还须进一步查明其有无实际履约行为。一般来说，具有履约诚意的，必然会积极设法使合同得到履行。相反，对于合同诈骗犯罪分子而言，一旦将财物骗到手，就不会去为对方尽"义务"了。

四是要分析行为人不履约的原因及事后态度。合同诈骗中，行为人没有履约行为，但并非未履约便一定是诈骗，还要具体情况具体分析，看其是由于什么原因而不履约。换言之，要看行为人签约后是否为了履约而做出努力。如果行为人收受对方当事人给付的货物、货款、预付款或者担保财产后逃匿的，无疑说明其主观上有非法占有目的，构成诈骗犯罪。反之，如果行为人签约后积极努力地去为履行合同做准备，而由于行为人过失或意外事件致使其不能履约，同时在事后又表示承担责任的，不属于犯罪，是一般合同纠纷。

五是要查明资金和财物流向。行为人在取得对方资金或财物后，如果根本不用于履约行为，或者将货款大肆挥霍，或者将货物高进低出而收受货款等，即说明其主观上有非法占有目的，构成合同诈骗犯罪。

2. 不当得利与财产犯罪

所谓不当得利是指没有合法根据，使他人受到损失而使自己获得利益。当事人之间因不当得利所发生的债权债务关系，称为不当得利之债。获得利益的一方为受益人，受到损失的一方为受损人。构成不当得利请求权，须具备以下四个要件：①须一方获得利益；②须他方受有损失；③取得利益与受有损失之间须有因果关系；④须无合法根据。

不当得利分为两大类：一是基于法律行为又无法律上的根据而得利，二是非基于法律行为但也无法律直接根据而取得利益。如果一方受益他方受损有法律的根据，或者有合同的根据，则不为不当得利。

民法的重要内容就是调整和处理财产关系，任何故意或者过失侵犯他人财产的行为，不仅是违反了民法的规定，要承担民事责任，还可能触犯刑法，需要承担刑事责任。民法上的不当得利行为与刑事上的侵占罪、盗窃罪、诈骗罪、职务侵占罪及贪污罪之间就存在交叉关系，有些行为人的行为在构成刑事犯罪的同时其所获赃款在民事上构成不当得利。

（1）不当得利与侵占罪的区别。根据《刑法》第270条的规定，侵占罪是指以非法占有为目的，将代为他人保管的数额较大的财物或者将他人数额较大的遗忘物、埋藏物非法占为己有，拒不退还的行为。从侵占罪的概念看，侵占他人财物有三种情形：一是侵占代为保管的他人财物，二是侵占他人遗忘物，三是侵占他人埋藏物。

而民法上的不当得利是指没有合法的根据，取得不正当利益，造成他人损失的事实。

因此，不当得利与侵占罪有以下几点区别：①不当得利事实的发生，不是由于不当得利人的非法行为造成的，而是由于利益受损人或者第三人的过错造成的，这是不当得利与侵占行为的根本区别所在。②区分侵占行为与不当得利，必须看行为人捡得的是遗忘物还是遗失物。从司法实践看，不当得利的对象大多是遗失物，遗失物的失主一般不知道财物丢失的具体时间与地点，且失去财物的时间相对较长，拾得者一般也不知道失主具体是谁。遗忘物的遗忘行为属于个人行为，从法律关系上讲，侵占他人遗忘物实际侵犯的是遗忘者的个人财产利益。③涉案数额也是区分不当得利与侵占罪的重要标志。不当得利的数额不大，一般只有几十元、几百元，而侵占罪的数额要求较大，给被害人造成了重大的经济损失，具有较大的社会危害性，并且达到侵占罪规定的“数额较大”的追诉标准。

(2) 不当得利与盗窃罪的区别。刑法上的盗窃罪是指以非法占有为目的，秘密窃取数额较大的公私财物或者多次窃取公私财物的行为。其特征表现为：一是盗窃罪主观上有非法占有的故意。即明知是他人所有、持有或者经手之物，而有意通过破坏财物所有人、持有人或经手人对财物的合法控制，使之置于自己控制之下。二是在客观方面行为人必须实施了秘密窃取的行为，即采取了自认为不会被财物所有者、经手者发觉的方法，暗中窃取其财物。三是盗窃罪要求的数额较大，犯罪数额有明确追诉标准的要求，对社会危害程度大。

而民法上不当得利强调行为人没有合法根据，或事后丧失了合法根据而致他人遭受损失获得利益的行为。如：售货时多收款，拾得遗失物据为己有皆为不当得利。民法中的不当得利与刑法上的盗窃行为在表现形式上、主观恶性程度上都是不同的。其主要区别有：①从客观上，前者实现不法占有方式不是非法的，行为人不是采取主动的作为方式，积极追求非法占有的结果发生，而是因为财物持有人的主观过错造成行为人被动得利的结果。而盗窃行为往往采用非法手段，采取作为的方式，积极窃取他人财物，即乘所有人、持有人对财物看管不严等情况秘密窃取其财物。②从主观上看，不当得利的主观恶性程度较低，对他人财物虽有占有之意，但并未主动追求，行为人的社会危害性较小。而且不当得利的主观故意往往是在代管、持有或捡得他人财物之后才产生的。而盗窃行为则不同，其犯罪故意往往在实施盗窃行为之前就形成了。其实不论是临时起意还是早有预谋，行为人在主观上都抱着积极追求非法占有之目的，其主观恶性较大。③侵占财产的数额要求不一样。民法上不当得利的数额没有限制，也不要求给受害人造成较大损失。而盗窃罪都有明确的数额要求，构成盗窃罪要求数额较大，有明确追诉标准的要求，而且数额的大小直接影响量刑。

(3) 不当得利与诈骗罪的区别。诈骗罪，是指以非法占有为目的，使用欺骗方法，骗取数额较大的公私财物的行为。诈骗罪的基本构造为：行为人实施欺骗行为——对方（受骗人）产生或继续维持错误认识——对方基于错误认识处分财产——行为人或第三者取得财产——被害人遭受财产损害。民法上的不当得利，也可能符合刑法上的诈骗罪构成要件，进而成立诈骗罪。

从诈骗罪的构成要件可以看出，两者的区别还是比较明显的。①诈骗罪往往客观上表现为使用欺诈方法骗取数额较大的公私财物。首先，行为人只有主动实施了欺诈行为，才可能构成诈骗罪，欺诈的形式可以是虚构事实，也可以是隐瞒真相，只要使被害人陷入错误认识而做出行为人所希望的财产处分，即构成欺诈行为。而不当得利则是一种被动的获利，行为人不是采取主动的作为方式，积极追求非法占有的结果发生，而是因为财物持有人的主观过错造成行为人被动得利的结果。其次，诈骗罪强调骗取的财物数额较大，主观恶意深，社会危害大。譬如相关司法解释对诈骗罪的数额就作了规定，一般数额较大以2 000元为起点。而不当得利的数额可大可小，只要是没有合法的依据或者丧失了合法依据的，都属于不当得利。②诈骗罪在主观方面都表现为直接故意，并且具有非法占有公私财物的目的。这种主观故意都是早有预谋的，行为人在主观上都抱着积极追求非法占有之目的，其主观恶性较大。这也是财产性犯罪共有的特点。而不当得利中对他人财物虽有占有之意，但并未主动追求，而且不当得利的主观故意往往是在代管、持有或捡得他人财物之后才产生的，主观恶性小。③诈骗罪侵犯的对象是公私财产，包括国家、集体或个人的财物，可以是有体物，也可以是财产利益。而不当得利侵占的仅仅是遗失物失主的个人财产利益。

民法上的不当得利，还有可能与职务侵占罪、贪污罪发生交叉，这些财产犯罪的主体往往有特殊的职务要求。不当得利不仅可能成立刑法上的其他财产犯罪，还可能成立刑法上的经济犯罪。例如，侵害他人著作权获得利益的，属于无法律上原因获得利益并致他人受到损失的行为，应成立不当得利，但这种行为可能构成侵犯著作权罪或者销售侵权复制品罪。再如，未经专利权人的许可使用其专利而获得利益的，成立不当得利，但这种行为完全可能成立假冒专利罪。

三、警务执法中的知识产权保障制度

（一）知识产权与侵犯知识产权犯罪概述

1. 知识产权概念、特征与类型

知识产权是指智力成果的创造人依法所享有的权利和生产经营活动中标记所有人依法享有的权利的总称。其法律特征主要体现为：（1）私权性。知识产权是以人的智力成果为客体的一种民事权利，既具有人身权的内容，又具有财产权的内容。（2）专有性。专有性也叫做独有性或排他性，是指权利人对其智力劳动成果享有一种垄断性的专有权。专有性是知识产权最本质的特征。（3）无形性。无形性是指知识产权的客体是人类创造性智力劳动成果。这种智力劳动成果不具有物质形态，不占有空间，但可借助某种物质载体体现出来，且为若干人同时使用。（4）法定性。法定性是指知识产权必须按照法定条件和程序，经由法定的国家机关确认，方能获得知识产权的法律保护。（5）地域性。地域性是指根据一国法律所取得的知识产权，仅仅是在该国领域内有效，在其他国家原则上不发生效力。（6）时间性。时间性是指知识产权受到法律保护有一个法定的期限，超出该法定期限，有关的智力成果则列入公有领域，任何人均可以利用而不再受专有权的限制。

知识产权的范围和类型。知识产权的范围涵盖知识产权的内容、客体和对象。知识产权的范围一般有狭义和广义之分。广义的知识产权从权利类型来说，包括著作权、专利权、商标权和其他知识产权；从保护对象上说则是作品、发明创造、商标等商业标识、未公开信息、植物新品种、集成电路等各类知识产品、信息产品。狭义的知识产权是指由著作权（含邻接权）、专利权、商标权三个部分组成的传统知识产权，涉及的对象为作品、发明创造、商标。

2. 侵犯知识产权犯罪案件的概念与种类

侵犯知识产权犯罪案件是指违反有关知识产权法的规定，未经知识产权所有人许可，非法利用其知识产权，侵犯国家对知识产权的管理制度和知识产权权利人的合法权益，情节严重的行为。根据我国现行刑法的规定，知识产权犯罪包括以下七种具体形式：假冒注册商标罪，销售假冒注册商标的商品罪，非法制造、销售非法制造的注册商标标识罪，假

冒专利罪，侵犯著作权罪，销售侵权复制品罪，侵犯商业秘密罪。这七种犯罪，从其犯罪对象和侵害的利益来分，可归纳为以下四种类型：

（1）侵犯著作权案件。侵犯著作权案件包括一般意义上侵犯著作权案件和销售侵权复制品案件两种。侵犯著作权案件是指行为人以营利为目的，未经著作权人或邻接权人许可，实施法定侵权行为，情节严重的案件。我国刑法对盗用版权复制作品的案件规定有四种情况：未经著作权人许可，复制发行其文字作品、音乐、影视、录像作品、计算机软件及其他作品的案件；出版他人享有专有出版权的图书的案件；未经录音录像制作者许可，复制发行其制作的录音、录像的案件；制作、出售假冒他人署名的美术作品的案件。而销售侵权复制品案件则是指行为人以营利为目的，销售明知是盗版复制品作品，违法所得数额巨大的案件。这里的复制品就是指以上盗版复制作品案件中所列举的四种侵权复制品。

（2）侵犯商标权案件。商标是商品生产者或经营者使用在一定的商品、商品包装及其他宣传品上的专用标记。具有标志商品来源的功能，是商品生产者、经营者、服务提供者在商品交换中所体现的一种信誉。侵犯商标权案件是指违反商标法的规定，未经注册商标所有人许可，在同一种商品上使用与其注册商标相同的商标、销售明知是假冒注册商标的商品，及伪造、擅自制造他人注册商标标识或销售伪造、擅自制造的他人注册商标标识，情节严重的行为。侵犯商标权案件包括假冒商标案件、销售假冒商标的商品案件和非法制造、销售他人商标标识案件三种。

（3）侵犯专利权案件。专利是指国家主管机构在符合专利法规定的授予专利权的条件下，对发明创造成果所授予的专有权利。专利权是专利申请人对经过国家审查和批准的发明、实用新型或外观设计所享有一种专有的、排他的权利。假冒他人专利的案件是指未经专利权人许可，假冒他人有效专利，情节严重的行为。“情节严重”主要是指：因非法使用他人专利，违法所得数额较大的；给专利权人造成重大经济损失的；多次非法使用他人专利，屡教不改的；因非法使用他人专利，造成国内外恶劣政治影响的；等。

（4）侵犯商业秘密案件。商业秘密是商品生产者、经营者拥有的一种无形资产，包括技术信息和经营信息，如配方、图纸、计算机软件、工艺、设计、客户名单、原材料供应商名单等。侵犯商业秘密案件，是指采用不正当手段，获取、使用、披露或者允许他人使用权利人的商业秘密，给商业秘密的权利人造成重大损失的案件。侵犯他人商业秘密的行为有以下四种情况：以盗窃、利诱、胁迫或者其他不正当手段获取权利人商业秘密的行为；披露、使用或者允许他人使用以前项手段获取的权利人商业秘密的行为；违反约定或者违反权利人有关保守商业秘密的要求，披露、使用或者允许他人使用其所掌握的商业秘密的行为；明知或应知前述三种行为违法而获取、使用或披露他人商业秘密的行为。

（二）侵犯知识产权的犯罪及其与侵犯知识产权民事纠纷的区别

1. 侵犯知识产权犯罪的认定

警察机关在办理侵犯知识产权犯罪案件时，必须从具体案情出发，坚持罪刑法定原则，以具体罪的犯罪构成为标准，具体认定符合什么犯罪。

一是要准确把握各种知识产权犯罪的犯罪构成。我国现行刑法规定的知识产权犯罪共有七种，这七种犯罪都有各自具体的犯罪构成，每种具体罪的犯罪构成都可以从犯罪客体、客观方面、犯罪主体、主观方面等四个要件具体分析，并且各自有自己特殊的规定性。因此在具体认定某种行为是否构成具体罪时，我们必须认真对照法律的具体规定，仔细分析其构成要件，符合什么罪的犯罪构成就定什么罪，切实做到准确认定犯罪。

二是要注意区分正当合法的利用知识产权的行为与知识产权犯罪的界限。国家设立知识产权制度，目的是鼓励科学技术的进步和发明创造的推广运用，促进社会的发展。因此，正当合法的利用知识产权的行为不能构成违法犯罪，相反，它是有益于社会进步的，应予鼓励。

三是要注意区分侵犯知识产权的一般行政违法行为与知识产权犯罪的界限。两者相区分的标准，只能是法律的规定：只有符合刑法规定的知识产权犯罪的犯罪构成的行为，才能认定为知识产权犯罪；虽然行为人的行为违反了知识产权管理法规，但并不具备刑法规定的知识产权犯罪的犯罪构成，则不能构成知识产权犯罪，就属一般违法行为。譬如，如果行为人实施侵犯知识产权的行为，在主观上不是出于故意，而是由于过失，则一般不构成知识产权犯罪。有的犯罪，如销售侵权复制品罪，在主观上还必须是“以营利为目的”，如果不具备此目的，则不能构成本罪。

四是要注意区分知识产权犯罪与其他罪的界限。知识产权犯罪与其他一些犯罪有时容易混淆，如与生产、销售伪劣商品犯罪，与有关淫秽物品的犯罪，与泄露国家秘密罪等，都有一定的联系和相似之处，必须结合具体的犯罪构成仔细分析，予以区分。同时，知识产权犯罪内部的各种具体罪相互之间也有许多相似的地方，也应注意区分清楚。区分的标准，仍然是各自具体的犯罪构成。

2. 侵犯知识产权的犯罪与侵犯知识产权的经济纠纷的区别

二者在实施主体、行为方式、侵犯的对象上都可能相同，所以在司法实践中对于两者的界定存在难度。警察机关在处理这类案件时，一方面为避免插手经济纠纷的指责，谨慎立案查处；另一方面为避免放纵犯罪，又要加大打击力度，常常处在两难的境地。解决这个难题，需要掌握侵犯知识产权的犯罪与经济纠纷的区别。(1) 主观方面不尽相同。侵犯知识产权的犯罪主要是故意（只有间接侵犯商业秘密的犯罪行为在主观方面可以是故意和过失)，侵犯著作权罪、销售侵权复制品罪还要求具有营利的目的。所以，过失实施间接侵犯商业秘密犯罪之外的其他因过失而侵犯知识产权的行为，或不具有特定主观目的的侵权行为，不构成犯罪，可以作为一般经济纠纷处理。(2) 客观行为表现不尽相同。根据《刑法》的规定，侵犯知识产权犯罪行为的表现有的在法条中作了概括性的规定，如侵犯著作权罪、侵犯商业秘密罪；有些作了列举式的规定，如假冒注册商标罪、假冒专利罪等。这些规定对构成犯罪的行为作了立法的限定，不符合这些规定的，只能构成一般违法行为，作为经济纠纷处理，如假冒未注册的商标等。(3) 对侵权行为所造成的损失程度要求不同。侵犯知识产权的犯罪必须给权利人造成了一定的损失，具有相当的社会危害性。最高人民检察院、公安部颁布的《关于经济犯罪案件追诉标准的规定》对部分侵犯知识产权犯罪的立案标准作了规定，这是当前办理这类案件认定损失程度是否构成犯罪的标准。

（三）警察机关办理知识产权犯罪案件应注意的法律问题

1. 侵犯知识产权案件立案时应注意的法律问题

侵犯知识产权案件的立案是指警察机关审查了受理的材料，认为确有侵犯知识产权的犯罪事实存在，并且需要追究刑事责任，因此决定作为一个案件进行侦查的活动。经过案前审查，对照知识产权犯罪案件的立案标准，对受理的有关涉嫌知识产权犯罪的事件和线索应根据《公安机关办理刑事案件程序规定》分别进行处理：

案前审查中发现犯罪事实确实，应当追究刑事责任，并且属于本部门管辖范围的，警察机关应当立即结束案前审查，办理立案侦查手续，填写《立案报告书》并报县以上警察机关负责人审批，予以立案。

知识产权犯罪案件的立案应注意把握以下三个方面：

一是核实数额标准，准确把握案件性质。知识产权犯罪案件的侵权数额是确定侵权行为是否犯罪的重要标准。侦查机关在侦破侵犯知识产权犯罪案件时，应首先准确把握案件性质，正确区分罪与非罪、此罪与彼罪的界限。这是是否构成刑事犯罪的立案依据。

二是核实犯罪情节和刑事责任标准。知识产权犯罪案件的立案要严格掌握数额标准，但有些未达到数额标准的，还可依据其犯罪情节进行立案。如对于假冒注册商标案，有关追诉标准规定“虽未达到上述数额标准，但因假冒他人注册商标，受过行政处罚二次以上，又假冒他人注册商标的”，“造成恶劣影响的”，均应立案侦查。因此，立案时应当对犯罪情节进行认真核实。

三是报请有关部门领导批准。经过案前审查后，对于符合知识产权犯罪案件立案条件的，办案部门负责人应主持集体讨论，认真研究，经初审定性后制作《刑事案件立案报告书》，报县级以上警察机关负责人批准，立为案件并予以侦查。

2. 侵犯知识产权犯罪案件侦控时应注意的法律问题

目前侵犯知识产权的犯罪案件已经呈现出国际化、网络化、有组织化等趋势，这对我们警察机关办理知识产权犯罪案件提出了更高的要求，如何进一步加大知识产权犯罪打击力度，更好地保护知识产权权利人的合法权益，推动创新型国家的建立，已经成为警察机关需要认真思考的重点课题。

办理侵犯知识产权犯罪案件时应坚持的基本原则主要有：

一是主动出击原则。在当前知识产权犯罪数量不断增长、犯罪类型复杂多样的形势下，侦查部门要积极开展基础业务建设，努力提高获取侵犯知识产权犯罪情报线索的能力和线索的质量，认真研究其规律和特点，积极开展侦查，保持主动进攻的态势。

二是依法办案原则。在办理侵犯知识产权犯罪案件的过程中，一定要把公正严格执法作为立身之本。要正确区分罪与非罪的界限，区分各类侵犯知识产权犯罪之间的不同。无论在办案的任何环节，采取任何侦查措施都要符合法定程序和要求，做到程序合法。譬如要注意坚持先立案、后侦查，尚未立案之前，不得采取任何强制措施和侦查手段。更严禁以任何理由和借口插手经济纠纷。

三是注重证据原则。侦查人员要有强烈的证据意识和诉讼意识，从受案时起，就要重证据，重调查研究，在以后立案、侦查、采取强制措施、移送起诉等过程的每一个环节，都要及时、准确、全面地搜集证据，对与案件有关的各种物证、书证必须妥善保管，不能丢失、损毁，使案件经得起历史的检验。

四是协作配合原则。各级警察机关内部不仅要树立整体作战意识，还要主动加强与工商、海关以及其他知识产权管理部门的协作配合，建立起有效的工作机制，协作办案，充分发挥打击知识产权犯罪的整体合力作用。

五是打击和保护并重原则。警察机关在办理知识产权犯罪案件时要善于把握政策和法律的界限，既要严把经济犯罪立案关，积极侦查，坚决采取必要的侦查措施，依法严惩犯罪分子，决不姑息犯罪活动；同时也要最大限度地保护当事人的合法民事权利，理清公权介入公民私权领域的界限，严禁以办理知识产权犯罪之名非法介入经济纠纷。

四、警务执法中的住宅权保障制度

（一）住宅权的基本内涵

1. 住宅的界定

在我们的日常生活中，“住宅”一般是指“住房”，就是公民以居住为目的的生活、休息的封闭空间，或者说“私生活在物理空间上所展开的场所，其成立无需具备标准的建筑结构或持续性的占有等空间上的要件”。但从法律所保护的住宅权的角度来看，住宅不是单纯的供人们居住的一个物理空间，而是具有法律意义的特定场所。虽然目前我们难以对它作出一个精确的定义，但作为法律所保护的“住宅”应具有以下特点：

一是居住性。住宅的用途是居住，为生活所用。人在任何房子里都可居住，但并不是所有的房子都可称为住宅。可供人们居住的房子，应当具备可供人们生活起居的功能和设施。

二是相对隔绝性。住宅强调的是居住者对于相对封闭空间的独占性，所以不论是露营帐篷还是渔民作为家庭生活场所的渔船，都能成为法律所保护的住宅。这种相对隔绝性赋予住宅权人有权自由拒绝任何非法的侵入。

三是现实占有性。法律所保护的住宅权不仅仅是居住人对住宅的所有权，更关注居住者的自由和安全，只要是住宅权人现实占有住宅，其权利就应该受到保障。所以借用屋、出租屋以及个人临时租住的旅馆房间等都属于法律所保护的住宅的范围。甚至不需要住宅是被合法占有，作为居所的违章建筑也可以是住宅权中所保护的住宅。

因此，对于法律意义上的“住宅”，法律保护的价值不仅仅在于肯定它的经济价值、使用价值，也不仅仅主要保护它的所有者的所有权，还要保护其占有者的生活安宁与人格尊严。因此，对我国宪法规定的住宅权中的“住宅”应该从广义的角度来理解。

2. 住宅权的基本内涵

我国《宪法》第39条规定“中华人民共和国公民的住宅不受侵犯，禁止非法搜查或者非法侵入公民的住宅”。其内容主要包括：任何公民的住宅不得非法侵入；任何公民的住宅不得随意搜查；任何公民的住宅不得随意查封。公民享有住宅不受侵犯权是公民参与社会生活、享有人身自由权的重要条件。那么何谓“住宅权”？从不同的领域不同的角度来界定，其概念内涵差别很大，但从法律的角度来看，住宅权就可以从两方面去理解。

第一，从公法意义上看，住宅权是宪法上的基本权利，它包括两方面内容，具有生存权和社会权双重属性。

首先，它是人的一种基本生存权，即住宅权是每个公民维持其生存所必须享有的基本权利。住宅是人类生存的基本条件，剥夺了住宅权就等于剥夺了平等生存的权利。每一个公民都有权利获得国家的帮助来实现自己的住宅权。它作为公民所享有的一项积极权利，对于国家和政府就是一种应当承担的法律义务。

其次，它是一种住宅自由权，有的学者将住宅自由权称为居住权，并在与迁徙权相关联的意义上辩证地阐述它的含义，即《公民权利和政治权利国际公约》第12条第1款所确定的“合法处在一国领土内的每一个人在该领土内有权享受迁徙自由和选择住所的自由”。这种自由也可以说是人身自由的延伸，其旨在保护权利人围绕住宅的人身自由和精神权利，防范国家和他人的干扰和侵犯。

第二，从私法意义上看，住宅权也具有人身权与财产权的双重属性，两者以住宅作为物质载体，不可分割，私法对于住宅权的保护也围绕这两种权利展开。

首先，它具有人身权的属性。欧洲有句名言：“我的房屋虽然简陋，风可进，雨可进，国王不能进。”住宅就如同一个私人堡垒，它不仅是公民独立和隐秘的私人领地，更是公民人身自由权和人格尊严权的延伸。公民住宅权能否依法受到保障，直接关系到公民的生命权、健康权、隐私权等人身权利能否得以实现。因此，任何对住宅权的非法侵害，尤其是公权力的非法侵害，都会直接侵害到公民的人格尊严、人身自由和生命安全。

其次，它具有财产权的属性。这是物权法意义上的业主建筑物区分所有权，即业主对建筑物内住宅、经营性用房等专用部分享有的所有权。《物权法》第72条规定："业主对其建筑物专有部分享有占有、使用、收益和处分的权利。业主行使权利不得危及建筑物的安全，不得损害其他业主的合法权益。"因此，权利人在不妨害社会公共利益以及他人合法权益的情形下，可以以出让、出租、抵押和投资等方式行使自己的住宅权利，权利人对住宅专有部分所享有的这种绝对支配权，还可以表现为禁止他人对自己行使住宅权的非法干涉，禁止他人（包括公权力）对自己住宅的非法查封、拆迁等的权利。

综上所述，住宅权不是一种单一的权利，而是一种综合性的权利。住宅权是公民对住宅享有的财产权利、因住宅而获得的特定人身权利以及基于住宅而产生的获得国家帮助实现其居有定所的权利的集合体。因此，公民住宅权既是公民的一项具有多重内涵的私法性权利，又是一项复合型的基本权利。

（二）警务执法中住宅权的保障

新中国成立后，通过宪法和其他部门法的配套规定，我国已经逐步建立了对住宅权保护的制度性规范。从1949年的《中国人民政治协商会议共同纲领》至现行的1982年的《宪法》都有关于住宅权的保护性条款。《宪法》第39条规定："中华人民共和国公民的住宅不受侵犯。禁止非法搜查或者非法侵入公民的住宅。"并且通过部门法的"配套"性规定给予了住宅权更充实的保障依据。《刑法》第245条规定："非法搜查他人身体、住宅，或者非法侵入他人住宅的，处三年以下有期徒刑或者拘役。司法工作人员滥用职权，犯前款罪的，从重处罚。"《民法通则》第75条规定："公民的个人财产，包括公民的合法收入、房屋……受法律保护。"《治安管理处罚法》第40条规定："有下列行为之一的，处十日以上十五日以下拘留，并处五百元以上一千元以下罚款；情节较轻的，处五日以上十日以下拘留，并处二百元以上五百元以下罚款：……（三）非法限制他人人身自由、非法侵入他人住宅或者非法搜查他人身体的。"《物权法》第70条规定："业主对建筑物内住宅、经营性用房等专有部分享有所有权"。第71条还规定："业主对建筑物专有部分享有占有、使用、收益和处分的权利。"从以上我国对住宅权保障的立法历史沿革来看，住宅权一直是作为公民基本权利被加以立法保护的。随着我国法治进程的不断推进，在具体的执法和司法工作中如何更好地保障公民住宅权，在当前则显得更为重要和紧迫。尤其是警务工作因为与公民日常生活接触得最为紧密，因此在警务执法中更应该注意对公民住宅权的保障。

1. 刑事执法中对住宅权的保障

我国《刑事诉讼法》第134条规定："为了收集犯罪证据、查获犯罪人，侦查人员可以对犯罪嫌疑人以及可能隐藏罪犯或者犯罪证据的人的身体、物品、住处和其他有关的地方进行搜查。"刑事搜查权是《刑事诉讼法》赋予警察机关的一项主要职能，是警察机关在刑事执法中实施的最为常见的具有强制性的侦查手段，通过搜查可以查获犯罪嫌疑人和收集证据，它的实施对刑事诉讼的进行具有重要意义，但是其实施很容易侵犯公民的人身权、财产权、隐私权以及住宅自由权。所以各国刑事诉讼立法都对刑事搜查程序作了严格、具体的规定。我国《刑事诉讼法》和相关的司法解释也对刑事搜查程序作了具体规定，但因为我国刑事搜查程序的立法仍存在不足，导致警察在侦查实践中违法搜查现象时有发生。

我国目前对住宅的刑事搜查主要存在以下两个方面的问题：（1）执行搜查时间的随意性。各国对执行搜查的时间都作了明确规定，一般在白天进行，尽量避免在夜间搜查，这就可以减少搜查对公民休息、生活的影响，使他们保持应有的安全感。我国《刑事诉讼法》和相关司法解释都没有规定执行搜查的时间。（2）搜查执行方式规定不完善。各国法律对搜查执行方式都有所规定，而我国对此却没有任何规定。我国相关法律只规定搜查应出示搜查证，但对于执行搜查人员如何进入搜查场所却没有规定，所以，在实践中破门而入的现象非常普遍。(3) 对非法搜查的补偿缺失。按照我国《国家赔偿法》规定，对非法搜查造成的公民住宅自由权受到损失无法获得赔偿。

2. 行政执法中对住宅权的保障

《行政处罚法》和《治安管理处罚法》都以法律的形式明确地赋予了警察机关在查处治安案件中，可以依法对有关的场所、物品、人身进行实地查看、寻找、检验，以发现和收集有关证据，甚至可以对非法场所、住所以及财产依法采取查封、扣押等行政强制措施。在治安管理中警察机关的行政检查主要有三个方面。一是调查户口、检查暂住证或身份证时警察以“入户调查”为名进入公民住宅，并且这种工作方法一直延续至今。二是消防安全检查。原则上消防安全检查只能针对公共场所或者居民住宅的公共部分，但是，实践中警察越来越多地进入私人住宅（包括合法租住的房屋及旅馆客房）检查消防安全，如果公民拒绝警察进入住宅内检查，警察则有权破门而入或者以其他强制方法进入住宅。三是治安管理检查。《治安管理处罚法》第 87 条规定：“公安机关对与违反治安管理行为有关的场所、物品、人身可以进行检查。……对确有必要立即进行检查的，人民警察经出示工作证件，可以当场检查，但检查公民住所应出示县级以上人民政府公安机关开具的检查证明文件。”

这些行政权力的赋予对于警察机关维护社会治安秩序，保障公共安全，保护公民、法人和其他组织的合法权益无疑是必需的，但在行使这些权力时往往涉及公民的人身自由权、人格尊严权、隐私权、住宅权、休息权、财产权等各项基本权利，如果行使不当，就会对公民的权利造成侵犯。为了保护公民的基本权利免受侵害，《治安管理处罚法》和《公安机关办理行政案件程序规定》等相关的法律文件对警察行使行政检查权力的主体、条件、程序等都做出了相应的规定和限制。譬如《公安机关办理行政案件程序规定》第 61 条明确规定：“公安机关对与违法行为有关的场所、物品、人身可以进行检查。检查时，人民警察不得少于两人，并应当出示工作证件和县级以上公安机关开具的检查证。对确有必要立即进行检查的，人民警察经出示工作证件，可以当场检查。……检查公民住所必须持有县级以上公安机关开具的检查证。但是，有证据表明或者有群众报警公民住所内正在发生危害公共安全或者公民人身安全的案（事）件，或者违法存放危险物质，不立即检查可能对公共安全或者公民人身、财产安全造成重大危害的，人民警察经出示工作证件，可以立即检查。”

第三节　公安警察民事法律制度的基本形式

如果说在上一节所讲的人身权保障制度、财产权保障制度、知识产权保障制度和住宅权保障制度等内容是公安警察民事法律制度的实体内容的话，那么本节所讲的公安警察民事法律制度的基本形式则是公安警察民事法律制度的程序内容，也就是从程序上保障警务执法相对人民事权益的法律制度的总和。目前，公安警察民事法律制度的基本形式集中表现为调解，具体包括公安行政调解和公安刑事调解两部分。

一、警务调解的概念与特点

警务调解是指警察机关在公安执法中对特定的民事法律关系进行的调解处理。这是我国在多年的公安工作中逐步摸索出的极具中国特色的警务工作模式。几十年的实践一再证明着其强大的生命力，并逐步得到了国外警学界的普遍认可。《治安管理处罚法》第9条规定：“对于因民间纠纷引起的打架斗殴或者损毁他人财物等违反治安管理行为，情节较轻的，公安机关可以调解处理。经公安机关调解，当事人达成协议的，不予处罚。经调解未达成协议或者达成协议后不履行的，公安机关应当依照本法的规定对违反治安管理行为人给予处罚，并告知当事人可以就民事争议依法向人民法院提起民事诉讼。”《道路交通安全法》第74条规定：“对交通事故损害赔偿的争议，当事人可以请求公安机关交通管理部门调解，也可以直接向人民法院提起民事诉讼。经公安机关交通管理部门调解，当事人未达成协议或者调解书生效后不履行的，当事人可以向人民法院提起民事诉讼。”主要以以上两法的规定为基础，国务院《道路交通安全法实施条例》、公安部《公安机关办理行政案件程序规定》、《道路交通事故处理程序规定》和《公安机关办理伤害案件规定》等其他法规、规章也对警务调解作了进一步细化规定，有中国特色的警务调解制度初步形成。

综合现行立法规定，我国的警务调解表现出以下特点：

(一) 法定性

首先，主体法定。按照现行立法，警务调解只能由警察机关主持，非警察机关无权实施警务调解。

其次，对象法定。警务调解的对象都是特定的民事法律关系。例如，在治安行政调解中，必须是因民间纠纷引起的、情节轻微、不是必须处罚的治安案件方可进行调解。在这一类治安案件中，调解的直接对象是因违法嫌疑人违反治安管理行为引发的民事赔偿。它是典型的民事关系，只不过是与违反治安管理行为密不可分的民事关系。也正因如此，警察机关才有了以公权介入私权利领域的现实基础。再例如具有普适性的道路交通事故调解，只要当事人自愿，均可进行调解。这类案件中调解对象的法定性主要表现在民事关系必须是交通事故直接引发的民事赔偿。

最后，程序法定。警务调解必须经过案件事实调查、法律责任划分、调停斡旋达成合意、制作并送达法律文书四个阶段。在每个阶段，法律都规定了具体的期限、方式和文书的要求。

(二) 非强制性

警务调解的非强制性表现在两个方面：一是调解手段的选择必须征得相对人的同意，任何一方相对人如果不同意调解，则警察机关均不能强制调解；二是调解结果的法律效力不具有强制性，即使当事人签收了调解书，在履行之前仍然可以反悔，任何一方相对人反悔，另一方相对人只能向人民法院另行提起民事诉讼，警察机关无权强制执行。警务调解的非强制性特点充分尊重了相对人的意愿，体现了执法民主化的现代法治要求，特别是在仍然受中庸、和谐的传统法律文化影响较大的当代中国社会，调解不但使得案件本身得到了及时处理，也使案件背后的原因性隐患得以彻底消除，在不伤害双方和气的前提下，使得社会矛盾得到有效化解，实现了对违法犯罪的最大防范。所以，在构建和谐社会的进程中，警务调解对于维护社会稳定、促进社会和谐具有重要现实意义。

二、警务调解的非警察权属性定位

在对警务调解的含义和立法现状作了初步辨析后，我们可以进一步分析警务调解的法律性质了。目前，国内对警务调解的研究和探讨已经有了很多成果，从互联网上搜索的结果看，专门或附带论述警务调解的文章、著作多达近百篇（部）。但是，绝大部分都是着眼于现行警务调解制度的特点、问题及其完善进行的注释法学式的探讨，很少有人对其法律性质和价值定位进行深层次的法哲学思考。就目前少量的对警务调解法律性质的研究看，认为警务调解具有警察权属性的观点不在少数。[①] 但笔者以为，警务调解不具有警察权属性，它应当是一种新型的行政权——行政相邻权。

（一）从起源上看，警务调解是公私法不断融合而形成的一种新型社会管理手段，具有准司法性质，但不属于警察权的组成部分

按照乌尔比安最初对公私法的划分和后世法学家的进一步阐释，公法侧重于在公权领域发挥作用，私法侧重于在私权领域发挥作用。在传统社会里，公权领域与私权领域是有比较明晰的分界线的。但是，在现代社会，随着国家生活与社会生活的日益复杂，公权行使与私权保护相互渗透，越来越难以截然分离。在私权保护对国家政治、法律等的影响越来越大的同时，以调整公权领域为主的公法也开始向私权领域渗透，出现了所谓的“公法私法化”和“私法公法化”。这种公私法相互融合的趋势带来的一个直接影响是，公权力主体开始对私法关系进行适度干预，以确保更好地维护公共秩序和公共利益。警务调解正是这样背景下的产物。上个世纪 80、90 年代的中国，随着改革开放的全面铺开，在商品经济的催动下，私权保障、民主法治的民间呼声对公权领域的依法行政产生了积极而重要的影响；另一方面，运用行政的、司法的公权力对私权纠纷进行干预以确保适应商品经济发展的社会公共秩序的建立，也成为必然。在三十年人民调解制度实践的基础上，和走群众路线做好公安工作的指导思想下，1986 年的《治安管理处罚条例》第一次对治安案件调解作出了制度性安排。之后的其他法律文件又陆续对治安案件的调解、交通事故调解、伤害案件调解等进行了规定和完善。

从警务调解的发展历程看，它可以说是警察机关的警察权向私权领域渗透和扩张的结果。但这种渗透和扩张后形成的法律变异权力不仅仅是形式上的变化，更主要的是实质的变化。这种实质的变化集中体现为四点：一是法律关系主体的改变。在警察权行使中，警察权主体直接对相对人行使警察职权，双方之间的关系具有不平等性和非合意性；在警务调解中，警察机关不能对相对人直接进行调解，必须征得相对人一致同意，双方之间的关系具有平等性和合意性。二是行为对象的改变。警察权是原生性行政权，针对的是行政关系；警务调解权是派生性行政权，是警察权向私权领域的延伸，针对的是民事关系。三是行为手段的改变。警察权的实施手段具有鲜明的强制性，可以对人身、财产、场所采取直接的限制手段；警务调解的实施不具有任何强制性，只能从中调停、斡旋。四是行为后果的改变。警察权的实施具有直接的确定力、拘束力和执行力，相对人对案件具体处理结果不服，将产生强制执行的后果；警务调解的实施不具有直接的确定力、拘束力和执行力，相对人对案件具体处理结果不服，不能产生强制执行的后果。所以，作为从本质上发生变化后形成的警务调解，只能说与警察权密切相关，但不能说就是警察权的组成部分。如果说警察机关的行为可以分为警察权行为和非警察权行为的话，警务调解行为应当属于非警察权行为。这种非警察权行为类似于司法审判机关以中立者身份对民事纠纷进行的居中审判或调解行为，因此我们又可以把警务调解称为准司法行为。

（二）从法律特征上看，警务调解不具有警察权的执行性特征

在《社会契约论》一书中，卢梭明确指出：“政府只不过是主权者的执行人。它负责执

① 参见贾建平：《公安行政调解的警察权属性探析》，2008 年 10 月河南警察法治研究所第二届警察法治研讨会交流论文；胡建刚：《对警察适用治安调解权的若干思考》，载《上海公安高等专科学校学报》，2008 (1)。

行法律并维护社会的以及政治的自由。”[①] 在卢梭看来，政府的行政权不过是私权契约化的产物之一，从本质上讲就是执行权。或者说，执行性是现代行政权的基本特征之一。而按照现代国家分权理论和制度设计，与司法权等其他国家权力一样，行政权是国家权力体系中的一级权力单位，警察权是行政权的再分配，是国家权力体系中的二级权力单位，是典型的、最具代表性的行政权，当然也具有执行性的一般特征。警察权一旦实施，必然对相对人产生直接的实体权利义务的影响。即使相对人存在异议，法律基于公共秩序维护的需要，虽然提供了充分的救济途径，但在行政纠纷得到最终解决前仍然推定警察权的实施先行有效，要求相对人尊重和执行。考察警务调解，它并不具有执行性特征，即使已向相对人依法送达后，调解书规定的相对人实体权利义务关系仍然处于不确定状态，任何一方相对人均可在履行前随时反悔。法律对相对人的这种行政毁约行为采取了宽容放任的态度，同时指出了纠纷解决的另外途径（在继续追究行政责任的同时另行提起民事诉讼），这使得警务调解在警察权权威基础上形成的一点非法律约束力也失去了保证。所以，不具有执行性特征的警务调解无论如何难以划入警察权范畴。

（三）从法律功能上看，警务调解的积极行政作用并不必然说明它是警察权行为

警察法学一般理论认为，警察的功能分为消极公安警察行政作用、积极公安警察行政作用和协助诸般行政作用。所谓警察的消极行政作用，是指统治者为了实现统治秩序，以限制人的自由的方式实施的行政作用；所谓积极行政作用，是指警察不仅仅体现出限制人自由的行政作用，还具有促进社会福利发展的行政作用；所谓协助诸般行政作用，是指公安警察行政作为国家行政的一部分，应协助其他行政作用的实现。[②] 传统警察权主要着眼于消极公安警察行政作用和协助诸般行政作用的发挥，通过对相对人私权的广泛干预实现对违法犯罪的防范，确保国家意志的有效贯彻，维护相对稳定的社会秩序。近代以来，以罗伯特·比尔领导的第一次世界警务革命为开端，传统警察打击违法犯罪的“战士”形象被逐渐颠覆，为社会公众提供福利为首要内容的积极公安警察行政作用得到强化，警察更多的时候以“保姆”形象出现在公众面前，警察的行为不再全部是警察权行为，而是表现出行为手段的多样化，非权力手段越来越频繁地被使用，例如为遇到困难的人提供帮助、为公民住所提供安全守望服务、替公众保管并招领遗失物、排除重大险情、重大突发事件救助等。在我国，这种警察功能的转化比西方晚了一个多世纪。最早关于警察积极行政作用的规定见于 1957 年《人民警察条例》，该法第 5 条关于监督公共卫生和市容的整洁、对孤立无援的人的救护、参加和协助进行有关群众福利工作、开展社会宣传等的规定体现了警察的积极行政作用。1995 年的《人民警察法》在第三章的义务和纪律中再次明确了对公民进行救助、解决公民的纠纷、积极参加抢险救灾和社会公益工作等警察积极行政的内容。但是相对于警察消极行政的规定来讲，这些有限的积极行政的内容仍然是次要的，不占主导地位。从上个世纪初期开始，我们在学习欧美国家先进经验进行警务改革的过程中，随着 110 报警服务台和动态勤务模式的建立，以及社区警务的推广，警察积极行政作用的发挥才得到进一步加强，警察机关大量的非警察权行为甚至一度占据了警务活动的主导地位。警务调解正是在警务改革的这一发展过程中逐步确立起来的非警察权制度。所以，警务调解虽然迎合并体现了警察积极行政功能的强化趋势，但是并不说明它具有警察权属性或者说它是警察权行为。警察功能与警察行为性质是两个不同的问题。大量非警察权行为的存

① ［法］卢梭：《社会契约论》，何兆武译，76 页，北京，商务印书馆，1980。

② 参见毛志斌主编：《警察法》，7 页，郑州，河南人民出版社，2005。

在早已使警察行为的含义发生了深刻变化，颠覆了传统的警察行为的理论基础。将警察行为分为警察权行为和非警察权行为不但适应了当今社会警务革命发展的趋势，也更有利于对警察权的限制和监督，有效避免了警察权以各种借口向私权领域的无限扩张，符合民主和法治的内在要求。特别是在构建和谐社会的进程中，去除警务调解本不应有的警察权属性，还原其本来面目，树立警察机关的人性化执法形象，更有利于公众对这一社会纠纷解决手段的认同，更有利于建立和谐的警民关系和促进社区稳定。

（四）警务调解权是行政相邻权，警务调解行为是国家对社会管理的行政相关行为

按照权力来源和设立目的的不同，行政权可以分为原生性行政权和派生性行政权。原生性行政权是指行政主体为了完成自身的行政职能而直接具有的应然行政权力，如警察机关的治安管理权、道路交通管理权、行政处罚权等。派生性行政权是指由原生性行政权派生出来的关联性行政权力。派生性行政权又可分为行政优益权和行政相邻权。行政优益权是指为了保障原生性行政权的实现而设立的附随性行政权力，如警察的警械武器使用权、警车在紧急情况下的优先通行权、要求社会公众配合执行公务的权力等。这些权力不是原生性行政权本身，但是是原生性行政权得以实现的必要保障，附随于原生性行政权，二者密不可分。行政相邻权虽然也是派生性权力，但是不具有附随性和保障性，是原生性行政权从公权领域向私权领域的延伸。与原生性行政权以公权纠纷为调整对象不同，行政相邻权解决的是私权纠纷。它是公私法相互渗透、不断融合的产物。在私法领域，物权分为自物权和他物权，他物权是自物权在他物上的权利延伸，相邻权是他物权的典型代表。将私法上的相邻权概念移植到公法领域，就产生了行政相邻权的概念。行政相邻权与原生性行政权密不可分，只是行政主体为了实现终极行政目的，暂时变换角色和手段，介入与公共秩序密切相关的私权领域消弭社会矛盾、化解纠纷的权力。行政调解、行政仲裁等都是行政相邻权的体现。这种行政权种类体系的重新构建，使得不同行政权在来源和目的上有了更清晰的分野，并根据各自不同的特点进行法律定位，符合现代行政法的发展趋势。与以上行政权的分类相对应，行政主体的行为分为行政行为和行政相关行为。行政主体基于原生性行政权实施的行为是行政行为，基于派生性行政权实施的行为是行政相关行为。无论行政行为还是行政相关行为都具有行政性，都会对相对人权益产生影响，都会产生行政法律后果。警察权属于原生性行政权，实施警察权的行为就是行政行为。警务调解属于派生性行政权中的行政相邻权，警务调解行为就是行政相关行为。

三、警务调解的种类和适用

按照所涉案件性质和法律领域的不同，现行立法将警务调解分为治安行政调解、道路交通事故调解和刑事案件调解三部分。

（一）治安行政调解

治安行政调解是警察机关对因民间纠纷引起的治安案件进行调解处理的执法手段。它的依据是《治安管理处罚法》第9条。根据该条的规定，治安行政调解的适用条件是：第一，必须是民间纠纷引起的治安案件。非民间纠纷引起的治安案件，如盗窃案件、诈骗案件等，都不能适用调解。第二，情节轻微不是必须处罚的案件。如果情节恶劣，应当依法追究责任的，警察机关不宜调解，只能作出处罚的同时告知受害人另行向法院提起民事诉讼。这就是所谓的或调或罚原则的适用，即调解结案的不再处罚，处罚结案的不能调解。特别说明的是，在该类治安案件中，存在三个需要法律调整的社会关系：引发治安案件的民事关系（作为起因的民间纠纷）；因行为人违反治安管理产生的行政处罚关系；因违反治

安管理行为导致的民事赔偿关系。对于第一个社会关系，即引发治安案件的民事关系，虽然与违反治安管理行为密切相关，但警察机关无权作出法律表态，实践中只能由其他国家机关先行处理，再由警察机关对治安案件进行查处。对第二个社会关系，即因行为人违反治安管理产生的行政处罚关系，是警察机关应当依法作出法律评判的社会关系。但是如果进行调解的话，就不能同时对违法嫌疑人进行处罚了，只能对第三个社会关系，即因违反治安管理行为导致的民事赔偿关系，进行以特定权利义务为内容的最后处理。实践中很多执法的一线民警不能正确区分这三类不同社会关系的性质和内容，对或调或罚原则理解得不到位，往往导致案件处理越权或违法。

依据现行立法，治安行政调解中应当注意把握以下几个问题：一是要严格遵守调解自愿原则。无论是调解程序的适用还是调解结果的执行均不具有强制性，任何一方当事人不同意，调解即无法进行。二是要严格遵守调解的先后程序。调解一般按照案件受理、查明案情、分清责任、调停斡旋、制作并送达法律文书五个环节进行。实际上前三个环节与治安处罚是一样的，只有在查明案情、分清责任后才能够判断案件是否具备调解条件，才能判断从何处入手进行调解。所有环节都必须在案卷中有所显示，不得随意省略或颠倒。三是要注重效率。《治安管理处罚法》和公安部《公安机关办理行政案件程序规定》明确指出，调解以两次为限，不能无限期、无次数调解，一旦调解无望要及时裁决。

（二）道路交通事故调解

道路交通事故调解是警察机关在处理道路交通事故中对交通违法行为造成的损失进行责任划分和调解处理的执法手段。它的依据是《道路交通安全法》和国务院《交通安全法实施条例》以及公安部《道路交通事故处理程序规定》等。与治安行政调解相比，二者的相同点是都适用当事人自愿原则。二者的不同点有三：一是道路交通事故调解是普遍适用于所有交通事故案件的，不存在适用条件的限制；二是道路交通事故调解不适用或调或罚的原则，民事责任的承担并不当然免除行政、刑事责任，仅作为后者责任追究的裁量因素参考；三是道路交通事故调解针对的不全是行政案件，也可能是刑事案件。

在具体实践中，事故责任的划分是关键环节。它不但影响到调解成功与否，还影响到违法行为人的行为是构成行政责任还是刑事责任。因此，尽快作出事故责任划分极为重要。其他注意事项与治安行政调解相同，不再赘述。

（三）刑事案件调解

刑事案件调解是警察机关对立案侦查的刑事案件附带民事部分进行调解处理的执法手段。刑事案件调解不但有利于受害人权益及时充分得到保护，也便于充分利用执法资源，节省执法成本，提高执法综合效率。有学者认为，犯罪嫌疑人是否构成犯罪在侦查阶段尚不能最后确定，因此，过早认定和要求其承担赔偿责任有欠妥当，在侦查阶段不宜授予警察机关对刑事案件的调解权力。我们认为，民事责任和刑事责任不同。只要能够证明犯罪嫌疑人行为与受害人损失之间的因果关系，双方又自愿选择调解，警察机关应当进行调解，犯罪嫌疑人行为是否确定地构成犯罪不影响其民事责任的评判。

刑事案件调解的前提是受害人存在物质损失，并且损失是犯罪嫌疑人行为直接造成的。如果不存在物质损失或损失不是犯罪嫌疑人行为直接造成的，警察机关无权调解。刑事案件调解应当遵循以下原则：一是两种责任不能互相替代原则。调解只是对民事部分的处理，并不因此免除犯罪嫌疑人的刑事责任，刑事责任问题留待将来法院评判，附带民事部分的调解可以作为将来量刑从轻的情节。二是调解自愿原则。无论是调解解决纠纷方式的选择还是最后调解协议的履行，都必须尊重当事人意愿。调解不影响刑事程序的进行，如果调解不成，应当告知受害人对民事部分另行提起附带民事诉讼。

我国现行刑事立法中对刑事案件调解的规定极度匮乏。刑事案件的调解主要表现在两类法律文件中，一是《道路交通安全法》及其实施条例、《道路交通事故处理办法》等法律文件中关于道路交通事故调解的规定。如果事故构成了交通肇事罪，则事故的调解就是刑事案件的调解。二是公安部颁布的《公安机关办理伤害案件规定》中关于刑事伤害案件调解的规定。而对于故意毁坏财物等其他刑事案件中造成的损失部分的调解，立法存在空白，造成实践中很多可以调解的案件无法可依。当然，实践中也要注意纠正部分民警另一种错误的执法认识：轻微刑事案件调解后不再追究刑事责任。当事人各方也想花钱买断，就此了结。应当使办案民警和当事人明白，公诉刑事案件私了将带来一系列潜在不良社会后果，损害社会公共利益，必须予以禁止。但是，调解成功仍然对当事人具有积极意义，例如可以影响到将来的量刑轻重等。这就需要立法层面和执法层面正确的引导。

四、警务调解的立法完善

既然警务调解权定位在行政相邻权，警务调解行为定位在行政相关行为，那么，在行政法治视野下审视当前的警务调解制度，存在的突出问题和解决思路主要有以下几方面：

（一）没有建立起完善的调解辩论制度，在调解的整体程序设计中应当增加辩论程序

既然调解是一种准司法行为，就应当允许相对人充分发表自己的法律见解，通过辩论确保调解最大限度的公正。但是，在实践中，虽然相对于治安行政调解和刑事案件调解，交通事故调解的程序规定得更加完善一些，但是在立法中都没有设立辩论环节。以2009年1月1日起实行的《道路交通事故处理程序规定》为例，它并没有规定交通事故调解的辩论程序，只是有限地明确了警察机关要听取当事人的“请求”，没有辩论环节的设定，所有调解程序分为告知当事人权利义务、听取当事人请求、确定当事人责任、确定履行方式和期限等几部分。这些程序都是以警察机关为主导展开的，体现出浓郁的职权主义色彩，使得本来应当体现行政民主化的调解制度表现出极大缺陷。因此，应当通过立法建立完善的调解辩论制度，以确保警务调解最大限度地发挥法律优势，解决纠纷，化解矛盾，促进社会和谐稳定。

（二）调解的普遍适用原则没有得到充分体现

调解的普遍适用原则告诉我们，只要是警务执法附带民事纠纷均可适用调解。也就是说，警务调解的适用只需要一个前提，即违法行为引起的民事纠纷。纯粹的民事纠纷，警察机关不能介入。在交通事故调解实践中，这一原则已经得到很好的落实，但是在治安行政调解和刑事案件调解中，要么存在适用条件的限制，要么没有明示普遍适用原则，因而需要进行技术性修改。

（三）调解的优先适用原则需要确立并进行制度性落实

之所以对某些特定案件附加适用调解手段解决纠纷，是因为调解具有处罚手段所不能替代的优点。因此，在符合调解条件的情况下，应当确立调解优先的原则，确保法律纠纷得到最佳处理效果。但是，在现行立法中，这一原则没有被完全确立。特别是在治安行政调解中，即使符合调解条件，警察机关仍然有权选择不调解，具有很大的自由裁量空间。在警察整体执法水平尚待提高的情况下，这只能增加执法的随意性，无益于法律纠纷的最优化处理。在刑事案件中，传统的“重刑轻民”思想使得附带民事纠纷的处理处于若有若无的地位，调解的适用尚缺乏完善的制度保障，更谈不上优先适用。所以，对警务执法附带民事纠纷，立法应当要求警察机关优先选择调解手段查处案件。调解附带民事纠纷是警察机关的程序性义务，警察机关既不能将附带民事纠纷简单地直接推给法院，也不能在调

解程序没有结束之前先行作出行政处罚或者仓促移送审查起诉（因为调解的结果影响将来行政或刑事法律责任承担的大小、有无）。

（四）不同法律责任不能互相替代原则需要进一步落实

这一原则的含义有两点：第一，行政执法、刑事执法针对的是违法行为人的行政、刑事责任，调解针对的是违法行为人的民事责任，二者虽有关联，但是不能互相替代。第二，附带民事部分的调解结果直接影响将来行政或刑事法律责任承担的大小、有无。一旦对附带的民事纠纷调解成功，在追究违法行为人行政、刑事法律责任时，应当从轻、减轻或免除处罚，从而鼓励相对人接受调解。在治安行政调解中，现行的或调或罚制度明显与这一原则相冲突，需要进行较大幅度的调整。在交通事故调解中，相对人一方如果以积极的姿态接受调解，在实践中会被警察机关在追究其行政、刑事责任时作为酌定从轻裁量情节，但立法上没有明示，需要上升为法定从轻、减轻或免予处罚情节，以减少执法的随意性。在刑事案件调解中，无论是警察机关的移送起诉意见、检察机关的公诉意见还是审判机关的裁判，都应当从调解结果角度考虑当事人主观恶性和行为危害程度的大小，适当从轻、减轻或免除处罚。

综合调解的普遍适用原则、优先适用原则和不同法律责任不能互相替代原则的基本要求，笔者建议，将《治安管理处罚法》第 9 条修改为“违反治安管理行为造成他人人身或财产损失的，公安机关应当在做出行政处罚前进行调解。经公安机关调解，当事人达成协议并履行的，应当从轻、减轻或者不予处罚；经调解未达成协议或者达成协议后不履行的，公安机关应当依照本法的规定对违反治安管理行为人给予处罚，并告知当事人可以就民事争议依法向人民法院提起民事诉讼。”建议将《道路交通安全法》第 74 条修改为：“对交通事故损害赔偿的争议，当事人可以请求公安机关交通管理部门调解，也可以直接向人民法院提起民事诉讼。当事人一致请求调解的，公安机关交通管理部门应当在做出道路交通处罚前组织调解。经公安机关交通管理部门调解，当事人达成协议并履行的，应当从轻、减轻或者不予处罚；经调解未达成协议或者调解书生效后不履行的，当事人可以向人民法院提起民事诉讼。”建议在我国《刑事诉讼法》中适当条款增补以下内容：“因犯罪嫌疑人、被告人犯罪行为造成他人人身或财产损失的，公安机关在侦查终结后，移送审查起诉前，应当进行调解。经公安机关调解，当事人达成协议并履行的，人民法院应当从轻、减轻或者不予追究刑事责任；经调解未达成协议或者达成协议后不履行的，公安机关应当及时移送审查起诉，并告知当事人可以就民事争议依法向人民法院提起民事诉讼。”

问题与思考

1. 什么是公安警察民事法律制度？它与一般民事法律制度有何区别？

2. 公安警察民事法律制度的基本内容有哪些？其中，相对人住宅权保障制度中的住宅权如何理解？

3. 什么是警务调解？如何理解警务调解的法律性质？

4. 我国现行立法中关于警务调解的规定有哪些缺陷？如何完善？请举例说明。

参考文献

1. 鞠旭远主编．警察法学．北京：中国人民公安大学出版社，2009

2. 王泽鉴. 民法学说与判例研究. 北京：中国政法大学出版社，1998
3. 王泽鉴. 民法总则. 北京：中国政法大学出版社，2001
4. 高希均. 构建一个干净社会. 上海：上海三联书店，1999
5. 毛志斌主编. 警察法. 郑州：河南人民出版社，2005

第三编

国家安全、狱政管理、司法和人民武装警察法

第六章
国家安全警察法

第一节　国家安全警察法概述

一、国家安全警察法的概念和特征
二、国家安全警察法的调整对象
三、国家安全警察法的效力范围

第二节　国家安全警察法的目的和原则

一、国家安全警察法的目的
二、国家安全警察法的基本原则

第三节　国家安全法律制度

一、危害国家安全行为界定制度
二、国家安全工作特定主管制度
三、公民、组织义务和权利制度
四、国家安全法律责任制度
五、国家安全法律救济制度

□·本章概要·□

国家安全警察法是警察法的重要组成部分，调整国家安全机关在防范、制止和惩治境外机构、组织、个人或者各种境内外敌对势力相互勾结实施的危害国家安全的违法犯罪行为活动中发生的国家安全关系。与其他部门法和警察法中的其他法律相比，具有内容的特殊性、执法主体的特定性、性质的刑事与行政双重性、实体与程序的综合性、涉外性和政策性强等特点。国家安全警察法是以《国家安全法》为核心，由有关调整国家安全关系的法律、法规等规范性文件组成的有机整体。为了正确理解、掌握国家安全警察法，就应当知悉国家安全警察法的概念与特征、法律渊源、效力范围、目的和原则等基本理论，熟悉国家安全警察法律制度的具体内容。

关键术语

国家安全警察法　国家安全机关　境内外组织和个人　危害国家安全的行为　维护国

家安全的义务　国家安全法律责任　国家安全法律救济

第一节　国家安全警察法概述

一、国家安全警察法的概念和特征

（一）国家安全警察法的概念

国家安全警察法，是指规定或调整国家安全机关在防范、制止和惩治境外机构、组织、个人或者各种境内外敌对势力相互勾结实施的危害国家安全的违法犯罪行为活动中发生的国家安全关系的法律规范的总称。在我国，主要是指《国家安全法》及其实施细则。

理解国家安全警察法的概念，应当注意以下几个问题：

1. 国家安全机关。国家安全机关，是指国家安全机关和执行国家安全工作任务时的公安机关。在我国，警察机关和警察的范围较广，《人民警察法》第2条第2款规定：“人民警察包括公安机关、国家安全机关、监狱、劳动教养管理机关的人民警察和人民法院、人民检察院的司法警察。”可见，这里所称的国家安全机关并非泛指所有的警察机关，而是专指《国家安全法》所规定的主管国家安全工作的国家安全机关和执行国家安全工作任务时的公安机关。

2. 危害国家安全的行为。危害国家安全的行为，是指境外机构、组织、个人实施的或者指使、资助他人实施的，或者境内组织、个人与境外机构、组织、个人相互勾结实施的危害中华人民共和国国家安全的下列行为：第一，阴谋颠覆政府，分裂国家，推翻社会主义制度的行为；第二，参加间谍组织或者接受间谍组织及其代理人的任务的行为；第三，窃取、刺探、收买、非法提供国家秘密的行为；第四，策动、勾引、收买国家工作人员叛变的行为；第五，进行危害国家安全的其他破坏活动的行为。

3. 境外机构、组织、个人和敌对组织、间谍组织代理人的界定。境外机构、组织包括境外机构、组织在中华人民共和国境内设立的分支（代表）机构和分支组织。境外个人，包括居住在中华人民共和国境内不具有中华人民共和国国籍的人。敌对组织是指敌视中华人民共和国人民民主专政的政权和社会主义制度，危害国家安全的组织。敌对组织由国家安全部或者公安部确认。间谍组织代理人，是指受间谍组织或者其成员的指使、委托、资助，进行或者授意、指使他人进行危害中华人民共和国国家安全活动的人。

4. 国家安全警察法不是指一个或几个规范性文件而是一个体系。国家安全警察法是以《国家安全法》为核心，由有关调整国家安全关系的法律、法规等规范性文件组成的有机整体。

（二）国家安全警察法的特征

国家安全警察法的特征，反映国家安全警察法区别于其他部门法和警察其他法律的特殊性。国家安全警察法有以下特征：

1. 国家安全警察法内容的特殊性。国家安全警察法不是一个包含国防、外交、经济、文化和社会治安诸多方面的广义的大的国家安全警察法，而是以防范、制止和惩治境外机构、组织、个人或者各种境内外敌对势力相互勾结实施的危害国家安全的违法犯罪行为为主要内容的狭义的国家安全警察法，其内容具有特殊性。

2. 国家安全警察法执法主体的特定性。国家安全警察法的执法主体是警察机关，但不是泛指所有的警察机关，而是专指国家安全机关，即《国家安全法》所规定的主管国家安全工作的国家安全机关和执行国家安全工作任务时的公安机关。基于职权法定原则，其他警察机关和人民警察不享有国家安全警察法所规定的职责和权限。

3. 国家安全警察法既具有刑事法律的性质，又具有行政法律的性质，是二者的合一。国家安全警察法的刑事法律性质，主要体现在危害国家安全行为的法律界定，国家安全机关的刑事执法权，对自首、立功的补充或特殊规定等方面，较好地与《刑法》衔接。从这一角度看，它是国家安全机关依法防范、制止和惩治危害国家安全犯罪的专项刑事法律。国家安全警察法的行政法律性质，主要体现为国家安全机关在维护国家安全工作中的行政管理职能和行政执法手段，赋予国家安全机关查验有关人员身份证明权，调查收集证据权，没收、行政拘留、限期离境和驱除出境等行政权。从这一点看，国家安全警察法又具有行政法律的性质。

4. 国家安全警察法是实体法和程序法的综合。国家安全警察法既不是单一的实体法，也不是单一的程序法，它是实体法与程序法的综合。国家安全警察法既规定了危害国家安全的行为、国家安全机关、公民和组织权利义务等实体法的内容，又规定了执法程序、法律救济程序等程序法的内容。

5. 国家安全警察法的涉外性、政策性、策略性强。国家安全警察法所规定的惩罚对象主要是来自境外的和境内外相互勾结的危害国家安全的违法犯罪行为①，并规定了特殊的刑事政策。国家安全机关在对危害国家安全的违法犯罪嫌疑人员进行处理时，既要坚持法律的权威性、原则性，维护法律的尊严，切实做到严格、公正、文明执法；又要根据国际斗争的形势、国与国之间的关系、国家的整体利益和外交政策与斗争的需要，注意执法工作的策略性和灵活性，对违法犯罪嫌疑人进行妥善的处理。因此，和其他法律相比，国家安全警察法具有很强的涉外性、政策性、策略性。

二、国家安全警察法的调整对象

任何法律都具有相应的调整对象，国家安全警察法也不例外。法律是社会关系的调节器，一定的社会关系是法律的调整对象，法律为调整一定的社会关系而存在。国家安全警察法的调整对象是警察安全关系，警察安全关系是指境内外机构、组织、个人在国家安全活动中与代表国家的国家安全机关所发生的社会关系。警察安全关系实质为国家安全关系，经国家安全警察法调整后成为具有权利义务内容的国家安全法律关系。

国家安全关系，同其他社会关系相比具有如下特点：

1. 在国家安全关系的当事人中，国家安全机关是不可缺少的一方。也就是说，在国家安全关系中，如果没有国家安全机关或其人民警察的参与，国家安全关系也就不能成立。这是因为，国家安全关系之所以由国家安全警察法调整，就在于它是国家安全机关与对方当事人之间客观存在的一种社会关系。国家安全关系中的另一方当事人是境内外的机构、组织和个人，既包括外国的公民、机构和组织，也包括中国的公民、机构和组织。

经国家安全警察法调整后，国家安全关系成为国家安全法律关系，在国家安全法律关系中，国家安全机关是作为执法主体出现的，境内外机构、组织、个人是维护国家安全的义务主体及部分权利的主体。

---

① 参见《国家安全法》第4条。

2. 国家安全关系中当事人地位的不对等性。与民商事关系不同，在国家安全关系中，作为当事人一方的国家安全机关处于主导地位，可支配对方当事人，具有不对等性。例如，国家安全机关无须征得对方当事人的同意或认可，即可对实施危害国家安全的违法犯罪行为的人进行立案侦查或行政处理，可依法采取强制措施，且国家安全机关的行为具有强制性。与此相反，对于国家安全机关的职权行为，即使是违法或者不当，对方当事人也不能自行否定其效力，只能通过申诉或诉讼途径解决。

3. 国家安全关系包括国家安全刑事关系和国家安全行政关系。因为国家安全关系是在国家安全活动中代表国家的国家安全机关与境内外机构、组织、个人所发生的社会关系，境内外机构、组织、个人实施危害国家安全的行为有犯罪行为和行政违法行为之分，故国家安全机关与境内外机构、组织、个人所形成的国家安全关系就包括国家安全刑事关系和国家安全行政关系两种，分别由国家安全刑事法律规范和国家安全行政法律规范调整。

三、国家安全警察法的效力范围

法律的效力，又称法律的适用范围，即法律在哪些空间范围和时间范围内，对哪些人和事具有适用的效力。法律的效力通常包括空间效力、时间效力、对人的效力、对事的效力。国家安全警察法在效力范围上只对适用对象（人）作了具体规定，对其他效力范围没有明确规定。所以，一般将国家安全警察法的效力概括为对人的效力、空间效力、时间效力三个方面：

（一）国家安全警察法对人的效力

对人的效力即国家安全警察法适用于哪些人。

1. 国家安全警察法对我国公民的效力

我国公民是指依法取得中华人民共和国国籍的人。基于法律适用的属人管辖原则，我国国家安全警察法当然适用于我国公民，但国家安全警察法对港、澳、台地区的居民不适用，这是我国法律对公民法律效力上的特殊情况。由于国家安全警察法具有刑事法律和行政法律的双重性，因此，在对人的效力上也区分为刑事执法和行政执法。

（1）刑事执法方面。根据危害国家安全罪的本质特征和《刑法》的有关规定，按照属人管辖原则，中国公民只要实施了危害国家安全的犯罪行为，无论该行为是在中华人民共和国领域内还是领域外实施的，均适用国家安全警察法。

（2）行政执法方面。行政法律与刑事法律不同，一国的行政法一般只能在其领域内适用，没有域外效力，国家安全警察法也是如此。基于此，国家安全警察法只对中国公民在中华人民共和国领域内实施的危害国家安全但不构成犯罪的违法行为具有约束力，对中国公民在中华人民共和国领域外实施的危害国家安全但不构成犯罪的违法行为不适用。

2. 国家安全警察法对外国人的效力

外国人，在此是指具有外国国籍的人或无国籍人。

（1）刑事执法方面。在刑事执法方面，对外国人的效力主要体现在：第一，外国人在我国领域内实施危害国家安全犯罪行为的，适用国家安全警察法，但是享有外交特权和豁免权的外国人实施上述行为的，通过外交途径解决。第二，外国人在我国领域外实施危害我国国家安全犯罪行为的，除按照《刑法》规定的最低刑不满 3 年有期徒刑或者按照犯罪地的法律不受处罚的以外，均适用国家安全警察法。第三，外国人在我国领域外实施我国缔结或者参加的国际条约所规定的国际性犯罪，同时又属于危害我国国家安全犯罪范畴的，按照国际条约和国际惯例，在我国所承担的义务内，适用国家安全警察法。

(2) 行政执法方面。国家安全警察法只适用于在我国领域内实施危害国家安全但不构成犯罪的违法行为的外国人，对在我国境外实施危害我国国家安全违法行为的外国人不适用。对享有外交特权和豁免权的外国人，不适用国家安全警察法。

3. 国家安全警察法对组织的效力

《国家安全法》第4条规定：任何组织和个人进行危害中华人民共和国国家安全的行为都必须受到法律追究。可见，国家安全警察法承认组织（单位、法人）犯罪和行政违法。因此，国家安全警察法适用于在我国领域内外实施危害国家安全犯罪行为的境内外组织、机构；境内外组织、机构在我国领域内实施危害国家安全违法行为，适用国家安全警察法。

(二) 国家安全警察法的空间效力

国家安全警察法的空间效力，是指国家安全警察法适用的空间（地域）范围。我国国家安全警察法适用于我国的一切领域，包括我国的领土、领空、领水和领土延伸部分的所有空间以及具有我国国籍的船舶和航空器。

对于国家安全警察法的空间效力应注意以下三点：第一，国家安全警察法在根据"一国两制"方针设立的香港、澳门特别行政区内不适用，在我国台湾地区不适用；第二，国家安全警察法中的行政法律只适用于我国大陆地区；第三，地方性法规和规章、自治条例和单行条例中的国家安全法律规范，只在本行政区域内适用。

(三) 国家安全警察法的时间效力

国家安全警察法的时间效力，是指国家安全警察法在什么时间内具有法律效力。时间效力一般包括国家安全警察法生效的时间、失效的时间以及对其生效前发生的行为有无溯及既往的效力。

1. 国家安全警察法生效与失效时间

国家安全警察法中的《国家安全法》第34条规定："本法自公布之日起施行。"该法于1993年3月22日公布，即从当日起实施，发生法律效力。《国家安全法》的失效时间，该法没有规定，一般于命令废止时失效。国家安全警察法中的其他法律规范，随各自所属的法律文件生效时发生法律效力，随各自所属的法律文件的失效而失效。

2. 国家安全警察法溯及既往的效力

根据法律时间效力的一般理论，法律没有明确规定的，一般认为其没有溯及力。国家安全警察法中的《国家安全法》于1993年3月22日实施，2009年8月27日第十一届全国人民代表大会常务委员会第十次会议修正，该法对溯及既往的效力没有规定，但考虑到比照刑法的有关规定等特殊情况，对国家安全警察法溯及既往的效力可以具体分为：第一，国家安全警察法中关于犯罪的刑事法律规范，适用《刑法》中关于溯及力的规定；第二，国家安全警察法中的行政法律规范，根据溯及力的理论，没有溯及既往的效力。

第二节　国家安全警察法的目的和原则

一、国家安全警察法的目的

法的目的反映立法者的主观意识，是指立法者通过实施该法所要实现的状态或达到的目标。法的目的一般都在法律文件中明示，国家安全警察法的目的集中体现在《国家安全法》第1条的规定中。《国家安全法》第1条规定："为了维护国家安全，保卫中华人民共和国人民民主专政的政权和社会主义制度，保障改革开放和社会主义现代化建设的顺利进行，根据宪法，制定本法。”由此可见，国家安全警察法的目的包含三个方面的内容：

（一）维护国家安全

普遍认为，国家安全，是指主权国家的生存和利益不受侵犯和威胁。但在具体解释上，由于对国家安全的外延认识不同，形成了国家安全的广义说和狭义说两种学术观点。① 维护国家安全是国家安全警察法的首要目的，维护国家安全目的的实现方式，是通过国家安全警察法的实施，积极防范、制止、惩治危害国家安全的违法犯罪行为，保证我国国家安全和重大利益不受侵害和威胁。维护国家安全，涉及国家的领土完整、主权独立，关系到社会和谐稳定、经济繁荣和人民安居乐业。当今，由于各种因素的存在与相互作用，维护国家安全的任务更加艰巨。

（二）保卫人民民主专政政权和社会主义制度

人民民主专政政权和社会主义制度，是中国人民历经长期艰苦卓绝的革命斗争所取得的胜利果实，是中国人民的正确选择，为我国《宪法》所确认。人民民主专政政权和社会主义制度是不可分割的整体，人民民主专政政权是社会主义制度的保证，社会主义制度为人民民主专政政权的基础，二者集中反映和体现了我国各民族人民的根本利益。人民民主专政政权的安全、社会主义制度的稳定，是国家安全的重要内容和基石，关系到国家、民族的命运和前途。因此，保卫人民民主专政政权和社会主义制度是国家安全警察法的重要目的。

（三）保障改革开放和社会主义现代化建设的顺利进行

党的十一届三中全会确定了改革开放的战略方针，从此我国进入了新的历史发展时期，改革开放取得了举世瞩目的巨大成就，中华民族实现了伟大的历史复兴。邓小平曾指出：“社会主义现代化建设是当前最大的政治，因为它代表着人民的最大的利益、最根本的利益。”② 改革开放、进行社会主义现代化建设必须要有稳定的政治和社会环境，这是我国人民、社会各界付出极大代价才取得的共识。要保持现在来之不易的、良好的、稳定的社会环境，我们就必须坚决有效地同各种危害国家安全和社会稳定的行为作斗争，如果没有国家的安全也就没有社会的稳定，国家安全和社会稳定得不到保障，改革开放和社会主义现代化建设就失去了发展条件和社会基础，就会无法进行。坚决贯彻实施国家安全警察法，防范、制止和惩治危害国家安全的行为，就能有效地维护国家安全、保卫人民民主专政政权和社会主义制度，从而确保改革开放和社会主义现代化建设的顺利进行。

二、国家安全警察法的基本原则

（一）国家安全警察法基本原则的含义

法的规范依其对社会关系调整的确定性程度和细密程度，可分为规则、原则和基本原

① 广义说认为，国家安全是一个大系统，既包括保持国家领土的完整和主权的独立，防止外来侵略和颠覆，实现军事安全；也包括国家的经济实力、科技水平、文化思想、国际地位和国际影响等方面的政治安全利益和经济安全利益，包括一国能够在不受侵害和威胁的条件下，自主地选择自己生存和发展方式的权利。狭义上的国家安全，是指在隐蔽战线上防范和制止个人和组织对国家安全的侵犯和侵害。其核心是由反间谍情报机关等专门机关和部门所保卫的国家政权、国家秘密和国家的根本政治、经济制度等不受侵犯的那部分国家安全。根据《国家安全法》第4条的规定，该法所称的国家安全属狭义的国家安全。参见李竹主编：《中国国家安全法学》，1～3页，北京，人民出版社，2006；王京建：《国家安全法学教程》，53～65页，北京，中国社会出版社，2008。

② 《邓小平文选》，2版，第2卷，163页，北京，人民出版社，1994。

则三类。法的基本原则是法的灵魂，任何国家的法都不可能没有灵魂，从而不可能没有基本原则。[①] 国家安全警察法也不例外，国家安全警察法的基本原则，是指贯穿于全部国家安全警察法律规范之中，体现国家安全警察法的根本价值和精神实质，对国家安全警察法的制定与实施具有普遍指导意义的基础性法律准则。国家安全警察法的基本原则具有如下特点：

1. 国家安全警察法基本原则的“法律”性

国家安全警察法的基本原则作为“法”的原则，首先应是一种法律准则，而非一种纯粹的理论或原理。所谓法律准则，是指经国家制定或者认可，具有普遍效力的行为准则。国家安全警察法基本原则与具体的法律规范一样，都是一种法律准则，是法的基本构成要素之一，必须得到普遍遵守和执行。违反国家安全警察法基本原则的行为也构成一种违法行为，这就是国家安全警察法基本原则的“法律”属性。

2. 国家安全警察法基本原则的“基本”性

国家安全警察法基本原则虽然是一种法律准则，但它不是具体的行为准则即国家安全警察法规范和原则，而是一种基本的法律准则。国家安全警察法基本原则是国家安全警察法领域中最高层次的、比较抽象的行为准则，是构成其他行为准则的基础性或本源性的依据。国家安全警察法基本原则不是具体的国家安全警察法规范，也不是某一国家安全警察法领域的具体原则。国家安全警察法基本原则贯穿于全部国家安全警察法规范之中，是对国家安全警察法规范的抽象和概括，是全部国家安全警察法规范所反映出来的共同准则。

3. 国家安全警察法基本原则的“特殊”性

国家安全警察法基本原则具有“特殊”性，国家安全警察法基本原则是体现在国家安全警察法规范而不是其他法律规范中的基本原则，是为国家安全警察法所特有的基本原则，而不是与其他部门法共有的基本原则，也不是与其他警察法所共有的基本原则。

4. 国家安全警察法基本原则的“根本”性

国家安全警察法基本原则在内容上具有根本性，内容的根本性是国家安全警察法基本原则的又一显著特征，它直接决定了基本原则的根本准则地位。内容的根本性首先体现为基本原则集中反映了国家安全警察法的目的、价值追求和精神；其次，基本原则与立法者奉行的政策紧密相连，基本原则往往是立法者所制定的国家安全政策的集中体现。

(二) 国家安全警察法基本原则的功能

法律原则有什么功能？对此，我国法理学学者已有许多精辟的论述和归纳，仅从法律实施上看，法律原则就有指导法律解释和法律推理、补充法律漏洞、强化法律的调控能力、限定自由裁量权的合理范围的作用。[②] 我国民法学界、行政法学界对基本原则功能的论述也颇多。受法理学界、民法学界、行政法学界等学者关于基本原则功能论述的启发，综合各家学说，结合国家安全警察法的实际，对国家安全警察法基本原则的功能作如下归纳：

1. 国家安全警察法基本原则的指导功能

国家安全警察法的基本原则具有指导功能，指导功能主要体现在两个方面：第一，指导法律规范的制定。基本原则作为一种根本性的法律准则，其直接的作用就在于为次级规范的产生提供依据，从基本原则演绎出众多的原则和具体规范。同时，国家安全警察法规范的修改、废止也要受基本原则的指导，与其保持一致。第二，指导国家安全警察法的实

① 参见姜明安主编：《行政法与行政诉讼法》，63 页，北京，北京大学出版社、高等教育出版社，2007。

② 参见张文显主编：《法理学》，61～62 页，北京，法律出版社，2004。

施。国家安全警察法的实施涉及的主体众多、事项重要、关系错综复杂，因而更需要反映与体现国家安全警察法目的、价值和精神的基本原则的指导，使国家安全警察法切实得到贯彻实施。

2. 国家安全警察法基本原则的解释功能

如同其他法律规范一样，国家安全警察法规范在适用于具体的国家安全事务时都不可避免地涉及法律解释的问题。所以，“法律是一种阐释性的概念”① 便成为至理名言。但问题的关键在于对法律如何进行解释，对任何法律的解释都应该遵循相应的规则，其中，合目的性或者合乎立法精神就成为世所公认的规则。国家安全警察法基本原则是立法精神和目的的集中反映，无论是立法机关、执法机关还是司法机关抑或其他人，在对国家安全警察法规范作解释时都应当自觉遵守并严格按照国家安全警察法的基本原则进行。

3. 国家安全警察法基本原则的规制功能

国家安全警察法基本原则具有规制功能，规制功能是就国家安全警察法基本原则作为一种行为准则而言的。一般来说，国家安全警察法规范大多都是从基本原则中推导出来的，具有直接的适用性和可操作性，国家安全法律关系中各类、各个主体首先应以具体的国家安全警察法规范作为自己的行为准则。但是，当国家安全警察法规范对某些事项缺乏具体规定或者规定自相矛盾时，国家安全法律关系主体就应自觉地以国家安全警察法规范的本源性规范——基本原则作为行为准则。同理，司法机关办理危害国家安全犯罪案件、法院审理国家安全行政案件时也需以国家安全警察法的基本原则作为处理案件的准则。

4. 国家安全警察法基本原则的整合功能

国家安全警察法基本原则的整合功能，是指基本原则对整个国家安全警察法体系内部和谐、统一的协调促进作用。国家安全警察法是由众多性质、效力等级不一的规范所组成，但国家安全警察法并不是这些规范的简单堆积和拼凑，在基本原则的统率与聚合作用下，国家安全警察法规范之间自然就形成了结构严密、和谐统一的整体。

5. 国家安全警察法基本原则的培育功能

国家安全警察法基本原则对培育整个社会先进的国家安全法律意识具有引导作用。当国家安全警察法基本原则为社会普遍认知而加以自觉遵守时，国家安全警察法规范的实施将更加顺利，国家安全理念和国家安全法律意识必会在潜移默化中得到形成与传播。

6. 国家安全警察法基本原则的补缺功能

由于立法者主观认识的有限性和社会生活的无限性之间存在着不可消解的矛盾，因此法律所未涉及的问题或者虽有涉及但不周详的问题大量存在，可见，成文法具有不周延和滞后的天然缺陷。因此，当国家安全警察法规范难以应对现实社会生活的挑战时，国家安全警察法基本原则就由幕后走向前台，直接充当国家安全执法的依据，从而及时地弥补成文法的不足，使国家安全警察法与社会的发展相适应。

（三）国家安全警察法基本原则的范围

国家安全警察法基本原则的含义、特点和功能决定了基本原则的范围，我国国家安全警察法基本原则有以下几个：

1. 依法维护国家安全的原则

国家利益高于一切，国家安全是全国各族人民根本利益所在，是国家和民族的命运所

① ［美］德沃金：《法律帝国》，李常青译，364页，北京，中国大百科全书出版社，1996。

在，与每一个人的生死存亡息息相关，维护国家安全是每一个公民和组织的义务和神圣职责。但在法治社会中，一切机关、组织和个人必须在法律的范围内进行活动，受法律的约束和支配，因此，维护国家安全必须依法进行。

依法维护国家安全的原则是国家安全警察法基本原则的核心，根据《国家安全法》第3条、第4条等条款的规定，依法维护国家安全原则的要求或含义有：第一，维护国家安全是我们一切工作的首要任务；第二，维护国家安全是一切公民、组织的义务和神圣职责；第三，一切公民和组织不得实施危害国家安全、荣誉和利益的行为；第四，国家安全事项、危害国家安全的行为、主管机关的职责权限、公民和组织的义务权利、危害国家安全的法律责任等均由法律规定，维护国家安全必须依法进行。

2. 特定机关主管原则

国家安全关系国家安危、生存与发展，是中华民族根本利益所在，因而国家安全工作必须由特定的国家机关主管，其他国家机关无管辖权。《国家安全法》第2条规定："国家安全机关是本法规定的国家安全工作的主管机关。国家安全机关和公安机关按照国家规定的职权划分，各司其职，密切配合，维护国家安全。"《国家安全法》第33条规定："公安机关依照本法第二条第二款的规定，执行国家安全工作任务时，适用本法有关规定。"可见，国家安全工作由国家安全机关主管，国家安全机关是指国家安全机关、执行国家安全工作任务时的公安机关，其中，国家安全机关是国家安全机关的主体部分。

3. 专门工作与群众路线相结合原则

《国家安全法》第3条第1款和第2款规定了公民、组织维护国家安全的义务，同时在该条第3款规定："国家安全机关在国家安全工作中必须依靠人民的支持，动员、组织人民防范、制止危害国家安全的行为。"从而确立了专门工作与群众路线相结合的国家安全警察法基本原则。

国家安全工作虽然是一项专业性很强的工作，但做好此项工作、切实维护好国家安全离不开人民群众的支持与参与。依靠人民群众，是我国国家安全工作的基本原则，是同危害国家安全行为作斗争的优良传统和经验总结，也是我国国家安全工作的一个重要特点。《国家安全法》把依靠人民群众确立为一项基本原则，使这一优良传统和经验成为具有普遍约束力的法律原则，确保国家安全工作更好地实现专门机关同广大人民群众相结合，实现国家安全法的立法目的。

4. 法律的公开性和工作的保密性相结合原则

公开原则是一项重要的程序法治原则，按照公开原则的要求，国家安全警察法律规范应当是公开的，否则就失去了它存在的意义，也就失去了法律的基本特点和要求。但是，由于国家安全工作的特殊性，有关的具体工作内容和手段、技术侦察措施、国家安全机关的内部构成与分工等又不能公开规定在法律文件之中，所以，公开原则在国家安全警察法中有其特殊性，公开的范围小，不能理解为把国家安全规范性文件中涉及的有关国家安全的事项全部公开，这同时也是国家安全警察法所特有的保密原则。因此，处理好国家安全工作的保密性与法律的公开性的关系，做到既不违背民主法治原则又不影响国家安全工作，在国家安全立法和执法实践中具有十分重要的理论与现实意义。

5. 履行国际条约和尊重国际惯例原则

国家安全工作与其他工作不同，具有很强的涉外性。例如，危害国家安全行为的界定、对外国人的法律处理等。国际条约和国际惯例也是我国国家安全警察法的渊源之一，因此，在国家安全工作中，应当履行我国缔结或加入的国际条约的义务，尊重国际惯例。

第三节　国家安全法律制度

一、危害国家安全行为界定制度

危害国家安全行为的界定，直接涉及对国家安全警察法的核心内容的理解和掌握以及该法的贯彻执行，事关公民、组织国家安全意识的树立与强化，国家安全机关执法的质量和公信力。

（一）危害国家安全行为的界定方法

采用何种方法界定危害国家安全的行为，世界各国有不同的立法例，可大体归纳概括为以下几种：第一种方法，在国家安全法中不作规定，而是由人们的认识水平来解决，多是由立法者、执法者根据需要临时予以认定或裁决。这种方法在以判例法为主的英、美法系国家较为多见。第二种方法，在国家安全法的任务、宗旨和国家安全机关的职权等部分对国家安全行为进行规定，所针对的行为或违反这些规定的行为可视为危害国家安全的行为。例如《俄罗斯联邦国家安全法》。第三种方法，是在有关的国家安全法中，结合刑法的规定，将危害国家安全行为逐一进行列举，并规定相应的刑罚。韩国、巴西等国家采用这种方式。第四种方法，在国家安全法中明确规定危害国家安全行为的概念或概括性的明文列举。罗马尼亚在其国家安全法中采用这种方法。①

危害国家安全行为的概念和具体内容的界定，我国的国家安全法采取了不同于其他国家的立法例，但吸收了其他国家的有益经验和成功做法，采用了概括加列举的混合方式。《国家安全法》第 4 条第 2 款明确概括地规定了危害国家安全行为的概念，又同时在第 3 款中列举了五种危害国家安全的行为；此外，《国家安全法实施细则》对《国家安全法》第 4 条所称的“危害国家安全的其他破坏活动”进行了具体规定，又列举了六项具体的危害国家安全的行为。

（二）危害国家安全行为的概念和特征

国家安全有广义和狭义之分，危害国家安全的行为也有广义和狭义两种，国外多采取广义说。从广义上讲，危害国家安全的行为包括来自国家外部的军事侵略，国家间的领土争端，颠覆国家政权，推翻国家的社会制度，进行民族分裂，破坏国家统一，投敌叛变，制造叛乱和动乱，窃取、刺探、收买国家秘密和其他间谍活动，经济侵略，文化渗透，以及危害国家安全的其他破坏活动。对上述如此多的危害国家安全的活动，单靠一部国家安全法难以规范，可通过其他方式和现有的其他法律来解决。所以，我国的国家安全法没有规定广义的危害国家安全的行为，规定的只是狭义的危害国家安全的行为：只将境外机构、组织、个人实施或者指使、资助他人实施的，或者境内组织、个人与境外机构、组织、个人相互勾结实施的几种最危险的行为规定为危害国家安全行为。

根据《国家安全法》第 4 条的规定，结合现阶段国家安全工作的现状和未来发展变化，可对危害国家安全行为作如下表述：危害国家安全的行为，是指境外机构、组织、个人实施或者指使、资助他人实施的，或者境内组织、个人与境外机构、组织、个人相互勾结实施的，对中华人民共和国的人民民主专政政权和社会主义制度、领土完整、主权独立和国

① 参见王京建：《国家安全法学教程》，105～106 页，北京，中国社会出版社，2008。

家秘密等的危害行为。危害国家安全的行为具有如下特征：

1. 危害国家安全行为的法定性

危害国家安全的行为具有法定性，危害国家安全的行为及其具体内容必须是法律明确规定的。

危害国家安全行为的主体，是境外机构、组织和个人，以及境内与境外机构、组织和个人相互勾结的组织和个人，即境外的敌对势力和个人，以及与境外敌对势力和个人相勾结的境内的敌对势力和敌对分子。境外机构、组织包括境外机构、组织在中华人民共和国境内设立的分支（代表）机构和分支组织；境外个人，包括居住在中华人民共和国境内不具有中华人民共和国国籍的人；敌对组织是指敌视中华人民共和国人民民主专政的政权和社会主义制度、危害国家安全的组织，敌对组织由国家安全部或者公安部确认。

危害国家安全行为的客体，是国家安全。具体是指中华人民共和国的人民民主专政政权和社会主义制度、领土完整、主权独立和国家秘密等神圣不可侵犯。

危害国家安全行为的主观方面是故意，即明知自己的行为会发生危害我国国家安全的结果，并且希望、放纵危害国家安全的结果发生。由于《国家安全法》没有规定实施危害国家行为的行为人具备何种目的，故无论行为人出于何种动机和目的，都不影响危害国家安全行为的成立。

客观上，表现为行为人实施了《国家安全法》第 4 条规定的五种危害国家安全的行为。危害国家安全的行为客观上的表现方式是多种多样的，既可以公开实施，也可是秘密进行；既可以是积极的作为，也可以是消极的不作为。不论其表现形式如何，只要在性质上符合《国家安全法》第 4 条规定的五种危害国家安全的行为之一，便为实施了危害国家安全的行为。

2. 危害国家安全行为性质的双重性

危害国家安全行为在性质上具有双重性质，危害国家安全行为中既有危害国家安全的犯罪行为，也有危害国家安全的行政违法行为。两种行为的性质不同，处理程序和法律责任也不同。

（三）危害国家安全行为的种类

危害国家安全行为的种类划分，世界各国的国家安全立法没有统一的模式，有的没有进行划分，有的是简单罗列，或逐条列举。我国《国家安全法》根据实施危害国家安全的行为方式的不同，科学地对危害国家安全的行为进行了种类划分。危害国家安全的行为，是指境外机构、组织、个人实施或者指使、资助他人实施的，或者境内组织、个人与境外机构、组织、个人相互勾结实施的危害中华人民共和国国家安全的下列五种行为：

1. 阴谋颠覆政府、分裂国家、推翻社会主义制度的行为

阴谋颠覆政府，是指以各种方式和手段阴谋推翻人民政府，篡夺国家领导权的行为。分裂国家，指以各种方式和手段推翻地方人民政府，拒绝中央领导，割据一方，分裂统一的多民族国家的行为。推翻社会主义制度，是指以各种方式改变人民民主专政政权和以公有制为主体的社会主义经济基础的行为。阴谋颠覆政府、分裂国家、推翻社会主义制度的行为是各自独立的行为。

2. 参加间谍组织或者接受间谍组织及其代理人任务的行为

参加间谍组织，是指行为人通过履行一定的手续加入间谍组织，成为间谍组织成员的行为。行为人只要参加间谍组织，而不论其是否实施了间谍行为就构成了危害国家安全的行为。所谓接受间谍组织及其代理人的任务，是指已经参加了间谍组织或虽未参加间谍组

织的人，受间谍组织的命令、派遣、指使或委托为间谍组织服务，从事危害我国国家安全的活动。所谓间谍组织，主要指外国政府或者境外的敌对势力建立的、旨在收集我国情报、窃取我国秘密、进行颠覆破坏等危害我国国家安全和利益的组织。所谓间谍组织的代理人，是指受间谍组织或其成员的指使、委托、资助，进行或者授意、指使他人进行危害我国国家安全活动的人。间谍组织和间谍组织代理人，由中华人民共和国国家安全部确认。

3. 窃取、刺探、收买、非法提供国家秘密的行为

所谓窃取，是指行为人采取秘密非法手段取得国家秘密的行为。刺探，是指行为人通过合法途径探知国家秘密的行为。所谓收买，是指行为人采取提供财物或其他物质利益的方法，收买国家涉密人员向其提供国家秘密的行为。所谓非法提供，是指国家秘密的持有人，将自己知悉、管理、持有的国家秘密非法出售、交付、告知其他不应知悉国家秘密的人的行为。窃取、刺探、收买、非法提供国家秘密的四项行为，均可独立成为危害国家安全的行为。

4. 策动、勾引、收买国家工作人员叛变的行为

策动叛变，就是过去常指的“策反”，是指策划、鼓动国家工作人员叛变的行为。所谓勾引，就是勾结、引诱国家工作人员叛变的行为。所谓收买，是指以金钱、财物或其他利益诱使国家工作人员叛变的行为。策动、勾引、收买三种行为均可独立成为危害国家安全的行为。

5. 进行危害国家安全的其他破坏活动的行为

根据《国家安全法实施细则》第 8 条的规定，下列行为均属于“危害国家安全的其他破坏活动”：(1) 组织、策划或者实施危害国家安全的恐怖活动的；(2) 捏造、歪曲事实，发表、散布文字或者言论，或者制作、传播音像制品，危害国家安全的；(3) 利用设立社会团体或者企业事业组织，进行危害国家安全活动的；(4) 利用宗教进行危害国家安全活动的；(5) 制造民族纠纷，煽动民族分裂，危害国家安全的；(6) 境外个人违反有关规定，不听劝阻，擅自会见境内有危害国家安全行为或者有危害国家安全行为重大嫌疑的人员的。

《国家安全法实施细则》第 6、7 条对《国家安全法》第 4 条规定的“资助”、“勾结”进行了解释性规定：

“资助”实施危害国家安全的行为，是指境外机构、组织、个人的下列行为：(1) 向有危害国家安全行为的境内组织、个人提供经费、场所和物资的；(2) 向境内组织、个人提供用于进行危害国家安全活动的经费、场所和物资的。

“勾结”实施危害国家安全的行为，是指境内组织、个人的下列行为：(1) 与境外机构、组织、个人共同策划或者进行危害国家安全活动的；(2) 接受境外机构、组织、个人的资助或者指使，进行危害国家安全活动的；(3) 与境外机构、组织、个人建立联系，取得支持、帮助，进行危害国家安全活动的。

二、国家安全工作特定主管制度

鉴于国家安全工作的重要性、复杂性、技术性，出于维护国家安全和利益的需要，《国家安全法》规定国家安全工作由国家安全机关主管，并对国家安全机关的职权作了明确规定。

(一) 国家安全机关的概念、范围和体制

国家安全机关，是依照法定程序组建、经法律授权代表国家行使国家安全行政管理权的行政机关。《国家安全法》第 2 条规定：“国家安全机关是本法规定的国家安全工作的主

管机关。国家安全机关和公安机关按照国家规定的职权划分，各司其职，密切配合，维护国家安全。”《国家安全法》第33条规定：“公安机关依照本法第二条第二款的规定，执行国家安全工作任务时，适用本法有关规定。”可见，国家安全工作由国家安全机关主管，国家安全机关是指国家安全机关、执行国家安全工作任务时的公安机关，其中，国家安全机关是国家安全机关的主体部分。

国家安全机关是国家行政机关的重要组成部分，主管国家安全工作。国家安全机关依法分为中央国家安全机关，即国家安全部；地方国家安全机关，即地方的国家安全厅、局。国家安全部，隶属国务院领导；中央国家安全机关和地方国家安全机关之间实行垂直层级领导制度。国家安全机关是国家安全工作的主管机关，国家安全工作，主要是指对境外机构、组织、个人实施或者指使、资助他人实施的，或者境内组织、个人与境外机构、组织、个人相互勾结实施的危害中华人民共和国国家安全的违法犯罪案件进行的侦查、预审、执行逮捕、行政处罚、行政强制等工作。

执行国家安全工作任务时的公安机关，也属于国家安全机关。《国家安全法》第2条第2款规定：“国家安全机关和公安机关按照国家规定的职权划分，各司其职，密切配合，维护国家安全。”该款规定了国家安全机关同公安机关在国家安全工作中的关系和职权划分，“国家规定的职权划分”是指法律、党中央、国务院关于国家安全部、公安部在维护国家安全工作中的职责划分规定。国家安全机关负责防范、制止、惩治来自境外或者境外机构、组织、个人与境内组织、个人相互勾结危害国家安全的行为。公安机关负责防范、制止、惩治境内组织、人员实施危害国家安全行为的国家安全工作。国家安全机关和公安机关在国家安全工作中，应当各司其职、密切配合、相互支持。

（二）国家安全机关的职权

由于国家安全机关主管国家安全工作，公安机关在执行国家安全工作时适用《国家安全法》的有关规定，因此，国家安全机关的职权，在此是指《国家安全法》规定的国家安全机关在国家安全工作中的职权。当然，公安机关在执行国家安全工作时同样享有国家安全机关在国家安全工作中的职权。

根据《国家安全法》第二章的规定，国家安全机关在国家安全工作中的职权包括刑事执法权和行政执法权。

1. 国家安全机关在国家安全工作中的刑事执法权

国家安全机关在国家安全工作中的刑事执法权具体包括：侦查权，刑事拘留权，预审权，执行逮捕权，采取技术侦察措施权，对背叛祖国、危害国家安全的犯罪分子的通缉与追捕权，间谍组织和间谍组织代理人的确认权，敌对组织确认权，法律规定的其他职权。

2. 国家安全机关在国家安全工作中的行政执法权

国家安全机关在国家安全工作中的行政执法权主要有：查验身份证明和调查权，进入有关场所和查阅有关档案、资料、物品权，优先乘坐公共交通工具、优先通行权，优先使用交通工具、通信工具、场地和建筑物权，查验电子通信、卫星地面接收等设备、设施权，提请海关、边防等检查机关对有关人员和资料、器材免检权，专用间谍器材确认权和没收权，涉及国家安全事项的建设项目审批的行政许可权，对间谍组织及其代理人、敌对组织的确认权，采取封存、扣押、查封、冻结、搜查等行政措施权，行政命令权，行政处罚权，法律规定的其他职权。

3. 国家安全机关工作人员的职业保护

国家安全工具有特殊性，国家安全机关工作人员担负着维护国家安全、同危害国家安全的违法犯罪行为作斗争的艰巨任务，国家安全工作的性质决定了国家安全机关工作人员在执行职务过程中可能会受到来自多方面的威胁，因而就需要法律给予强有力的职业保护。为此，《国家安全法》第 14 条规定："国家安全机关工作人员依法执行职务受法律保护。"《国家安全法实施细则》第 14 条第 1 款规定："国家安全机关工作人员依法执行国家安全工作任务的行为，不受其他组织和个人的非法干涉。"

国家安全机关工作人员依法执行职务受法律保护，主要包括三个方面的内容：一是国家安全机关工作人员依法执行职务行为免受法律追究；二是国家安全机关工作人员依法执行职务时，对于抗拒、阻挠执行公务者，或者对国家安全机关工作人员进行威胁或者打击报复的，应当依法追究其刑事责任；三是个人或组织故意阻碍国家安全机关依法执行国家安全工作任务，造成国家安全机关工作人员人身伤害或者财物损失的，依法应承担民事赔偿责任。

4. 国家安全机关行使职权的法定要求

国家安全机关在国家安全工作中的职权涉及个人的人身自由等人身权、个人和组织的财产权，而且行使权力的手段或方式具有特殊的强制性，因此，出于维护国家安全、保护公民和组织合法权益的需要，《国家安全法》对国家安全机关及其工作人员行使权力规定了具体的要求：第一，权力的行使必须符合法律授权的目的，必须是在执行国家安全工作任务时；第二，严格依法，不得超越职权、滥用职权；第三，不得侵犯组织和个人的合法权益；第四，必须具备行使权力的条件和遵守法定程序，例如，执行紧急任务的情况下，为维护国家安全的需要，要对住宅或人身进行搜查，则必须出示相应证件，经过严格的批准手续等。国家安全机关及其工作人员在行使权力时不遵守上述法定要求，便构成违法或不当，依法应承担法律责任。

三、公民、组织义务和权利制度

公民、组织义务和权利制度是国家安全警察法中的一项重要制度，公民、组织负有维护国家安全的义务，同时也享有一定的权利。

（一）公民和组织维护国家安全的义务

维护国家安全是公民和组织的一项法律义务。所谓法律义务，是指法律要求法律关系主体必须履行的某种责任，表现为必须做出一定行为或者不做出一定行为。法律义务具有强制性和不可抛弃性，义务人必须履行，否则将被强制履行或承担法律责任。

规定公民、组织负有维护国家安全的义务，是世界各国安全法的通例。我国《宪法》明确规定：公民必须保守国家秘密，公民有维护祖国的安全、荣誉和利益的义务。《国家安全法》第 3 条重申了宪法的这一规定，"中华人民共和国公民有维护国家的安全、荣誉和利益的义务，不得有危害国家安全、荣誉和利益的行为"，并在第三章对其所负有的义务作出了具体规定。

公民和组织维护国家安全的具体义务是：第一，组织负有教育本单位人员维护国家安全、动员和组织本单位人员防范与制止危害国家安全的义务和进行此项工作时接收国家安全机关的协调和指导的义务；第二，为国家安全工作提供便利条件或者其他协助的义务；第三，发现危害国家安全的行为应及时报告的义务；第四，如实提供情况和证据的义务；第五，保守国家安全工作的国家秘密的义务；第六，不得非法持有属于国家秘密的文件、资料和其他物品的义务；第七，不得非法持有、使用窃听、窃照等专用间谍器材的义务。

公民、组织的义务中涉及两个法律术语的含义与范围，对此，《国家安全法实施细则》

第 9、10 条进行了界定：

"非法持有属于国家秘密的文件、资料和其他物品"，是指：第一，不应知悉某项国家秘密的人员携带、存放属于该项国家秘密的文件、资料和其他物品的；第二，可以知悉某项国家秘密的人员，未经办理手续，私自携带、留存属于该项国家秘密的文件、资料和其他物品的。

"专用间谍器材"，是指进行间谍活动特殊需要的下列器材：第一，暗藏式窃听、窃照器材；第二，突发式收发报机、一次性密码本、密写工具；第三，用于获取情报的电子监听、截收器材；第四，其他专用间谍器材。专用间谍器材的确认，由国家安全部负责。

（二）公民和组织的权利

公民和组织负有维护国家安全的义务，但也享有法律规定的维护国家安全的权利。法律权利，是指法律关系主体依法享有的权能和利益，表现为权利享有者可以为一定行为、要求他人为一定行为或不为一定行为。权利具有任意性，是否行使，权利享有者根据自己的真实意思自行决定。

公民和组织维护国家安全的权利是宪法关于公民基本权利规定的具体化，根据《国家安全法》等法律的规定，公民和组织维护国家安全的具体权利有：第一，对国家安全机关及其工作人员的工作提出批评、建议的权利；第二，对国家安全机关及其工作人员超越职权、滥用职权和其他违法行为的检举和控告的权利；第三，支持、协助国家安全工作获得保护权，维护国家安全有重大贡献时请求给予奖励权；第四，为国家安全机关及其工作人员提供便利条件受到损失时有获得补偿和赔偿权；第五，对国家安全机关作出的行政处罚等行政行为申请复议和提起行政诉讼的权利。

四、国家安全法律责任制度

法律责任并非仅是一个常用的法律术语，其法律意义的实质在于它是立法中的一个基本范畴，所以制定法律时，对法律责任往往都要作为专章或专节加以明确规定。《国家安全法》和《国家安全法实施细则》对违反国家安全法律规范的法律责任都专章加以明确规定。规定法律责任，是国家安全警察法体系结构完整性及贯彻实施该法的必然要求，是实现国家安全警察法的立法目的的需要。

（一）国家安全警察法律责任的含义与特征

"责任"一词，《现代汉语词典》等辞书通常解释为：应尽的职责；分内应做的事；没有做好分内应做的事；应承担的过失；追究责任。这些解释说明，"责任"包括积极的责任和消极的责任两层含义。积极的责任，是指职责、义务，即自觉把分内的事做好；消极的责任，是指一个人应做的事不做或者实施了相反的错误行为，要承担的某种后果。我们所讲的法律责任，通常是指责任的第二层含义，即消极意义上的责任。为此，可将法律责任的含义界定为：法律责任，是指行为人实施了某种违反法律或法律义务的行为所要承担的法律后果。

法律责任依照不同的标准可以划分成不同的种类。法律责任以其责任的性质不同可分为刑事法律责任、行政法律责任、民事法律责任。法律责任以其承担责任的主体不同分为普通法律责任和特定法律责任。普通法律责任，是指任何不特定的人（个人和组织）违反法律或法律义务所负的法律责任；特定的法律责任，是指具有特定职务、职业的人违反法律赋予其职责、权限和业务上的特定要求而负的法律责任。

国家安全法律责任，是指国家安全法律关系主体实施了违反国家安全法律规范或者法律义务的行为所要承担的法律后果。国家安全法律责任除了具有法律责任的“受罚性、强制性、约束性、专属性、实据性”等一般特点外，还具有其自身的一些特征：

1. 责任种类和主体的多样性

国家安全法律责任既包括刑事法律责任，又包括行政法律责任；既有普通法律责任又有特定法律责任；承担法律责任的主体既有个人和组织，又有国家安全机关和国家安全机关工作人员。但国家安全法律责任主要是个人和组织所负的法律责任。

2. 法定性和责任理由的特殊性

国家安全法律责任的性质、种类、责任方式等是由法律明确规定的，因而具有法定性。国家安全法律责任，主要是但不限于《国家安全法》所规定的法律责任。承担国家安全法律责任的理由具有特殊性，并非一般的违反法定义务，而是专指行为人实施了危害国家安全的行为或者违反了国家安全法律规范规定的法定义务。

法律责任和法律处罚即法律制裁不同，二者既有联系又有区别。

法律责任与法律制裁的联系表现为：第一，法律责任是介于违法与处罚之间的桥梁和纽带，它对违法和处罚的关系起调节作用。一个人实施了违法行为，只是该人负法律责任的前提，而只有当其对违法行为负法律责任时，才能对他作出法律处罚。可见，没有法律责任，就不受法律处罚；有何种法律责任，就受何种法律处罚。法律责任是法律处罚的前提，法律处罚是法律责任的后果。第二，法律责任的大小，是法律处罚的标准。有权机关在作出处罚决定时，需考虑行为人对违法所负的法律责任的程度，责任重则处罚重，责任轻则处罚轻。第三，法律处罚是法律责任的外在的主要表现形式，法律责任主要是通过法律处罚来实现的。通常情况下，一个人被追究法律责任，最终是按照该人负责任的性质和程度，给予法律处罚。

法律责任虽然与法律处罚有密切的联系，但两者有着本质的区别。主要表现在：第一，法律责任的实质是违法者和国家及执法机关之间的权利义务关系，而法律处罚则是这种权利义务关系的客体；第二，法律责任是违法者对国家承担的刑事、民事、行政责任，而法律处罚是专门的执法机关以国家的名义对违法者使用的制裁方法；第三，法律责任的外延大于法律处罚的外延，没有法律责任虽然没有法律处罚，但免除法律处罚不等于否定法律责任。

（二）国家安全法律责任的种类

根据《国家安全法》等国家安全法律规范的规定，国家安全法律责任有刑事法律责任、行政法律责任、民事法律责任三种。

1. 国家安全刑事法律责任

国家安全刑事法律责任主要是个人和组织承担的，国家安全刑事法律责任具体有：

（1）实施危害国家安全的犯罪行为的刑事责任

境外机构、组织、个人实施或者指使、资助他人实施，或者境内组织、个人与境外机构、组织、个人相互勾结实施危害中华人民共和国国家安全的行为，构成犯罪的，依法追究刑事责任。

（2）个人和组织不履行维护国家安全的法定义务构成犯罪的刑事责任

个人和组织不履行维护国家安全的法定义务构成犯罪的刑事责任有：第一，对间谍犯罪的行为拒绝提供情况、证据构成犯罪的，依照刑法的有关规定处罚；第二，以暴力、威胁方法阻碍国家安全机关执行国家安全工作任务构成犯罪的，依照刑法的有关规定处罚；第三，故意阻碍国家安全机关执行国家安全工作任务，未使用暴力、威胁方法，造成严重后果的，依照刑法的有关规定处罚；第四，拒不提供便利条件或者拒不协助，构成故意阻碍国家安全机关执行国家安全工作任务，造成严重后果的，依照刑法的有关规定处罚；第五，故意或者过失泄露有关国家安全工作的国家秘密构成犯罪的，依照刑法的有关规定处罚；第六，非法持有属于国家秘密的文件、资料和其他物品，构成泄露国家秘密罪的，依法追究刑事责任。

（3）国家安全机关工作人员玩忽职守、徇私舞弊，构成犯罪的，分别依照刑法的有关规定处罚；非法拘禁、刑讯逼供，构成犯罪的，分别依照刑法的有关规定处罚。

2. 国家安全行政法律责任

国家安全行政法律责任依法可分为个人、组织的法律责任和国家安全机关及其工作人员的法律责任。

（1）个人、组织的行政法律责任

个人、组织的行政法律责任主要有：第一，实施危害国家安全的行为不构成犯罪的，国家安全机关可以予以警告、训诫或者责令具结悔过；第二，对间谍犯罪的行为拒绝提供情况、证据不构成犯罪的，由国家安全机关处15日以下行政拘留；第三，故意阻碍国家安全机关执行国家安全工作任务，未使用暴力、威胁方法，情节较轻的，由国家安全机关处15日以下行政拘留；第四，故意或者过失泄露有关国家安全工作的国家秘密尚未构成犯罪的，由国家安全机关处15日以下行政拘留；第五，非法持有属于国家秘密的文件、资料和其他物品，以及非法持有、使用专用间谍器材的，由国家安全机关予以没收；第六，拒不提供便利条件或者拒不协助，构成故意阻碍国家安全机关执行国家安全工作任务但不构成犯罪的，由国家安全机关处15日以下行政拘留。

（2）国家安全机关的行政法律责任

国家安全机关的行政法律责任，主要是对为国家安全机关或其工作人员执行国家安全工作任务提供便利条件或其他协助遭受损失的个人、组织进行补偿和赔偿的责任。

（3）国家安全机关工作人员的行政法律责任

国家安全机关工作人员的行政法律责任主要有两项：第一，国家安全机关工作人员执行职务时，如果有渎职、滥用职权、超越职权、非法拘禁、刑讯逼供等不构成犯罪的违法或者不当行为，国家安全机关应根据《公务员法》等法律规范的规定，对其给予行政处分；第二，国家安全机关工作人员因故意或者重大过失违法行使职权造成个人或组织合法权益损害的，国家安全机关在对受害人赔偿后，国家安全机关工作人员要承担被追偿的责任。

境外人员违反《国家安全法》的，可以限期离境或者驱逐出境。

3. 国家安全民事法律责任

国家安全民事法律责任是《国家安全法实施细则》第26条规定的，个人或组织承担的是一种侵权赔偿的法律责任。故意阻碍国家安全机关依法执行国家安全工作任务，造成国家安全机关工作人员人身伤害或者财物损失的，应当依法承担赔偿责任。

（三）国家安全法律责任中的刑事政策

为了维护国家安全，有效打击危害国家安全的犯罪行为，根据反间谍的特殊斗争的实际工作需要，争取挽救失足者、扩大教育范围、及时清除隐患，《国家安全法》规定了两项重要的刑事政策。

1. 自首或者有立功表现从宽处理政策

《国家安全法》第24条规定："犯间谍罪自首或者有立功表现的，可以从轻、减轻或者免除处罚；有重大立功表现的，给予奖励。"

有下列情形之一的，属于“立功表现”：第一，揭发、检举危害国家安全的其他犯罪分子，情况属实的；第二，提供重要线索、证据，使危害国家安全的行为得以发现和制止的；第三，协助国家安全机关、司法机关捕获其他危害国家安全的犯罪分子的；第四，对协助国家安全机关维护国家安全有重要作用的其他行为。在上述四项立功表现范围内对国家安全工作有特别重要作用的，构成“重大立功表现”。

自首或者有立功表现从宽处理政策适应反间谍的特殊斗争的实际需要，是对我国刑法关于自首、立功规定适用间谍罪的补充和修改。

2. 主动如实说明情况不予追究的政策

《国家安全法》第25条规定：在境外受胁迫或者受诱骗参加敌对组织，从事危害中华人民共和国国家安全的活动，及时向中华人民共和国驻外机构如实说明情况的，或者入境后直接或者通过所在组织及时向国家安全机关或者公安机关如实说明情况的，不予追究。

主动如实说明情况不予追究政策的适用应符合以下法定条件：(1) 行为人参加了敌对组织，从事了危害中华人民共和国国家安全的行为。(2) 参加了敌对组织，从事危害国家安全的行为发生在境外。(3) 主观上行为人并非出于自愿，而是受到胁迫或者诱骗。(4) 行为人必须是及时向中华人民共和国驻外机构如实讲明情况，或者入境后直接或者通过所在组织及时向国家安全机关或者公安机关如实说明情况的。所谓“及时”，是指其参加敌对组织，从事危害中华人民共和国国家安全的活动尚未被发现，或者虽被发现但尚未受到讯问，未被采取强制措施以前。所谓“如实说明情况”，是指行为人说明了参加敌对组织，从事危害中华人民共和国国家安全活动的全部行为，而不是部分犯罪行为。

行为人只要符合以上四个条件，不论是违法还是犯罪行为，也不论是罪轻还是罪重，一律不予追究法律责任。

五、国家安全法律救济制度

(一) 国家安全法律救济的概念和特征

法律救济和日常生活中所称的救济不同，法律救济，是指由国家法律所规定并通过裁决争议的形式，来制止或者纠正国家机关或者国家机关工作人员由于违法行使职权发生的侵权行为，从而使合法权益遭受损害的公民或组织能够获得法律补救的制度。

法律救济按照不同的标准可分为不同的种类，如按侵权行为性质与采用的救济方法的不同可以划分为刑事法律救济、民事法律救济、行政法律救济。国家安全法律救济是按照侵权行为的实施主体划分的一种法律救济。所谓国家安全法律救济，是制止或矫正国家安全机关或其工作人员的违法或不当行为，使合法权益受损害的公民、组织获得补救的法律制度。

国家安全法律救济是警察法学中的一个专门术语，是学理上对国家安全行政复议、行政诉讼和赔偿等法律制度的一种理论表述和评价。国家安全法律救济有着极其丰富的内容，具有如下特征：第一，国家安全法律救济的产生是因为公民、组织的合法权益受到违法或不当国家安全执法行为的侵害。第二，国家安全法律救济是多种救济手段、方法和制度的总称。例如，在途径上有行政复议、行政诉讼、国家赔偿等，在手段上有撤销、变更、责令赔偿等。第三，国家安全法律救济是对违法或不当行使职权的消极后果的法律补救。第四，国家安全法律救济一般是依申请开始，并且救济的请求权属于公民或组织。第五，国家安全法律救济是一种法律救济，具有法定性。能够获得救济的权利、途径、方法与手段、实施救济的主体、救济程序等都必须有法律的明确规定。所以，国家安全法律救济是狭义上的法律救济。

（二）国家安全法律救济的功能

国家安全法律救济具有保护、监控和平衡功能。

1. 保护功能

保护功能，即是保障公民或组织的合法权益不受国家安全机关及其工作人员的违法或不当行为的侵害。国家安全法律救济最重要和最根本的任务就是保护公民、组织的合法权益。“有权利必有救济”、“无救济就无权利”，这一古老的法律规则已成为现代民主、法治国家的公理。国家安全法律救济制度的确立，就可以使受到损害的公民、组织向有权机关请求撤销或改变违法行为，并可要求赔偿损失，从而使公民或组织的合法权益得到保障并使受侵害的合法权益得以恢复或弥补。

2. 监控功能

监控功能，即国家安全法律救济具有监督国家安全机关及其工作人员依法行使职权、防止其违法的作用。在法治社会中，没有不受监督的权力，建立国家安全法律救济制度，就能对国家安全机关及其工作人员依法行使职权进行有效的监督和控制。它可将国家安全机关及其工作人员的权力运作状态置于多种方式的监督之下，一旦国家安全机关及其工作人员有违法不当行使职权的行为，就有可能被诉至有权机关判定权力行为的合法与合理性，进而撤销、确认、改变违法或不当的职权行为甚至被责令赔偿损失。从而使国家安全机关及其工作人员更加自觉地严格依法行使职权，防止违法行为的发生。

3. 平衡功能

平衡功能，即平衡警察权力与公民权利、化解国家安全机关及其工作人员与公民、组织的矛盾和冲突。法律救济的本质是通过解决社会生活中的纠纷而使受害者获得补救，因此，法律救济总是和处理解决纠纷相联系并能最终解决双方冲突与矛盾。国家安全法律救济通过行政复议、行政诉讼、警察赔偿等途径发挥国家的强制力，撤销违法的警察职权行为、改变不当的警察职权行为、责令履行法定职责和赔偿损失，以及对公民、组织合法权益的强制恢复和保障，就使公民、组织与国家安全机关及其工作人员之间的矛盾、冲突得以化解，从而建立和谐的警民关系，维护社会秩序的稳定，促进和谐社会的构建。

（三）国家安全法律救济的种类

根据《国家安全法》等国家安全法律规范的规定，国家安全法律救济主要是国家安全行政复议、国家安全行政诉讼、国家安全赔偿、国家安全补偿。

国家安全行政复议，是指公民、组织（法人和其他组织）认为国家安全机关的行政行为侵犯了其合法权益，依法向法律规定的上一级国家安全机关或其他法定机关提出申请，由受理申请的国家安全机关对行政行为的合法性与适当性进行审查并作出裁决的活动和制度。国家安全行政复议依照《行政复议法》和《行政复议法实施条例》进行，但国家安全法律规范对国家安全行政复议有符合《行政复议法》和《行政复议法实施条例》的特殊规定时，首先适用该特殊规定。

国家安全行政诉讼，是指公民、组织（法人和其他组织）认为国家安全机关的行政行为侵犯了其合法权益，依法向人民法院提起诉讼，由人民法院依法定程序对被诉行政行为进行合法性（行政处罚包括合理性）审查作出裁判的活动。国家安全行政诉讼依照《中华人民共和国行政诉讼法》和最高人民法院的相关规定进行，但国家安全法律规范对国家安全行政诉讼有符合《行政诉讼法》的特别规定的，首先执行该特别规定。例如，《国家安全法》第31条规定，对国家安全机关行政拘留决定不服的，首先应在接到处罚决定之日起15日内，向作出处罚决定的上一级机关申请行政复议；对复议决定不服的，可以自接到复议决定书之日起15日内向人民法院提起诉讼。可见，在行政拘留的行政复议与行政诉讼的衔接关系上，《国家安全法》规定的是复议前置，行政复议是行政诉讼的必经程序；而《行政诉讼法》规定的是自由选择，除法律另有规定外，行政复议不是行政诉讼的必经前置程序。

国家安全赔偿属于国家赔偿责任，是警察赔偿的一种。国家安全赔偿是指国家安全机关及其工作人员在行使职权和履行职责的过程中，违法侵犯公民、组织的合法权益并造成损害，或有国家赔偿法规定的其他侵权情形，国家对此承担赔偿责任的制度。国家安全机关是赔偿义务机关，不是赔偿责任主体。国家安全赔偿的法律依据主要是《国家赔偿法》，国家安全法律规范对赔偿有符合《国家赔偿法》并与之不相抵触的特别规定的，办理国家安全赔偿案件时优先适用。国家安全赔偿包括国家安全刑事赔偿和国家安全行政赔偿。

国家安全补偿，是指国家安全机关及其工作人员合法行使职权给特定的公民、组织造成损失，或者特定的公民、组织为国家安全机关及其工作人员依法执行职务提供便利条件或其他协助而使自己的合法权益受到损失，对该损失予以弥补的制度。例如，国家安全机关为维护国家安全的需要，优先使用公民、组织的交通工具、通信工具、场地和建筑物，应当支付费用，造成损失的应当按国家的有关规定给予补偿。国家安全补偿是一种特殊的法律救济，一般情况下，法律救济针对的是违法或者不当的职权行为，而补偿针对的是合法行为。但有损失就应弥补，这是法治社会尊重与保障人权的必然要求，也是对公民、组织为公共利益特别牺牲的抚慰与弥补。从损失弥补的角度看，补偿与其他法律救济有异曲同工之妙，故将其放在国家安全法律救济之中。

问题与思考

1. 国家安全警察法的概念和特征。
2. 国家安全警察法的法律渊源。
3. 国家安全警察法的效力范围。
4. 国家安全警察法的目的和原则。
5. 国家安全法律制度及其具体内容。
6. 国家安全警察法在警察法体系中的地位和作用。

参考文献

1. 中国警察学会编著．中国警察法学．北京：群众出版社，2002
2. 高文英，严明编著．警察法学教程．北京：中国人民公安大学出版社，1998
3. 陈晋胜．警察法学概论．北京：高等教育出版社，2002
4. 刘伯祥主编．外国警察法．北京：中国法制出版社，2007
5. 李竹主编．中国国家安全法学．北京：人民出版社，2006
6. 王京建．国家安全法学教程．北京：中国社会出版社，2008
7. 姜明安主编．行政法与行政诉讼法．北京：北京大学出版社，高等教育出版社，2007

8. 孟昭阳，张建良主编．行政法与行政诉讼法学．北京：中国人民公安大学出版社，2005

9. 杨海坤，章志远．中国行政法基本理论研究．北京：北京大学出版社，2004

10. 孟昭阳．警察法的界定及地位．中国人民公安大学学报（社会科学版），2007（6）

11. 孟昭阳．论警察法学的学科地位．见：公大法学评论．北京：中国人民公安大学出版社，2009

第七章
狱政管理警察法

□·本章概要·□

狱政管理的实施者是监狱人民警察。监狱人民警察是我国人民警察序列中的一员，是维护人民民主专政政权的具有武装性质的治安行政力量。监狱人民警察担负着执行刑罚、管理服刑人员、完成生产、教育等多项任务，是政府的化身、国家的代表。

狱政管理是警察法体系的组成部分。该法的颁布和实施使我国的狱政管理走上了法治轨道，在促进犯罪分子劳动改造、早日重返社会方面起了重要作用。狱政管理是指在我国监狱依法对罪犯实施监禁和行政管理的活动总称，具体来说就是对服刑罪犯进行收监和释放、分押分管、安全管理、生活卫生管理、档案管理等。

本章重点介绍了监狱人民警察的性质、职责和职权以及狱政管理原则、狱政管理制度。

关键术语

监狱人民警察 监狱人民警察的职责和职权 监狱人民警察的执法监督 狱政管理的概念和原则 分管、分押 警戒、戒具和武器使用 会见通信制度 生活卫生管理制度 罪犯考核奖惩制度

第一节 监狱人民警察的性质与任务

一、监狱人民警察的概念及法律属性

（一）监狱人民警察的概念

根据《监狱法》的规定，监狱是国家基于一定行刑目的而设置的，以国家强制力为后盾，依法对被判处死刑缓期二年执行、无期徒刑、有期徒刑的罪犯执行刑罚、进行惩罚与改造的国家刑罚执行机关。该法第12条明确规定："监狱的管理人员是人民警察。"监狱人民警察，是指我国监狱对依法判处死刑缓期二年执行、无期徒刑、有期徒刑的罪犯执行刑罚，实施惩罚和改造的管理人员。监狱人民警察是我国人民警察序列中的一个独立的警种，是我国人民警察序列中的一个重要组成部分。

监狱警察在中国历史上具有不同的称谓，如狱官、狱吏、狱警等，他们在历史上代表统治阶级对劳动人民、进步力量实施血腥镇压，这与历史上我国的监狱是历代统治者权力专断、人治化程度高的场所密不可分，尽管期间不乏开明统治者不断地适应社会需求进行的变革，但残暴、戾虐始终是当时监狱的特征，其中的狱警也扮演了一个并不光彩的角色，这完全是由国家和监狱的性质所决定的。在革命根据地时期，劳动感化院、监狱和看守所中的管理人员，被称为"看守员"、"法警"。1951年，新中国大规模组织罪犯劳动，监狱管理人员被称为"狱警"、"司法人民警察"。此后，在漫长的监狱管理工作中，监狱人民警察被称作"劳改工作干部"或"劳改警察"。直到1994年12月29日《监狱法》颁布后，"监狱人民警察"的称谓正式出现。1995年2月颁布的《人民警察法》第2条明确规定："人民警察包括公安机关、国家安全机关、监狱、劳动教养管理机关的人民警察和人民法院、人民检察院的司法警察。"由此，监狱人民警察的称谓进一步获得法律的肯定。我国是人民民主专政的社会主义国家，我国的监狱是对罪犯实施惩罚和改造的机关，这与剥削阶级国家的监狱有着本质的区别，我国监狱的人民警察承担着惩罚犯罪、对罪犯进行管理、教育、改造的光荣任务，是我国维护社会治安秩序、打击惩罚犯罪、保护人民、巩固国家政权和

保障社会主义经济建设顺利进行的基本力量之一。

（二）监狱人民警察的性质

监狱管理人员的法律属性，现代国际社会主要有三种定性模式：一是司法行政公务人员，以西欧监狱工作人员为代表；二是国家武装力量的军人，以原苏联、东欧国家监狱工作人员为代表；三是警察。《监狱法》第 12 条第 2 款明确规定：“监狱的管理人员是人民警察”，此项法律将我国监狱管理人员的法律性质定位为警察体制。如此确定中国监狱人民警察的法律属性，基于以下因素：（1）我国过去的监狱工作几十年来一直属于警察管理，1983 年从公安部移交给司法部时，仍然保留着警察模式；（2）目前监狱管理人员已经按《人民警察警衔条例》的规定，完成了评授警衔的工作；（3）狱内一些活动，由警察身份的管理人员予以完成比较合适，如狱内侦查等。此外，确立监狱管理人员的性质为人民警察较能满足大多数监狱工作人员的情感要求，有助于充分调动广大监狱管理人员的积极性。①我国监狱人民警察是国家政权的重要组成部分，是人民民主专政的重要工具之一。

监狱人民警察是区别于一般司法工作人员和行政工作人员，而具有独特法律性质的，这种独特性表现为——监狱人民警察既是国家治安性质的执法力量，又是国家的刑事司法力量。

第一，监狱人民警察的法律性质。监狱人民警察代表国家在监狱这一特定的范围内对特定的对象——罪犯依法实施行政管理，达到维护社会治安秩序之目的，这种特殊的行政管理及其功能，是监狱人民警察特有的；同时，监狱人民警察在刑事司法活动中，担负着行使执行任务，居于完成司法活动根本目的——惩罚和改造罪犯以减少和消除犯罪——之重要位置，是我国刑事司法中不可或缺的重要力量。

第二，监狱人民警察的武装性质。为使监狱人民警察更好地履行职责、行使权力，国家为监狱人民警察配备了必要的武器、警械等装备，监狱人民警察依照法律规定，在必要时依法使用武器和警械。

二、监狱人民警察的地位和任务

（一）监狱人民警察的地位

监狱人民警察的地位，是指监狱人民警察在监狱工作中和在整个警察队伍中所处的位置。根据《人民警察法》第 2 条第 2 款的规定：“人民警察包括公安机关、国家安全机关、监狱、劳动教养管理机关的人民警察和人民法院、人民检察院的司法警察。”《监狱法》第 12 条第 2 款规定：“监狱的管理人员是人民警察。”综合《监狱法》、《人民警察法》关于监狱人民警察地位的法律规定表明：第一，监狱人民警察是监狱的管理人员，拥有管理监狱的职权和职责；第二，监狱人民警察是中华人民共和国人民警察的一种，是国家具有武装性质的刑罚执行力量。从法律规定看，监狱人民警察在法律上与其他警种的人民警察相比，只有分工的不同，没有法律地位的高低，他们具有同等的地位。在监狱这一特殊的工作环境中，监狱人民警察在监管改造罪犯的工作中，处于执法者、管理者、教育者的地位，罪犯在进入监管场所后，监狱人民警察依照法律规定对他们进行监管教育，这种执法者的地位，非监狱人民警察不得替代；罪犯在监管场所内，必须服从管理、听从指挥，否则，监狱人民警察有权依法处置，直至追究法律责任；监狱人民警察以“特殊园丁”的身份完成

---

① 参见兰洁主编：《监狱学》，64 页，北京，中国政法大学出版社，1999。

着执行刑罚、教育、改造罪犯成为守法公民的重任。监狱人民警察是国家法律、党的监狱工作方针政策的体现者，是国家刑罚的执行者；是教育改造罪犯的特殊教育者；同样还是罪犯劳动和监狱生产的组织者和管理者。

（二）监狱人民警察的任务

《监狱法》第5条规定："监狱的人民警察依法管理监狱、执行刑罚、对罪犯进行教育改造等活动"，该法第3条规定："监狱对罪犯实行惩罚和改造相结合、教育和劳动相结合的原则，将罪犯改造成为守法公民。"故而，作为人民警察序列之一的监狱人民警察，担负着准确执行刑罚、依法监管监狱、教育改造罪犯，将罪犯改造成为守法公民的特殊任务。

1. 依法管理监狱。监狱人民警察依照国家法律授权，承担着对监狱的人、财、物等各项事务进行管理的任务。依法管理监狱，是监狱机关和监狱人民警察的首要任务，完善监狱警察队伍的政治建设、组织建设和保障建设，强化监狱人民警察的职业道德建设、业务知识建设，注重监狱人民警察的警务保障，创造良好的监狱执行职务活动的条件；依法管理罪犯，理性思考罪犯管理中存在的问题，在继承、弘扬中国监狱工作优良传统基础上采用科学方法创建现代化文明管理；依法管理监狱的土地、资源和财产，使其不受非法侵占、破坏，依法处理监狱的司法关系和其他相关关系，维护正当权益。

2. 依法执行刑罚。监狱人民警察对人民法院依法生效的并依法交付执行的刑罚予以实施。执行刑罚的主体是监狱及监狱人民警察，执行刑罚的客体是罪犯，执行刑罚的内容是人民法院判决或裁定确定的内容。监狱人民警察依照法定对象、条件、程序将罪犯收监；在执行刑罚过程中，正确处理罪犯提出的申诉、控告和检举；依照法定对象、条件和程序，对罪犯提出减刑、假释建议；依照法定对象、条件和程序，决定罪犯的暂予监外执行；依照法定的条件和程序，释放罪犯，协助社会做好释放人员的安置工作。

3. 依法惩罚罪犯。监狱及监狱人民警察依法执行人民法院对罪犯判处的刑罚，表现为对罪犯人身自由的剥夺，即依法将罪犯监禁，剥夺或限制行动自由，使之与社会处于隔离状态，使之感觉到刑罚执行的强制性、严格性和威慑性；剥夺或停止部分罪犯行使政治权利。监狱对人民法院作出的生效判决所确定的刑罚种类、刑期无权进行变更，但对于罪犯在服刑期间确有悔改或立功表现的，可以向人民法院提出减刑建议，由人民法院裁定。对于罪犯在监狱内有犯罪的，监狱人民警察依法立案侦查，按照刑事诉讼法规定的程序，追究刑事责任。

4. 依法改造罪犯。监狱人民警察依法执行的刑罚要与教育改造相结合，《监狱法》第3条、第62条明确规定："监狱对罪犯实行惩罚和改造相结合、教育和劳动相结合的原则"，"监狱应当对罪犯进行法制、道德、形势、政策、前途等内容的思想教育"，监狱人民警察需要以正确的策略和方法对罪犯进行全面的思想、文化和职业技术教育，尤其需要加强法治教育，使绝大多数在改造期间，弃恶从善、重新做人，最终完成"将罪犯改造成为守法公民"这一法律标准，使他们在刑满释放后成为无害他人、自食其力之人。

5. 依法组织罪犯进行生产劳动。罪犯参加生产劳动是我国监狱机关教育改造罪犯的基本手段之一。监狱人民警察在惩罚、改造、教育罪犯的同时，应根据需要组织罪犯进行生产劳动，促使罪犯深刻认识到劳动的意义并促使其世界观发生转变，从而有助于罪犯恶习的矫正，培养劳动兴趣，有助于罪犯顺利回归社会；同时也使罪犯通过自己的生产劳动，创造一定的物质财富，参加劳动的罪犯在法定节日和休息日休息，按照法律规定获取报酬以及获得适当奖励，用于改善罪犯日常生活、完善监狱内与罪犯有关的集体生活设施。《监狱法》第4条、第70条明确规定："监狱对罪犯应当依法监管，根据改造罪犯的需要，组织罪犯从事生产劳动”，“监狱根据罪犯的个人情况，合理组织劳动，使其矫正恶习，养成劳动习惯，学会生产技能，并为释放后就业创造条件”。

第二节　监狱人民警察的职责与职权

一、监狱人民警察的职责

监狱人民警察的职责，是国家依法规定的监狱人民警察的工作范围和应承担的责任。监狱人民警察的责任是由监狱的性质、任务和监狱人民警察的地位、作用所决定的，具有如下特征：

第一，法定性，即监狱人民警察的工作范围和任务是由国家权力机关根据社会职能和国家机关分工，以法律形式确定的，任何团体、组织和个人无权随意变更，履行职责的主体只能是具有人民警察身份的人，他们必须严格依照法定的程序和方式履行职责，监狱人民警察所遵照和实现的是国家意志，是人民意志的体现，是社会主义法治社会的必然要求，超越法定性的履职行为或不按照法律规定履职的行为都需要承担相应的法律责任。

第二，专属性，即监狱人民警察的职责是由监狱人民警察专有的，是为国家实现惩罚和改造罪犯、预防和减少犯罪的行刑目的而专门赋予监狱人民警察的，这种专属性不同于任何剥削阶级国家监狱的狱官、狱吏在监狱管理中所体现的个人意志，监狱人民警察按照国家法律规定所履行的职权，受到国家法律保护，同时它具有排他性和不可侵犯性，其他任何人，甚至其他警种的人民警察亦无权履行。

第三，义务性，即监狱人民警察职责的核心点是为执行刑罚、惩罚和改造罪犯服务的，依法、切实、有效履行法定职责，是监狱惩罚、改造罪犯的具体体现，是监狱作为国家的刑罚执行机关所享有各项权力实现的基本途径，这种职责不得以任何借口和理由推卸，并必须以积极的作为来履行，否则便构成玩忽职守。

第四，强制性，即监狱人民警察职责的履行是由国家强制力作为后盾保证实施的。监狱人民警察的职权是由国家以法律形式确定的，是国家以授权监狱人民警察的方式保障实现惩罚和改造罪犯、预防和减少犯罪的，对于干扰、妨碍监狱人民警察正常执行公务的违法犯罪行为，国家予以相应的制裁。强制性是监狱人民警察的本质性特征。

根据《监狱法》和《人民警察法》的规定，监狱人民警察的职责主要表现在以下方面：

（一）管理监狱的职责

依法管理监狱、保障监狱的安全、维护良好的监管改造秩序是监狱人民警察的首要职责。监狱人民警察通过对监禁罪犯的分押、分管、分教、警戒、通信、会见、生活、卫生、奖惩等日常管理工作，对罪犯的生活、劳动、学习，对监区的环境进行有效管理，与监狱周边单位和群众协作、合作，保障监狱安全，保护监狱设施和财产不受外来侵犯，保障井然有序的改造氛围，有效预防罪犯脱逃，防止和打击罪犯在监狱场所内再犯新罪，维护监管场所的安全，维护社会治安秩序。

（二）依法行刑的职责

监狱人民警察是国家对罪犯实现刑罚惩罚内容的实施者，即国家对罪犯的刑事制裁具体内容是通过监狱人民警察的执法行为成为现实的。让罪犯切实体验到国家刑罚的威严，使罪犯得到应有的惩罚，要求监狱人民警察把自己放在国家法律实施者的位置考虑执行问题，严格依照国家法律、在党的刑事政策指导下，有效地开展工作，特别是监狱的一切行刑活动，必须按照法律所确定的刑罚内容和程序实施，严肃认真、一丝不苟，确保刑罚的准确性，保证国家法律实施的严肃性和实现国家对罪犯实施刑罚惩罚的既定目标。

（三）保护罪犯合法权益的职责

罪犯虽然被依法剥夺或限制了人身自由或其他权利，但他们依然享有除被依法剥夺的权利之外的法律规定的其他基本权利，但他们在服刑期间因客观条件的限制，自身合法权益维护的能力降低。《监狱法》第7条明确规定："罪犯的人格不受侮辱，其人身安全、合法财产和辩护、申诉、控告、检举以及其他未被依法剥夺或者限制的权利不受侵犯。"监狱人民警察在监管、劳动改造、教育等各个环节，要从尊重人格、保护人权的角度出发，从改造罪犯的高度看待罪犯的合法权益保护问题，平等地保护好罪犯未被剥夺的各项合法权益，让他们平等地享有减刑、假释以及其他奖励机会，严肃处理监狱干警中侵害罪犯权利的行为，为罪犯权利的实现提供现实的司法保障。

（四）教育改造罪犯的职责

《监狱法》第3条规定："监狱对罪犯实行惩罚和改造相结合、教育和劳动相结合的原则，将罪犯改造成为守法公民。"改造罪犯是监狱人民警察的神圣职责，也是我国监狱工作的基本内容，是衡量监狱人民警察是否称职的标准之一。监狱人民警察要通过执法、惩罚、教育、改造等一系列工作，针对罪犯思想实际有的放矢地开展工作，将他们的犯罪思想逐渐弱化甚至彻底消除，成为社会的无害因素，使罪犯认罪伏法，使绝大多数罪犯经过改造，在刑满释放回归社会后，成为遵纪守法、自食其力的合格公民。

二、监狱人民警察的职权

职权，是指职务范围内的权力。监狱人民警察的职权，就是指监狱人民警察在执行刑罚、惩罚和改造罪犯的工作中，依据宪法、法律和行政法规的规定所享有的职务范围内权力的总和。监狱人民警察的职权是由监狱人民警察的性质和他们所处的地位决定的，是完成监狱行刑目标的前提条件，没有一定的职权就不可能有效地管理监狱，就不可能对罪犯进行有效的控制，更不可能对罪犯进行有效的教育改造。因此，要完成监狱执行刑罚的任务，保持监狱的安全稳定，必须要由国家强制力作后盾，这种强制力以国家授予监狱人民警察一定职权的形式表现出来，监狱人民警察的职权本质上是监狱行刑权力在监狱人民警察监管改造工作中的具体体现。监狱人民警察的职权具有如下特点①：

第一，权力范围的广泛性。罪犯从入监到出狱、从刑罚执行到考核奖惩、从生活卫生到劳动生产、从狱政管理到教育改造，几乎每一环节的执法活动都由法律赋予了监狱人民警察职权。这种职权确立的广泛性，充分表明了国家和人民对监狱人民警察的信任与重托，体现了监管改造工作的神圣与庄严。

第二，权力主体的特定性。凡是由国家法律授权的，监狱人民警察都需要依法行使，而无论相对人是否愿意、是否合作。这是一项十分严肃的执法工作，不能将刑罚的行刑权力任意地或轻率地交由其他组织与个人行使，因此，监狱人民警察的职权只能由特定的监狱人民警察行使，不得擅自转让或放弃，任何机关与个人亦无权行使与接受委托，监狱人民警察不得"非法将监管罪犯的职权交予他人行使"，不依法行使权力必然导致失职，将引

① 参见兰洁主编：《监狱学》，67～68页，北京，中国政法大学出版社，1999。

起监狱监管改造秩序的混乱，故对非执法主体行使权力或特定执法主体依照法律规定行使权力的行为，将根据其情节轻重，分别予以行政处分或依法追究刑事责任。

第三，权力行使的强制性。监狱是国家的暴力机器，监狱人民警察是国家具有武装性质的司法行政人员，其职权的确立是法律明确规定的，是一项严肃的执法活动，其权力的行使具备强制性，并以国家的强制力作保证与后盾。如果监狱人民警察在依法行使职权时，遇有任何阻挠与破坏，监狱及其他司法机关就可以依法采取狱内或刑事强制措施，如禁闭、戴手铐脚镣，以及逮捕拘禁等，以保障监狱人民警察职权的顺利行使。

第四，权力的不可处分性。监狱人民警察对法律赋予的职权，不能自由处分，无权决定行使或不行使哪些权力。凡是法律所授予的，都是监狱人民警察的职权，均须履行，没有法律上的依据并经法定程序，监狱人民警察不能擅自增加、减少、放弃或转让其职权，否则，将根据其情节轻重，分别予以行政处分或依法追究刑事责任。

根据《监狱法》和《人民警察法》的规定，监狱人民警察的职权主要表现在以下方面：

（一）行使狱政管理的职权

依法管理狱政是监狱人民警察的基本职权之一，其中包含：对成年不同性别的罪犯以及未成年罪犯实行分别关押的权力；依据监管需要，设立警械设施、警戒隔离带的权力；在执行公务时，遇有法定特殊情形，有对罪犯使用戒（警）具和武器的权力；监狱人民警察发现在押罪犯逃脱时，有即时抓获的权力；对罪犯与他人通信进行检查或扣留的权力；对罪犯离监回家探亲的批准权；依法禁闭罪犯的权力；物品批准、检查权；处罚权等。

监狱享有对监内服刑罪犯又犯罪的侦查权及提起检察起诉或不起诉建议书权，是法律第一次明确地将此项权力赋予监狱及监狱人民警察行使。《刑事诉讼法》第 290 条第 2 款规定："对罪犯在监狱内犯罪的案件由监狱进行侦查。"这就从刑事诉讼法的角度与高度，对狱内侦查权作出了更加明确的法律规定。

（二）刑罚执行及变更执行的职权

法律赋予监狱人民警察刑罚执行及变更的职权，是实现监狱行刑目的，完成监管改造任务的基本权力。其中包含：依照法定程序，对罪犯决定收监或不予收监的权力；对交付执行的所有罪犯依法组织身体检查权；罪犯收监时，依法对罪犯携带物品进行检查权；对罪犯的减刑、假释建议权；对罪犯的申诉、控告、检举的处理权；暂予监外执行的审批权；发给刑满释放人员和假释犯证明书的权力。

（三）对罪犯进行教育改造的职权

将罪犯改造成守法公民是监狱行刑的根本宗旨，亦为监狱人民警察的神圣职责。为保证教育改造工作的顺利进行，法律赋予监狱人民警察对罪犯教育改造职权主要包含：监狱人民警察对罪犯依法行使思想改造权——监狱人民警察有权对罪犯进行以法治、道德、形势、政策、前途等为内容的思想教育，促使其改造思想；文化教育权——对罪犯进行文化教育，提高他们的认识、分析、判断能力，提高罪犯的文化素质；职业技术教育权——监狱人民警察有权根据监狱生产和罪犯释放后就业的需求，对罪犯进行相应的职业技术教育；劳动改造权——监狱人民警察根据罪犯的个人情况和改造需要，有组织罪犯参加劳动的权力；对未成年犯的教育改造权——监狱人民警察有权根据未成年人的特点，采取相应的手段与方法对未成年犯进行教育改造，同时在管理、劳动、生活待遇、教育改造等方面有别于成年犯。监狱人民警察有权对罪犯的日常改造、劳动和生活表现情况，进行考核和给予行政奖励和惩罚的权力。

第三节　监狱人民警察的义务与纪律

根据法学基本原理，义务包括作为和不作为两种形式，这里所说的纪律，实际上是不作为的义务。因为人民警察手中的权力很大，如不加以严格的制约，一旦权力被滥用，将造成不堪设想的严重后果，故《监狱法》在规定监狱人民警察职责，赋予监狱人民警察职权的同时，也规定了其应尽的义务和必须遵守的纪律。义务和纪律是监狱人民警察的行为准则，是依法履行职责，正确行使职权的保障。监狱人民警察义务与纪律的法律化，是依法治监、全面、正确、有效执行职务，实现监狱行刑目标的内在要求。[①]

一、监狱人民警察的义务

（一）监狱人民警察的义务的含义

监狱人民警察的义务，是指由《人民警察法》、《监狱法》等法律所规定的，对监狱人民警察在行使职权、执行职务、履行职责时某些行为的约束。监狱人民警察作为人民警察的一员，其所应该履行的义务首先要受人民警察法的约束，按照人民警察法的规定履行自己的义务。同时，监狱人民警察又是一个独立的警种，有其自身的职责和任务。为履行这些职责、完成这些任务，必须接受《人民警察法》和《监狱法》的制约。

（二）监狱人民警察的义务的主要内容

监狱人民警察不仅享有法律赋予的神圣职权，不允许其他任何机关、组织与个人横加干涉与侵害，而且还应承担法律所规定的职责与义务，不允许有任何特殊的干警逃避责任。监狱人民警察由于角色的多元性——普通公民、国家公务员和人民警察，其应尽的职责与履行的义务亦是多方面的。

根据《监狱法》、《人民警察法》的规定，监狱人民警察的义务主要表现在以下几个方面：

（1）严格遵守法律和宪法。监狱人民警察作为国家的刑罚执行者应当模范地遵守宪法，维护宪法尊严，在执行职务过程中、在行使职权管理监狱、惩罚和改造罪犯活动时，严格依照宪法和法律的规定进行，依法行刑。

（2）忠于职守，即要求监狱人民警察忠诚地对待罪犯改造事业，尽心尽力地管理好监狱，坚守工作岗位、有效地监管罪犯，耐心地教育改造罪犯。

（3）秉公执法。监狱人民警察尊重罪犯未被剥夺的合法权益，对待罪犯应一视同仁，坚持法律面前人人平等的原则，在处理问题上实事求是，在任何场合、任何时候都从改造教育罪犯的角度出发，以事实和法律为标准，坚决杜绝徇私枉法、以权谋私行为的发生。

（4）严守纪律。监狱人民警察应当遵守为维护监狱秩序、保障惩罚和改造工作正常进行而制定的规章、条例，以提高监狱人民警察队伍的素质、战斗力。

（5）清正廉洁。监狱人民警察在行使职权时，应当一身正气，两袖清风，秉公执法，刚正不阿，不徇私、不贪污、不受贿，始终保持高尚的情操和浩然之气。

对于监狱人民警察在行使职权时，违反职守与纪律要求，侵犯了罪犯的合法人身权、

---

① 参见张金桑主编：《监狱人民警察概论》，59页，北京，法律出版社，2001。

财产权并造成实际损害的，依照《国家赔偿法》的相关规定，应由监狱人民警察所在的监狱机关代表国家承担司法赔偿责任。然后，再由监狱依据《国家赔偿法》的规定向有责任的监狱人民警察进行追偿。

二、监狱人民警察的纪律

（一）监狱人民警察的纪律的含义

纪律，是指《监狱法》、《人民警察法》等相关法律所规定的，监狱人民警察在执行职务时必须严格禁止的行为规范。《监狱法》和《人民警察法》将积极的作为称作“义务”，将需要严格禁止的不作为称作“纪律”，这些相关法律在规定了监狱人民警察必须积极作为地履行自己的义务的同时，又以大量的篇幅明确规定监狱人民警察的纪律，且规定了违反纪律行为的制裁措施，是为了保障监狱人民警察依法准确执行刑罚，保证依法行使职权，严格规范、约束监狱人民警察的行为，从正反两方面对监狱人民警察执法行为进行了规范和限制，有力地保障了监狱人民警察依法、正确行使职权，履行义务，保证了监狱工作的有效、顺利进行。

（二）监狱人民警察的纪律的主要内容

为了保证监狱人民警察准确执行刑罚，保障罪犯的合法权益，我国政府和监狱管理部门十分重视对监狱人民警察的行为规范的约束和违法行为的制裁。《监狱法》第 13 条是对监狱人民警察提出的最基本的职业道德要求和从正面提出的基本原则要求。《监狱法》第 14 条则提出了禁止性的规定，监狱的人民警察不得有下列行为：

1. 索要、收受、侵占罪犯及其亲属的财物。避免监狱人民警察利用手中的权力索要、收受甚至强占罪犯及其亲属的财物，避免权钱交易的发生。

2. 私放罪犯或者玩忽职守造成罪犯脱逃。监狱人民警察只有依法监控、管理、改造罪犯的责任和义务，没有任何私自释放罪犯的权力，工作中应当尽心本职，不能玩忽职守、疏忽大意。

3. 刑讯逼供或者体罚、虐待罪犯。刑讯逼供、体罚、虐待罪犯是野蛮、摧残人性的做法，严重践踏和侵犯了人权，但由于深刻的历史渊源和思想根源，体罚、虐待监管人员的事件仍然存在，因此，国家以强制手段杜绝此类现象的继续发生。

4. 侮辱罪犯的人格。罪犯虽然是受刑罚处罚，但他们同样具有人格和尊严。尊重罪犯的人格是有效改造罪犯的基本前提，因此，监狱人民警察不得在任何场合，不得采用暴力、言语或者文字等方法公然侮辱罪犯。

5. 殴打或者纵容他人殴打罪犯。监狱人民警察只有依照规定，采取合法手段，合法利用高科技方法，对罪犯进行监控、管理和教育改造，没有任何团体、机构和个人赋予监狱人民警察殴打或者纵容他人殴打罪犯的权力。无论何种理由，任何殴打或者纵容他人殴打罪犯的行为均属违法，情节严重的还需承担相应的刑事责任。

6. 为谋取私利，利用罪犯提供劳务。监狱人民警察作为国家的行刑者，应该廉洁奉公，出于改造、教育罪犯之目的，根据罪犯个人情况合理组织劳动，增强其劳动观念，培养其劳动技能，绝对不能利用罪犯提供劳动以权谋私，从事营利性活动或者中饱私囊。

7. 违反规定，私自为罪犯传递信件或者物品。维护监狱安全、稳定，保障罪犯安全是监所管理的第一要务，罪犯往来信件只有经过监狱检查，收受的物品获得监狱的批准，在检查中及时发现问题或是防患于未然，是维护安全稳定、改造罪犯的需要，也是监狱人民警察履行职务时应当遵守的基本纪律之一。

8. 非法将监管罪犯的职权交予他人行使。监管罪犯的职权是由国家法律授权专门机关的专门人员完成的，具有独占性的特点，没有国家法律的授权，没有监狱人民警察的合法地位和身份，其他任何人均无权行使监管罪犯的职权；监狱人民警察仅被法律授予依法行使监管罪犯的职权，没有被授予将监管权交予他人行使的权力，非法转移或放弃监管权的，构成违法甚至犯罪。

9. 其他违法行为。根据《人民警察法》和相关法律法规，严禁监狱人民警察作出的行为还包括：（1）不得散布有损国家声誉的言论，不得参加非法组织和旨在反对国家的集会、游行、示威等活动，不得罢工；（2）不得泄露国家机密、监狱工作秘密；（3）不得徇私舞弊，不得对不符合减刑、假释条件的，提出减刑、假释建议，不得对不符合暂予监外执行条件的予以暂予监外执行；（4）不得克扣、挪用罪犯的粮食、伙食费及其他财物；（5）不得与罪犯“老乡”攀亲结友；（6）不得在家中接待罪犯亲属，不得单独接触异性罪犯亲属或单独对罪犯的亲属家访；（7）不得自己经商办企业或者利用职权为亲友经商提供方便；（8）不得擅自接待外来人员参观访问罪犯的劳动、生活现场；（9）不得违反人民警察的着装规定和要求，不得损害人民警察的形象等。

监狱的人民警察有上述行为，构成犯罪的，依法追究刑事责任；尚未构成犯罪的，应当予以行政处分。这些条款是从法律上对监狱人民警察不得为的行为明确作出了禁止性的规定。

第四节　狱政管理基本原理

一、狱政管理的含义

所谓狱政，即为监狱行政之简称，泛指作为国家司法行政机关的监狱依法行使法定职权所进行的狱内各项事务管理活动；所谓管理，是指管理者为达到预定目的及实现既定任务，根据现代管理科学理论而进行的有计划、组织、协调、指挥、监督与控制等一系列的职能活动。

狱政管理有广义和狭义两个范畴。从广义角度理解，狱政管理，是指刑罚执行机关——监狱依照法律规定，对罪犯执行刑罚和在狱内实施的各项行政管理活动，即广义上的狱政管理，其中包含国家对监狱管理机关和监狱人民警察的管理体制、组织机构、人员组成、职责权限、活动方式、管理目标以及监狱对服刑人员依法执行刑罚等一系列管理活动。从狭义角度理解，狱政管理，是指刑罚执行机关——监狱对在监狱内服刑的罪犯监管过程中所实施的各项具体行政管理活动，这些具体的行政管理活动包括对罪犯实行监督管理、生活卫生管理以及对罪犯进行考核奖惩、对罪犯服刑期间犯罪的处理等内容。本章所涉及的狱政管理，仅指狭义上的狱政管理。

在我国，将“狱政”与“管理”结合，并正式规定在监狱法律法规中，始见于 1982 年 2 月 18 日公安部制定的《监狱、劳改队管教工作细则》（以下简称《细则》）。该《细则》将“狱政管理”作为第三章的章名，内容包括：管理原则；分管分押；管理制度；内看守；戒（警）具和禁闭室的使用；犯人接见、通讯、邮汇；犯人财务和档案管理；狱内侦查等内容。而《监狱法》第四章也对狱政管理作了专章规定。该章共分 7 节：分管分押；警戒；戒具和武器的使用；通信、会见；生活、卫生；奖惩；对罪犯服刑期间犯罪的处理。此规定表明，狱政管理包括监管、警戒、犯人的通信、会见、生活卫生和奖惩等广泛的内容，从而使我国的狱政管理制度法制化，规范化。对于狱政管理的含义，可以从以下三个方面来理解：

第一，狱政管理的主体是依法设置的监狱。国家对社会的基本管理，是通过设置不同的国家机关来行使不同的国家权力，以便达到各司其职、互相制衡的状态，从而有效履行国家的基本职能。根据《监狱法》第2条的规定，监狱是国家的刑罚执行机关。而狱政管理权作为刑罚执行权的重要组成部分，监狱依法成为狱政管理的主体。其他任何机关、企业、事业单位、社会团体以及公民个人都不是监狱行政管理的主体，不能行使狱政管理权。但是对这一命题必须进行全面分析，从抽象和具体两个角度来把握。从监狱管理权的层次来看，第一层次是国家抽象地依法享有刑罚执行权，归属于刑罚权之中。其主要职责是制定国家监狱管理的法律、法规，对全国监狱管理工作实施宏观监控和调整。第二个层次是，监狱作为国家依法设置的国家机关，依法具体负责实施对被判刑罪犯的行刑和管理工作。第三个层次是，监狱警察作为国家公务员，代表监狱和国家对每一个具体的罪犯进行行刑和管理工作。

第二，狱政管理的对象是特定的服刑罪犯。现代组织管理学的"管理"是指为达到预定的目标或完成某项任务，按照一定的原则和程序，通过计划、组织、协调、指挥和监督等基本职能开展活动。狱政管理作为监狱行刑工作的重要组成部分，有其管理活动上的特殊性。经济学意义上的管理主要是研究如何通过科学的组织、安排或者协调控制人的生产活动，从而达到最大经济效益的目标。而监狱学的管理主要是指按照法定的程序，通过对罪犯进行劳动改造、教育管理等活动，从而完成刑罚执行任务、改造人使之重归社会、维护社会秩序的目的。但是，从管理学的角度来看，狱政管理的活动始终离不开对人的组织和管理。根据《监狱法》第2条的规定，监狱依照刑法和刑事诉讼法的规定，对被判处死刑缓期二年执行、无期徒刑、有期徒刑的罪犯，在监狱内执行刑罚。从这一规定，可以看出，监狱的管理对象是触犯刑律、依法被判处徒刑的犯罪分子，然而不是所有触犯刑律的犯罪分子都是监狱管理的对象，区别于其他刑罚执行机关。

第三，狱政管理的内容是对罪犯实行刑务管理、安全管理、生活卫生管理、档案管理等。监狱作为刑罚执行机关，其基本任务是执行刑罚，对罪犯实行刑务管理。落实刑务管理，就是要有效地执行刑罚，把人民法院判处的刑罚执行完毕，对罪犯进行收监关押、隔离、监管、控制和释放等。在实施刑务管理同时，有必要为罪犯提供安全设施、生活卫生等物质设施保障，做好相关的档案管理等工作。

二、狱政管理的特征

狱政管理是监狱工作的有机组成部分，贯穿惩罚和改造罪犯的全过程，渗透在监狱工作的各个方面。这是一项政策性、法律性很强，而且非常具体、复杂、重要的工作。可以说在中国，离开狱政管理，就不能有效地监督、管理服刑人员，发挥刑罚特殊预防的作用；离开狱政管理，就无法实现监狱的刑罚执行功能，从而导致国家刑罚权被架空；离开狱政管理，就无法保障服刑人员的合法权益，导致监狱内"法治真空"的局面。总之，狱政管理作为一项特殊的刑务和管理工作活动，有其自己的特点：

（一）狱政管理的时间具有同一性

对于服刑罪犯而言，其在监狱遵纪守法、接受劳动改造，也就是在监狱进行服刑的时间；而对于狱政管理机关而言，其监督、管理、控制服刑罪犯，也就是履行国家赋予的刑罚执行权，即监狱的执行时间。这两者在时间上基本是同时进行的。由于这一基本特征，要求狱政管理机关要及时了解服刑罪犯被改造的心里波动，以便调整改造方式，更有效地完成改造人、特殊预防的基本任务；同时，服刑罪犯要正确认识执行刑罚和服刑两者的关系，主动配合狱政管理机关，接受教育改造，争取早日改造成为守法公民，重返社会。

（二）狱政管理具有明确的目的性

《宪法》第28条明确规定："国家维护社会秩序，镇压叛国和其他危害国家安全的犯罪活动，制裁危害社会治安、破坏社会主义经济和其他犯罪的活动，惩办和改造犯罪分子。"《监狱法》第1条更进一步规定："为了正确执行刑罚，惩罚和改造罪犯，预防和减少犯罪，根据宪法，制定本法。"监狱作为刑罚的执行机关，狱政管理的所有内容，都是为实现这个总体目标服务的。为此，我国监狱充分注重狱政管理的惩罚、改造和保障三项基本功能的发挥。具体说来，主要落实到以下具体的基本任务当中：第一，保障刑罚的正确执行，执行刑罚是监狱的基本职能，是狱政管理的首要任务；第二，维护监狱场所的安全；第三，创建良好的改造环境；第四，做好罪犯的生活卫生管理。

（三）狱政管理具有鲜明的教育性

我国的狱政管理是具有特殊教育功能的工作。《监狱法》第3条明确规定："监狱对罪犯实行惩罚和改造相结合、教育和劳动相结合的原则，将罪犯改造成为守法公民。"第7条明确规定："罪犯的人格不受侮辱，其人身安全、合法财产和辩护、申诉、控告、检举以及其他未被依法剥夺或者限制的权利不受侵犯。罪犯必须严格遵守法律、法规和监规纪律，服从管理，接受教育，参加劳动。"具体来说：(1) 我国的狱政管理从改造罪犯成为守法公民这一基本目标出发，以人道主义精神为理念，遵循人本原则，充分尊重人的权利，依法保障罪犯的合法权益。(2) 我国的狱政管理始终贯彻惩罚和改造、教育和劳动改造相结合的原则，寓教于管，管中有教，以理服人。(3) 我国的狱政管理实行严格的规范化管理，使管理活动具有强烈的教育功能，使服刑罪犯在自觉遵守法律、法规和监规纪律的过程中，逐步养成良好的生活习惯和行为习惯。

（四）狱政管理具有封闭性

狱政管理工作是在监狱进行、完成的，高墙、电网、特殊设施和监狱警察构成的监狱环境，具有封闭性的特征。再加上狱政管理的对象是一些具有不同程度的主观恶性和人身危险性的罪犯，他们的反社会意识和犯罪思想不会因为被判刑而自行消除，对服刑改造抵触不满，有的会乘机逃跑、搞破坏或进行其他违法犯罪活动。改造与反改造的斗争十分复杂、尖锐，这就要求通过严格的管理制度、严密的组织形式以及科学文明的管理方式对罪犯实施监狱管理、改造。在新的历史条件下，社会媒体暴露出来的狱政管理中的违法乱纪、侵犯服刑人员权益的事件，诸如"躲猫猫"、"喝开水"，也在提醒我们承认狱政管理工作封闭性的同时，如何提高狱政管理的公开透明度，防止类似事件的发生，已成为我们狱政管理实践中需要破解的一个问题。

三、狱政管理的性质

监狱是统治阶级基于一定的行刑目的，通过国家强制力，保证依法对服刑罪犯实行监禁、控制、教育管理、执行自由刑的场所；是实行阶级统治和维护社会秩序的国家行刑司法机关，是国家专政暴力机器的重要组成部分。狱政管理作为刑罚执行的核心组成部分，把刑罚的执行和对服刑犯罪分子的管理统一起来，使之区别于其他相类似的刑罚执行活动。因此，狱政管理的性质是狱政管理区别于其他工作的根本属性，是狱政管理本质属性的体现。

目前关于狱政管理的性质争议较大，代表性的观点有三种：

1.“狭义论”认为，狱政管理是监狱内部针对罪犯实施的行政管理工作。此种观点认为，狱政管理是一种单纯的国家机关监狱履行国家赋予职权的行政管理活动，包括对服刑罪犯的监控、生活卫生管理、安全管理、档案管理等活动，但不包括刑罚执行的活动。在立法实践中，《监狱法》把刑罚的执行和狱政管理分别作为第 3 章和第 4 章。

2.“传统论”认为，狱政管理属于刑事法律性质，归属于刑罚执行的范畴。此种观点认为，狱政管理的内容本质上属于刑罚执行的环节，监狱是刑罚执行的国家行政司法机关，其基本职责是执行刑罚，也就是收监到释放的过程。

3.“中间论”认为，狱政管理是一种特殊的刑事、行政管理活动。此种观点认为，狱政管理不是一种单纯的行政管理活动，不仅仅是履行监狱机关的职权，更涉及刑事事务的管理。狱政管理存在的前提和基础就是作为一种国家刑罚执行机关，如果离开了对刑罚的执行，狱政管理的工作是无法展开的。

笔者同意第三种观点。狱政管理的性质是由国家赋予监狱的性质以及权力行为的性质决定的。具体来说，可以从狱政管理的基本含义，能够分析出狱政管理的“内在规定性”，也即狱政管理的性质。从狱政管理的主体来看，监狱作为一种特殊的国家行刑司法机关，行使的是国家刑罚权中的行刑权。它与其他税务、教育、工商等其他国家机关有明显的区别。监狱的设立是基于国家刑罚执行权而存在的，离开了国家刑罚执行权，监狱也就无从谈起。从狱政管理的对象来看，监狱管理的对象既不同于一般的国家机关，也不同于其他国家刑罚执行机关，如公安机关、法院。一般国家机关管理的对象是一般公民，称作“行政相对人”，而公安机关管理的对象是被判处拘役、有期徒刑的一部分、剥夺政治权利的人，法院负责执行死刑、罚金、没收财产。而狱政管理的对象是被判处死刑缓期二年执行、无期徒刑、有期徒刑的罪犯。从狱政管理的内容来看，狱政管理的实际工作不仅涉及刑罚的执行等刑务管理工作，更多地涉及对服刑罪犯的生活、安全卫生、档案等行政管理工作。

四、狱政管理的基本原则

狱政管理的基本原则体现依法治国的基本方略，是根据狱政管理的性质、任务及其规律而提出的行为准则，是对我国监狱行刑管理工作的科学抽象和概括，是规范狱政管理工作的行动指南。严格贯彻执行狱政管理的基本原则，才能保证狱政管理工作有正确的行为规范，才能正确地落实监狱工作方针政策并准确有效地对罪犯施行监督管理。

（一）依法管理原则

也称依法治监。指狱政管理活动必须严格依照监管法规办事，做到有法可依、有法必依、执法必严、违法必究，在法律和制度面前人人平等。贯彻这一原则需从以下几个方面进行：

1. 依据现有法律，逐步完善相关内容。第一，《宪法》第 28 条明确规定，国家惩办和改造犯罪分子，这一规定是我国实施监狱管理的根本性法律依据；第二，全国人大或者全国人大常委员制定通过的《刑法》、《刑事诉讼法》、《监狱法》和《人民警察法》等，在不同程度涉及狱政管理的规定；第三，国务院颁布的有关监狱工作的行政法规，主要就监狱法没有规定或规定不具体的问题作出进一步的规定或者解释，如《人民警察使用警械和武器条例》；第四，最高人民法院、最高人民检察院有关刑罚执行的司法解释，司法部根据执法实践，颁布了相关监狱工作管理方面的规章制度等，各地方人大、政府依据宪法、法律、行政法规制定的有关监狱的法规和规章，也都是狱政管理的法律依据。

2. 维护法律的权威和尊严，做到有法必依。监管机关在实施狱政管理的过程中，必须严格按照我国狱政管理的法律、法规以及部门规章的规定来实施，杜绝滥用职权、徇私舞弊、刑讯逼供、虐待、殴打罪犯的情形；监狱的管理规章制度必须得到遵循和贯彻，但不得与法律、法规以及部门规章的规定相冲突。

3. 规范而有序地实施管理，做到执法必严。狱政管理的过程中，必须明确各个具体法律制度的具体程序和要求，严格把握狱政管理的基本原则，对违法乱纪的行为严厉惩罚，绝不姑息。

4. 严肃法纪，做到违法必究。狱政管理活动中的违法乱纪行为，一经发现，查证属实的，就必定会得到司法机关和相关部门的追究。

（二）严格管理原则

要以严密的组织形式、严谨的防范措施、严格的纪律要求以及严明的考核奖惩制度体现出对罪犯的监管活动的严肃认真、毫不放松。

1. 严格依法办事，做到严而有据。在狱政管理活动过程中，一切管理制度、纪律、措施和方法都必须“合法”，都必须与我国的法律、法规和政策相一致。

2. 管理防范有序，做到严而不苛。在狱政管理的活动过程中，一切管理制度、措施和方法必须从改造人、教育人的目的出发，严得“合情”，尊重罪犯改造的心理活动规律，给予必要的生活和物质上的帮助。

3. 管理严而有度，做到宽严相济。在狱政管理活动过程中，应当根据每个具体服刑罪犯的实际，严得“合理”，依据每个罪犯的案情、思想认识、个性特点、业余爱好、道德水准等情况，具体问题具体分析，针对性地采用相应的管理措施、方法和手段。

（三）科学管理原则

所谓科学管理，指对罪犯的监管活动必须遵循客观规律，按照管理决策、管理手段科学化、技术化的方法进行，运用科学理论作指导，努力揭示惩罚和改造罪犯的客观规律，实现我国监狱发展的目标。

1. 明确科学管理的目标。我国监狱发展的目标是建设有中国特色的社会主义现代化法治监狱。监狱法治的核心是公正执法，其具体体现就是狱政管理，即通过对罪犯具体实施各项管理活动，体现公正执法。具体说来既包括实体的公正，也包括程序的公正。实体的公正要求健全法律、法规和各项规章制度，在做到切实惩罚犯罪、维护社会秩序的基础上，保护罪犯的法定权益、保障其基本的物质生活，尊重罪犯的人格；程序上公正要求对罪犯的管理必须以事实为依据，以法律为准绳，依照法定的程序来进行。

2. 自觉接受正确理论的指导。在我国，监狱是作为人民民主专政国家对犯罪分子执行刑罚并进行惩罚、改造的专门国家机关，而狱政管理是监狱执行刑罚，贯彻实施人民民主专政职能的一项具体活动。因此，必须坚持以人民民主专政的科学理论为指导思想。依法治国和以德治国是我国治国的基本方略，它与我国监狱的职能有着密切的关联。监狱作为国家的刑罚执行机关，必须严格依照国家的法律法规来实施管理，这与旧社会残暴、野蛮、落后的狱政管理有天壤之别。同时，我国对服刑人员执行刑罚，其根本目的在于预防犯罪、改造罪犯，惩罚只是手段，因此要坚定地奉行教育与改造相结合的思想。

3. 采用科学的管理方式和方法。现代狱政管理思想是以现代管理科学理论为基础发展起来的，现代管理科学理论的发展水平直接制约着狱政管理的工作效率和目标。现代监狱发展的今天，管理学、心理学、社会学、法学、教育学、医学等知识更多地融合到狱政管理的过程之中，尤其是现代管理科学的系统论、控制论、信息论等知识已广泛地渗透到狱政管理的理论和实践之中。

4. 遵循罪犯服刑改造的基本规律。任何事物都有其发展、变化和消亡的客观规律，狱政管理也不例外。要实现狱政管理的科学化，必须尊重罪犯服刑改造的基本规律。狱政管理归根结底是改造人、教育人的管理活动，它有着其自身的特点和发展规律。在整个狱政管理的过程中，作为狱政管理的实施者，更应当了解被改造对象在整个管理过程中呈现出的身体上、心理上的规律。

（四）文明管理原则

所谓文明管理原则，是指对罪犯的监管活动，必须按照社会主义文明建设的要求进行，必须采用文明管理的方式和措施，保障罪犯的合法权益，建立文明的管理环境，实现管理文明化的基本准则。

1. 确立服刑罪犯在狱政管理中的地位。在狱政管理的活动中，人是狱政管理诸要素中的第一要素，不仅狱政管理的操作者监狱人民警察是人，而且狱政管理的对象服刑罪犯也是人。可见，人的问题是狱政管理的根本问题。但是在狱政管理的系统之中，实际上包含了“两种人”，即狱政管理的操作者——监狱人民警察、狱政管理的对象——服刑罪犯。狱政管理的历史发展表明，服刑的罪犯不是被教育改造的“机器”，他们同样具有意志、情感、理性，从这一点来看，他们和监狱的人民警察没有本质的区别。现代监狱管理越来越强调人与人之间的相互平等、相互爱护和相互尊重，只有这样，才能调动服刑罪犯被改造的积极性和主动性，才能从根本上实现改造人、教育人的目的。

2. 保障服刑罪犯的基本权利。现代狱政管理必须遵循人道主义原则，服刑罪犯虽然被剥夺了某些权利，但是仍然享有未被剥夺的合法权利，也就是其作为人享有的基本权利应当得到保护和尊重。随着社会向着文明化的方向发展，行刑的文明化趋势也十分明显。1975 年通过《禁止酷刑和其他残忍、不人道或有辱人格的待遇或处罚公约》、1985 年联合国通过的《囚犯待遇最低限度标准规则》，我国宪法也明确规定了“尊重人权”，保障人的基本权利。《监狱法》通过一系列对罪犯权利的保障措施，来保障服刑罪犯的基本权利。

3. 注重狱政管理教育方法的运用。狱政管理的目的不是执行刑罚，而在于通过劳动改造，达到教育人、改造人的目的，使之成为守法的公民。因此在狱政管理的过程中，必须注重教育方法的运用。教育是按照一定的目的、要求对受教育者从德、智、体方面施加影响的一种有计划的活动。现代监狱执行刑罚奉行教育思想，旨在通过教育，不断提高服刑罪犯的政治思想素质、文化知识素质、专业技能素质。

4. 创造文明、积极向上的改造环境。良好的改造环境会直接影响监狱行刑、教育改造的效果，并为监狱顺利实施监狱改造罪犯成为守法公民奠定基础。监狱的改造环境包括有形的客观环境和无形的环境。有形的客观环境是指狱政的设备、各种有形的监管制度、医疗卫生条件、安全管理设施等；无形的环境主要是指监狱人民警察与服刑罪犯之间、服刑罪犯之间相互作用、相互影响而形成的改造氛围。尤其是作为同类群体的服刑罪犯之间的相互影响必须引起足够的关注。

（五）直接管理原则

指对罪犯的学习、劳动和生活的组织、指挥和领导，必须由监狱的人民警察亲自进行，杜绝犯人管犯人的现象发生。

1. 在监管制度中体现直接管理的要求。在监狱的各项具体管理制度中，如刑务管理制度、分管分押制度、生活卫生、会见通信制度中，都必须体现直接管理的要求，都应当由监狱或者监狱警察以监狱的名义进行，其他任何机关、社会组织和个人都没有权力进行管理。

2. 实现监狱人民警察对罪犯活动的直接控制。为保证安全、正确、有效地实施狱政管理，并且保证国家独有的行刑权不被转手他人，我国监狱坚持监狱人民警察对服刑罪犯的直接管理。在人民警察与罪犯之间不能存在一个阻断层，必须坚决防范和打击牢头狱霸，防止牢头狱霸阻断和破坏正常的狱政管理关系。

3. 实现监狱人民警察对罪犯的直接考核。罪犯考核，是指监狱在对罪犯实施惩罚改造过程中，根据一定的标准和程序，对罪犯一定时期内的表现进行综合考察和评定。考核的主体是监狱，监狱警察仅以监狱的名义对罪犯行使考核权，其行为结果归属于监狱。由监狱警察对罪犯进行直接考核，一方面是由于监狱警察亲自组织和安排了服刑罪犯的学习、劳动和生活，能够频繁接触、了解和切实掌握其思想动态；另一方面，由于监狱警察掌握了对罪犯的直接考核权，这就会促使服刑罪犯更积极地配合、服从监狱警察的教育和改造，同时也在一定程度上维护了监狱警察在狱政管理过程中的权威。

第五节　狱政管理的具体制度

一、分管、分押制度

分管分押是一项重要的监管制度，是为有利于对罪犯的管理，防止传习犯罪和交叉感染犯罪恶习；为有利于对罪犯的改造工作个别化，针对罪犯不同情况进行教育改造，劳改机关根据罪犯不同的犯罪性质、刑期、年龄、性别、健康状况、个人特长等情况，分别关押于不同的劳改场所，或者在同一劳改场所中分别编队、编组，予以区别对待、分类教育的管理制度。分管分押是同一整体的两个方面。分押是分管的前提和基础，分管是在分押的条件下实行的区别对待。没有分押则谈不上分管，没有分管，分押也就失去其意义。

（一）分管分押的概念

所谓分管分押，有广狭两义，广义的分管分押，指对服刑改造的罪犯，依据他们的性别、年龄、案情性质、罪行严重程度、刑期和改造表现等不同特征加以分类，分别关押于不同类型的监狱、管教所或在同一监狱、管教所内将他们分别编队（组），分别关押、分别管理。

狭义的分管分押，指在同一监狱、管教所依据罪犯的性别、年龄、犯罪类型、刑罚种类、刑期及改造表现等不同特征，加以分类，分别编队（组）关押，采取不同方式管理。本章所称“分管分押”是指狭义的分管分押，并不包括监狱、管教所的分类设立。

（二）分管分押的意义

1. 分管分押有利于监管机关管理。分管分押是根据被监管人员的不同情况而给予不同的处遇管理的制度，它符合实事求是的原则，也是具体问题具体分析方法在狱政管理工作中的运用和体现。从分押、分管到分教三个有梯度层次的狱政管理方式，有利于监管机关和监管人员教育改造、分化瓦解服刑人员，有利于实施集中统一教育，有利于监管机关工作的开展和实施。

2. 分管分押有利于防止罪犯“交叉感染”。监狱是国家的刑罚执行机关，也是违法犯罪分子的“集中营”。犯罪性质的不同和犯罪手段的“五花八门”，为罪犯之间相互传播犯罪意图、传授作案手段及反侦察技能提供了可乘之机。如果将成年犯与未成年犯混同关押，就会使一些原本改造性强、误入歧途的未成年罪犯，沾染更多的恶习。监狱对罪犯实行分押、分管制度，力图从源头上预防罪犯间的“交叉感染”，减少重新犯罪，保护未成年人的合法权益。

3. 分管分押有利于激励罪犯积极改造。激励作为管理学中一个重要的因素，在狱政管理分管分押制度中得到充分的体现。对罪犯实行分押分管，给予宽管犯和严管犯不同等级的处遇，从而刺激宽管犯和严管犯更积极地服从改造。比如为宽管犯在通信、会见、文体活动、购物、离监探亲和亲情共餐等方面，提供宽松待遇。这样，不仅让宽管犯看到自己积极改造的成绩和希望，继而激励他们更加努力地改造，而且能够促使严管犯产生差距感，使他们积极改造、痛改前非。

（三）分管分押的类型

依据不同标准，结合我国狱政管理的司法实践，可以从不同的角度对分管分押进行分类：以监管机关为标准，可以分为看守所与监狱的分管分押；以被监管人员的性别为标准，可以分为男犯和女犯的分管分押；以被监管人员是否成年为标准，可以分为成年犯与未成年犯分管分押；以犯罪类型为标准，实践中一般可划分为财产性犯罪、性犯罪、暴力性犯罪的分管分押；以被监管人员是否为职务犯罪，可分为职务犯罪与非职务犯罪的分管分押；以被监管人员是否为累犯，可分为初犯与累犯的分管分押。

需要指出的是，根据我国监狱法对分管分押的规定，“监狱对成年男犯、女犯和未成年犯实行分开关押和管理，对未成年犯和女犯的改造，应当照顾其生理、心理特点”。“监狱根据罪犯的犯罪类型、刑罚种类、刑期、改造表现等情况，对罪犯实行分别关押，采取不同方式管理。”“女犯由女性人民警察直接管理。”

大体上，我国在法律上对分管分押是从两个角度来进行分类的：

第一，“自然标准”，即根据被监管人员的生理特征来进行分管分押，比如如上所述的年龄、性别等；

第二，“实质标准”，即根据被监管人员的犯罪类型、种类、刑期等标准，考虑的是被监管人员的人身危险性、监管安全的需要。

（四）分管分押的等级管理与分级处遇

分管分押的等级形式，一般分为从严管理、普通管理、从宽管理三个档次，也称三级管理。罪犯的待遇应与分管分押的管理形式相适应，宽严协调，即对罪犯的区别对待政策应在分管分押的处遇中体现出来。

1. 从严管理。从严管理是最高级别形式的管理等级。从严管理的对象一般是罪行较重、人身危险性较大、公开拒绝改造、屡教不改的刑事累犯。比如危害国家安全、危害公共安全的罪犯，暴力性罪犯。

2. 普通管理。普通管理是中等强度的管理级别。普通管理的对象一般是罪行适中、人身危险性相对比较平稳的罪犯。

3. 从宽管理。从宽管理是一种比较宽松的管理等级，也是与从严管理相对的一种管理形式。从宽管理的对象一般是罪行较轻、人身危险小、积极服从教育改造的犯罪分子。比如过失犯、初犯等。

应当说明的是，三种不同的管理等级的界限需要监狱管理机关依据具体的服刑人员的具体情况来把握，不能一概而论。

分级处遇是依据罪犯的改造表现、服刑时间和剩余刑期的长短，结合罪犯的犯罪性质和恶习程度，将罪犯分为不同的级别，并按不同的级别给予宽严有别的处置和待遇的制度。它分为基本处遇和级别处遇。

基本处遇是指给予所有正在服刑的罪犯的普遍待遇，是分级处遇的基础和原则。必须严格贯彻这一原则，保障服刑人员的基本权益。比如保障罪犯正常生活标准、生活供给；保障罪犯基本的医疗、生活、卫生设施；保障罪犯节假日休息。

级别处遇是指依据不同的级别给予不同的待遇。根据我国有关监狱管理的法律、法规的规定，监管机关，依据不同级别处遇，在警戒程度、法律奖励比例、通信会见、生活待遇、监外活动条件给予宽严不同的待遇。

分级处遇是分管分押的核心内容，它与分管的等级管理具有密切的联系。一般来说，在保障基本处遇的原则下，管理等级程度越严格，服刑人员所获得的待遇就越苛刻，管理程度越宽松，所获得的待遇就越宽松。

二、警戒、戒具和武器使用制度

（一）警戒制度

1. 武装警戒制度。

（1）武装警戒的概念和主体。武装警戒，是指人民武装警察部队为维护监狱的正常秩序和安全而实施的警戒活动。《监狱法》第 41 条明确规定，人民武装警察部队负责监狱的武装警戒，武装警戒的主体是中国人民武装警察部队，武装警戒以武力作为后盾，充分显示了国家的强制力量。

（2）武装警戒的职责范围。武装警戒是以公开武装形式进行的警戒活动，是保障惩罚和改造工作得以顺利进行必不可少的重要条件。武装警戒的职责范围是：在犯人监房、劳动和生活场所的外围和押解途中进行严密警戒；在监狱及犯人居住区的大门，担任门卫警戒；值勤战士发现犯人逃跑时，应当立即向上级和监狱的狱政科（股）报告，或鸣枪报警，并应当积极协同监狱人民警察进行追捕；发生犯人暴动、骚乱时，应当在监狱和武警部队负责人的共同领导下，予以武装平息；防范、制止暴力冲击监狱；遇有自然灾害或意外事件，应当加强警戒，并配合监狱努力抢救犯人和国家财产。武装警戒可分为监区警戒、作业区警戒、押解警戒等种类。

（3）警戒设施。为切实做好监狱的武装警戒工作，监狱需要配备各种必要的警戒设施，做好武装警戒的物质保障。警戒设施包括隔离设施、监控设施、照明设施、通讯联络设施、警备交通工具、防爆设施。

2. 内卫警戒制度。

（1）内卫警戒的含义。内卫警戒，即内卫看守，是指监狱人民警察为维护改造秩序，防止狱内犯罪活动而在监狱的警戒线以内对罪犯实施的警戒和管理工作。

（2）内卫警戒的种类和职责。内卫警戒是警戒工作中的关键环节，是对罪犯进行监管的第一道防线。主要包括内看守制度、点名和查情制度、安全检查制度、罪犯思想动态定期分析和逐级汇报制度等。内卫警戒的主要职责是：夜间负责全监区犯人的管理工作，如值班、巡逻、查监、查铺；管制灯火；督促犯人就寝、起床；严防犯人私自串监、串组或进行非法活动；处理犯人中发生的问题；白天负责对留在监区或监舍的犯人的管理工作；负责监区大门出入人员的证件检查和登记工作；管理禁闭室。内卫看守员应当配备必要的警具，夜间值勤时可佩带公用手枪。

3. 群众联防工作。除武装警戒和内卫警戒外，监狱、武装警察部队应当与监狱周围的民兵组织、治保组织以及人民群众协助搞好监狱外围的联防工作，与当地的有关机关和组织定期召开联防工作会议，通报情况，研究和部署各种监管及防范措施，使联防工作经常化、制度化，一旦发生犯罪分子越狱、暴动、骚乱或外部的犯罪分子劫狱、骚扰等情况，共同予以堵截或平息。与当地的公安机关保持密切的联系，及时将监狱内在押罪犯的情况向公安机关通报。监狱发现在押人员脱逃的，应当立即将其抓回，不能及时抓获的，应当立即通知当地公安机关，由公安机关负责抓捕，监狱密切配合。

（二）戒具使用制度

1. 戒具的概念和使用主体。戒具是对有危险行为的罪犯的人身所使用的防御性器具。戒具具体包括警绳、手铐、脚镣、警棍等警用器械。在监狱内部，为维护监狱的正常秩序和安全、保证监管工作的顺利进行，监狱人民警察依照法定条件和程序，成为戒具的使用主体。

2. 戒具使用的条件。根据《监狱法》的规定，下列情况下可以使用戒具：（1）罪犯有脱逃行为的；（2）罪犯有使用暴力行为的；（3）罪犯正在押解途中的；（4）罪犯有其他危险行为需要采取防范措施的。

3. 戒具使用需要注意的事项。根据《监狱法》及相关法律规定，使用戒具时应当注意以下问题：（1）对年老患病、残疾罪犯以及未成年犯在一般情况下禁止使用戒具，对女犯，除个别特殊情况外，也不得使用戒具。（2）对罪犯使用戒具，除被判处死刑等待执行的罪犯可以同时使用手铐、脚镣外，一般只限于使用手铐或脚镣，严禁戴背铐。（3）凡正在戴戒具的罪犯，不参加劳动，不允许会见；如有特殊情况，经批准会见的，应临时解除镣、铐。为押解需要而戴戒具的，到达目的地后应立即解除。（4）罪犯加戴戒具后，有关单位必须及时对其进行教育，促使其认罪认错。当危险情形消失后，应当停止使用戒具。

（三）武器使用制度

为了及时有效地制止监狱内的违法犯罪行为，维护监狱内的安全和社会秩序，为了保护服刑人员和监狱人民警察人身安全和合法财产，保护公共财产，在必要时，人民警察可以采取强制手段，甚至使用武器。目前，关于武器使用制度的法律、法规有《监狱法》和《人民警察使用警械和武器条例》，其两者的关系是特殊与一般的关系，监狱人民警察除了遵守《监狱法》的特殊规定之外，还必须遵循《人民警察使用警械和武器条例》的规定。

1. 武器的概念和使用主体。武器，是指人民警察按照规定装备的枪支、弹药等致命性警用武器。在监狱内部，为维护监狱的正常秩序和安全、保证监管工作的顺利进行，监狱人民警察依照法定条件和程序，成为武器的使用主体。

2. 武器使用的条件。根据我国《监狱法》的规定，下列情况下可以使用武器：（1）罪犯聚众骚乱、暴乱的；（2）罪犯脱逃或者拒捕的；（3）罪犯持有凶器或者其他危险物，正在行凶或者破坏，危及他人生命、财产安全的；（4）劫夺罪犯的；（5）罪犯抢夺武器的。

3. 武器使用的注意事项。根据《监狱、劳改队管教工作细则》、司法部《关于贯彻实施〈中华人民共和国人民警察使用警械和武器条例〉的通知》，结合狱政管理的实际，根据条例中规定的原则，应当在使用武器的时候注意以下事项：（1）使用警械和武器，应当以制止违法犯罪行为，尽量减少人员伤亡、财产损失为原则。（2）对年老患病、残疾罪犯以及未成年犯在一般情况下禁止使用武器，对女犯，除使用枪支、爆炸、剧毒等危险物品实施暴力犯罪的，也不得使用武器。（3）服刑人员停止实施犯罪、服从监管人员的命令或者失去继续犯罪能力或条件的，一般应当停止使用武器。

三、会见、通信制度

（一）会见制度

1. 会见的含义和法律依据。会见，是指依照法律规定，在监狱的安排下，服刑罪犯与亲属、监护人及律师的会面与沟通活动。根据《监狱法》第48条的规定："罪犯在监狱服刑期间，按照规定，可以会见亲属、监护人。"

2. 会见的意义。

第一，有利于罪犯积极服从改造，体现"以人为本"关怀。监狱执行刑罚，剥夺服刑人员的人身自由，在服刑的过程中，罪犯基本上处于与社会、家庭隔绝的状态，出于人道主义和人本原则的考虑，适当安排服刑人员与家庭成员、朋友会见，能够使服刑人员感受到法律的人文关怀，促使其积极服从改造。

第二，有利于动员罪犯亲属对罪犯进行帮教。服刑人员的积极改造，既需要通过监狱管理机关的强制劳动改造、思想政治教育，更需要情感的激励。亲情作为人类最基本、最原始的感情，在促使服刑人员积极改造时发挥重大的作用。在会见的过程中，罪犯可以了解到家庭的现状，获得家庭的最新信息，并且与亲人进行情感的交流。通过家庭成员的帮教，能够给罪犯的积极改造产生极大的内驱力。

第三，有利于监狱采取有针对性的教育。监狱可以利用罪犯亲属探监的机会，向罪犯的亲属了解罪犯家庭的生活状况，掌握罪犯入监前的生活、工作、性格和情感等一系列情况，以便根据罪犯的个体情况对罪犯进行有针对性的教育。

3. 会见的类型。依据不同的标准，可以把会见划分为不同的类型：

第一，按会见的对象划分，可分为会见亲属、会见监护人和会见律师三种。

第二，按会见的场所划分，可分为监内会见和特许离监两种。一般情况下，罪犯与亲属、监护人的会见在监狱专设的会见设施内进行；在罪犯遇有亲属病危或死亡等特殊情况时，监狱可以准予符合条件的罪犯回家探望和处理，从会见的角度看，这时的会见实际上是在监狱外进行的。

第三，按会见的方式，可分为从严会见、常规会见和从优会见三种。监狱根据分管分押的需要，将罪犯与亲属、监护人的会见纳入分级处遇的范畴，根据罪犯的处遇等级，实行从严会见、常规会见和从优会见，其中，从优会见主要是允许表现好的罪犯与前来探视的亲属、监护人开放式会见，共同进餐等。

4. 会见管理。会见管理，是指监狱根据狱政管理工作的安排和罪犯、探视人员的实际情况，确定会见的场所、会见时间以及会见方式，并且对会见过程进行监督管理的一系列管理活动。

第一，办理会见手续。罪犯亲属和监护人与罪犯会见前必须详细登记，办理会见手续。监狱应核实会见人的身份和与罪犯的关系。会见人必须持有身份证、工作证、介绍信等证件，无身份证明不得会见。对有精神病或酗酒的、患有严重传染病的、与罪犯案情有关的、形迹可疑的会见人，不得与罪犯会见。律师要求会见罪犯的，也要核实其身份及委托证明等。

第二，告知会见要求。对于探视人员，监狱要履行告知的义务，告知的内容主要包括会见的程序、要求、时间以及注意事项，告知可以采用书面或者口头的方式。

第三，安排会见的场所、时间和方式。监管机关根据工作安排和罪犯、探视人员的实际情况，确定会见的场所、时间和方式。对于改造表现好、符合一定条件的罪犯，可以采取从优会见的方式，安排监视的从优会见场所，也可以适当延长会见的时间，采用直接会见的方式；而对于表现差、思想顽固、拒绝改造的罪犯，应当严格控制会见的程度。

第四，加强会见过程的监督。会见前，监狱机关应当检查探视人员是否携带武器，携带具有拍照、通信、摄像或录音功能的工具以及其他禁止携带的工具进入会见室。罪犯会见亲属时，监狱干警应当在场。对危害国家安全和重大刑事犯的会见，更应当注意认真监听，禁止他们使用隐语、暗语进行谈话。少数民族犯人会见时，可以使用本民族的语言。罪犯会见亲属、监护人，每月一次或二次，每次不超过一小时，特殊情况，可以适当延长。每次会见的家属，不得超过三人。犯人在关禁闭期间，原则上不准会见家属。有特殊情况需要会见的，应当经过监狱、劳改队领导批准。

5. 律师会见。律师的会见权在中国是一个非常复杂的历史性、实践性问题，关于这方面的法律、法规、司法解释错综复杂，充斥着上位法与下位法、新法与旧法的效力适用的冲突。律师会见监狱在押罪犯，其法律依据主要有《刑事诉讼法》、《律师法》和一些地方与部门的规定。

(1) 律师可以会见在押罪犯的条件：第一，在刑事诉讼程序中，接受在押罪犯委托或者人民法院的指定，提供法律咨询，担任辩护人或者代理人的；第二，在民事、行政诉讼程序中，接受在押罪犯委托，担任代理人的；第三，接受在押罪犯委托，代理调解、仲裁的；第四，其他需要会见在押罪犯的情形。

(2) 律师会见在押罪犯的程序性要求：第一，律师会见之前，需要向罪犯所在监狱以传真、邮寄或者直接提交的方式提交授权委托书、律师执业证书、律师事务所出具的律师会见在押罪犯的信函的复印件。第二，律师会见时，应当向监狱出示上述“三证”的原件。第三，律师会见在押罪犯，一般应由两名律师参加，也可以由一名律师带一名律师辅助人员参加。第四，律师会见在押罪犯，一律在监狱内进行。

(3) 律师会见禁止性事项：第一，传递违禁品；第二，私自为在押罪犯传递书信、钱物；第三，将通讯工具提供给在押罪犯使用；第四，未经监狱和在押罪犯同意对会见进行录音、录像和拍照；第五，其他违反法律、法规、规章以及妨碍监狱管理秩序的行为。

(二) 通信制度

1. 通信的概念和法律依据。通信，是指罪犯根据《监狱法》和监管法规的规定，在服刑期间与外界保持联系的基本途径。依法与他人通信是罪犯的一项权利。《监狱法》第47条规定，罪犯在服刑期间可以与他人通信，但是来往信件应当经过监狱检查。监狱发现有碍罪犯改造内容的信件，可以扣留。罪犯写给监狱的上级机关和司法机关的信件，不受检查。

2. 通信的意义。

第一，是尊重罪犯的权利的具体体现。《监狱法》对罪犯的通信对象未加限制，确认了罪犯在服刑期间的通信自由，尽管这些往来信件需要经过监狱人民警察的检查，但检查后这些信件被直接转递给收信人或发信人，因而尊重了罪犯的通信权利，同时对于罪犯写给监狱上级机关或司法机关的信件作出了限制检查的规定，为罪犯有效行使申诉、控告、检举等权利，维护自身合法权利提供了保障。

第二，有助于稳定罪犯的情绪。通过通信，罪犯实现了与社会的贴合，从一定程度上满足了他们交往的需要，这对于恢复罪犯的社会认同感和重新面对生活的勇气，稳定情绪有着积极的促进作用。

第三，有助于亲属协助监狱机关开展工作。通过通信，促使罪犯与家庭、亲友的沟通，增强了相互了解和依赖，有助于维持或改善罪犯与家庭成员之间的关系，有助于发挥家庭帮教的针对性，这种帮教方式具有教育深刻、作用持久的特点。

第四，有利于罪犯的思想转化。多数罪犯的思想转变缺乏自觉性，社会的关心、亲友的期待、家人的期盼通过一封封热情洋溢的来信、一段段激情暖心的文字体现出来，它们对罪犯所产生的激励、鼓励作用是监狱人民警察耐心说教所不能及的，这些信件和文字产生的强烈思想震动对罪犯积极改造动机的形成有着不可忽视的推动作用。

3. 通信制度的基本内容和要求。

(1) 通信的对象既可以是亲属、监护人，也可以是其他人。

(2) 监狱依法行使对罪犯收发信件的检查权。《监狱法》明确了监狱对罪犯的来往信件的检查权。检查权由监狱指定人民警察具体行使，未经监狱授权的人员不得行使这项权力。《监狱法》第14条规定，监狱的人民警察不得违反规定，私自为罪犯传递信件。

(3) 监狱依法行使对罪犯信件的扣留权。监狱在法定条件下还可以扣留罪犯的来往信件。扣留的法定条件是“有碍罪犯改造内容”，在实践中是指下列情况：利用信件传播反社会、反政府的邪恶说教的；罪犯在信件中泄露监狱机关秘密的；信件中使用隐语而被发现的；与在押同案犯通信、谈及案情的；在信件中发泄对司法机关及社会的严重不满的；鼓动、唆使对方进行违法、犯罪的；在信件中，商量脱逃计划的；等等。

(4) 依法保障罪犯发信的有限密封权。根据《监狱法》的规定，罪犯写给监狱上级机关和司法机关的信件，不受检查。这就是说，罪犯对此类信件可以密封，无须监狱检查，这里将罪犯的这种权利称为有限密封权。监狱的上级机关，是指司法部及监狱管理局，省、自治区、直辖市的司法厅（局）及监狱管理局，直接管辖监狱的地区（市）司法局等。司法机关，这里指人民法院、人民检察院和公安机关。

(5) 罪犯电话通讯的规定。近年来，由于电话通讯在我国城乡已经相当普及，许多单位进行了新的尝试，允许表现比较好的罪犯与亲属、监护人通电话。与罪犯的亲属、监护人来监探视相比，电话联系方便快捷、花费较少。

第一，罪犯要求与亲属、监护人通电话，要向监狱有关部门提出申请，提供亲属、监护人的电话号码，说明通话的理由和主要内容。监狱有关部门根据罪犯的日常改造表现和其他情况审批。

第二，罪犯与亲属、监护人通电话，必须在监狱指定的场所，使用监狱统一配置的通话装置。罪犯通话时，监狱要安排人民警察监听，并做好登记和记录。

第三，罪犯在监狱内服刑期间，不准拥有和使用手机、寻呼机等通话装置。监狱工作人员不得私自将手机或固定电话交罪犯使用。

四、生活管理制度

（一）生活管理的含义和法律依据

生活管理，是监狱机关为了正确执行党和国家的监狱工作方针政策，体现社会主义人道主义精神，切实保障罪犯的生命安全和身体健康，对罪犯日常的吃、穿、住以及疾病的预防和治疗、劳动卫生和保护等涉及罪犯生活和健康等方面的工作进行的一系列计划、组织、协调、指挥和监督活动。

《监狱法》第50～54条规定了罪犯在服刑期间的生活管理制度。

（二）生活卫生管理制度的指导思想[①]

1. 坚持服从改造的思想。坚持“人是可以改造的”思想，是中国监狱机关改造罪犯的

① 参见孙平主编：《狱政管理》，205～207页，北京，中国政法大学出版社，2005。

思想基点。坚持改造罪犯的指导思想，制定正确的政策和方法，使可能成为现实。改造罪犯为一个守法公民，成为一个新人，是监管工作的总目标，生活管理制度需要围绕此目标进行，并为此目标的实现提供良好的服务。

2. 保证罪犯身体健康的思想。保障罪犯身体健康，不仅是社会主义人道主义精神的具体体现，也是坚持依法管理原则的具体体现。对罪犯而言，劳动的过程有利于思想改造，同时也创造了物质财富，更通过劳动的具体过程增强了罪犯身体、生理运动的机能，提高了抵御疾病的能力，期间应当保证其充足的休息时间，使体力得以有效地恢复。对于年老、有疾病或丧失劳动能力的罪犯，监狱机关应当提供各种有利条件，保证其在服刑期间身体健康和生命安全。

3. 坚持实施科学、文明管理的思想。实施科学、文明管理的方法是生活管理制度的重要指导思想，是生活管理工作提高效率的前提和保障，是顺利开展各项工作的有力手段。在具体管理活动中，应当科学地安排罪犯的作息时间、合理地开展文化体育活动，建立科学、完整的生活管理制度，坚持文明管理，贯彻执行人道主义精神，尊重罪犯的人格，关心他们的身体健康，禁止打骂、体罚、虐待、侮辱罪犯的情形发生。

（三）生活管理制度的基本内容

1. 饮食管理，是指监狱对罪犯饮食的计划、供给、调剂、保管等方面的管理活动。饮食管理是罪犯维系生活的物质基础，是开展狱政管理工作的前提条件，也是衡量监狱行刑政策的重要标准。

（1）法定饮食标准。饮食标准是国家对罪犯饮食供给的质量指标。根据我国《监狱法》第 50 条的规定，“罪犯的生活标准按实物量计算，由国家规定。”因此，监管机关应当严格按照财政部、司法部在 1995 年 7 月 5 日颁布的《在押罪犯伙食、被服实物量标准》来执行。

（2）饮食管理的总要求。根据我国相关法律的规定，罪犯饮食管理的总要求是：保证罪犯吃好、吃熟、吃热、吃得卫生，并有足够的饮用水。

（3）特殊类别罪犯的饮食供应。照顾少数民族罪犯的特殊生活习惯，对于少数民族犯较多的单位，可以单设食堂或另立食灶；对患有严重疾病或住院治疗的罪犯，在伙食上要给予特别照顾。对从事矿山、井下、高温、有毒、危险作业等复杂条件劳动的罪犯，伙食标准可适当提高并要严格按照国家有关规定保证保健食品的供应，不得降低或克扣；对井下劳动作业的罪犯，每天还供应一次班中餐，所需经费列入生产成本。禁闭期间的罪犯由于他们不参加劳动，体力消耗不大，所以伙食标准应低于一般劳动罪犯。

2. 伙房管理，这是罪犯生活卫生的重要环节，它包括罪犯伙房设施、人员、制度、卫生等方面的工作。

（1）伙房设施。一般而言，罪犯伙房的设置应以监狱为单位，农业单位可以设置到监区。伙房要分别设立主食灶、副食灶、少数民族灶、病号灶、保健灶。要配置必要的食品加工机械、炊具、餐具和其他设施，并加强采购、使用、保养、维修等管理，保证其正常使用，安全运转。严禁安置不符合安全标准的锅炉、燃气燃油设备。对伙房的刀（工）具要加强管理，应固定专人负责，严格领用手续，用后上锁保管，禁止转借，谨防遗失。设置必要的专栏，以便公布伙食账目、食谱等。

（2）伙房管理制度。伙房管理制度主要包括：罪犯伙房事务长（员）责任制；罪犯伙食管理委员会制度；伙房物资的保管制度；监狱在配备专职人员直接管理罪犯饮食的同时，应当注意吸收少数改造表现较好的罪犯参与伙食的民主管理。

(3) 炊事人员管理制度。罪犯伙房的炊事员可以从罪犯中选用。但选用时要严格把关，从改造表现好、身体健康、有一定的烹饪技术的罪犯中选任，并根据需要按一定比例配足。对炊事人员要定期进行身体检查，做到持证（健康证）上岗，凡发现患有肠道传染病、肺结核、肝炎、化脓性皮肤病等传染病和其他不宜做炊事工作的疾病，要及时调离岗位，进行治疗并调换工种。

(4) 伙房食品卫生管理。监狱应当按照《食品安全法》等法律法规，高度重视，认真做好食品卫生管理工作，确保罪犯的食品安全。肉类食品要通过正规途径，选择符合卫生检疫的摊点购买；禁止采购、加工、配售腐烂变质食品，将食品与杂物、生食与熟食、肉案与菜案、面案分开，防止相互污染，食品要清洁干净；伙房禁止物管人员进入，经常开展除四害、防中毒工作、定期消毒工作等。在包装运输、加工、存储中都应注意卫生、安全，防止污染。

3. 被服管理，是指监狱对罪犯囚服、被褥等用品实行计划、供应、保管、维修和更换等方面的管理活动。是罪犯生活管理及服刑处遇管理的重要内容，是满足罪犯生活需要，保障罪犯身体健康的重要条件。

(1) 被服供应原则。罪犯入监后所需要的囚服、被褥、鞋、帽、工作服、劳保用品等，由监狱机关统一配发。努力做到罪犯被服在式样、色泽、编号、制作、发放方面的“五统一”。囚服的设计要体现严肃执法和文明管理原则，可以在囚服的左胸前印制小型符号或标牌。禁止在囚服上印制“劳改”或“犯人”字样。

(2) 被服供应标准。罪犯被服应依照《罪犯被服供应标准》及参照其他有关规定统一发放。

(3) 被服发放与回收。罪犯的被服每年统一发放两次（一般分夏季和冬季两次发放），发放时要执行国家统一制定的不同区域（寒区、温区、热区）环境的不同被服标准。新入监的罪犯，可按入监季节随到随发。发放罪犯被服时必须由监狱人民警察亲自掌握，详细登记和填写《罪犯被服使用卡》，并由罪犯本人签名捺印。罪犯入监后，要求一律着囚服，但是罪犯自己带的内衣、内裤、鞋袜、被褥、蚊帐等用品应允许按规范化管理的要求继续使用。因抢险、救灾或不可抗力的原因，造成被服损失、损坏的，监狱应酌情补发。罪犯刑满释放时，所发被服原则上予以收回。少数确有困难的，经监狱领导批准，可以不收回被褥，没有便服可供更换的，可以补发便服一套。

4. 作息管理，是指监管机关和监管人员对罪犯的学习、劳动、起居等方面的作息时间的管理、安排和规定。合理地规定和安排罪犯的作息时间既是行刑人道主义的要求，又有利于罪犯的身心健康。

具体来说，合理安排罪犯的作息时间，应当注意如下事项：

(1) 合理分配作息时间。罪犯每天的劳动时间一般为 8 小时，平均每周劳动时间不超过 44 小时，从事农业生产的单位应当根据农业生产的规律，将农忙季节与农闲季节的作息时间作合理调整。罪犯每天学习文化、技术的时间一般为 2 小时。罪犯每天睡眠时间保证 8 小时。罪犯每天要有 1～2 小时的文体活动时间，其余时间可组织集体活动。

(2) 严格控制加班加点劳动。在监狱生产中，尽量减少和避免在休息时间内加班加点，严禁超时间、超体力劳动。生产上确需延长劳动时间的，须提前拟订加班计划，经监狱狱政、劳动管理部门审核，报监狱长批准，方可实施。在法定节假日安排罪犯劳动，根据延长劳动时间的长短，支付高于平常加班的加班费。在高温、高寒、风雪、阴雨等特殊天气情况下，可以对罪犯的起居、劳动、学习、文体活动时间作相应的调整，做到原则性与灵活性的统一。

(3) 必要时可以适当调整作息时间。第一，在发生自然灾害、事故或者其他原因，威胁生命健康和财产安全，需要紧急处理的；生产设备、公共设施发生故障，影响生产或公共利益，必须及时抢修的；农忙季节需要抢收抢种的特殊情况下，罪犯作息时间的安排可以适当调整；第二，保障罪犯在法定节假日休息的权利；第三，加强作息的统一管理，未经批准，任何人不得私自变更作息时间。

5. 财物管理，是监狱对罪犯私人物品、现金、日用品供应的管理活动。加强罪犯财物的管理，有利于保护罪犯财产，使其合法权益不受侵犯，也有利于减少违法和违规事件发生，有效地维护监管改造秩序，促进罪犯思想改造和恶习矫正。

(1) 罪犯零用钱的管理。罪犯零用钱是监狱发给罪犯购买生活必需品的费用以及发给女犯的卫生费。监狱除保障罪犯的衣、食、住及对罪犯日常所需的日用品发放外，还每月发给罪犯零用钱。

(2) 罪犯私人物品的管理。监狱对罪犯个人的贵重物品和非生活必需品，应尽量动员罪犯寄回家或通知其家属领回。由监狱的狱政科或监区、分监区指定监狱人民警察专人管理。对罪犯交给监狱保管的物品，管理人员必须按物品的名称、牌号、规格、数量、特征等逐件登记造册，并开列三联单，由狱政部门、监区（分监区）、罪犯本人各持一份。罪犯物品要妥善保管，不得损坏、丢失、更换、挪用，罪犯有正当用途时，准予领取。罪犯释放时，全部发还。如有损失，应予赔偿。脱逃罪犯的财物，由监狱保管，被捕回后，仍属罪犯本人所有。死亡罪犯的遗物，应交家属领回，逾期一年仍不来领取或无法投寄的，上缴国库。

(3) 罪犯的现金管理。罪犯在服刑改造期间，一律禁止私自保存和使用现金。罪犯的私人现金，除本人外，任何人不得侵吞、借用、挪用，监狱应切实保障罪犯的合法财产权利不受侵犯。

(4) 罪犯日常用品的供应。监狱应设置罪犯日常生活用品供应站，以方便罪犯生活，适应罪犯日常消费需求，稳定监管秩序，促进改造工作。供应站是服务性机构，不是经营性部门。供应站由监狱生活卫生部门直接管理。监狱应加强供应站的财务管理工作，堵塞现金流动中的漏洞，确保现金安全。应防止罪犯对物品的非正常使用，诸如赌博、用物品雇工、以物易物、用物品贿赂监狱人民警察等谋求不正当利益行为的出现。

五、卫生管理制度

(一) 卫生管理的概念和法律依据

卫生管理是监狱对狱内生产、生活区域的环境卫生、监舍卫生和罪犯个人卫生的管理活动。《监狱法》第53～55条规定了相应的制度内容。

(二) 卫生管理的内容

1. 环境卫生管理。环境卫生的基本要求是：

(1) 狱内场院平整，道路畅通，无坑凹，无积水，无杂草，地面清洁无杂物。

(2) 狱内厕所（卫生间）布局合理，设施完善，与伙房、水源保持一定距离。粪便通道畅通，并配建化粪池，使粪便无害化。

(3) 对狱内洗漱设施，使用后要及时打扫，清除垃圾。洗碗洗菜设施，用后应及时扫除残渣剩饭，清洁油渍、污迹。

(4) 保证生活用水的清洁。

（5）狱内垃圾应分类置放，分类处理。

（6）户外衣物晾晒设施，应设置于阳光充足的地方。

（7）户外文体活动设施也应定期涂刷油漆，防止锈蚀。

（8）对监区院内，监舍周围，生产区空隙地带，应合理规划，栽花种草，绿化环境。

2. 监舍卫生管理。监舍泛指狱内供罪犯睡眠、学习、娱乐、洗理、物品保管等活动的房舍。监舍是罪犯集体生活的主要场所，也是卫生管理的重要场所。监舍卫生管理的主要内容和要求是：

（1）监舍卫生管理范围主要涉及狱内的罪犯宿舍、沐浴室、理发室、洗漱室、保管室、更衣室、书室、教室、谈话室等。

（2）监舍及其配套设施应符合监管改造罪犯的需要，符合国家规定的卫生、防火、防震标准，要求达到坚固、光线充足，通风透气、防潮、保暖、无病菌滋生的条件。

（3）监狱要健全监舍卫生管理制度，落实卫生责任制，并坚持日检查、月评比、季考核并公布结果的工作方针。要把日常卫生与每个罪犯的考核奖惩挂钩。

（4）监舍卫生要求清洁美观，物品摆放整齐有序、规范划一。

3. 个人卫生管理。

（1）普及卫生常识。

（2）培养罪犯良好的个人卫生习惯。

（3）加强罪犯个人卫生管理。

4. 消毒和除害。消毒方法可分为物理消毒法和化学消毒法。物理消毒法主要有：

（1）通风法，此法经济实用，对呼吸道传染的消毒效果很好。

（2）过滤法。对空气和水可用此法。如佩戴口罩。

（3）焚烧法。对废弃物可烧毁的，即可用此法。

（4）干热消毒法。对高温下不损坏，不变形的物品，置于干燥温箱加热。

（5）煮沸法。对耐热耐湿物品，如衣物、食具等。

（6）高压蒸汽法。

六、罪犯奖惩制度

（一）罪犯奖惩的含义

罪犯考核奖惩是指刑罚执行机关对罪犯接受教育改造和劳动改造的情况进行考核和评比，并根据考核和评比的结果对罪犯依照法律规定的条件和程序给予不同的奖励和惩罚。

（二）奖惩的种类

对罪犯的奖惩，可分为行政奖惩和刑事奖惩两种类型：

1. 行政奖惩。行政奖惩是指监狱根据监狱法和监管法规的规定，在对罪犯计分考核的基础上，直接对罪犯实施的奖励和处罚。它分为行政奖励和行政处罚。行政奖励包括表扬、记功、物质奖励、离监探亲。行政处罚包括警告、记过、禁闭。

2. 刑事奖惩。刑事奖惩是指人民法院依据监狱提供的罪犯服刑改造表现的事实材料和建议，以判决或裁定的形式对罪犯实施的奖励和处罚。刑事奖励包括减刑、假释。刑事处罚是对罪犯服刑期间又犯罪和漏罪的处理。对罪犯的减刑、假释及又犯罪的处理在本教材有关章节有详细论述，因此不再重复。

（三）考核实施的原则

1. 公正公开的原则。包括监狱、监区对罪犯日常计分考核、行政奖励、行政处罚、减刑假释、暂予监外执行、分级处遇等法定条件和程序、罪犯生活卫生管理、教育改造及监狱人民警察工作纪律等。推行狱务公开就是要接受各方面的监督，通过设立举报箱、举报电话、规定监狱长接待日、设立狱务公开栏，印发《狱务公开手册》，聘请监狱执法工作监督员等措施，确保考核奖惩及其执法活动公开公正。

2. 及时准确的原则。及时准确的原则，要求对罪犯的考核奖惩要不失时机地实施，以保证时效性，同时要准确无误，以保证其严肃性。

3. 监狱人民警察直接考核的原则 。监狱人民警察要亲自掌握考核，不能把考核权交给罪犯小组长或其他罪犯。要严格掌握考核标准，防止工作失误挫伤罪犯改造的积极性。对罪犯的考核计分要坚持监狱、监区、分监区三级审批的制度，对加分、扣分的罪犯名单，应及时公布，听取反馈意见。对考核结果申请复议的罪犯，要按程序予以回复。

（四）奖惩的条件

1. 表扬、记功、物质奖励的条件。根据《监狱法》第57条的规定，罪犯有下列情形之一的，监狱可以给予表扬、记功或物质奖励：（1）遵守监规纪律，努力学习，积极劳动，有认罪服法表现的；（2）阻止违法犯罪活动的；（3）超额完成生产任务的；（4）节约原材料或者爱护公物，有成绩的；（5）进行技术革新或者传授生产技术，有一定成效的；（6）在防止或者消除灾害事故中作出一定贡献的；（7）对国家和社会有其他贡献的。

2. 行政处罚的条件。根据《监狱法》第58条的规定，罪犯有下列破坏监管秩序情形之一的，监狱可以给予警告、记过或者禁闭：（1）聚众哄闹监狱，扰乱正常秩序的；（2）辱骂或者殴打人民警察的；（3）欺压其他罪犯的；（4）偷窃、赌博、打架斗殴、寻衅滋事的；（5）有劳动能力拒不参加劳动或者消极怠工，经教育不改的；（6）以自伤、自残手段逃避劳动的；（7）在生产劳动中故意违反操作规程，或者有意损坏生产工具的；（8）有违反监规纪律的其他行为的。

（五）罪犯奖惩的程序

1. 对罪犯进行表扬、立功、物质奖励、行政奖励或警告、记过、禁闭等行政处罚，由罪犯所在的分监区集体研究，提出意见，呈报名单，在罪犯中公示，经监区、监狱主管部门审核后，由监狱长批准。

2. 罪犯对行政奖励、行政处罚决定有异议的，可以申请复议，监狱应在7个工作日内作出答复。

问题与思考

1. 监狱人民警察的法律地位是什么？
2. 监狱人民警察有哪些职责？
3. 监狱人民警察有哪些义务？
4. 如何认识和把握狱政管理法的原则？
5. 结合实例谈谈如何保障服刑人员控告、申诉的权利。
6. 律师会见权实现的现实意义是什么？

参考文献

1. 兰洁主编．监狱学．北京：中国政法大学出版社，1999

2. 张金桑主编．监狱人民警察概论．北京：法律出版社，2001
3. 王泰．新狱政管理学．北京：中国市场出版社，2005
4. 孙平主编．狱政管理．北京：中国政法大学出版社，2005
5. 王志亮．狱政管理学．南宁：广西师范大学出版社，2009

第八章 司法警察法

本章概要

我国的司法警察是人民警察的独立警种之一，是具有武装性质的司法行政执法力量。司法警察法是司法警察行使职能、维护司法场所设施安全与司法活动秩序的法律依据，也是警察法的重要组成部分。本章介绍了我国司法警察的概念与特征以及我国司法警察法律制度的体系构建，对比了我国和域外的司法警察制度，并分别详细阐述了我国人民法院司法警察法律制度和人民检察院司法警察法律制度。

关键术语

司法警察　域外司法警察制度　我国司法警察法律制度　人民法院司法警察法律制度　人民检察院司法警察法律制度

第一节　司法警察法概述

一、我国司法警察的概念与特征

在我国，司法警察是指隶属于司法机关，依照法律规定可以使用特殊强制手段维护司法场所设施安全与司法活动秩序的执法人员，是具有武装性质的司法行政执法力量，是我国人民警察的独立警种之一。它包括人民法院的司法警察与人民检察院的司法警察两大类。我国的司法警察具有以下特征：

（一）我国的司法警察是人民警察的独立警种之一

《人民警察法》第 2 条规定："人民警察包括公安机关、国家安全机关、监狱、劳动教养管理机关的人民警察和人民法院、人民检察院的司法警察。"明确了司法警察是和公安机关的人民警察、国家安全机关的人民警察、监狱和劳动教养管理机关的人民警察相并列的我国人民警察重要的组成部分。各部门警察机关的组织机构相对独立，相互没有隶属关系，而且它们的职责、任务不同，国家分别制定适用于不同部门警察的法律、法规。各部门警察机关的内部机构根据职责的需要，设置不尽相同。司法警察实行人民警察统一的警衔制度，统一制式服装和警察标志。

（二）我国的司法警察隶属于人民法院和人民检察院

司法警察在行政隶属关系上隶属于司法机关，即人民法院和人民检察院，其他任何组织和部门均不得设置司法警察机构或司法警务人员。[①] 监狱、劳动教养管理机关是我国的刑罚执行机关，这些机关的人民警察进行的是司法行政管理行为，行使司法行政权力，虽然他们臂章和胸徽上有"司法"字样，但这不代表他们是司法警察，而是说明其上级管理部门是司法行政机关（即司法部、司法厅（局）），所以监狱、劳动教养管理机关的人民警察不属于司法警察的范围。

（三）我国的司法警察具有职责上的辅助性与保障性

根据《人民法院司法警察条例》规定，人民法院司法警察主要履行维护审判秩序；对进入审判区域的人员进行安全检查；刑事审判中押解、看管被告人或者罪犯，传带证人、鉴定人和传递证据；在生效法律文书的强制执行中，配合实施强制执行措施，必要时依法采取强制措施；执行死刑；协助机关安全和涉诉信访应急处置工作；执行拘传、拘留等强制措施等职责。由上可见，人民法院司法警察对完成审判任务具有辅助性作用。人民法院以审判工作为主旨，而审判工作的主导是法官，司法警察不参与对案件本身实质性的审理和判决工作，只是在案件开庭审理的活动中对被告人进行必要的提解、押送、看管和庭审中间负责传带证人、鉴定人、传递证据材料，警卫法庭，维护审判秩序以及对生效判决的执行等一些服务保障性的工作。法官在审判工作中是"主角"，司法警察在整个审判过程中是"配角"。司法警察工作的指导思想应是服从并服务于审判工作。

《人民检察院司法警察条例》第 8 条规定："人民检察院司法警察在检察官的指挥下履行职责。"从理论上来说，检察官是行使检察权的主体，司法警察不属于检察官，当然不能独立行使检察权，只能辅助检察官行使检察权，在检察官的指导下参与检察活动。因此，

① 参见金川等编著：《司法警察概论》，16 页，北京，中国政法大学出版社，2005。

司法警察并不是行使检察权的主角，其职责具有鲜明的司法辅助性。但是，司法警察的辅助性，并不意味着司法警察完全从属于检察官，是检察官的附庸。司法警察是人民检察院的法定成员，在法律地位上与检察官是平等的，其辅助检察官行使检察权是依法履行职责的体现。在履职过程中，司法警察与检察官既互相配合，又互相制约，在辅助检察官履行职责的同时，又监督制约检察官依法履行职责。

（四）我国的司法警察具有职权上的强制性与武装性

人民警察是国家的武装力量，司法警察也不例外。司法警察依法可以配备和使用警械、武器，依法可以采取强制手段和强制措施，必要时可以根据《人民警察使用警械和武器条例》使用警械和武器，体现了其职权上的强制性与武装性。

二、我国司法警察与域外司法警察的区别

（一）域外司法警察制度概况

1. 法国的司法警察

在法国，司法警察一般是指警察局中负责司法警察任务的特别部门，同时也是指执行刑事侦查任务的国家警察、宪兵以及一部分行政人员和拥有司法警察职责的人员的总称。根据法国刑诉法第 15 条的规定，法国司法警察主要包括：司法警官、司法警察和助理司法警察、被法律授予一定司法警察职责的警察，行政部门和公共事业部门中的公务员和工作人员如税务机关工作人员、海关工作人员、劳动就业监察员、竞争委员会、消费委员会、打击欺诈委员会及环境部门的工作人员等也被法律赋予一定司法警察职责。法国司法警察隶属于国家警察总局下辖司法警察中心局，统一归内政部领导，受国家警察总局局长指挥。

关于法国司法警察的职权，《法国刑事诉讼法典》第 12 条规定："司法警察的职权由本编所指的警官、官员和警员行使，受共和国检察官领导。"司法警察在正式侦查开始前和开始后行使的职权是不同的。第 14 条规定："只要没有开始侦查程序，司法警察依本编所定区分，负责查证违反刑事法律之犯罪行为，搜集犯罪证据，查找犯罪行为人。在已经开始侦查程序的情况下，司法警察执行预审法庭的委派，按照预审法庭的要求办案。"在每一上诉法院的管辖区内，司法警察被置于上诉法院检察长的监管下，受上诉法院预审法庭的监督。第 19 条规定："（司法警官）在知悉发生重罪、轻罪和违警罪后，有义务立即报告共和国检察官。在行动结束以后，应将符合他所进行的取证笔录的正本并附副本以及有关的文件送交共和国检察官。"按照《法国刑事诉讼法典》的规定，司法警察没有独立的侦查权，仅有初步侦查的权力。检察官有权指挥所在法院辖区内的司法警察的一切活动，检察官不仅享有侦查权，而且与司法警察之间是领导与被领导、主导与辅助、指挥与服从的关系。

司法警察的调查包括现行犯罪调查和预先调查，目的是收集犯罪证据，这一阶段的司法调查活动要在大审法院检察长的指挥下完成。具体而言，司法警察的调查职权主要包括：调查和搜查、扣押、听取证人和嫌疑人陈述情况、询问当事人。司法警察在犯罪调查过程中，可被授权运用两种涉及人身自由的措施：拘留和逮捕。当侦查开始后，司法警察服从预审法庭的委派，按照预审法庭的要求办案。预审法官可以要求司法警察进行案件的查证或寻找。查案委托的执行与预审的进行联系在一起，预审法官通过颁发文书凭证，由司法警察限制公民的自由。

2. 美国的司法警察

美国的司法警察体系比较复杂。联邦执法机关分别隶属于司法、财政、内政和国防部。隶属于司法部的联邦法警，其主要职责是保证联邦法院的安全和法庭秩序，保卫联邦法官

和在联邦法庭工作的陪审团成员、联邦检察官、辩护律师的安全等。联邦法警还负责保护证人安全，负责追查和缉拿逃犯，负责刑事被告的押送以及扣押、没收犯罪所得以及管理扣押、没收的财产，参与处理涉及违反联邦法律或严重损坏联邦财产的严重社会骚乱事件以及恐怖主义事件、劫持人质事件等。

3. 俄罗斯的司法警察

苏联解体、俄罗斯联邦独立后，为了加强法院判决的执行力度，提高司法权的威信，俄罗斯联邦于1997年制定了《俄罗斯联邦司法警察法》，确立了崭新的司法警察制度。根据《俄罗斯联邦司法警察法》规定，俄罗斯司法警察归司法部管理，司法警察司是司法部的新设司局，各级司法局相应设立司法警察局或分局。俄罗斯司法警察分成三个独立的分支机构：一是警卫系统，负责保障各级法院已规定的活动程序，其中包括警卫法院、保证审判秩序及人员安全、拘传证人到庭等；二是执行系统，负责各级法院民事及行政裁决的强制执行；三是国际债务执行系统，负责保证国际法庭和外国法院判决的执行等。司法警察属于强制机构，所以司法警察有自己的制服，有权携带武器。

俄罗斯司法警察享有的权力十分广泛，凡是有利于预防、查明、制止犯罪的强制行为均可依法采取，如：有权制止公民和公职人员的违法行为，有权检查嫌疑人的各种证件，有权拘留违法人并进行搜查、制作笔录，有权依法使用警力、械具、枪支等。执行法院的判决是俄罗斯司法警察的重要职能。

4. 澳门特别行政区的司法警察

与香港警务架构没有专门的司法警察机构不同，澳门的警察一直分为治安警察和司法警察。1960年8月19日，澳葡政府颁布法令，在澳门设立司法警察署，目的是将澳门的侦查与预审部门集中在一起，以最佳的模式打击犯罪活动，维护社会治安。1971年10月，澳葡政府提升司法警察署为厅级部门，司法警察厅厅长由检察院司法官以定期委任方式出任。1975年2月，又将司法警察厅提升为司法警察司，在行政上直属澳门总督，而在刑事诉讼工作上由葡萄牙检察长指导。根据1979年澳门立法会颁布的《司法警察司组织法》的规定，司法警察司的法定职责为负责刑事侦查、犯罪预防及协助司法当局，在进行刑事侦查时接受检察院的指导，但有权对所有不予起诉的案件进行归档。1999年12月澳门回归祖国后，司法警察司更名为司法警察局，隶属澳门特别行政区保安司，但在刑事调查工作中接受检察院领导。

根据澳门特别行政区立法会制定的第2006号法案《司法警察局》，司法警察局为刑事警察机关，其职责是预防及调查犯罪以及协助司法当局。司法警察局在刑事诉讼程序中进行活动时，须遵照司法当局的指引，且在职务上从属于司法当局。澳门司法警察局由刑事调查厅、司法鉴定化验所、司法警察学校、管理和计划厅、国际刑警组织中国国家中心局澳门支局等五个部门组成。

（1）刑事调查厅。刑事调查厅由两个调查组及五个调查科组成，包括：毒品罪案调查处（缉毒处）、有组织罪案调查处（反黑处）；侵犯人身罪案调查科、侵犯财物罪案调查科、欺诈罪案调查科、抢劫罪案调查科、资讯罪案调查科。

（2）司法鉴定化验所。司法鉴定化验所的主要职能是为司法警察提供科学鉴定及技术支援服务，并对检验的结果作出分析研判。

（3）司法警察学校。司法警察学校，主要负责录用及培训司法警察局人员，即负责司法警察的岗前培训、升职培训、在职培训和语言培训。此外，澳门司法警察学校还借助资源优势出版宣传刊物，参与预防和打击犯罪的宣传活动。

（4）管理与计划厅。管理与计划厅的主要职能是为司法警察局提供必要的技术及行政服务，负责人力、财政及财产资源及资讯与电讯系统的协调，部门组织之间的协调，负责公共关系方面的工作。

（5）国际刑警组织中国国家中心局澳门支局。国际刑警组织中国国家中心局澳门支局的权限是依法执行或推进外地国际刑警办事处要求采取的措施，向法国国际刑警总部发出本地区在逃犯罪嫌疑人的通缉令，对外发放有关犯罪情报，与外地警方建立合作关系，接收处理发布有关国际刑警的文件等。

（二）我国的司法警察与域外司法警察制度的差异及启示

由于政治体制不同，我国的司法制度与外国的司法制度差别很大，人民检察院司法警察的性质、地位、职能也不同于外国的司法警察。但是，同为司法警察，在法理上有相通之处。因此，国外司法警察制度的一些先进因素，我们可以借鉴。

1. 司法警察职能广泛。各国司法警察的职能不尽相同，大体上有三大职能：安全保护职能、侦查案件职能、强制执行职能。安全保护职能是司法警察最基本的职能，司法警察肩负安全保障的职责普遍比较广泛，如美国联邦法警的主要职责在于维持法庭秩序及相关人员的人身安全，俄罗斯的司法警察专门设立警卫系统，负责保障各级法院已规定的活动程序，包括警卫法院、保证审判秩序及人员安全。因此，保护办公场所和办案人员的安全、维护司法秩序是司法警察义不容辞的职责。刑事案件的侦查在许多国家和地区由司法警察负责，如法国、中国澳门地区等，但司法警察行使侦查权往往要接受检察官或法官的领导或指导，根据检察官或法官的指令开展侦查活动，司法警察自己不能决定立案、撤案等重要事项，只能从事调查取证、追捕逃犯、采取强制措施等具体的侦查事务，有事权而没有决定权，例如法国的司法警察没有独立的侦查权，日本司法警察的工作受检察官指挥。强制执行职能即是执行生效判决、裁定、仲裁以及一些带有强制内容的事项，如传唤、拘传、查封、扣押等。

2. 司法警察对于检察官而言处于辅助地位。有的国家（主要是大陆法系国家）检察官与司法警察是领导与被领导、指挥与被指挥的关系；有的国家（主要是英美法系国家）检察官与司法警察，彼此不存在领导与被领导、指挥与被指挥的关系。不管是否存在领导、指挥关系，在履行职责中检察官始终是主角，司法警察辅助、保障检察官履行职责，自己不能独立行使检察权。

3. 司法警察的职权配置由法律授予。各国为保障司法警察依法履行职责，赋予司法警察相应的职权，如依法使用武器权、采取强制措施权等，而且各种职权都由法律明确规定，如俄罗斯联邦制定了专门的《俄罗斯联邦司法警察法》，而法国则在《刑事诉讼法典》中明确予以规定。

三、我国司法警察法律制度的体系构建

（一）我国司法警察制度的建立与发展

在中国古代的司法活动中就已经有司法警察的活动，古代的衙役就相当于我们当代的司法警察，那时候的主要任务是为当时的各县府大堂增加威慑力，以及当庭执行笞杖、传唤被告人和证人、稽查罪犯、搜查证据等职能。这点类似于今天的警察刑事侦查职能。光绪三十一年（1905年）《巡警部官制》即把巡警的内部机构设五司十六科。其中警法司就分为司法、国际、检阅三科。司法科“掌审定司法警察办事章程及相关统计、调查事宜”。而此后的北洋政府和民国时期的司法警察基本依照此机构编制和设定职能。

国民党政府统治时期，除了在中央和地方设置警察机构外，还设置了司法警察机构，主要有保安、刑事、水上、铁路、森林等。司法警察是为协助推事或检察官侦办刑事案件而设置的特殊警种。除了包括司法机关中的警长和警员外，还包括宪兵、铁路、森林、渔业、矿业和其他专业警察机关的警长、警员以及海关、盐场的巡缉员警等，作为司法警察，他们受检察官和推事的命令执行职务。

新民主主义革命时期，中国共产党领导的各个革命根据地相继建立了人民司法机关。在当时的司法机关中，虽未明确设置专职的司法警察，但规定了司法机关可以调用赤卫队、警卫员、民警等执行司法警察的职务，可以认为，这是在工作实践中间接使用了“司法警察”。

新中国成立后，随着人民司法制度的建立与发展，司法警察随之逐步建立与发展起来。1951年《人民法院暂行组织条例》规定：“县级人民法院设法警”，“省级人民法院设法警若干人”。1956年5月，公安部、财政部、司法部、国家人事局联合下发通知，从1956年7月1日起，将司法警察列为中国人民警察的警种之一，并规定司法警察在着装、工资等方面享受与公安民警相同的待遇。

“文化大革命”时期，人民法院工作包括司法警察工作遭到严重破坏。

党的十一届三中全会以后，司法警察建设进入了新的发展阶段。1979年7月1日五届全国人大二次会议通过的《人民法院组织法》和《人民检察院组织法》分别明确规定：“各级人民法院设司法警察若干人”，“各级人民检察院根据需要可以设司法警察”。这些法律规定为司法机关设置司法警察提供了法律依据，也为司法警察的建设发展提供了保证。1992年《警衔条例》规定，司法警察与其他警种的人民警察一样实行警衔制度，标志着司法警察队伍建设进入了一个新的发展阶段。1995年《人民警察法》明确了人民法院、人民检察院的司法警察是我国人民警察重要的组成部分，是人民警察的警种之一，从法律层面明确了司法警察的法律地位。

（二）我国现行司法警察制度的渊源

1. 法律。在现行法律中，规定了或涉及司法警察制度的主要有：(1)《人民警察法》和《警衔条例》。司法警察是我国人民警察的警种之一，《人民警察法》关于人民警察的性质与任务、义务与纪律、法律责任等规定同样适用于司法警察。而《警衔条例》规定的警衔制度也适用于司法警察。(2)《人民法院组织法》和《人民检察院组织法》分别明确规定：“各级人民法院设司法警察若干人”，“各级人民检察院根据需要可以设司法警察”。这些法律规定为司法机关设置司法警察提供了法律依据。(3)《枪支管理法》第5条规定：“公安机关、国家安全机关、监狱、劳动教养管理机关的人民警察，人民法院、人民检察院的司法警察和担负案件侦查任务的检察人员、海关的缉私人员，在依法履行职责时确有必要使用枪支的，可以配备公务用枪。”

2. 行政法规。主要是1996年1月16日国务院颁布的《人民警察使用警械和武器条例》。司法警察是审判工作和检察工作重要的保障力量，司法警察依据《人民警察使用警械和武器条例》使用警械、武器等。

3. 内部规范性文件。在目前我国司法警察法律制度尚不健全的情况下，这是我国司法警察具体履行职责的主要依据，也是数量最多的一类渊源，当然，这些内部规范性文件的法律效力还有待进一步探讨。主要有：最高人民法院印发的《人民法院司法警察培训暂行办法》(1999年)、《人民法院司法警察押解规则》(2003年)、《人民法院司法警察值庭规则》(2003年)、《人民法院司法警察看管规则》(2004年)、《人民法院司法警察安全检查规则》(2004年)、《人民法院司法警察执法行为规范（试行)》、《人民法院司法警察内务条令》(2007年)、《人民法院司法警察条例》(2012年）等；最高人民检察院印发的《人民检察院司法警察执行职务规则（试行)》(2001年)、《人民检察院司法警察条例》(2013年）等。

（三）我国现行司法警察制度的不足及完善

1.以《人民法院司法警察条例》和《人民检察院司法警察条例》为代表的司法警察制度在性质上存在重大瑕疵。

《人民法院司法警察条例》和《人民检察院司法警察条例》在性质上不属于司法解释、行政法规或部门规章的任何一种。司法解释，是司法机关对法律、法规的具体应用问题所作的说明。对某一案件在适用法律上所作的解释，只对该案件有效，没有普遍约束力。最高人民法院《关于司法解释工作的规定》(法发［2007］12号）第6条规定：司法解释的形式分为“解释”、“规定”、“批复”和“决定”四种。行政法规，是国务院为领导和管理国家各项行政工作，根据宪法和法律，并且按照《行政法规制定程序暂行条例》的规定而制定的政治、经济、教育、科技、文化、外事等各类法规的总称。部门规章，是国家最高行政机关所属的各部门、委员会在自己的职权范围内发布的调整部门管理事项的规范性文件。最高人民法院和最高人民检察院显然无权制定行政法规、部门规章，无权以“条例”形式创设司法警察制度或规制司法警察权。

《人民法院司法警察条例》和《人民检察院司法警察条例》只能定性为法院和检察院“内部规范性文件”。规范性文件，是各级机关、团体、组织制发的各类文件中最主要的一类，因其内容具有约束和规范人们行为的性质，故称为规范性文件。除司法解释外，最高人民法院和最高人民检察院在未经授权的前提下，只能制发内部规范性文件，且只能在人民法院和人民检察院内部适用。

2.《人民法院司法警察条例》和《人民检察院司法警察条例》的制定缺乏法律授权。

《人民法院司法警察条例》和《人民检察院司法警察条例》的制定未经《宪法》、《立法法》、《人民法院组织法》、《人民检察院组织法》或《人民警察法》的授权。《人民法院组织法》和《人民检察院组织法》仅规定了“各级人民法院设司法警察若干人”、“各级人民检察院设司法警察若干人”，但并未明确授权最高人民法院和最高人民检察院创设司法警察权。而《人民警察法》仅在第2条规定：“人民警察包括公安机关、国家安全机关、监狱、劳动教养管理机关的人民警察和人民法院、人民检察院的司法警察。”未将司法警察制度立法权授权给最高人民法院和最高人民检察院。

3.《人民法院司法警察条例》和《人民检察院司法警察条例》违反《立法法》。

根据《立法法》第8条规定，人民法院和人民检察院的产生、组织和职权以及对公民限制人身自由的强制措施和处罚等事项只能制定法律。司法警察作为人民法院和人民检察院队伍的重要组成部分，其职权的配置及履职程序涉及公权力的设置和运作，同时，司法警察使用武器、采取强制手段和强制措施，涉及对公民人身权利的剥夺或限制，这些权力只能通过法律规定。同时《立法法》第10条规定：“授权决定应当明确授权的目的、范围。被授权机关应当严格按照授权目的和范围行使该项权力。被授权机关不得将该项权力转授给其他机关。”最高人民法院与最高人民检察院未经《立法法》明确授权而制定的“条例”与《立法法》严重冲突。

对于公权力来说，法无明文授权则禁止，是现代法治的一项基本原则。司法警察作为国家机构的组成部分，其职权配置及履职程序也应遵循这一原则。目前，我国司法警察的职权配置、运作程序、经费保障均由《人民法院司法警察暂行条例》和《人民检察院司法警察暂行条例》等内部规范性文件规定，是不适当的。只有将现有司法警察的职权配置及履职程序提升到法律层面，才能科学配置司法警察的职权，规范司法警察履职程序，提升司法警察的法律地位，更好地发挥司法警察的作用。

第二节　人民法院司法警察法律制度

人民法院司法警察是司法警察的构成之一，其建设经历了复杂的发展历程。1951 年 9 月中央人民政府通过的《法院暂行组织条例》规定“县级人民法院设法警”、“省级人民法院设法警若干人”，但 1954 年 9 月 21 日第一届全国人民代表大会通过的《人民法院组织法》取消了人民法院设置司法警察的规定，至 1956 年 5 月，公安部、财政部、司法部、国家人事局联合下达通知，决定自 1956 年 7 月 1 日起将各级人民法院的司法警察列为人民警察的警种之一，1979 年 1 月 1 日五届全国人大第二次会议通过的《人民法院组织法》再次规定“各级法院设司法警察若干人”，1995 年 2 月 28 日通过的《人民警察法》，从法律上正式确定人民法院司法警察是人民警察的警种之一。

一、人民法院司法警察的性质和任务

《人民法院组织法》第 40 条第 3 款规定：“各级人民法院设司法警察若干人。”根据最高人民法院《人民法院司法警察暂行条例》规定，人民法院司法警察是中华人民共和国人民警察的警种之一。其任务是通过行使职权，预防、制止和惩治妨碍审判活动的违法犯罪行为，维护审判秩序，保障审判工作的顺利进行。

人民法院安全保障力量由司法警察、机关保卫人员、保安人员构成，其中司法警察是主要力量。作为人民法院队伍的重要组成部分，人民法院司法警察是一支特殊的武装力量，肩负着维护法律尊严、保障审判工作顺利进行、维护审判机关尊严的神圣使命。根据相关法律及规范性文件规定，人民法院司法警察的职能任务具体包括：（1）对刑事审判工作和民事、行政审判工作的保障职能，要完成押解、看管、值庭、安全检查、处置突发事件等庭审保障任务；（2）履行强制措施职能，法院决定的拘传、拘留、罚款等强制措施，要由司法警察登记和组织实施；（3）履行刑事执行和参与民事执行的职能。随着人民法院审判工作的日益艰巨，司法警察肩负着越来越繁重的职能任务。

二、人民法院司法警察的职责和权限

（一）人民法院司法警察的职责

人民法院司法警察的职责，是指人民法院司法警察在其职务范围内必须依法履行的责任与义务。人民法院司法警察的职责主要是由其性质与任务所决定的，具有以下特点：第一，服务性。人民法院的宗旨是“司法为民”，实现“公正与效率”的工作主题。人民法院司法警察必须以宪法和法律为活动准则，全心全意为人民服务，忠于职守，清正廉洁，服从命令，严格执法。人民法院的宗旨和人民法院司法警察的性质、地位、作用，都决定了人民法院司法警察在履行职权时，必须强化服务意识，执法与服务并重。这种服务性的特点，主要体现在履行职权是为审判工作服务，为人民群众服务。《人民法院司法警察条例》第 8 条明确规定：“在法庭审判过程中，人民法院司法警察应当按照审判长或独任审判员的

指令……”根据该规定，司法警察在维护法庭秩序工作中，要服从审判长指挥，根据审判长的指令，传递证据，提押犯人，处置违反法庭纪律的行为。第二，参与性。人民法院司法警察参与执行工作是一项基本职责，司法警察参与执行工作，不仅增强了执行力度，还维护了法律的尊严，同时有利于保护当事人的合法权益，维护正常的社会经济秩序，为执行任务的顺利完成提供强有力的保障。第三，权威性。司法警察是人民法院组织体系中一个重要组成部分，其地位和作用是法官和其他法院工作人员所不可替代的。例如司法警察的值庭活动很大程度上就是排除任何蔑视法庭现象的发生，维护程序的公正与效率，维护司法权威。而且这种保障职能是非值庭法警不可替代的。第四，广泛性。司法警察肩负着警卫法庭、维护审判秩序等八大职责。司法警察的职责涉及非常广，从立案、庭审、裁判、执行，每一个阶段都离不开其协助。

根据最高人民法院《人民法院司法警察条例》第7条规定，人民法院司法警察的职责主要有：(1) 维护审判秩序；(2) 对进入审判区域的人员进行安全检查；(3) 刑事审判中押解、看管被告人或者罪犯，传带证人、鉴定人和传递证据；(4) 在生效法律文书的强制执行中，配合实施执行措施，必要时依法采取强制措施；(5) 执行死刑；(6) 协助机关安全和涉诉信访应急处置工作；(7) 执行拘传、拘留等强制措施；(8) 法律、法规规定的其他职责。

上述职责是法律赋予司法警察的神圣职责，是司法警察在人民法院作用与地位的具体体现，也是司法警察武装性质的必然要求。根据《人民法院司法警察值庭规则》、《人民法院司法警察押解规则》、《人民法院司法警察看管规则》等规定，人民法院司法警察的上述职责主要可以概括为值庭、押解、看管、执行四个方面。

1. 值庭

值庭是人民法院司法警察在法庭审判活动中，为维护法庭秩序，保证参与审判活动人员的安全，保证审判活动顺利进行所实施的职务行为。

根据《人民法院司法警察值庭规则》，司法警察值庭的职责具体包括：(1) 警卫法庭，维护法庭秩序；(2) 保障参与审判活动人员的安全；(3) 传唤证人、鉴定人；(4) 传递、展示证据；(5) 制止妨害审判活动的行为。司法警察值庭时，应当站立于审判台侧面，背向审判台，面向旁听席。根据需要采取立正、跨立姿势或坐姿。法庭宣判时采取立正姿势，法庭调查开始后采取坐姿。值庭时间超过1小时可替换。出入法庭时应以齐步动作行进。同时应当按照规定着警服、佩戴警衔专用标志，警容严整。女司法警察不得浓妆、披发、戴饰物。对旁听人员，值庭的司法警察应当进行安全检查。发现未成年人、精神病人、醉酒的人和其他不宜旁听的人员，应当阻止或者劝其退出审判法庭。对旁听人员违反下列法庭纪律的，值庭的司法警察应当予以劝阻、制止：(1) 未经允许录音、摄影和录像；(2) 随意走动或擅自进入审判区；(3) 鼓掌、喧哗、哄闹；(4) 擅自发言、提问；(5) 吸烟或随地吐痰；(6) 使用通讯工具。

司法警察值庭时应提高警惕，防止当事人自伤、自杀、行凶、脱逃等行为的发生。遇有突发事件，应全力以赴，沉着应对，果断处置。司法警察值庭时，应当遵守法庭纪律，精神集中，举止端庄，行为文明，态度严肃。不得擅离岗位，不得让无关人员接触当事人，不得侮辱或变相体罚当事人以及实施其他妨害审判活动的行为。

2. 押解

押解是指人民法院司法警察在刑事案件审判活动中，依法强制将被告人从看守所或其他羁押场所押至法庭接受审判后还押看守所或其他羁押场所，保证审判活动顺利进行的职务行为。押解分提押、法庭押解、还押三个过程。

司法警察执行押解，必须持有效凭证及证明本人身份的相关证件，按规定着装，保持警容严整，举止端庄，同时依法配备警械和武器。1名被告人应当由两名司法警察押解，对重大案件的被告人，由3名司法警察押解，女性被告人由女性司法警察押解。

司法警察执行提押时，必须严格遵守看守所或其他羁押场所的有关规章制度，逐一核对被告人的姓名、年龄、案由等身份要件，并对被告人进行人身检查，防止携带危险物品。提押时对被告人应当使用戒具。同案被告人，成年被告人、未成年被告人，男性被告人、女性被告人以及其他不宜同车乘坐的被告人均应分车提押；重大案件的被告人保证一人一车。周密制定行车路线，数辆囚车担任提押任务时，应编队行进；两辆以上囚车押解被告人时，应配备指挥车，必要时还需配备备用车辆；专用囚车内不得搭乘与提押工作无关的人员。

案件开庭时，司法警察应当密切观察被告人的动态，如遇被告人哄闹法庭、行凶、暴动、脱逃等情况时，应全力加以制服或抓捕，并可以根据《人民警察使用警械和武器条例》的有关规定使用警械和武器。如遇旁听席哄闹、骚乱等突发情况，应严密控制被告人，严格履行法庭押解职能，不得擅自离开岗位。

法庭休庭或闭庭后，司法警察执行还押时，应将被告人戴上戒具。如遇群众围观，司法警察应严密控制被告人，并合理组织警戒。司法警察将被告人押回看守所或其他羁押场所时，应再次核对被告人的身份、人数，妥善办理登记、交接手续，避免出现差错。

3. 看管

看管是人民法院司法警察根据审判工作的需要，依法在人民法院羁押室或其他指定地点等场所候审期间，对被告人进行看守管理，保证审判活动顺利进行的职务行为。

看管司法警察警力的配备应根据审判案件的性质、羁押场所的具体情况、被告人的危险程度和数量而定。对一名被告人的看管一般应配备不少于两名司法警察；对有多名被告人的案件，应适当增加看管警力。对男性被告人、女性被告人、成年被告人、未成年被告人以及其他需要分别看管的被告人，应分别看管。对女性被告人应由女司法警察执行看管，对同案被告人应保证一人一室。

司法警察执行看管时：（1）与押解司法警察依法履行交接手续。认真核对被告人的身份，清点被告人数量，了解被告人犯罪的基本情况、有无疾病、有无异常情绪等情况。对被告人进出羁押场所的时间、被告人姓名、人数以及押解司法警察的姓名等，要逐一登记，认真填写看管记录。（2）依法告知被告人在看管期间的权利和应遵守的规章制度。（3）对被告人一般不使用械具。对重刑犯或有迹象表明可能行凶、脱逃、自杀、自残的被告人，经批准可以使用械具。对重刑犯，应面对面进行看管。（4）密切监控被告人的活动，并经常巡查看管场所，检查看管场所的门锁是否安全、有效，发现被告人在看管场所内有自杀、自残、传递信件、携带违禁物品、可疑物品等违章或不法行为时，要及时予以告诫并制止，同时汇报值班领导。（5）被告人在看管期间有检举、揭发的要求时，应立即报告部门领导和本案法官，及时制作笔录和处理。（6）不得询问或随意谈论案情；不得辱骂、体罚、虐待或变相体罚被告人；不得谈论国家秘密和审判工作秘密；未经批准，不得让被告人以外的任何人员进入看管场所；不准给被告人带食品或其他物品；不准给被告人传递口信；不得将被告人提出看管场所；不得准许任何人在看管场所摄影、录音、录像和采访。

4. 执行

人民法院司法警察参与执行工作，是司法警察的一项基本职责。具体包括执行传唤、拘传、拘留以及执行死刑，参与对判决、裁定的财产查封、扣押、冻结或没收活动。按照法律规定，在国家机关中，只有人民法院享有对财产的强制执行权。对财产的强制执行，既包括人民法院生效判决、裁定、调解书中具有财产给付内容的部分，也包括行政机关、仲裁机关已生效的法律文书中具有财产给付内容的强制执行。① 人民法院司法警察参与强制执行，既可以对拒不履行生效法律文书所确定义务的被执行人采取强制措施，也可以对财产强制执行。

当被执行人暴力抗法时，人民法院司法警察应当：(1) 保护好执行人员的安全，注意加强自身的防护；(2) 采取有效措施对被执行人员进行控制和束缚，收缴被执行人持有的凶器及其他危险物品，必要时可使用警械；(3) 听从现场指挥员的指挥，将被执行人员强制带离或予以临时看管；(4) 对于严重妨害执行秩序和有违法行为的当事人，根据院长签发的拘留决定书或听从现场指挥员命令，对其实施拘留或采取强制措施予以约束。

当围观人员哄闹，冲击执行现场时，人民法院司法警察应当：(1) 布置警戒线，禁止无关人员进入执行现场；(2) 对哄闹者进行劝阻、警告，告知可能承担的法律后果；(3) 对带头哄闹、冲击执行现场者，根据现场指挥员指令，可依法采取强制措施，必要时可依法使用警械；(4) 在处置过程中，司法警察要文明执法，慎用警械。

(二) 人民法院司法警察的权限

人民法院司法警察的权限，是指为了保证人民法院司法警察有效履行职责，而依法可以采取的权威性措施和手段。根据《人民警察法》、《人民法院司法警察条例》等规定，人民法院司法警察可以依法行使下列权限：

1. 安全检查权

为保障审判场所的安全，人民法院司法警察对进入审判场所的非依法履行职务人员，可以进行安全检查。安全检查的基本要求是：(1) 按照规定认真查验相关人员的证件并进行登记；(2) 按照规定对进入法庭的人员进行人身和随身携带物品的检查；(3) 坚持严格、细致、文明的原则，保持高度警惕，使用规范的言词；(4) 准确、迅速识别违禁物品和危险品，处置方式正确。

在安全检查中，发现当事人携带录音、录像、摄影器材等限制物品时，应当按照下列方式处理：(1) 告知携带者按照规定，限制物品不得带入法庭；(2) 对限制物品，应逐项进行登记，暂时寄存于贮物柜内，待庭审结束后，凭本人证件和号牌，在确认物品齐全、完好并签字后取回寄存物；(3) 如其拒绝寄存，应阻止其进入审判法庭。

在安全检查中，发现当事人携带枪支、刀具、易燃、易爆等管制物品、危险物品时，应当按照下列方式处理：(1) 对携带管制物品者，应首先将其控制，再对其进行检查和询问，涉嫌构成犯罪的，依法移交公安机关处理；(2) 对管制物品一经发现一律予以收缴，持有枪支者有持枪证及枪证的可不收缴，但是应阻止其进入法庭；(3) 易燃易爆物品一经发现，即予没收，并应核查持有者身份情况，及时向法警队领导报告；(4) 按照规定的程序和方法处理易燃易爆危险物品。

当事人或其他人员不接受安全检查，企图强行闯入审判区时：(1) 进行劝阻和警告，加强警戒，防止未经安全检查人员进入审判区；(2) 对于劝阻和警告无效的，采取措施将其束缚，必要时可使用警械；(3) 必要时可临时关闭安检场所，防止发生意外事件；(4) 向法警

① 参见金川等编著：《司法警察概论》，52 页，北京，中国政法大学出版社，2005。

队及有关领导报告，根据指令采取进一步措施。

2. 采取强制措施权

为维护法院秩序，人民法院司法警察应当遵照审判长或独任审判员的指令，对违反法庭规则的人员采取强制措施。根据《人民法院司法警察值庭规则》，对下列行为，值庭的司法警察可以依法采取强制措施：（1）未经许可进入审判区，经劝阻、制止无效或者有违法犯罪嫌疑的；（2）严重违反法庭纪律，经劝阻、制止无效的；（3）哄闹、冲击法庭，侮辱、威胁、殴打参与审判活动人员等严重扰乱法庭秩序的。司法警察值庭时可以采取的强制措施包括：责令退出、强制带离、强行扣押、收缴、检查等。

3. 警械武器使用权

人民法院司法警察在履行职责时，可以依法采取强制手段；根据需要可以依照国家有关规定使用警械；使用警械不能制止或者不使用武器制止可能发生严重危害后果的，可以依照国家有关规定使用武器。如案件开庭时，司法警察遇被告人哄闹法庭、行凶、暴动、脱逃等情况时，应全力加以制服或抓捕，并可以根据《人民警察使用警械和武器条例》的有关规定使用警械和武器。

三、人民法院司法警察的组织管理

（一）人民法院司法警察体制

根据《人民法院司法警察条例》及2005年12月5日下发的最高人民法院《关于加强人民法院司法警察队伍建设的若干意见》（以下简称《意见》）的规定，人民法院司法警察队伍实行“双重领导、编队管理”的体制。最高人民法院设立司法警察局，高级人民法院设立司法警察总队，中级人民法院设立司法警察支队，基层人民法院设立司法警察大队。人民法院司法警察接受所在人民法院院长和上级人民法院司法警察部门的领导，接受所在人民法院司法警察部门的管理。统一司法警察部门内设机构，司法警察总队和支队设置警政科（处）、警务科（处）和直属支（大）队，或根据工作需要适当增减；司法警察大队根据工作需要设置内设机构；规范内设机构的职责分工，并配备相应的领导职数。上一级法院司法警察部门要履行好管理职能，领导、组织所辖法院司法警察部门的业务工作，检查、监督司法警察执行法律、法规的情况，指导司法警察队伍的教育培训工作，指挥协调辖区内的重大警务活动。

1. 最高人民法院司法警察局的主要职责

最高人民法院司法警察局的主要职责有：（1）研究、起草有关司法警察工作的条例、规定和办法；（2）研究、制定司法警察队伍建设的规划和措施；（3）指导、监督地方各级人民法院司法警察的业务工作；（4）检查、监督司法警察执行法律、法规的情况；（5）指导地方各级人民法院的警衔报批工作；（6）管理警督以上司法警察的警衔；（7）组织司法警察的教育培训；（8）协调跨省、自治区、直辖市的重大警务活动；（9）管理司法警察的装备；（10）完成院长交办的其他任务。

2. 高级人民法院司法警察总队的主要职责

高级人民法院司法警察总队的主要职责有：（1）组织落实司法警察工作的条例、规定、办法；（2）研究、起草并组织实施司法警察管理的规章制度和细则；（3）指导、监督下级人民法院司法警察的业务工作；（4）检查、监督司法警察执行法律、法规的情况；（5）管理警司以下司法警察的警衔；（6）组织司法警察的教育培训；（7）协调辖区内跨地区的重大警务活动；（8）管理司法警察的装备；（9）完成院长交办的其他任务。

3. 中级人民法院司法警察支队的主要职责：

中级人民法院司法警察支队的主要职责有：(1) 组织落实司法警察工作的条例、规定、办法；(2) 组织落实司法警察管理的规章制度和细则；(3) 制定、实施司法警察工作计划；(4) 组织司法警察履行职责；(5) 指挥辖区内的警务工作；(6) 组织司法警察的教育培训；(7) 管理司法警察的装备；(8) 完成院长交办的其他任务。

4. 基层人民法院司法警察大队的主要职责

基层人民法院司法警察大队的主要职责有：(1) 组织落实司法警察工作的条例、规定、办法；(2) 组织落实司法警察管理的规章制度和细则；(3) 制定、实施司法警察的工作计划；(4) 组织司法警察履行职责；(5) 组织司法警察的教育培训；(6) 管理司法警察的装备；(7) 完成院长交办的其他任务。

(二) 人民法院司法警察人事管理制度

1. 人民法院司法警察的录用

根据《人民警察法》和《人民法院司法警察条例》的规定，担任人民法院司法警察必须具备下列条件：(1) 年满 18 岁的公民；(2) 拥护中华人民共和国宪法；(3) 有良好的政治、业务素质和良好的品行；(4) 身体健康；(5) 具有高中毕业以上文化程度；(6) 自愿从事司法警察工作。

有下列情形之一的，不得担任司法警察：(1) 曾受过刑事处罚的；(2) 曾被开除公职的；(3) 曾被国家机关辞退的。

人民法院录用司法警察，必须按照国家规定，公开考试，严格考核，择优选用。

新录用的司法警察试用期为 1 年，试用期满经考核合格的，正式任职并评定、授予相应警衔；不合格的，取消录用资格。

2005 年，最高人民法院提出了构筑司法警察人才工程。即树立“精英化”人才观，注意在录用人员时引进特色人才，在工作中发现和培养特色人才，着力培养一批法律知识深厚、富有远见卓识的致力于研究司法警察队伍发展以及解决各种新情况、新问题的专门人才；培养一批具有精湛业务技能、有丰富训练经验的致力于抓训练工作的训练人才；培养一批骁勇善战、机智灵敏、法律知识和业务技能较为全面的骨干力量，以适应新时期司法警察工作的需要。

2. 人民法院司法警察的培训

(1) 人民法院司法警察培训工作的原则

根据最高人民法院《人民法院司法警察培训暂行办法》，人民法院司法警察培训工作以马列主义、毛泽东思想和邓小平理论为指导，坚持理论联系实际、学用一致、按需施训、讲求实效的原则，始终贯彻无产阶级的世界观、人生观和廉洁奉公的教育，努力提高队伍的整体素质和战斗力。

(2) 人民法院司法警察培训工作的种类

人民法院司法警察的培训工作分为新录用司法警察初任培训、警衔晋升和新任司法警察领导职务培训、专门业务与岗位培训、知识技能更新培训。根据司法警察的职务和衔级实行高级培训、中级培训、初级培训。

高级培训，包括警督选升警监培训，新任总队领导职务人员培训，警监警衔人员的专门业务、知识技能更新和岗位培训；中级培训，包括警司晋升警督培训，新任支（大）队领导职务人员培训，警督警衔人员的专门业务、知识技能更新和岗位培训；初级培训，包括新录用司法警察初任培训，一级警司警衔以下人员的专门业务、知识技能更新和岗位培训。

警衔晋升和初任司法警察领导职务培训，根据需要可以合并进行。

人民法院司法警察培训工作实行分级管理。高级、中级、初级培训分别由最高人民法院、高级人民法院和中级人民法院组织、管理。最高人民法院负责指导全国法院司法警察的高级培训和其他培训；高级人民法院负责本省（市、区）司法警察的中级培训和其他培训；中级人民法院负责本地区司法警察的初级培训和其他培训。

（3）人民法院司法警察培训的内容和时间

新录用司法警察初任培训的主要内容是：政治理论基础知识、法律基础知识、司法警察业务基础知识、警体训练。培训时间不少于2个月。

警衔晋升和新任司法警察职务培训的主要内容是：政治理论、法律法规、行政管理、领导科学、司法警察工作研究和警体训练，培训时间不少于1个月。专门业务和岗位培训的内容，根据工作实际需要确定，培训时间不少于15天。知识技能更新培训的内容和时间，根据形势和任务的需要确定。

最高人民法院在《意见》中提出了要加强和改进训练工作，对司法警察训练工作周密计划，科学实施，建立长效练兵机制。在训练内容上，要将知识型培训为主向能力型培训为主转变，普及型为主向专业化为主转变，突出专业知识、业务技能、体能素质和灵活应对各种突发事件的训练，增强培训内容的针对性和时效性，提高短期培训质量。在训练制度上，要认真落实“三个必训”，一是结合司法警察准入制度，实施首任和上岗必训；二是结合干部任职资格制度，实施职务和警衔晋升必训；三是实施司法警察年度训练。在组织形式上，一是以集中训练为主要形式，有条件的可采取轮训轮值、勤训合一的模式；二是因地制宜推行岗位练警，保证每周不少于半天的专门时间进行训练；三是结合岗位实际，广泛开展自学自练，制定年度训练计划。在管理机制上，要实施激励约束机制，建立目标责任制度、考核评估制度、奖惩制度、训练手册和档案管理制度，并积极开展训练竞赛活动。

3. 人民法院司法警察的警衔

司法警察是人民警察的警种之一，是人民法院干部队伍的重要组成部分，实行警衔制度，对于加强司法警察队伍的革命化、现代化、正规化建设，进一步发挥司法警察的职能作用，更好地服务于审判工作，具有十分重要的意义。根据《警衔条例》及有关规定，2002年5月27日，最高人民法院发布了《人民法院司法警察警衔工作管理细则》。明确了人民法院司法警察警衔授予的范围、标准、晋升等各项制度。

（1）评定授予警衔的范围

人民法院首次评定授予警衔的人员，必须是人民法院司法警察建制的在编、在职、在岗的人员。具体包括：各级人民法院的司法警察；各级人民法院直接管理司法警察并担任司法警察职务的人员；铁路、海事等专门法院和新疆生产建设兵团法院及经批准设立的其他法院的司法警察。

（2）警衔的晋级

人民法院司法警察按照按期晋升与择优选升的原则晋升警衔。

按期晋升指二级警督以下的司法警察，现衔级时间已满晋级期限，经考核具备晋级条件的，可在其职务等级编制警衔幅度内晋升一级警衔。晋级的期限为：二级警员至一级警司，每晋升一级为3年；一级警司至一级警督，每晋升一级为4年。晋级的条件为：执行国家的法律、法规和政策，遵纪守法，热爱和胜任司法警察工作，联系群众、廉洁奉公、作风正派。

择优选升指一级警督以上的司法警察，德才表现优秀，现衔级期间年度考核称职，在职务等级编制警衔幅度内符合下列条件的可以选升一级警衔。

正厅级和副厅级司法警察的警衔选升，按照《人民警察选升警衔的暂行办法》的有关条件执行。

正处级职务人员：①高级人民法院司法警察总队长、政委，任一级警督满 2 年，任正副处级职务时间满 3 年，参加工作时间满 22 年，或者任一级警督满 6 年的，可以选升至三级警监；②省会市（副省级建制的城市）中级人民法院司法警察支队长、政委，任一级警督时间满 3 年，任现职级满 2 年，参加工作满 25 年，或者任一级警督满 6 年的，可以选升至三级警监；③其他正处级领导职务人员，任一级警督满 4 年，任现职级时间满 3 年，参加工作时间满 30 年，或者任一级警督满 7 年的，可以选升至三级警监；④正处级非领导职务人员，任一级警督满 5 年，任现职级时间满 3 年，参加工作时间满 35 年，或者任一级警督满 7 年的，可以选升至三级警监。

人民法院司法警察警衔提前晋升、晋职晋升、延期晋升、晋级培训及警衔的降级、保留、取消、更换，按照《人民警察警衔工作管理办法》的有关规定办理。

四、人民法院司法警察内务管理制度

为了加强人民法院司法警察队伍正规化建设，进一步规范内务管理，根据《人民警察法》、《人民法院司法警察条例》，2007 年，最高人民法院出台《人民法院司法警察内务条令》对司法警察队伍的内务管理、纪律作风建设进行了全面规范。

1. 人民法院司法警察内务建设的任务

根据《人民法院司法警察内务条令》第 4 条的规定，司法警察内务建设的基本任务是：围绕保障人民法院审判工作这一中心任务，建立规范的工作、学习、生活秩序，按照政治合格、业务过硬、作风优良、纪律严明、保障有力的要求，培养司法警察爱岗敬业、令行禁止、公正廉明、英勇善战、无私无畏、雷厉风行的优良作风，树立司法警察队伍的良好形象，提高队伍的执法水平，保证司法警察圆满完成任务。

2. 人民法院司法警察内务建设的原则和指导思想

根据《人民法院司法警察内务条令》第 5 条的规定，司法警察内务建设，结合人民警察的性质和人民法院的任务、特点，贯彻依法治警、从严治警的方针，坚持双重领导、编队管理的原则，加强组织性，强化纪律性，增强凝聚力，保持队伍稳定和集中统一。

3. 人民法院司法警察内务管理的基本内容

（1）宣誓

宣誓，是司法警察对自己的神圣职责和光荣使命的承诺和保证。新录用、调入的司法警察必须进行宣誓。

宣誓的誓词："我宣誓：我志愿成为一名人民法院的司法警察。我保证忠于中国共产党，忠于祖国，忠于人民，忠于法律；服从命令，听从指挥；严守纪律，保守秘密；秉公执法，清正廉洁；恪尽职守，不怕牺牲；全心全意为人民服务。我愿献身于崇高的司法警察事业，为实现自己的誓言而努力奋斗！"

宣誓的基本要求是：新录用、调入的司法警察，应当在初任培训合格授予警衔的同时，由高级人民法院组织宣誓。宣誓前，司法警察所在部门应当对宣誓人进行司法警察性质、宗旨、任务、纪律、作风等教育。宣誓场地应当悬挂警徽。

（2）职责

司法警察的一般职责是服从命令，听从指挥，英勇顽强，机智灵活，坚决完成任务；认真贯彻党的路线、方针、政策，遵守国家的法律、法规，执行人民警察以及人民法院司法警察的各项条例、条令和规章制度；努力学习政治理论、法律和其他科学文化知识，不断增强思想觉悟，夯实法律基础，提高文化素质；尽职尽责地履行刑事、民事、行政审判和执行工作中的执法职能，保障审判和执行工作顺利进行；熟练掌握使用的武器、警械以及技术装备，加强体能和专业技能训练，精通本职业务；尊重领导，团结同志，清正廉洁，甘于奉献。

（3）内部关系

司法警察之间，不论职务、警衔高低，政治上一律平等，相互间是同志关系。司法警察依据行政职务和警衔，构成上级和下级以及同级的关系。行政职务高的是上级，行政职务低的是下级，行政职务相当的是同级。在相互不知道行政职务时，警衔高的是上级，警衔低的是下级，警衔相同的是同级。

上级应当关心、爱护和严格管理下级，下级必须服从上级。同级之间应当在上级领导下，严格履行职责，积极合作，互相尊重，互相支持。

上级有权对下级下达命令。命令通常按级下达，情况紧急时，也可以越级下达。越级下达命令时，除特殊情况外，下达命令的上级应当将所下达的命令通知受令者的直接上级。命令下达后，上级应当及时检查下级的执行情况；如果情况发生变化，应当及时下达补充命令或者新的命令。

下级对上级的命令必须坚决执行，并将执行情况及时报告上级。下级如果认为命令有不符合实际情况之处，可以提出建议，但在上级未改变命令时，仍须坚决执行。

执行中如果情况发生重大变化，原命令确实无法继续执行而又来不及或者无法请示报告上级时，应当根据上级的基本意图，以高度负责的精神，积极主动地果断行事，坚决完成任务，事后迅速报告上级。

下级接到越级下达的命令，必须坚决执行。除下达命令的机关有明确要求外，在执行的同时，应当向直接上级报告；因故不能及时报告的，应当在情况允许时迅速补报。

不同建制的司法警察在共同执行任务时，应当服从上级指定的负责人的领导和指挥。在建制不明时，由行政职务高的负责指挥；一时难以区别行政职务高低时，由警衔高的司法警察负责指挥。

司法警察之间，应当按照各自职能和分工，密切合作，互相支持，协调一致地进行工作。

司法警察队伍中，警务、警政处（科）是队伍建设的领导机关，应当在本级司法警察部门的领导下，按照各自的职能和分工，密切合作，互相支持，协调一致地开展工作。上级司法警察部门应当对下级司法警察部门的队伍建设和业务工作提出要求，及时通报情况，检查指导工作；下级司法警察部门应当严格按照上级司法警察部门的要求开展工作。

各级司法警察部门之间，有隶属关系的构成上、下级司法警察部门；没有隶属关系的构成同级或友邻司法警察部门。上级司法警察部门经院长批准，可以调动下级司法警察部门；下级司法警察部门在向院长报告后，应按“调警令”的要求及时出警；同级司法警察部门应当相互尊重，相互团结，遇事协商解决；跨管辖区域执行公务时，应及时通报情况，密切协调，积极配合，支援方应当服从被支援方的指挥，共同完成任务。

（4）警容风纪

《人民法院司法警察内务条令》明确规定了人民法院司法警察在着装、仪容、举止、礼节四个方面的基本要求。司法警察应当按照《人民法院司法警察着装管理规定》着警服，保持警容严整，举止端庄，谈吐文明，精神振作，姿态良好。

（5）日常制度

人民法院司法警察的日常制度包括会议、请示报告、请假销假、工作交接、证件管理、登记统计、文件收发和保管、保密制度。《人民法院司法警察内务条令》对这些方面进行了明确规定。此外，为了规范司法警察证的使用管理，最高人民法院于 2008 年 5 月印发了《人民法院司法警察证使用管理规定》。

人民法院司法警察使用统一的司法警察证。司法警察证是人民法院司法警察身份和依法执行职务的凭证和标志。人民法院司法警察在依法执行职务时，除法律、法规另有规定外，应当随身携带司法警察证，主动出示并表明司法警察身份。

人民法院司法警察证的发放范围为人民法院在编、在岗并已经评授警衔的司法警察。严禁向非发放范围人员发放司法警察证。

人民法院司法警察具有下列情形之一的，所在人民法院应当及时收回其司法警察证：①离、退休的；②调离司法警察岗位的；③辞去公职的；④因其他原因应当收回的。

人民法院司法警察被辞退、开除公职、劳动教养、判处刑罚或者免予刑事处罚的，所在人民法院应当及时收缴其司法警察证。

人民法院司法警察具有下列情形之一的，所在人民法院应当暂时收回其司法警察证：①因涉嫌违法违纪被立案审查，尚未作出结论的；②被停止执行职务的；③因其他原因应当暂时收回的。

人民法院司法警察不得涂改、损坏、复制、转借、抵押、赠送、买卖司法警察证，不得将司法警察证用于非警务活动或者非法活动。对违反规定的，应当依照有关规定予以纪律处分或者追究法律责任。

（6）突发事件的处置

司法警察部门应当预先制定各种紧急行动方案，规定紧急集合和执行任务的联络方式和要求，并按照规定报经上级批准，组织必要的演习和训练。遇有下列紧急情况，司法警察部门应当立即向院长报告，按照紧急行动方案，组织有关人员立即赶赴现场：发生开庭中哄闹法庭事件；发生民事案件执行中暴力抗法事件；发生提押、还押犯罪嫌疑人的车队受堵截事件；发生看管、开庭时犯罪嫌疑人自杀、自残、脱逃等事件；发生上访人滋事、冲击法院事件；其他紧急情况。

司法警察接到执行紧急任务的命令后，应当迅速到达指定地点，服从统一的指挥调动。发现紧急情况时，应当及时报告并迅速进入现场履行职责。

（7）装备管理

司法警察部门应当建立严格的装备管理制度，加强装备的日常管理，保证装备经常处于良好状态。司法警察佩戴、使用武器、警械，应当经过严格训练，遵守《枪支管理法》、《人民警察使用警械和武器条例》、《人民法院枪支管理办法》等规定。

（8）办公秩序与内务卫生

司法警察部门应当加强办公秩序、卫生环境的管理，创造良好的工作和生活环境，重视司法警察的身心健康，维护正常的工作、学习、生活秩序。

(9) 安全防卫

司法警察部门应当重视安全工作，坚持预防为主的方针，建立健全各项安全制度，实行安全工作责任制；加强安全教育，增强安全意识，积极消除各种不安全因素。司法警察领导布置任务时，应当交代安全要求，并提前制定防范方案，采取相应的保障措施。司法警察在执行任务时，应当时刻保持警惕，严格遵守各项安全制度。

(10) 警徽、警歌

警徽是人民警察的象征和标志。司法警察必须爱护警徽，维护警徽的尊严，应当严格按照有关规定制作和使用警徽。

警歌是司法警察性质、宗旨和精神的体现。警歌的奏唱，可以用于各级司法警察部门的重要庆典、集会、检阅以及其他维护、显示警威的场合。警歌不得在私人婚、丧、庆、悼活动和娱乐、商业活动以及其他不宜奏唱警歌的场合奏唱。奏（唱）警歌时，司法警察应当庄重肃立。

(11) 阅警

阅警是地（市）级以上党政机关领导、人民法院领导在重大节日、庆典、集会等重要场合对司法警察队伍的检阅。阅警应当严格审批制度。司法警察大队原则上不得举行阅警，特殊情况下确需举行的，应当报司法警察总队批准；司法警察支队、司法警察总队的阅警活动需报上一级司法警察部门批准。

第三节　人民检察院司法警察法律制度

人民检察院司法警察是检察队伍中必不可少的组成部分，是检察官、书记员、后勤行政人员都不能代替的一部分。它是根据《刑事诉讼法》、《检察官法》、《人民检察院组织法》和《人民检察院司法警察条例》的要求组建的一支带有武装性质的执法队伍，要求高、专业性强。司法警察是在实行分类管理后，在检察机关除检察官依《检察官法》管理外又一支依法管理的队伍，并且是检察机关最早的一支依法管理的队伍。回顾检察机关恢复重建二十多年的历程，司法警察伴随检察机关恢复重建而出现，也伴随检察事业的发展而逐渐被人们所认识，至今已成为检察队伍中一支重要的、不可或缺的执法力量。

一、人民检察院司法警察的性质和任务

根据《人民检察院组织法》第 27 条的规定，各级人民检察院根据需要可以设司法警察。这是人民检察院设置司法警察的法律根据。为了加强人民检察院司法警察队伍建设，保障司法警察依法行使职权，根据《人民检察院组织法》、《公务员法》和《人民警察法》，2013 年 5 月 8 日，最高人民检察院发布了《人民检察院司法警察条例》，对司法警察的性质、任务、职权、组织管理、警务保障作了详细的规定，是司法警察开展工作的主要依据。《人民检察院司法警察条例》第 2 条规定：“人民检察院司法警察是中华人民共和国人民警察的警种之一，依法参与检察活动。”《人民检察院刑事诉讼规则（试行）》第 33 条第 1 款规定：“本规则关于回避的规定，适用于书记员、司法警察和人民检察院聘请或者指派的翻译人员、鉴定人。”第 196 条第 2 款规定：“因侦查工作需要，需要提押犯罪嫌疑人出所辨认或者追缴犯罪有关财物的，经检察长批准，可以提押犯罪嫌疑人，并应

当由二名以上司法警察押解。不得以讯问为目的将犯罪嫌疑人提押出所进行讯问。”第226条规定：“搜查时，如果遇到阻碍，可以强制进行搜查。对以暴力、威胁方法阻碍搜查的，应当予以制止，或者由司法警察将其带离现场；阻碍搜查构成犯罪的，应当依法追究刑事责任。”

这些规定进一步明确了司法警察地位、作用和职责的法定性、特殊性和不可替代性。① 作为参与检察活动的人民警察，其肩负着在人民检察院执行特定任务的神圣职责，是检察机关履行法律监督职能、行使检察权的重要力量。人民检察院司法警察工作涉及刑检、反贪、渎侦、控申、监所等诸多业务部门，是检察业务工作顺利开展的重要保障力量。人民检察院司法警察的任务是通过行使职权，维护社会主义法制，维护检察工作秩序，保护公民的人身安全、人身自由和合法财产，保护公共财产，预防、制止妨碍检察活动的违法犯罪行为，保障检察工作的顺利进行。

在我国，随着形势的发展，检察工作也面临着不少新情况和新问题，主要体现在：涉法涉检上访居高不下，各类突发事件不断增多，维护机关正常办公、办案秩序的难度相应加大；在加强查办职务犯罪工作的同时，强化办案安全防范、防止办案安全事故的任务艰巨；随着检察机关执法办案的规范化，对司法警察参与和协助执法办案的要求也越来越高。这些都表明新的形势下司法警察工作的作用更加重要，责任更加重大，司法警察在维护办案秩序、保障办案安全等方面的作用更加凸显，离开了司法警察的工作，检察机关的办案秩序和办案安全就会失去有力的保障。

二、人民检察院司法警察的职责和权限

（一）人民检察院司法警察的职责

人民检察院司法警察的职责是为检察工作顺利开展提供坚强有力的警务保障，这是司法警察工作的基本内容和根本要求。《人民检察院司法警察条例》以列举的方式规定了司法警察的九项职责，《人民检察院司法警察执行职务规则（试行）》对其作了进一步补充细化。

1. 保护人民检察院直接立案侦查案件的犯罪现场

人民检察院司法警察在执行保护犯罪现场任务时，应当做到：（1）做好现场警戒，维护秩序，制止无关人员和车辆进入现场；（2）防止突发事件，保护现场侦查人员和群众的安全；（3）发现可疑人员或可疑情况应及时向现场指挥人员报告，并听从现场指挥的调遣，采取相应措施，防止可疑人员逃离现场或转移物品；（4）以暴力、威胁等方法妨碍现场侦查活动的人员，可以强行带离现场，或者依法采取其他措施。

2. 执行传唤、拘传

人民检察院司法警察执行传唤任务，应当做到：（1）执行前应核实被传唤人的姓名、性别、年龄、地址及传唤内容等；（2）送达《传唤通知书》应交给被传唤人，如果本人不在，可交由其成年家属或者所在单位负责人代收；（3）送达《传唤通知书》应填写送达回证，并由收件人本人或者代收人签名盖章，如果收件人或者代收人拒绝签名盖章，则应邀请收件人邻居或其他见证人到场说明情况，把传票留在该处，并在送达回证上载明拒收事由、送达日期等；（4）传唤被取保候审、监视居住的犯罪嫌疑人、被告人，须先行与采取强制措施的执行机关联系，到被传唤人所属派出所登记后方能予以执行；（5）在特殊情况

① 参见姜清海：《加强人民检察院司法警察队伍建设的若干思考》，载《国家检察官学院学报》，2002（6）。

下可以口头传唤，但不应采取间接转告或者捎口信的方式。

人民检察院司法警察执行拘传任务，应当做到：（1）执行拘传任务前应核实被拘传犯罪嫌疑人的姓名、性别、年龄、住址等情况；（2）执行拘传，应当向被拘传的犯罪嫌疑人出示《拘传证》，并责令其在《拘传证》上签名或盖章，拒不签名的，执行拘传的司法警察应在《拘传证》上注明；（3）被拘传犯罪嫌疑人如有抗拒拘传的行为，执行拘传的司法警察可使用警械强制其到案。

3. 协助执行监视居住、拘留、逮捕，协助追捕在逃或者脱逃的犯罪嫌疑人

人民检察院司法警察在协助执行拘留、逮捕任务时，应当做到：（1）协助执行拘留、逮捕任务，应佩带警械或武器；（2）凭《拘留证》或《逮捕证》执行；（3）执行任务前应核实犯罪嫌疑人的身份等有关情况；（4）经授权可向被执行人宣布纪律，并告之权利，被执行人拒绝在决定书上签名的，应予以注明；（5）对于抗拒拘留、逮捕的犯罪嫌疑人，可依法采取适当的措施，必要时可以使用武器，防止犯罪嫌疑人逃跑、自杀、自残、行凶等事故的发生。

人民检察院司法警察在协助追捕在逃或者脱逃的犯罪嫌疑人时，应当做到：（1）协助追捕在逃犯罪嫌疑人，应详细了解在逃人员的情况，协助制定追捕计划，准备所需要的警械或武器等；（2）协助追捕在逃犯罪嫌疑人，要采取多种方式了解在逃犯的行踪，要注意隐蔽身份，严格保密，防止走漏消息；（3）如果捕获的犯罪嫌疑人被击伤或突发急病，应立即通知医院急救，同时向上级报告。

4. 参与搜查

人民检察院司法警察在执行参与搜查任务时，应当做到：（1）参与执行搜查任务，要服从命令，听从指挥，明确搜查的对象、任务，了解搜查现场的环境等方面的情况；（2）对犯罪嫌疑人、被告人的住所、办公室和人身进行搜查时，应向被搜查人或者其家属出示搜查证；（3）对以暴力、威胁等方法阻碍搜查的，应立即予以制止或将其带离现场；（4）对女性犯罪嫌疑人、被告人进行人身搜查时，应该由女性司法警察执行；（5）协助执行扣押、查封任务时，应注意警戒现场，保护现场检察人员安全，防止意外事件的发生。

5. 提押、看管犯罪嫌疑人、被告人和罪犯

人民检察院司法警察执行提押任务，应当做到：（1）提押犯罪嫌疑人、被告人和罪犯凭《提押证》执行；（2）提押犯罪嫌疑人、被告人和罪犯，要严格遵守看守所、拘留所、监狱的有关规定，核实被提押人的身份，防止错提、错押；（3）对被提押的犯罪嫌疑人、被告人和罪犯一般应戴上戒具，对老、弱、病、残可视情况处置；（4）提押女犯罪嫌疑人、被告人和罪犯应当有女司法警察在场；（5）提押犯罪嫌疑人、被告人和罪犯应向其宣布纪律，并责令其严格遵守；（6）办案人员讯问完毕后，应及时将犯罪嫌疑人、被告人和罪犯还押，并向看守人员反映被押人的动态，提押票证由看守人员签字盖章后带回。

人民检察院司法警察执行押解任务，应当做到：（1）执行押解任务，应向犯罪嫌疑人、被告人宣讲有关法律规定，要严密监视，严防被押人逃跑、自杀、自残、行凶、滋事或被劫持等，押解途中如果发生突发事件，应当保护犯罪嫌疑人、被告人的安全，迅速将其转移到安全地点看管，并及时报告；（2）押解犯罪嫌疑人、被告人乘坐飞机，应事先与民航安全部门联系，并按民航的有关规定执行押解；（3）押解犯罪嫌疑人、被告人乘坐火车，应事先与列车长和乘警联系，上车后禁止被押人坐在靠窗的座位，必要时可采取相应的防范措施，防止被押人伺机脱逃；（4）押解犯罪嫌疑人、被告人乘坐轮船，应事先与有关人员取得联系，尽可能与其他乘客隔离安置，禁止被押人上甲板活动，并严密监视，防止意

外的发生；(5) 押解犯罪嫌疑人、被告人乘坐汽车，原则上应使用专用囚车，严禁将同案犯同车押解；(6) 押解犯罪嫌疑人、被告人到指定地点后，应及时交予办案人员或送羁押场所羁押；(7) 押解犯罪嫌疑人、被告人除武装押解外，在特殊情况下可以采用秘密押解的办法。

人民检察院司法警察在看管犯罪嫌疑人、被告人和罪犯时，应当做到：(1) 对看管、讯问犯罪嫌疑人、被告人和罪犯的场所及周边情况进行检查，并依法告知其在被看管期间的权利和应当遵守的规章制度；(2) 执行看管任务，不得擅自离开，不得做与看管工作无关的事，当被看管人交出与案件有关材料时应及时交与办案人员，不得擅自处理；(3) 执行看管任务，不准让无关人员及被看管人的亲友进入看管场所，不准受人之托给被看管人带食品和其他物品；(4) 执行看管任务，应保持高度警惕，严防被看管人脱逃、自杀、自残、行凶、串供、传递信物和被劫持，遇紧急情况时可采取相应强制措施，必要时可使用武器。

6. 送达有关法律文书

人民检察院司法警察送达法律文书，应当做到：(1) 送达法律文书前要清点份数、册数，检查所需送达的文件是否符合法定时效，是否留有送达所需要的时间；(2) 送达法律文书应准确、及时，严守国家保密规定，不得将公文带到公共场所或带回家，未能按时送达的应及时报告并说明原因；(3) 送达法律文书，被送达人需在送达回证上签字盖章。留置送达必须由受送达人的基层组织或所在单位的代表到场做见证人。

7. 保护出席法庭、执行死刑临场监督检察人员的安全

人民检察院司法警察出席庭审、参与执行死刑临场监督活动，应听从检察官的指挥，按时到位，保护检察官的安全，并处理可能发生的紧急情况。

8. 协助维护检察机关接待群众来访场所的秩序和安全，参与处置突发事件

人民检察院司法警察在维护接待群众来访场所秩序时，应劝解疏导个别不遵守上访秩序的人员，制止不法分子的破坏活动，维护检察机关的工作秩序，保护检察官的人身安全。

9. 法律、法规规定的其他职责

人民检察院司法警察在执行法律、法规规定的其他职责时，应明确任务的性质、目的、要求及完成任务的时间等情况，制定相应的措施和方案，保证任务的顺利完成。

根据《人民检察院司法警察条例》第 8 条的规定，人民检察院司法警察在检察官的指挥下履行职责。人民检察院司法警察执行职务应有《执行警务令》。执行重大警务活动，《执行警务令》由分管检察长签发。

人民检察院司法警察的职责是法律赋予的使命。强化司法警察履行职责，是检察工作顺应世界法治进步潮流，规范和完善检察体制的必然要求，也是依法治国方略在检察环节实施的具体体现。中央 (2004) 21 号文件《中央司法体制改革领导小组关于司法体制和工作机制改革的初步意见》明确指出："人民法院和人民检察院实行司法行政工作与审判、检察业务相分离的管理制度，人员实行分类管理。"根据检察体制改革的要求，检察官与司法警察之间，一是检警分类管理，检察官和司法警察应根据自身的工作性质、工作特点和工作规律实行专门管理。二是检警分责，检察官专门从事侦查案件、审查案件和其他诉讼监督工作，司法警察履行执行和协助执行强制措施以及检察工作中的其他警务保障工作。《检察机关司法警察工作规范化建设标准》明确要求：严格区分司法警察与检察官、书记员的职责，做到各司其职、各负其责。凡应由司法警察履行的职责，不得由其他人员代行；凡因司法警察履行职责不到位或因其他人员代行司法警察职责发生办案事故的，应严肃追究

有关人员的责任。三是检警合力，检察官以办案为基本途径实施法律监督工作，司法警察以履行法定职责为基本途径给检察官实施法律监督提供警务保障。只有将二者的专业化能力有机协调统一，形成检察工作合力，才能有效提高检察机关的法律监督水平。四是检警制约，在检察系统内部，检察官和司法警察按照各自的职责开展工作，形成相互合作和相互制约的关系，防止不符合法律规范的办案行为发生，这样能够更好地促进检察机关依法文明办案。

（二）人民检察院司法警察的权限

为了保障司法警察履行职责，《人民检察院司法警察条例》规定了司法警察可以行使的权力：人民检察院司法警察为制止严重违法犯罪行为，可以依法采取强制手段；根据需要，可以依照国家有关规定使用警械；使用警械不能制止、或者不使用武器制止可能发生严重危害后果的，可以依照国家有关规定使用武器；对以暴力、威胁方法妨碍检察活动的人员，可以强行带离现场，或者采取法律规定的其他强制措施。

三、人民检察院司法警察的组织管理

（一）人民检察院司法警察体制

根据《人民检察院司法警察条例》，人民检察院司法警察实行编队管理。最高人民检察院设司法警察局；省、自治区、直辖市人民检察院设司法警察总队；省、自治区、直辖市人民检察院分院和自治州、省辖市人民检察院设司法警察支队；县、市、自治县和市辖区人民检察院设司法警察大队。

1. 最高人民检察院司法警察局

最高人民检察院司法警察局管理全国检察机关司法警察工作，其主要职责是：（1）研究、制定司法警察工作的规划和规章制度；（2）指导、考评司法警察业务工作；（3）监督、检查司法警察执行法律、法规的情况；（4）协调跨省区的重大警务活动；（5）指导、组织司法警察的教育培训；（6）管理司法警察警衔；（7）管理司法警察警用装备；（8）完成检察长交办的其他任务。

2. 司法警察总队和司法警察支队

司法警察总队和司法警察支队管理本级和下级人民检察院司法警察工作，其主要职责是：（1）组织落实司法警察工作的条例、规定及其他相关文件；（2）指导司法警察队伍建设，制定队伍管理的规章制度；（3）指导、考评司法警察业务工作；（4）组织司法警察履行职责；（5）协调跨地区的重大警务活动；（6）组织司法警察的教育培训；（7）管理或者协同管理警司以下司法警察的警衔；（8）管理司法警察警用装备；（9）完成检察长交办的其他任务。

3. 司法警察大队

司法警察大队管理本院司法警察工作，其主要职责是：（1）组织司法警察履行职责；（2）落实司法警察工作的条例、规定及其他相关文件；（3）制定本院司法警察管理的规章制度；（4）制定司法警察工作计划；（5）组织司法警察进行训练；（6）管理司法警察警用装备；（7）完成检察长交办的其他任务。

最高人民检察院领导地方各级人民检察院和专门人民检察院司法警察工作，上级人民检察院领导下级人民检察院司法警察工作。司法警察接受所在人民检察院检察长的领导，接受所在人民检察院和上级人民检察院司法警察部门的管理。

（二）人民检察院司法警察人事管理制度

1. 人民检察院司法警察的录用

担任人民检察院司法警察应当具备下列条件：（1）年满18周岁的公民；（2）拥护中华人民共和国宪法；（3）有良好的政治、业务素质和良好的品行；（4）身体健康；（5）具有人民警察中等专业或大学专科以上文化程度，民族自治区域和国家确定的边远地区应具有高中以上文化程度；（6）自愿从事司法警察工作。

有下列情形之一的，不得担任司法警察；（1）曾因犯罪受过刑事处罚的；（2）曾被开除公职的；（3）曾被国家机关辞退的。

人民检察院录用司法警察必须按照国家规定，公开考试，严格考核，择优选用。最高人民检察院发布的《检察机关司法警察工作规范化建设标准》明确要求：坚持公开、平等、竞争、择优的原则，采取考试考核相结合的办法，从复转军人、警校毕业生、社会优秀青年中录用司法警察。

新录用的司法警察试用期为1年，试用期满经考核合格的，正式任职并评定授予相应警衔；不合格的，取消录用资格。

2. 人民检察院司法警察的教育培训

根据《人民检察院司法警察条例》规定，人民检察院司法警察的任职、晋升职务或者授予、晋升警衔，应当经过司法警察专业培训并考试考核合格。其教育培训标准为：

（1）政治教育到位。注重对司法警察进行邓小平理论和“三个代表”重要思想的教育，进行理想信念、廉洁自律和艰苦奋斗的教育，进行时事形势和政策教育。教育形式多样，注重实效，确保受教育面达到100%。坚持教育的登记考核制度，督促教育落实，保证教育效果。

（2）思想工作经常。及时掌握司法警察的现实思想，有针对性地进行教育疏导，深入做好思想工作。在组织司法警察完成训练、参与办案等各项工作中，坚持进行宣传动员，开展多种形式的争先创优和竞赛活动，激发他们的工作热情和斗志，立功受奖面不低于本单位的平均比例。

（3）业务培训落实。坚持分级、分类搞好初任培训业务培训、晋升警衔培训。高检院对授予、晋升一级警督以上警衔的司法警察进行培训，时间不少于10天，侧重学习有关法律理论、检察业务及警务知识；省级院对授予、晋升三级警督以上警衔的司法警察进行培训，年培训时间不少于15天，着重进行法律知识、检察业务及专业技能培训；分市院对授予、晋升警司以下警衔的司法警察进行培训，可采取集中与分散培训相结合的方式，年累计时间不少于20天，重点进行检察业务和专业技能培训。

此外，根据《人民警察法》、《警衔条例》和《人民检察院司法警察条例》等规定，人民检察院司法警察依法实行警衔制度，实行国家公务员的工资制度，享受国家规定的警衔津贴和其他津贴、补贴以及福利待遇。法警部门负责承办警衔的评定、调整、审查工作，审批由政工部门按规定程序研究决定。

问题与思考

1. 我国司法警察的概念与特征。

2. 我国司法警察法律制度体系。

3. 人民法院的司法警察与人民检察院的司法警察的职能有何不同？

参考文献

1. 金川等编著．司法警察概论．北京：中国政法大学出版社，2005

2. 姜清海．加强人民检察院司法警察队伍建设的若干思考．国家检察官学院学报，2002（6）

3. 戴鉴华．当前检察机关法警工作中面临的主要问题及相应的对策．法制与社会，2009（11）

第九章
人民武装警察法

第一节　人民武装警察法概述

第二节　人民武装警察部队机构设置

第三节　人民武装警察部队的任务和职责

第四节　人民武装警察部队执行任务采取的措施

一、对进出警戒区域的人员、物品、交通工具进行检查，对按照规定不允许进出的，予以阻止；对强行进出的，采取必要措施予以制止

二、在武装巡逻中，经现场指挥员同意，对有违法犯罪嫌疑的人员当场进行盘问并查验其证件，对可疑物品和交通工具进行检查

三、协助执行道路交通管制或者现场管制

四、对聚众危害社会秩序或者执勤目标安全的，采取必要措施予以制止、驱散

五、根据执行任务的需要，向相关单位和人员了解有关情况或者在现场实施必要的侦察

六、人民武装警察执行安全保卫任务，发现有违法犯罪嫌疑的人员，经现场指挥员同意，应当及时予以控制并移交公安机关、国家安全机关或者其他有管辖权的机关处理

七、人民武装警察因执行安全保卫任务的紧急需要，经出示人民武装警察证件，可以优先乘坐公共交通工具；遇交通阻碍时，优先通行

八、人民武装警察部队因执行安全保卫任务的需要，在特别紧急情况下，经现场最高指挥员出示人民武装警察证件，可以临时使用有关单位或者

个人的设备、设施、场地、交通工具以及其他物资，使用后应当及时返还，并支付适当费用；造成损失的，按照国家有关规定给予补偿

九、人民武装警察部队协助公安机关、国家安全机关执行逮捕、追捕任务，根据所协助机关的决定，协助搜查犯罪嫌疑人、被告人、罪犯的人身和住所以及涉嫌藏匿犯罪嫌疑人、被告人、罪犯或者违法物品的场所、交通工具等

十、人民武装警察执行安全保卫任务使用警械和武器，依照人民警察使用警械和武器的有关法律、行政法规的规定执行

第五节 人民武装警察的义务和权利

一、人民武装警察的义务

二、人民武装警察的权利

第六节 人民武装警察部队的保障措施与执法监督

一、保障武警部队履行职责的措施

二、人民武装警察的执法监督与法律责任

本章概要

人民武装警察法是我国人民警察法律制度的重要组成部分，是规范人民武装警察部队，使其依法执行国家赋予的安全保卫任务的重要保证。人民武装警察法是依法治国方略的具体贯彻落实，完善了我国人民警察法律体系，能够指导和保障人民武装警察部队正确履行职责和完成使命。本章从人民武装警察基本法律制度出发，重点阐述了人民武装警察部队的任务与职责、义务与权利、措施与保障、监督与责任等内容。

关键术语

武装警察　安全保卫　保障措施　武警义务　执法监督

第一节 人民武装警察法概述

2009年8月27日，第十一届全国人大常委会第十次会议审议通过了《人民武装警察法》，国家主席胡锦涛同日签署第17号主席令予以公布施行。这部法律从1995年开始提议立法到最终获得通过，整整历时15年。它的颁布施行，填补了武装警察立法的空白，完善了我国军事和警察法律体系，符合国际上许多国家的通行做法，是贯彻依法治国基本方略、建设社会主义法治国家的重要举措，是武警部队建设发展史上一件具有里程碑意义的大事。它标志着我国武警部队进入了一个新的发展阶段，对于武警官兵有效履行职责使命，维护

官兵合法权益具有重大现实作用和历史意义。

一、人民武装警察法的概念

人民武装警察法亦可简称为武警法，是规定武警机关的性质、地位和职能，规范武警机关及其人员行为的法律、法规和规章的法律规范的总称，是适用于武警部队的专门法律体系。从人民武装警察法调整的社会关系上看，它是以调整特定的社会生活领域中的武警机关以及武警人员因履行法定职责而与其他社会主体形成的法律关系。这种社会关系基于武警的职责——执行安全保卫任务而发生，以实现武警的职能——维护国家安全、社会稳定和保护公民、法人以及其他组织的合法权益为目的。人民武装警察法涉及的领域是非常广阔的，既存在刑事司法活动中警察的刑事职权，如协助公安机关、国家安全机关、司法行政机关、检察机关、审判机关依法执行逮捕、追捕、押解、押运任务等，也涉及公安警察行政管理活动，如消防、出入境管理等，还包括与犯罪预防、强制措施、紧急状态处置、武器警械使用等方面相关的活动。2009 年 8 月 27 日第十一届全国人大常委会第十次会议审议通过的《人民武装警察法》是人民武装警察法律体系的核心。

二、人民武装警察法的地位和作用

从人民武装警察法调整的范围看，它涉及国家政治、经济、文化和公民生活等社会的各个方面，关系到社会秩序、公共安全和国家、集体以及公民的人身和财产的安全，所以人民武装警察法在我国法律体系中占有重要的地位。

我国的法律体系是以宪法为核心，由不同层次、不同类别的部门法构成的统一整体。人民武装警察法作为国家法律体系的组成部分，具有相对特殊的法律地位。首先，《人民武装警察法》第 2 条中规定：人民武装警察部队担负国家赋予的安全保卫任务以及防卫作战、抢险救灾、参加国家经济建设等任务。由此可见，在调整的社会关系上，警察关系与军事关系的重合、交织是人民武装警察法调整对象的最重要特点，因此人民武装警察法所调整的社会关系，应当分别属于警察法和军事法的范畴。其次，尽管人民武装警察部队是国家武装力量的组成部分，人民武装警察属于现役军人，但从人民武装警察的任务和职责看，人民武装警察除特殊情况下执行防卫作战、抢险救灾、参加国家经济建设等任务外，日常大量的工作是执行安全保卫任务，目的是维护国家安全、社会治安秩序稳定，保护公民、法人以及其他组织的合法权益，预防和打击违法犯罪活动，这无疑都属于警察法调整的内容，因此人民武装警察法在法律体系上更多的偏向于警察法。

人民武装警察法在武警部队建设和履行职责使命中的主要作用体现在以下几个方面：

第一，落实依法治国方略，体现国家的法治权威。武警部队担负着国家赋予的安全保卫任务，完成这一任务必须建立在法治的基础之上，有法可依是武警部队依法履行职责的必要前提。以前武警部队执行任务的依据主要是国防法、人民警察法、监狱法等法律的原则性规定和国务院、中央军委的一些内部规范性文件，但是这些法律的原则性规定比较抽象，缺乏可操作性，内部规范性文件又过于零散，且大多属于保密文件，知情范围小，对社会缺乏法律直接约束力。因此，为落实依法治国方略和依法治警的要求，很有必要把内部文件规定上升为国家法律，把党的主张和政策规定通过法定程序上升为国家意志，使武警部队执行任务时师出有名、处置有据，增强权威性和严肃性，从而弘扬法治精神，体现国家法制的统一、权威和尊严。

第二，填补了武警部队立法空白，完善了我国警察法律体系。现代国家管理首先是一种法律管理，社会发展与进步离不开法治化，人们必须在法律规范的范围内开展一切活动。武警部队作为国家的内卫部队担负国家安全保卫任务，在一定程度上和一定范围内行使国家对社会的管理职能，职责重大，因此世界各国一般都制定有关于宪兵、内卫部队的专门法律作为支撑和保障，如《法兰西共和国宪兵组织法》、《意大利宪兵组织结构和职能重新调整法》、《俄罗斯联邦内务部内卫部队法》等。我国制定《人民武装警察法》，不仅可以填补武警部队执行安全保卫任务方面的立法空白，而且有助于完善警察法律体系，与国际立法惯例接轨。

第三，能够保障武警部队履行职责。近年来，武警部队在维护社会稳定方面的任务越来越重，出警频率越来越高，情况处置难度越来越大。随着社会主义法制的健全，广大人民群众的法制观念日益强化，对武警部队依法执行任务的要求也越来越高。没有专门法律的明确规定，武警部队的执法行动很容易受到质疑，直接影响到安全保卫任务的完成，这些都迫切要求提供有力的法律保障，以便为有效实施执法活动创设条件。《人民武装警察法》通过规定武警部队执行安全保卫任务的范围，赋予武警部队完成安全保卫任务的职责，使部队履行法定使命的行动可以得到人民群众的广泛理解、认同和支持，能够更好地发挥武警部队在维护国家安全和社会稳定，保护人民权利中的重要作用。

第四，能够保护公民、法人和其他组织合法权益。维护国家安全和社会稳定是国家的核心利益或者说最大利益，社会发展与进步需要人民武装警察法为其提供安全保障。制定专门的武装警察法，一方面可以保障武警部队更好地履行职责使命，从而保护人民群众的合法权益免受暴力侵犯；另一方面还可以约束武装警察部队在法律限度内正确行使职权，从而保护人民群众的合法权益免受国家权力侵犯。《人民武装警察法》在明确了人民武装警察的任务和职责的同时，还在第 19 条确立了人民武装警察的禁止行为，并且专章规定了监督检查制度和责任追究制度，其目的就是为了便于人民政府及其有关部门以及公民、法人和其他组织对武装警察机关及其人员执行任务、遵守纪律的情况进行监督，从而保护公民的基本人权不受妨碍和侵犯，维护公民、法人和其他组织的合法权益。

第五，能够保障武警部队依法进行建设发展。历史上，我国武警部队的管理体制变更频繁，对于武警部队的建设和发展产生了不利影响，也不利于武警部队完成国家赋予的安全保卫等各项任务。1995 年武警部队领导管理体制调整以后，武警部队开始由国务院、中央军委双重领导，实行统一领导与分级指挥相结合的体制。《人民武装警察法》把现行领导体制等与武警部队建设密切相关的重大问题用专门法律形式确定下来，是实现党对武警部队绝对领导的基本途径，使武警部队建设和履行使命正式步入了法制轨道，必将对武警部队依法建设发展，有效发挥职能作用产生积极而深远的影响。

第六，可以依法保护武警部队人员的合法权益。武警部队是维护国家安全和社会稳定的重要力量，担负着国家赋予的安全保卫任务，具有危险性和奉献性。随着群体性事件和严重暴力恐怖犯罪事件的增多，武警部队人员在履行职责过程中的合法权益得不到保障、人格受侮辱、人身安全遭侵犯的现象比较突出，有的甚至牺牲了生命。《人民武装警察法》明确武警部队执行安全保卫任务时，公民、法人和其他组织应当给予支持和协助，而妨碍执行任务的，由公安机关依法给予处罚，构成犯罪的依法追究刑事责任。在特别紧急情况下，可以临时使用有关单位或者个人的设备、设施、场地、交通工具以及其他物资等，真正使武警部队的执法行动有法可依、有章可循，为武警部队充分履行职责使命提供了法律保障。

三、人民武装警察法的特征

人民武装警察法具有不同于其他普通法律的特性，主要体现在以下五个方面：

第一，法律体系具有跨界性。

武警部队一方面是我国武装力量的重要组成部分，担负防卫作战任务，具有军队性质，归属中央军委领导；另一方面从日常职能上说它又具有国家警察机构的性质，担负我国安全保卫任务，归属国务院领导。由于武警部队具有军队和警察的双重身份，使得武警法既注重警察职能的实现又兼顾军队职能的特点，显而易见具有警察法和军事法的跨界性。

第二，法律主体具有特定性。

在武装警察法律关系中，武装警察机关及其人员是必不可少的主体，具有固定性和不可替代性，否则该法律关系不能成立。人民武装警察法调整的社会关系，是在武装警察履行任务和职责的过程中产生的，由武装警察机关及其人员作为特殊主体参加的社会关系。人民武装警察法规定的任务、职责及其保障措施，都是武装警察机关独有的，非武装警察机关的其他组织、人员不能实施。

第三，法律领域具有专业性。

人民武装警察法是针对武警部队及其人员的性质、责任等进行规范的法律规范的总称，是武警部队日常管理和执行任务的行为规范，包括分散在警察法、军事法和其他法律中的与武警部队有关的法律规定。但就整体而言，它是以《人民武装警察法》为核心，重点针对武警部队执行安全保卫任务而制定的专门领域的法律。所以，就人民武装警察法规范的法律领域而言，具有专业性。

第四，法律形式具有分散性。

我国除有一部专门的武警法典——《人民武装警察法》外，武警法律规范不但在宪法中存在，国家基本法律和其他法律、行政法规中也有存在，并且还大量存在于军事法律、法规和规章中。可见，除了专门适用于武警部队的单项法规外，武警法律规范散见于大量的非武警部队专门法之中，具有明显的分散性特点。

第五，法律关系具有非对等性。

人民武装警察法律关系与人民警察法律关系一样，是由国家强制力保证实现的社会关系，法律关系的双方主体的权利与义务不对等。武装警察机关及其人员在依法履行职责的过程中，居于支配、指挥的地位，无须与相对人协商，对于武装警察机关及其人员所作出的决定和行为，相对人只有接受的义务。

第二节　人民武装警察部队机构设置

一、武警部队的基本概况

中国人民武装警察部队简称武警部队，有外国称其为宪兵部队，成立于 1982 年 6 月。武警部队是中国武装力量的组成部分，根据人民解放军的建军思想、宗旨、原则，按照其条令、条例和有关规章制度，结合武警部队特点进行建设训练，执行《兵役法》，享受人民解放军的同等待遇。

武警部队主要执行安全保卫任务，每天有 26 万余人轮流执勤，防卫非法侵害警卫对象和警卫目标，防止在押犯罪嫌疑人和犯罪分子逃跑，组织重大临时勤务，配合有关部门保证国际、国内重要会议和大型活动的安全，参与处置各类爆炸和劫持人质事件，积极参加社会治安综合治理，协助公安机关抓捕犯罪嫌疑人，打击带有黑社会性质的犯罪团伙，有力地维护了人民群众的根本利益，维护了社会稳定和国家法律的尊严。

武警部队属于国务院编制序列，由内卫部队和警种部队组成，拥有三大类共八个警种，具体分为：

1. 内卫部队，这是武警部队的主要组成部分，受武警总部的直接领导管理。它包括各省、自治区、直辖市武警总队、机动师和总部直属单位，其主要任务一是承担固定目标执勤和城市武装巡逻任务，保障国家重要目标的安全；二是处置各种突发事件，维护国家安全与社会稳定；三是支援国家经济建设和执行抢险救灾任务。

2. 列入武警序列受国务院有关业务部门和武警总部双重领导的部队。这些部队既担负经济建设任务，同时又负有维护国家安全和社会稳定的任务。具体包括：（1）黄金部队，主要担负黄金地质勘察、黄金生产任务，武警总部设黄金指挥部，下辖有黄金第一总队等部队；（2）水电部队，主要承担国家能源重点建设项目，包括大中型水利、水电工程以及其他建设任务，武警总部设水电指挥部，下辖有水电第一、第二、第三总队等部队；（3）交通部队，主要担负公路、港口及城建等施工任务，武警总部设交通指挥部，下辖有交通第一、第二总队等部队；（4）森林部队，主要担负东北、内蒙古、云南森林的防火灭火任务以及维护林区治安、保护森林资源的任务，武警总部设森林指挥部，下辖有内蒙古、辽宁、吉林、黑龙江、云南森林总队等部队。

3. 列入武警序列由公安部门管理的部队。包括：（1）边防部队，主要担负边境检查、边境治安管理、部分地段边界巡逻、打击偷渡以及海上缉私，由公安部边防管理局管理，在北京、天津、河北、山西、内蒙古、辽宁、吉林、黑龙江、上海、江苏、浙江、福建、山东、河南、湖北、广东、广西、海南、四川、云南、西藏、甘肃、新疆等省、自治区和直辖市设有公安边防总队（公安边防局）；（2）消防部队，主要担负防火灭火任务，由公安部消防局管理，各省、自治区和直辖市设有公安消防总队（公安消防局）；（3）警卫部队，主要担负党和国家领导人、省市主要领导及重要来访外宾警卫任务，由公安部警卫局管理，各省、自治区和直辖市公安厅（局）设有警卫处。

二、武警部队的历史发展

武警部队的建设经历了长期的历史发展过程，早在红军时期以及抗日战争、解放战争时期，就有了雏形，分别建立过不同名称、不同性质的执行公安保卫任务的人民武装，如警卫部队、政治保卫队、警备团、保安团、公安队、武装警察总队等，主要担负警卫首长和领导机关、镇压叛乱、肃清特务汉奸、看押罪犯、维护治安等任务。

1949年中国人民政治协商会议第一届全体会议通过的《中国人民政治协商会议共同纲领》规定："中华人民共和国建立统一的军队，即人民解放军和人民公安部队，受中央人民政府人民革命军事委员会统率，实行统一的指挥，统一的制度，统一的编制，统一的纪律。"据此，同年8月中央军委颁布命令，成立中国人民公安中央纵队，以适应保卫党中央、保卫首都安全的需要。

新中国成立初期，国家建立了全国统一的各级人民公安机关及公安武装，以后其名称和领导体制几经变化和调整，而同期解放军和公安机关的名称和体制则相对固定。1951年，中央军委决定将全国内卫边防、地方公安部队改编为中国人民解放军公安军，由中央军委管辖。1957 年，中共中央决定将公安军更名为“中国人民公安部队”。1958 年，中共中央和中央军委决定，将中国人民公安部队改编为人民武装警察。1963 年，人民武装警察部队又改名为公安部队，建制属公安部，由中央军委和公安部双重领导。1982 年 6 月，中国人民解放军担负地方内卫任务及内卫值勤的部队移交公安部门，同公安部门原来实行义务兵役制的边防、消防等警种统一起来，重新组建中国人民武装警察部队，后来根据形势发展需要，将交通、水电、黄金三支基建部队一并编为武警系列。1983 年 4 月，中国人民武装警察部队总部在北京成立，李刚任中国人民武装警察部队首任司令员，公安部部长赵苍璧兼任首任政治委员。

三、武警部队的领导和调动体制

1. 武警部队的领导体制

《人民武装警察法》第 3 条规定：人民武装警察部队由国务院、中央军事委员会领导，实行统一领导与分级指挥相结合的体制。

所谓“统一领导”，是指人民武装警察部队由国务院、中央军委统一领导。国务院主要负责人民武装警察部队日常任务的赋予、规模编制定额、指挥、业务建设、经费物资保障，通过有关职能部门组织实施对人民武装警察部队的领导，武警部队的经费在国家财政支出中单列。中央军委主要负责人民武装警察部队的组织编制、干部管理、指挥训练、政治工作，通过四总部组织实施对人民武装警察部队的领导。武警总部是人民武装警察部队的领导指挥机关，统一组织实施对人民武装警察部队的领导和指挥。武警部队总员额现为 68 万人。

所谓“分级指挥”，是指地方人民政府按照国务院、中央军委规定的具体权限和程序，对相应级别的人民武装警察部队执行安保任务实施指挥。在执行公安任务和相关业务建设方面，武警总部接受公安部的领导和指挥，总队及其以下武警部队，接受同级公安部门的领导和指挥。

国务院和中央军委双重领导的体制是经过了多年实践证明的，是行之有效的，是与武警部队的性质和任务相适应的。武警部队的重要职能是作为国家的内卫部队，与纯粹的军队不同，其主要任务是担负国内的安全保卫任务，在战时还要配合解放军防卫作战，既涉及行政管理又涉及军事职责。这种性质和任务的要求，决定了必须采用双重领导体制，这样才能保证武警部队全面执行任务和职责。人民武装警察法的这一规定是对人民武装警察部队已有的领导和指挥体制在法律上的确认，从此，这一体制具有了国家法律的权威效力。

2. 武警部队的调动与使用

《人民武装警察法》第 8 条明确规定：调动、使用人民武装警察部队执行安全保卫任务，应当坚持严格审批、依法用警的原则。具体的批准权限和程序由国务院、中央军事委员会规定。任何单位或者个人不得违反规定调动、使用人民武装警察部队。对违反规定调动、使用人民武装警察部队的，人民武装警察部队应当拒绝执行，并立即向上级报告。

以前国家并没有关于武警部队调动的公开的法律文件，武警部队的调动和使用只有内部操作方法，一般不公开，并且全国各地的情况不一样，比如山西省曾规定：调用 100 名武警的需地级市政府批准，调用 100 人以上 300 人以下要经过省公安厅批准。实践中，由于各地的武警部队需要服从当地政府和部队的双重管理，地级以上的公安机关首长担任当地武警部队的第一政治委员职务，因此地方政府部门一旦认为有必要，就可以较为容易地调动武警，甚至导致个别单位、个别领导滥用武警部队。比如，曾发生四川某县出动一百多名公安、武警人员配合某公司强制拆迁居民楼，江西某县出动武警为楼盘开盘维持秩序，一些地方调动武警为明星演员护卫、为明星企业的开业典礼站岗等，轻易将武警部队推到矛盾的最前沿，从而引发影响恶劣的警民冲突，甚至有时导致矛盾激化，造成不应有的群体性事件。

一方面，如果调动武警的权力级别过低，放得太宽，容易导致滥用武警；另一方面，大量突发事件发生在基层，如果调用权限设置过高，可能贻误时机。《人民武装警察法》第8条的规定表明，如何调动、使用武警部队应该由国务院、中央军委根据武警部队执行安全保卫任务的职责和不同情况，经过考量后再分别作出具体规定，尽管这一规定仍然具有模糊性，并没有明确调动、使用武警权限的级别限制，但强调了“严格审批、依法用警”的原则，应该看到这已经是一个很大的进步，在当前群体事件频发的情况下，此项规定的目的是想通过法律来防止地方政府随意调动警力，是有积极意义的。即便是群体性事件，一般也都属人民内部矛盾，如强制拆迁、就业安置等，多数群众参加群体性事件只是发泄不满而无政治意图，应该更多地采取思想工作、教育工作来处置，不适合动辄使用武警，否则反而容易造成矛盾激化。因此应当慎用武警，只在事态确实严重，政府部门和公安机关确实无法控制时才能动用。同时，法律上对人民武装警察部队禁止非法调动，不仅有利于武警部队执行任务，更是依法治国、依法用警的高度体现。

由此可见，《人民武装警察法》对调动、使用武警部队执行安全保卫任务提出了明确要求，在确需调动、使用武警部队执行任务时，要严格按照国务院、中央军委规定办理报批手续，任何单位或者个人不得违反规定调动、使用武警部队。要坚持慎用警力、慎用强制措施、慎用武器警械的原则，凡属政府职能部门处理的民事、经济纠纷和一般性的治安事件，不得动用武警。

四、武警部队的组织结构

人民武装警察部队主要由内卫部队和警种部队组成，公安边防、消防、警卫部队列入武警序列。武警总部是武警部队的领导指挥机关，下设司令部、政治部、后勤部，负责领导和管理武警内卫部队和警种部队，指导列入武警部队序列的其他部队。武警部队设司令员、第一政治委员（公安部长兼）、政治委员各一名，设副司令员、副政治委员若干名。武警内卫部队由省（自治区、直辖市）总队和武装警察师组成。武警警种部队由黄金、森林、水电、交通部队组成，分别设有指挥部，为该部队的领导指挥机关。武警总部下辖直属学院，总队和警种部队指挥部下辖初级指挥院校。

武警部队设总部、总队（师）、支队（团）三级领导机关，武警总部现设司令部（副大军区级）、政治部（副大军区级）、后勤部（正军级）和各专业警种指挥部（正军级）。武警总部是武警部队的领导指挥机关，领导管理武警内卫部队和黄金、森林、水电、交通部队。在中国各级行政区划内，省级设武警总队，地区级设武警支队，县级设武警中队。

在中国各级行政区划内，各省（市、区）设有武警总队（师级），各地（市、州、盟）设有武警支队（团级），各县（市）、镇设有武警大队（营级）或中队（连级）。武装警察师下辖团、营、连，分布在若干省、自治区和直辖市内。武警部队衔级与中国人民解放军军衔相同，但称呼改为警衔。如解放军称上校军官，武警则称上校警官。《人民武装警察法》第6条规定：人民武装警察部队实行警衔制度，具体办法由国务院、中央军事委员会规定。

武警部队自2005年年初开始佩戴臂章、胸卡，可以很容易区别警种和部队。但武警边防部队、消防部队、警卫部队都没有佩戴胸卡、臂章，这是因为这三支部队和一般武警部队存在区别，也就是说虽然这三支部队的上属单位是公安部，人员任命也是由公安部党委批准的，但是仍然受国务院、中央军委双重领导，武警总部只是对他们的军事、后勤等工作做指导工作，并没有直接领导的权力。公安部边防局、警卫局、消防局的人员有双重身份，既是军队，又是警察，他们除了武警警官证之外还有公安警官证。

五、武警部队与公安机关、人民解放军之间的关系

武警部队是介于军队和警察之间的特殊部队，有时从军，有时从警，可以说是执行警察任务的军队，也可以说是用军队方式管理的警察，武警部队与公安机关、人民解放军之间的关系密切。

1. 武警部队与公安机关之间的关系

武警部队负有执行安全保卫任务的职责，其中包括协助公安机关依法执行逮捕、追捕、押解、押运任务，参加处置暴乱、骚乱、严重暴力犯罪事件、恐怖袭击事件和其他社会安全事件。公安机关则负有国家统治和警务活动中的刑事及行政职能，其中亦包括使用强制性的特殊手段来维护国家安全和社会秩序。可见，就职责及职能而言，武警部队与公安机关具有相同或相通之处。为了武警部队与公安机关能够密切配合，共同履行职责，实践中公安机关行政首长往往同时兼任相对应的武警部队第一政治委员，在执行相关任务和进行相关业务建设方面，武警部队接受相对应的公安机关的领导和指挥。公安边防和消防部队列入人民武装警察部队序列，但在实际工作中具有如同公安机关一样的行政执法职能和刑事侦查职能。

人民警察是国家公务员，具有《人民警察法》、《公务员法》规定的职责、权利和义务，而武警部队人员则是国家现役军人，不属于公务员，具有《人民武装警察法》、《国防法》、《兵役法》规定的职责、权利和义务。武警部队中除由公安机关领导的边防、消防、警卫部队外，和公安机关没有直接组织关系，只是在法定情形下配合公安机关行动。公安干警在违反了国家法律时，按照法律对国家公务人员的管理处罚规定进行处理，而武警官兵违反法律时，要按照军人违法犯罪送交军事法庭进行处理。采用现役武装警察来执行边防和消防任务，是出于我国幅员辽阔，边境情况复杂以及消防用人成本等客观需要的考虑，然而从法理上来说，武装警察部队不是普通行政警察机关，人民武装警察不是普通职业警察，并不天然具有这些职能，只是事实上视同为职业警察。

2. 武警部队与人民解放军之间的关系

我国《国防法》、《兵役法》规定，国家的武装力量由中国人民解放军现役部队和预备役部队、中国人民武装警察部队、民兵组成，在中国人民解放军和中国人民武装警察部队中服役的成为现役军人，享受人民解放军的同等待遇。可见，中国人民武装警察部队同中国人民解放军一样，都是中国共产党领导的国家武装力量，武警部队根据人民解放军的建军思想、宗旨、原则，按照其条令、条例和有关规章制度，结合武警部队特点进行建设。

中国人民解放军现役部队是国家的常备军，主要担负防卫作战任务，必要时可以依照法律规定协助维护社会秩序。预备役部队平时按照规定进行训练，必要时可以依照法律规定协助维护社会秩序，战时根据国家发布的动员令转为现役部队。中国人民武装警察部队在国务院、中央军事委员会的领导指挥下，担负国家赋予的安全保卫任务，维护社会秩序。由上可见，在我国，解放军主要履行对外防卫作战职责，辅助执行维护社会秩序任务，武警部队则主要履行对内安全保卫职责，辅助执行防卫作战任务。

第三节　人民武装警察部队的任务和职责

《人民武装警察法》明确规定，人民武装警察部队担负国家赋予的安全保卫任务以及防卫作战、抢险救灾、参加国家经济建设等任务。

人民武装警察法注重立法内容的科学性，以列举职责的方式授予人民武装警察部队具体权力，符合现代法治建设对公权力设定的形式上的合理性要求。近年来，在执行多样化任务的现实需求推动之下，武警部队的任务和职责范围不断拓展，《人民武装警察法》规定的八项具体安全保卫任务，涉及安全保卫、防卫作战、抢险救灾、参加国家经济建设等方方面面，与国防法及相关法律规范赋予武警的职能是根本一致的。人民武装警察法在全面概括武警职责任务的同时，重点对执行安全保卫任务及相关活动进行了规范，以这样一部高级别的立法，将散见于各种类、级别的法律文件中的较为零散的规范进行总结提炼、梳理整合、查漏补缺以及升级完善。同时，对现有法规中已经明确的内容作出援引性规定，较好地处理了与其他相关法规的对照、呼应与衔接、转换关系，使武警部队的任务和职责系统化、完善化和权威化。

一、安全保卫任务

武警部队执行安全保卫任务，主要包括国家规定的警卫对象、警卫目标和重大活动的武装警卫；关系国计民生的重要公共设施、企业、仓库、水源地、水利工程、电力设施、通信枢纽的重要部位的武装守卫；主要交通干线重要位置的桥梁、隧道的武装守护；监狱和看守所的外围武装警戒；直辖市和省、自治区人民政府所在地的市以及其他重要城市的重点区域、特殊时期的武装巡逻；协助公安机关、国家安全机关、司法行政机关、检察机关、审判机关依法执行逮捕、追捕、押解、押运任务以及协助其他有关机关执行重要的押运任务；参加处置暴乱、骚乱、严重暴力犯罪事件、恐怖袭击事件和其他社会安全事件；国家赋予的其他安全保卫任务。

（一）国家规定的警卫对象、警卫目标和重大活动的武装警卫

主要是指固定目标单位的执勤，包括担负警卫、守卫、守护、看押、看守和巡逻等勤务。此外，还具体负责国家规定的其他警卫对象的安全警卫，包括来访重要外宾、省级以上党政领导机关、各国驻华使领馆、国际性全国性重要会议和大型文体活动现场等的安全警卫。

（二）关系国计民生的重要公共设施、企业、仓库、水源地、水利工程、电力设施、通信枢纽的重要部位的武装守卫，对重要机场、电台和国家经济、国防建设等重要部门的机密要害单位或要害部位实施武装防守保卫

公共设施是指由政府或企业等其他社会组织提供的、属于社会公众使用或享用的公共建筑或设备，按照具体的项目特点可分为教育、医疗卫生、文化娱乐、交通枢纽、体育、邮政、电信和金融等。公用设施遭到破坏造成的损失远非止于其自身价值，它给国家安全造成的巨大危害，往往超乎想象：破坏电线电缆会致工厂停产、民居停电，破坏通信电缆会致通信瘫痪、网络中断；破坏消防设施会致灭火延时，损失加大。重要的公共设施，除已经明确列举的以外，还应包括国家石油储备基地、重要能源、承担国防尖端武器装备科研生产的企事业单位等。

（三）主要交通干线重要位置的桥梁、隧道的武装守护

是指对铁路主要干线和特定的大型公路上的重要桥梁、隧道实施武装防守保护。桥梁、隧道往往处于公路、铁路的咽喉要道，地位关键，作用巨大，安全是关键。随着我国经济建设的快速发展，目前我国的桥梁总数接近60万座，其中特大桥将近1 500座、公路隧道约5 000座。过去二十多年间修建的铁路、高速公路都是占用了地形条件相对比较好的走廊，今后，随着国家土地政策越来越紧，我国修建铁路、高速公路更加向山区里面延伸，路线走廊越来越狭窄，因此桥梁、隧道的作用越来越大，数量必将越来越多。在实践中，并非所有主要交通干线重要位置的桥梁、隧道都一律实施武装守护，而是分时间、分情况、分部门对安全保卫目标核定标准和确定警力。

（四）监狱和看守所的外围武装警戒

武警部队担负着二千七百多个监狱、看守所的外围（狱墙周围）的警戒任务，保证犯人不至于从狱墙和狱门逃脱，主要负责监室外的警戒线，包括围墙拐角处的岗楼、大门等，还担负看守所、监狱、劳改场所的外围武装看押任务，至于狱内的安全则由监狱人民警察负责。武警部队执行警卫任务分“三区一线”，所谓三区是指监视区、控制区、活动区，所谓一线就是指警戒线，每年武警看守部队都能成功处置在押犯逃跑险情数百起。武警部队与监狱、看守所是互相配合关系，他们之间互不隶属，也互不制约。

（五）直辖市和省、自治区人民政府所在地的市以及其他重要城市的重点区域、特殊时期的武装巡逻，对国家规定的大中城市或特定地区实施武装巡查警戒

目标城市的重点区域主要是指车站、机场、广场、商贸区域以及大型娱乐场所、公共交通枢纽、金融网点等人群聚集场所。特殊时期主要是指节假日以及重大的赛事、会议、会展等重要活动期间。实践中武装警察往往与治安警察联合巡逻，武警佩带枪支，公安民警佩带单警装备，治安巡逻队员佩带橡胶棍，可以采取联合武装巡逻、联合徒步巡逻和武警防暴车定点驻守等形式，还可以在重点区域采取定时和随机巡逻相结合，步巡与车巡相结合的方式，在特殊时期24小时进行巡逻。武装警察部队对重点区域、特殊时期进行布控和巡逻，发现重点可疑人员依法盘查，根据警情，适时调整巡防勤务，相互支持、相互配合，能够威慑、制止正在或可能发生的一切违法犯罪行为和公共安全事件。

（六）协助公安机关、国家安全机关、司法行政机关、检察机关、审判机关依法执行逮捕、追捕、押解、押运任务，协助其他有关机关执行重要的押运任务

公安机关、国家安全机关、司法行政机关、检察机关、审判机关是我国法律规定的有权采取人身强制措施的机关，这些机关在对违法或犯罪者履行逮捕、追捕、押解、押运职责的时候，一般都离不开武装警察的支持与协助。“协助其他有关机关执行重要的押运任务”主要是指协助金融机构押运人民币或协助教育考试部门押运试题等。

（七）参加处置暴乱、骚乱、严重暴力犯罪事件、恐怖袭击事件和其他社会安全事件

主要是指对突然发生的危害国家安全或者社会秩序的违法事件依法实施处置，包括处置叛乱事件、骚乱及暴乱事件、群体性治安及械斗事件等，反恐怖主要是指反袭击、反劫持、反爆炸等。

（八）国家赋予的其他安全保卫任务

武装警察部队除了上述列明的职责外，还有国家赋予的其他安全保卫任务，常见的有疫情控制等。此外，列入武警部队序列的公安边防部队，是国家部署在沿边沿海地区和口岸的一支武装执法力量，其主要职责是：边境沿海地区治安管理，口岸和边境通道的边防检查和监护，毗邻香港、澳门一线地区的巡逻警戒，防范、打击沿边沿海地区偷渡、走私、

贩毒等违法犯罪等。

近年来，武警部队坚持正规执勤、从严治勤、科技强勤，加强执勤设施建设，大力治理执勤隐患，强化执勤组织，严密执勤部署，落实执勤制度，周密组织重大临时勤务，有效提高执勤质量和目标安全系数，平均每年制止侵害警卫目标事件数十起，制止在押人犯逃跑事件数百起，组织重大临时勤务数千起，积极参加社会治安综合治理，每年协助公安机关抓获各类犯罪嫌疑人数千人，配合有关部门保证了国际、国内重要会议和大型活动的安全。武警部队执行高风险的安全保卫任务，其政治性、政策性、法规性很强，如果在执行这些任务中出现任何差错，都将给社会稳定和经济发展造成危害，严重影响社会的和谐稳定及人民群众的安居乐业。

二、防卫作战、抢险救灾、参加国家经济建设等任务

人民武装警察部队除负有安全保卫职责外，根据《人民武装警察法》第 16 条的规定，还执行防卫作战、抢险救灾、参加国家经济建设等任务。

（一）防卫作战任务

《人民武装警察法》第 2 条规定：人民武装警察部队是国家武装力量的组成部分。《国防法》第 22 条规定：中华人民共和国的武装力量，由中国人民解放军现役部队和预备役部队、中国人民武装警察部队、民兵组成。第 17 条规定：中华人民共和国的武装力量属于人民。它的任务是巩固国防，抵抗侵略，保卫祖国，保卫人民的和平劳动，参加国家建设事业，全心全意为人民服务。由此可见，人民武装警察部队在战时负有与人民解放军一样的防卫作战的任务和职责。

（二）抢险救灾任务

在发生重大突发事件，致使或者可能致使国家或人民群众的利益受到严重损害时，在现场的人民武装警察部队应当立即采取适当措施予以控制。《突发事件应对法》第 3 条规定：突发事件，是指突然发生，造成或者可能造成严重社会危害，需要采取应急处置措施予以应对的自然灾害、事故灾难、公共卫生事件和社会安全事件，按照社会危害程度、影响范围等因素，自然灾害、事故灾难、公共卫生事件分为特别重大、重大、较大和一般四级。第 14 条规定：中国人民解放军、中国人民武装警察部队和民兵组织依照法律、行政法规、军事法规的规定以及国务院、中央军事委员会的命令，参加突发事件的应急救援和处置工作。从实际情况来看，人民武装警察部队在许许多多的重大突发事件中起到了非常重要的作用，比如地震、洪水等。

（三）参加国家经济建设等任务

武警部队支援国家经济建设，主要包括黄金地质勘察、森林防火灭火，参加国家能源、交通重点项目建设等，负有这些职责的是武警警种部队，由黄金、森林、水电、交通部队组成。

第四节　人民武装警察部队执行任务采取的措施

《人民武装警察法》赋予武警部队担负安全保卫、防卫作战、抢险救灾、参加国家经济建设等四大类任务，特别是在安全保卫任务中，既有固定勤务，又有重大临时勤务，既有经常性执勤，又有处置突发事件和恐怖袭击等急、难、险、重任务等武警部队最基本、最

经常、最大量的任务。能否圆满完成这些任务，直接关系到重要警卫对象和重大活动的安全，关系到国计民生和社会发展，关系到国家安全和社会稳定，因此必须赋予武警部队有权采取相应的强制措施，以便武警部队依法行动，忠实履行职责和使命。

《人民武装警察法》明确了人民武装警察的执法权力范围，武装警察部队按照县级以上人民政府公安机关的部署执行安全保卫任务时，可以采取以下措施：

一、对进出警戒区域的人员、物品、交通工具进行检查，对按照规定不允许进出的，予以阻止；对强行进出的，采取必要措施予以制止

对进出警戒区域的人员、物品、交通工具进行检查是一种典型的行政检查行为，行政检查的对象是行政相对人，可以是处于被管理者地位的任何公民、法人或者其他组织，在没有违法证据的情况下，一般只能在公共场所进行检查，而不能进入私人住宅进行检查。行政检查行为作为具体行政行为，具有强制力和羁束力，对按照规定不允许进出的，有权予以阻止。对强行进出的，有权采取必要措施予以制止。武警行政制止权属于武警强制权，它是武警机关进行武警行政管理过程中运用的一项重要权力。

二、在武装巡逻中，经现场指挥员同意，对有违法犯罪嫌疑的人员当场进行盘问并查验其证件，对可疑物品和交通工具进行检查

对于人民武装警察在武装巡逻中是否有权随意盘问并查验证件的问题，有两种不同意见：一些人认为，人民武装警察只要是依法执行职务，就可以盘问并查验。多数人则认为，人民武装警察对居民身份证不能想查就查，如果对无关人员可以随意查验居民身份证，会给人民群众带来很多不便，执法中还可能会出现许多问题，不利于保障公民的合法权益，因此只能对有违法犯罪嫌疑的人员当场进行盘问并查验其证件。“武装巡逻”是指人民武装警察依照法律规定执行巡逻职责，如果人民警察不是依法执行巡逻职责，不能盘问并查验其证件。所谓“经现场指挥员同意”，是指在程序上，人民武装警察在盘问并查验证件前，应当首先经现场指挥员同意，在实际工作中，现场指挥员可能是班长、排长等。

三、协助执行道路交通管制或者现场管制

交通管制指的是公安交通管理机关对车辆和行人在道路上通行以及其他与交通有关的活动所采取的带有疏导、禁止、限制或指示性质的临时性措施，一般是在集会游行、道路桥梁建设、救灾抢险、执行重要警卫任务等情况下对交通行为实行的限制。比如对群体性事件，在劝解无效的情况下，为控制围观人数，避免发生人身伤亡，往往就需要立即着手进行干预行动，抢先一步控制交通要道，实行交通管制。现场管制主要是指县级以上公安机关，经上级公安机关和同级人民政府批准，对严重危害社会治安秩序的突发事件，可以根据情况实行现场管制。比如对群体冲突事件，往往需要采取现场管制以隔离冲突双方，疏散无关人员，强行带离拒不服从者。人民武装警察具有协助公安机关执行道路交通管制或者现场管制的权力。

四、对聚众危害社会秩序或者执勤目标安全的，采取必要措施予以制止、驱散

制止、驱散，是对严重危害社会治安秩序的突发性事件，依法采取必要手段，制止非

法行为，强行迫使滞留现场的无关人员离开现场，并对不服从的人员强行带离的一种强制措施。公民行使政治自由是我国宪法所赋予的一项基本权利，但是我国法律同时也规定行使权利的同时必须遵守法律规定的义务。如果实施聚众行为的人员未按法律对集会、游行、示威活动的规定提出申请，也未获主管公安机关的许可，就属于聚众危害社会秩序和执勤目标安全的行为，依照法律规定，人民武装警察有权进行制止。如不听人民武装警察的制止，人民武装警察有权将其予以驱散。

五、根据执行任务的需要，向相关单位和人员了解有关情况或者在现场实施必要的侦察

所谓侦察，是为获取有关的情况而采取的观察、窃听、刺探、搜索、截获、捕获、谍报、照相、无线电侦听与测向、调查询问、搜集文件资料等行为。侦察不是法律用语，一般是指军事活动。武警部队进行的侦察属于现场侦察，就是在犯罪现场、重大群体事件的现场、重大事故灾害现场的侦察，武警部队在事件现场侦察所获得的材料，可以作为认定事件的性质和犯罪的证据使用。

六、人民武装警察执行安全保卫任务，发现有违法犯罪嫌疑的人员，经现场指挥员同意，应当及时予以控制并移交公安机关、国家安全机关或者其他有管辖权的机关处理

所谓违法犯罪嫌疑是指以下情形：正在实施犯罪的、通缉在案的、违法携带危及公共安全的物品的、正在实施危害执勤目标安全行为的。所列的四种情况强调的都是“正在”，即处于违法犯罪行为正在进行的紧急情形，需要人民武装警察立即采取措施予以控制。

所谓予以控制的权力包括命令权和强制权，武警行政命令权，是指人民武装警察依照法律规定，向武警行政管理相对人作出某种命令或发布指令的权力。武警命令权具有规范性，它规定相对人必须作出某种行为或不得作出某种行为，不允许相对人违背或变更。武警行政强制权，是指人民武装警察对不履行武警法规定义务的当事人以及部分违法行为人，采取强制手段，迫使、强制其履行义务或实现法定强制目的的权力。

由于人民武装警察此时承担的是公共安全保卫任务，实际上是协助地方公安机关、国家安全机关等执行任务，这类任务的法律后果应该由公安机关、国家安全机关等国家机关承担，因此人民武装警察对违法犯罪人员应当移交公安机关、国家安全机关或者其他有管辖权的机关处理。

七、人民武装警察因执行安全保卫任务的紧急需要，经出示人民武装警察证件，可以优先乘坐公共交通工具；遇交通阻碍时，优先通行

优先乘坐公共交通工具是指人民武装警察为履行职责的紧急需要，经出示相应证件，可以优先乘坐供公众乘用的运输工具，包括旅客列车、飞机、公共汽车、电车、地铁列车、旅游客车、出租汽车、索道缆车以及水上航运船只等公共交通工具。

优先通行是指车辆、人员在道路上行驶或行走时所具有的优先通行的权力，它包括车辆或行人在本车道或通道通行和车辆在没有交通信号或交通标志控制的交叉口通行时的优先权。人民武装警察在紧急情况下遇到交通阻碍时，经出示相应证件，可以优先通过交通阻碍的区域。

人民武装警察优先乘坐公共交通工具和优先通行的目的必须是为履行职责的紧急需要，如紧急抢救公民的生命、财产，紧急追捕、搜查逃犯，紧急查证重大案件的有关线索或者证据，紧急赶赴骚乱现场，紧急调运武器、装备、物资等。

八、人民武装警察部队因执行安全保卫任务的需要，在特别紧急情况下，经现场最高指挥员出示人民武装警察证件，可以临时使用有关单位或者个人的设备、设施、场地、交通工具以及其他物资，使用后应当及时返还，并支付适当费用；造成损失的，按照国家有关规定给予补偿

征用是一种国家的强制行为，就是不必得到所有权人的同意而直接使用，是指国家因抢险、救灾、紧急追捕人犯、抢救公民生命、财产等公共利益的紧急需要，通过行使征用权临时使用单位或者个人的财产的行为。我国《宪法》第 13 条第 3 款规定："国家为了公共利益的需要，可以依照法律规定对公民的私有财产实行征收或者征用并给予补偿。"我国《物权法》按照宪法的规定，对征收征用制度作出了更为具体的规定，该法第 44 条规定："因抢险、救灾等紧急需要，依照法律规定的权限和程序可以征用单位、个人的不动产或者动产。被征用的不动产或者动产使用后，应当返还被征用人。单位、个人的不动产或者动产被征用或者征用后毁损、灭失的，应当给予补偿。"根据《宪法》、《物权法》和《人民武装警察法》的规定，在紧急情况下，人民武装警察部队因执行任务需要，经现场最高指挥员出示证件亮明身份后，可以临时使用单位或个人的设备、设施、场地、交通工具以及其他物资，包括车辆、电台、电话、手机、住宅、体育场、影剧院、桥梁等，人民武装警察以行政权命令征用财产，被征用的单位、个人必须服从。比如，人民武装警察正在街上追捕犯罪分子，恰逢有车经过，武装警察有权征用这辆车继续追捕，当市民遇到这种情况时，应予以配合。

当然，不能为了保护一部分人的权利，忽略甚至侵害了另外一部分人的合法权利。在紧急情况下征用私人财产，必须注意以下内容：第一，征用必须依法进行。所谓依法，一是依照武装警察的权限，二是依照法律规定的程序和规则。超出自己的权限，或者没有按照法律规定的程序和规则，征用就是违法。第二，对被征用人的物权应当给予妥善保护，这种保护包含两点：一是被征用的动产或者不动产在使用后，应当返还给被征用人，其条件是被征用的不动产或者动产的价值仍然存在，没有灭失。二是如果被征用的不动产或者动产因政府使用而毁损灭失的，国家应当给予补偿，使被征用人不能因此而受到损失。

九、人民武装警察部队协助公安机关、国家安全机关执行逮捕、追捕任务，根据所协助机关的决定，协助搜查犯罪嫌疑人、被告人、罪犯的人身和住所以及涉嫌藏匿犯罪嫌疑人、被告人、罪犯或者违法物品的场所、交通工具等

搜查是指为了收集犯罪证据，对犯罪人、犯罪嫌疑人以及可能隐藏罪犯或者犯罪证据的人的身体、物品、住处和其他有关的地方进行的搜索和检查。搜查直接关系到公民的人身自由和住宅不受侵犯的权利，我国宪法明确规定，禁止非法搜查公民的身体和住宅，因此，搜查必须严格依照法律规定的程序进行。

搜查通常只能由公安机关、国家安全机关或者人民检察院的侦查人员进行，其他任何机关、单位和个人都无权对公民人身和住宅进行搜查。人民武装警察法赋予了人民武装警察部队在协助公安机关、国家安全机关执行逮捕、追捕任务时，根据所协助机关的决定，

协助搜查犯罪嫌疑人、被告人、罪犯的人身和住所以及涉嫌藏匿犯罪嫌疑人、被告人、罪犯或者违法物品的场所、交通工具等的权力。搜查的对象，可以是犯罪嫌疑人、被告人、罪犯，也可以是其他可能隐藏罪犯或者犯罪证据的场所；可以对人身进行搜查，也可以对被搜查人的住处、物品、交通工具和其他有关场所进行搜查。搜查的目的是为了发现和收集有关犯罪的证据，查获隐藏的犯罪嫌疑人，因此，不能为了其他目的而滥用搜查措施。

十、人民武装警察执行安全保卫任务使用警械和武器，依照人民警察使用警械和武器的有关法律、行政法规的规定执行

警械是指人民武装警察执行职务活动中使用的具有强制性的工具，主要包括：警棍、催泪弹、高压水枪、特种防暴枪、警笛、手铐、脚镣、警绳等警用器械，可分为驱逐性、制服性和约束性警械。武器是指人民警察按照规定装备的枪支、弹药等致命性警用武器。

为有效驱散骚乱的人群、抑制暴力行为，人民武装警察可以使用非致命性武器（警械），必要时，甚至可以使用致命性武器（枪支）。依照人民武装警察法，人民武装警察使用警械和武器的主要法律依据是《人民警察法》和《人民警察使用警械和武器条例》等有关人民警察使用武器和警械的法律法规的规定。《人民警察法》第 10 条规定："遇有拒捕、暴乱、越狱、抢夺枪支或者其他暴力行为的紧急情况，公安机关的人民警察依照国家有关规定可以使用武器。"第 11 条规定："为制止严重违法犯罪活动的需要，公安机关的人民警察依照国家有关规定可以使用警械。"《人民警察使用警械和武器条例》第 2 条规定："人民警察制止违法犯罪行为，可以采取强制手段；根据需要，可以依照本条例的规定使用警械；使用警械不能制止，或者不使用武器制止，可能发生严重危害后果的，可以依照本条例的规定使用武器。"

人民武装警察使用警械和武器的目的，是为了依法履行职责，制止违法犯罪行为，强行制止对人民警察执行职务行为的暴力抗拒或者袭击，消除拒绝或者阻碍人民警察执行职务的暴力障碍，以维护国家安全和社会治安秩序，保护公民的生命和财产安全，保护公共财产不受侵犯。

《人民警察使用警械和武器条例》第 4 条规定："人民警察使用警械和武器，应当以制止违法犯罪行为，尽量减少人员伤亡、财产损失为原则。"公安部《公安机关处置群体性治安事件规定》中亦提出"慎用警力，慎用武器警械，慎用强制措施"的原则。因此，赋予人民警察履行职责，制止违法犯罪行为的必要强制手段的同时，又要防止人民警察滥用警械和武器。人民警察使用警械、武器时，应当遵循下列原则：保障人民警察履行职责、制止违法犯罪行为的原则；依法使用警械、武器的原则；人民警察使用武器警械，应尽量减少人员伤亡、财产损失的原则；保护公民合法权益的原则。

第五节　人民武装警察的义务和权利

《人民武装警察法》在赋予武警部队执行安全保卫任务相应职责和权限的同时，对应该履行的义务、承担的责任和禁止的行为作出了明确规定，以促使武警部队严明纪律，严格管理，自觉接受监督，其根本目的是确保武警部队能够正确执法。

一、人民武装警察的义务

武警部队依法执行安全保卫任务，是代表国家进行的执法活动，享有国家赋予的职权，与公民、法人和其他组织的权益密切相关。基于此，《人民武装警察法》提出了更高的标准和要求。

（一）遵守法律，忠于职守

《人民武装警察法》第4条规定："人民武装警察部队应当遵守宪法和法律，忠于职守，依照本法和其他有关法律的规定履行职责。"《兵役法》第7条规定："现役军人必须遵守军队的条令和条例，忠于职守，随时为保卫祖国而战斗。预备役人员必须按照规定参加军事训练，随时准备参军参战，保卫祖国。"《人民警察法》第4条规定："人民警察必须以宪法和法律为活动准则，忠于职守，清正廉洁，纪律严明，服从命令，严格执法。"

武装警察部队必须遵守宪法和法律。宪法是国家的根本大法，是国家一切立法活动的基础，是新时期治国安邦的总章程，是建设有中国特色社会主义的最重要保障，是全国各族人民、一切国家机关和武装力量、各政党和社会团体的活动准则。法律在这里是指法的整体，包括法律、有法律效力的解释及其行政机关为执行法律而制定的规范性文件。人民武装警察作为国家秩序的维护者无疑应当维护宪法和法律尊严，在工作中始终以宪法和法律为行为准则，保证宪法和法律的权威性。

人民武装警察是武装性质的国家治安行政力量，这一特点决定了人民武装警察必须忠于职守，具有高度的组织性、纪律性，必须在政治上同党中央保持一致，听从党和国家的指挥，同一切破坏党、国家和民族团结的行为作斗争。人民武装警察工作具有广泛的社会性，工作艰苦，危险性大，这就要求人民武装警察内部各警种、各部门、各地区和各单位，加强联系、协作和配合，形成网络，共同完成任务。人民武装警察工作的关键在于责任心，忠于职守是人民武装警察工作的灵魂和法宝。

（二）服从命令，听从指挥

《人民武装警察法》第17条规定："人民武装警察执行任务，应当服从命令、听从指挥，不得滥用职权、玩忽职守。"

纪律是执行路线的保证，为路线、方针和政策的贯彻执行服务。自觉的纪律能产生强大的凝聚力和向心力，严格的纪律有利于提高人民武装警察队伍的战斗力，坚定革命意志，振奋革命精神，激励人民武装警察在职业活动中不畏艰难困苦，不怕流血牺牲，勇敢战斗，顽强拼搏，去争取胜利。严守纪律是人民武装警察的天职，纪律的约束力是人民武装警察完成各项任务的保证，只有严明的纪律才能保证人民武装警察正确行使权力，履行职责。

要服从领导和听从领导的指挥，达到步调一致，行动统一，首先，要求人民武装警察必须贯彻执行党和国家的方针、政策、法律以及组织的决定，个人对国家、组织、领导负责，下级服从上级，不允许个人凌驾于组织之上；其次，要坚决做到有令即行，有禁则止，坚决贯彻执行人民武装警察的各种条令、条例和规章制度，维护人民警察纪律的严肃性；再次，保守党和国家以及工作中的各种秘密事项，不泄露出去，维护国家安全和利益，增强保密观念，养成保密习惯，严格遵守各项保密制度。

滥用职权、玩忽职守是指人民武装警察成员严重不负责任，不履行或者不认真履行职责，致使公共财产、国家和人民利益遭受重大损失的行为。在人民武装警察工作中，因玩忽职守，不认真履行职责发生事故的，依法追究相关人员的责任。如曾发生某地武警人员违反国家关于打击走私活动的有关规定，对抓获的走私物品罚款放行，导致该地在一定时期内走私猖獗。人民武装警察只有尽职尽责地做好工作，服从命令、听从指挥，不得滥用职权、玩忽职守，才能杜绝事故的发生。

（三）保护危险状态下的公民安全

《人民武装警察法》第18条规定："人民武装警察遇到公民人身、财产安全受到侵犯或者处于其他危难情形，应当及时救助。"

人民武装警察保护危险状态下的公民安全，首先，要树立生命权优先的理念，将尊重和保护人的生命作为执法之前提，也就是生命高于一切。这样的理念，对于人民武装警察从更高的层次上理解救助义务是非常重要的。在现实生活中，之所以发生个别警务人员漠视生命事件，核心就是因为没有生命权优先的理性思维。其次，要以积极作为的形式保护处于危险状态下的公民安全，在人民武装警察履行职责的过程中，只要出现了公民生命、人身、财产等遭受损害的危险，人民武装警察就应无条件介入，以履行保护公民生命的职责。据国防部新闻发言人耿雁生介绍，2009年军队和武警部队参加抗洪、抗震、抗旱、抗台风和森林扑火等抢险救灾行动，转移、解救、安置受灾群众450万人次。

（四）人民武装警察履行职责不得超越法律

《人民武装警察法》第19条规定："人民武装警察不得有下列行为：（一）非法剥夺、限制他人人身自由，非法搜查他人的身体、物品、交通工具、住所、场所；（二）包庇、纵容违法犯罪活动；（三）泄露国家秘密、军事秘密；（四）其他违法违纪行为。"

保障人民武装警察依法履行职责和规范人民武装警察依法行使权力相互结合，有利于构建和谐的警民关系。人民武装警察部队在执行任务时是强势力量，必须强调规范其基本行为，从严治警。

1. 人民武装警察不得非法侵犯人身自由，非法进行搜查

人身自由，是指公民在法律范围内按照自己的意志决定自己身体行动的自由。我国《宪法》第37条规定："中华人民共和国公民的人身自由不受侵犯。任何公民，非经人民检察院批准或者决定或者人民法院决定，并由公安机关执行，不受逮捕。禁止非法拘禁和以其他方法非法剥夺或者限制公民的人身自由，禁止非法搜查公民的身体。"非法限制他人人身自由的方法是多种多样的，既可以是拘禁的方法，也可以是捆绑、禁闭、监禁等方法，还可以是办"学习班"、"隔离审查"等非法剥夺或者变相剥夺他人行动自由的行为。

所谓搜查，是指搜索检查，既包括对他人身体的搜查，如摸索、掏翻等，也包括对他人物品、交通工具、住所、场所的搜查，如搜索、翻看、检查、挖掘等。非法搜查是合法搜查的对称，《人民武装警察法》第14条规定："人民武装警察部队协助公安机关、国家安全机关执行逮捕、追捕任务，根据所协助机关的决定，协助搜查犯罪嫌疑人、被告人、罪犯的人身和住所以及涉嫌藏匿犯罪嫌疑人、被告人、罪犯或者违法物品的场所、交通工具等。"在实践中，容易出现的非法搜查主要有三种情况：第一种是未执行任务的人民武装警察，为了寻找失物、有关人员或达到其他目的而对他人的身体或物品、交通工具、住所、场所进行搜查的；第二种是执行任务的人民武装警察，未经合法批准或授权，滥用权力，非法进行搜查的；第三种是执行任务的人民武装警察不按照法定的程序、手续进行搜查的。

2. 人民武装警察不得包庇、纵容违法犯罪活动

所谓包庇，是指人民武装警察机关工作人员为使他人逃避检查而通风报信，隐匿、毁灭、伪造证据，阻止他人作证、检举揭发，指使他人作伪证，帮助逃匿，或者阻挠其他国家机关工作人员依法查禁等行为。所谓纵容，是指人民武装警察机关工作人员不依法履行职责，放纵他人进行违法犯罪活动的行为。如曾发生驻广东汕头关埠、东海码头的个别武

警人员收受贿赂，放弃监管职责，纵容许某等大肆进行走私活动。

3. 人民武装警察不得泄露国家秘密、军事秘密

国家秘密是关系国家安全和利益，依照法律的程序确定，在一定的时间内只限于一定范围的人员知悉的事项。根据国家颁布的《保守国家秘密法》及其施行办法，中央军委制定颁发了《中国人民解放军保密条例》，解放军各总部和各军、兵种制定了保密规章。根据这些保密法规，我军建立了一套完整的保密制度。严格遵守保密规章制度，可以杜绝泄露事件的发生，保障军事秘密的安全；相反，违反了保密法规，就可能造成军事秘密泄露的严重后果。保守国家秘密是宪法规定的每个公民对国家应尽的义务，它是一项维护国家安全和利益，保卫和促进社会主义建设事业发展的重要工作。任何泄露国家秘密的行为，都会给国家的安全和人民的利益造成严重危害。

武警部队作为国家武装力量的重要组成部分，任务特殊，责任重大，接触社会广泛，使得武警部队涉密范围广，涉密事项多，保密要求高，管理难度大。尤其是进入21世纪以后，武警部队信息化建设快速发展，数据网、电视会议网、查勤网、电话网逐步建成使用，计算机、传真机、打印机、复印机等办公设备广泛运用，大量的涉密信息散播在空中、传输在网上、存储在光磁介质中。所有这些，都要求武警部队严肃保密纪律，改进保密措施，提高保密工作整体水平。

（五）保持警容严谨，文明执勤

《人民武装警察法》第20条规定："人民武装警察执行任务，应当按照规定着装，持有人民武装警察证件。"第21条规定："人民武装警察应当举止文明，礼貌待人，遵守社会公德，尊重公民的宗教信仰和风俗习惯。"

武警部队代表国家进行执法活动，对人民民主专政国家政权的巩固与建设具有重要作用，是维护社会安全的重要力量，是人民群众安居乐业的直接保证。在和平与发展的条件下，人民警察是维护国家政治稳定、社会稳定、治安稳定的重要力量，这就要求人民警察必须具有强烈的使命感，认真履行职责，文明执勤。文明执勤是人民武装警察整体道德素质和精神风貌的综合反映，有利于密切警民关系，维护党和国家在人民群众心目中的威信。人民武装警察要做到为人处世谦逊礼让，严谨慎重，善于自我剖析，正确估价自己，虚心向他人学习，力戒狂妄自大，目中无人，居功自傲；敢于正视自己的缺点与错误，积极开展自我批评；勇于坚持真理，修正错误，不要特权，不滥用人民赋予的职权搞特殊化，不以权谋私，不凭借职权侵犯国家和人民群众的利益；对人民群众的利益，要带头维护，秋毫无犯，甘当人民的公仆，礼貌带人；坚持公正原则，照章办事，以理服人；改进执法态度，努力学习政策和法律，提高执法能力和水平，向人民群众宣传党的政策和国家的法律；合情合理地解决各种问题，体现文明礼貌的社会公德，符合社会主义精神文明建设的要求；警容严整，着装规范整齐，仪表整洁威严、举止干练有素，讲究人民武装警察礼节，维护人民武装警察的良好形象。上述系统的规范为人民武装警察执行任务提供了基本行动准则。同时，明确的规范，也为人民的监督工作提供了依据，有利于维护人民的基本权益。

二、人民武装警察的权利

军人优抚权利是法律予以明确规定的法定权利，《人民武装警察法》第22条规定：人民武装警察享有《国防法》和有关法律、行政法规规定的现役军人的权益。人民武装警察因执行任务伤亡的，按照国家有关军人抚恤优待的规定给予抚恤优待。此外，《国防法》、《军人抚恤优待条例》和其他有关法律、行政法规也规定了军人的权益保护，这为武警部队

更好地履行职责义务提供了良好条件。

1. 武警军人应当受到全社会的尊重。国家采取有效措施保护现役武警军人的荣誉、人格尊严，对现役武警军人的婚姻实行特别保护。现役武警军人依法履行职责的行为受法律保护。

2. 国家和社会优待现役武警军人。国家保障现役武警军人享有与其履行职责相适应的生活福利待遇，对在条件艰苦的边防、海防等地区或者岗位工作的现役武警军人在生活福利等方面给予优待。国家实行武警军人保险制度。

3. 武警义务兵和初级士官入伍前是国家机关、社会团体、企业事业单位职工（含合同制人员）的，退出现役后，允许复工复职，并享受不低于本单位同岗位（工种）、同工龄职工的各项待遇；服现役期间，其家属继续享受该单位职工家属的有关福利待遇。武警义务兵和初级士官入伍前的承包地（山、林）等，应当保留；服现役期间，除依照国家有关规定和承包合同的约定缴纳有关税费外，免除其他负担。武警义务兵从部队发出的平信，免费邮递。

4. 国家妥善安置退出现役的武警军人，为转业武警军人提供必要的职业培训，保障离休退休武警军人的生活福利待遇。县级以上人民政府负责安置转业武警军人，根据其在军队的职务等级、贡献和专长安排工作。接收转业武警军人的单位应当按照国家有关规定，在生活福利待遇、教育、住房等方面给予优待。

5. 人民武装警察因执行任务伤亡的，按照国家有关军人抚恤优待的规定给予抚恤优待。对残疾武警军人的生活和医疗依法给予特别保障。因战、因公致残或者致病的残疾武警军人退出现役后，县级以上人民政府应当及时接收安置，并保障其生活不低于当地的平均生活水平。

6. 国家和社会优待现役武警军人家属，抚恤优待烈士家属和因公牺牲、病故武警军人的家属，在就业、住房、义务教育等方面给予照顾。武警义务兵服现役期间，其家庭由当地人民政府发给优待金或者给予其他优待，优待标准不低于当地平均生活水平。

第六节　人民武装警察部队的保障措施与执法监督

一、保障武警部队履行职责的措施

人民武装警察部队依法履行职责的行为受法律保护，《人民武装警察法》对武警部队执行安全保卫任务所需要的经费、执勤设施、生活设施、保护条件与福利补助等保障问题也作出了相应规定。

1. 在经费物资待遇保障方面，武警部队执行国家赋予的安全保卫任务及相关建设所需经费，由中央财政和县级以上地方财政予以保障。执勤目标单位及其上级主管部门，应为执勤部队提供执勤设施、生活设施等必要保障。在有毒、粉尘、辐射、噪声等严重污染或者高温、低温、缺氧以及其他恶劣环境下的执勤目标单位执行安全保卫任务的人民武装警察，享有与执勤目标单位工作人员同等的保护条件和福利补助，并由执勤目标单位或者其上级主管部门给予保障。

2. 在国家和社会支持方面，国务院有关部门、县级以上地方人民政府及其有关部门应当及时向人民武装警察部队总部、驻本行政区域的人民武装警察部队通报有关社会治安形势以及突发事件的情况。人民武装警察部队执行安全保卫任务，公民、法人和其他组织应当给予必要的支持和协助。公民、法人和其他组织对人民武装警察部队执行安全保卫任务给予协助的行为受法律保护。对在执行任务中作出突出贡献的人民武装警察以及协助人民武装警察执行任务有突出贡献的公民、法人和其他组织，依照有关法律、法规的规定给予表彰和奖励。公民、法人和其他组织协助人民武装警察部队执行任务造成人身伤亡和财产损失的，按照国家有关规定给予抚恤优待和补偿。

上述措施是武警部队加强全面建设、履行职责使命的重要保证，人民武装警察部队一方面应当根据执行任务的需要，加强对所属人民武装警察的教育和训练，提高依法执行任务的能力，另一方面也应积极主动向地方党委政府和目标单位汇报，争取地方有关部门的广泛支持，协调解决部队建设中遇到的实际困难和问题，努力为部队建设和履行职责使命创造更加有利的条件。

二、人民武装警察的执法监督与法律责任

1. 人民武装警察执法监督的含义

《人民武装警察法》第30条规定：人民武装警察执行任务，应当接受人民政府及其有关部门以及公民、法人和其他组织的监督。武警执法监督是对武警执法活动的法律依据进行审查，对武警执法行为的合法性进行评价，对违反宪法、法律和法规的执法行为予以惩处，并在此基础上对执法活动的各方面工作加以正确的合法性指导。列宁曾指出："一般是用什么来保证法律的实行呢？第一，对法律的实行加以监督。第二，对不执行的加以惩办。"制定《人民武装警察法》的目的之一就是防止武警部队滥用权力，防止武警部队成为权力斗争的工具。因此，武警执法监督是武警执行任务的重要环节，是保证武警执法行为具有合法性的必要的约束手段，加强执法监督对于健全武警法制具有非常重要的意义。《人民武装警察法》系统明确地规定了人民武装警察的法律责任和监督检查机制，严格做到了权责统一，同时为社会的监督提供了依据，有利于彻底贯彻依法治国、依法从严治警、依法用警。

2. 人民武装警察执法监督的内容

依照法律规定，公民、法人和其他组织对人民武装警察的违法违纪行为，有权向县级以上人民政府及其有关部门或者人民武装警察部队检举、控告。检举与控告是《宪法》赋予公民的权利，检举是指非直接受害人揭发反映武警人员违法违纪问题，并要求给予处理的一种行为。控告是指直接受害人揭发反映、指控武警人员违法违纪，对自己或包括自己本人在内的一些人进行伤害，并要求给予处理的一种行为。

依据《人民武装警察法》、《军队信访条例》和《军队纪律检查部门处理检举控告工作办法》等相关规定，人民武装警察部队应当对所属人民武装警察执行法律、行政法规和遵守纪律的情况进行监督检查。县级以上人民政府及其有关部门接到公民、法人和其他组织对人民武装警察违法违纪行为的检举、控告，或者发现人民武装警察在执行任务中有违法违纪行为的，应当及时通报人民武装警察部队。人民武装警察部队接到公民、法人和其他组织的检举、控告，或者接到县级以上人民政府及其有关部门对人民武装警察违法违纪行为的通报后，应当及时查处。

3. 人民武装警察的法律责任

人民武装警察在执行任务中，不履行职责或者违抗上级决定、命令的，违反规定使用警械、武器的，或者有本法第19条所列行为之一的，按照中央军事委员会的有关规定给予

纪律处分；构成犯罪的，依法追究刑事责任。违反规定调动、使用人民武装警察部队的，对直接负责的主管人员和其他直接责任人员，依法给予处分。公民、法人或者其他组织妨碍人民武装警察依法执行任务，有违反治安管理行为的，由公安机关依法给予治安管理处罚；构成犯罪的，依法追究刑事责任。

问题与思考

1. 武警部队执行安全保卫任务的主要内容是什么？
2. 武警部队执行任务可以采取的措施包括哪些？
3. 人民武装警察的权利和义务有哪些？

参考文献

1. 中华人民共和国人民武装警察法编委会编．中华人民共和国人民武装警察法．北京：中国法制出版社，2010

2. 王建平，许耀元编著．中华人民共和国人民武装警察法释义及适用指南．北京：中国法制出版社，2010

3. 拓成祥，杜树云主编．中华人民共和国人民武装警察法释义及适用指南．北京：中国法制出版社，2010

第四编

警务保障、监督、救济和国际警务合作法

第十章
警务保障法

第一节　警务保障法概述

一、警务保障的概念和特点

二、警务保障法的内涵与功能

三、警务保障法的目的与原则

四、警务保障法的体系

第二节　对警察机关的警务保障

一、组织和人员保障

二、经费保障

三、装备保障

第三节　对人民警察的警务保障

一、实体保障

二、程序保障

本章概要

警务保障是警察机关和人民警察履行职责必备的要件。警务保障法是指调整警务保障关系、规范警务保障活动的法律规范的总称，它在进一步全面加强警务保障工作、落实警务保障资源、增强和提高警务的活力和效能方面有着重要的作用和意义，是警察法的重要组成部分。本章主要介绍了警务保障的概念和特点以及警务保障法的内涵与功能、目的与原则、体系等内容，并分别介绍了对警察机关的警务保障和对人民警察的警务保障。

关键术语

警务保障　警务保障法　组织和人员保障　经费保障　装备保障　身份保障　工作条件之保障　生活保障

第一节　警务保障法概述

一、警务保障的概念和特点

国家的存在以追求人民幸福、保障人民权利为目的，然而这一目的实现必先以国家能够存在及社会秩序能够维持为前提。随着社会事务的日益庞杂和社会分工的日益细密，国家专门设立了警察机关来实现国家防止危害、维护社会秩序的任务，警察职能亦彻底从军队、审判机关和一般行政机关中分离出来，并且在职能范围上有了明显界限。因此，警务是“警察事务”的简称，其基本含义是警察机关与警察人员为完成法定任务和职责所应当做的事情。[①] 其义不仅在于行为的主体是警察机关和人民警察，行为的内容是在法律、法规规定的范围内行使职权，更在于强调警察事务的专属性，或言警察事务区别于一般国家事务和行政事务的特殊性。也正是基于此，构成了警察机关和人民警察履行职责的界限。

如前所述，警察机关作为国家维护安全秩序的主要机关，其重要性自不待言。为实现国家的危害防止和秩序维护任务，国家就必须为警察机关和人民警察履行职责提供充分的保障。因此，警务保障是警察机关和人民警察履行职责必备的要件。

从警察法理论和制度体系建构的视角来看，警务保障一词主要在两种情况下使用：一是指通过警务活动对一定国家任务的实现提供的保障，亦即警务所能提供的保障。这里所指称的警务保障实际已经脱离了保障警务实现的角度，而是从一般国家任务的角度来看待警务活动。其范围甚为广泛，典型的制度建构如最高人民法院颁布的《人民法院司法警察刑事审判警务保障规则》，体现的是司法警察对刑事审判活动所提供的警务方面的保障。[②] 因此，该警务保障可视作履行警察职责的一种方式，并不是本教材所要探讨的重点。二是指保障警务实现的制度体系，此即本教材所指的警务保障。

警务保障作为国家为警察机关和人民警察开展警务活动、实现警察任务所提供的保障体系，内容非常广泛。从广义上讲，一切保障警务实现的条件包括确定人民警察的法律地位、明确人民警察职责权限、建立健全警察队伍的组织管理和提高人民警察执法素质等，都属于警务保障的范围。而从狭义上讲，警务保障主要是指保障人民警察有效地履行职责的物质条件和组织人员配备条件，包括有关部门对警察机关和人民警察的工作在物质装备、经费、社会福利等诸方面所提供的必要的物质和组织人员保障。本文主要从狭义上来理解警务保障。

警务保障具有如下特点：

第一，警务保障的目的是保障警务活动的顺利开展，确保警察任务的实现。警务与保障是目的与手段的关系，亦即通过经费、装备、生活、福利等保障手段来保障警察机关的

---

① 参见中国警察学会：《中国警察法学》，287 页，北京，群众出版社，2002。

② 参见最高人民法院颁布的《人民法院司法警察刑事审判警务保障规则》第 2 条第 1 款：“刑事审判警务保障（以下简称警务保障）是指司法警察为保证人民法院刑事审判工作的顺利进行，依法实施的职务行为。”第 2 条第 2 款：“本规则所指警务保障包括：在刑事审判工作中维护审判秩序，警卫法庭安全；保护审判人员、公诉人、辩护人和其他诉讼参与人的人身安全；预防、制止妨碍刑事审判活动的违法犯罪行为；依法押解、看管被告人和罪犯；依法对旁听人员进行安全检查；传唤证人、鉴定人，传递、展示证据。”

正常运作和人民警察警务活动的顺利开展，保障警察机关和人民警察依法有效发挥职能作用。

第二，警务保障的对象是警察机关和人民警察。警务保障的目的主要是保障警察机关和人民警察正常履行职责，因此其保障的对象是警察机关和人民警察。只有为警察机关和人民警察提供充分的经费和福利等方面的保障，其方可充分发挥维护社会秩序的功能，实现《人民警察法》第2条所规定的维护国家安全，维护社会治安秩序，保护公民的人身安全、人身自由和合法财产，保护公共财产，预防、制止和惩治违法犯罪活动的根本任务。

第三，警务保障的主体广泛。警察机关是重要的国家机关，警务保障的主体首先是国家。国家必须为警察机关提供必要的经费、装备等条件，为人民警察提供必要的身份、福利和生活保障，才能保障国家管理职能的顺利实现。同时，公民、其他国家机关和行政机关也是警务保障的主体。

第四，警务保障的内容广泛。从物质保障条件看，规定了警务活动所必需的经费、装备、设施等保障规范以及对人民警察物质利益待遇的保障规范。从行为保障措施来看，规定了对于妨害警务活动的错误决定、命令，有权提出异议；对于超越法定职责范围的指令，有权拒绝执行；对于拒绝或阻碍人民警察依法执行职务以及干扰警务活动的行为，依法给予治安处罚，直到追究刑事责任等。

二、警务保障法的内涵与功能

充分的警务保障是保证人民警察依法执行职务，完成维护国家安全、维护社会秩序和保障人民合法权益的任务所不可或缺的条件。我国历来重视警务保障工作，尤其重视以政治、法律、经济等多种手段保障警务活动的顺利开展。其中，尤其倚重将警务保障纳入法制轨道，以法律制度体系的方式保证警察机关和人民警察依法执行职务。《人民警察法》第五章以专章的形式，用10个条文即占据全法实质性条文1/5的篇幅对警务保障专门作了规定，充分体现了国家对警务保障工作的极大重视，也体现了依法进行警务保障的原则。

（一）警务保障法的内涵

警务保障法是警察法的重要组成部分，是指调整警务保障关系、规范警务保障活动的法律规范的总称。它有两个方面的内涵：

第一，从调整对象上看，警务保障法是调整警务保障关系的法律规范的总称。所谓“警务保障关系”，是指在行使警务保障职能和进行警务保障活动的过程中，与警务保障主体所发生的各种关系以及警务保障主体内部发生的各种关系。它包括警务保障管理关系、警务保障监督关系、警务保障救济关系等。既包括国家、其他国家机关与警察机关在警务保障资源分配和管理方面的关系，也包括警察机关内部在警务保障活动中的关系；既包括对警察机关的保障中所形成的权力关系，也包括对人民警察保障的规范运作的关系。

第二，从目的上看，警务保障法是规范警务保障活动、保证警察机关和人民警察正常履行职责的法律规范的总称。以法律制度体系对警务活动进行保障，与政治、经济等手段进行警务保障所不同的是：它调整的主要是与警务保障有关的权力关系，包括在警务保障过程中涉及的资源分配权、人员编制确定权、经费使用与管理权等，而非仅仅对警务保障重要性的宣告和警察机关与人民警察政治地位的确认；同时它也通过为警察机关和人民警察履行职责所面临的压力提供反制机制，排除不正当权力关系的干扰，来保证警察职责的正常履行和警察任务的实现。在现代法治国家，正是警务保障法为警务保障职能划定了边界，从而成为规范和控制警务保障权的重要手段。另外，警察权的特殊性在于警察机关所具有的强制能力，其权力往往以限制公民权利的方式得以体现，因此更有必要以警务保障法来规范警务保障，促使警察权的运作在人权保障与危害防止任务实现过程中的平衡。

（二）警务保障法的功能

由于警察任务的特殊性，警察机关不同于一般国家行政机关，在机构设置、编制定额、人事管理等方面，不可能完全照搬行政机关的制度和办法。人民警察在维护国家和社会秩序、打击预防犯罪工作中，其职业风险也远高于普通公务员。这就意味着，警务保障具有与一般行政机关和公务员保障所不同的特殊内容，警务保障法在进一步全面加强警务保障工作、落实警务保障资源、增强和提高警务的活力和效能方面，将有着极其重大而又深远的作用和意义。具体表现如下：

1. 规范功能

尽管我国历来重视警务保障工作，但是由于传统体制的束缚和保障法律规范的缺位，规范的警务保障体系一直没有完全建立起来。体现在：一是警务保障涉及财政资源的分配问题，但是目前财政经费的划拨缺乏必要的法律规范，经费划拨存在一定的任意性，财政资金运行环节多、时间长、效率低，影响了公安工作的开展。同时现有财政收支活动透明度不高，有关职能部门难以实施有效监督，容易产生挤占、截留、挪用、私设“小金库”等问题。警务经费保障不到位与监督不到位的情况同时存在。二是警察机关组织与人员保障不规范。由于我国行政组织法的缺失，警察机关组织管理、编制管理等都存在不规范现象，在警力缺口面前，只能以增加协警力量等方法解决，客观上又加剧了警务活动不规范现象。三是缺乏有效的警察权益保障规范，客观上不仅加剧了侮辱、谩骂乃至袭警行为的发生，而且警察机关内部人民警察的正当权益受损也缺乏规范的保障机制等。因此，通过国家立法对警务保障的法律地位以及警务保障的具体内容加以规定，使各种社会主体明确其履行警务保障的责任和义务，对于警务保障过程中涉及的资源分配权、人员编制确定权、经费使用与管理权等权力进行有效规范与调整，从而使警察机关及其人民警察增强执法信心，消除后顾之忧，认真履行其警务活动的职责，依法执行职务，是警务保障法的重要功能。

2. 资源整合功能

与警务保障不到位同时存在的现象是警务资源的配置不合理问题，如警力资源没有完全下到基层一线，机构设置职责交叉，经费使用安排不合理等。要有效整合警力资源，调整机构设置，切实解决分工过细、职责交叉、经费使用不合理的问题，就应当运用法律规范严格规范人事和经费、装备、设施等的使用制度，充分整合现有资源，调动人民警察的工作积极性，从经费、装备上切实加强人民警察队伍的建设，提高人民警察队伍的战斗力。

3. 排除不当干扰功能

警务活动是警察机关及其人民警察的执法活动，警务保障法的重要功能在于对妨害警务活动的各种情况加以制止和排除。比如公安机关在组织体制上受双重领导，有些地方政府就指派公安机关和人民警察参与土地征用、城市拆迁、计划生育、征收税款、卫生检查等各项非警务活动，使公安机关从事超越法定范围的非警务活动。警务保障法就是要通过对警察机关和人民警察正当警务活动造成干扰的因素形成反制机制，抵制和拒绝非警务活动，排除对警务活动的干扰和影响，使警察机关及其人民警察集中精力做好本职工作。

4. 激励功能

警务保障的重要目的就是调动警察机关及其人民警察的工作积极性，促使警察机关和人民警察尽职尽责、积极主动地完成任务。《人民警察法》第37～41条对警察机关的经费、装备、设施建设，以及对人民警察身份权益方面的保障规定，不仅仅使警务活动有了坚实可靠的物质基础，而且使人民警察的工作需要、生活需要有了法律上的保障。这对降低其职业风险，调动工作的主动性和积极性，促使人民警察严格执法、热情服务有着重要作用。

三、警务保障法的目的与原则

（一）警务保障法的目的

我国宪法虽然并未明确规定警察任务或警察职权，然而在其序言中揭示的集中力量进行社会主义现代化建设，增进人民福利，把我国建设成为富强、民主、文明的社会主义国家的目标，必须由国家所有机关共同达成，警察机关和人民警察必然有义务参与。为了警察机关和人民警察更好地维护社会秩序、保障社会公共安全，对警务加以保障便是题中之意。我国1957年《人民警察条例》没有关于警务保障的专门规定，这是当时立法的一个较大缺陷。《人民警察法》专设了“警务保障”一章，并在《关于〈中华人民共和国人民警察法（草案）〉的说明》中言明关于警务保障的规定是“为了确保人民警察依法有效地行使职权”①，从而明确了警务保障法以法律的形式保障警务活动的正常开展，以实现维护国家安全和社会治安秩序、保护公民的合法权益之根本目的。

作为我国警察法的有机组成部分，对于“确保人民警察依法有效地行使职权”之警务保障法目的，其理解要基于以下三个方面展开：

第一，警务保障与警察任务实现之间是手段与目的的关系。《人民警察法》在第1条明确规定了：“为了维护国家安全和社会治安秩序，保护公民的合法权益……保障人民警察依法行使职权……根据宪法，制定本法。”第2条又在此基础上对维护国家安全和社会治安秩序、保护公民的合法权益作了进一步的展开，规定：“人民警察的任务是维护国家安全，维护社会治安秩序，保护公民的人身安全、人身自由和合法财产，保护公共财产，预防、制止和惩治违法犯罪活动。”上述两项总则性的规定，体现的是统摄整个警察法的基本立法精神，亦即警察行使职权与警务活动的开展必须以维护国家安全和社会治安秩序、保护公民的合法权益为根本目的。任何警务活动，包括为警务提供的保障都必须以此为基本的出发点。因此，法律对警务的保障，实则是以保障警务的手段来实现警察任务，其与警察任务实现之间的关系是手段与目的的关系。切不可以保障为目的，而忽视维护国家安全和社会治安秩序、保护公民的合法权益的根本目的。尤其警察职权行使本身带有强烈的行政干涉色彩，如果对于警务进行不合理的过度保障，会有过度侵害公民权益之虞。因此，保障本身并非没有限度。

第二，警务保障法的意义在于以法律保障的形式扫除对警务活动可能构成的干扰，为警务活动的开展提供一个正常的和不被非法干扰的环境。警务活动的正常开展受制于多种因素，其中国家整体的政治目的和发展水平、警察素质与职业精神、公众的法律意识、社会执法环境等都会对之产生影响。然而警务保障作为警察机关与人民警察正常履行职能的前提条件，其制度建立的前提在于整套警察机关或全体人民警察在正常履行职责时所可能

① 陶驷驹在第八届全国人民代表大会常务委员会第十一次会议上《关于〈中华人民共和国人民警察法（草案）〉的说明》。

面临的压力，或言“得不到保障”的压力源的存在对警务活动可能构成的干扰。因此，警务保障法的意义在于以法律保障的形式扫除对警务活动可能构成的干扰，为警务活动的开展提供一个正常的和不被非法干扰的环境。于此，警务保障与警察组织管理活动等的不同点方得以界分。以警察组织管理为例，警察组织管理的目的在于通过对人员和机构的管理，提升警察整体素质，发挥组织的最大功效，以实现整体警察任务；而对警务的组织保障则着重在于强调正常履职所需要的组织和人员要素的齐备，排除由于组织机构设置和人员数额的欠缺导致警务活动无法正常开展的干扰因素，以确保警察组织能够正常行使职权。因此，警务保障与警察管理是实现整体警察任务都必须依赖的手段：一方面，国家要保障人民警察能够有条件依法履行职责、行使权限，充分发挥职能作用；另一方面，也要充分体现人民警察为人民服务的根本宗旨，通过国家依法对人民警察实施领导和管理，保障公民依法有效地对人民警察实施监督，防止人民警察滥用职权。

第三，警务保障法着重在于通过法律的形式确保警察机关和人民警察有效行使职权。对于警务的保障有多种手段，法律保障是其中的一种重要手段。与其他保障手段不同的是，法律保障首先是一种规范保障，也就是通过法律法规的规定，使警察机关和人民警察正常行使职权所需要的机构设置、人员配备、经费、装备等能够到位，规范其中的保障资源分配等权力的运作，保障必须在法律的限度内进行。其次，法律保障是一种基础性保障，法治是复杂社会治理的基本手段，通过法律法规的规定来确保警察机关和人民警察履职的经费、人员等基本条件能够具备，在此基础上，有些经济发展水平比较高的地区当然可以根据本地区实际对警务提供高于全国平均水平的保障。最后，法律保障以权利保障为基本依归，法治的根本要义在于通过对权力的规范来实现权利，如果单纯就保障而言，保障警察有效行使职权就可能异化为保障警察权力的实现，有强化警察在行政干涉领域的强势地位之虞，因此，必须强调警务保障法的根本立足点在于通过警察行使职权来实现国家公共职能和保护人民权益，否则人民权益就容易在保障依法行使职权的过程中受到“合法律性”的侵害。

（二）警务保障法的原则

为确保警察有效行使职权的目的的实现，警务保障法必须遵循以下原则：

1. 依法保障原则

我国《人民警察法》第5条规定：“人民警察依法执行职务，受法律保护。”因此，从立法规定来看，保障的基本前提是“依法”。这就意味着保障必须在法律的限度内进行，这也是保障的一个界限问题。所以，从建设法治政府的角度来看，经费的保障、人员的配备、组织机构的设置等都需要通过法律予以明确。特别是在干涉公民权利和自由的领域或事项时，保障必须严格依据法律来进行。而通常所谓的全面保障只不过是在法律规定的范围内所进行的一种充分保障。

2. 充分保障原则

警务活动的开展必须具备一定的物质条件和组织人员条件，因此警务保障必须充分到位。经费的缺失、基础设施的不完善和人民警察工资福利待遇低等都会影响到警务活动的正常开展。当然警务保障的充分原则并不意味着无限度地满足警察机关和人民警察的物质需要，而是指在法律明定的保障范围之内应当充分给予保障。同时，也要顾及我国经济发展的现实水平，节约有限的财政资源。

3. 有效性原则

在我国总体经济发展水平比较低的情况下，警务保障水平和规模亦必然受到限制。因此，在有限的资源面前，警务保障必须合理规划，开源节流，通过提高资源利用的有效性来达到警务保障的有效性。因此，通过提高人力资本的价值，提高人民警察素质，促进财政资金的有效规划和合理使用，是保障有效性得以实现的重要方式。

4. 保障与管理相结合的原则

警务保障是人民警察依法有效行使职权的前提条件，但是充分的警务保障必须与有效的警务管理相结合，才能真正起到促进人民警察依法有效行使职权的作用。在充分保障的同时，警察机关必须重视队伍建设，重视执法的规范化建设，提升人民警察的执法水平和执法能力，保证警务活动的正常开展，从而实现警察任务。

四、警务保障法的体系

警务保障法作为以法律手段保障警务活动顺利进行的法律规范，其所涵盖的范围甚为广泛。由于保障主体的多样性和保障内容的复杂性，警务保障法的范围并不能仅以《人民警察法》第五章的规定为限。时至今日，随着我国组织法和公务员保障法律制度等的日趋完善，警务保障规范在宏观法律框架和微观的细化操作规范方面都有了很大的发展。一般意义上看，警务保障规范大致可确定为以下基本内容：

（一）一般法律中的警务保障规范

我国警察法中所指的警察包括公安机关、国家安全机关、监狱、劳动教养管理机关的人民警察和人民法院、人民检察院的司法警察，分别隶属于国家行政机关或国家司法机关。因此，一般法律中对相关机关及人员的保障条款同样适用于警察机关与人民警察。以保障对象分类可以分为：

1. 对机关的保障规范。为保证国家各项事业的有序进行，国家必须保障各国家机关顺利开展各项工作。警察机关作为国家机关的一部分，当然并不例外。这又可以分为整体保障与专项保障。第一，整体保障。即对于人民警察隶属的公安机关和司法行政机关、法院和检察院等依法行使职权的工作进行的整体性国家保障。我国宪法对于全国人大和常委会审查和批准国民经济和社会发展计划、计划执行情况以及国家的预算和预算执行情况的职权进行了规定。《地方各级人民代表大会和地方各级人民政府组织法》第 8 条对县级以上的地方各级人民代表大会行使审查和批准本行政区域内的国民经济和社会发展计划、预算以及它们的执行情况的职权进行了规定；第 59 条对县级以上的地方各级人民政府执行国民经济和社会发展计划、预算，管理本行政区域内的公安、司法行政等行政工作的职权作了规定。这就意味着，公安部、司法部等中央国家机关和地方各级公安机关、司法机关等的正常职权行使有着国家的整体保障。第二，专项保障。即对于公安机关、司法行政机关和司法机关中的专项警务活动开展提供的保障。如《禁毒法》第 41 条第 2 款：“强制隔离戒毒场所的设置、管理体制和经费保障，由国务院规定。”第 69 条还规定了制裁规范：“公安机关、司法行政部门或者其他有关主管部门的工作人员在禁毒工作中有下列行为之一，构成犯罪的，依法追究刑事责任；尚不构成犯罪的，依法给予处分：……（三）挪用、截留、克扣禁毒经费的。”又如《行政许可法》第 58 条第 3 款规定：“行政机关实施行政许可所需经费应当列入本行政机关的预算，由本级财政予以保障，按照批准的预算予以核拨。”这些规定就为警察机关开展警务活动中的禁毒、行政许可事项等提供了专门的法律保障。

2. 对人员的保障规范。对履行公职人员的一般保障规范主要是《公务员法》。根据《公务员法》的规定，只要依法履行公职、纳入国家行政编制、由国家财政负担工资福利的工作人员都属于公务员的范围，因此公安机关、司法行政机关以及人民法院、人民检察院的人民警察只要符合以上条件的，均属于公务员。《公务员法》在第1条明确规定了保障公务员的合法权益是该法的制定目的之一。在第十二章专章规定了工资福利保险制度，对工资管理的基本制度、原则和重要内容作了规定，规定了公务员按照国家规定享受福利待遇，国家建立公务员保险制度，保障公务员在退休、患病、工伤、生育、失业等情况下获得帮助和补偿。同时在该法的第十五章专章规定了申诉控告制度，规定了公务员对涉及本人的人事处理不服的，可以申请复核；对复核结果不服的，可以按照规定向同级公务员主管部门或者作出该人事处理的机关的上一级机关提出申诉；以及公务员认为机关及其领导人员侵犯其合法权益的，可以依法向上级机关或者有关的专门机关提出控告等内容。《公务员法》的这些规定同样适用于人民警察。

（二）《人民警察法》中的警务保障规范

与对国家机关和国家机关工作人员的一般规定不同的是，《人民警察法》是关于警察机关和人民警察进行警务活动的职责、权限等的专门法律规范。出于对警察机关和人民警察在维护社会安全秩序方面的特殊任务以及履行该职权所面临的特殊职业风险的考虑，《人民警察法》在第1条明确规定了保障人民警察依法行使职权是警察法的立法目的之一，更在第五章对警务保障进行了专章的规定，同时在警察法的其他条文如培训、奖励、监督等条款中贯穿了保障警务的立法精神。主要内容有：

1. 依法执行职务的保障。包括人民警察对超越法律、法规规定的人民警察职责范围的指令，有权拒绝执行，并同时向上级机关报告。人民警察认为上级决定和命令有错误的，可以按照规定提出意见，但不得中止或者改变决定和命令的执行；提出的意见不被采纳时，必须服从决定和命令；执行决定和命令的后果由作出决定和命令的上级负责。人民警察依法执行职务，公民和组织应当给予支持和协助。对于拒绝或者阻碍人民警察依法执行职务的，可以给予治安管理处罚；以暴力、威胁方法实施构成犯罪的，可以依法追究刑事责任。

2. 警察身份与警察标志保障。包括人民警察的警用标志、制式服装和警械，由国务院公安部门统一监制，会同其他有关国家机关管理，其他个人和组织不得非法制造、贩卖。人民警察的警用标志、制式服装、警械、证件为人民警察专用，其他个人和组织不得持有和使用。违反上述规定的，可以没收非法制造、贩卖、持有、使用的人民警察警用标志、制式服装、警械、证件，由公安机关进行处罚，构成犯罪的，依法追究刑事责任。

3. 经费保障与装备保障。规定国家保障人民警察的经费。人民警察的经费，按照事权划分的原则，分别列入中央和地方的财政预算。人民警察工作所必需的通讯、训练设施和交通、消防以及派出所、监管场所等基础设施建设，各级人民政府应当列入基本建设规划和城乡建设总体规划。

4. 工资福利保障。人民警察实行国家公务员的工资制度，并享受国家规定的警衔津贴和其他津贴、补贴以及保险福利待遇。

5. 抚恤和优待。人民警察因公致残、因公牺牲或者病故的，可以享受国家的抚恤和优待。

（三）警务保障单行规范

警务保障是警察机关和人民警察正常开展工作的前提条件，而且是一个涉及组织、人员、物质等方面的复杂系统，因此在《人民警察法》的原则性规定之外，还有许多依据警察法制定的警务保障规范。如2006年国务院颁布的《公安机关组织管理条例》在第四章专章对编制和经费进行了规定，规定对公安机关人民警察使用的国家行政编制实行专项管理；还规定县级以上人民政府按照国家规定的经费项目和标准，将公安机关经费列入财政预算，实行全额保障，并对经济困难地区的公安工作给予必要的经费支持等内容。2003年公安部颁布的《110接处警工作规则》在第六章对110接处警的警务保障进行了专门的规定，规定110报警服务台应当装备接警、录音系统，有线、无线指挥调动系统，公安地理信息系统（电子地图），相应的信息查询终端和必要的办公设备、交通工具，并配备专业技术人员，保证设备处于良好运行状态；110处警单位应当按照规定配备交通、通讯工具、枪支、警械、防弹背心及绳索、急救包等警用装备和救援器材；110专用警车应当统一喷涂标志，并配备必要的急救设备等。公安部2008年修订发布的《交通警察道路执勤执法工作规范》在第十章对执勤执法安全和防护作了规定，规定公安机关交通管理部门应当定期检查交通国家安全防护装备配备和使用情况，发现和纠正存在的问题。另外，还有司法部颁布的《司法行政系统人民警察抚恤办法》，重庆市人民代表大会常务委员会颁布的《重庆市道路交通安全条例》等行政规章、地方性法规分别对各项警务保障作了细化的规定。

除了上述警务保障法律、法规和规章外，各公安机关、司法行政机关以及人民法院、人民检察院还根据本系统的警务工作，制定了内部的工作规范对警务保障进行了规定。如公安部发布的《关于加强基层所队正规化建设的意见》、最高人民法院发布的《人民法院司法警察暂行条例》、最高人民检察院发布的《人民检察院司法警察暂行条例》、北京市财政局和北京市公安局发布的《北京市公安机关财务管理办法（试行）》等，对于落实警务保障、体现从优待警原则起到了积极的作用。不过，总的来说，我国警察机关与人民警察的警务保障还存在立法层次较低的问题，客观上阻碍了充分的警务保障的实现。因此，完善警务保障法体系十分必要。

第二节 对警察机关的警务保障

对警务保障法，学界从不同的角度进行了分类。有的学者从保障主体与保障内容相结合的角度，将警务保障法分为国家的立法保障、政府的行政保障、公众与社会保障以及警察机关的自身保障四类。① 有的学者从警务保障主体的角度出发，将警务保障法律规范分为国家以及各级政府提供的保障、其他社会主体对警务活动提供的保障、警察机关内部警务保障和对妨害警务活动的行为处理、制裁的法律规范。② 这些理论和观点对我们正确认识警务保障、丰富对警务保障内涵的理解起到了极其重要的作用。然则警务保障作为警察机关与人民警察正常履行职能的前提条件，其制度建立的前提在于整套警察机关或全体人民警察在正常履行职责时所可能面临的压力机制的存在，或者“得不到保障”的压力源的存在对警务活动可能构成的干扰。从这个意义上说，警务保障法的意义便在于以法律保障的形式排除那些可能的干扰，为警务活动的开展提供一个正常的和不被非法干扰的环境。因此，本文对警务保障的分类是从可能对警务构成干扰的不同压力源的角度进行的分类。又由于警察机关和人民警察作为不同的保障对象，其压力来源并不完全相同，因此下文以对警察机关的保障和对人民警察的保障分而述之。

如前所述，作为一个组织，警察机关正常履职的压力源与人民警察正常履职的压力源多有不同。依法人人格理论，警察机关正常开展警务活动需要人员、场所和经费、装备等

① 参见中国警察学会：《中国警察法学》，292页，北京，群众出版社，2002。

② 参见惠生武：《论警务保障》，载《公安大学学报》，1996（5）。

一系列物质和人员条件，必须加以配备和保障。然而由于我国组织法制的缺失，国家各机关权力配置不清，管理体制变动不居，中央和地方利益分配没有形成固定格局，人员编制“定编定岗”就难以实现，相应地经费保障和装备保障不到位等一系列问题就暴露出来，严重制约了警察机关正常警务活动的开展。尤其不相协调的是，在我国目前的行政主体理论中，县级以上公安机关、司法行政机关作为国家行政机关，可以具有独立的行政主体的法律地位；各级人民法院和检察院根据《人民法院组织法》和《人民检察院组织法》，可以依法独立行使司法权，其独立人格得到了法律的充分肯定。因此，我国警察机关以独立法律地位展开活动所必需的人员、经费和装备等条件的缺失，成为警察机关保障特有的压力源。以下就这几方面分而述之。

一、组织和人员保障

任何警务活动都必须依赖组织和人员开展，因此对组织和人员问题的规定历来是各国警察法的重点内容。我国警察法在第四章对于人民警察的组织管理进行了专章的规定，规定了人民警察的录用条件、担任人民警察领导职务人员的条件、人民警察的教育培训和奖励等条款，其主要的着眼点在于警察队伍的组织管理。警察队伍的组织管理是警察机关发挥职能、人民警察依法履职的必要条件，但是从警务保障法的角度来看，警务保障法所指的组织和人员保障主要是国家对警察机关正常开展活动所需人员的配备和组织机构的设定，亦即警察机关作为国家机关和具有独立法律地位的主体，其正常履职所需要的组织和人员要素的齐备。因此，警务保障法所言的组织和人员保障，其义务主体主要是国家。因此，国家必须为警察机关正常开展警务活动提供组织和人员条件，此乃宪法和组织法层面的内容，而非仅以警察法的规定便可完备。从世界各国的警察组织法律制度来看，亦主要体现为一般行政组织法与警察法的双重格局来对警察组织和人员进行保障。以下以日本为例加以说明：

日本在《国家行政组织法》中对包括国家公安委员会在内的国家行政机关的设置进行了规定。《警察法》中则以主要的篇幅规定了国家公安委员会、警察厅、都府道县警察的设置和组织，并在《警察法施行令》中规定了警视厅和都府道县警察本部的组织机构、地方警务官的定员等问题，更在其附表2和附表3中详细规定了作为地方警察职员的警察官的定员及按警衔划分的定员基准。以下举附表2部分内容和附表3为例。

日本《警察法施行令》附表2①（部分）：

各都府道县警察机构中作为地方警察职员的警察官定员基准（与第7条相关）

北海道	9 834 人
青森县	2 195 人
岩手县	2 062 人
宫城县	3 452 人
秋田县	1 882 人

日本《警察法施行令》附表3②（部分）：

---

① 参见刘伯祥：《外国警察法》，31页，北京，中国法制出版社，2007。

② 参见刘伯祥：《外国警察法》，32页，北京，中国法制出版社，2007。

地方警察职员中各类警衔警察官的定员基准（与第7条相关）

府县警察（不包括大阪府警察、神奈川县警察、爱知县警察、兵库县警察及福冈县警察）中作为地方警察职员的各级警衔的警察官定员基准如下表，府县警察中作为地方警察职员的警察官的定员基准分为若干类，各类人员依次乘以表中警衔栏中列出的比例，所得乘积就是各类警衔的合计人数。

警衔别 / 类别	警视	警部	警部补（包括巡查部长）
1 000人以下的人员	55‰	113‰	546‰
1 001人以上2 000人以下的人员	35‰	70‰	587‰
2 001人以上3 000人以下的人员	21‰	48‰	611‰
3 001人以上的人员	19‰	47‰	613‰

警衔 / 都府道县	警视	警部	警部补（包括巡查部长）
北海道	45‰	78‰	576‰
东京都及大阪府	25‰	57‰	602‰
神奈川县、爱知县、兵库县及福冈县	25‰	59‰	601‰

从以上列表可以看出，日本警察法及相关细则对于警察机关的机构设置和人员配备很重视，规定也极为详尽。

我国《人民警察法》第24条规定：“国家根据人民警察的工作性质、任务和特点，规定组织机构设置和职务序列。”对国家在警察组织和人员配备方面的职责进行了规定。但由于我国统一行政组织法的缺失，细致的机构设置和人员配备规定在国家行政管理体制改革和国家经济社会结构变迁的大背景下亦尚不具备条件，因此第24条的这项规定至今看来依然是一个原则性规定。从组织法的角度看，组织和人员保障应分为两个方面：

1. 组织机构设置

警察机关的组织机构设置是指警察机关机构的名称、机构的分布和层次以及机构的级别、规模等。警察法作为规定警察组织、职权等的基本法律，在各国都必须与宪政体制下行政系统的组织规范相联系，才能对警察机关与其他行政机关的职能分工和相互关系予以明确。而我国不仅欠缺一般行政组织法，各职能部门的组织管理规范也几乎不具备①，仅依国务院颁布的《公安机关组织管理条例》并不能解决公安机关与其他行政机关职责交叉、相互关系不明的问题，这就直接影响到我国公安机关在内部组织机构设置上的有序性和有效性。我国公安机关是由中央公安机关、地方各级公安机关、专业公安机关等组成的。《公安机关组织管理条例》第二章对公安机关的设置进行了规定，规定了县级以上人民政府公安机关依照法律、行政法规规定的权限和程序设置，其内设机构分为综合管理机构和执法勤务机构；公安分局、公安派出所和公安机关内设机构的设立、撤销，按照国家规定的权限和程序审批；看守所、拘留所、戒毒所、收容教育所依照法律、行政法规的规定设置等内容。总的来看，我国警察机关的组织机构设置还需进一步明确，以确保整体国家行政任务的有序进行和圆满完成。

① “《条例》是我国第一部规范公安机关组织管理的行政法规，也是第一部规范政府职能部门组织管理的行政法规。”王斗斗：《填补政府职能部门组织立法空白——公安部有关负责人谈〈公安机关组织管理条例〉》，载《法制日报》，2006-12-21。

2. 人员编制配备

人员编制是指为了实现组织目标、履行法定职能，对经过批准而设定的组织的人员配备和人员定额、人员结构和比例等进行的规定。其主要内容包括制定编制比例和编制标准，核定部门人员编制总额和确定人员编制结构。对人员的编制管理，是组织开展活动的基本条件。科学合理的人员编制管理，是建立精干高效的组织体系的重要前提，也有助于节省国家财政开支。因此，正如上例日本组织法与警察法的相关规定要对警察机关人员进行明确的总数规定和结构、比例的规定。我国目前由于编制法的缺位，政府机构设置和人员核定存在较大的随意性，缺乏科学论证和统一规划。表现在警察机关的人员编制管理中，就体现为严重的警力不足现象与警力浪费现象同时存在①，有限的警力资源与繁重的警务工作之间的矛盾非常突出。因此，公安部提出了“精简机关、充实基层、强化实战”的要求，建立了警力下沉的工作机制，在公安部《关于加强基层所队正规化建设的意见》中明确提出了“所队实有警力原则上要占县级公安机关总警力的85%以上”。深挖现有警力资源、增加辅警力量等渠道，对于缓解目前警力不足的现象确有实效，但是根本的解决机制还是在于国家要通过完善编制法律法规，对警力配备进行科学规划、合理编制和充足保障。

二、经费保障

经费保障亦即财政保障，通常包括常规的行政办公经费、业务经费、购置警用装备、营建基础设施、教育培训、交通等各项开支。获得足够的经费保障，是警察机关履行维护国家和社会秩序、打击预防犯罪职能的必备要件，因此其警务活动的开展必须有足额的财政支持，自无可争议。因此，其历来是各国警察法的重要内容。

（一）国外警察法对警察机关经费保障的规定

就各国通例来看，警察机关的经费来源包括中央财政和地方财政两个方面。由于各国宪法规定的国家结构形式的不同，决定了警察管理体制各有不同，经费来源亦各有不同。联邦制的国家分为联邦警察和地方警察，如美国、澳大利亚等国。一般联邦警察的经费纳入联邦财政预算，由国会批准后执行；地方警察的经费则纳入地方财政预算，由地方议会批准后执行。单一制国家一般有统一的警察法作为依据，但警察管理体制仍分为中央与地方二级，其经费来源则包括中央与地方财政。以下以日本、俄罗斯为例，略作说明。

1. 日本

日本警察管理体制分为中央与地方二级。中央机关警察由隶属于总理府之国家公安委员会营运，国家公安委员会由委员长及5名委员组成，主管“有关国家公安之警察营运，统管警察教育、警察通信、犯罪鉴定、犯罪统计、警察装备等事项，并执行有关公安警察行政之调整”（《日本警察法》第5条）；地方警察则由隶属于各地方政府之都道府县公安委员会管理（《日本警察法》第38条）。②

《日本警察法》第37条对于都府道县警察机关的经费来源作了专门的规定，将经费分为国库支出的经费和都府道县支出的经费，同时还规定了由都府道县支付的都府道县警察经费，可以依据政令规定在预算范围内由国家进行部分补贴。其第1款规定了：“都府道县

① 警学界关于警力不足和警力资源改善多有论述，具体可参见孙晓东：《论警力资源的长效管理》，载《江苏警官学院学报》，2002（2）；郑小林：《无增长改善论与基层警力不足之出路》，载《公安学刊》，2004（6）；张宏志：《论城市化进程中的警力配置》，载《中国人民公安大学学报（社会科学版）》，2006（2）等文。

② 参见李震山：《警察法论——警察任务编》，37页，北京，正典出版文化有限公司，2002。

警察需要的下列政令规定的经费由国库支出：(1) 具有警视正以上机关警衔的警察官的工资和其他待遇、缴给地方公务员共济工会的费用及公务灾害赔偿所需要的经费；(2) 警察培训设施的维护管理及警察学校中教育与培训所需要的经费；(3) 警察通信设施的维护管理及其他警察通信所必要的经费；(4) 犯罪鉴定设施的维护管理以及其他犯罪鉴定业务所需要的经费；(5) 犯罪统计所需要的经费；(6) 警用车辆、警用船舶和其他警用装备的配备所需要的经费；(7) 警卫、警备所需要的经费；(8) 用于侦破涉及国家安全的犯罪以及其他特殊犯罪案件的经费；(9) 用于训练应对武力攻击事件的措施及突发实态紧急处置措施以及和国家机关一起进行的有关这些措施的训练所需要的经费；(10) 处理犯罪受害人赔偿事务所需要的经费。"[①] 同时在《日本警察法施行令》第 2 条"由国库支付的都府道县警察经费"中对上述经费项目进行了详细的列举，如将 (7) 警卫、警备所需要的经费具体化为"进行警卫、警护以及在骚乱和大规模灾害及其他情况下的出动、机动队运营、警务训练、长距离调动警力、监视非法入境、其他警备活动所需要的经费。"《日本警察法》第 37 条第 2 款规定："依前款规定应从国库支出的经费之外，都府道县警察需要的经费由各都府道县支出。"《日本警察法》第 37 条第 3 款则规定了国家对都府道县警察经费的补助，并在《日本警察法施行令》第 3 条规定了补助经费的概念、补助计算方式和补助额等。可见，日本警察法划分了中央与地方财政在警察经费保障问题上各自的事权范围，通过对中央财政开支的部分进行详细的列举，对地方财政开支部分则作出概括性规定的方式，彰显了对警察机关经费"有效且无漏洞"的全面保障。

2. 俄罗斯

俄罗斯于 1999 年制定了《俄罗斯联邦民警法》，2011 年 2 月 15 日，俄罗斯通过修订后的《俄罗斯联邦警察法》，从 2011 年 3 月 1 日起施行。规定俄罗斯联邦民警机关是执行权力的国家机关，其使命是保护公民的生命、健康、权利和自由，保护社会和国家的财产、利益免受犯罪和其他违法行为的侵害。同时规定俄罗斯联邦民警分为刑事民警和治安民警。民警机关在其活动中隶属于俄罗斯联邦内务部，而治安民警机关同时还隶属于俄罗斯联邦各主体相应的权力执行机关。因此，其经费来源主要根据警察机关隶属关系不同由中央财政与地方财政共同负担。

（二）我国警察法对警察机关经费保障的规定

《人民警察法》第 37 条规定："国家保障人民警察的经费。人民警察的经费，按照事权划分的原则，分别列入中央和地方的财政预算。"体现了我国警察机关的经费保障来源的两个方面即中央财政和地方财政。单行的警察法律规范如《公安机关组织管理条例》第 23 条第 2 款规定："县级以上人民政府按照国家规定的经费项目和标准，将公安机关经费列入财政预算，实行全额保障，并对经济困难地区的公安工作给予必要的经费支持。"体现了对公安机关财政全额保障的原则。《监狱法》第 8 条也规定了国家保障监狱改造罪犯所需经费，监狱的人民警察经费列入国家预算。另外一些规范性文件如最高人民法院《人民法院司法警察条例》第 30 条、最高人民检察院《人民检察院司法警察条例》第 28 条均规定了人民法院、人民检察院司法警察工作和训练所需经费应当得到保障，并列入本院财务预算。

但是由于我国正处于经济和社会结构的转型期，计划经济时代的财政保障体系尚未成功转轨，警察机关经费严重不足、基本保障不力的局面就无法避免。从警务保障法的角度

---

① 刘伯祥：《外国警察法》，10～11 页，北京，中国法制出版社，2007。

看，主要表现为：一是经费保障缺乏细致的规定，经费拨付标准、额度和项目等都缺乏可操作性的规范，导致财政拨付的任意性比较大，财政的资源分配权限滥用的可能性比较大；二是经费保障缺乏程序性的规定，财政拨款、预算外拨款、专项资金拨款等的具体程序不明，很大程度上依赖警察机关与财政机关的协商与议价机制；三是经费使用缺乏监督，《预算法》的实施缺乏有力的监督和保证，表现为应纳入预算的没有纳入预算、已纳入预算的执行中缺乏刚性以及财务管理不严等问题，客观上助长了小金库和预算外资金泛滥等现象，以罚代收现象难以杜绝。

以上问题的出现有着多方面的原因，但是与现有关于警察机关经费保障的法律规范规定得比较原则和抽象也有密切的关系。从警察保障法的角度看，警察机关得不到充分的经费保障将会妨碍警察机关正常履行职务，甚至引发警察权寻租的问题。因此，警察机关的经费保障必须实现法制化：

第一，实现经费保障体制的系统化。我国人民警察分属于公安机关、司法行政机关、人民法院和人民检察院等不同的国家机关，在组织体制上分属于国家行政机关和司法机关。我国目前实行的是"分级管理、分级负担"的财政保障体制，财政基本上与行政管理体制相挂钩，但是这很难体现对警察机关经费保障的倾斜，尤其是依赖于行政管理体制的经费保障体制对于司法机关独立司法权的运用实际还存在着负面的作用。因此警察机关的经费体制并不一定仅与政府体制相一致，也应当与司法体制相协调。各级政府要充分考虑警察机关的合理需要，保障警察机关的正常运转和执法活动的正常进行，切实负起保障责任。另外，应提高警察机关经费的供给比例。从世界范围来看，由于警察机关在维护社会安全方面的重要地位，警察机关的开支历来在政府公共支出中占有较大的比重。2002 年，英国政府公布了刑事司法系统改革白皮书，决定到 2006 年增加 13 万名警察，警察支出增加 15 亿英镑。美国 2005 年司法部所属各类联邦警察与联邦检察官经费支出就达 250 亿美元，占联邦政府财政预算的 1.2%。"9.11"事件之后，为加强反恐力量建设，联邦政府不断加大了对相关执法部门的经费投入，其中联邦调查局的经费从 2001 年的 33 亿美元增加到 2006 年的 57 亿美元，增长 73%。因此，中央需加大对警察部门的专项补助力度。从目前基层公安部门的实际看，县乡财政困难问题也体现在公安部门的经费保障上，尤其是贫困地区，资金供需矛盾更为突出。如果都依靠一般性转移支付由地方财政安排，恐会事与愿违，起不到应有的作用。因此，在一个较长的时期内中央财政仍应通过专项补助的方式加大对地方公安机关的支持，切实解决基层公安机关的突出问题，同时对各级政府的支出也可以起到明显的政策导向作用。

第二，细化经费保障的操作性规范。中央财政和主管部门要提出制定日常经费保障标准的原则意见，指导各省制定各司法机关、司法行政机关和公安机关的经费标准，使经费保障有据可依；省级财政和主管部门要制定县级司法机关、司法行政机关和公安机关的具体分类保障经费标准，并监督实施；县级财政部门要按照省里制定的标准供给经费，切实保障警察机关履行职能的经费需要。在分配警察经费时，要综合考虑当地的面积、人口、失业、经济状况、交通、房屋类型、犯罪率等因素，计算单个工作的成本，以此决定各部门的经费预算。同时要注重经费保障的程序性规范和经费使用的管理规范，保障经费使用的透明和有效。

第三，建立激励约束机制，推动地方各级政府增加对警察机关的投入。为防止地方财政、警察机关对中央补助专款的依赖性，避免中央专款的"挤出效应"，要进一步研究提出以中央专项补助为导向的激励和约束机制，推动地方各级政府共同增加对警察机关、尤其是贫困地区基层司法机关的经费投入，全面提高司法机关的经费保障水平。同时要建立对地方警察机关经费投入状况的考核制度。

三、装备保障

警用装备是指人民警察制式服装、车辆号牌等专用标志、武器警械的总称。具体包括：(1) 制式服装，通常简称为制服，指人民警察穿戴的规定式样的服装。制式服装作为统一整体，还包括现行帽徽、领带、铜色纽扣、领带、领带卡等。(2) 人民警察专用标志。广义上讲，制式服装上的徽章、领花、纽扣等警服专用标志，也是人民警察专用标志。专用标志应包括两种：一是警衔标志；二是车辆号牌、警灯、警用警报器等专用标志。(3) 武器警械，是指人民警察按照规定装配的枪支和警用器械。国务院发布的《人民警察使用警械和武器条例》第3条规定："本条例所称警械，是指人民警察按照规定装备的警棍、催泪弹、高压水枪、特种防暴枪、手铐、脚镣、警绳等警用器械。"警用装备是保证警务活动开展的物质条件。虽然从财务的角度看，装备保障是经费保障的一个方面，但是由于警用装备是警察活动开展的必备条件，而且是警察机关区别于一般国家机关的重要标志，因此对装备保障有特别探讨的必要。

从各国警察法来看，也都对警用装备进行了详细的规定。《日本警察法施行令》第8条规定了警察厅的警察官及皇宫护卫官的被服配给品种、每人配给数以及使用年限；第9条依据警察法第68条的规定，规定了装备物品如下所列：警衔章、识别章、警察手册、手铐、警笛、警棍、手枪、皮带和枪套。《新加坡共和国警察法》第22条亦规定："为了有效地履行职责，所有警官应当配备执勤所需的武器、弹药和其他装备。"

我国《人民警察法》第39条规定："国家加强人民警察装备的现代化建设，努力推广、应用先进的科技成果。"对警察机关的装备保障进行了概括性的规定。同时，在其他法律法规中对各警种的装备保障又有分别的规定。如《消防法》第36条规定，县级以上地方人民政府应当按照国家规定建立公安消防队、专职消防队，并按照国家标准配备消防装备，承担火灾扑救工作；第43条规定，县级以上地方人民政府应当为火灾扑救和应急救援工作提供人员、装备等保障。再如《公安机关人民警察盘查规范》第17条第2款、第3款规定了盘查民警驾驶车辆上应当配备轻型冲锋枪、防弹衣、反光背心、防弹头盔、防毒面具、车载电台、停车示意牌、救生器材、急救药箱、搜索灯、强光手电、阻车路障、警戒带等装备；盘查卡点应当配置机动车辆、通讯工具、阻车路障、强光手电、警戒带、停车示意牌等装备器材，并视勤务需要配置防弹盾牌。除此以外，对于非法生产、买卖警用装备的行为，《刑法》第281条还规定了刑罚处罚："非法生产、买卖人民警察制式服装、车辆号牌等专用标志、警械，情节严重的，处三年以下有期徒刑、拘役或者管制，并处或者单处罚金。单位犯前款罪的，对单位判处罚金，并对其直接负责的主管人员和其他直接责任人员，依照前款的规定处罚。"

第三节 对人民警察的警务保障

对警察机关的警务保障主要针对的是警察机关作为国家机关正常开展工作的保障问题，主要围绕的是组织开展工作必备的组织、人员和物质基础的问题。但是，组织毕竟是一个法律上的拟制体，组织能否正确履职依赖的还是组织人员的工作开展。对国家机关组织成员正常履职进行保障，各国主要规定于公务员法中。在我国，公务员法第 1 条也明确规定了保障公务员的合法权益是公务员法制定的主要目的之一，同时对公务员的工资福利保险及申诉控告权等进行了专章规定。人民警察作为公务员群体的成员之一①，对人民警察的履职保障当然也应遵守公务员法的规定。同时，人民警察与一般公务员相比，又有着职业上的特殊性，因此，《人民警察法》对警察履职保障作了专章规定。以下就主要围绕公务员法和警察法的相关规定，从实体保障与程序保障两个部分展开对人民警察警务保障的探讨。

一、实体保障

对人民警察的警务保障的实体保障，即对人民警察履行职务过程中的实体权利义务的保障。与通常所言的警察执法权益保护是从不同角度进行的概括，前者是由宏观上警务的实现为着眼点，而后者是由微观上个体警察的执法权益为着眼点。正如前述所言，由于警务工作最终要由人民警察来完成，因此对人民警察的实体警务保障不仅是人民警察生存需要和安全需要得到满足的物质基础和主要来源，或言警察执法权益不被侵犯的前提条件，而且也是人民警察队伍和警察机关能够正常开展工作的物质基础。参看各国警察法对警务实体保障的规定，联系我国的相关法律法规规定与警务实践，实体保障主要包括以下内容：

（一）身份保障

为了确保政府工作的公正和高效，保持公务员队伍的稳定和工作的延续性，就必须保障公务员的身份，防止公务员因为执行公务而被基于不当的理由或者未经法定的程序予以不利处分。因此，公务员身份保障是现代公务员制度的一个重要特点。

公务员的身份保障权一般包括四个方面的内容：第一，公务员之身份非依法律不得剥夺；第二，基于身份之请求权应予保障；第三，停职公务人员复职权利之保障；第四，机关裁撤、组织变更或业务紧缩时之身份保障。② 其中公务员之身份非依法律不得剥夺是公务员身份保障最为基础也是最为重要的内容。公务员之身份非依法律不得剥夺是指公务员的身份一经确定，非因法定事由和非经法定程序，公务员不得被免职、辞退或处罚。世界上很多国家都在公务员法中对公务员的身份非依法律不得剥夺进行了规定。如德国基本法第 129 条规定："公务人员之任用，除法律另有规定外，为终身职；公务员非依法定条件及程序，不得将其暂行免职，令其暂行停职或退休或转任其他俸给较少之职位。"《日本公务员法》规定，职员符合下列条件之一时，可以违反本人意愿强制降职或免职：一是工作成绩不佳；二是因身心不健康，执行职务不力或有困难；三是其他缺少任其官职必备条件；四是由于官职和定员的变动或预算减少，出现官职或人员过剩。美国规定，凡在竞争性公务员系统的雇员由于行为或能力问题，应予撤职、降级或重新分配以有利于提高工作效率的，雇佣单位均可以对他进行撤职、降级或重新分配工作。③ 法国宪法则在第 34 条划分了议会和政府关于公务员制度的立法权限，其中公务员的基本权利保障事项属于立法权限，公务员制度的其他事项由政府以行政法规规定。亦即涉及公务员身份等的基本权利属于法律保留事项，非依法不得剥夺。我国《公务员法》则在第 13 条第 2 项规定："非因法定事由、

---

① 《关于〈中华人民共和国公务员法（草案）〉的说明》中指出：关于公务员法与法官法、检察官法、人民警察法的关系，根据立法法关于同位阶法律特别法优于一般法的规定，对法官、检察官、人民警察履行职责的特殊要求，除使用公务员法的有关规定外，仍可适用有关的法律规定。

② 参见翁岳生：《行政法》上册，457 页，北京，中国法制出版社，2002。

③ 参见李大林：《发达国家公务员保障机制的特点与启示》，载《甘肃社会科学》，2008（6）。

非经法定程序，不被免职、降职、辞退或者处分。”明显吸收了公务员身份非依法不能剥夺的基本内涵，是对公务员身份保障权利的规定。其内涵包括：第一，公务员非因法定事由，不被免职、降职、辞退或者处分。所谓法定事由，是指公务员的行为确实触犯了国家的法律或者公务员的纪律，构成了被依法免职、降职、辞退或者处分的情形或者事由。第二，非经法定程序，不被免职、降职、辞退或者处分。第三，只有对非因法定事由、非经法定程序的处理，公务员才可以拒绝接受。

由于警察的公务员身份，许多国家的警察法在公务员法的基础上，对警察的身份保障权进行了具体规定。如《韩国警察公务员法》第22条规定：“警察公务员触犯以下各项者，掌权者可将其免职。(一) 触犯国家公务员法第70条第1项第3号至第5号之一者；(二) 在总统令规定的范围内，不适应公务员工作，无能且缺乏诚意者；(三) 在总统令规定的范围内，不适应危险工作的性格与人格者；(四) 将其所担任的警种资格证丢失或吊销者。”该条第2项同时还规定：“因触犯第1项第2号、第3号及国家公务员法第70条第1项第5号者而免职时，依据第26条之规定，须取得惩戒委员会的同意方可实施。”从而从实体条件与程序条件两个方面对警察身份非依法不能剥夺进行了规定。《新加坡共和国警察法》则在第40条规定了违纪罪，规定警察犯了违纪罪时，根据该法与《警察条例》的规定，在给予其适当的听证机会后，可以给予该违纪警察解雇或强行辞退、降衔、降级或者降职等处罚。

我国在《人民警察法》中，对人民警察的身份保障没有作类似公务员法的总体性规定，但是由于《公务员法》相对于《人民警察法》是一般法，《公务员法》的一般性规定当然适用于人民警察。同时，《人民警察法》在第22条中明确列举了人民警察不得有散布有损国家声誉的言论，参加非法组织，参加旨在反对国家的集会、游行、示威等活动，参加罢工等12项行为，并在其后的第48条中规定，人民警察有第22条所列行为之一的，应当给予警告、记过、记大过、降级、撤职直至开除的行政处分。从法无授权即禁止的基本公法理论、警察法的法律地位和第22条列举条件的明确性来看，应认为其为降级、撤职、开除等涉及警察身份的问题进行了严格的法律限制。2010年4月21日公布、6月1日起施行的《公安机关人民警察纪律条令》第二章“违法违纪行为及其适用的处分”中对公安机关人民警察违法违纪行为及适用的处分进行了细化的规定。其19个条款中可以适用开除处分的有14个条款，其中包括逃往境外或者非法出境、违反规定滞留境外不归的；参与、包庇或者纵容危害国家安全违法犯罪活动的；参与、包庇或者纵容黑社会性质组织犯罪活动的；向犯罪嫌疑人通风报信的；私放他人出入境的等直接适用开除处分的条款。涉及可以适用降级、撤职处分的条款有17个，包括散布有损国家声誉的言论情节较重等行为。同时该条令第26条规定：“有本条令规定的违法违纪行为，已不符合人民警察条件、不适合继续在公安机关工作的，可以依照有关规定予以辞退或者限期调离。”第27条规定：“处分的程序和不服处分的申诉，依照《行政监察法》、《公务员法》、《行政机关公务员处分条例》等有关法律法规的规定办理。”

（二）工作条件之保障

人民警察的工作条件保障是指公务员有权获得执行公务所必需的一切办公条件。它包括硬件设施与软件设施，具体指职权、办公场所、办公用品、交通工具、信息通讯工具等方面。它是人民警察行使法定职责与职权的基本要求。硬件主要表现在执行公务所需的经费和办公所需的物资，包括办公用品、文书档案及设备等。软件则主要是对人民警察权责的保障，从广义上看，人民警察权力与责任的确定构成人民警察工作的基础条件，应认为是工作条件保障的内容之一，然则作如此广泛的定义会弱化警察法对权责规定的基本目的在于通过以职权法定来促使人民警察依法履行职权的规范作用，也会使保障范围失之过宽从而不能凸显警察法上的警务保障旨在排除警察履职障碍的基本功能，因此软件意义上的工作条件保障还是应将前提界定为警察履职在人事等非物质方面所可能受到的不当干扰，尤其是指对不受上级违法工作指派的保障。具体来说，工作条件之保障包含以下内容：

1. 必要器具设备及良好工作环境之提供

必要器具设备及良好工作环境之提供与前述所言对警察机关经费保障和装备保障密切相关。我国《人民警察法》在第37条规定了经费保障，第38条规定："人民警察工作所必需的通讯、训练设施和交通、消防以及派出所、监管场所等基础设施建设，各级人民政府应当列入基本建设规划和城乡建设总体规划。"第39条规定："国家加强人民警察装备的现代化建设，努力推广、应用先进的科技成果。"这些都是与必要器具设备及工作环境相关的规定。只有经费保障充足、装备保障到位，才能为人民警察履行职务提供良好的工作环境和必要的器具设备。不同之处在于，对人民警察器具设备和工作条件的提供是从微观的层面上来谈的，经费保障和装备保障的范围也远不止于基础设施和器具设备。从单警配备的角度看，有些公安部规章对配备必要的器具设备作了专门的规定。如《交通警察道路执勤执法工作规范》第7条就规定，交通警察应当配备多功能反光腰带、反光背心、警用文书包、手持台、警务通等装备，必要时可以配备枪支、警棍、手铐、警绳等武器和警械；执勤警车应当配备发光指挥棒、反光锥筒、警示灯、停车示意牌、警戒带、照相机（或摄像机）、酒精检测仪、测速仪、灭火器、急救箱、牵引绳、拦车破胎器等必备装备；根据需要还应当配备枪支、防弹衣、防弹头盔、简易破拆工具、防化服等装备。同时，公安部在《关于加强基层所队正规化建设的意见》中细化规定出警、出勤民警必须装备防弹头盔、防刺背心、防弹背心；根据工作需要配备必要的武器警械；以及所队办公用房建设必须纳入当地城乡建设总体规划、国民经济和社会发展规划，由所在公安机关或警种负责实施，确保民警必要的工作、生活条件；所队要按照公安部规定统一外观标识和建筑外观形象、统一警用车辆（船艇）外观制式；搞好环境绿化美化；以及保证基层所队有汽车、电话、电脑等。这些对于人民警察必要器具设备及良好的工作环境提供了规范支持。

2. 执行职务之安全保障

由于人民警察承担着打击和预防犯罪的职责，使得警察工作面临着生命和人身安全的巨大威胁。尤其随着社会经济的发展、社会结构的变迁，多发的袭警事件和群体性事件等对警察执行职务的安全提出了严峻的挑战，警察执行职务的安全保障显得越来越重要。目前警察执行职务遭遇谩骂、殴打等现象多发，有着多方面的原因，但是警察执行职务的安全保障缺失却是主要原因。这一方面与前述所言经费保障和装备保障不充分有关，但是从物质基础的角度看，警察执行职务的安全与警察装备、警察设施等有密切联系，却并不意味着有了武器装备和基础设施，警察执行职务就安全了，因此另一方面也与维护、保障民警执法权益工作不到位有关。2009年，公安部制定了《公安机关保障民警依法履行职务工作规范》来推进各级公安机关依法查处妨害民警依法履行职务的行为，为民警执法营造良好的环境。该规范主要针对民警因依法履行职务受到执法对象和群众侵害的情况而制定，具体规定了公安机关应当针对民警因依法履行职务受到侵害的情况开展以下工作：（1）协调处理和督办民警因依法履行职务遭受暴力袭击、诬陷、诽谤、侮辱，被错误追究责任，被打击报复等不法侵害案件；（2）对因依法履行职务受到侵害的民警的救治、救助、法律援助、慰问、心理辅导等善后工作；（3）调查研究民警因依法履行职务受到侵害的情况，把握其原因、规律和特点，及时发布预警信息和执法安全提示；（4）加强与新闻媒体的沟通，主动向社会通报警情真相，减少和消除公众的误解和偏见，曝光典型案例，警示和震慑不法分子，树立执法权威；（5）加强民警执法安全防范意识教育和防范能力的培训，并对民警武器警械和安全防护设备的配备使用情况进行监督检查；（6）及时总结民警因依法履行职务受到侵害案件的教训，查纠解决制度不落实、保障不得力、指挥不科学、救助不积极、处理不到位等问题。同时还规定：公安民警依法履行职务受到暴力袭击等非法侵害，造成人身伤害或财产损失的，警务督察部门应当协调、督促相关部门对不法侵害人依法予以处理，并协助当事民警及其亲属通过法律途径追偿人身伤害损失和财产损失；诬陷、诽谤或者侮辱公安民警，造成恶劣影响的，应当依法追究相关人员的法律责任，并由警务督察部门在适当范围内为被诬陷、诽谤、侮辱的民警澄清事实，消除影响，恢复名誉；对造成公安民警伤亡的案件，公安机关应当迅速组织人员保护现场，及时救治受伤民警，看望、慰问民警及家属，落实医疗救治、补偿、抚恤、休养等救助措施；各级公安机关应当加强公安民警攻防、盘查、查控、抓捕、搜索、现场控制、疏散等单兵和集体实战战术训练，提高民警防范、制止袭警行为的警体技能和实战技能；发生袭警案件时，公安机关应当迅速组织力量进行处置，明确现场指挥人员进行全面协调，确保指挥到位、警力到位、装备到位、救治到位、措施到位；以及保障民警依法履行职务的工作程序等。而且，近年来，各地公安机关都成立了民警执法权益保护委员会，建立健全保护民警合法权益的工作制度，做到民警维权工作有人抓、受了委屈有人管、受到伤害有救助，以切实保障民警依法履行职责和民警的合法权益不受侵犯。

3. 不受违法工作指派之保障

国家机关作为一个组织系统，其机关相互之间各有分工，方能在各自主掌的领域完成专业任务。在横向分工的基础上，同一系统内的国家机关之间又必然得行上下级之组织设置来共同完成本系统的国家任务。此间就必须面对上下级之间的关系问题。人民警察作为警察机关的一员，与警察机关之间存在隶属关系，与上级领导之间又存在人事体制内的上下级关系，因此，上级机关和上级领导对人民警察个体就形成实然的压力机制，来促成警察积极完成组织和上级交办的任务，认真履行岗位职责。警察按照上级命令行事，便是警察工作的题中之意。然而，上下级之间难免有意见不一致的时候，尤其当上级发布违法命令或错误决定时，上下级之间的命令服从关系内在的张力就凸现出来。对此，人民警察不受违法工作指派的保障机制就成为确保警务活动合法开展的关键所在。我国《公务员法》第 54 条、《人民警察法》第 32、33 条都对命令服从关系作出了规定，其基本内容如下：

第一，不服从上级决定和命令的前提条件是上级指令违法。在一般情况下，正如《人民警察法》第 32 条第 1 款所言，人民警察对上级所下达的决定和命令都必须执行，即使上级下达的决定和命令有错误，也只有向上级提出改正或者撤销该决定或命令的建议，而不能不服从上级决定和命令。哪些决定和命令下级可以不执行，各国立法例颇有差异。《法国国家警察职业道德准则法令》第 17 条规定："下级必须服从上级的命令，除非其命令明显地违法和严重地侵害公众利益。"所采用的是命令违法和严重侵害公众利益的双重标准，即必须表明该决定不仅违法，而且还严重侵害公众利益。

第二，不服从上级决定和命令时必须履行报告制度。我国《人民警察法》第 33 条规定："人民警察对超越法律、法规规定的人民警察职责范围的指令，有权拒绝执行，并同时向上级机关报告。"对不服从上级决定和命令规定了报告制度，但并没有明确说明报告的形式和细节要求。《法国国家警察职业道德准则法令》第 17 条第 2 款则规定："如下属认为上级的命令明显违法或者严重危害公共利益时，有义务将自己的意见告知上级机关，同时明确地指出上级命令的错误所在。如果上级仍旧坚持己见，或予以解释或说明后该下级仍坚持自己的意见，可向上一级机构请示报告。可能情况下，附上文字报告，还须把自己的反对意见备案。”将报告的形式主要规定为书面报告。

4. 获得公民和组织协助的保障

维护社会公共安全、打击和预防犯罪并不仅仅是警察机关和人民警察的任务，同时也是全社会的任务。因此，警察机关和人民警察在执行职务时，应当可以获得公民和组织的协助。我国《人民警察法》第34条规定：“人民警察依法执行职务，公民和组织应当给予支持和协助。公民和组织协助人民警察依法执行职务的行为受法律保护。对协助人民警察执行职务有显著成绩的，给予表彰和奖励。公民和组织因协助人民警察执行职务，造成人身伤亡或者财产损失的，应当按照国家有关规定给予抚恤或者补偿。”其第35条还规定：“拒绝或者阻碍人民警察依法执行职务，有下列行为之一的，给予治安管理处罚：（一）公然侮辱正在执行职务的人民警察的；（二）阻碍人民警察调查取证的；（三）拒绝或者阻碍人民警察执行追捕、搜查、救险等任务进入有关住所、场所的；（四）对执行救人、救险、追捕、警卫等紧急任务的警车故意设置障碍的；（五）有拒绝或者阻碍人民警察执行职务的其他行为的。以暴力、威胁方法实施前款规定的行为，构成犯罪的，依法追究刑事责任。”同时，《人民警察法》第13条规定：“公安机关的人民警察因履行职责的紧急需要、经出示相应证件，可以优先乘坐公共交通工具，遇交通阻碍时，优先通行。公安机关因侦查犯罪的需要，必要时，按照国家有关规定，可以优先使用机关、团体、企业事业组织和个人的交通工具、通信工具、场地和建筑物，用后应当及时归还，并支付适当费用；造成损失的，应当赔偿。”该规定也可以理解为是对公安机关和人民警察获得公民和组织的履职协助的规定。

（三）生活保障

人民警察的生活保障是人民警察保障机制中最基本的内容。它是人民警察及其家庭生活的主要来源，是调动人民警察工作积极性和提高工作效率的强大动力和杠杆。充分的生活保障才能使人民警察安心本职工作，积极进行警务活动，认真履行工作职责。它包括：

1. 工资福利保障

工资是指以货币形式支付给人民警察的劳动报酬以及国家为人民警察举办的各种优惠服务设施和直接给予人民警察个人的各种福利性补贴。福利则包括了公务员的保健、休假、住房、交通补贴等方面的待遇。由于工资福利是警察的主要生活来源，各国警察法对警察薪俸都作了规定。《日本警察法施行令》就不仅规定了警察薪俸的经费来源，还规定了警察职员享有的特殊勤务补贴、加班补贴、日夜班值班补贴、管理职员特别勤务补贴、夜勤补贴、假日勤务补贴及武力攻击灾害派遣补贴等，以及这些补贴的经费来源、计算方法等。《澳大利亚联邦警察法》第20条规定了根据《1973年薪金审裁机构法》，警察总长的薪金应当按照薪金审裁机构确定的标准支付，副警察总长的薪金和津贴则按照警察总长书面确定的标准支付；第27条规定警察总长可以以书面形式确定澳大利亚警察职员的薪金、奖金和其他条件。

我国《人民警察法》对于人民警察的工资福利待遇没有作详细规定，只在第40条笼统规定了：“人民警察实行国家公务员的工资制度，并享受国家规定的警衔津贴和其他津贴、补贴以及保险福利待遇。”但是《公务员法》第十二章则以专章的形式规定了公务员的工资福利待遇。根据这些规定，人民警察的工资福利待遇受到国家的保障，具体包括：

第一，人民警察按照国家规定享受工资与福利待遇。人民警察工资包括基本工资、津贴、补贴和奖金，实行国家统一的职务与级别相结合的工资制度；人民警察按照国家规定享受地区附加津贴、艰苦边远地区津贴、岗位津贴等津贴；按照国家规定享受住房、医疗等补贴、补助；按照国家规定享受福利待遇。人民警察实行国家规定的工时制度，按照国家规定享受休假。人民警察在法定工作日之外加班的，应当给予相应的补休。

第二，人民警察的工资福利待遇列入财政预算，不得擅自改变和克扣。人民警察工资、福利以及录用、培训、奖励、辞退等所需经费，应当列入财政预算，予以保障。任何机关不得违反国家规定自行更改人民警察工资、福利政策，擅自提高或者降低人民警察的工资、福利待遇。任何机关不得扣减或者拖欠人民警察的工资。

第三，国家根据经济发展水平逐步提高人民警察的工资福利待遇。国家应当建立人民警察工资的正常增长机制，并根据经济社会发展水平提高人民警察的福利待遇。

2. 社会保障

人民警察的社会保障是指人民警察因年老、疾病伤残以及失业等原因无法继续工作或丧失劳动能力时，国家通过发给退休金、养老、医疗、失业保险金等形式保障其生活的措施。它包括养老保险、医疗保险、失业保险、生育保险、工伤保险等项目。它是规避人民警察及其家庭的生活风险、维持人民警察队伍稳定的重要手段，是警务保障制度中不可缺少的组成部分。综合来看，世界各国在警察社会保障的立法形式上有两种：一种是对警察社会保障不作专门规定，而是沿用普通公务员的社会保障标准。如《日本警察法》第77条规定警衔为警部补、巡查部长、巡查的警察官，警衔为警视或警部的警察官，事务职员或技术职员的养老抚恤适用《养老抚恤法》的规定。《英国警察改革法（2002)》第95条则规定《1974年职业健康与安全法》适用于警察，《1996年雇佣权利法》规定了警官在工作中不受健康及安全损害的权利以及警官不因工作中的健康及安全问题被不公正解雇的权利。另一种是对警察的社会保障进行专门的规定，如俄罗斯就规定内务部各医疗机构应给民警及其家属免费提供各种医疗救助；所有民警都享有强制性的国家人身保险，其费用从相应的预算资金以及组织根据合同建立的专门基金中支出。

我国《宪法》第14条第4款规定了："国家建立健全同经济发展水平相适应的社会保障制度。"但是由于国家经济水平的限制，我国还没有建立起完善的社会保障制度，包括公务员的社会保障制度。《公务员法》在第77条第1款中规定："国家建立公务员保险制度，保障公务员在退休、患病、工伤、生育、失业等情况下获得帮助和补偿。"同时在第十四章对公务员退休作了规定。结合《人民警察法》第40条规定的人民警察享受保险福利待遇的规定，人民警察的社会保障主要包括以下内容：

第一，国家建立公务员保险制度，保障公务员在退休、患病、工伤、生育、失业等情况下获得帮助和补偿。公务员退休后，享受国家规定的退休金和其他待遇，国家为其生活和健康提供必要的服务和帮助，鼓励发挥个人专长，参与社会发展。

第二，人民警察的保险待遇列入财政预算。除人民警察工资福利待遇必须予以保障外，人民警察的保险、退休金也应当列入财政预算，予以保障。任何机关不得违反国家规定自行更改人民警察保险政策，擅自提高或者降低人民警察的保险待遇。

3. 抚恤和优待

与普通公务员不同的是，人民警察处于维护社会治安秩序和打击预防犯罪的第一线，不仅工作任务十分艰巨，而且时时面临流血牺牲的危险。因此，对因公致残、牺牲、死亡或者病故的人民警察，对其及其家属的抚恤和优待不仅事关人民警察个体的生活保障，也是国家对这些因公付出健康乃至生命的人民警察应尽的生存照顾义务。同时，抚恤和优待措施也是稳定人民警察队伍、提高人民警察履行职务积极性的必要措施。故而，各国警察法对人民警察的抚恤都极为关注，并对之作了细致的规定。如《韩国警察公务员法》第16条规定了："警察公务员在战斗中以及其他执行公务或教育训练中死亡者（包括因病死亡）及其遗属、伤残者及其家属均可根据国家对立功者的有关法律条文享受待遇与补偿。"

我国《公务员法》第77条第2款对公务员抚恤作了原则性的规定，即"公务员因公致残的，享受国家规定的伤残待遇。公务员因公牺牲、因公死亡或者病故的，其亲属享受国家规定的抚恤和优待"。《人民警察法》第41条则对抚恤和优待标准进行了规定："人民警察因公致残的，与因公致残的现役军人享受国家同样的抚恤和优待。人民警察因公牺牲或者病故的，其家属与因公牺牲或者病故的现役军人家属享受国家同样的抚恤和优待。"在此基础上，民政部、公安部、司法部等还通过《公安机关人民警察抚恤办法》和《司法行政系统人民警察抚恤办法》等对抚恤和优待进行了细化规定。具体内容包括：

第一，抚恤和优待的对象。抚恤是指国家对因公伤残、因公牺牲或者病故的人民警察及其家属所采取的物质抚慰形式。优待一般是指对上述人员从政治上、物质上给予良好待遇。我国人民警察抚恤包括死亡抚恤和伤残抚恤两种。死亡抚恤的对象为革命烈士、因公牺牲的人民警察和病故的人民警察及家属。伤残抚恤的对象为因战致残和因公致残的人民警察及家属。

第二，抚恤和优待的方式。抚恤的最主要方式是发放抚恤金和生活补助费。《乌克兰民警法》第23条则规定：民警因履行维护社会秩序和打击犯罪职责而牺牲的，给牺牲者家庭和由其供养的人一次性发放数额为牺牲者最后任职10年工资的抚恤金，并因失去供养人而发给数额为月职务工资的补助金；民警因履行职责致残，以及在任职期间或免职后3个月内，或该期限届满后但因在任职期间就存在的疾病或不幸事件造成残疾的，一次性发给数额为3～5年工资的抚恤金（根据丧失劳动能力的程度），并发给残疾补助金。我国人民警察的死亡抚恤金分为一次性死亡抚恤金、定期抚恤金、特别抚恤金三种。其中一次性死亡抚恤金的发放标准为革命烈士发放40个月工资，因公牺牲人民警察发放20个月工资，病故人民警察发放10个月工资，立功和获得荣誉称号（含死亡后追记、追认功勋）的人民警察死亡后，还可按比例增发一次性抚恤金。被批准为革命烈士的人民警察，其抚养的家属生活困难的则可享受定期抚恤金。在公安工作中作出特殊贡献的人民警察死亡后，除按规定享受以上抚恤外，还可增发一次性特别抚恤金。另外，人民警察因公牺牲或病故，符合民政部、财政部《国家机关事业单位工作人员死亡后遗属生活困难补助暂行规定》条件的，由所在单位发给其遗属生活补助费。对伤残人民警察的抚恤则主要为发放伤残保健金，并享受有关公（工）伤和抚恤待遇；符合条件的还可以享受护理费、伙食费、治疗期间的差旅食宿费等。优待的方式则比较多样，包括发放优待金，以及在治病、交通、入学等方面的各种优待措施。

第三，抚恤和优待的资金来源。人民警察抚恤金和生活补助金等的发放，主要由中央财政和地方财政列支。但是由于国家财力有限，且每一个因公牺牲、因公致残人民警察的情况各有不同，国家对抚恤金和生活补助金的标准化发放并不能完全解决因公牺牲和因公致残人民警察及家属的生活困难。为更好地做好人民警察的伤亡抚恤工作，有些国家在警察法中对抚恤优待的资金来源作了进一步的规定。如《乌克兰民警法》规定民警因公致残或健康受到其他损害时，可领取超过警察法规定的抚恤金总额的补助金，该项费用可以由与民警机关签订合同的组织支付。《新加坡共和国警察法》第十部分则专章对警察基金作了规定，规定警察基金是政府基金的一种，可以将融资款项用于投资，警察总监根据警察法和警察条例的规定，负责管理警察基金，并监督和管理基金的使用。基金的用途不仅及于额外的抚恤和补助，而且也用于奖励那些有特殊贡献仍在任的，或领全额退休金、养老金、津贴、专项福利及超期服役或参与特殊勤务的退休警察或特殊警察。基金的来源包括警察没收的款项及警官违纪违法被处的罚款、所有警察交付的赔偿金、因殴打警察被罚的款项、根据法院命令没收的及主动送给警察的非法酬金、由总监接受的给警察基金的捐款及全部警察基金的投资纯收入等。出于我国警察抚恤与优待的需要，公安部相继在1999年和2000年出台了《全国公安民警英烈抚恤补助基金暂行管理规定》和《公安机关接受民警伤亡抚恤捐赠管理办法》，规范了英烈抚恤补助基金的使用管理和接受伤亡抚恤捐赠的活动。该两项规定允许在财政拨款之外，接受公安部、各级公安机关及其所属单位的人民警察、职工、国内企事业单位、社会团体和个人以及港澳台同胞、海外侨胞、国际友人和团体的捐款。英烈抚恤补助基金的使用范围以利息或定向捐款为全国公安英烈家属提供各种一次性补助，补助项目包括：烈士抚恤补助金、英烈子女助学金和英烈抚恤慰问金。公安机关接受、使用自然人、法人或其他组织捐赠的用于民警伤亡抚恤的财产则用于对伤亡公安民警及其家属的抚恤补助金、慰问金、助学金及与优抚工作有关的支出。

二、程序保障

依据有权利必有救济之法理念，经人民同意的法律所明定的各项权利，都应当获得适当的救济。上述人民警察的实体权利若遭受侵害时，就必须有一套争讼制度以资救济，故而程序性保障的重要性不言自明。人民警察在履行职务的过程中，实体权利损害的可能性来自于各个方面，如遭遇袭警或民事索偿等，自有刑事诉讼、行政诉讼、民事诉讼等各项程序予以保障。然则作为组织成员之一，人民警察参与公务活动的过程，亦是其个人价值在组织体制内的实现以及个人生存和发展的实现过程，故而组织对其身份认同、经济供给和人事安排与其切身利益密切相关。因此，对人民警察在组织体制内可能遭受的权利侵害也应当有获得救济的程序保障，尤其由于组织相对于成员的强势地位，人民警察在组织体制内受到侵害的可能性是不争的现实。然则，我国的《行政诉讼法》却明确规定了行政机关对行政机关工作人员的奖惩、任免等决定不属于行政诉讼的受案范围，因此，人民警察对警察机关人事处理等决定不服的，并不能够诉诸行政诉讼的救济途径。① 但是《公务员法》第十五章规定了对处分等人事处理决定不服的，公务员可以申请复核和提出申诉；也规定了公务员认为机关及其领导人员侵犯其合法权益的，可以提出控告。这些规定也同样适用于人民警察。

关于人民警察申诉、控告等程序性保障，各国一般都与系统科学的公务员管理制度相结合，对申诉控告的立案规则、工作责任、受案内容、审理程序、审理机构、处理决定等各项工作作细致的规定。申诉控告的受理内容主要集中在警察对行政处分不服、对工资和其他待遇问题处理不服、对考核结果不服、对晋升任用不服等方面。同时建有专门的管理机构，如日本有人事院公平局，法国有行政对等委员会，韩国则规定：为审查警察公务员

① 关于此类决定是否属于行政诉讼范围，争议由来已久。德国法上有特别权力关系理论，认为公法上勤务关系视为个体主动放弃自由与权利，政府可随时以内部的规范来限制公务员的基本权利。但是第二次世界大战后，在宪政与依法治国理论倡导下，该学说已作了大幅度的修正，特别权利关系理论由盛转衰。各国均从基本人权的角度出发，肯定了基本权利请求权的重要性。《韩国警察公务员法》第28条就规定，不满惩戒处分、休职、免职等提起的行政诉讼，由警察厅长和海洋警察厅长承担被告。

的申诉，警察厅、海洋警察厅、地方警察厅以及总统令指定的警察厅所属机关和地方海洋警察官署中，设置警察公务员申述审查委员会；警正以上警察公务员，经警察公务员申述审查委员会的审查后仍上诉者，由依据警察公务员法设置的中央警察公务员申述审查委员会进行审查。

我国警察法没有对警察申诉、控告作出专门的规定，在单行规章如《公安机关人民警察纪律条令》等规定中，一般都规定处分的程序和不服处分的申诉，依照《行政监察法》、《公务员法》、《行政机关公务员处分条例》等有关法律法规的规定办理。结合我国《公务员法》，对人民警察警务的程序保障包括复核、申诉和控告三个部分的内容①：

第一，复核。复核是指人民警察对于涉及本人的人事处理决定不服时，可以依照法定的程序向原处理机关提出重新处理要求，原处理机关必须按照有关规定作出处理的制度。

第二，申诉。申诉是指人民警察对于涉及本人的人事处理决定不服时，可以依照法定的程序向同级人民政府人事部门及监察机关提出重新处理要求，受理机关必须按照有关规定作出处理的制度。

第三，控告。控告是指人民警察对本机关及其领导人侵犯自身合法权益的行为，依照宪法和国家其他基本法律规定，以口头或书面形式向上级行政机关或监察机关提出指控，要求纠正其侵权行为，追究有关人员的法律责任，并要求予以赔偿的制度。

问题与思考

1. 综合事例

请阅读以下某省《公安系统经费保障情况的专题调查报告》，思考文后问题：

我省有设区市公安局 9 个、县级公安局 86 个、公安派出所 1 162 个。总警力28 957人，占全省总人口的万分之八点七一，居华东地区中等水平。

2001 年，全省公安机关财政预算拨款 15.63 亿元，同比增 15.57%。

从全省情况看，财政对公安机关的投入逐年加大，为公安机关顺利履行职责奠定了一定的物质基础。但从各级的情况看，苦乐不均，极不平衡。经费保障呈“头重脚轻”，省级保障较好，基本上能保证履行职能的经费需要，人员经费按实核定，实行国库统发；公用经费按高于一般行政机关一倍以上标准核定；专项经费按财力可能给予优先保证；市级保障勉强维持；县级供给不足，基层派出所严重不足。公安系统以“皇粮”为主渠道的公安经费保障机制尚未形成，基层经费不足已成为制约我省公安工作的瓶颈问题。存在的主要问题：

一是公用经费不足，影响了基层公安机关正常运转。公用经费是维持公安机关日常工作运转的财力保证。根据省委办［1999］43 号文件的规定，公安机关公用经费要按高于一般行政机关公用经费标准一倍以上安排。但财政困难市县由于受财力限制，有的市县没有按规定的要求安排公安机关的公用经费；有的市县即使按高于一倍的要求安排公用经费，但标准太低，与公安机关日常工作运转所需经费差距较大。如 2001 年 A 县公安局年人均公用经费为 1 000 元，略高于一般行政机关年人均 600 元的标准，全局公用经费总额为 16.2 万元，而同年电话费支出就达 15 万元、水电费支出 5 万元；B 县公安局 2001 年经费预算为 226.54 万元，扣除人员经费及看守所业务费，全局公用经费仅 5.91 万元，人均 484 元。乡

① 具体申诉控告程序在本教材警察救济法部分有专门阐述，本章不再赘述。

镇派出所作为县级公安局的派出机构，经费由县局核定，由于县局本身经费不足，核定给派出所的公用经费更低。如C县财政局核定公安局年人均公用经费2 500元，但公安局每月只按人均50元的标准包干给派出所使用，仅开支水电费和电话费都不够。二是办案经费不足，影响日常侦查办案工作。据宁德市公安局统计，2001年严打整治斗争期间，全市公安机关共破获刑事案件7 152起，办案经费支出2 816.2万元，而全市仅安排严打整治经费276万元。办案经费主要依靠罚没收入和行政性收费的返还予以解决（市以下罚没收入和行政性收费尚未执行收支彻底脱钩的办法）。大部分的经费保障缺口是依靠各种名目的“隐性收入”予以填补，这势必影响办案的公正性。有的民警靠个人垫支完成任务，据统计，2001年我省基层公安民警个人垫支办案经费累计2 427万元。

问：

(1) 如何理解警务经费保障的主体?

(2) 对经费的来源如何区分?

(3) 经费保障如何规范化?

(4) 对保障经费使用如何监督?

2. 思考题

(1) 试述警务保障的概念和特点。

(2) 试述警务保障法的内涵。

(3) 试述警务保障的目的与原则。

(4) 试述对警察机关的警务保障。

(5) 试述人民警察的身份保障。

(6) 试述人民警察不受违法工作指派之保障的内容。

参考文献

1. 中国警察学会编著．中国警察法学．北京：群众出版社，2002

2. 惠生武．论警务保障．公安大学学报，1996 (5)

3. 刘伯祥．外国警察法．北京：中国法制出版社，2007

4. 孙晓东．论警力资源的长效管理．江苏警官学院学报，2002 (2)

5. 郑小林．无增长改善论与基层警力不足之出路．公安学刊，2004 (6)

6. 张宏志．论城市化进程中的警力配置．中国人民公安大学学报（社会科学版），2006 (2)

7. 李震山．警察法论——警察任务编．北京：正典出版文化有限公司，2002

8. 翁岳生．行政法．上册．北京：中国法制出版社，2002

9. 李大林．发达国家公务员保障机制的特点与启示．甘肃社会科学，2008 (6)

第十一章 警务监督法

□·本章概要·□

警务监督又称为警务救济，是指对公安机关及其人民警察执法活动的监察、督导和促进。警务监督对于确保公安机关及其人民警察依法行政、维护和保障警察权的依法运行、建立警务法治以及尊重和保障人权起着十分重要的作用。本章对我国警务监督的现状及发展方向作了较为深入的思考，并且重点介绍了警务监督的必要性、警务监督法律体系、我国警务督察制度建设、我国警务公开机制建设、解决涉法上访长效机制建设等问题。

关键术语

警务监督　警务督察　警务公开　警务控申和信访　解决涉法上访长效机制建设　域外警务监督体制

第一节　警务监督

一、警务监督的含义与特征

警务监督，也可以叫作监督警务、警察执法监督或者警务法治监督。警务监督可以分为广义和狭义。广义的警务监督，是指对公安机关及其人民警察执法活动的监察、督导和促进。包括了公安机关内部和外部的监督。狭义的警务监督，仅指公安机关内部的监督。警务监督，是从对公安机关公权力监督的角度命名的；从相对人私权利保护的角度，可以称之为警务救济。[①]

研究警务监督的文章比较多，特别是《人民警察法》、《公安机关督察条例》等法律法规制定实施以后，在肯定警务监督法治建设进步的同时，也指出存在的问题及需要改进的一些地方[②]，相关研究也更为具体、丰富多彩。[③]

警务监督的特征可以简要的概括为以下几个方面：

第一，警务监督的主体具有广泛性、多样性。总体上讲，任何一个公民、法人和其他组织都有权力（利）而且可以适时的对公安机关及其人民警察的执法活动进行监督。比如，国家权力机关[④]、行政机关、司法机关、上级和本级公安机关都有权力依法实施警务监督，

① 参见高毅：《论对警察权不当或者违法行使后果的救济》，载《辽宁公安司法管理干部学院学报》，2008（2）。

② 参见李忠信：《中外警察法立法之比较》，载《公安大学学报》，1998（1）；《论公安执法监督（续）》，载《公安大学学报》，1998（5）。

③ 参见宋远升：《论侦查行为的社会监督》，载《河南省政法管理干部学院学报》，2008（2）；巩振兴：《干预警察心理危机的整合模式》，载《上海公安高等专科学校学报》，2008（1）；曹延彬：《警务监督的管理学思考》，载《上海公安高等专科学校学报》，2007（2）；《警察法：让人民警察在时代激流中找准位置和方向》，载《人民公安报》，2005-02-23；魏永忠：《深化警务监督的理性思辨》，载《公安教育》，2003（1）；刘林华：《学习贯彻十六大精神进一步加强对公安执法权力的监督》，载《公安研究》，2003（5）；欧阳澄：《香港警察执法监督机制概述》，载《邵阳学院学报（社会科学）》，2002（1）；陈龙环：《违法侦查行为及其法律对策》，西南政法大学2004届法学硕士学位论文；申剑锋：《权力腐败与〈治安管理处罚法〉的执法监督》，载《湖南公安高等专科学校学报》，2006（2）；等。

④ 参见吴延溢：《人大监督语境下的警务立法规制》，载《理论导刊》，2008（10）。

其他任何公民、法人和其他组织等都有权利对公安机关及其人民警察的执法活动进行监督。

第二，警务监督的内容具有全面性、全方位性。警务监督的内容，既包括警察权的主体，也包括警察权的客体；既包括警察权的内容，也包括警察权的形式；既包括警察权行使的合法性问题，也包括警察权行使的合理性问题；既包括警察权适用的实体性问题，也包括警察权运行的程序性问题；既包括警察权的保障问题，也包括警察权的归责问题。

第三，警务监督的对象具有确定性、特定性。警务监督的对象专指公安机关及其人民警察执行法律和遵守纪律的情况。

第四，警务监督的方式具有多样性、多重性。警务监督的方式主要有国家权力机关人民代表的审议质询、行政机关的行政监察、司法审查①、法纪检察、中国共产党纪委的纪律检查、人民群众的申诉、控告、检举和举报，以及公安机关内部的监督等。对于一个警务的监督，这些监督方式可以同时存在和运行。仅我国公安机关的内部警务监督主要包括：(1) 警务情况报告和通报制度；(2) 行政复议、听证制度；(3) 现场警务督察制度；(4) 警务检查、考核、评议制度；(5) 法律审核和办案审核制度；(6) 专案调查制度；(7) 执法过错责任追究制度；(8) 违法违纪责任和领导责任追究制度。此外，法律、法规和规章还规定了其他一些内部监督制度，如刑事办案中的复核制度，劳动教养办案中的复查制度内部审计制度，等等。而且形式在不断创新发展，如社区警民议事会。②

第五，警务监督的目的具有明确性、多层级性。警务监督的直接目的是确保公安机关及其人民警察依法行政；宏观目的是维护和保障警察权的依法运行，建立警务法治，实现宪政层面上的警察秩序；终极目的是尊重和保障人权，实现人的全面进步和发展。

二、警务监督的必要性

建设中国特色社会主义社会的伟大宏图，就是要使经济更加发展、民主更加健全、科教更加进步、文化更加繁荣、人民生活更加殷实。历史为鉴，和谐社会乃是实现宏图的基础和生命力。洋为中用，可以加深对警务监督的必要性和建设性的认识。③ 建设民主法治、公平正义、诚信友爱、充满活力、安定有序、人与自然和谐相处的和谐社会，公安工作和公安队伍的建设和释放能量就成为基础性和关键性的工作，在对这个客观形势的认识、思考和探索过程中，警务监督的必要性和重要性日渐凸显，已经和正在公安机关内外人士中形成不少共识。我们认为，警务监督的必要性可以从不同的角度和层面简要地归结为以下几个方面：

第一，警务监督是公安这一社会存在的自然要求。根据唯物主义，我们知道，社会存在决定社会意识，社会意识又反作用于社会存在。公安机关是政府的一个职能部门，但又不同于一般的行政机关，这种共性和特性，决定了在机构设置、人员配置、管理训练、指挥运作、工作方式、监察督导、装备保障等方面应当有与它的性质、任务和效能施展等相适应的体制和制度。警务监督就是公安这一社会存在链条和逻辑的要求，是公安相关体制和制度系统内容的有机组成部分。

---

① 参见吴延溢：《司法审查语境下的警务监督》，载《南通大学学报（社会科学版）》，2009 (6)。

② 参见王景军、赵立新：《有效监督制度的稀缺与补救——对社区居民警务议事会制度的分析》，载《行政与法》，2005 (12)。

③ 参见李钢：《关于英国警务监督机制的考察报告》，载《湖南公安高等专科学校学报》，2005 (2)；贺裕民：《英国警务监督工作及启示》，载《人民公安报》，2003-12-26。

第二，警务监督是防患于未然、实现未雨绸缪的需要。从静态上讲，公安民警自然是“金无足赤、人无完人”，公安工作更不会是完美无瑕。从动态上讲，公安机关是“铁打的营盘”，公安民警是“流水的兵”，队伍建设是“不竭的育树泉水”，社会发展是“雄关漫道真如铁”，治安问题自然“继往开来、推陈出新”，公安工作需要“持续迈步从头越”。不论从静态还是从动态上看，公安民警和公安工作会不可避免地出现这样或那样的问题，警务监督的建立和实施，可以推迟、减少新问题的出现和旧问题的重现，起到预防针的效果。

第三，警务监督是公安管理整体系统正常运作的需要。从公安系统内部看，公安管理过程的实质是一个控制过程。其中，决策机构是控制系统，执行机构是被控制系统，警务监督是监测系统。作为监测系统的警务监督，其主要任务是对执行法律、遵守纪律的情况作出正确的判断，反馈信息，采取措施，保证管理目标的实现。可见，警务监督是公安管理的重要环节。

第四，警务监督是加强公安队伍建设的需要。队伍建设是公安工作的重中之重，公安工作的成败取决于公安队伍建设的成效。警务监督已越来越被看作是加强队伍建设的重要措施，如110报警服务台接受群众监督投诉、全面推行警务公开制度、实行责任追究制度等，这些制度如决策者、执行者和民众所愿，在队伍建设中起到了积极的不可缺少的作用，推动公安队伍成为一支党和人民放心的、能够担当重任的高素质队伍，一支忠诚可靠、纪律严明、作风过硬、秉公执法、训练有素、业务精通的队伍。

第五，警务监督是规范公安执法的需要。如前所述，警务监督，也叫做监督警务、警察执法监督或者警务法治监督，是指对公安机关及其人民警察执法活动的监察、督导和促进。这就说明，规范执法乃是警务监督的直接使命和首要职责。实践证明，警务监督制度的存在和实施，对公安执法规范实施产生了重要的积极威慑力、监控力、纠错力和推动力，有力地保障了公安执法目的的实现。1993年行政法平衡论推出后，平衡论被广泛地应用于警务监督等执法领域，论述监督的必要性和监督机制建设。①

第六，警务监督是提高公安队伍执法效能的需要。公安机关在正常执法的基础上，需要努力地切实提高维护国家安全的能力、驾驭社会治安形势的能力、处置突发事件的能力和为经济社会发展服务的能力。警务监督事关公安工作和公安队伍建设全局，是对公安执法遵纪全过程进行动态监督的有效制度，不仅保证了公安执法规范，保持了公安队伍处于正常可持续运转状态，而且成为公安队伍继往开来、不断发展、提高自身能力、实现执法效能日益提高的监督、推进和保障力量。

第七，警务监督是提升公安形象、推进警察公共关系，做到所涉各方共赢，更好实现公安宗旨的需要。警务监督的实施，可以有效地加强公安队伍建设，提高公安执法水平，有力地推动和树立起良好的公安形象。良好的公安形象，可以推进警务跨地域、行域甚至法域的协作关系，在警务合作、协作中做到通力支持、效能共享共升，实现共赢。良好的公安形象的提升，可以很大地推进警民公共关系，增强信任，在警民关系良好有力地互动中，提升公安执法能力、水平和效果，更好地实现全心全意为人民服务的公安宗旨。

三、警务监督法律体系

警务监督的法律体系，是指实施警务监督的法律依据体系。目前，我国已经基本建立

① 参见杨立新：《刑事诉讼平衡论》，中国政法大学2005届法学博士学位论文；李宏坤：《行政调查的权力反思与理性规制》，长春理工大学2006届法学硕士学位论文；等。

了比较系统的警务监督法律体系。警务监督法律体系是警务监督研究成果的体现，特别是被具有立法权的国家机关依法认可的警务监督内容和机制的体现。目前，我国警务监督的法律体系所涉及的规范性文件及其内容可以作如下梳理和归纳。

（一）《宪法》

《宪法》第3条规定："国家行政机关、审判机关、检察机关都由人民代表大会产生，对它负责，受它监督。"该规定包括了国家权力机关的警务监督权。第41条规定："中华人民共和国公民对于任何国家机关和国家工作人员，有提出批评和建议的权利；对于任何国家机关和国家工作人员的违法失职行为，有向有关国家机关提出申诉、控告和检举的权利……对于公民的申诉、控告和检举，有关国家机关必须查清事实，负责处理。"该规定为公民行使警务监督权提供了《宪法》依据。除此之外，《宪法》在诸多条文中明确或隐含地规定了国家权力机关、行政机关、司法机关等方面的警务监督权。《宪法》的这些规定，成为警务监督法律体系的纲领和建立警务监督法律体系的基础，也使警务监督具有了国家根本大法的依据和保障。

（二）《人民警察法》

《人民警察法》是我国警察法律体系的主干，也是警务监督法律体系的主干。该法第1条规定："为了维护国家安全和社会治安秩序，保护公民的合法权益，加强人民警察的队伍建设，从严治警，提高人民警察的素质，保障人民警察依法行使职权，保障改革开放和社会主义现代化建设的顺利进行，根据宪法，制定本法。"可见，《人民警察法》具有承上启下的重要地位和作用。在内容上，《人民警察法》正是围绕上述立法目的，系统规定了包括警务监督在内的体系完整的警察法规范。比如：《人民警察法》第六章是执法监督，第七章是警察执法的法律责任。

除了《人民警察法》以外，全国人大和全国人大常委会制定的其他涉及公安机关执法的法律中也都相应的规定了警务监督的内容。

（三）行政法规

在国务院制定的行政法规中，最能体现警务监督特色的是1997年6月20日第220号国务院令发布施行的《公安机关督察条例》。该条例的发布实施，标志着我国建立起了世界通行的重要警务监督制度——警务督察制度。该条例的发布实施，推动了公安机关警务监督机制的完善，保障了公安机关及其人民警察依法履行职责、行使职权和遵守纪律。除此之外，国务院制定行政法规建立健全行政监督的内容，作为行政监督一部分的警务监督已经包括于其中。

（四）公安部制定的行政规章和规范性文件

为了建立健全科学有效的警务监督机制，公安部制定了一系列的行政规章。公安部制定的主要用来建立健全警务监督机制的规章和规范性文件主要有：1995年1月11日发布实施的《公安机关受理控告申诉暂行规定》，1997年4月3日发布实施的《公安机关追究领导责任暂行规定》，1997年9月10日发布实施的《公安机关警务督察队工作规定》，1999年6月10日发布实施的《公安部关于在全国公安机关普遍实行警务公开制度的通知》，1999年6月11日发布实施的《公安机关人民警察执法过错责任追究规定》，1999年6月11日发布实施的《公安机关内部执法监督工作规定》，2000年2月26日发布实施的《公安部关于认真做好110报警服务台受理人民群众电话投诉工作的通知》，2000年6月3日发布实施的《公安部关于加强公安法制建设的决定》，2001年1月2日发布实施的《公安机关督察条例实施办法》，2003年2月1日实施的"五条禁令"，2004年8月3日发布实施的《关于公安机关监督制约机制建设的意见》，以及经国务院批准、监察部、人力资源与社会保障部、公安部于2010年4月21日联合发布的《公安机关人民警察纪律条令》等。

根据我国的法律体系，除了以上四个方面外，警务监督法律规范还包括地方性法规、地方政府规章和规范性文件。

由此可见，我国已经建立起以《宪法》为“龙头”，包括法律、法规、规章和相关规范性文件的警务监督法律体系。

四、警务监督机制建设基本原则

警务监督制度和机制的现状不容乐观[①]，建立健全警务监督制度是一项极端复杂艰巨的系统工程，包括警务监督体制、警务监督机制和警务监督规范建设，不可能毕其功于一役，建设道路任重而道远，而且应当保持警务监督制度建设的开放性和与时俱进。但是，有一些基本要求，是建设警务监督制度必须坚持的。这些基本要求主要是：

第一，紧紧围绕公安中心工作，把警务监督制度建设于各项重大决策和措施之中。要把警务监督制度建设放到公安工作的全局中来把握，与各项公安业务工作紧密结合起来。制定和实施重要的政策和措施，要充分体现对执法权力进行有效制约和监督的精神，推动公安工作和公安队伍建设协调发展。

第二，在改革创新上下工夫，不断加大从源头上防治腐败的力度。要深入研究社会主义市场经济条件下公安队伍中违法违纪和腐败现象滋生的原因、规律和特点，针对容易发生问题的重点部位和薄弱环节，通过深化改革，逐步铲除腐败现象产生的土壤和条件。

第三，加强制度建设，保证执法权力沿着制度化和规范化的轨道运行。要把制度建设贯穿于警务监督制度建设的各个环节。通过制度建设，把从严治警、执法为民的思想本质转化为具体规定，将原则性的要求转化为具有约束力和强制力的规章制度，切实做到用制度管权、用制度管事、用制度管人，有效防止权力失控、决策失误、行为失范。

第四，在整体推进中突出重点，注重实效。要按照公安机关警务监督制度建设的总体要求，紧密结合实际，突出重点，抓住难点，逐项抓好落实。当前，要重点加强对执法权力运作过程特别是领导干部行使权力的监督，确保警务监督制度建设的针对性、实效性。

第五，尊重基层首创，加强分类指导。要善于总结基层公安机关在实际工作中探索积累出来的鲜活经验，用好的典型引导和推动面上工作的开展，提高警务监督制度建设工作的整体水平。这里需要注意的是，增强警务监督工作的理性，力戒标新立异的形式主义，避免推广经验“一阵风”。

第六，责任制科学明确，各警种、各业务部门各负其责，政工、纪检监察、法制、督察等部门发挥组织协调和监督检查职能作用的领导体制和工作机制，形成齐抓共管的监督格局。需要强调的是，必须用法律和制度明确统一领导和各司其职中的责、权、利，避免重复产生的内耗，努力杜绝出现“大家都管等于大家都不管”和“龙多不治水”的现象。

五、警务监督的分类与基本方式

（一）警务监督的分类

警务监督分类的目的，不是人为地将警务监督切成豆腐块、割裂它们之间的联系，而

① 参见曹延彬、宋军：《现行警务监督机制的弊端及其对策分析》，载《河南公安高等专科学校学报》，2007（3）；孟昭阳：《论公安执法监督机制的发展与完善》，载《中国人民公安大学学报》，2004（5）；等。

是通过警务监督的类型化，进行梳理和分类研究，突出各种类型的特点和重点，有利于总结规律，增强监督的针对性，弥补缺失，形成互补和合力，结成体系，建立警务监督的长效机制，实现警务监督的效益的最大化。

从警务监督的特点就可以看出，警务监督是一个相当庞杂的系统。从不同的角度，可以对警务监督进行不同的分类。

1. 从警务监督主体权力的运行向度，可以将警务监督分为纵向警务监督和横向警务监督。纵向警务监督又可以分为自上而下警务监督和自下而上警务监督；横向警务监督主要包括同级公安机关之间、同级业务部门之间和公安民警之间的警务监督。

2. 从警务监督实施的时间，可以将警务监督分为事前警务监督、事中警务监督和事后警务监督。事前警务监督，是指在日常工作中或者下达特定任务之前，通过调研、检查、指导等方式，针对可能出现的对执法产生不良影响的问题，采取预防性措施，排除影响，实现最佳的执法效果。事中警务监督，是指警务运行过程中的同步监督，它以正在进行的警察执法活动为监督对象。事后警务监督，是指某项警务活动告一段落、结束或者某种问题出现以后实施的警务监督。应当说明的是，所谓事前、事中和事后是相对而言的，为理论研究提供便利，在执法实践中，警务监督过程时常贯穿于三阶段中的两个乃至三个阶段。

3. 从警务监督的主体，可以将警务监督分为国家权力机关的警务监督、行政机关的警务监督、检察监督（也叫法律监督）、司法审查、中国共产党的警务监督、各民主党派的警务监督、公民的警务监督、社会团体的警务监督、大众媒体的警务监督和公安机关自身的警务监督等。

4. 从警务监督主体权力的空间方位，可以将警务监督分为外部警务监督和内部警务监督。外部警务监督包括了上一个分类中除了公安机关自身监督以外的所有主体的警务监督。内部警务监督是指公安机关自身的警务监督，还可以进一步分为上下级公安机关之间的警务监督和具体某一个公安机关的内部警务监督。

（二）警务监督的基本方式

警务监督的方式主要是由警务监督的类型决定的，不同的警务监督类型具有不同的警务监督的基本方式。所以，分析警务监督的基本方式时，应当是先对警务监督进行分类。

常见的警务监督的分类是，先根据警务监督权力主体与公安机关的关系，把警务监督分为外部警务监督和内部警务监督，然后进一步根据警务监督权力主体进行分类。在此基础上，分析警务监督的基本方式就自然是“水到渠成”。

不同的警务监督权力主体的性质和地位不同，不同的警务监督权力的性质和运行的法律轨道、方式不同，就决定了警务监督基本方式的不同。

在外部警务监督领域，国家权力机关警务监督的基本方式是执法检查、审议公安机关执法报告、质询、弹劾和罢免；行政机关警务监督的基本方式是行政纪律检查；检察机关警务监督的基本方式是通过介入、审批、调卷、阅卷、侦查、起诉等方式实施法律监督；司法审查的基本方式是行政诉讼；中国共产党警务监督的基本方式是以党的纪律检查的方式对公安机关的执纪进行监督（监督执纪的目的在于监督执法，实现执法目的）；各民主党派警务监督的基本方式是民主评议、提交参政提案；公民和社会团体警务监督的基本方式是提出批评、意见和建议，申诉，检举，控告，信访，申请行政复议，提起行政诉讼。

在内部警务监督领域，自上而下警务监督的基本方式是政治监督、指导、执法检查、纪律检查、警务督察、审计监督和个案督办等；自下而上警务监督的基本方式是提出批评、意见和建议，申诉，检举，控告和信访等。具体到某个公安机关内部，其警务监督的基本方式主要表现为：政工部门实施的政治监督，纪检监察部门的纪律检查监督，法制部门的执法监督和警务督察部门的现场督察、审计监督和信访监督。其中，警务督察是公安机关内部独具特色的警务监督基本方式。

第二节　警务督察

古希腊神话传说中有一则达摩克利斯悬剑的故事：叙拉古国王狄奥尼西奥斯的朝臣被迫坐在上悬宝剑的餐桌旁，宝剑由一根头发系住。今天，人们常常把督察制度看作这样的宝剑，是架在警察头上的悬剑。警务督察，是警察权自恰机制中具有预防、矫正和救治作用的内容。①

一、警务督察的含义

警务督察，是指公安机关的督察部门依照法定的程序、方式和原则对公安机关和人民警察执行法律、遵守纪律的情况进行的监督，是警察执法监督的内部监督。警务督察制度是严格于一般行政机关的内部监督制度，是从严治警的一项硬措施。

警务督察具有以下特征：

（一）主体的特定性

警务督察的主体是特定的。警务督察主体在公安部是督察委员会，负责领导全国公安机关的督察工作。地方各级公安机关设立督察机构，对上一级督察机构和本级公安机关行政首长负责。督察机构由专职人员组成的警务督察队建立。

（二）监督方式的法定性

警务督察部门的督察工作必须依法进行，依据法定的程序、方式和原则对人民警察执行法律和遵守纪律的情况进行监督检查。依据的法律、法规主要是《人民警察法》、《公安机关督察条例》、《公安机关督察条例实施办法》等。监督方式及其主要特征，主要体现为现场督察，突出监督的及时性和现场性。

（三）监督的内部性

警务督察制度是一种内部督察制度，监督的主体、对象和范围都在公安机关内部，不仅仅有别于外部监督，与传统的纪检监督和监察监督也不相同。公安机关作为纪律部队，在其内部设立督察制度，有着明显的强制性效果。

二、警务督察制度的建立

在警务督察制度建立以前，公安机关内部监督工作主要是通过纪检和监察两大监督系统来进行的。公安系统内部的纪检和行政监察部门一般是合署办公，一套人马行使两个部门的职责和权力。这种体制，在公安内部监督上存在着一些问题：

---

①　在我国，被称为督察制度的还有国土资源督察制度，该制度既与一般监督制度有区别，也不同于警务督察。考察国土资源督察制度在2006年产生的背景，不难看出国土督察制度的特定含义和功能。与一般监督的区别，主要是借鉴警务督察的含义和特点，强化了对权力失范行为的警示，凸显尽快查处和对失范行为处理的坚决态度；与警务督察有明显区别，主要是其不具备警察权特征决定的警务督察机制的现场性和快速反应性。

1. 内部监督人力不足

当时，全国公安系统纪检监察民警才八千多人，仅占全国公安民警总量的0.8%左右，人数偏少，而且分布不均匀，人员年龄偏大。

2. 内部监督体制自身存有问题

党的纪律检查部门在公安系统分为两种形式，即党委内设纪委和上级党委派驻纪检组，这两者领导关系不同。公安机关的监察部门，有的是上级监察机关派驻，实行上级监察机关和公安机关双重领导的体制。公安机关的上级纪检、监察部门对下级纪检、监察部门的领导关系不顺。这种体制具有地域和部门局限性，不能对公安机关和人民警察进行系统化、规范化的监督和管理。

3. 内部监督职权行使受到制约

《中国共产党章程》、《行政监察法》赋予纪委、监察部门有直接处理违法违纪案件的权力。而条块结合、以块为主的管理体制又决定了“干部地方所有”。受地方管理的影响，党政纪律处分要经过当地党政部门，因分权无论在本级公安纪检、监察和上级公安纪检、监察之间都难以作出快速的决定。在公安机关内部，负责队伍管理、人员任免的机构是政治部门，警察违纪的查处却由纪检、监察部门负责。实际上纪检、监察部门仅仅限于提出处理建议，难以直接处理警察违纪行为，使得内部监督主体在行使职权中受到制约。

4. 内部监督主体执纪乏力

实践证明，对警察权不予监督或监督不力，必然会导致某种程度上的警察权的滥用和警察腐败。公安政工、纪检、监察部门各自行使不同的职权，虽然强调相互配合，却难以形成合力，起不到制度设计本身应有的效果。对公安执法和职权行使过程缺乏经常性的监督，造成公安机关的工作从领导决策到具体的实施过程缺少监督和信息反馈环节，使决策不当或决策不能得到良好的贯彻实施，有令而不得行。

针对以上体制中带来的问题，借鉴许多国家警察机关内部督察制度的有益经验，《人民警察法》第47条规定：“公安机关建立督察制度，对公安机关的人民警察执行法律、法规、遵守纪律的情况进行监督。”开始建立适合我国公安工作需要的内部督察制度。1997年6月，为了完善公安机关监督机制，保障公安机关及其人民警察依法履行职责、行使职权和遵守纪律，国务院出台了《公安机关督察条例》，2001年1月，公安部出台了《公安机关督察条例实施办法》。至此，我国警务督察制度建立起来了。2011年8月24日，国务院第169次常务会议修订通过新的《公安机关督察条例》并予以公布，自2011年10月1日施行。

三、警务督察制度的内容

（一）警务督察机构设置

公安部设立督察委员会，领导全国公安机关的督察工作，负责对公安部所属单位和下级公安机关及其人民警察依法履行职责、行使职权和遵守纪律的情况进行监督，对公安部部长负责；另设立警务督察局负责具体工作。

县级以上地方各级人民政府公安机关设立督察机构，负责对本级公安机关所属单位和下级公安机关及其人民警察依法履行职责、行使职权和遵守纪律的情况进行监督，对上一级公安机关督察机构和本级公安机关行政首长负责。

公安部和县级以上地方各级人民政府公安机关的督察机构建立由专职人员组成的警务督察队。警务督察人员必须经过上岗前的培训，培训合格的方能上岗。

公安部设督察长，由公安部一名副职领导成员担任。县级以上地方各级人民政府公安机关设督察长，由公安机关行政首长兼任。

（二）警务督察职权

根据我国公安机关督察法律规范，警务督察职权可以简要概括为警务参与权、派出督察权、现场处置权、责令执行权、决定撤销权或变更权、决定停止执行职务和禁闭权、督察建议权、移送处理权、警务评议权和受理核查检举控告权等。

现场督察是行使警务督察职权的基本方式，是警务督察区别于公安机关内部其他监督最显著的特征，也是警务督察制度的生命力所在。根据《公安机关督察条例》规定，督察机构对公安机关及其人民警察依法履行职责、行使职权和遵守纪律的下列事项，进行现场督察：

1. 重要的警务部署、措施、活动的组织实施情况；

2. 重大社会活动的秩序维护和重点地区、场所治安管理的组织实施情况；

3. 治安突发事件处置的情况；

4. 刑事案件、治安案件的立案、侦查、调查、处罚和强制措施的实施情况；

5. 治安、交通、户政、出入境、边防、消防、警卫等公安行政管理法律、法规的执行情况；

6. 使用武器、警械以及警用车辆、警用标志的情况；

7. 处置公民报警、请求救助和控告申诉的情况；

8. 文明执勤、文明执法和遵守警容风纪规定的情况；

9. 组织管理和警务保障的情况；

10. 公安机关及其人民警察履行职责、行使职权和遵守纪律的其他情况。

（三）警务督察措施

督察机构可以向本级公安机关所属单位和下级公安机关派出督察人员进行督察，也可以指令下级公安机关督察机构对专门事项进行督察。督察机构可以派出督察人员参加本级公安机关或者下级公安机关的警务工作会议和重大警务活动的部署。督察机构应当开展警务评议活动，听取国家机关、社会团体、企业事业组织和人民群众对公安机关及其人民警察的意见。督察机构对群众投诉的正在发生的公安机关及其人民警察违法违纪行为，应当及时出警，按照规定给予现场处置，并将处理结果及时反馈投诉人。投诉人的投诉事项已经进入信访、行政复议或行政诉讼程序的，督察机构应当将投诉材料移交有关部门。

督察机构对本级公安机关所属单位和下级公安机关拒不执行法律、法规和上级决定、命令的，可以责令执行；对本级公安机关所属单位或者下级公安机关作出的错误决定、命令，可以决定撤销或者变更，报本级公安机关行政首长批准后执行。

督察人员在现场督察中发现公安机关的人民警察违法违纪的，可以采取下列措施，当场处置：

1. 违反警容风纪规定的，可以当场予以纠正；

2. 违反规定使用武器、警械以及警用车辆、警用标志的，可以扣留其武器、警械、警用车辆、警用标志；

3. 对违法违纪情节严重、影响恶劣的，以及拒绝、阻碍督察人员执行现场督察工作任务的，必要时，可以带离现场。

督察机构认为公安机关的人民警察违反纪律需要采取停止执行职务、禁闭措施的，由督察机构作出决定，报本级公安机关行政首长批准后执行。督察机构认为公安机关的人民警察需要给予行政处分或者降低警衔、取消警衔的，督察机构可以提出建议，移送有关部门依法处理。督察机构在督察工作中发现公安机关人民警察涉嫌犯罪的，移送司法机关依法处理。

警务督察机构的人员执行督察任务应当佩戴督察标志或出示督察证件；在督察工作中，必须实事求是，严格依法办事，接受监督。

四、我国警务督察制度建设

我国警务督察工作历经三个发展阶段。1995 年《人民警察法》颁布实施①，开始了督察工作艰辛的起步初创阶段。2001 年，第一次全国公安机关警务督察工作会议的召开，标志着督察工作初创阶段的结束并迈向规范和深化发展的阶段。2006 年，第二次全国公安机关警务督察工作会议，标志着督察工作走向正规化和科学发展的阶段。

（一）警务督察制度现状

全国公安机关已建立督察机构三千多个，有专职督察民警近万名。《公安机关督察条例》实施以来，警务督察部门共开展现场督察活动四百多万次，受理核查检举控告近百万件，发现查纠各类问题数以百万件计，发督察通知书、建议书、决定书十多万份，决定对一万多名违纪民警停止执行职务、对近万名违纪民警采取禁闭措施。在确保警令畅通、推动工作落实，强化执法监督、保障执法为民，维护民警权益、改善队伍形象等方面起到了重要作用。

公安部回顾督察发展进步的历程，总结的经验教训：一是只有领导高度重视，督察工作才能凸显职能优势——有权威；二是只有紧扣中心工作和重大警务部署抓落实，督察工作才能重点突出——有作为；三是只有敢于揭露矛盾解决问题，督察工作才能求真务实——有质量；四是只有大胆实践勇于探索，督察工作才能与时俱进——有突破；五是只有建立实行秋毫无犯的自身铁律，督察队伍才能令行禁止——有战斗力。②

目前警务督察工作中存在着大量需要解决的问题：一是对督察工作的认识不到位，需要与时俱进、不断更新督察理念；二是督察部门孤军作战，未能形成监督合力，需要推进警务督察体制改革；三是业务工作的肤浅，坐等举报，警务督察成了公安机关第二纪检委，应付性和零碎的督察工作占了很大比例；四是重心失衡，需要加强自身建设，强化督察职能。③ 当然，处于发展中的中国警务督察需要解决的问题不仅仅是这些。

（二）强化警务督察的理念和原则

警务督察必须从思想上克服一些错误观念，需要进一步强化下列理念和督察原则：

1. 督察是人文关怀和人权保障的结合

完善和强化警务督察，全面开拓警务督察工作新局面，必须确立“人文关怀”和“人权保障”两个工作理念。“人文关怀”是“以人为本”的思想和现代管理理论在警务督察工作中的具体反映和体现，更是现代警务督察工作的基本价值目标所在。“人文关怀”要求督察干警在工作中彻底改变“重管理、轻服务”的思想，牢固树立“有情执法”意识，注重

---

① 有学者认为，以 1997 年 6 月《公安机关督察条例》发布施行为标志，开始了督察工作艰辛的起步初创阶段。这是值得商榷的。

② 参见公安部督察委员会：《公安督察工作十年回顾与展望》，载《人民公安报》，2007－06－22。

③ 参见骆科臻：《基层公安督察存在问题的对策》，载《人民公安报》，2005－08－09；陈晓旭：《关于我国警务督察工作的几点思考》，载《森林公安》，2005（3）；周鑫：《警务督察应由被动向主动转变》，载《人民公安报》，2004－07－06；刘正强：《关于公安督察制度的前瞻性思考》，载《法学杂志》，2003（1）；王玉琪、张守恒：《从公安信访体制的弊端论警务督察机制的完善》，载《公安研究》，2001（7）。

人性化督察。人权是公民私权最基本的内容，是公民个人对国家和社会提出的正当诉求。“国家尊重和保障人权”写入《宪法》从而成为我国的基本准则和根本目标。保障人权就成为民警执法为民的重要基础。必须正确认识和处理打击犯罪与保护人权的关系，彻底改变以往“重打击，轻保护”的错误思想，强化“人权”理念，将人权保障作为全部工作的重中之重，既要防患于未然，又要及时发现和纠正执法中存在的“苗头”性问题，尽量避免侵犯人权现象的发生。“人权保障”是警务督察工作的重要历史使命，而且，民众呼声就是督察信号。①

2. 坚持“查纠与保护”并重的方针

警务督察是“啄木鸟”，更是“保健医”，警务督察制度体现了平衡论：既要“控权”，即依法对警察执法主体行使职权、执法执纪情况进行监督，防止权力滥用和腐败，维护公民、法人和其他组织的合法权益；又要“保权”，保障警察依法履行职责，维护警察合法权益，保证警务效率。② 坚持“查纠与保护”并重的方针，做到既敢于查纠问题，又理直气壮地维护民警执法权益。严肃执法执纪和热心维权服务，是督察职能辩证统一的两个方面，二者相辅相成，不可偏废。目前，全国32个省级公安机关均已成立“维权委”，并在警务督察部门成立“维权办”，把“监督就是关爱”体现到工作中的每一个方面、每一个环节，充分履行事前、事中的监督提示作用，抓预防，抓苗头性、倾向性问题。同时，要认清“护短是贻害，揭短是关爱”，避免“关爱”变成“溺爱”。

3. 督察在先

树立“督察在先”的理念和工作原则。督察在先是警察队伍建设的基本原则。注重事前、事中监督，监督工作前移，动态监督，以变应变、以动制动。保持与一线警察的经常性接触，由单纯惩戒向全面预防、教育、保护的方向转变，努力做到润物细无声、防患于未然。

4. 确立“教育在先”，体现“自治优先”，注重“细节管理”，贯彻督促、查纠、防范、保障相统一

从督察查纠执纪向督察各单位落实内部自律机制转变。由被动式、处置型、事后督察向主动式、预警性、事前事中督察转变，由传统式、粗放型、随意型督察向开拓式、集约型、效能型督察转变。专职督察与各警种部门的自我督导要产生良性互动。做好“三个不放过”，即投诉的问题没有查清不放过，民警没有受到教育不放过，整改措施不到位不放过的原则进行剖析教育。③

5. “零投诉”作为努力目标，把投诉的正态降解作为依赖路径

“零投诉”是指一年内本单位和在编民警没有发生一宗有效投诉至领导机关查办，投诉至本单位自行妥善解决的除外，其目的就是要让基层民警学会主动去倾听民声，了解民意，真正做到执法为民。同时，要防止和避免“家丑不可外扬”的“面子工程”，投诉明降实升。

6. 发散思维，综合手段，探索督察规律，提高督察效能

法律问题不是孤立的，警务督察也不是孤立的法律问题，对督察对象可能存在和发现

---

① 参见鞠旭远、孙莉：《理念的确立与制度的健全——对公安警务督察的前瞻性思考》，载《理论学刊》，2005 (5)；沈宫轩：《让执法更透明——江苏公安警务督察工作纪实》，载《人民公安报》，2004-12-30。

② 参见朱建伟、王瑞明：《试用平衡理论探讨公安督察制度的几个问题》，载《公安大学学报》，2000 (1)。

③ 参见刘佩锋：《论警务督察制度完善之行政伦理制度安排》，载《人民公安报》，2006-11-25；吴小虹：《完善警务督察管理的几个方面》，载《森林公安》，2006 (1)。

的问题及其预防治理的可能性、可行性进行全方位考察，运用综合手段进行预防和治理。比如，认清和处理好警务督察内部及其相关的各种公共关系。① 有学者认为，在警务督察制度中注重行政伦理建设不失为一条有效的路径选择。加强行政伦理建设，通过道德教化，使执法者走向文明、严格、客观、公正的执法道路。②

（三）警务督察体制改革

公安机关内部监督的职能机构中，除了警务督察以外，还有纪检、监察、法制、信访和审计等机构。这些机构的存留与撤销，它们之间职能的调整与协调，是警务督察的体制问题。体制问题是警务督察效能的决定性和保障性因素。目前，警务督察体制中存在的问题，警务督察效能发挥的重要影响因素，其改革问题是需要研究的重要议题。

警务督察体制如何改革，目前的主要观点和做法是：

一是第二十次全国公安会议提出的在地市以下公安机关试行纪检、监察、督察、审计等部门合署办公，得到学者的理论支持，并认为警务督察的这种发展标志着新机制的出现。③

二是把警务督察从传统的隶属于各级公安机关内的监督，重新定位为独立于地方公安机关之外而直属于公安部的独立监督，或至少独立于本级公安机关。应当表现为人事、财政经费和工作方法独立，督察机关的权威是不容置疑的。④

三是将纪检、监察部门作为外部监督力量，其人事、财权等与被派驻机关脱钩；将信访、举报等部门作为警务督察机制的信息情报部门并予以职能重设；剥离法制部门的执法监督职能，将其纳入警务督察职能范畴。⑤

四是按照公共选择理论的主要观点，在督察机构内逐步实现“党政分开”，实现“一长制”。公安机关内部长期以来实行的是“党组集体领导和首长负责相结合的制度”，督察机构也不例外，必须改革这种体制，在督察机构内部实行督察长负责制。⑥

前三种观点和做法是对警务督察公共关系角度基础上的体制调整，都属于改良型的思路和做法，对三者扬长避短就可以得到更为美好的改革设想。第四种观点是对现有警务督察组织内部的决策和责任机制的调整，这一点是值得肯定的。因此，我们认为，警务督察体制改革的目标应该定位为：一是将纪检、审计部门作为外部监督力量，其人事、财权等与被派驻机关脱钩；二是取消监察部门，职能划入督察部门；三是将信访部门作为警务督察机制的信息情报部门并予以职能重设；四是剥离法制部门的执法监督职能，将其纳入警

---

① 比如，摆正警务督察工作中“小数”与“整数”的关系，“虚数”与“实数”的关系，“负数”与“正数”的关系，“已知数”和“未知数”的关系。参见李成军：《警务督察可借鉴数学理论》，载《人民公安报》，2002-04-23。

② 参见刘佩锋：《论警务督察制度完善之行政伦理制度安排》，载《人民公安报》，2006-11-25。

③ 参见黄菊良、胡永明：《加强执法监督是预防职务犯罪的关键》，载《上海公安高等专科学校学报》，2006（4）；王在山：《我国公安行政执法制度研究》，山东大学2006届法学硕士学位论文；吴小虹：《完善警务督察管理的几个方面》，载《森林公安》，2006（1）；刘雪屏：《公安机关执法监督问题探析》，载《云南警官学院学报》，2006（1）；陈河北、胡春丽：《警察权程序控制问题探究》，载《福建公安高等专科学校学报》，2005（6）；谢生华：《论警察权的监督机制》，载《甘肃政法学院学报》，2004（5）；胡杰：《减少监督成本提高监督效率》，载《人民公安报》，2004-05-22。

④ 参见刘佩锋、高山：《论中国公安督察的路径选择和制度设计的价值预设》，载《公安研究》，2006（6）。

⑤ 参见王瑞丰：《论警务督察制度的规范化建设》，载《河南公安高等专科学校学报》，2006（5）；刘正强：《关于公安督察制度的前瞻性思考》，载《法学杂志》，2003（1）；王玉琪、张守恒：《从公安信访体制的弊端论警务督察机制的完善——兼论如何建立公安监督体系的“外转内”工作机制》，载《公安研究》，2001（7）。

⑥ 参见匡阳：《浅谈警务督察管理体制的创新》，载《铁道警官高等专科学校学报》，2006（4）。

务督察职能范畴，增加法制部门的执法仲裁职能，对督察中的执法分歧进行公开裁决；五是警务督察工作实行督察长责任制。警务督察作为本级的内部职能机构不变，督察不宜与纪检、审计部门合署办公。在此基础上，把警务督察体制向公安机关以外的警察机关延伸。

（四）推进警务督察效能机制[①]

警务督察效能是公安机关警务督察部门督察理念、督察方式、督察措施、督察手段、督察质量、督察效率、督察效果等在实施警务督察过程中的综合反映。在现有警务督察体制的基础上，提升督察效能，充分发挥其“督查、防范、服务、保障”的作用和优势，督察部门必须建立健全下列机制：

一是打铁先要自身硬，健全督察教育培训机制。俗话说“打铁先要自身硬”，已不正，不足以服人；己不强，不足以管人。只有抓好督察队伍政治、业务等方面的建设，努力提高督察民警的自身素质，才能有效地提高督察工作的质量，真正树立起警务督察部门的监督权威。督察职能作用主要是通过督察民警的日常工作来实现的。完善自身制度建设，促进督察整体水平的提升，要抓好以下三方面工作：第一，注重素质培养，充分发挥党组织核心作用；第二，坚持理性思考，充分发挥分析研判能力；第三，注重岗位练兵，充分发挥整体工作能力。[②]

二是领导率先垂范，健全领导干部督察机制。警务督察部门要坚持“治警必先治长，治长务必从严”的原则，树立督察无禁区的思想，切实建立健全一套严格规范、制约有效的领导干部督察机制。实现督察重心由“督警督事”向“督官督权”的拓展延伸，保障领导权和决策权的正确行使，促进警务督察效能的提高。

三是预警为本，健全督察信息研判机制。开创预警机制，要定期和不定期地对公安队伍的现状和公安工作的开展进行整体分析、综合评估，建立具有较高参考价值的数据库，找出易发生问题的环节、部位和重点人员，找出督察的盲点、热点、难点。及时、准确地向决策者和队伍管理者提供预警信号，督察前移，力争将问题解决在萌芽，将隐患消除在初始。要把问题解决在萌芽状态、初始阶段，实现督察方式从常规、被动督察向超前、主动督察转变。

四是科学规范，健全督察权力运作机制。做好几个层面的工作：第一，在警务督察工作整体上处理好几组关系，主要是领导重视警务督察工作与提高督察民警素质、警务督察工作点与面、监督防范与服务保护、督促落实与绩效考核、优来优走与督察工作长远发展；第二，对警察行为进行分类研究[③]；第三，讲究方法，增强督察效果；第四，警务督察系统

---

① 关于推进警务督察效能机制研究，主要参阅了马丙成：《提升警务督察效能须健全“八个机制”》，载《公安研究》，2007（4）；汪海霞：《强化责任完善警务督察制度》，载《公安研究》，2007（4）；朱文清：《正确处理警务督察的各种关系》，载《人民公安报》，2007-07-21；王海根、焦建国：《走信息化之路，让芜湖公安督察插上科技翅膀——静态监督转变为动态督察》，载《人民公安报》，2007-04-23；孙凯、史君：《找准切入点拓展警务督察工作的新内涵》，载《上海公安高等专科学校学报》，2006（2）；王茹：《浅谈如何加强基层公安督察的效能》，载《人民公安报》，2005-09-13；孙春萍：《深化警务督察工作路径探讨》，载《人民公安报》，2005-10-25；陈书霖：《浅谈警务督察规律与创新》，载《人民公安报》，2004-04-20；况建国：《浅谈当前加强基层警务督察工作的三大对策》，载《江西公安专科学校学报》，2002（4）；文新庆：《警务督察必须坚持三个“紧紧围绕”抓落实》，载《公安研究》，2002（6）；袁国遐：《加强警务督察工作的思考》，载《江苏公安专科学校学报》，2001（6）；林广勇、董世虎：《提高公安督察效能的思考》，载《公安学刊》，1999（3）。

② 参见孙凯、史君：《找准切入点拓展警务督察工作的新内涵》，载《上海公安高等专科学校学报》，2006（2）。

③ 关于督察行为的分类，可以参见缪金祥、范颖华、朱坚：《警察职务化犯罪与警务督察机制》，载《湖北警官学院学报》，2006（2）。

必须在遵循行政执法公开、参与、便民原则的基础上，从增强程序观念、加强对违反程序规定的监督和追究等方面来培育警务督察人员的执法程序化观念，从而使我国警务督察真正体现法治特性。①

五是程序正当，健全督察内容深化机制。推进督察程序建设，推动督察方向由粗犷向精确转变，督察目的由纠现象向纠根本转变，督察层面由基层向机关和基层兼顾转变，督察内涵由查纠到查纠和宣扬相结合转变。认真审视当前督察工作现状，实施精确分析，主动参与并渗透到公安业务、执法中去；实施精确督察，保证监督准确到位。以准确数据作支撑，以典型案例作警示，找准问题症结，实施精确指导，切实解决执法执勤中存在的问题。不仅要及时发现和纠正工作部署不落实、执法不作为等问题，更为重要的是，要针对问题追根溯源，实现纠防并举。

六是律人先律己，健全违法违纪惩治机制。“法严则人思善，治弛则物生恶。”警务督察工作是一项原则性较强的工作，受督察的对象都是公安机关内部的事务和本部门的同志，包括督察者本身，没有强有力的组织支持就难以打破情面，难以顺利开展工作。健全督察督办机制，要逐步健全领导督办和督察专办有机结合的督察督办机制，坚持一级抓一级、一级负责一级，实行过错追究制、倒查追究制和问责追究制。

七是注重督察艺术，健全策略导向机制。督察工作要实现自我发展与跨越，必须善于用发展的观点和辩证的方法认识问题、分析问题、解决问题，在工作方法上求实、求活、求变，做到督之有“方”，察之有“略”。要转变单纯查处观念，注重纠建并举；要科学运用督察手段，力求灵活多变；要注重督察结果的运用，突出跟踪整改。解决好督察能力和督察水平不过硬，督察方法单一，不会督、不敢督、督不深、督不透，致使督察工作表面化、简单化、单一化等问题。

八是兼职“啄木鸟”和“护林人”，健全保健双重机制。履行好“双重”职责，警务督察既要当“保健医”和“啄木鸟”，同时又要当“护林人”。要在“勤”、“善”、“勇”、“敢”四字上下工夫，确保督察工作落到实处，“督促、查纠、防范、保障”是督察工作的基本职能，敢于把影响队伍建设的“害虫”毫不留情地揪出来。同时，切实维护民警的合法权益，为民警严格执法撑腰壮胆。公安部前督察长祝春林曾说：“督察警来自于警察这个英雄的群体，面对这样一支始终保持忠诚政治本色的队伍，一定要把民警看作自己的同志、战友加手足兄弟，怀着深厚的感情去开展工作。”

九是以公平正义为核心，健全督察绩效考评机制。“赏不可虚施，罚不可妄加”，构建督察质量控制体系：从职能作用看，建立健全督察查纠的督察质量控制、保障服务督察工作的质量控制、防范制约督察工作的质量控制和参谋协调督察工作的质量控制；从职能分工看，建立健全督察基础工作的质量控制、现场督察工作的质量控制和受理投诉工作的质量控制。②

十是提高科技含量，健全督察网络机制。舍得花眼前小量有形“票子”，换回不可估量的无形和有形“票子”。依托公安局域网，建成接报警电话录音系统，对报警电话同步录音、同步存储、同步备份。利用计算机与局域网建成内部管理视频系统，在基层所队和窗口单位的讯问室、候问室、报警接待室和接待办事大厅安装摄像探头，实现实时录像、存

---

① 参见缪文升、汪海霞：《关于完善我国警务督察程序理念的法哲学思考》，载《山西警官高等专科学校学报》，2006（4）。

② 参见李载平：《构建警务督察工作质量控制体系》，载《公安研究》，2006（6）。

储；督察部门与协同办案系统建立链接，建成网上执法督察系统，对办理案件的程序、质量和涉案物进行随机跟踪和有针对性督察。将公安部研发的系统纳入网上督察系统之中，对警务督察公文流转、现场督察立项等工作实行计算机管理，建成督察信息管理系统。为确保督察成果，建立与警务督察信息系统和在线练兵、警务数字化协同系统、信息指导平台、报警录音系统的链接，公布投诉电话和相关网址，简化部分窗口运行的操作程序，使操作更加方便快捷。通过制定详细的工作流程和工作规范，积极探索督察工作标准化。开设网上"督察提示"，及时发布履行职责、行使职权、遵守纪律和内务管理等方面存在的问题和不足，提出整改的信息，增强督察工作的预警性，体现人性化督察。

十一是督促整改，健全督察结果运用机制。建立健全督察成果运用机制，有效地督促问题整改是提升警务督察效能的关键。要积极研究探索督察成果的运用机制，加强督察成果的运用和转化，充分发挥督察成果在公安机关抓队伍、促业务中的重要作用。

十二是全方位督察公开，健全信息快速反馈和保障机制。要继续深化"110"受理群众举报投诉联动机制和重大督察事项报告制度。要积极利用公安内部网，不断完善和加强督察信息专报制度，增强督察信息的可用性和实用性，提高指导和决策督察工作的能力和水平。做到件件有回音，事事有着落。

十三是整合力量，健全督察组织协调机制。在现有督察体制短期内难以改变的情况下，需要健全督察组织协调机制，扬长避短，避免和减少内部损耗，形成积极合力。明确组织协调的内容、范围、形式和程序，有效整合内部监督资源和监督力量，进一步理顺与纪检、监察、信访、审计、法制等部门的关系，进一步完善监督工作机制，优化运作机制。

第三节 警务公开

近些年，政务公开已经成为世界性潮流，截至目前，全球已有四十多个国家颁布了统一、完整的信息公开法，三十多个国家的相关法律也在制定之中。[①] 政务公开与警务公开是种属关系，但是，警务公开与其他政务公开相比，从理念、制度设计到机制运行，都是最

---

① 随着我国依法行政工作的进展，政府信息公开原则正在被逐步具体化为各项法律制度。从近年来法制建设的发展脉络看，1988年6月1日开始实施的《村民委员会组织法（试行）》首次写入了村财务公开的内容。1998年《村民委员会组织法》确立了村务公开制度。但村务公开不属于政务公开，随后的警务公开和检务公开等信息公开都是政策在推动。2002年1月，辽宁省沈阳市人大开历史先河，以《关于加强政府信息公开、保护公民知情权的议案》的方式，要求沈阳市各级政府公开政府行政程序和相关政务信息，建立"阳光下的政府"。广州市政府制定的《广州市政府信息公开规定》自2003年1月1日起施行，这是我国第一部为政府信息公开单独立法的政府规章。上海市政府制定的《上海市政府信息公开规定》自2004年5月1日起施行，这是我国第一部为政府信息公开单独立法的省级政府规章。上海市人大常委会修订后的《上海市档案条例》2005年1月1日开始实施，首次将政府信息公开的内容写入法规。广东省人大常委会制定的《广东省政务公开条例》于2005年10月1日起实施。省级人大为政府信息公开单独立法，在全国这是第一次。《政府信息公开条例》于2008年5月1日开始实施，把我国政府信息公开法制建设提升为行政法规。《信息公开法》已经列入全国人大常委会五年立法规划。但是，仅仅作为行政法规的《政府信息公开条例》立法时间之长、困难之大、发布后的准备实施期限之长是其他立法之中罕见的。所以，学者指出，政府信息公开制度的建设，本身就是一场思想观念的革命，中国迈向政府信息公开公开时代需要突破观念壁垒，而观念的扭转不是一朝一夕的事。参见周汉华：《政府信息公开条例将带来六大变化》，见人民网站时政栏目：http：//politics. people. com. cn/GB/1026/5398479. html，2007－05－03；吴兢、黄庆畅：《中国政府迈向"信息时代"仍需突破观念壁垒》，见中国网站新闻栏目：http：//www. china. com. cn/news/txt/2007-02/14/content _ 7829371. htm，2007－05－05。

难的。警察系统内外公认程度欠缺、各方冲撞明显，在被动状态下推出的有限制度最难以实现，也正是警察权自恰机制的主要阻碍因素，需要成为警察权自恰机制建设的重点。

一、警务公开之价值

警务公开的价值，首先反映的是警察机关及其工作人员与社会大众和权利人的关系，揭示的是国家推行警务公开的动机和目的；其次，表示警务公开所具有的对社会大众和权利人有意义的、可以满足人们需要的功能和属性。[①] 从内容上讲，下文的法律价值和中国核心价值的分析都是警务公开的特有价值，但是从产生价值上讲，行政公开都具有类似的机制。所以，在此分析基础上，进一步分析警务公开的特有价值，探索警务公开在内容和机制上都存在的具有特殊地位的价值。这里的特有价值分析，一是立足于警务公开是行政公开中最难的，而又比其他行政公开更迫切需要做的；二是主要体现与其他行政公开在价值内容、相互关系和产生机制等方面在程度上的区别。

（一）法律价值分析

就法律价值论而言，警务公开的价值应当主要包括正义、秩序、效益（效率）、自由和平等这五个方面。

警务公开推动警务工作提升质量，取信于民，彰显正义。一方面，警务公开还权于民，把民众享有的知情权、民主参与权、平等权、监督权等重要权利归还于民众，这种还权本身就是在确认民众的这些权利，是对正义的分配和确认；另一方面，警务公开可以使警察机关更有效地依靠广大民众惩罚违法犯罪以保障正义；再一方面，警务公开可以补救和恢复正义，因为警务公开使民众知道，在权利受到侵害之后，如何依据法律对受到侵害的权利寻求法律救济。警务公开工作必将对整个警务工作的发展起到质变性的进步作用，其作用或许在今天看起来并不凸显，但警察的历史将会对这一页作出积极性的评价。

警务工作要想实现秩序价值，取得公众对警务工作的认同、信任是一个基本条件。使民众认同警务工作的前提是向民众公开警务，阳光运作，使民众看得明白、心里清楚。民众对警务工作产生认同和信任就可以产生明显的积极效应，一是对警务依据的认同，有助于警务工作的制度和规范获得合法性，这是社会政治稳定和长治久安的重要前提之一；二是对警务工作的认同，可以使警务工作过程中获得更多人的积极参与和支持，使警务工作中提出的各项要求得到有效贯彻和落实；三是对警务工作目标的认同，有助于民众树立共同目标，激发为此共同目标奋斗的热情和信心。建立一个新的社会秩序的目的，只有在大多数成员都自由地把它当作他们自己的目的时，才有可能完全实现。警务公开工作做得比较好的地方，社会政治稳定和治安秩序工作会有明显提高。

社会治安是突出问题，警务资源的稀缺是要解决的问题。要解决警务资源稀缺、治安效益不足的问题，一方面，要加大警务资源的投入；另一方面，更重要、更现实、更迫切的是挖潜，警察队伍和警务工作的潜力还很大，特别是在发展中国家，由于体制、机制等方面的制约，潜力没能发挥出来，警务公开就是在体制、制度、机制上改革的深化，是对警务资源优化配置的手段。警务公开，一是可以挖掘警方和警务工作自身的潜力，如规范警察权力，防止寻租；规范警务行为，防止扰民，提高效率。二是警务公开把警务工作深深植根于民众，并有效协调了与其他国家机关的关系，得到了与上市公司以有限资本向社

① 警务公开的法律价值分析，还可参见毛志斌主编：《警察法》，145～151页，郑州，河南人民出版社，2005。

会公开募集巨额资本相同原理但结果却大得多的效益。三是可以极大地推动警学研究。

一提到警务公开的自由价值，会使人一下子想到警务公开给民众和相对人带来的种种便利和自由。这只是警务公开自由价值的一个方面，除此之外，还有另一个方面，就是给警察机关和警察带来的自由。那种认为警务公开束缚警察手脚的说法是站不住脚的。即使是“束缚”，也是束缚了警察恣意妄为的手脚。警察作为执法者，若执法违法亦是破坏法律，和执法者处罚的其他违法者是一样的，受到约束处罚才是应当的，才是法治的应有之义。

警务公开的平等价值主要体现于“法律面前人人平等”这一基本原则。警务信息基本上掌握在警察机关手中，不公开，就会使警民互动双方出现严重的信息失衡，而信息本身就是一种权利资源，谁掌握了信息，谁就掌握了权利。培根有句名言，被译作“知识就是力量”，现在更多的人把它译作“知识就是权力”，这里的“权力”就是两方相比中所处的一种优势，知识本身就是信息。试想，警察机关掌握了警务信息，而民众是白丁，就只有逆来顺受的份了。这样，虽然可能暂时相安无事，但是，既与走向民主、文明、权利时代的大潮流不协调、相抵触，更不能带来长治久安，而且还会为长治久安埋下隐患。所以，从这个意义上讲，推行警务公开，不仅使民众享有了知情权，更重要的是使民众拥有了信息蕴涵的相关权利，就是还权于民，就是改变警民互动中以及二者在法律面前的地位失衡和不平等的状况。

（二）中国核心价值分析

在我国，可以把警务公开价值的认识提高一个层面，放在社会主义核心价值体系的层面予以认识。

根据2006年中共十六届六中全会《中共中央关于构建社会主义和谐社会若干重大问题的决定》，社会主义核心价值体系包括四个方面的基本内容，即马克思主义指导思想、中国特色社会主义共同理想、以爱国主义为核心的民族精神和以改革创新为核心的时代精神、以“八荣八耻”为主要内容的社会主义荣辱观。这四个方面的基本内容相互联系、相互贯通，共同构成辩证统一的有机整体。

坚持马克思主义在意识形态领域的指导地位，正确认识社会主义和谐社会价值体系的辩证性，坚持理想性与现实性、多样性与主导性、民族性与全球性、社会性与个体性的辩证统一，并在各种价值取向之间保持适当的张力。

构建和谐社会是中国特色社会主义共同理想，注重在全社会倡导和谐理念，培育和谐精神，引导人们用和谐的思想认识事物，用和谐的态度对待问题，用和谐的方式处理矛盾。和谐理念与和谐精神要求人们在价值取向上坚持“和为贵”的思想。倡导和谐理念，培育和谐精神，就要尊重差异，需要妥协和宽容。

以爱国主义为核心的民族精神，以改革创新为核心的时代精神和以“八荣八耻”为主要内容的社会主义荣辱观，就是大力弘扬民族优秀文化传统，积极借鉴人类有益文明成果，充分调动积极因素，凝聚力量、激发活力，进一步打牢全党全国各族人民团结奋斗的思想道德基础，形成全民族奋发向上的精神力量和团结和睦的精神纽带，为构建社会主义和谐社会提供重要保证。①

核心价值体系是警察权应该服务的对象和追求实现的目标，也是警察权运行的指引和

① 参见《建设社会主义核心价值体系六人谈》，见人民网站理论频道：http：//theory.people.com.cn/GB/49150/49152/5054976.html，2007-10-28。

内在决定因素。实行警务公开，才能体现出是在核心价值引导的轨道上运行，是警察权应然的运行的轨道，做到人民安居乐业和社会长治久安。

（三）特有价值分析

警务公开的特有价值分析，是在警察权与其他行政权相比之上的分析，是在运行中价值方面所特有的内容和程度。警察权内容和运行的特征，决定了警务公开具有一般行政公开所难以具备或不能具备的重要价值。

1. 法律价值

警务公开的正义价值的内容，直接关系的是基本人权，是正义价值的最核心内容，对一般行政正义价值具有基础性作用，是公共权力的终极关怀应有之意。这些正义价值的具体内容与一般行政公开的正义价值相比，对公民、法人和其他组织的重要作用和意义，是更为明显的。

秩序的存在是人类一切活动的必要前提。除了极少数心怀叵测试图从混乱中渔利的人，无论阶级背景、所属阶层及社会角色有何不同，其在期望社会呈现良好秩序、长治久安这一点上是相同的。秩序井然、安居乐业是警务公开的最基本价值之一，是人们共同的理想，是人类社会活动的基本目标和追求。秩序建设要求警务公开，警务公开是建设良好秩序的基础性工作。秩序在法律价值体系体现为警务公开与否决定警务的成败和警务的秩序价值，其秩序价值之直接和强烈，是其他行政公开所不可能企及的。

警察破案是主要的警务资源支出，庞大的资源支出和有限的治安收益形成鲜明的高成本低收益的对比。在我国，警民比例比西方发达国家低，不过，警察占全部公务员的三分之一，而要人、要钱可以称得上是警察机关普遍的最强烈呼声，就是因为警务效益提高之急切是超过其他行政事务的，警务公开的价值凸显。

警察机关推行警务公开，深入民众之中，就会有如鱼得水的自由和得心应手，“游鱼须大海，猛虎须深山”，说的就是这个意思。传统上把警民关系比作鱼水关系，从这个意义理解似乎更合法理。警务公开这一自由价值的提高可以有效推动警务公开的秩序、效益等其他价值的实现。

警察手中可以行使的警察权，对民众的影响的广度、深度和持久力等，是其他行政权都无法企及的，警民关系也在传统上被认为是最难以实现警民平等的，即便说到了也常常是做不到的。同时，社会发展和警察权的人权保障，加上警民不平等造成的消极结果，几乎成为牵动社会的神经，在迫切要求警民平等和人权保障上，警务公开是实现这一目标的必由之路，是无法被替代的。

2. 中国核心价值

警察权的特征，特别是对公民基本人权广泛、深入和强有力的影响，以及强烈的政治敏感性，影响警务的成败和效能的良差，对马克思主义指导思想、中国特色社会主义共同理想、以爱国主义为核心的民族精神、以改革创新为核心的时代精神和以“八荣八耻”为主要内容的社会主义荣辱观这些中国核心价值的作用和意义，是一般行政权可望而不可即的。

1987 年提出了“稳定压倒一切”，稳定就是秩序的核心内容，稳定的直接决定因素，也是稳定的具体权力义务的载体，就是警务。

在中国，追根溯源，警务公开从出现之始，就显示出了明显的效益。1987 年，辽宁省本溪市石桥子派出所就有所谓的“立牌服务”，1988 年第 1 期《人民公安》在推介其做法时评价其意义有四：一是方便群众，二是便于群众监督，三是职责分明，四是加强警民关系。

1999 年，公安部决定在全国公安机关实行警务公开的背景，是 1998 年的政法队伍整顿效果不理想，需要建立一种阳光下的警务运作机制，把公安队伍建设推向纵深，并实现警务法治。警务公开便应运而生，它被认为适应了发展社会主义民主、健全社会主义法制、依法治国、建立社会主义法治国家的需要，可以起到方便民众、服务民众，推进公安队伍建设，从源头上杜绝和防止腐败，促进公安机关严格、公正执法，保障和维护民众合法权益不受侵犯的积极作用。实施警务公开以后所取得的阶段性成果证明：警务公开是正警风、得民心、树形象的“阳光工程”。

中国核心价值体系对警务公开的指导和意义，中国核心价值的现实提升对警务公开效果的依赖，是行政公开中最为明显的。

二、我国警政理念革命

我国警政理念的革命，需要做好两方面的工作：一是建立成熟的理论作为指引，让研究者和决策者可以理直气壮；二是理论联系实际，提升警政理念。

（一）加强警务公开理论研究

理论是行动的指南。在我国，从2000年下半年开始，全国各级公安机关很少出台直接推动警务公开向纵深发展和制度建设的措施。[①] 一方面，在理论层面，一些人对警务公开及与之紧密相关的基本问题不清楚，存在太大太多也许本不该有的争议；另一方面，由于理论的匮乏，警务公开实践成了“没娘的孩子”，在徘徊，“逆水行舟，不进则退”，一些地方已经出现了不进反退的尴尬局面。加强和推进警务公开的理论研究之重要和迫切可见一斑。

警务公开的理论研究，包括对警务公开的理论支撑、警务公开的必要性、警务公开的社会历史文化背景、警务公开的基本理论、警务公开理论层面的制度设计、警务公开的国内外现状和发展趋势、警务公开的法律救济等方面进行全面、深入、系统的研究、探讨和争鸣。包括警务公开理论研究等警学研究，都需要大量的警务工作的第一手资料作为研究对象，否则，“巧妇难为无米之炊”。多年来，我国警学研究的发展速度未能驶上快车道，研究成果难以让人慰藉，应该说，与警务工作的神秘性和警务人员不适宜的保密观是分不开的。所以，加强警务公开的理论研究，在这里包含一个重要问题，就是要首先向警务公开理论等警学研究者全面公开警务，鼎力支持有关研究，为学者们提供尽可能的便利条件。警察机关领导以及一线民警都应当参与到警务公开等警察学理论的研究中来。应当大力推动警学研究成果与警务实践的结合，使这些科研成果真正成为驾驭警务工作的指南针、推进器和左膀右臂。

（二）提升警政理念

现代宪政以人权保护为终极目的，就理所当然地决定了现代警政理念应以人权保护为核心，警务工作应以服务和保护人权为出发点和归宿。这与中国警察机关全心全意为人民服务的宗旨是一致的。基于此，服务、透明、程序化、公平、正义、有限政府、责任政府和诚信政府等宪政的理念和要求，都应当统领警政理念，落实到警务工作之中。

观念不是孤立的，也不是“无源之水”，它只是人的素质的一个方面，由人的素质所决定。中国几千年人治社会中占统治地位且目前仍大有市场的“用人第一，法律次之”思想和西方柏拉图《理想国》中“哲学王”统治的理论从一个侧面说明，在制定、实施、推进一项制度中，无论如何不可忽视人的素质和发挥的作用。在警务公开中，警察要有过硬的

① 值得一提的是从2004年1月正式开始实施的公安机关新闻发言人制度。除了外交部新闻发言人制度以外，公安部和教育部是国务院组成部门中首先建立了新闻发言人制度的两个部门。

法律和业务本领，更要有对警务公开高度的认同感、保护公民合法权益的法律意识。从二者的关系和相互作用分析，素质是观念、意识的重要基础，在执法领域，一个知识涵养和文化修养低的人很难有先进的观念和前卫的意识，即便有这些观念和意识，因担心自己的业务能力不济，也会对其排斥。相反，素质较高的人比较容易产生较先进的思想，先进的思想才会指导先进的实践，先进的实践又会推动其知识积累的增加、执法水平的提高和执法观念的成熟、升华。俗话说得好，“打铁先得自身硬”，警务公开对警察的观念和素质要求都比较高，警察只有观念到位，才会心甘情愿地把警务公开工作做得彻底、到位；只有本领高强，才会有能力做好警务公开工作，缩小其实然价值与应然价值的差距。①

三、推进我国警务公开机制建设

推进警务公开机制建设的基础是建立健全权威的警务公开法律依据体系，这也是推进警务公开机制建设的关键。② 在构建警务公开法律依据体系的过程中和构建以后，需要做好警务公开机制的以下工作：

（一）明确、规范警务公开主体

警务公开的主体是警务公开工作的承担者和运作者。把某个警务工作公开的主体明确为某个警察机关或某个警察时应该体现以下基本要求③：

1. 合法。这里的“合法”，就是符合宪法、警察权力及其运作的法律法规。因为有些工作是警察无权介入的领域，如计划生育的管理和处罚，现实生活中，基层政府出于种种考虑，安排警察参与计划生育管理和处罚等非警务活动的现象比较普遍，但这些领域应是警察权的“红灯区”，如果因为现实中存在警察权的介入，就规定这些领域的警务公开主体，就等于是肯定警察的越位行为，造成实际上警察权的非法扩张。同时，法律对警察机关有明确的执法领域的要求，即便在执法实践中出现了警察权行使的缺位和真空，也应明确规定这些领域的警务公开主体，以促使警察权行使的及时到位。

2. 权力义务一致。基本要求就是“谁行使警察权，谁负责警务公开”。行使警察权，从事警务工作，作出一项警务活动，则该警务工作的公开主体就是作出此项警务活动的主体。

3. 合理。所谓“合理”，就是在法律许可的范围内，在总体上保持权力义务基本一致的前提下，在一定条件下，适度减轻某个警务主体公开警务的义务或加重某个警务主体公开警务的义务，然后确定具体的警务公开的主体。

4. 效能。执法的一个基本要求就是效能，一方面是警务公开本身要能够使警务工作走近民众，构筑起相互的信任；另一方面是要通过警务公开有效地推动警务工作上水平上档次；再一方面，要使警务公开工作真正为民众提供权利的保障和救济的捷径。

5. 平等。这一原则的要求主要是两个方面，一是上下级公安机关在确定警务公开的主体上要平等，避免上级机关权力多义务少，下级机关义务多权力少；二是不同地域间同级公安机关要平等，不能因为经济发展的地区差异等因素引起警务公开中权力义务的差异。

---

① 有些具体做法，可参阅孟富强：《一项推动公安工作和队伍建设的战略举措》，载《人民公安报·山东周刊》，2003-05-08。

② 警务公开法律依据体系构建，可参见张超：《警务公开制度研究》，武汉大学2001届法学硕士学位论文。

③ 这样做，一方面，可以为具体警务工作的具体公开主体奠定法理基础；另一方面，也是为了提高警务公开的实然价值，因为警务公开的主体是警务公开效果的重要决定因素之一，如果确立不当，会增加警务资源的消耗，加重民众获取知情权和相关法律救济的负担，降低警务公开的实际效益。

6. 具体明确。"具体明确"可以防止推诿扯皮，特别是在同一警务活动中涉及公安机关和其他机关或涉及两个以上的公安机关时。前一种情况首先要明确公安机关依法独立行使警察权（这里仅指法律专门赋予公安机关的国家权力），把警务行为相对独立出来，由公安机关对此警务行为履行警务公开的义务，其他机关不得行使警察权，否则因主体不适格而无效；后者应明确在什么条件下由哪个公安机关履行警务公开的义务，有两个以上公安机关对一种警务行为负有公开义务时，两者都应依法公开，如果没有主动公开或者不宜主动公开，在权利人向其中任何一个公安机关提出公开警务的要求时，都应依法予以公开。

（二）扩充警务公开的内容

警务公开内容的扩展是推动警务公开建设呈现新局面的核心问题，可以从社会、社区和个案这三个层面对警务公开的内容进行界定和扩展。

1. 社会层面警务公开的内容

警务面向社会公开的内容应当包括以下十三个方面：

（1）警察机关及其权力的性质、任务。

（2）警察工作的宗旨和执法活动原则。

（3）警察机关的机构和警种设置。

（4）警方的职责、权力。

（5）警方的义务和纪律。

（6）警方执法的程序性规范。

（7）警方拥有的警械、武器、警车、警服和警用证件等警方专用物品的种类、标志和适用。

（8）警察机关内部执法监督制度。

（9）警方违法违纪责任的种类、内容及其承担。

（10）公民、法人和其他组织与警察警务互动中的权利和义务。包括公民、法人或其他组织认为自己的合法权益、集体的利益或社会公共利益受到警务侵害而启动和参与法律救济过程中涉及警方及其警务活动的权利和义务；警务公开的启动和运作过程中公民、法人和其他组织的权利和义务；抽象警务行为运作过程中公民、法人和其他组织的权利和义务等。

（11）警察机关受理权利主体提出的法律救济的制度规范。这里的"制度"包括行政复议制度，信访制度，国家赔偿制度，补偿制度，控告、检举、揭发制度，集会、游行、示威制度等。

（12）抽象警务行为。它包括警务立法和警务决策。这里的警务决策行为，也是从非常广义上理解的，包括执政党的各级组织、各级政府及其警察机关针对阶段性或区域性警务工作的需要作出的警务决策（包括对警务资源的调配和使用）。

（13）警务资讯，即警务信息。上述十二个方面也可以列入广义的警务信息，除此之外，警察队伍的建设情况，社会治安形势（包括国际、国内、区域的社会治安形势）的现状和未来预测，重大案件、治安事件、治安灾害事故的有关情况，警务工作的总结、目标、工作重点，警务公开的实施情况等所有与警务有关的信息，不论是"好消息"、"坏消息"，只要是法律没有禁止公开的都应当公开。①

---

① 这里需要提的一点是，警务信息被法律禁止公开的内容要能体现"能公开就公开"的原则，而且这里列入禁止的信息往往具有时间性、甚至是间歇性，则过了保密期就应当公开，处于两个保密期的"间歇期"时也应当依法公开。

2. 社区层面警务公开的内容

社区层面，警务公开的内容应当是：

（1）社会层面警务公开的内容所包括的全部十三个方面的内容。实际上社会层面的警务公开的大部分内容是在社区层面或主要通过社区层面进行运作，得以实现，并且为保护社区内的公民、法人和其他组织的相关权益提供保障的，其产生的效果也最直接、最主要地体现在社区层面。

（2）警察机关制定的社区治安管理和服务规范。这是法律的具体化、生活化，是推动警务规范化、增强社区安全感、树立文明形象最直接最有效的制度基础。

（3）警民联防守则和具体实施细则。这是警民互动，增进警民感情，发挥游鱼入海、猛虎归山优势的基础，是提高社会治安的防、控、打功能的基础。

（4）针对社区的阶段性、局部性或长期性、全局性的治安、服务等问题作出的决定或形成的决议或决定采取的措施。

（5）社区警务工作信息反馈规范和警务监督规范。

（6）社区警务信息。指除上述五个方面以外的所有与社区有关的警务信息。社区警务公开的内容与社会警务公开的内容相比，后者的原则性、概括性、指导性比较明显，前者必须能够供警察机关和社区民众具体操作。

3. 个案层面警务公开的内容

个案层面，也可以叫做微观层面，这个层面警务公开的内容涉及日常治安管理、治安案件查处、治安事件和治安灾害事故查处、刑事执法等方面的内容。具体可以分为以下几个方面：

（1）案件、事件责任认定和处理的事实根据。

（2）案件、事件的调查、侦查、处理和治安管理与处罚等警务活动的法律依据。

（3）具体的警务行为，包括治安管理行为、治安处罚行为、刑事执法行为（刑事诉讼法规定的所有与警察机关有关的执法行为）和警务公开行为。

（4）警察机关在警务公开中的权力和义务。

（5）警察在具体警务行为中的权力和义务。

（6）具体警务岗位的责任民警。

（7）相对人的权利义务（包括直接相对人及相关人的权利义务）。

（三）强化和完善警务公开的程序①

1. 警务公开的时间（时机）

对警务公开的时间的确定，可行的办法是确立一个原则作为指导，区别警务工作性质、划分警务工作阶段予以明确。

对于原则的确立出现两种倾向的观点，一种是权利本位，认为警务工作，包括警务公开应当以保护民众和相对人的权利为中心，出现冲突或盲区时，应当作有利于保护权利的解释，应当“宁纵勿枉”；另一种是权力本位，认为社会治安呈恶化趋势，民众没有安全感，应把保障警察权的行使作为程序的核心。

在我国确立警务公开的原则，我们比较倾向于第一种观点，因为：第一，权利保护是国际大环境的要求；第二，中国正处在“走向权利的时代”；第三，警务工作包括警务公开

① 因公安工作的广泛性、复杂性、与民众互动的多样性，而使程序性规范和要求多种多样。警务工作目标的实现要求警务公开等警务工作程序效力钢化，原则坚定，又要在此基础上给予一定的自由裁量权。

的任务和目的就是保护人民，打击违法犯罪[①]，也就是在保护人民的前提下，打击违法犯罪，打击违法犯罪应始终围绕和服务于保护人民，否则“皮之不存，毛将焉附”，不能“宁枉勿纵”，应在保证“不枉”的同时力争“不纵”。而且，从长远和更深层次看，也只有做好保护人民权利的工作，取得人民的广泛支持，夯实了社会治安的基础，才能更及时、准确、有效地打击违法犯罪，实现社会长治久安。

确立原则之后，把警务工作分为六类：

一是治安管理处罚。它可以分为治安管理和治安处罚两个阶段：治安管理阶段应把所有管理信息及早予以公开，不能迟延至相对人违反治安管理以后，对其予以处罚之时；治安处罚阶段，作出处罚决定前告知处罚的事实根据、法律依据和相对人的权利，送达处罚裁决书之时告知救济权。

二是治安事件、治安灾害事故查处。它可以分为调查和处理两个阶段：调查阶段应告知调查相对人的权利义务；处理阶段，处理之前应告知处理的事实根据、法律依据和相对人的权利，送达处理决定书之时，要告知相对人的救济权。

三是刑事执法。它可以分为受理、立案、侦查[②]三个阶段，在这三个阶段按照法律的要求公开与该阶段有关的法律制度、警务信息和相对人的权利。

四是抽象警务行为。自作出之日起应迅速正式公布。

五是重大案件事件。实行定期通报制度。

六是其他警务信息的公开。时间应以不对权利人行使权利或维护合法权益产生消极影响为最低标准。

2. 警务公开的期间

警务公开的适宜期间应依据上文警务公开的时间中对警务工作划分的阶段而定，在哪个阶段公开哪个阶段的警务信息，在每个阶段内再确定更适宜的公开期间；前后承接的阶段中，前一阶段应公开的警务而未公开或未能公开，应及时补救，在后一个阶段公开，由此产生的后果，依过错责任而定，但应举证责任倒置，由公安机关对相对人承担责任的过错负举证责任。

3. 警务公开的地点

警务公开的地点，给人们的感觉它不是一个单独的问题，可以随着案情、事件的发展走到哪里便在哪里告知，它只是一个次要的问题，甚至是细枝末节的问题，在我们参阅的资料中几乎没有提到有关公开的地点问题。我们认为，警务公开的地点也是影响权利人权利（包括警务公开本身这一程序性权利）实现的一个重要因素。

对警务公开地点的确定，可以考虑确定一个原则，建立一项制度。这个原则是方便权利人，即公安机关最大限度地为权利人了解警务提供便利的条件。这样，警务公开的地点选择，一是从地域上讲要体现与权利人就近原则，二是该地点能够最大可能地为权利人提供辅助权利实现的物质条件，三是公安机关的保障能力可以做到。这项制度是经济补偿制度，对于因为警务公开的地点选择给相对人造成损失的，应当给予补偿；对于公安机关或执勤民警违法变更或设立警务公开地点给相对人造成损害的，应依法予以赔偿。[③]

---

① 注意，不是“打击违法犯罪，保护人民”，简单语序之别体现的是两种观念和两种警务战略，意味着谁是主角、谁是配角，意味着谁是目的、谁是手段。

② 侦查阶段对于犯罪嫌疑人还可以而且应当进一步细分。比如，可以以第一次讯问为界分为两阶段，也可以以采取强制措施界分为两个阶段。

③ 我们在警察题材的影视作品和小说、报告文学中有时可以看到这样的场面：当事人：“你们抓我干什么？你们带我去哪里？”警察：“少废话，到地方你就全知道了。”这里的警察行为最明显的问题，就是在适宜的地点没有告知当事人应当享有的权利，应属于程序违法。

4. 警务公开的对象

警务公开的对象的确定在“警务公开的内容”部分就可以分析出来。

一是社会层面，警务公开的对象就是社会大众。再进一步明确，就抽象警务行为和警务资讯而言，最小范围的公开对象应是抽象警务行为效力所及区域和警务资讯内容所涉及、影响的全部成员。其他十一个方面的内容的公开对象都是全社会。

二是社区层面，警务公开的对象就是该社区的所有公民、法人和其他组织。①

三是个案层面，警务公开的对象包括治安管理和处罚相对人，依法享有警务知情权的其他相关人员，刑事执法中的犯罪嫌疑人及其辩护人、被害人、翻译人员、鉴定人员、勘验人员、证人、依法享有知情权的与犯罪嫌疑人或被害人有关的人员。应该特别一提的是，不论按上述警务公开的内容分类属于哪个层面的警务信息，只要法律不禁止，都应该允许或者说欢迎大众传媒予以采访报道，使这些警务信息的公开对象扩展至全社会，推动警务公开的全面深入开展，并可成为树立警察机关诚信文明形象、对警务公开实施有效监督和权利人合法权益得以保障的重要途径。

5. 警务公开的方式

警务公开的方式是指将警务公开的内容向社会、当事人或其他有关机关和人员公开的途径、方法和程序的总称。换句话说，就是警务公开的主体把警务公开的内容在合法、合理、科学的时间向警务公开的对象公开的途径、方法和程序的总称。警务公开的方式可以依不同的标准进行分类，比如依据公开的对象不同，可以分为向特定人员的告知公开方式、向特定机关的通报公开方式、警察机关内部不同警种、不同办案部门之间公开的内部公开方式和向社会公众公开的宣传公开方式；依据公开的时间不同，可以分为定期公开和不定期公开；依据警务公开借助的不同的物质载体，可以分为警务大众传媒公开、警务网上公开和警务普通传媒（如公告栏、黑板报、明白卡、告示牌等）公开；依据警务公开在警察机关履行法律职能过程中进行的方式，可分为“窗口”式公开和非“窗口”式公开。另外，还有一个非常重要的分类就是主动公开与依申请公开（也可叫被动公开）。②

警务公开的具体方式及应建立健全的相关制度主要有：（1）告知制度，这一制度包括若干“子制度”，如新闻发言人制度、重大事件案件定期通报制度、向代议机关报告制度、公告公示制度、警察机关内部通报制度等。（2）来信来访接待处理制度。（3）听证制度。（4）行政契约制度。

6. 警察机关进行警务公开的具体操作程序

警察机关进行警务公开的具体操作程序由各级警察机关按警种、部门、岗位，依据有关的法律、法规、规章，本着方便民众、服务民众、便于落实、保障落实的原则，在广泛征求民众和警察的意见和建议的基础上予以制定，并且要在工作中建立有效的信息反馈、

---

① 这里的社区公民，包括其户籍所在地在此社区的公民，住所在此社区的公民，经常居住地在此社区的公民，在此社区有居所的公民，在此社区工作的公民，在此社区登记或居住或工作的流动人口（含暂住人口），在此社区治病、疗养的公民等与此社区存在一定法律关系的公民。

② 之所以我们说这是一个非常重要的分类，是因为，随着程序公正理念在法律规范和执法实践中的确立，应当主动公开而警察机关未主动公开或依申请才公开作以弥补，就会因为程序违法而导致与之相关的整个警务活动归于无效。比如，20世纪80年代末，曾轰动全中国的美国电视剧《神探亨特》，在亨特抓获一重大犯罪嫌疑人时，激动之余，忘记了告知当事人“你有权保持沉默”，“你有为自己辩护的权利，也有请律师为你辩护的权利”，结果法官认为警察违反程序执法侵犯了当事人的诉讼权利，从而宣告当事人无罪释放。这种程序公正理念在西方发达国家是普遍现象。多年来，国内学者也一直强烈呼吁把这一理念引入中国的司法实践。

监督机制（如引入听证制度），不断地查漏补缺，提高程序的可操作性、实用性、服务性和高效性。

7. 相对人等权利主体需要办理的具体手续及流程

它是指权利主体为了享有警务知情权，而需要办理的具体手续及办理这些手续的先后流程和办理地点及相关事宜。这里包括两种情况：一是本应警察机关主动公开的，但警察机关没有及时主动公开；二是依当事人申请才公开警务的。在这两种情况下权利人需要通过什么途径、方法，以什么方式，找哪个岗位警察或具体哪位警察办理哪些手续来提出警务公开的要求，并在得不到满意答复时应该如何进一步维权，确保警务知情权实现。

（四）推进警务改革，增加资源投入，增强育警力度和实效性，提高警方的支付能力

在世界范围内，第四次警务革命的理念和实践已经处于成熟期，第五次警务革命正在孕育和发展之中，我国也在理念和机制层面反思和极力追求改革和提高。

在我国，作为警察执法主力军的公安民警为200万人，约占全体国民的万分之十五，民警的整体素质偏低，至少有三分之一的刑警不能胜任本职工作①，存在大量的非执法主体，他们不符合公安民警条件，不能授衔。从公安机关的办公装备上看，“一张纸、一杆笔，口干舌燥问一天，抄抄写写到深夜”依然是普遍现象。②

我国的警务资源是典型的“稀缺资源”，而警务公开需要足够的高素质民警和一定的物力、财力作为基础，所以，实施警务改革、加大资源投入势在必行。实施警务改革，需要从警务指导思想、警务战略构想、警力配置、警务战术运作和警务评价标准等各个方面对警务工作进行“伤筋动骨式的改革”。直接增加人、财、物等资源的投入是必要的，但就我国国情而言，是有限的，且有较长的周期，所以，在争取财政加大支持进行“开源”的同时，更直接、更能立竿见影的办法是通过警务改革、增强育警力度进行“节流”、“挖潜”，实现“无增长改善”。

在培育警察人力资源方面，主要是做好两个方面的工作。一是把好“入口”，夯实“地基”。从2003年起，全国所有的省、自治区、直辖市都开始实行省级统一招警考试，2009年开始，全国实行公安民警招录培养体制改革。但是，作为一项制度和相关的配套制度需要加快建设。二是固本强身，培养“后劲”，实现警力资源的“可持续”释放。目前，我国公安民警的整体素质有待提高。一方面，现有民警的素质不是一次能够提高到位的，更重要的是另一方面，知识更新在加快，公安工作面临的形势变化莫测，日新月异，公安民警需不断“充电”才能赶上形势。所以，在职民警的培训应作为一项重要制度予以建立、完善和有效实施。③

（五）改革和加强奖惩等制度和机制建设，坚决克服形式主义

要采取有力措施，加强制度建设，完善和有效启动奖励、激励和错案责任追究等机制，努力克服形式主义。特别是要不断地完善公安机关依法实行警务公开的内外部监督制约机制，落实公民、法人和其他组织依法享有的警务知情权等权利的救济制度，并采取积极有效的措施，逐步拓展权利救济途径。要让警察认识到，要取信于民、让民众切身体会到：警务公开不是一个形式，更不是花架子④，而是警察队伍立警、树立警察机关良好形象、推

① 参见鲍遂献：《更快、更严、更实、更高——中国公安改革备忘录》，载《人民公安》，1998（19）。

② 参见张超：《固本强基、依法治国，实现社会长治久安》，载《当代法学》，2001（6）。

③ 目前的民警培训，在观念、时间、装备、经费上都难以有效保障，形式主义比较严重，需要强力扭转。

④ 有学者提出，把警务公开和警察队伍建设同部署、同落实、同考核、同奖励、同纳入警察机关量化考核范围内。参见徐小琴：《谈警务公开》，载《政法学刊》，2000（3）。

进警务法治建设、全面服务民众、实现社会长治久安的根本性战略举措。①

在我国，开创警务公开的全新局面，将会使警察队伍和业务建设的面貌焕然一新，从根本上打破被动的工作局面，强力推动警察队伍和业务建设大步迈上新的台阶，完成警察机关神圣的使命。

第四节　警务控申和信访

一、警务控申和信访概述

警务控申，包括了控告和申诉。控告、申诉和信访，是我国权利人对权利进行保护和救济的传统方式的称谓。控告，一般是指机关、团体、企事业单位和个人向司法机关揭露违法犯罪事实或犯罪嫌疑人，要求依法予以惩处的行为。② 申诉，是指公民或者企业事业等单位，认为对某一问题的处理结果不正确，而向国家的有关机关申述理由，请求重新处理的行为。信访，是群众来信来访的简称，指人民群众致函或走访有关部门，反映情况，并要求解决某些问题。简言之，指群众通过信函或面谈的方式反映问题。警务控申与信访，是指民众认为警察机关或者警察的执法行为危害了或者威胁到自己的或者其他应该保护的合法权益，向警察机关提出控告、申诉或者进行信访，要求警察机关依法行政、保护相关权益。控申和信访是我国传统社会形成的法文化，是警务相对人权利保障和救济的常用路径，包括警务控申与信访在内的各类控申与信访案件事件，近年来，每年都在千万起以上。③

申诉分两种：一是诉讼上的申诉，是指当事人、被害人及其家属或者知道案件情况的其他公民，认为人民法院已经发生法律效力的判决或裁定有错误，向人民法院或者人民检察院提出要求依法处理、予以纠正的行为。二是非诉讼上的申诉，是指公民或者企业事业等单位，因本身的合法权益问题不服行政部门的处理、处罚或纪律处分，而向该部门或其上级机关提出要求重新处理、予以纠正的行为。第二种含义的申诉，随着法学研究和法治建设的进步，已经被“行政复议”一词所取代，这一含义的“申诉”停止作为执法监督和权利救济的法律概念予以使用。2006 年 3 月 1 日以前实施的《治安管理处罚条例》使用的“申诉”④，1990 年国务院《行政复议条例》颁布实施，1999 年《行政复议法》颁布实施，“行政复议”在法律文本层面取代了第二种含义上的“申诉”，2006 年 3 月 1 日开始实施的《治安管理处罚法》取代了《治安管理处罚条例》，在警察法体系中，“行政复议”正式全面取代“申诉”⑤，在其他一些单行警察法和附属警察法中，已经比较早的开始使用“行政复议”。

① 参见马力：《警务公开研讨会论文观点综述》，载《警察学研究》，2001（4）。

② 参见李建明：《关于刑事诉讼参与人控告权保障制度立法的思考》，载《法商研究》，2008（5）。

③ 参见《中国法律年鉴》，北京，中国法律年鉴社，1994～2010。

④ 《治安管理处罚条例》第 39 条：“被裁决受治安管理处罚的人或者被侵害人不服公安机关或者乡（镇）人民政府裁决的，在接到通知后五日内，可以向上一级公安机关提出申诉，由上一级公安机关在接到申诉后五日内作出裁决；不服上一级公安机关裁决的，可以在接到通知后五日内向当地人民法院提起诉讼。”第 40 条：“对治安管理处罚提出申诉或者提起诉讼的，在申诉和诉讼期间原裁决继续执行。被裁决拘留的人或者他的家属能够找到担保人或者按照规定交纳保证金的，在申诉和诉讼期间，原裁决暂缓执行。裁决被撤销或者开始执行时，依照规定退还保证金。”

⑤ 《治安管理处罚法》第 102 条：“被处罚人对治安管理处罚决定不服的，可以依法申请行政复议或者提起行政诉讼。”

公安机关是警察机关的窗口和主力军，对警务控申与信访的研究、取得的成果及其与法治建设的发展轨迹和进步，可以从公安机关的相关法治警务建设中窥其一斑。比如，1995年发布实施的《公安机关受理控告申诉暂行规定》和2005年取而代之的《公安机关信访工作规定》。

1995年《公安机关受理控告申诉暂行规定》发布实施，规定公民、法人和其他组织对公安机关和人民警察的违法失职行为，有权依照有关法律、法规和本规定向公安机关提出控告和申诉，并有权要求公安机关在规定期限内给予答复。公民、法人和其他组织在控告、申诉活动中应当对控告、申诉的真实性负责，不得捏造和歪曲事实；应当自觉遵纪守法，维护社会秩序和工作秩序。公安机关依法保护控告、申诉人的合法权利，对公民、法人和其他组织依据本规定提出的控告和申诉都应当接受，不得置之不理或者敷衍塞责，不准将控告材料转给被控告人，不准对控告、申诉人歧视、刁难和打击报复。公安机关保障控告、申诉活动的正常进行，对于控告、申诉活动中的违法行为应当及时制止，依法查处。

公安机关受理公民、法人和其他组织对公安机关和人民警察下列违法失职行为的控告和申诉：（1）对属于本机关管辖范围的案件拒绝受理或者受理后拖延不办的；（2）无正当理由对依法提出的复议申请拒绝受理或者不予答复的；（3）人民警察玩忽职守致使他人人身、公私财产或者公共利益受到损害的；（4）在执法活动中违反法定程序或者滥用职权、刑讯逼供、徇私舞弊的；（5）认为公安机关作出的处理决定或者检验、鉴定结论违背事实或者违反法律、法规的；（6）认为公安机关和人民警察有其他违法失职行为的。

《公安机关受理控告申诉暂行规定》分章对控告的管辖和受理、申诉的管辖和受理进行了比较详细的规定。随着法学研究的深入和法治建设的发展，该规定需要修改和推进。2005年上半年公安机关“大接访”以后，废止了《公安机关受理控告申诉暂行规定》，在《信访条例》的基础上，发布实施了《公安机关信访工作规定》。对公安机关信访工作的总则、信访工作机构及职责、信访事项的管辖、信访事项的办理、信访事项的管督办作出了系统的规定。①

二、解决涉法上访长效机制建设

（一）信访现状

全国人大信访局每年受理的信访案件就达到10万件，最高人民法院每年处理的来信来访案件已经超过15万（人）次，至于全国各级信访部门每年受理的信访案件总量，最保守的估计也不会少于1 000万件!② 这还不包括到各级各类大众传播媒体反映情况和“告状”的。而在这近乎天文数字的信访案件中，大部分都属于涉法上访。③ 随后公布的官方统计数

① 参见《公安机关信访工作规定》，中华人民共和国公安部令第79号，2005年7月26日公安部部长办公会通过，2005年8月18日发布实施。

② 参见郭国松：《审视信访》，载《南方周末》，2003-11-13。有人可能会说这个数字不能代表信访的真实数字，存在严重的“水分”，因为存在严重的“一稿多投”问题。我们认为，第一，尽管从全国范围内看，存在严重的“一稿多投”问题，但能够达到如此数字，也可见信访案件根基数量之巨大。第二，不看总量，仅看全国人大信访局每年受理的信访案件就达到10万件，或看最高人民法院每年处理的来信来访案件已经超过15万（人）次，这些数字已经足够庞大了，这里面的“一稿多投”问题应当可以忽略不计吧。第三，数量达到如此程度，关注数量本身已经不重要了，重要的是探究问题的根源，寻求“消肿”治本之策。参见中国法律年鉴社每年出版的《中国法律年鉴》提供的数字更是有力的证据。

③ 据全国人大信访工作经验交流会透露，从全国人大信访内容来看，来信中约34%、来访中约75%属涉法问题。

字证实了这一媒体记者的调查估计。①

全国人大和国务院信访部门的有关负责人表示：80%以上反映的是改革和发展过程中的问题；80%以上有道理或有一定实际困难和问题应予解决；80%以上是可以通过各级党委、政府的努力加以解决的；80%以上是基层应该解决也可以解决的问题。但是，现状表明，信访问题是一个积重难返而又亟待缓解的社会问题和法律问题。②

上访，对于个人而言，绝大部分是诉说冤屈；而对于一个国家而言，上访则是反映社会矛盾的晴雨表，涉法上访更具体的反映出立法、执法、司法水平和公民对立法、执法、司法的认可和接受程度。如此天文数字的信访案件，可见我国社会矛盾和立法、执法、司法水平之一斑，问题之严重、解决之迫切和现有解决机制之捉襟见肘。从另一个角度讲，可见广大人民群众对党和国家之信赖、之倚重，盼望解决问题之殷切。

如果立法、执法、司法水平不能有效提高，建立长效妥善处理机制，把握主动权，使如此天文数字的信访案件"消肿"，使如此之多的社会矛盾及时得到缓解，那么，就会丧失有利时机和主动权，国家就会产生严重的"消化不良"及其并发症，或者信访案件在问题没有解决的情况下被迫或自动"消肿"，其后果都要比现在糟糕得多，中国共产党的执政地位、人民的安居乐业、国家的长治久安、"依法治国"的进程，恐怕都不堪设想！

我们认为，既然涉法上访最直接和更具体反映的是立法、执法、司法水平和公民对立法、执法、司法的认可和接受程度。那么，就应当首先结合公民对法律的需要审视和探讨我们的法律制度，探索建立妥善处理涉法上访的长效机制。希望我们的努力能够起到抛砖引玉之效。

（二）涉法上访问题难解的成因分析

"治病救人"的关键首先是通过"望、闻、问、切"，了解"病情"，查到"病因"，然后对"症"下"药"。

目前的信访存在着"两多"现象：一是信访机构繁多、庞杂。从中央到地方，各级党委、人大、政府、公、检、法以及相关的职能部门，均设有信访接待机构，而且信访部门职能与相关部门存在比较严重的交叉。二是信访数量大。

与"两多"现象相对应的却是另一种局面。《瞭望》周刊的报道说，大部分信访事项有头无尾，不了了之，与庞大的群众信访量相比，信访立案数只是一个相当小的数字。"对上访群众来说，反映的问题要被立案就跟买彩票中彩一样难。""群众投诉到人大的大部分案件，在没有任何监督措施和处理意见的情形下层层转办，然后被不明不白地'消化'掉了。许多上访群众反映说，人大的信访机构就像'第二邮局'。"③ 不仅人大的信访机构如此，其他的信访机构也基本上是一样的。

庞大的信访机构、天文数字的信访案件和低效率的处理，这样的结果就是产生"马太效应"，形成恶性循环，信访案件数字就像只气球被"吹"得不断膨胀，胀破之时就是超过社会承受能力之时。

---

① "据官方统计，中国去年全年信访超过1 000万件。国家信访局局长周占顺在去年接受《半月谈》采访时也坦陈：信访活动目前相对活跃，统计1993年群众来信来访总量开始回升以来，信访数量上升现象已持续10年。"赵凌：《国内首份信访报告获高层重视》，载《南方周末》，2004-11-04。

② 在互联网上以"信访"和"80%"作为检索词，可以搜索到10万条以上相关信息的报道。以"信访"作为检索词进行搜索，可以得到300万条以上相关信息的报道。简单浏览这些信息，就可以看到信访的社会现状和法律问题的概况。

③ 赵东辉：《信访的体制瓶颈亟待突破》，载《瞭望》，2003（40）。

那么，为什么会形成目前这种状况，并且还在进一步恶化呢？

从社会大环境看，这是一个走向权利的时代，民主制度的发展和依法治国的实施势不可挡，广大公民的权利意识正在逐渐觉醒。从上访的主体上看，尽管他们大多是来自社会的最底层，但他们有和电影《秋菊打官司》中“秋菊”一样朴素的对权利的诉求和对“死理”的执著。如果权利救济的渠道不畅，矛盾的社会化就势不可挡，已经出现并引起广泛关注的农民的有组织抗争就是典型表现。[①] 这是现在上访问题比过去大量增加的一个重要社会根源。

在法治社会，司法机关为公民提供的是真正有效的、最彻底的、最主要的和最终的救济。但是，中国的司法救济体系目前非常薄弱、滞后，使得司法机关不仅难以吸纳、解决矛盾，甚至把大量地方性的、部门性的，并且大多数都是很小的争端推向社会，推向党政部门，推出本地，导致大量的公民到省城、北京上访。

千百年来，盼望遇到“包青天”，仰仗“青天大老爷”为民做主，是被儒教文化浸透的深植于中国国民骨子里的一个传统。这种文化沿袭至今，便是上访鸣冤。

中国的法治还没有建立权威，老百姓不相信法律，只好去寻求人治，这是中国的老百姓几千年来的习惯。我们现在有一个最大的误区，那就是老百姓在权利被侵害后习惯找领导，领导也喜欢批示，再加上媒体的渲染，更强化了老百姓相信上访而不相信法院的观念。有学者认为，虽然上访者获得高层首长亲自接待或直接批示的机会微乎其微，但是，这种偶然性的救济机会仍会给他们带来一线微弱的希望，也正是这种尽管很微弱的希望起着社会安全阀的作用。

推进信访制度建设，对“症”下“药”，需要对信访制度的两个基本问题予以认真分析：

第一，关于信访机关的法律地位问题。一种观点认为，应当制定《信访法》，加强信访部门的权力。另一种观点主张取消信访机关，理由是这个部门没有发挥调节社会矛盾的作用，搞乱了法治建设。司法系统的人士还提出，只有同级人大及其常委会才有权依照法定程序对司法进行监督，法院不可能凭信访部门的意见和领导的批示立案、再审。有关人士呼吁：如果信访部门行使权力符合法律的规定，就将其纳入法律框架内，否则就撤销。不然，有一个没有法律地位、没有实际权力的信访部门的存在，让老百姓千里迢迢、甚至倾家荡产到省城、北京上访，却什么问题也解决不了，是在制造新的矛盾。

也有学者走的是“中间道路”，认为，从严格的法治角度讲，这种将权利救济的希望寄托在诸多偶然因素尤其是首长的指示上、扬人治抑法治的上访制度，是法治的“敌人”；但对于偏重程序正义的法律救济来说，信访救济又是一种替代性纠纷解决方式，对于某些在当地投告无门的上访者来说是一个可能的出路，对于被司法不公困扰的社会是一个必要的安全阀和矫正机制。因此，信访又是法治的“朋友”。

第二，关于信访部门的职权问题。要发挥信访部门的作用，必然要赋予信访部门相应的权力，那么，这个权力属于什么性质呢？它与相关机关执法权力的关系是什么？与司法

---

① 有人套用毛泽东论长征的话这样描述“上访”：上访是宣传队，农民在上访途中获悉对他们有用的中央政策和文件，并转而成为与地方政府抗争的武器；上访是加速器，农民在上访过程中屡遭挫折，进而意识到必须提出更高的政治要求；上访是大学校，农民在上访中看尽各级政府官员的脸色，认识到自己在现实生活中的政治地位；上访是联络站，上访者在上访中实现跨村、跨乡、跨县、跨市、跨省的横向联合；上访是催生婆，农民在上访中得出上访是死胡同的结论，从而转向集体抗争；上访是农民领袖的摇篮，很多农民起初是个人在上访，在上访过程中意识到要发动和组织群众。

的终极性权力又是什么关系呢？如果认为信访部门的工作性质本身与法治精神相悖，担心它会变成另一个司法机关而不给它权力，那信访部门又如何存在呢？而如果没有信访机关，这么多的社会矛盾让老百姓到哪里诉说呢？

上访实际上涉及公民权利救济问题，这就需要确定是否将信访工作纳入权利救济体系。现在的信访是过去长期以来以行政方式治理国家的一种非常救济手段，这种救济的方式具有几个特征：首先，它不是一个专门的机构，更不是司法机关，而是在各级国家机关内部设立的一个部门；其次，它处理问题的手段主要是受理并接待群众的来信来访，但并不保证信访中所反映的问题能够解决，有的甚至连程序都进入不了；再次，根据“归口管理，分级负责”的信访规定，群众反映一级国家机关的问题，最终还必须回到这一级国家机关去处理，这使得很多上访者只能循环往复地不断到上级上访。

越来越多的上访案件，使得信访部门有限的权力、效率与老百姓获得救济的愿望之间存在很大的矛盾，再加上信访工作带有明显的人治色彩，单靠它自身的作用，根本无法解决今天错综复杂的社会矛盾。

很多学者认为，要解决上访问题，首先是挖掘现有的司法潜力，应当由法院受理的案件，法院必须受理。同时，要结合时下正在酝酿的司法体制改革，扩大法院受案范围，将一切行政行为纳入司法审查的范围，并且规定法院无法定理由不得拒绝受理案件，否则，应当追究法官乃至法院领导的责任。在司法救济体制上，可以借鉴英国“衡平法院”的做法，在普通法院体系不能给公民提供有效的救济时，建立一套特殊的司法救济程序，或者叫作“权利救济法院”。遇到普通的程序解决不了的案件，可以向省级“权利救济法院”起诉，还解决不了，就上诉到最高法院的“权利救济法庭”。近年来高举司法改革大旗的学者都在呼吁：要让司法拥有足够的权威，保障它独立、中立以及良好的法官素质，这样才能使公民的权利救济渠道畅通。

也有学者呼吁建立类似国外的督察专员制度，由中央直接管理，派往各省。对于群众的控告，属于案件性质的，可以帮助上访者启动司法、行政复议等程序；对腐败问题，可以转交中纪委、监察部等部门处理。督察专员本身没有裁决权，也不干预法院审判，他可以向人大、政府等部门建议修改相应的法律、法规以及政策的调整等。

一些学者提出，应当“洋为中用”，建立当今世界颇受青睐的申诉专员制度。但是，如此一来，就要改变整个信访的受理范围。因为申诉专员制度受理公民投诉的内容仅仅限于失当的行政行为，其范围要远远小于现行信访制度几乎无所不包的受理范围；而且申诉专员在调查处理中的权限和案件运行程序等方面与我国现行的信访制度中相关内容相差比较大。所以，即便是建立现在世界通行的申诉专员制度并且能够充分有效地发挥作用，也只能比较好的解决针对失当行政行为上访的救济问题，而不能解决涉法上访的救济问题。

综观我国现状，在我们这样一个法治精神依然薄弱、人治传统依然强大的社会中，我们当然应该更多地强调对司法救济制度本身的完善，而不应过分强化信访救济这种非司法救济手段。不过，也正因为建设法治社会是一个极其漫长的过程，当用尽司法救济仍无法获得权利保障时，当司法腐败导致人们丧失对司法的信心时，我们仍然必须为人们保留将信访作为“底线救济”的权利。

（三）推进涉法上访解决机制建设

基于以上的分析，我们认为，对于现行的信访体制和运行机制应当进行“伤筋动骨式”的改革，才能够建立妥善处理涉法上访的长效机制，为构建和谐社会奠定良好的基石。

第一，在信访的组织体制上，明确信访部门的法律地位，彻底改变现在机构庞杂、部门林立、职能重叠的状况。只在人大、政府和检察院设立信访组织系统，政府各部门、人民法院和其他所有公共职能部门设置的信访组织系统予以撤销。

如此设置，是根据人大、政府和人民检察院的性质和法律地位决定的。人大是国家权力机关，代表人民行使国家权力，所有代表都是依法选举产生，是民意的代表和化身，是联系人民的纽带，“一府两院”由它产生、对它负责。这里自然应当有人民“说话的地方”，这里自然应当设置信访部门，建立公民的利益表达机制。检察院是法律监督机关，负责监督法律的实施，监督所有部门和人员执行法律的情况，并依法进行处理。所以，检察院应当视信访为启动法律监督的重要的信息来源，自然应当在检察院建立监督法律实施的信访组织系统。政府是法律执行机关，但并不是一种完全的法律保留，法律授予政府大量的自由裁量权。政府行为超越法律由检察院进行法律监督，在法定的自由裁量权以内如果行为失当，考虑到政府执法行为的专业性、政府效率、救济效率和实施成本等内容，在政府系统内部建立信访组织系统，负责对政府及其部门的失当行政行为影响的公民权利进行救济。

第二，关于信访部门的职能和权限问题。上述设置的信访组织因其所在的部门的性质和法律地位就已经决定了其所应当具有的职能和权限。

人大作为国家权力机关，主要职能是立法，产生国家执法、司法机关并对其产生的国家机关的执法、司法活动进行监督，需要强调的是，人大的监督更多的属于政治制度安排，不直接介入执法、司法活动，而主要表现为以提案的形式向有关机关就事件有关问题提出质询，对相关部门的办理情况进行评议，对有关部门和人员进行组织处理或依法提出处理意见。所以，人大系统信访组织的职能应当定位为全面接待各类信访案件，对于属于本级人大职责范围内的，依据人大监督职能和程序进行处理；对于不属于本级人大职责范围内的，应当告知信访人到有职责接收该信访的机关。检察院依据其法律监督机关的职责设立的信访组织，其职能就是处理涉法上访，充分发挥法律监督机关的职权依法处理信访案件。政府系统的信访组织借鉴世界上颇受青睐的申诉专员制度，专司处理因失当的行政行为引起的信访案件。需要强调的一点是，要建立完善的权、责、利、效相统一的法律制度和运行机制。所有的信访案件不能出现泥牛入海的后果。

第三，完善现行的行政复议制度。目前，完善行政复议制度重点是要做好几项工作：一是增强法制部门的独立性和权威性，一律确定为本机关“一把手”主管的部门，这样，在不对现行组织结构做任何变动的情况下，可以比较好的增强在行政复议方面的独立性。二是借助政务公开的时代东风，推进行政复议的公开，进行政务透明的制度变革和设置，特别是要建立充分的行政复议透明程序。三是扩大行政复议的受理范围，将包括抽象行政行为在内的所有的行政行为都直接纳入行政复议的受理范围。

第四，推进司法改革，提高行政诉讼的实效。近几年来，从法学界到法律界，我国的司法改革可谓雷声震动、风起云涌。在建立妥善处理涉法上访长效机制方面，我们认为，当前应当着重解决好几个方面的问题：一是司法组织体制改革，推进司法独立，实现权、责、利、效的统一；二是简易程序和普通程序的设置进一步科学化，简易程序真正做到足够简约，普通程序要做到足够精细；三是加强司法公开，裁判文书必须有详细的说理内容，把裁判过程说清，把裁判根据说透，以清晰的语言、扎实的证据、严密的逻辑和透彻的说理征服当事人；四是改革审判监督机制，审判监督程序的启动权归检察院一家所独有，解决司法审判反反复复、无休无止的问题。

第五，提高国家赔偿标准，精简赔偿申办程序，解决国家赔偿“雷声大、雨点小”的问题，提升国家赔偿信誉，树立政府良好形象。需要强调的是，不能以所谓的财政支付能力为由降低国家赔偿标准和数额，“赔得心疼”可以有效刺激依法行政、依法司法。

第六，解决党的组织“越俎代庖”的问题。一些部门为了规避行政诉讼，以党组织的名义从事各项政务活动，进行执法；也有一些党组织则是为了揽权主动帮忙打理政务，越权执法；再加上党政关系本身界定上的模糊性，这样的结果只有一个，就是败坏党和政府的形象，损害法律的权威，增加涉法上访的数量和规模。党应当依法执政，人大、政府和司法机关应当按照自己的法定职权尽职履责。

第七，做好上述各项制度的衔接和配合。这里的制度衔接和配合主要是指行政复议、行政诉讼和信访这三项制度要实现“平滑”衔接，达到“直通车”的要求。如此不懈努力，建立妥善处理涉法上访的长效机制应当是充满希望的，也许任重而道远，但前途肯定是光明的！

第五节　域外警务监督体制简介

体制是制度建立和实施的基础性和主导性内容，警务监督体制是警务监督法中的组织法，不仅仅是警务监督法的组织载体，展现和决定着警务监督的实施效能和价值，而且在一定程度上决定警务监督法的命运。在警务监督法中，警务监督体制是应该首先以拿来主义的理念放眼博览域外做法的，本节对包括港澳台地区在内的我国大陆以外法域的警务监督体制予以简要介绍。[①]

一、港澳台地区

1. 香港特别行政区

为了保证警队全体成员正确地履行职责，保持警队在社会和公众心目中的良好形象，防止警察违法违纪行为，政府和警队根据《香港法例》中的《警队条例》、《警察通例》和《防止贿赂条例》等法律规定，从加强内部监督、外部监督以及内外监督相结合三个方面入手，建立了对警察违法违纪行为进行全方位监督的体制。香港执法及执法队伍良好的形象，港内外民众有口皆碑，在很大程度上与港府、警队所建立的法治化完备的监督体制有密切的关系。

警队内部监督主要体现在两个方面：一是严格的逐级管理，所有警官都负有双重责任，既执行指定的职务，又履行监督下属的职责。所有警官都有督察下属的职责，并对下属的不法行为、渎职或者办事不力等作出解释。二是警务处设立监察事务部，由一名助理警务处长领导，下属三个监察小组，其职责范围包括警队工作的各个方面。

香港内部监督体制是根据《警队条例》和《警察通例》等有关规定建立和进行运作的。前者是香港警察的根本大法，它确定了包括纪律和处分在内的香港警察各项基本制度。《警察通例》是根据《警察条例》等法律制定的有关警队管理与警务人员行为规范的规章。根据这两部法，香港警察在品行、形象、执法和工作效率等方面都有明确而具体的要求。

---

① 本节内容主要参见杜晋丰：《公安机关监督工作的理论与实践》，北京，中国人民公安大学出版社，2002；刘春和主编：《警务监督卷》，北京，群众出版社，2001；罗锋主编：《公安机关督察条例释义》，北京，群众出版社，1997；赵炜、马亚雄主编：《现代香港警察》，北京，群众出版社，1997；吴志强主编：《澳门警察》，广州，广东人民出版社，1998。

除了警队内部的监督体制外，鉴于历史上警队高级警官严重贪污和警队内部肃贪机构处理不得力而引起公愤的教训，港府于1974年决定在警队以外建立一个独立的拥有较大职权的廉政机构——总督特派廉政专员公署（简称廉政公署），专门负责查处包括警察在内的政府公务员的贪污腐化行为。廉政公署的反贪监督对象虽然包括港府全体公务员，但由于警队是香港政府机构中最大的一个部门，警务人员握有很大的执法权力，警务工作是接触阴暗面较多且易受腐蚀的工作，所以，廉政公署历来把警队及其警务人员作为反贪监督的重点对象。

2. 澳门特别行政区

澳门的警察部门包括保安部队及司法警察司，而这两大部门是属于不同政务司所管辖的。在澳门的七个政务司中，保安政务司负责保安部队及有关的机构。保安部队由水警稽查队、治安警察厅和消防队组成。

澳门保安部队对警察的管理方面，除了按照澳门政府统一规定的公务人员的管理方法外，还特别制定了一系列行为、纪律规定作为对军事化人员的约束。

澳门保安部队从事纪律监督的部门，较高层次的有司法暨纪律委员会，这是专为澳门特首在保安部队纪律事宜方面而设的咨询机构。除此之外，还有水警稽查队、治安警察厅、消防队、澳门保安部队高等学校等部队、机构所设的纪律委员会，作为各部门指挥官在纪律事宜方面的咨询机构。这些纪律监督部门在特首及保安部队各队、厅及机构指挥官的领导下，根据《澳门保安部队军事化人员通则》等规定，具体负责军事化人员的纪律监督工作及为有关上级指挥官提供纪律咨询服务。

3. 我国台湾地区

根据台湾地区有关法律规定，台湾地区警察机构包括“内政部警政署”、“省警务处”、“省辖市警察局”、县市警察局，以及专门的警察机构：刑事警察局、保安警察总队、水上警察局、铁路警察局、港务警察所、刑事警察队、交通警察队、消防警察队等。其中，“内政部”是负责全省公安警察行政的领导机关，并指导监督各地警务的实施，“内政部”设“警政署”，主要职责是秉承“内政部”部长之命，负责全省公安警察行政事务，统一指挥监督全省警察机关执行警察任务，并掌管全省有关保安、外事、省境、刑事、水上及各种专门警察业务。

上述各警察组织内部都设有督察室，主要负责对警政、警卫、警容风纪、警察勤务的督察、管制及考核事项。

行政机关为使行政有关规定正确适用和行政政策彻底实施，对于所属下级及下属，得随时行使监督权。公安警察行政监督有两种情况：其一，隶属关系的行政监督，即政府及其组成部门对自己所属警察机构的监督。如“内政部”对“警政署”及其所属机关的监督，“警政署”对所属“出入境管理局”等机构的监督，各级政府对其所属警务机构的监督。其二，上级政府对下级政府的监督，即没有隶属关系但是处于上下级领导关系的监督。比如，县警卫的实施，受省当局的监督。

外部对警察机关的监督，包括立法监督、司法监督、考试监督与监察监督：（1）立法监督。“立法机关”对警察机关有法案（包括预算）的议决权和质询权。（2）司法监督。司法机关对于包括警察机关在内的行政机关的行政诉讼审判、对警察人员触犯刑律的制裁以及警察因违法、废弛职务或其他行为的惩戒处分，均具有监督公安警察行政的作用。（3）考试监督。警佐以上警察人员的任用，必须具有考试合格和选拔合格的任用资格，其级俸及平时工作奖惩，亦须经“考试院”的选拔机关核定，不得由警察机关任意行之。（4）监察监督。“监察院”对于公安警察行政事务的纠正，对警察财务的审计以及对警察人员的纠举、弹劾，均为对公安警察行政的监督。

二、美国

美国是实行分权制的警察管理体制，县警察机关、城市警察机关、州级警察机关和联邦警察机关互不隶属。除联邦警察由联邦政府或联邦级中央部门领导管理，其他三种警察均由地方政府自己组建、管理和指挥。各类警察机关都有自己的纪律和监督机制。大多数警察机关设立了监察处或者内务处，专门负责对警察违纪行为的调查和惩处。从外部监督而言，根据美国的刑事诉讼法规定，检察官的主要职责之一，就是负责对警察的侦查活动进行指挥和监督。在一般刑事诉讼中，警察调查收集足够的证据证明被怀疑人有罪之后，必须向检察机关呈送报告和案件材料，由检察官负责对案件进行审查，决定是否起诉。

警察监督是美国警察管理活动中非常重要的组成部分，许多警学专家在探讨警察管理问题时都把警察监督作为其中一个重要课题加以研究，内容涉及警察纪律、对警察的投诉、具体的警察监督制度以及公众对警察的监督等。

三、日本

从警察部门的内部监督情况看，日本警察监督的机构设置为：警察厅（相当于我国的公安部）的监察机构设在警务局，内设一名首席监察官。东京警视厅（相当于我国北京市公安局）的监察工作由人事第一课负责。道府县级的警察本部（相当于我国各省公安厅）设立监察课或监察官室。其隶属关系为：上级警察机关派遣监察官到下级警察机关，进行实地监督，监察官对上级警察机关负责。各监察部门和监察人员的职责是：监督检查执行和完成任务的情况。监察工作分为两大类：一是业务监察。对各课的业务工作以及警察的纪律、风气、工作、建筑物、财产管理和装备情况进行监督检查，督促警察更合理、有效地完成任务。二是服务监察。对警察的工作态度进行监督检查，同时用行政手段保持警容风纪。

在对警察部门和警察人员的外部监督方面，日本的检察机关和检察官在刑事诉讼中，依法享有很大的权力。有权就搜查、逮捕、拘留等事宜作出决定，领导和监督司法警察的侦查活动。司法警察必须服从检察官的指示。对于不服从指示或指挥的司法警官或一般司法警察，检察官有权提出惩戒或罢免意见，有关管理机关必须迅速将案件及有关文件、证物一并移送检察官进行审查，由检察官作出起诉或不起诉的决定。

四、英国

英国警察是由中央政府和地方政府共同对地方警察进行管理的集权和分权相结合的管理体制。英国成立皇家督察室，负责制定警务工作的目标体系，视察各郡，检查地方警务的效果和效益，督促提高警务工作水平。国家警察由内政部管理，其首脑是内政大臣。地方警察由地方警政当局进行管理和监督。内政大臣负责对全国警察的管理和监督，其管理监督警务工作的办事机构是内政部警务监察署和警察事务司。地方警察厅局设立警务监察处，负责处理群众投诉，检查各部门的工作情况，查处警察违法违纪案件。

警察问题监督机构的设置情况是，投诉警察问题主要由三个机构管理：（1）警察局。（2）地方政府警察权力委员会。由郡议院和地方治安官组成，负责对本郡高级警官违纪投诉的调查并决定纪律处分。(3) 投诉监察委员会。负责监督警察纪律工作的社会监督机构，由 12 名警外人士组成，委员会主席由英国女王任命，其余由内政大臣任命。

英国为了监督控制警察活动，还采用秘密侦察手段。在警察机关内部建立了科技监督系统，用计算机、电子仪器、化学分析等方法监视、控制有非法活动或腐败行为嫌疑的警察。

五、法国

法国的警察由国家警察和国家宪兵两大并列的警察系统组成，实行垂直的领导管理体制。警察机关的内部监督工作由设在国家警察总局下的监察局负责，对下实行垂直领导，由国家警察总局局长直接控制，负责对全国警察系统的监督，拥有很大的权力，在警察总局中占有重要位置，在机构序列中排第一位，可以称得上是警察总局长业务督办的参谋部。监察局内设研究室、纪律检查室、秘书室，下属机构有巴黎警察局、里昂和马赛纪律代表处。

监察局的监察方式多样，包括总体监察、财务监察、信息监察、专项监察、例行监察等。

法国警察是国家公务员，虽然待遇高，但纪律要求严格，法律规定警察没有罢工、游行示威的权利，对警察违纪给予的处分是比较重的。

在外部监督方面，法国刑事诉讼法规定，检察官除有权直接进行侦查活动外，还有权对整个侦查活动进行监督。按照法律规定，司法警察官和司法警察应当根据共和国检察官的指令或依职权进行初步侦查，查缉行动应受检察长的监视。司法警察官对于经传唤而不出庭作证的人，决定使用警察力量强制他们到庭时，应当经过检察官批准。为了初步侦查的需要，司法警察官拘留人犯需要超过 24 小时的，应当在期限届满前将人犯押送检察官，经检察官讯问后，发给书面许可证，允许延长 24 小时的拘留期限。检察官有权了解侦查预审的结果，有权要求警察协助执行职务，有权决定追究或终止追究刑事责任，有权起诉和要求适用法律。

问题与思考

1. 当前为什么加强和推进警务监督机制建设？
2. 我国警务督察制度建设需要做好哪些工作？
3. 推进我国警务公开机制建设需要注意哪些问题？
4. 解决涉法上访长效机制建设的难点是什么？

参考文献

1. 高毅．论对警察权不当或者违法行使后果的救济．辽宁公安司法管理干部学院学报，2008 (2)

2. 刘雪屏．公安机关执法监督问题探析．云南警官学院学报，2006 (1)

3. 曹延彬．警务监督的管理学思考．上海公安高等专科学校学报，2007 (2)

4. 魏永忠．深化警务监督的理性思辨．公安教育，2003 (1)

5. 吴延溢．人大监督语境下的警务立法规制．理论导刊，2008（10）

6. 吴延溢．司法审查语境下的警务监督．南通大学学报（社会科学版），2009（6）

7. 曹延彬，宋军．现行警务监督机制的弊端及其对策分析．河南公安高等专科学校学报，2007（3）

8. 陈晓旭．关于我国警务督察工作的几点思考．森林公安，2005（3）

9. 刘正强．关于公安督察制度的前瞻性思考．法学杂志，2003（1）

10. 吴小虹．完善警务督察管理的几个方面．森林公安，2006（1）

11. 汪海霞．强化责任完善警务督察制度．公安研究，2007（4）

12. 徐小琴．谈警务公开．政法学刊，2000（3）

13. 马力．警务公开研讨会论文观点综述．警察学研究，2001（4）

14. 杜晋丰．公安机关监督工作的理论与实践．北京：中国人民公安大学出版社，2002

15. 刘春和主编．警务监督卷．北京：群众出版社，2001

16. 罗锋主编．公安机关督察条例释义．北京：群众出版社，1997

第十二章 警务救济法

第一节 警务救济法概述

一、警务救济法的概念与特征

二、警务救济的法理基础

三、警务救济的作用及实践意义

第二节 警务救济的法律规制及途径与方式

一、警务救济的法律规制概述

二、警务救济的途径与方式

第三节 公安警察行政补偿

一、公安警察行政补偿的概念与特征

二、公安警察行政补偿的理论基础

三、公安警察行政补偿的范围、方式与标准

四、公安警察行政补偿的程序

本章概要

在现代社会，“有权利，必有救济”的法治理念深入人心。警务救济作为法律救济的重要组成部分，在保障法律主体的合法权益方面扮演着不可替代的角色。警务救济是指警察机关以及警务人员在行使法律赋予的警察权的过程中，因违法或不当行为侵害了公民、法人或其他组织的合法权益，被侵害人依法通过行政复议、行政诉讼、国家赔偿等形式予以补救的制度。本章重点介绍了警务救济法的概念、法理基础及其意义，同时也对警务救济的法律规制及途径与方式作了阐述。

关键术语

警务救济法的概念　公安警察行政复议　公安警察行政诉讼　公安警察行政赔偿　警察刑事赔偿　公安警察行政补偿

第一节　警务救济法概述

在现代法治社会，任何权力的运作必须依法进行，只有依法行使权力，才能保证权力行为的合法性和有效性。从法律对公权力的要求来看，不允许行使权力的主体只行为，而不对自己的行为负责，权力与责任是不可分离的。权力的主体在行使权力的过程中，因违法或不当行为给公民、法人或其他组织的合法权益造成损害的，应承担相应的法律后果，并予以必要的补救。从私权利的视角来说，“有权利，必有救济”。“有权利，必有救济”作为现代法治理念，蕴涵着权利受到侵害时，应有相应的法律救济手段或措施来保障公民的权益。只有这样，才能从制度上保障公民的合法权益免受不法侵害，即使是受到侵害，也可以通过法律救济手段或措施来恢复和补救。法律救济制度的设立旨在控制权力的行使，保障权力行使的正当性与合法性，以遏止违法或不当行为的发生，防止权力滥用，从而充分、有效地保障公民、法人或其他组织的合法权益。

一、警务救济法的概念与特征

警务救济，又称警察救济，它是法律救济的重要组成部分。警务救济是指警察机关以及警务人员在行使法律赋予的警察权的过程中，因违法或不当行为侵害了公民、法人或其他组织的合法权益，被侵害人依法通过行政复议、行政诉讼、国家赔偿等形式予以补救的制度。从这一概念中可以看出：

1. 警务救济是一种事后救济措施，它赋予了公民、法人或其他组织防卫的手段，警务救济的是权利，而非权力，其目的在于使受侵害的权利得到恢复，利益得到补救。由于警察权的先赋性或优益性，当警察机关以及警务人员在行使权力的过程中，其行为是否具有正当性和合法性难以判断，只有当行使权力的行为被实施，才能辨明其行为是否侵害了公民、法人或其他组织的合法权益，公民、法人或其他组织认为自己的合法权益受到了损害，可以通过法律设定的事后救济手段来加以补救。

2. 警务救济的前提是警察机关以及警务人员在行使权力的过程中，因违法或不当行为侵害了公民、法人或其他组织的合法权益，造成其人身权或财产权的损害，这是启动或引发警务救济的基础。从法理上说，有违法，就有责任（法律的特殊规定除外），这是承担法律责任的前提。有违法不一定引发警务救济，只有当违法或不当行为侵害了公民、法人或其他组织的合法权益并造成损害时，才有可能启动警务救济。

3. 警务救济的措施有行政复议、行政诉讼、国家赔偿等形式。警务救济的措施既有适用行政程序的（诉讼外的救济），如行政复议；也有适用司法程序的（诉讼救济），如行政诉讼、国家赔偿等形式。公民、法人或其他组织根据损害的情形依法选择相应的救济措施，以维护自身的合法权益。

需要说明的是，警务救济既包括警察机关以及警务人员违法或不当行使警察权侵害了公民、法人或其他组织的合法权益，通过行政复议、行政诉讼、国家赔偿等形式予以恢复或补救，也包括警察机关以及警务人员在行使权力的过程中，因合法行为给公民、法人或其他组织的权益造成损害，通过行政补偿、刑事补偿等形式予以恢复或补救。

警务救济法是法律、法规规制的各种事后救济手段和措施的法律规范的总称。为了有效地保障公民权利，世界各国都制定了形式多样的救济法，这是现代法治国家的必然要求。

但从世界各国制定救济法的情况来看，没有一部救济法是通过制定单行法或特别法的形式来加以规制的。在我国，警务救济法散见于宪法、民法、行政处罚法、治安管理处罚法、行政复议法、行政诉讼法、国家赔偿法、人民警察法以及公安部的规章等有关规范性文件中。警务救济法具有以下几个特征：

1. 警务救济法的立法形式和法律效力的多层次性。从我国现行的规制警务救济内容的法律规范来看，其法律位阶呈现多层次性，有宪法、法律、法规、规章等规范性文件，其法律效力也不同。凡是规制警务救济内容的法律规范，不论其法律位阶或法律效力的高低，都属于警务救济法的范畴。

2. 警务救济法既包括实体法规范，也包括程序法规范。如宪法、民法、行政处罚法、治安管理处罚法、人民警察法等法律属于实体法规范；如行政复议法、行政诉讼法、国家赔偿法等法律属于程序法规范。当然，这种划分具有相对的意义，它是从法的性质上来加以判断的。事实上，实体法规范包括程序法规则，程序法规范也包括实体法规则。在我国行政法的制定中，实体法规范和程序法规范往往相互融合，融为一体的特点尤为明显。如我国行政处罚法、治安管理处罚法中有关复议、诉讼、赔偿的规定，涉及程序法规则；而行政复议法、行政诉讼法、国家赔偿法的规定中，涉及复议、诉讼、赔偿范围的规定，又属于实体法规则。

3. 警务救济法既包括行政执法领域中因违法或不当行使权力引发的行政救济，如行政复议、行政诉讼、行政赔偿；也包括刑事执法领域中因违法或不当行使权力引发的刑事救济，如刑事赔偿。还包括行政执法领域中因合法行使权力致害引发的行政补偿；以及刑事执法领域中因合法行使权力致害引发的刑事补偿。因此，警务救济法是有关行政救济和刑事救济、行政补偿和刑事补偿的法律规范的有机统一体。

4. 警务救济法规制的救济手段和措施既有诉讼外的救济，即由行政机关通过行政程序进行，如以行政复议的方式恢复或补救被侵害的权利；也有诉讼救济，即由人民法院通过诉讼程序进行，如以行政诉讼、国家赔偿等方式恢复或补救被侵害的权利。对因合法致害行为引发的行政补偿和刑事补偿，既可以通过诉讼外的救济方式，也可以通过诉讼方式来恢复或补救被损害的权利。

二、警务救济的法理基础

1. 人权保障理论

尊重和保障人权是现代法治社会的基本要求，也是世界各国宪政的基础，是国际社会历来关注的热点问题。我国《宪法修正案》(2004 年）将“尊重和保障人权”作为一项原则予以规定，表明了国家十分重视尊重和保障人权的鲜明态度。从一般意义上讲，人权是指人的权利或人的基本权利，是人作为主体应当或实际享有的权利。人权从应然和实然的角度，表现为应有权利、法定权利和实有权利，这三项权利既相互联系、又各自含义、范围不同，构成了人们对人权理论的基本认识。从法律意义的层面看，人的基本权利是指宪法规制的基本权利，如生存权、人身权、财产权、平等权、人格权、尊严权、自由权、信仰权以及政治权利等。人权保障不仅确认和体现在宪法中，而且在部门法中也得到了确认和体现，尊重和保障人权的理念深入人心，国家采取了相应的措施，通过立法保护、行政保护、司法保护等形式来保障人权的实现，建立了一套较为完善的人权保障法律制度。我国《宪法》第 41 条规定：“中华人民共和国公民对于任何国家机关和国家工作人员，有提出批评和建议的权利；对于任何国家机关和国家工作人员的违法失职行为，有向有关国家机关提出申诉、控告或者检举的权利，但是不得捏造或者歪曲事实进行诬告陷害。对于公民的申诉、控告或者检举有关国家机关必须查清事实，负责处理。任何人不得压制和打击报复。由于国家机关和国家工作人员侵犯公民权利而受到损失的人，有依照法律规定取得赔偿的权利。”这一规定是建立警务救济制度的宪法依据。我国《行政复议法》第2条明确规定：“公民、法人或者其他组织认为具体行政行为侵犯其合法权益，向行政机关提出行政复议申请，行政机关受理行政复议申请、作出行政复议决定，适用本法。”我国《行政诉讼法》第2条明确规定：“公民、法人或者其他组织认为行政机关和行政机关工作人员的具体行政行为侵犯其合法权益，有权依照本法向人民法院提起诉讼。”我国《国家赔偿法》第2条明确规定：“国家机关和国家机关工作人员行使职权，有本法规定的侵犯公民、法人或者其他组织合法权益的情形造成损害的，受害人有依照本法取得国家赔偿的权利。”我国《人民警察法》第50条明确规定：“人民警察在执行职务中，侵犯公民或者组织的合法权益造成损害的，应当依照《中华人民共和国国家赔偿法》和其他有关法律、法规的规定给予赔偿。”根据《行政复议法》、《行政诉讼法》、《国家赔偿法》和《人民警察法》的有关规定，公民、法人或者其他组织认为警察机关所作的具体行政行为侵犯其合法权益，可以通过行政复议、行政诉讼和国家赔偿的途径来维护自身的合法权益。健全与完善的人权保障法律制度不仅是警务救济的法理基础，同时也表明警务救济是保障人权的重要手段和措施。

2. 法治理论

从一般意义上讲，法治是指法律之治或者依法治理。法治强调了法律在治理国家中的地位和作用，法治作为一种治国理念和治国方略，其基本要求是依法办事，法治的核心是依法治权。政府要依法行政，依法管理。我国《宪法》第5条明确规定：“中华人民共和国实行依法治国，建设社会主义法治国家。”“一切国家机关和武装力量、各政党和各社会团体、各企业事业组织都必须遵守宪法和法律。一切违反宪法和法律的行为，必须予以追究。”“任何组织或者个人都不得有超越宪法和法律的特权。”我国《宪法》第33条明确规定：“中华人民共和国公民在法律面前一律平等。”这些规定为建立警察救济制度提供了宪法的依据和保障。它要求警察机关及警务人员严格依法办事，以法律来规范和约束自己的行为，正如英国著名学者哈耶克所说：“法治的意思就是指政府在一切行动中都受到事前规定并宣布的规则的约束——这种规则使得一个人有可能十分肯定地预见到当局在某一情况中会怎样使用它的强制权力，和根据对此的了解计划他自己的个人事务。”[①] 警察机关及警务人员在行使权力的过程中，要严格依照实体法和程序法的规定，做到权力来源要有据，权力配置要合理，权力行使要有度，权力运行要有序，权力监督要有力。警察机关及其警务人员是国家的执法机关和执法人员，在行使权力的过程中，因违法或不当行为侵犯公民、法人和其他组织的合法权益并造成损害的，应承担相应的法律后果。没有警察机关和警务人员的违法致害行为，就没有警务救济制度。设置警务救济制度，既是法治的必然要求，也是公民权利的有力保障。

3. 权力监督理论

一切权力必须受到制约，不受制约的权力必然导致腐败。有权力存在，就有滥用权力的可能。因为“一切有权力的人都容易滥用权力，这是万古不易的一条经验”。“有权力的人们使用权力一直到遇到界限的地方才休止。”[②] 这一分析揭示了权力运行的规律，论证了

① ［英］哈耶克：《通往奴役之路》，王明毅等译，73页，北京，中国社会科学出版社，1997。

② ［法］孟德斯鸠：《论法的精神》上册，154页，北京，商务印书馆，1982。

滥用权力与权力运行是相伴随并不可分割的社会现象。为了防止权力的恣意专横滥用以及侵权行为的发生，就必须加强对权力的规范与制约，将权力的运行控制在法制的轨道上，以保障权力运行的正当性和合法性。在我国，警察权本质上属于执行权，应归入行政权的范畴，但现行法律赋予警察机关同时行使维护社会治安的行政执法权和打击犯罪活动的刑事侦查权，将行政处罚、采取行政强制措施、作出行政处理决定与刑事侦查、采取刑事强制措施和部分刑罚执行权集于一身，使得警察机关的职能具有浓厚的双重性。警察机关及警务人员一旦启动执法程序或者采取相应的措施，就涉及相对人的两大基本权利，即人身权和财产权。如行政执法中的传唤、检查、扣押、收缴、追缴、罚款、行政拘留或者侦查犯罪活动中采取的刑事强制措施等，莫不与公民的人身权和财产权息息相关。只有警察合法地行使权力，依法惩治违法犯罪活动，才能有效地保障公民的合法权益，维护社会治安秩序的稳定；如果警察违法行使权力，甚至滥用权力，则可能侵害相对人的合法权益，构成事实上的侵权，应承担相应的法律责任。由于警察权固有的双重性，所以，一方面警察权的行使可以造福百姓，保障人权，维护社会秩序的稳定；另一方面则可能祸害百姓，侵犯人权，使社会稳定缺乏安全性。故如何有效地监督和制约警察权，切实保障警察权的合法、合理行使，限制其过度的自由裁量，遏制警察恣意专横滥用权力，是权力监督理论必须关注的问题，也是建立警务救济制度的理论依据。

三、警务救济的作用及实践意义

（一）警务救济的作用

任何一项法律制度的设立都具有一定的目的性、针对性，而不是盲目的、随意的，它总是在一定的社会条件下，基于解决某一个问题或某一方面问题的需要而设置的，并对人的行为、社会关系以及社会生活产生一定的影响，发挥一定的效用。警务救济的作用是指警务救济制度对国家或现实社会生活所产生的影响。警务救济的作用可以概括为以下几个方面：

1. 权利保障作用。在现实生活中，当公民、法人或者其他组织的合法权益受到违法行政行为或侵权行为的侵害并造成了损失，应当通过何种途径或者采取哪些措施来维护自身的合法权益，使自己的利益得到恢复与补救？设立警务救济制度的目的在于：一方面，警察机关及警务人员在履行职责的过程中，不可避免地会出现违法或不当行为，侵害公民、法人或者其他组织的合法权益，并造成一定的损害，为了纠正警察执法活动中的违法或不当行为，通过警务救济的手段与措施给受损害的一方予以恢复或补救，以保障公民的合法权益免受不法侵害；另一方面，为受损害的公民、法人或者其他组织保护自己的权利提供了相应地恢复或补救的手段与措施。当公民、法人或者其他组织认为警察的执法行为损害其利益的，可以通过行政复议、行政诉讼、国家赔偿等方式予以恢复与补救。即使是因警察的合法行为损害其利益的，也可以通过行政补偿或者刑事补偿的方式予以恢复与补救。警务救济制度的设立，为公民、法人或者其他组织的权利的实现提供了有力的保障。

2. 权力制约作用。在经济转轨、社会转型的发展时期，因利益诉求引发的社会矛盾日益突出，群体性事件不断攀升，刑事犯罪发案率居高不下。面对日益严峻的社会治安形势，维护国家安全和社会稳定的任务更加繁重，随着政府职能的转变和管理事务的领域不断延伸，警察机关作为政府的职能部门，在维护社会治安秩序和对社会公共事务管理过程中承担着重要的角色，在土地征用、房屋拆迁、民间纠纷、医患纠纷以及处置突发事件等活动中，警察机关首当其冲，不可避免地会与民众之间发生对抗与冲突。警察在执法过程中，因违法或不当行为侵犯公民、法人或其他组织合法权益的行为时有发生。随着警察权的扩张，为了防止警察执法中的违法或不当行为，有效地制约警察权，保证职务行为的安全性，国家必须建立和完善相应的警务救济制度，明确因违法或不当致害行为应当承担的法律责任，遏制警察恣意专横地滥用权力，限制其过度的自由裁量，提高违法或不当致害行为的成本，规范其执法行为，从而避免或减少违法或不当致害行为的发生。

3. 警示防范作用。设立警务救济制度旨在表明：

第一，警察在执法过程中存在违法或不当致害行为是一个客观事实，是难以避免的现实。既然是难以避免的现实，那么，作为执法主体的警察机关及警务人员就必须时刻面对和思考如何约束和规范自己的执法行为，如何避免或减少违法或不当致害行为的发生，如何降低违法的成本，从而进一步提升执法能力，提高执法水平，制定执法评价标准，细化执法程序，保证执法质量。

第二，可以及时发现和纠正执法中存在的问题。据《信息日报》（2010 年 3 月 27 日第 14 版）报道：四川宜宾青年杨化军（化名）出于好奇，经常浏览一些黄色淫秽物品，久而久之，他开始在自己家下载这些东西，供自己随时“欣赏”。21 日，杨化军因下载淫秽色情视频和图片被宜宾市南溪县公安局网监大队抓获，并对其处以警告及罚款 3 000 元的处罚。该事件经媒体报道后，引起强烈争议。南溪县公安局对该案高度重视，立即进行了复查。经复查认为，对杨化军的处罚适用法律不当，已于 3 月 24 日对杨化军作出了撤销原处罚的决定。由于在媒体报道后，违法处罚的决定被及时发现，很快就得到了纠正，被处罚人的权益得到了及时的恢复与补救。正是因为警务救济制度的存在和不断完善，在客观上对警察执法过程中违法或不当致害行为的发生，起到了警示和预防的作用。

（二）警务救济的实践意义

当前，全国公安机关正在进行“三项建设”，即公安信息化建设、构建和谐的警民关系和公安执法规范化建设，而公安执法规范化建设是“三项建设”中的核心问题。在公安执法规范化建设中存在的突出问题是：一是执法不公；二是权力滥用；三是警察在履行职责过程中的不作为。而这三个问题都可能引发警务救济，降低或弱化警察的执法权威，损害警察的形象。那么，警务救济的实践意义表现为：

1. 牢固树立严格、公正、文明和理性、平和、规范执法的理念。

在现代法治社会中，任何执法行为都是在一定的执法理念指导下所进行的理性的、规范的有序活动，旨在保证执法行为不偏离执法的目的和方向，以实现执法行为的正当性与合法性、公正性与权威性。执法行为背离了执法理念的指导与规制，其行为必将是盲目的、随意的和无序的，并在偏离法制的轨道上越走越远，损害法律的权威性。也就是说，有什么样的执法理念，就有什么样的执法行为。执法理念制约着执法行为的走向及其运行，滞后的执法理念不可能产生良性的执法运行机制。因此，执法理念的变革与创新是制约执法行为的走向及运行的重要因素。

从一般意义上讲，执法理念是指执法机关和执法人员对法律的权威性、功能与作用以及法律实施所持有的内心信念和观念。公安机关是依法享有行政执法权和刑事执法权的机关，树立科学、正确的执法理念显得尤为重要。从宏观的视角来看，公安机关和公安民警在执法过程中，应当牢固树立依法治国、执法为民、公平正义、服务大局、党的领导的理念，解决为谁掌权、为谁执法、为谁服务的根本问题。同时，要牢固树立严格、公正、文明和理性、平和、规范执法的理念。进一步增强权力法定意识、证据意识、责任意识、程序意识和自觉接受监督的意识。公安机关应当不断健全和完善各执法领域、执法环节的执法实体制度和程序制度，建立和完善执法运行机制和执法质量与效率考评机制，进一步改进执法方式，明确执法责任，强化执法监督，从源头上减少和杜绝执法的随意性、无序性，切实提高执法质量和效率。

2. 实行执法标准化建设，以执法标准化建设推动执法规范化建设。执法质量是公安工作的生命线，要提高执法质量，就必须实行执法标准化建设，按各警种岗位职责，细化执法依据，细化执法程序，缩小自由裁量空间，制定科学、合理的衡量执法质量的指标评价体系。要实现执法主体的常态化管理，加强执法信息化制度、执法保障制度、执法监督制度的建设。搭建网上执法监督平台，形成执法信息网上录入，执法流程网上管理，执法活动网上监督，执法质量网上考核的执法办案新机制，实现对执法办案的全程化、实时化、动态化监督，避免或减少执法过错。实行执法标准化建设，有利于推动执法规范化建设，进一步提升执法能力，提高执法水平，规范执法行为，保证执法质量，从而降低和减少警务救济的发生。

第二节　警务救济的法律规制及途径与方式

一、警务救济的法律规制概述

我国警务救济法律制度经历了一个从无到有、从粗疏到精细并逐步健全与完善的历史发展过程。1957 年 10 月 22 日第一届全国人大常委会第八十三次会议通过并公布施行的《治安管理处罚条例》就对复议申请人、复议机关、申诉期限、复议裁决期限和申诉复议期间原裁决暂缓执行等事项作了明确规定。这一规定启动了公安警察行政复议制度，公民认为警察机关所作的治安管理处罚决定侵犯其合法权益的，可以通过申诉制度来纠正违法的处罚决定，保护自身的权利。1982 年 1 月 21 日经国务院批准公安部制定并发布施行的《劳动教养试行办法》第 12 条第 2 款明确规定了被决定劳动教养的人，对主要事实不服的，可以申诉，由审批机关组织复查。经复查后，不够劳动教养条件的，应当撤销劳动教养。这一规定使公安警察行政复议制度的范围不断扩大，由单一的治安管理处罚扩展到劳动教养，即由行政处罚到限制人身自由的行政强制措施，意味着对公民权利的保护范围也在不断扩大。1985 年 11 月 22 日第六届全国人大常委会第十三次会议制定的《中华人民共和国公民出境入境管理法》和《外国人入境出境管理法》都明确规定了我国公民和外国人不服警察机关作出的罚款或者拘留处罚的，可以依法申请复议或者提起诉讼，这一规定使出入境管理处罚纳入了公安警察行政复议或者行政诉讼的范围。1986 年第六届全国人大常委会第十七次会议通过的《治安管理处罚条例》(1987 年 1 月 1 日起施行）在总结原条例实践的基础上，对被处罚人不服警察机关所作的治安管理处罚决定而提出的申诉期限、申诉机关、申诉裁决等制度作了更加明确的规定，并与公安警察行政诉讼制度相衔接。1989 年 10 月 31 日第七届全国人大常委会第十次会议通过并施行的《集会游行示威法》第 31 条规定："当事人对警察机关作出的警告或者拘留处罚决定不服的，可以自接到处罚决定通知之日起 5 日内向上一级警察机关提出申诉，上一级警察机关应当自接到申诉之日起 5 日内作出裁决；对上一级警察机关裁决不服的，可以自接到裁决通知之日起 5 日内，向人民法院提起诉讼"。1989 年 4 月 4 日第七届全国人民代表大会第二次会议通过了《行政诉讼法》，该法对行政诉讼的受案范围、管辖、起诉与受理、审理与判决以及侵权赔偿责任等方面作了较为系统和全面的规定。人民法院通过审理行政案件，对警察机关作出的具体行政行为进行合法性和适当性审查，有利于保护相对人的合法权益，进一步加强对公安警察行政执法行为的监督。1990年12月24日国务院制定了《行政复议条例》，对行政相对人不服行政机关作出的具体行政行为而提出行政复议的范围、申请、受理、决定等作了明确规定，尤其是1999年4月29日第九届全国人大常委会第九次会议通过了《行政复议法》，该法的实施使公安警察行政复议制度更加健全。1994年5月12日第八届全国人大常委会第七次会议通过了《国家赔偿法》(1995年1月1日起施行)，该法明确规定了对国家机关和国家机关工作人员违法行使职权侵犯公民、法人和其他组织的合法权益造成损害的，受害人有依法取得国家赔偿的权利。同时，对赔偿的原则、行政赔偿和刑事赔偿的范围、程序、赔偿方式与计算标准等也作了相应的规制。2010年4月29日第十一届全国人大常委会第十四次会议通过的《国家赔偿法》修正案（2010年12月1日起实施)，对国家赔偿的归责原则、赔偿范围、赔偿方式和标准进行修订，扩大了赔偿范围，规范了赔偿程序，进一步对公民权利进行保障。此外，我国先后制定并实施的《人民警察法》、《行政处罚法》、《行政许可法》、《治安管理处罚法》等法律以及行政法规、部门规章、司法解释等规范性文件，对公安警察行政复议、行政诉讼、国家赔偿以及行政补偿与刑事补偿等作了较为严密、详细的规定。随着我国民主法制建设的日益发展与健全，极大地促进了警务救济法律制度的健全与完善，推动了警察执法规范化建设，警察执法行为由粗放型管理与监督逐步向精细化、标准化管理与监督转变。同时，对公民、法人和其他组织合法权益的保障更充分、更有力。

二、警务救济的途径与方式

（一）公安警察行政复议

1.公安警察行政复议的概念与特征

公安警察行政复议是行政复议的一种形式或类型，是法律为行政相对人设定的维护自身合法权益的行政救济手段。它通过公安警察行政复议机关或法律规定的行政机关对具体行政行为的合法性和适当性进行审查，从而裁决警察机关与行政相对人之间发生的行政争议，体现了上级警察机关对下级警察机关的监督。根据我国《行政复议法》和《公安机关办理行政复议案件程序规定》等有关法律、法规的规定，公安警察行政复议是指公民、法人或者其他组织认为警察机关所作的具体行政行为侵犯其合法权益，依法向作出该具体行政行为的上一级警察机关或者法律规定的行政机关提出复议申请，由受理申请的复议机关依法进行复查并作出复议裁决的活动。公安警察行政复议机关办理行政复议案件，应当遵循合法、公正、公开、及时、便民的原则，坚持有错必纠，确保国家法律、法规的正确实施。公安警察行政复议制度的实行，旨在规范公安警察行政复议案件的办理程序，防止和纠正违法的或者不当的具体行政行为，保护公民、法人和其他组织的合法权益，保障和监督警察机关依法行使职权。公安警察行政复议具有以下几个特征：

(1）公安警察行政复议是解决行政争议的行为。所谓行政争议是指警察机关和警务人员在行使行政职权时所作出的具体行政行为与公民、法人和其他组织发生的争议。行政争议源于行使行政职权，因行使行政职权的行为与行政相对人发生了争议，公安警察行政复议是解决外部行政争议的重要手段与措施。

(2）公安警察行政复议由行政相对人启动。在行政执法过程中，行政相对人认为警察机关和警务人员作出的具体行政行为侵犯了其合法权益，依法向上一级警察机关或者同级人民政府提出复议申请。只有行政相对人提出复议申请，才能启动公安警察行政复议，警察机关不能主动进行复议活动。

(3) 公安警察行政复议审查的对象是具体行政行为，附带审查行政规章以外的抽象行政行为。警察机关作出的行政行为，可以分为具体行政行为和抽象行政行为，具体行政行为如行政处罚、行政许可、行政强制措施等；抽象行政行为是指制定和发布的行政法规、规章和其他规范性文件。公安警察行政复议不审查行政法规、规章，而是审查行政规章以外的其他规范性文件。

(4) 公安警察行政复议是对具体行政行为的合法性和适当性进行审查。公安警察行政复议机关既要审查具体行政行为的合法性，又要审查具体行政行为的适当性，如有无显失公正的行为等。

(5) 公安警察行政复议采取书面审理方式，必要时也可以采取听证的方式进行审理。

2. 公安警察行政复议的范围

根据我国《行政复议法》等有关法律、法规的规定，公安警察行政复议的范围是：

(1) 对警察机关作出的警告、罚款、没收违法所得、没收非法财物、责令停产停业、暂扣或者吊销许可证、暂扣或者吊销执照、行政拘留等行政处罚决定不服的；

(2) 对警察机关作出的限制人身自由或者查封、扣押、冻结财产等行政强制措施决定不服的；

(3) 对警察机关作出的有关许可证、执照等证书变更、中止、撤销的决定不服的；

(4) 认为警察机关侵犯合法的经营自主权的；

(5) 认为警察机关违法集资、征收财物、摊派费用或者违法要求履行其他义务的；

(6) 认为符合法定条件，申请警察机关颁发许可证、执照等证书，或者申请警察机关审批、登记有关事项，警察机关没有依法办理的；

(7) 申请警察机关履行保护人身权利、财产权利的法定职责，警察机关没有依法履行的；

(8) 认为警察机关的其他具体行政行为侵犯其合法权益的。

此外，根据我国《行政复议法》的有关规定，涉及对公安警察行政规章不服的；对警察机关作出的行政处分或者其他人事处理决定不服的；对申诉被驳回不服的；对警察机关依法调解不服的；对警察机关办理刑事案件中依法采取刑事强制措施、刑事侦查措施等刑事司法行为不服的；对处理火灾事故、交通事故以及办理其他行政案件中作出的鉴定结论不服的；其他依法不应当受理的行政复议申请等不纳入公安警察行政复议的范围。

3. 公安警察行政复议机关和公安警察行政复议机构

根据我国《行政复议法》和《公安机关办理行政复议案件程序规定》等有关法律、法规的规定，公安警察行政复议机关是指依法有权受理公安警察行政复议的申请，并对申请的公安警察行政行为进行合法性和适当性审查并作出复议决定的警察机关。公安警察行政复议机关是作出公安警察行政行为的上一级机关和同级人民政府。

公安警察行政复议机构是指警察机关或同级人民政府具体负责行政复议案件的受理、审查和裁决工作的法制工作机构。警察机关业务部门内设的法制机构不办理行政复议案件。公安警察行政复议机构不具有行政主体的地位，不能以自己的名义对外作出行政处理决定，行政复议决定只能以公安警察行政复议机关的名义作出。

4. 公安警察行政复议的管辖

公安警察行政复议管辖是指警察机关内部不同层级之间受理行政复议案件的分工或权限划分。行政相对人对县级以上地方各级人民政府公安机关作出的具体行政行为不服的，除了可以向同级人民政府申请行政复议外，还可以依照下列规定提出行政复议：

（1）对公安部、省（自治区、直辖市）公安厅（局）作出的具体行政行为不服的，向公安部申请行政复议；

（2）对县（市、区）、地（市）公安机关作出的具体行政行为不服的，向其上一级公安机关申请行政复议；

（3）对省级公安机关直属的公安机关、地、市级公安机关直属的公安机关作出的具体行政行为不服的，向其所直属的公安机关申请行政复议。

（4）对县级以上地方各级人民政府公安机关内设的公安消防机构作出的具体行政行为不服的，向其所属的公安机关申请行政复议。

（5）对县级以上地方各级人民政府公安机关内设的公安交通管理机构作出的具体行政行为不服的，向其所属的公安机关申请行政复议。

对公安交通管理机构下设的公安交通警察支队、大队（队）作出的具体行政行为不服的，可以向其上一级公安交通管理机构申请行政复议。

（6）对出入境边防检查站作出的具体行政行为不服的，向出入境边防检查总站申请行政复议。

对公安边防部门以自己名义作出的具体行政行为不服的，向其上一级公安边防部门申请行政复议；对公安边防部门以地方公安机关名义作出的具体行政行为不服的，向其所在地的县级以上地方人民政府公安机关申请行政复议。

（7）对公安派出所依法作出的具体行政行为不服的，向设立该公安派出所的公安机关申请行政复议。

（8）对法律、法规授权的公安机关内设机构或者派出机构超出法定授权范围作出的具体行政行为不服的，向该内设机构所属的公安机关或者设立该派出机构的公安机关申请行政复议。

对没有法律、法规授权的公安机关的内设机构或者派出机构以自己的名义作出的具体行政行为不服的，向该内设机构所属的公安机关或者设立该派出机构的公安机关的上一级公安机关申请行政复议。

（9）对经上级公安机关批准的具体行政行为不服的，向在对外发生法律效力的文书上加盖印章的公安机关的上一级公安机关申请行政复议。

5. 公安警察行政复议的程序

公安警察行政复议的程序依法设定为申请、受理、审查、决定和执行等五个流程。

（1）申请

申请是启动行政复议的必经程序。根据我国《行政复议法》第9条的规定，公民、法人或者其他组织认为具体行政行为侵犯其合法权益的，可以自知道该具体行政行为之日起60日内提出行政复议申请；但是法律规定的申请期限超过60日的除外。因不可抗力或者其他正当理由耽误法定申请期限的，申请期限自障碍消除之日起继续计算。

申请人申请行政复议，可以书面申请，也可以口头申请。口头申请的，行政复议机关应当当场记录申请人的基本情况、行政复议请求、申请行政复议的主要事实、理由和时间。经申请人核对或者向申请人宣读并确认无误后，由申请人签名或者捺指印。书面申请的，应当提交《行政复议申请书》，载明以下内容：①申请人及其代理人的姓名、性别、出生年月日、工作单位、住所、联系方式，法人或者其他组织的名称、地址、法定代表人或者主要负责人的姓名、职务、住所、联系方式；②被申请人的名称、地址、法定代表人的姓名；

③行政复议请求；④申请行政复议的事实和理由；⑤申请行政复议的日期。《行政复议申请书》应当由申请人签名或者捺指印。申请人因不可抗力以外的其他正当理由耽误法定申请期限的，应当提交相应的证明材料，由公安行政复议机构认定。这里规定的其他正当理由包括：①申请人因严重疾病不能在法定申请期限内申请行政复议的；②申请人为无行为能力人或者限制行为能力人，其法定代理人在法定申请期限内不能确定的；③法人或者其他组织合并、分立或者终止，承受其权利的法人或者其他组织在法定申请期限内不能确定的；④公安行政复议机构认定的其他耽误法定申请期限的正当理由。公安机关作出具体行政行为时，未告知公民、法人或者其他组织行政复议权或者申请行政复议期限的，申请行政复议期限从公民、法人或者其他组织知道或者应当知道行政复议权或者申请行政复议期限之日起计算。

警察机关作出具体行政行为时，未制作或者未送达法律文书，公民、法人或者其他组织不服申请行政复议的，只要能够证明具体行政行为存在，公安警察行政复议机关应当受理。申请行政复议期限从证明具体行政行为存在之日起计算。根据规定，下列时间可以认定为申请人知道具体行政行为的时间：①当场作出具体行政行为的，具体行政行为作出时间为知道的时间；②作出具体行政行为的法律文书直接送交受送达人的，受送达人签收的时间为知道的时间；送达时本人不在的，与其共同居住的有民事行为能力的亲属签收的时间为知道的时间；本人指定代收人的，代收人签收的时间为知道的时间；受送达人为法人或者其他组织的，其收发部门签收的时间为知道的时间；③受送达人拒绝接收作出具体行政行为的法律文书，有送达人、见证人在送达回证上签名或者盖章的，送达回证上签署的时间为知道的时间；④通过邮寄方式送达当事人的，当事人签收邮件的时间为知道的时间；⑤通过公告形式告知当事人的，公告规定的时间届满之日的次日为知道的时间；⑥法律、法规、规章和其他规范性文件未规定履行期限的，公安机关收到履行法定职责申请之日起60日的次日为申请人知道的时间；法律、法规、规章和其他规范性文件规定了履行期限的，期限届满之日的次日为知道的时间。

公民、法人或者其他组织申请警察机关履行法定职责，法律、法规、规章和其他规范性文件未规定履行期限的，公安机关在接到申请之日起60日内不履行的，公民、法人或者其他组织可以依法申请行政复议。法律、法规、规章和其他规范性文件规定了履行期限的，从其规定。

申请人的合法权益正在受到侵犯或者处于其他紧急情况下请求公安机关履行法定职责，警察机关不履行的，申请人从即日起可以申请行政复议。

申请人在被限制人身自由期间申请行政复议的，执行场所应当登记并在3日内将其行政复议申请书转交公安警察行政复议机关。转交行政复议申请的时间，不计入行政复议申请审查期限。

(2) 受理

公安警察行政复议机构负责接受公民、法人和其他组织提出的行政复议申请，行政复议申请自公安警察行政复议机构收到之日起即为受理。公安警察行政复议机构收到行政复议申请后，应当对该申请是否符合下列条件进行初步审查：①提出申请的公民、法人和其他组织是否具备申请人资格；②是否有明确的被申请人和行政复议请求；③是否符合行政复议范围；④是否超过行政复议期限；⑤是否属于本机关受理。公安警察行政复议机构自收到行政复议申请之日起5日内应当分别作出以下处理，即予以受理、决定不予受理，并制发《行政复议申请不予受理决定书》；对于不属于本机关受理的，应当告知申请人向有权受理的行政复议机关提出。

(3) 审查

公安警察行政复议机构应当自行政复议申请受理之日起7日内，将行政复议申请书副本或者行政复议申请笔录复印件发送给被申请人。被申请人应当自收到申请书副本或者申请笔录复印件之日起10日内，提出书面答复，并提交当初作出具体行政行为的证据、依据和其他有关材料。申请人、第三人及其代理人可以查阅被申请人提出的书面答复、作出具体行政行为的证据、依据和其他有关材料，除涉及国家秘密、商业秘密或者个人隐私外，公安警察行政复议机关不得拒绝。公安警察行政复议机关审查行政复议案件，以法律、行政法规、地方性法规、规章以及上级行政机关依法制定和发布的具有普遍约束力的决定、命令为依据，对被申请人作出的具体行政行为进行全面审理，包括①主要事实是否清楚，证据是否确凿；②适用依据是否正确；③是否符合法定程序；④是否超越或者滥用职权；⑤是否存在明显不当；⑥是否属于不履行法定职责。公安警察行政复议原则上采取书面审查的方式，必要时可以采取听证的方式当面听取申请人、被申请人、第三人及其代理人的意见，保障当事人享有平等陈述、质证和辩论的权利。需要注意的是：在行政复议过程中，被申请人不得自行向申请人和其他组织或者个人收集证据。行政复议决定作出前，申请人要求撤回行政复议申请的，经说明理由，可以撤回。公安警察行政复议机关允许申请人撤回行政复议申请后，申请人以同一事实和理由重新提出行政复议申请的，公安行政复议机关不予受理。

(4) 决定

公安警察行政复议机关应当自受理申请之日起60日内作出行政复议决定；但是法律规定的行政复议期限少于60日的除外。情况复杂，不能在规定期限内作出行政复议决定的，经行政复议机关的负责人批准，可以适当延长，并告知申请人和被申请人，但是延长期限最多不超过30日。公安警察行政复议机关作出行政复议决定，应当制作《行政复议决定书》，载明以下内容：①申请人、第三人及其代理人的姓名、性别、年龄、职业、住址等，法人或者其他组织的名称、地址、法定代表人等；②被申请人的名称、住址、法定代表人等；③申请人的行政复议请求；④申请人提出的事实和理由；⑤被申请人答复的事实和理由；⑥公安警察行政复议机关认定的事实、理由和适用的依据；⑦行政复议结论；⑧不服行政复议决定向人民法院提起行政诉讼的期限，或者最终裁决的履行期限；⑨作出行政复议决定的日期。《行政复议决定书》应当加盖公安警察行政复议机关印章或者公安警察行政复议专用章。《行政复议决定书》一经送达即发生法律效力。

(5) 执行

申请人逾期不起诉又不履行行政复议决定的，或者不履行最终裁决的行政复议决定的，由公安警察行政复议机关依法强制执行，或者申请人民法院强制执行。

被申请人不履行或者无正当理由拖延履行行政复议决定的，行政复议机关或者有关上级行政机关应当责令其限期履行。

(二) 公安警察行政诉讼

1. 公安警察行政诉讼的概念与特征

公安警察行政诉讼是行政诉讼的一种形式，是法律为行政相对人设定的维护自身合法权益的重要司法救济手段。它通过人民法院对具体行政行为的合法性进行审查，从而裁判警察机关与行政相对人之间发生的行政争议，体现了审判权对警察权的监督。公安警察行政诉讼是指公民、法人或者其他组织认为警察机关和警务人员的具体行政行为侵犯其合法权益，依法向人民法院提起诉讼，由人民法院对该具体行政行为的合法性进行审查并依法作出裁判的诉讼制度。公安警察行政诉讼制度设立的目的旨在保护公民、法人和其他组织的合法权益，维护和监督警察机关依法行使行政职权。公安警察行政诉讼应遵循以事实为根据、以法律为准绳、法律地位平等、合法性等原则。公安警察行政诉讼具有以下特征：

（1）公安警察行政诉讼制度设立的目的是解决行政争议。所谓行政争议是指警察机关在行政管理过程中，因行使行政职权与行政相对人之间发生的行政纠纷。公安警察行政诉讼制度为行政相对人解决行政争议提供了一种救济手段。

（2）公安警察行政诉讼是由人民法院受理和审理。这意味着人民法院依法享有对行政案件的审判权，作为一项司法活动，人民法院有权依照法定程序对警察机关与行政相对人之间发生的行政争议作出裁判，从而终结警察机关与行政相对人之间发生的行政纠纷。

（3）人民法院审理警察机关与行政相对人之间发生的行政争议时，对被诉的具体行政行为进行合法性审查并作出裁判，原则上不审查具体行政行为的合理性或适当性。时任全国人大常委会副委员长王汉斌在《关于〈中华人民共和国行政诉讼法（草案）〉的说明》中指出："法院审理行政案件，是对具体行政行为是否合法进行审查，至于行政机关在法律法规规定范围内作出的具体行政行为是否适当，原则上应由行政复议处理，人民法院不能代替行政机关作出决定。"

（4）公安警察行政诉讼的原告和被告是稳定的。根据我国《行政诉讼法》的有关规定，公安警察行政诉讼的原告是认为警察机关所作的具体行政行为侵犯其合法权益的公民、法人和其他组织；公安警察行政诉讼的被告是作出具体行政行为的警察机关。双方当事人在诉讼活动中法律地位平等。

2. 公安警察行政诉讼的受案范围

公安警察行政诉讼的受案范围是指人民法院受理公安警察行政诉讼案件的范围。公安警察行政诉讼的受案范围涉及三个方面的问题：一是警察机关所作的哪些行政行为应纳入公安警察行政诉讼的受案范围，要受到司法审查；二是行政相对人对警察机关所作的哪些具体行政行为可以提起公安警察行政诉讼，通过司法途径来维护自身的权益；三是人民法院可以受理哪些公安警察行政行为，并对其进行合法性审查。警察机关的哪些具体行政行为属于公安警察行政诉讼的受案范围，是公安警察行政诉讼中首先应当明确的问题。根据我国《行政诉讼法》的有关规定，公安警察行政诉讼的受案范围是：

（1）对警察机关作出的拘留、罚款、吊销许可证和执照、责令停产停业、没收财物等行政处罚不服的；

（2）对警察机关采取限制人身自由或者对财产的查封、扣押、冻结等行政强制措施不服的；

（3）认为警察机关侵犯法律规定的经营自主权的；

（4）认为符合法定条件申请警察机关颁发许可证和执照，警察机关拒绝颁发或者不予答复的；

（5）申请警察机关履行保护人身权、财产权的法定职责，警察机关拒绝履行或者不予答复的；

（6）认为警察机关违法要求履行义务的；

（7）认为警察机关侵犯其他人身权、财产权的；

（8）法律、法规规定可以提起诉讼的其他行政案件。

此外，根据我国《行政诉讼法》第12条及有关规定，人民法院对警察机关的抽象行政行为、警察内部行政行为、警察机关最终裁决的具体行政行为、刑事侦查行为、行政调解行为、驳回当事人对行政行为提起申诉的重复处理行为、道路交通事故责任认定行为等不予受理。

3. 公安警察行政诉讼的管辖

公安警察行政诉讼的管辖是指人民法院之间受理第一审公安警察行政案件的分工与权限。根据法律的有关规定，在理解公安警察行政诉讼的管辖时应注意以下几个问题：

（1）对公安部所作的具体行政行为不服而提起诉讼的行政案件由中级人民法院管辖；

（2）对未经公安警察行政复议直接向人民法院提起公安警察行政诉讼的，由作出具体行政行为的警察机关所在地人民法院管辖；

（3）对经过公安警察行政复议，公安警察行政复议机关维持原裁决后又向人民法院提起公安警察行政诉讼的，由最初作出具体行政行为的警察机关所在地的人民法院管辖；

（4）经公安警察行政复议的案件，公安警察行政复议机关改变原具体行政行为的，既可以由最初作出具体行政行为的警察机关所在地人民法院管辖，也可以由公安警察行政复议机关所在地人民法院管辖；

（5）对警察机关采取限制人身自由的行政强制措施不服提起的诉讼，由警察机关所在地或者原告所在地人民法院管辖。

4. 公安警察行政诉讼参加人

公安警察行政诉讼参加人主要是指参加公安警察行政诉讼的当事人和诉讼代理人。公安警察行政诉讼的当事人是指与警察机关所作的具体行政行为发生争议，以自己的名义参加诉讼并受人民法院裁判约束的人。包括原告、被告、共同诉讼人、第三人。公安警察行政诉讼的当事人之所以参加诉讼，其目的在于案件的裁判结果与其有法律上的利害关系。在公安警察行政诉讼中，诉讼代理人是指以当事人的名义在代理权限范围内参加诉讼活动的人。诉讼代理人可以根据产生代理权限的原因不同分为法定代理人和委托代理人。需要说明的是，根据有关规定，当事人委托诉讼代理人，应当向人民法院提交由委托人签名或盖章的授权委托书，委托书应当载明委托事项和具体权限。

5. 警察机关在公安警察行政诉讼中的举证责任

在公安警察行政诉讼中，举证责任涉及举证责任的分配、举证的目的、范围、形式及要求等方面。为了证明被诉具体行政行为的合法性，警察机关在公安警察行政诉讼中负有举证责任。根据我国《行政诉讼法》第 32 条的规定，作为被告的警察机关对作出的具体行政行为负有举证责任，应当提供作出该具体行政行为的证据和所依据的规范性文件。最高人民法院《关于执行〈中华人民共和国行政诉讼法〉若干问题的解释》（法释［2000］8 号）第 26 条规定："在行政诉讼中，被告对其作出的具体行政行为承担举证责任。被告应当在收到起诉书副本之日起十日内提交答辩状，并提供作出具体行政行为时的证据、依据；被告不提供或者无正当理由逾期提供的，应当认定该具体行政行为没有证据、依据。"这里所说的"正当理由"应理解为导致警察机关逾期提供证据的非自身因素的事由，如不可抗力或者客观上不能控制的其他正当事由。警察机关因不可抗力或者客观上不能控制的其他正当事由，不能在法定期限内提供证据的，应当在收到起诉书副本之日起 10 日内向人民法院提出延期提供证据的书面申请，人民法院准许延期提供的，警察机关应当在正当事由消除后 10 日内提供证据。逾期提供的，视为被诉具体行政行为没有相应的证据。警察机关如果不能提供证明具体行政行为合法的证据和规范性文件，则要承担败诉的后果。需要注意的是，在诉讼过程中，警察机关不得自行向原告和证人收集证据。同时，原告有权利提供证据以支持自己的诉讼主张，如可以提供证明被诉具体行政行为违法（包括实体和程序方面）的证据等。

6. 公安警察行政诉讼的审理程序

公安警察行政诉讼的审理程序包括起诉、受理，第一审程序，第二审程序，审判监督程序和执行程序。这里简要介绍起诉、受理和审理与判决。

(1) 起诉

起诉是原告的单方诉讼行为，是启动司法救济的前提条件。从法律规定来看，起诉是指公民、法人或者其他组织认为警察机关的具体行政行为侵犯其合法权益，依法向人民法院提出诉讼请求，要求人民法院通过行使审判权来维护其合法权益的诉讼行为。起诉具有以下几种情况：一是对属于人民法院受案范围的行政案件，公民、法人或者其他组织可以先向上一级警察机关或者法律、法规规定的行政机关申请复议，对复议不服的，再向人民法院提起诉讼；也可以直接向人民法院提起诉讼。二是公民、法人或者其他组织不服复议决定的，可以在收到复议决定书之日起 15 日内向人民法院提起诉讼，复议机关逾期不作决定的，申请人可以在复议期满之日起 15 日内向人民法院提起诉讼。法律另有规定的除外。三是公民、法人或者其他组织直接向人民法院提起诉讼的，应当在知道作出具体行政行为之日起 3 个月内提出，法律另有规定的除外。

起诉必须符合法定的条件，根据我国《行政诉讼法》第 41 条的规定，提起诉讼应当符合下列条件：①原告是认为具体行政行为侵犯其合法权益的公民、法人或者其他组织；②有明确的被告；③有具体的诉讼请求和事实根据；④属于人民法院受案范围和受诉人民法院管辖。

(2) 受理

受理是指原告起诉后，经受诉人民法院审查，认为符合起诉条件，决定立案审理的行为。[①] 受理是人民法院依法对原告的起诉行为进行审查的结果，受理意味着人民法院对该行政案件享有审判权。我国《行政诉讼法》第 42 条规定："人民法院接到起诉状，经审查，应当在 7 日内立案或者作出裁定不予受理。原告对裁定不服的，可以提起上诉。"

(3) 审理与判决

行政案件受理后，人民法院应当在立案之日起 5 日内，将起诉状副本发送被告。被告应当在收到起诉状副本之日起 10 日内向人民法院提交作出具体行政行为的有关材料，并提出答辩状。人民法院应当在收到答辩状之日起 5 日内，将答辩状副本发送原告。被告不提出答辩状的，不影响人民法院审理。诉讼期间，不停止具体行政行为的执行。但有下列情形之一的，停止具体行政行为的执行：①被告认为需要停止执行的；②原告申请停止执行，人民法院认为该具体行政行为的执行会造成难以弥补的损失，并且停止执行不损害社会公共利益，裁定停止执行的；③法律、法规规定停止执行的。

人民法院审理行政案件，依法组成合议庭。人民法院审理行政案件，以法律和行政法规、地方性法规为依据。地方性法规适用于本行政区域内发生的行政案件。人民法院审理民族自治地方的行政案件，并以该民族自治地方的自治条例和单行条例为依据。人民法院审理行政案件，参照国务院部、委根据法律和国务院的行政法规、决定、命令制定、发布的规章以及省、自治区、直辖市和省、自治区的人民政府所在地的市和经国务院批准的较大的市的人民政府根据法律和国务院的行政法规制定、发布的规章。

---

① 参见胡锦光、刘飞宇主编：《行政法与行政诉讼法》，4 版，239 页，北京，中国人民大学出版社，2008。

人民法院经过审理，根据不同情况，分别作出以下判决：

一是维持判决。具体行政行为证据确凿，适用法律、法规正确，符合法定程序的，判决维持。

二是撤销判决。撤销判决包括全部撤销、部分撤销、判决撤销并责令被告重新作出具体行政行为。撤销判决适用的情形是：①主要证据不足的；②适用法律、法规错误的；③违反法定程序的；④超越职权的；⑤滥用职权的。

三是限期履行判决。即被告不履行或者拖延履行法定职责的，判决其在一定期限内履行。

四是变更判决。即行政处罚显失公正的，可以判决变更。

五是驳回原告诉讼请求判决。驳回原告诉讼请求判决适用的情形是：①起诉被告不作为理由不能成立的；②被诉具体行政行为合法但存在合理性问题的；③被诉具体行政行为合法，但因法律、政策变化需要变更或者废止的；④其他应当判决驳回诉讼请求的情形。

六是确认判决。确认被诉具体行政行为违法或者无效的判决适用的情形是：①被告不履行法定职责，但判决责令其履行法定职责已无实际意义的；②被诉具体行政行为违法，但不具有可撤销内容的；③被诉具体行政行为依法不成立或者无效的。

根据我国《行政诉讼法》的有关规定，人民法院应当在立案之日起 3 个月内作出第一审判决。有特殊情况需要延长的，由高级人民法院批准，高级人民法院审理第一审案件需要延长的，由最高人民法院批准。

当事人不服人民法院第一审判决的，有权在判决书送达之日起 15 日内向上一级人民法院提起上诉。当事人不服人民法院第一审裁定的，有权在裁定书送达之日起 10 日内向上一级人民法院提起上诉。逾期不提起上诉的，人民法院的第一审判决或者裁定发生法律效力。

（三）公安警察行政赔偿

警察行使行政职权侵犯个人权利是世界各国普遍存在的社会现象，没有哪一个国家有能力彻底杜绝公安警察行政侵权行为的发生。正由于公安警察行政管理领域及范围的广泛性，采取行政处罚和行政强制措施等手段的多样性及强制性，故警察在行使行政职权时，违法侵权行为的存在则是不可避免的。为了有效地保障受害人的权利，各国政府纷纷寻求相应地防范对策，如建立和完善公安警察行政赔偿制度，通过事后赔偿的方式来补救受害人所受到的损害，提高公安警察行政侵权机关的违法成本，从而避免或减少公安警察行政侵权行为的发生。

1. 公安警察行政赔偿的概念与特征

公安警察行政赔偿是指警察机关和警务人员因违法行使行政职权侵犯公民、法人和其他组织的合法权益并造成损害，由警察机关作为赔偿义务机关对受害人给予赔偿的法律制度。公安警察行政赔偿具有以下几个特征：

（1）公安警察行政赔偿源于公安警察行政侵权行为。即警察机关和警务人员因违法行使行政职权侵犯公民、法人和其他组织的合法权益。公安警察行政侵权行为是引发公安警察行政赔偿责任的前提。

（2）公安警察行政侵权行为损害了公民、法人和其他组织的合法权益。只有行政侵权行为而无损害，则不构成公安警察行政赔偿责任。

（3）公安警察行政赔偿义务机关只能是实施侵权行为的警察机关或者警务人员所属的警察机关。

（4）公安警察行政赔偿实质上是国家赔偿。警察机关和警务人员依法行使行政职权的行为是代表国家所为的行为，发生了公安警察行政赔偿，由国家来承担赔偿责任。

2. 公安警察行政赔偿的归责原则——违法原则

根据我国《国家赔偿法》第 3、4 条的规定，公安警察行政赔偿的归责原则是违法原则。所谓违法原则是指警察机关和警务人员在行使行政职权时，其行为违反了法律、法规、规章以及具有普遍约束力的决定、命令等规范性文件的规定，损害了公民、法人和其他组织的合法权益。违法行使职权的行为包括主体违法、权限违法、内容违法、程序违法等形式。违法原则是一个客观标准，即以国家的法律、法规的规定作为评判行为是否违法的标准。不论行政主体主观上有无过错，只要行为违法并造成损害的，就由国家承担赔偿责任。

从世界各国有关国家赔偿的立法规制来看，采用违法原则的国家首推瑞士，1959 年《瑞士联邦责任法》第 3 条规定："联邦对于公务员执行职务时，不法侵害他人权利者，不问该公务员有无过失，应负赔偿责任。"该法中所指的违法包括下列情形：①违反法律秩序，明示或默示保护某种法益之法令或禁令。②违反为避免执行职务时发生损害而设置的内部业务规定。③滥用自由裁量权。[①]

3. 公安警察行政赔偿的构成要件

公安警察行政赔偿的构成要件旨在说明，国家在什么情况下应当给予受害人赔偿，受害人应当具备什么条件才能取得行政赔偿。警察机关和警务人员在行使行政职权的过程中，侵犯公民、法人和其他组织的合法权益造成损害的情况时有发生，不是所有的损害都由国家承担赔偿责任，只有具备一定的条件，国家才承担赔偿责任。因此，公安警察行政赔偿的构成要件是判断赔偿责任是否成立的标准与依据。公安警察行政赔偿的构成要件是：

（1）行政侵权主体

行政侵权主体是指享有行政权的行政主体。只有享有行政权的行政主体，才能行使行政职权，作出对行政相对人权益有影响的行政处理决定。在公安警察行政赔偿中，行政侵权主体是指依法行使行政职权的警察机关。警察机关在行使行政职权时，所做的具体行政行为因违法而损害了相对人的合法权益，才能成为适格的行政侵权主体，从而引发行政赔偿责任。没有适格的行政侵权主体，履行行政赔偿的义务难以落到实处。

（2）违法行使职权

行政赔偿责任的发生与行政主体违法行使职权有内在的联系，行政主体与行使行政职权无关的违法侵权行为，则不可能导致行政赔偿责任。在公安警察行政赔偿中，警察机关和警务人员因违法行使行政职权损害了受法律保护的相对人的合法权益，如因适用法律、法规错误，违反法定程序，超越职权，滥用职权，不履行或拖延履行法定职责等。警察机关和警务人员只有违法行使行政职权，才有可能引发行政赔偿责任。如我国《治安管理处罚法》第 117 条规定："公安机关及其人民警察违法行使职权，侵犯公民、法人和其他组织合法权益的，应当赔礼道歉；造成损害的，应当依法承担赔偿责任。"

（3）损害事实

国家承担赔偿责任，必须以损害事实的客观存在为前提条件，有损害才有赔偿，无损害无赔偿，这是各国赔偿立法的通例。损害事实主要是指对人身权、财产权的损害，致人精神损害，造成严重后果的，也应承担赔偿责任。损害必须是直接的损害、现实的损害以及法律保护的利益的损害，损害结果必须是已经发生的客观事实。如在姜云霞诉天津市公安局红桥分局行政处罚案中，被告以扰乱秩序为由对原告作出拘留 15 日的处罚决定。因原

① 参见张建良、王粪、王萍：《公安行政执法教程》，300 页，北京，中国人民公安大学出版社，2005。

告不服申请复议，在交纳了750元的保证金后，拘留决定暂缓执行。经复议，复议机关维持了原处罚决定，原告起诉于法院。在这种情况下，即使被告的处罚决定被法院认定为违法，需予以撤销，但由于拘留决定尚未执行，损害结果并未发生，因而也没有构成行政赔偿责任。但是，原告起诉被受理后，又撤回了起诉。被告遂对原告执行拘留，实际执行10日。原告又起诉到法院，在这种情况下，损害结果已经发生，即原告的人身自由被限制10日。[①]

(4) 因果关系

行政赔偿责任必须是以行政侵权行为与损害结果之间存在着某种必然的因果关系才能成立，即行政侵权行为是原因，受害人的损失是结果，两者之间存在着必然的、直接的因果联系。公安警察行政侵权行为与受害人的损害结果没有必然的、直接的因果联系，则不产生行政赔偿责任。

4. 公安警察行政赔偿的范围

公安警察行政赔偿的范围是指国家对警察机关和警务人员因违法行使行政职权对受害人造成的哪些损害应当赔偿，哪些损害不予赔偿。根据我国《国家赔偿法》的有关规定，公安警察行政赔偿的范围包括对人身权的赔偿和对财产权的赔偿。

(1) 对人身权的赔偿范围是：

1) 违法拘留或者违法采取限制公民人身自由的行政强制措施的；

2) 非法拘禁或者以其他方法非法剥夺公民人身自由的；

3) 以殴打、虐待等行为或者唆使、放纵他人以殴打、虐待等行为造成公民身体伤害或者死亡的；

4) 违法使用武器、警械造成公民身体伤害或者死亡的；

5) 造成公民身体伤害或者死亡的其他违法行为。

(2) 对财产权的赔偿范围是：

1) 违法实施罚款、吊销许可证和执照、责令停产停业、没收财物等行政处罚的；

2) 违法对财产采取查封、扣押、冻结等行政强制措施的；

3) 违法征收、征用财产的；

4) 造成财产损害的其他违法行为。

(3) 不予行政赔偿的范围是：

1) 警察机关工作人员与行使职权无关的个人行为；

2) 因公民、法人和其他组织自己的行为致使损害发生的；

3) 法律规定的其他情形。

5. 公安警察行政赔偿请求人和赔偿义务机关

公安警察行政赔偿请求人是指因其合法权益受到行政侵权行为的侵害而造成实际损失的公民、法人和其他组织。受害的公民、法人和其他组织有权要求赔偿。受害的公民死亡，其继承人和其他有扶养关系的亲属有权要求赔偿。受害的法人或者其他组织终止的，其权利承受人有权要求赔偿。

公安警察行政赔偿义务机关是指因行使行政职权侵犯公民、法人和其他组织的合法权益造成损害的警察机关为赔偿义务机关。经复议机关复议的，最初造成侵权行为的警察机关为赔偿义务机关，但复议机关的复议决定加重损害的，复议的警察机关对加重的部分履

① 参见叶必丰：《行政法与行政诉讼法》，3版，457～458页，武汉，武汉大学出版社，2008。

行赔偿义务。

6. 公安警察行政赔偿程序

我国《行政诉讼法》第 67 条第 2 款规定："公民、法人或者其他组织单独就损害赔偿提出请求，应当先由行政机关解决。对行政机关的处理不服，可以向人民法院提起诉讼。"我国《国家赔偿法》第 9 条第 2 款规定："赔偿请求人要求赔偿，应当先向赔偿义务机关提出，也可以在申请行政复议或者提起行政诉讼时一并提出。"根据上述规定，赔偿请求人请求赔偿的方式有单独提出和一并提出。既可以通过行政程序，也可以通过司法程序来维护自身的合法权益。

(1) 单独提出赔偿请求。赔偿请求人单独提出赔偿请求的，应当先向赔偿义务机关提出，在赔偿义务机关不予赔偿或者赔偿请求人对赔偿数额有异议时，赔偿请求人才可以依法向公安警察行政复议机关申请行政复议或者向人民法院提起行政赔偿诉讼。

(2) 一并提出赔偿请求。一并提出赔偿请求是指赔偿请求人在申请行政复议或者向人民法院提起行政诉讼时，既提出确认违法的请求，又提出赔偿请求，使之并案审理。赔偿请求人可以提出一项赔偿请求，也可以提出数项赔偿请求，由赔偿请求人自主选择。

(3) 递交书面形式的赔偿申请书。赔偿请求人提出赔偿请求一般要求递交书面形式的赔偿申请书，并符合法律规定的形式要求。赔偿请求人当面递交申请书的，赔偿义务机关应当当场出具加盖本行政机关专用印章并注明收讫日期的书面凭证。申请材料不齐全的，赔偿义务机关应当当场或者在 5 日内一次性告知赔偿请求人需要补正的全部内容。赔偿请求人书写赔偿申请书确有困难的，既可以请人代写，也可以口头申请，由赔偿义务机关记入笔录。

(4) 赔偿请求人请求赔偿的时效。赔偿请求人请求国家赔偿的时效为 2 年，自其知道或者应当知道警察机关及其工作人员行使职权时的行为侵犯其人身权、财产权之日起计算，但被羁押等限制人身自由期间不计算在 2 年的赔偿请求之内。赔偿请求人在赔偿请求时效的最后 6 个月内，因不可抗力或者其他障碍不能行使请求权的，时效中止。从中止时效的原因消除之日起，赔偿请求时效期间继续计算。

(5) 公安警察行政赔偿的行政程序。

赔偿请求人要求赔偿应当先向赔偿义务机关提出，赔偿义务机关应当自收到申请之日起 2 个月内，作出是否赔偿的决定。赔偿义务机关作出赔偿决定，应当充分听取赔偿请求人的意见，并可以与赔偿请求人就赔偿方式、赔偿项目和赔偿数额依照法律的规定进行协商。

赔偿义务机关决定赔偿的，应当制作赔偿决定书，并自作出决定之日起 10 日内送达赔偿请求人。赔偿义务机关决定不予赔偿的，应当自作出决定之日起 10 日内书面通知赔偿请求人，并说明不予赔偿的理由。

赔偿义务机关在规定期限内未作出是否赔偿的决定，赔偿请求人可以自期限届满之日起 3 个月内，向人民法院提起诉讼。赔偿请求人对赔偿的方式、项目、数额有异议的，或者赔偿义务机关作出不予赔偿决定的，赔偿请求人可以自赔偿义务机关作出赔偿或者不予赔偿决定之日起 3 个月内，向人民法院提起诉讼。

(6) 公安警察行政赔偿的司法程序。

公安警察行政赔偿的司法程序实质上是指人民法院审理公安警察行政赔偿案件的诉讼程序。人民法院审理行政赔偿案件，赔偿请求人和赔偿义务机关对自己提出的主张，应当提供证据。赔偿义务机关采取行政拘留或者限制人身自由的强制措施期间，被限制人身自由的人死亡或者丧失行为能力的，赔偿义务机关的行为与被限制人身自由的人的死亡或者丧失行为能力是否存在因果关系，赔偿义务机关应当提供证据。人民法院审理行政赔偿案件，就当事人之间的行政赔偿争议进行审理与裁判。人民法院审理行政赔偿案件，在坚持合法、自愿的前提下，可以就赔偿范围、赔偿方式和赔偿数额进行调解。调解成立的，应当制作行政赔偿调解书。

（7）公安警察行政追偿。

公安警察行政追偿是指公安警察行政赔偿义务机关代表国家向行政赔偿请求人支付赔偿费用后，依法责令有故意或者重大过失的警务人员或者受委托的组织或者个人承担部分或者全部赔偿费用。设立公安警察行政追偿制度的意义在于增强警务人员的工作责任心，强化其依法行政、依法管理和依法办事的意识，恪尽职守，严格公正、文明执法，防止权力滥用，避免或减少行政侵权行为的发生。

（四）警察刑事赔偿

1. 警察刑事赔偿的概念与特征

刑事赔偿是指行使侦查、检察、审判职权的机关以及看守所、监狱管理机关及其工作人员因违法行使职权侵犯公民、法人和其他组织的合法权益并造成损害，由国家承担赔偿责任的制度。从这一概念可以来分析，警察刑事赔偿的特征是：

（1）警察刑事赔偿是警察机关在行使侦查权以及履行监管职责的过程中发生的；

（2）警察机关在行使侦查权以及履行监管职责时，违法行使职权侵犯公民、法人和其他组织的合法权益并造成了损害；

（3）由警察机关作为赔偿义务机关代表国家履行赔偿义务。

2. 刑事赔偿的范围

第一，侵犯人身权的范围：

（1）违反刑事诉讼法的规定对公民采取拘留措施的，或者依照刑事诉讼法规定的条件和程序对公民采取拘留措施，但是拘留时间超过刑事诉讼法规定的时限，其后决定撤销案件、不起诉或者判决宣告无罪终止追究刑事责任的；

（2）对公民采取逮捕措施后，决定撤销案件、不起诉或者判决宣告无罪终止追究刑事责任的；

（3）依照审判监督程序再审改判无罪，原判刑罚已经执行的；

（4）刑讯逼供或者以殴打、虐待等行为或者唆使、放纵他人以殴打、虐待等行为造成公民身体伤害或者死亡的；

（5）违法使用武器、警械造成公民身体伤害或者死亡的。

第二，侵犯财产权的范围：

（1）违法对财产采取查封、扣押、冻结、追缴等措施的；

（2）依照审判监督程序再审改判无罪，原判罚金、没收财产已经执行的。

第三，不承担赔偿责任的范围：

（1）因公民自己故意作虚伪供述，或者伪造其他有罪证据被羁押或者被判处刑罚的；

（2）依照《刑法》第17条、第18条规定不负刑事责任的人被羁押的；

（3）依照《刑事诉讼法》第15条、第142条第2款规定不追究刑事责任的人被羁押的；

（4）行使侦查、检察、审判职权的机关以及看守所、监狱管理机关的工作人员与行使职权无关的个人行为；

（5）因公民自伤、自残等故意行为致使损害发生的；

（6）法律规定的其他情形。

3. 刑事赔偿请求人和赔偿义务机关

刑事赔偿请求人是指受害的公民法人和其他组织。受害的公民死亡，其继承人和其他有扶养关系的亲属有权要求赔偿。受害的法人或者其他组织终止的，其权利承受人有权要求赔偿。

刑事赔偿义务机关的确定：

行使侦查、检察、审判职权的机关以及看守所、监狱管理机关及其工作人员在行使职权时侵犯公民、法人和其他组织的合法权益造成损害的，该机关为赔偿义务机关。

对公民采取拘留措施，依照本法的规定应当给予国家赔偿的，作出拘留决定的机关为赔偿义务机关。

对公民采取逮捕措施后决定撤销案件、不起诉或者判决宣告无罪的，作出逮捕决定的机关为赔偿义务机关。

再审改判无罪的，作出原生效判决的人民法院为赔偿义务机关。二审改判无罪，以及二审发回重审后作无罪处理的，作出一审有罪判决的人民法院为赔偿义务机关。

4. 刑事赔偿程序

刑事赔偿程序不同于行政赔偿程序，它是通过赔偿委员会以决定的形式来处理刑事赔偿争议，采用的是非诉讼的方式；而行政赔偿争议则可以通过诉讼的方式来解决。

（1）刑事赔偿的行政程序

刑事赔偿请求人要求赔偿，应当先向赔偿义务机关提出。赔偿义务机关应当自收到申请之日起两个月内，作出是否赔偿的决定。赔偿义务机关作出赔偿决定，应当充分听取赔偿请求人的意见，并可以与赔偿请求人就赔偿方式、赔偿项目和赔偿数额依法进行协商。

赔偿义务机关决定赔偿的，应当制作赔偿决定书，并自作出决定之日起10日内送达赔偿请求人。赔偿义务机关决定不予赔偿的，应当自作出决定之日起10日内书面通知赔偿请求人，并说明不予赔偿的理由。

赔偿义务机关在规定期限内未作出是否赔偿的决定，赔偿请求人可以自期限届满之日起30日内向赔偿义务机关的上一级机关申请复议。赔偿请求人对赔偿的方式、项目、数额有异议的，或者赔偿义务机关作出不予赔偿决定的，赔偿请求人可以自赔偿义务机关作出赔偿或者不予赔偿决定之日起30日内，向赔偿义务机关的上一级机关申请复议。

复议机关应当自收到申请之日起2个月内作出决定。赔偿请求人不服复议决定的，可以在收到复议决定之日起30日内向复议机关所在地的同级人民法院赔偿委员会申请作出赔偿决定；复议机关逾期不作决定的，赔偿请求人可以自期限届满之日起30日内向复议机关所在地的同级人民法院赔偿委员会申请作出赔偿决定。

（2）人民法院赔偿委员会的决定程序

人民法院赔偿委员会处理赔偿请求，赔偿请求人和赔偿义务机关对自己提出的主张，应当提供证据。

被羁押人在羁押期间死亡或者丧失行为能力的，赔偿义务机关的行为与被羁押人的死亡或者丧失行为能力是否存在因果关系，赔偿义务机关应当提供证据。

人民法院赔偿委员会处理赔偿请求，采取书面审查的办法。必要时，可以向有关单位和人员调查情况、收集证据。赔偿请求人与赔偿义务机关对损害事实及因果关系有争议的，赔偿委员会可以听取赔偿请求人和赔偿义务机关的陈述和申辩，并可以进行质证。

人民法院赔偿委员会应当自收到赔偿申请之日起3个月内作出决定；属于疑难、复杂、重大案件的，经本院院长批准，可以延长3个月。

中级以上的人民法院设立赔偿委员会，由人民法院3名以上审判员组成，组成人员的人数应当为单数。赔偿委员会作出赔偿决定，实行少数服从多数的原则。赔偿委员会作出的赔偿决定，是发生法律效力的决定，必须执行。

赔偿请求人或者赔偿义务机关对赔偿委员会作出的决定，认为确有错误的，可以向上一级人民法院赔偿委员会提出申诉。

赔偿委员会作出的赔偿决定生效后，如发现赔偿决定违反法律规定的，经本院院长决定或者上级人民法院指令，赔偿委员会应当在2个月内重新审查并依法作出决定，上一级人民法院赔偿委员会也可以直接审查并作出决定。

最高人民检察院对各级人民法院赔偿委员会作出的决定，上级人民检察院对下级人民法院赔偿委员会作出的决定，发现违反法律规定的，应当向同级人民法院赔偿委员会提出意见，同级人民法院赔偿委员会应当在2个月内重新审查并依法作出决定。

（3）刑事追偿

赔偿义务机关赔偿后，应当向有下列情形之一的工作人员追偿部分或者全部赔偿费用：

1）刑讯逼供或者以殴打、虐待等行为或者唆使、放纵他人以殴打、虐待等行为造成公民身体伤害或者死亡的；

2）违法使用武器、警械造成公民身体伤害或者死亡的；

3）在处理案件中有贪污受贿，徇私舞弊，枉法裁判行为的。

5. 赔偿方式和计算标准

（1）赔偿方式

国家赔偿以支付赔偿金为主要方式，以返还财产或者恢复原状为辅助方式。

（2）计算标准

侵犯公民人身自由的，每日赔偿金按照国家上年度职工日平均工资计算。

第一，侵犯公民生命健康权的，赔偿金按照下列规定计算：

1）造成身体伤害的，应当支付医疗费、护理费，以及赔偿因误工减少的收入。减少的收入每日的赔偿金按照国家上年度职工日平均工资计算，最高额为国家上年度职工年平均工资的5倍。

2）造成部分或者全部丧失劳动能力的，应当支付医疗费、护理费、残疾生活辅助费、康复费等因残疾而增加的必要支出和继续治疗所必需的费用，以及残疾赔偿金。残疾赔偿金根据丧失劳动能力的程度，按照国家规定的伤残等级确定，最高不超过国家上年度职工年平均工资的20倍。造成全部丧失劳动能力的，对其扶养的无劳动能力的人，还应当支付生活费。

3）造成死亡的，应当支付死亡赔偿金、丧葬费，总额为国家上年度职工年平均工资的20倍。对死者生前扶养的无劳动能力的人，还应当支付生活费。

前述生活费的发放标准，参照当地最低生活保障标准执行。被扶养的人是未成年人的，生活费给付至18周岁止；其他无劳动能力的人，生活费给付至死亡时止。

第二，支付相应的精神损害抚慰金。具有《国家赔偿法》第3条或者第17条规定情形之一，致人精神损害的，应当在侵权行为影响的范围内，为受害人消除影响，恢复名誉，赔礼道歉；造成严重后果的，应当支付相应的精神损害抚慰金。

第三，侵犯公民、法人和其他组织的财产权造成损害的，按照下列规定处理：

①处罚款、罚金、追缴、没收财产或者违法征收、征用财产的，返还财产；

②查封、扣押、冻结财产的，解除对财产的查封、扣押、冻结，造成财产损坏或者灭失的，依照《国家赔偿法》第 36 条第 3 项、第 4 项的规定赔偿；

③应当返还的财产损坏的，能够恢复原状的恢复原状，不能恢复原状的，按照损害程度给付相应的赔偿金；

④应当返还的财产灭失的，给付相应的赔偿金；

⑤财产已经拍卖或者变卖的，给付拍卖或者变卖所得的价款；变卖的价款明显低于财产价值的，应当支付相应的赔偿金；

⑥吊销许可证和执照、责令停产停业的，赔偿停产停业期间必要的经常性费用开支；

⑦返还执行的罚款或者罚金、追缴或者没收的金钱，解除冻结的存款或者汇款的，应当支付银行同期存款利息；

⑧对财产权造成其他损害的，按照直接损失给予赔偿。

赔偿费用列入各级财政预算。赔偿请求人凭生效的判决书、复议决定书、赔偿决定书或者调解书，向赔偿义务机关申请支付赔偿金。赔偿义务机关应当自收到支付赔偿金申请之日起 7 日内，依照预算管理权限向有关的财政部门提出支付申请。财政部门应当自收到支付申请之日起 15 日内支付赔偿金。

6. 赔偿请求时效

赔偿请求人请求国家赔偿的时效为 2 年，自其知道或者应当知道国家机关及其工作人员行使职权时的行为侵犯其人身权、财产权之日起计算，但被羁押等限制人身自由期间不计算在内。在申请行政复议或者提起行政诉讼时一并提出赔偿请求的，适用行政复议法、行政诉讼法有关时效的规定。

赔偿请求人在赔偿请求时效的最后 6 个月内，因不可抗力或者其他障碍不能行使请求权的，时效中止。从中止时效的原因消除之日起，赔偿请求时效期间继续计算。

第三节　公安警察行政补偿

在警察执法实践中，警察机关及警务人员在行使职权的过程中，因违法致害或行政侵权行为给行政相对人的人身权或财产权造成损害的，现行法律设定了行政赔偿制度，通过行政赔偿的方式来恢复或补救行政相对人受损害的权益。那么警察机关及警务人员在行使职权时因合法致害或者合法行政侵权行为给公民、法人和其他组织的合法权益造成损失的，应当通过何种形式与措施来补救受损失的利益？譬如警察机关及警务人员在处置突发事件并进行现场管制时，紧急征用单位或公民的交通工具、通讯工具、场地和建筑物时造成损失的应不应该补偿？警察在追捕持枪歹徒时开枪击伤无辜的公民，应不应该补偿？怎么补偿？补偿的方式与标准是什么？等等。这里涉及两个问题：一是警察机关及警务人员既然是合法的行政行为，是否应当承担补偿损失的义务；二是因合法行政行为的致害应当承担补偿损失的义务，怎么补偿，补偿的方式与标准如何确定，其理论基础和法律依据何在。上述问题涉及行政补偿制度问题。行政补偿作为一种权利保障和利益平衡的法律制度，在警察权不断延伸并对社会生活产生重要影响的今天，为了保障公民的权利，即使是合法行政行为的致害，也应该通过建立和完善行政补偿制度来补救受损失的利益，以体现并践行社会的公平与正义观念。

一、公安警察行政补偿的概念与特征

何谓行政补偿，如何给行政补偿下一个准确的人们普遍认同的定义是困难的，由于认识的角度不同，得出的结论亦不同。有的认为，行政补偿是“行政机关在没有侵权行为和破坏契约的情况下，由于合法行为对公民造成的损害所给予的补偿”①。有的认为，行政补偿，又称行政损失补偿，是指因行政主体（通过行政人）的合法行政行为造成行政相对人合法权益的损失，依法由前者对相对人所受的损失予以弥补的责任。② 还有的认为，行政补偿是指行政机关及其工作人员在合法地行使行政权执行国家行政职能的过程中，侵犯了公民、法人或者其他组织的合法权益并造成损害，由行政机关给予补偿的法律制度。③ 根据上述定义的界定，公安警察行政补偿作为行政补偿的一种形式或类型，它是指警察机关及警务人员在行使职权的过程中，因合法行为给行政相对人的合法权益造成损害的，由国家给予补偿的救济制度。公安警察行政补偿具有以下几个特征：

1. 公安警察行政补偿源于警察的合法行政行为，只有合法的行政行为给行政相对人的合法权益造成损害的，才能引发行政补偿。而违法行政行为则引发行政赔偿。

2. 公安警察行政补偿是警察机关及警务人员在履行法定职责时不得已而损害了公民、法人和其他组织的合法权益，目的是维护公共利益。尽管目的正当，且行为合法，但毕竟给公民、法人和其他组织的合法权益造成了损失，应当通过补偿予以救济。

3. 公安警察行政补偿是一种财产性补偿。对行政相对人受到的损失支付适当的费用，即金钱给付。既体现了现代法治国家公平负担的理念，也表明了警察机关对公民权利的尊重与保护。

4. 公安警察行政补偿主要表现为事后补救。其理由在于：警察机关及警务人员在履行职责时，一般发生在紧急状态下或者履行职责的紧急需要，才可能发生临时征用、征调相对人的交通工具、通讯工具及场地等财物，导致财产权的损失。但也不排除在紧急状态下因履行职责的需要，造成公民人身权的损害。如警察在处置绑架人质的案件中，由于处置不当，导致人质的伤害或者围观人员的伤害等。当合法行政行为已经给公民造成了损失，则通过协商、决定等方式来弥补受害人的损失。因此，公安警察行政补偿的范围涉及对行政相对人的人身权的损失和对财产权的损失所给予的补偿。

二、公安警察行政补偿的理论基础

从世界各国有关行政补偿的法律规制的历史发展过程来看，经历了一个从普通法的规制到宪法的确认，从民事权益的保护引入到行政管理以及其他社会管理领域，从国家对公民财产权的补偿拓展到对公民人身权的补偿的过程。对行政补偿的理论探索也愈来愈引起理论界的关注与重视，并相继提出了诸多理论学说。如特别牺牲说、公平负担平等说、结果责任说、人权保障说、不当得利说、社会协作说、社会保险说、公用征收说等，这些理论或学说试图解析和说明国家或者国家机关在对社会公共事务管理中，因合法的职务行为给公民的利益造成了减损，或者承担了不应该由其承担的额外义务或特殊义务，其损失国家应该给予补偿，否则有失社会公平，从而为国家建立与完善行政补偿制度提供理论依据。

---

① 王名扬：《英国行政法》，229 页，北京，中国政法大学出版社，1987。

② 参见姜明安：《行政法与行政诉讼法》，475 页，北京，北京大学出版社、高等教育出版社，1999。

③ 参见马怀德：《行政法与行政诉讼法》，330 页，北京，中国法制出版社，2000。

从立法层面来看，国家补偿制度源于法国1789年的《人权宣言》，《人权宣言》规定："财产是神圣不可侵犯的权利，除非当合法认定的公共需要显系必要时，且在公平而且预先补偿的条件下，任何人的财产不得受剥夺。"1804年通过的《法国民法典》重申了《人权宣言》规定的精神，《法国民法典》第545条规定："任何人不得被强制出让其所有权。但因公用，且受公正并事前的补偿时不在此限。"该法典确立的"公正补偿"原则对其他国家的立法产生了重要的影响。尔后，德国、美国、日本等国家的宪法对国家补偿的原则、范围、方式以及途径等方面作了相应的规定。我国现行《宪法》以及其他法律如《戒严法》、《土地管理法》、《人民警察法》、《消防法》、《行政许可法》、《突发事件应对法》等法律对国家机关因保护公共利益的目的，造成单位或个人被征用的财产毁损、灭失的，应当给予补偿。这些法律规定在保护公民的合法权益，促进行政补偿制度的健全与完善方面必将发挥重要的作用。同时，以土地征用、房屋拆迁等为标志的行政补偿已成为社会关注的热点问题，如何完善行政补偿制度，切实保护相对人的合法权益，是值得我们认真思考与探究的。

从我国公安警察行政补偿的法律规制及其实践来看，其理论基础主要是：

1. 公平负担平等理论

公平负担平等理论源于古老的而又常新的平等观念。该理论认为：在一个民主、法治社会，每个人都享有平等的法律权利，每个人都是社会的主人，既然每一个人都享有平等的权利，又是社会的主人，就应该为社会分忧，平等地分担社会的负担。从这个意义上讲，每一个人都是社会负担的承担者，这种角色是国家根据平等观念为公民设定的义务。国家出于维护公共利益的目的，需要付出的社会成本，应由社会成员平等地负担，这符合平等观念。但是，当行政机关及其工作人员因合法的职务行为给公民的权益造成了损害，如果国家不给予补偿，损害只能由公民个人来承担，那么，受害人因公共利益而比其他社会成员承担了更重的额外的义务或负担，这与法律平等原则和平等观念是相悖的。换言之，行政主体所为的行为是为了公共利益，其耗费或支出的社会成本，应由受益的社会全体成员来平等分担，而不是由受害人个人承担，国家应代表全体社会成员共同分担损失，对受害人给予补偿。

2. 特别牺牲理论

特别牺牲理论源于德国，其基本含义是指任何公民因公共利益的目的而引起的特别牺牲，均有权获得国家补偿。也就是说，国家出于公共利益的目的和考虑，将特殊义务强加于某些人或某一个人，某些人或某一个人因公共利益的需要所作出的特别牺牲，国家应当给予补偿。譬如说，财产权是公民享有的权利，社会对财产所有权的内在社会限制是所有公民都平等承受的一定负担，这不存在补偿。当这种负担只要求某一个公民来负担时，这个公民所作出的牺牲就是一种特殊的牺牲，为此，国家应当给予补偿。

3. 结果责任理论

结果责任理论流行于日本，其基本含义是指行政机关及其工作人员在行政管理活动中，其行政行为不论是否违法，也不论是否存在主观过错，只要给公民的合法权益造成了损害，这种损害又为一般社会观念所不允许，国家就应当承担补偿责任，受害人也有权获得国家补偿。由于该理论对国家承担补偿责任不强调主观过错，所以又称为无过错责任。

4. 危险责任理论

危险责任理论源于法国，其基本含义是指出于公共利益的目的或需要，使公民的活动处于某种高度危险的状态，国家对公民的活动受到的危险或遭受的损失应当承担责任，并给予补偿。也就是说，一个人为了自己的利益而使他人处于高度危险状态，受益方应当为处于高度危险状态的他人可能受到的损害承担责任。行政机关及其工作人员为了维护公共利益的目的或需要，而使公民处于某种高度危险的状态，国家应对可能遭受损失的公民给予补偿。

5. 人权保障理论

人权保障理论认为，尊重和保障人权源于宪法的规定和保障，也是民主、法治国家的基本目标和任务。美国《宪法修正案》第5条规定："不经正当法律程序，不得剥夺生命、自由或财产，不给予公平补偿，私有财产不得充作公用。"《日本宪法》第29条第3款规定："因公用收用及公用限制对私人造成财产上的特别损失时，必须予以正当补偿"，不允许国家或者公共团体不予以补偿而收用私人的财产或者对私人的财产实行限制。尊重和保障公民个人自由和财产权利是国家存在的基础，国家有责任保护。当公共权力机关在对社会事务管理过程中，只要是违法行为或者合法行为损害了公民的权利和自由，国家就应当对受损害的公民给予赔偿或补偿，以保护公民的合法权益。上述理论从不同的视角阐述了行政补偿存在的理论基础和依据，具有其合理性和针对性，对我们认识和理解公安警察行政补偿存在的必要性和现实性具有理论指导意义。

三、公安警察行政补偿的范围、方式与标准

（一）公安警察行政补偿的范围

公安警察行政补偿的范围是指警察机关及警务人员在履行法定职责时，因合法行使职权给行政相对人的人身、财产权益造成损失应当给予补偿的范围。由于我国没有制定统一的《行政补偿法》，警察机关及警务人员因合法致害行为给行政相对人造成的损失哪些需要补偿缺乏明确统一的规定，只能根据我国《人民警察法》、《消防法》、《戒严法》、《行政许可法》、《突发事件应对法》等法律、法规的有关规定和警察执法补偿实践来确定公安警察行政补偿的范围。公安警察行政补偿的范围主要是：

1. 紧急征用的致害行为。我国《人民警察法》第13条第2款规定："公安机关因侦查犯罪的需要，必要时，按照国家有关规定，可以优先使用机关、团体、企业事业组织和个人的交通工具、通信工具、场地和建筑物，用后应当及时归还，并支付适当费用；造成损失的，应当赔偿。"这里规定的优先使用属于紧急征用，这里规定的赔偿应当理解为补偿。我国《突发事件应对法》第12条规定："有关人民政府及其部门为应对突发事件，可以征用单位和个人的财产。被征用的财产在使用完毕或者突发事件应急处置工作结束后，应当及时归还。财产被征用或者征用后毁损、灭失的，应当给予补偿。"这里规定的有关人民政府及其部门应当包括警察机关。我国《戒严法》第17条规定："根据执行戒严任务的需要，戒严地区的县级以上人民政府可以临时征用国家机关、企业事业组织、社会团体以及公民个人的房屋、场所、设施、运输工具、工程机械等。在非常紧急的情况下，执行戒严任务的人民警察、人民武装警察、人民解放军的现场指挥员可以直接决定临时征用，地方人民政府应当给予协助。实施征用应当开具征用单据。前款规定的临时征用物，在使用完毕或者戒严解除后应当及时归还；因征用造成损坏的，由县级以上人民政府按照国家有关规定给予相应补偿。"因紧急征用的致害行为一般发生在警察机关及警务人员出于维护国家安全和公共利益的目的或者履行职责的紧急状态，需要临时征用单位或个人的财物。被征用单位或个人的财物遭受损失的，警察机关应当给予补偿。如民警出警途中，因警车出现故障，临时征用单位或个人的车辆等，如果被征用的车辆受到损失的，警察机关应当给予补偿。

2. 协助警务的损失。我国《人民警察法》第34条第2款规定："公民和组织因协助人

民警察执行职务，造成人身伤亡或者财产损失的，应当按照国家有关规定给予抚恤或者补偿。”我国《消防法》第49条第2款规定：“单位专职消防队、志愿消防队参加扑救外单位火灾所损耗的燃料、灭火剂和器材、装备等，由火灾发生地的人民政府给予补偿。”公民和组织因主动协助警察机关维护社会治安秩序，抓获违法犯罪嫌疑人或者制止违法犯罪行为时，造成人身伤亡或者财产损失的，国家应当给予补偿。

3. 紧急避险行为的损失。我国《消防法》第45条第1款第5项规定，公安机关火灾现场总指挥根据扑救火灾的需要，有权决定“为了抢救人员和重要物资，防止火势蔓延，拆除或者破损毗邻火灾现场的建筑物、构筑物或者设施等”。根据这一规定，消防部门出于保护公共利益的需要，依法拆除或者破损毗邻火灾现场的建筑物、构筑物或者设施等，对于被拆除房屋或者其他建筑物及设施的财产所有人有请求补偿的权利，国家应当给予补偿。

4. 合法职务行为的损失。警察机关及警务人员因合法行使职权给公民、法人和其他组织的合法权益造成损失的，国家应当给予补偿。从警察执法实践来看，因合法职务行为造成损失的情况比较复杂，也比较常见，其表现形式多种多样，其范围逐步扩大。如警察在合法使用警械或者使用武器的情形下，开枪击伤围观群众或过路行人，也包括导致死亡的后果。警察机关及警务人员在处置暴力犯罪现场时，如处置涉枪、涉爆、绑架人质以及交通肇事等案件过程中，都可能给公民的人身或者财产造成损害，对此，国家应当给予补偿。

5. 变更或者撤销行政许可的损失。我国《行政许可法》第8条第2款规定：“行政许可所依据的法律、法规、规章修改或者废止，或者准予行政许可所依据的客观情况发生重大变化的，为了公共利益的需要，行政机关可以依法变更或者撤回已经生效的行政许可。由此给公民、法人或者其他组织造成财产损失的，行政机关应当依法给予补偿。”根据这一规定，涉及公安警察行政许可的事项，因法律规定或者客观情况变化的原因，致使警察机关依法变更或者撤销已经生效的行政许可，由此给公民、法人或其他组织造成财产损失的，国家应当给予补偿。

（二）公安警察行政补偿的方式

行政补偿的方式是指国家通过什么形式来承担补偿责任。由于引发行政补偿的条件或原因不同，采取的补偿形式也不同。常见的补偿形式有金钱补偿、实物补偿、返还财产、恢复原状等。由于行政补偿的范围涉及人身权的损害补偿和财产权的损害补偿，那么，实物补偿、返还财产、恢复原状等补偿形式，就不适用人身权的损害补偿，人身权的损害补偿只能是金钱补偿；而财产权的损害补偿则可以采用金钱补偿、实物补偿、返还财产、恢复原状等补偿形式。行政补偿可以采取直接的方式，如金钱补偿、实物补偿等；也可以采取间接的方式，如安排工作、安置住房、减免税费、带薪休假、疗养、境内外旅游、解决户口等。在公安警察行政补偿中，由于涉及行政相对人的人身权的损害补偿或者财产权的损害补偿，其形式主要是金钱补偿，也可以辅之以其他的补偿形式。

（三）公安警察行政补偿的标准

行政补偿的标准实质上是指金钱补偿的标准。由于我国没有制定《行政补偿法》，行政补偿的标准如何确定就显得比较随意，实践中就出现了符合行政补偿条件的，有的给予了补偿，有的就没有补偿；受害人主动申请的，给予了补偿；受害人没有主动申请的，就没有补偿。即使是给予了补偿，有的可能是全额补偿，有的可能是减半补偿，它不像民事赔偿、行政赔偿有明确的法律规定，目前只是采用“适当补偿”和“合理补偿”这样模糊的补偿标准，致使行政补偿中不可避免地存在有失公正的现象。

在公安警察行政补偿中，相关法律采用了“适当支付费用”（《人民警察法》）和“相应补偿”（《戒严法》）等规定，由于法律规定的不确定性以及缺乏可操作性，以至于在补偿实践中各行其是，对于涉及人身权的补偿，有的参照民事赔偿标准或者行政赔偿标准进行补偿；而对于财产权的补偿则采取适当补偿或者合理补偿的方式处理。引发行政补偿的条件或原因毕竟不同于行政赔偿，行政补偿只限于直接损失，行政赔偿则包括直接损失和间接损失（精神损失）。根据人权保障和公正、合理的原则，建议对人身权的损害补偿参照民事赔偿的标准进行补偿；对财产权的损害补偿，可以计算的财产按财产的实际价值补偿，对于难以准确计算的财产，则根据情况合理补偿。

四、公安警察行政补偿的程序

根据行政补偿的理论和国外有关行政补偿的法律规定，结合我国行政补偿的实践，公安警察行政补偿的程序包括行政程序和诉讼程序。

（一）公安警察行政补偿的行政程序

公安警察行政补偿的行政程序是指由公安警察行政补偿义务机关解决补偿争议的程序。它可以是补偿义务机关主动对受害人的损失进行补偿，也可以是受害人向补偿义务机关申请补偿。

1. 补偿义务机关主动补偿

补偿义务机关主动补偿的程序是：

（1）通知被补偿人。补偿义务机关以书面形式或者通过手机短信、电子邮件及手机、电话等形式告知被补偿人有关补偿的事宜。

（2）听取被补偿人的意见。了解人身权或财产权受损情况以及补偿的请求、具体数额等，并提供受损的相关证据材料。

（3）协商。补偿义务机关与被补偿人就补偿事宜进行沟通与交流，以便达成一致意见。

（4）达成补偿协议或者作出补偿决定。双方达成补偿协议的，制作补偿协议书，并签字盖章；双方未达成补偿协议的，由补偿义务机关作出补偿决定。被补偿人对补偿义务机关作出的补偿决定不服的，可以向作出补偿决定的上一级机关申请行政复议。

（5）补偿协议或者补偿决定的履行。公安警察行政补偿义务机关应当主动向被补偿人支付补偿费用，积极履行补偿义务。

2. 受害人申请补偿

受害人申请补偿的程序是：

（1）申请。受害人以书面形式向公安警察行政补偿义务机关提出补偿申请，说明请求补偿的事实、理由和依据，并提供受损的相关证据材料。口头形式提出的，应记入笔录。

（2）审查。补偿义务机关对受害人提供的受损相关证据材料进行核实、审查。必要时，可以进行相应的调查。

（3）协商。补偿义务机关与受害人就补偿事宜尤其是补偿方式、补偿数额进行沟通与交流，以便达成一致意见。

（4）作出补偿决定。补偿义务机关根据审查的事实、理由和依据，依法作出补偿决定。受害人不服补偿决定，依法可以申请行政复议或者提起行政诉讼。

（5）履行补偿决定。公安警察行政补偿义务机关应当主动向被补偿人支付补偿费用，积极履行补偿义务。

（二）公安警察行政补偿的诉讼程序

目前，由于缺乏明确的法律规定，对受害人不服公安警察行政补偿义务机关作出的补偿决定，法律应当给受害人提供一个救济的途径，建议受害人依照《行政诉讼法》的有关规定，依法向人民法院提起行政诉讼，以维护自身的合法权益。

问题与思考

1. 什么是警务救济，警务救济的手段与措施有哪些？
2. 国家设定警务救济的价值取向是什么？
3. 警务救济的作用及实践意义是什么？
4. 公民如何申请公安警察行政复议？
5. 公安警察行政诉讼中的举证责任是如何规制的？
6. 公民如何申请公安警察行政赔偿？
7. 怎样理解国家赔偿中的精神损害赔偿？
8. 如何区分行政赔偿与行政补偿？

参考文献

1. 马怀德主编．行政法与行政诉讼法．北京：中国法制出版社，2007
2. 胡锦光，刘飞宇主编．行政法与行政诉讼法．4版．北京：中国人民大学出版社，2008
3. 叶必丰．行政法与行政诉讼法．3版．武汉：武汉大学出版社，2008
4. 莫于川主编．行政法与行政诉讼法．北京：科学出版社，2008
5. 孟鸿志主编．行政法学．2版．北京：北京大学出版社，2007
6. 聂福茂，余凌云主编．公安警察行政法学．北京：中国人民公安大学出版社，2005
7. 张建良，王粪，王萍主编．公安行政执法教程．北京：中国人民公安大学出版社，2005
8. 沈承祖．公安行政法学．杭州：浙江大学出版社，2008
9. 鞠旭远主编．警察法学．北京：中国人民公安大学出版社，2009
10. 李永清主编．警察法学．北京：中国民主法制出版社，2008
11. 孙晓东，刘佩锋，邢盘洲．公安警察行政学论纲．北京：中国人民公安大学出版社，2009
12. 姚天中．国家补偿法律制度专论．沈阳：东北大学出版社，2008
13. 张弘．选择视角中的行政法．北京：法律出版社，2006
14. 张红．司法赔偿研究．北京：北京大学出版社，2007
15. 高文英．公安警察行政法探究．北京：群众出版社，2004
16. 中国警察学会编著．中国警察法学．北京：群众出版社，2002

第十三章
国际警务合作

第一节　国际警务合作概述

一、国际警务合作及其相关概念

二、国际警务合作的特点

三、国际警务合作的方式

四、国际警务合作的发展历史和现状

第二节　国际警务合作的主要渠道

一、国际刑警组织

二、其他主要国际警务合作平台

第三节　中国国际警务合作

一、跨国犯罪与中国

二、中国参与国际警务合作的现状

三、中国在国际警务合作中面临的问题

四、完善中国警务合作机制的几点建议

本章概要

国际警务合作是应跨国合作的需要而产生的，在有效打击和预防跨国犯罪方面起着极其重要的作用。国际警务合作是指，为了打击和预防跨国犯罪，两个或多个经主权国家授权的警察机构，在国际法和国内法律规定的范围内，就特定的执法或司法行为在平等互惠的基础上进行相互协作。本章重点介绍了国际警务合作的概念、特点、方式、历史及其发展趋势，同时探讨了国际警务合作的渠道以及中国参与国际警务合作的现状。

关键术语

国际警务合作的概念　普遍管辖　国际刑事警察组织　中国国际警务合作

第一节　国际警务合作概述

一、国际警务合作及其相关概念

如同警察是阶级和国家的产物一样，国际警务合作的概念也不是从来就有的，国际警务合作跟警察的产生一样，都是生产力和国家发展到一定阶段的产物，更直接地说，国际警务合作是近代工业革命后，伴随国与国之间频繁的外部交流而产生的。

工业革命之前，虽然各国之间也有在犯罪引渡方面的一些合作，但这远非现代意义上的国际警务合作。19世纪资本主义世界市场的最终形成使得原先相对隔离的国家关系被打破，国与国之间的政治交往、经济交流变得十分频繁，人员的流动性也突破国家界限，开始在全球范围内进行流动，随之而来的跨国犯罪问题开始受到各国的关注。跨国犯罪突破了自然经济状态下犯罪本地化的特征，传统的以国界为限，各自为政的犯罪打击模式显得无能为力，为了有效打击和预防国际犯罪，国家间的警察合作变得十分必要，国际警务合作也随之产生。

目前，学术界对现代意义上的国际警务合作的研究尚处起步阶段，对国际警务合作概念的表述很少。中国人民公安大学的向党教授将国际警务合作定义为：国际警务合作是指不同国家的警察机关之间，根据本国法律或者参加的国际公约，在惩罚国际性犯罪，维护国际社会秩序领域相互提供援助，协调配合的一种执法行为，是一种跨越国界的警察事务交流，也有人称之为国际警察合作，从一定意义上说也是一种警察外交。[①] 国际警务合作，是指世界各国或地区的警察机关之间，为完成特定的警察任务（刑事的、行政的、保卫的），依据国内法或者参与的国际公约，直接或在国际组织的协调下，相互提供便利、援助或者协助配合的活动。[②] 此外，国际刑警组织章程明确规定国际警务合作的宗旨是“在各国现行法律的限度之内，并本着《世界人权宣言》的精神”，保证和促进各刑事警察当局之间最广泛的相互支援，建立和发展可能有助于预防和镇压一般犯罪的各种制度。国际刑警组织的章程基本上将国际警务合作界定为国家间的，受国际法、国内法调整的，为预防和镇压犯罪的警察合作制度。笔者认为，国际警务合作是指，为了打击和预防跨国犯罪，两个或多个经主权国家授权的警察机构，在国际法和国内法律规定的范围内，就特定的执法或司法行为在平等互惠的基础上进行相互协作。狭义的国际警务合作仅包括为预防和打击跨国刑事犯罪而进行的侦查合作，广义的国际警务合作则不仅包括刑事侦查合作，还包括刑事司法协助的其他内容。

由此可以看出，国际警务合作首先是一种国际执法合作，其目的在于打击国际犯罪，缉捕犯罪分子，其行为主体是由国家授权的警察机关或具备侦查职能的其他国家司法机关组成。由于各个国家警察制度、司法系统的不同，对警务合作的理解也存在着很大的不同。如英美法系国家通常将司法机关理解为审判机关，警察机关作为一个相对独立的系统存在，而在中国，司法机关一般包含了侦查、检察、审判机关，是一种广义上的司法系统。由此产生的对国际警务合作的理解也有广义和狭义的不同。狭义上理解，国际警务合作仅限定

---

① 参见向党：《国际警务合作概论》，41页，北京，中国人民公安大学出版社，2005。

② 参见罗志斌：《警察法》，221页，郑州，河南人民出版社，2005。

于刑事案件的侦查开展合作，其内容限于围绕案件展开的通讯联络、情报交流、协作办案、联合侦查、通缉、拘捕、传递法律文书以及处理公民的紧急求助等。广义上理解，国际警务合作除了以上的内容之外，还包含了各国警察部门间开展的刑事司法协助的所有内容，即合作并不仅以侦查案件为中心，还包含其他的因素。本书对国际警务合作采广义理解。

其次，国际警务合作也是一种国际司法协作。传统刑法理论的刑事管辖通常以一国为界限，一国对他国不享有司法管辖的权力，这是国家主权性的体现。国际警务合作实际上是各国通过条约在各自的司法权管辖体系内提供合理的容忍和让渡，以换取对方的同样承诺。目前大部分参与国际警务合作的国家都在国内法上承认了针对跨国犯罪的普遍管辖原则。该原则通过各类多边和双边协议被具体执行到国际警务合作当中，从而成为国际警务合作的重要法律依据。从普遍管辖的角度上来讲，国际警务合作是一种本国刑事管辖权力的延伸，通过该原则，本国的刑事管辖权将突破国家界限，从而能够在他国进行相关刑事侦查活动。国际警务合作虽然对传统的司法管辖权有所修正，但合作的前提依然是对各国司法权的尊重，合作的主权国家之间是相互平等的，是一种协作的关系，而不是领导和命令的关系。国际警务合作一般需在合理范围之内，并且通常以个案的发生为合作请求的起点。

在理论上，国际警务合作和涉外警务、国际司法合作是比较相近的概念。涉外警务一般是对一国所有涉外警察行为的总称，是一个抽象的概念。涉外警务范围很广，包括了出入境管理、涉外案件处置、国际警务执法合作等多个方面，既包括一国单方面的对外管理行为也包括双方面或者多方面的合作行为，国际警务合作主要是国际执法合作，以侦查案件和缉捕罪犯为目的，因此国际警务合作仅是涉外警务诸多内容的一个分支。国际司法合作和国际警务合作这两个概念则更加难以区分。警务和司法都源于维护统治和社会秩序的需要，在概念上有所重叠，加上各国对“司法”理解存在很大不同，因此很难将警务和司法两个概念完全分离。从广义上讲司法合作通常包含民事、刑事、行政、商事四个部分，因此就其从属关系上来看，警务合作包含在刑事司法合作当中，而刑事司法合作又包含在司法合作当中，是司法合作的一部分。除对“司法”概念的理解不同外，各国的警务合作制度也有很大不同，有些采用独立的体制，有些则采用混同于刑事司法合作的交叉体制，我国采用的就是交叉体制，因此在我国将国际警务合作与国际司法合作完全割裂开来，孤立地研究其合作制度是不切实际的，而应该将国际警务合作研究置于国际司法合作的框架之内。

二、国际警务合作的特点

从上文对国际警务合作的概念解析上我们可以清晰地看到，国际警务合作具有以下几个基本特征：

（一）主权性

虽然国际警务合作产生之初具有非政府性的特点，但时至今日，国际警务合作已经演变成主权国家间的相互协作，换言之，国际警务合作的主体是主权国家。作为国际警务合作主要平台的国际刑警组织在章程里面就明确规定，国际刑警组织的主体是主权国家，任何地方政府或者非政府组织都不是合格的国际警务合作主体，无法向国际刑警组织提出合作申请。从其执行的主体来看，国际警务合作赖于各国的警察机关或者侦查机关的具体行为，然而并不是所有的警察机关或者侦查机关都能够成为国际警务合作的执行主体，而必须是那些得到国家授权的警察机关或者侦查机关。

在实际操作中，也有地方政府之间就国际警务合作签订双边协定，如1993年，9月黑龙江省公安厅与俄罗斯的两个地区内务局分别签订了《中国黑龙江省公安厅与俄罗斯联邦滨海滨江地区内务局合作协定》和《关于建立中国黑龙江省公安厅与俄罗斯联邦哈巴罗夫斯克边疆地区内务局工作联系的协议》，明确了对逃往对方境内的重大刑事犯罪分子和嫌疑分子或者非法偷渡、滞留不归人员，对方一经发现即在最短的时间内交由本国处理。双方开展国际侦查协作，联合行动，跨境追捕，协查办案等警务合作。然而，这种地方合作也没有脱离主权国家合作的本质。首先，地方省厅的合作权利来源于国家授权，从而是合格的执法主体，其次，根据我国《宪法》和《缔结条约程序法》的规定，有关国际司法合作的协定、条约和公约应当提请全国人民代表大会常务委员会批准，在获得批准后则具有法律效力。可见，条约的生效以国家权力机关的认可为基础，条约效力的背后是合作双方对两国司法管辖权和主权的依赖和信任。除了签订协议外，在实际警务合作操作中，我国《公安机关办理刑事案件程序规定》也明确规定了地方公安机关需要和外国警察机关或者通过国际刑警组织进行合作，需层报至公安部审批并批准，其中我国边境地区公安机关与相邻国家的警察机关相互进行警务合作，在不违背有关国际条约、协议和我国法律的前提下，可以按照惯例进行，但应当报公安部备案，通过各种批准和备案制度，使得国际警务合作能够在国家主权的框架内展开。

国际警务合作之所以要以主权国家为前提，原因也很简单，国际警务合作涉及各个国家的司法管辖权的问题，司法管辖权是国家主权的重要标志，只有主权国家才能对司法管辖权的范围和内容用条约的形式进行调整或者让渡。

（二）平等互惠性

国际警务合作虽然是合作国之间对各自司法管辖权行使的相互妥协，但不管是双边还是多边协定，都是以互惠互利、平等合作为基础。国际警务合作根本上是一种协作关系，合作方之间不存在上下级的关系，合作也不是一种强制的命令关系。合作双方主权平等，合作一方要充分尊重对方国家的司法主权和管辖权，又要同时维护本国的主权，维护本国的法律尊严。在平等的基础上实现互利，国际警务合作既是双方的约定，又是一方的承诺，是国际司法合作中的一种信用形式。在签订条约的情况下遵循平等互利性，在没有条约的情况下，更是以此原则为基础，请求方首先作出承诺，协作方在得到保证后才能予以合作，以达成事实上的法律约定。

（三）双重法律属性

国际警务合作必然要涉及多个国家多种法律制度，因此警务合作是受国际法和国内法双重调整的执法活动。就处理案件来讲，国际警务合作是国内刑事诉讼附带国际刑事诉讼，是实现国家管辖主权的特殊辅助手段，又是对国际刑事法律的间接执行。

国际警务合作是应跨国合作的需要而产生的，其合作的基础是一系列的国际条约、多边条约或者双边条约。这些条约本身是国际法的组成部分。如国际上反对劫持飞行器犯罪的三个反劫机公约（1963年《关于在航空器内的犯罪和其他行为的公约》即《东京条约》，1970年《关于制止非法劫持航空器的公约》即《海牙公约》，1971年《关于制止危害民用航空器安全的非法行为的公约》即《蒙特利尔公约》），这些国际法是国际警务合作得以顺利开展的重要法律依据。

另外，国际警务合作的过程中还要遵守本国的法律制度和协助国的法律制度，特别是在跨境缉捕的过程中，缉捕活动只能限定在协议达成的范围之内，不能违反协助国的国内法。这既是对协助国司法主权的尊重也是警务合作互惠原则的体现。

（四）灵活性和效益性

国际警务合作的初衷是为跨国缉捕犯罪分子提供方便，因此相对于政治手段和外交手段来说，国际警务合作更加注重手段的灵活性和效益性，以及时打击跨国犯罪。传统的政治手段和外交手段审批程序烦琐，并且存在较长的协商过程，容易贻误打击犯罪的最佳时机，警务合作制度则注重效率，采用多种手段和渠道，形式灵活。

如在引渡犯罪的问题上，各国主要依赖引渡条约，由于引渡本身不是一种义务，如果不存在引渡条约，两国之间引渡犯罪分子将变得十分困难，首先拘捕犯罪分子的法律依据就没有办法解决。但利用国际刑警组织创设的临时逮捕（红色通报）和移民法上的驱逐出境能够很好地解决顺利引渡中的犯罪分子拘捕问题。红色通报是最著名的国际通报，俗称"红色通缉令"，由经办国国际刑警中心局局长和国际刑警组织总秘书处秘书长共同签发。它是应特定国家中心局的申请，针对需要逮捕并引渡的在逃犯作出的一种通报，成员国一旦认可该通报，便能够据此逮捕罪犯。截至2005年，中国国家中心局通过国际刑警组织发布的"红色通缉令"已达八百多份；从1993年到2005年期间，通过国际刑警组织的配合，中国已经先后从三十多个国家和地区，将二百三十多名外逃疑犯缉捕回国。① 中国和泰国政府则通过引渡条约直接规定了双方之间的简易引渡程序，更是大大简化了引渡的过程。

（五）以国际刑警组织为主要平台

国际刑警组织是一个在世界范围内以协调预防和打击国际刑事犯罪为目的的政府间国际组织，并在联合国获得观察员的地位。随着国家之间交往的日益密切，国际警务合作的形式也开始朝着多样化的方向发展，各种国际性、区域性的合作组织开始出现，如欧盟成立了欧洲警察组织（EUROPOL）作为欧盟专门处理犯罪情报方面业务的执法机关，还成立了打击国际洗钱犯罪的"金融行动特别小组"，打击有组织跨国犯罪的"国际特别工作组"等警务合作平台，但国际刑警组织仍然是最重要的合作平台。有关国际刑警组织的内容将会在下一节详细介绍，在此不再赘述。

三、国际警务合作的方式

（一）情报交换与传递

情报的掌握是破获案件、抓捕罪犯的前提条件。情报侦查是20世纪80年代兴起的一种十分有效的侦查手段，它与刑事技术、刑事特情一起构成刑事侦查工作的基础。② 所谓"天网恢恢，疏而不漏"，在国际警务合作中，各国通过国际刑警组织或者其他警务合作机制将本国掌握的情报提供给其他国家共享，从而在全球范围内形成一个全方位，立体式打击刑事犯罪的高效信息交流网络。情报交换与传递已经成为国际警务合作最基本、最重要的方式。

目前情报交换与传递的最主要渠道就是国际刑警组织建立的能够在全世界范围内运作的犯罪信息情报网络。该情报共享系统主要有两种运作模式。一种是通过各国的国际刑警中心局把收集起来的各种犯罪信息情报汇总到国际刑警总部，由总秘书处情报联络处进行分析和电脑处理，再传递给各有关国家的中心局。对于某些具体的案件，总秘书处会及时会同有关国家搜集相关线索，提供给当事国，以帮助当事国及时破案。另一种是通过国际刑警总部通讯中心站装备的目前世界上最先进的通讯网络和自动化信息查询系统直接进行

① 参见陈国庆、石献智：《国际刑警组织及其合作程序》，载《检察日报》，2005-06-03。

② 参见向党：《加入世贸组织对公安工作的影响》，263页，北京，中国人民公安大学出版社，2002。

情报交换。该系统利用电子邮件、密码无线电、电传和传真等工具，传输各种情报信息，确保成员国之间能够全天候、无障碍、快速便捷地进行情报交换。该网络每年可以交换、传递大约一百万件案件情报信息，其中美国国家中心局每年要收发二十多万份信息。①

除了国际刑警组织情报网络外，许多国家之间也建立了情报信息交换机制。如欧洲各国成立的缉毒中心，在很大程度上保证了欧洲各国能够经常交流有关跨国贩毒活动的情报和经验。②

（二）协助调查取证

协助调查取证是国际司法协助的重要内容，也是国际警务合作经常采用的方式，它主要指国与国之间为了查明犯罪事实，根据达成的协议或者平等互惠原则，相互请求代为实施某些调查活动以掌握或核实证据的一种司法协助制度。由于协助调查取证时通过被请求国的警察行为完成调查取证工作，因此它是一种间接的警务合作。

由于跨国犯罪分子在实施犯罪之后，常常逃往他国，犯罪分子所在国往往不是犯罪行为发生地或者受害国，给调查取证带来很大的困难。而犯罪分子所在国因为或是掌握了犯罪证据，或是便于对犯罪分子进行调查，或是方便询问证人等，使得通过协助调查取证能够帮助请求国顺利掌握犯罪分子的罪证，并最终能够引渡罪犯。一般来说协助调查取证通常包括协助提供证据材料、代为询问证人、代为搜查、扣押证据、扣押和移交赃款赃物、移送证人出国作证、寻找或辨认有关人员。

由于协助调查取证会涉及对物品的扣押、移送等牵涉财产所有权的法律问题，因此，请求协助搜查、扣押、移送物品时，为了尊重被请求国的主权和请求被接受通常还需要注意：请求的协助行为不能侵犯被请求人或者第三方的合法权利；不能侵犯被请求国的法律制度；请求获得的证据、物品只能限于请求的目的而不能另作他用；不是赃款的情况下还需要原物完整归还；移送赃款一般限于被请求人具有所有权且该物品是在请求国内等。

（三）国际侦查协作

国际侦查协作不同于传统的司法协助，它是指合作双方在平等互利的基础上给予对方侦查人员入境侦查和办案的权力，或者各国警察机关共同侦查破案、联手打击跨国犯罪。③由于国际侦查协作当中，请求国警务人员直接跨越国界在被请求国开展侦查、执法活动，因此国际侦查协作是一种直接合作。

受国家主权原则的影响，传统的刑事司法管辖权以国家主权能够延伸到的范围为限，因此任何一国的警察机关都难以在其主权范围之外进行警察行为。正因为有刑事司法管辖权的限制，才需要在国际警务合作中引入委托他国机关代为执行警务行为的司法协作制度，一方面能够保证尊重被请求国的国家主权，另一方面又能迅速缉捕犯罪分子。但是随着经济全球化的发展，跨国犯罪呈现出智能化、组织化的特征，单凭传统的警务合作制度和外交手段已经很难进行快速，有效地打击，特别是针对国际毒品、金融犯罪，往往牵涉到多个国家和地区，在调查取证上需要突破多个国家的司法管辖界限，间接合作情况下，不仅程序繁琐而且极费时间，无法达到快速破案的效果，由此，国际侦查协作应运而生。

国际侦查协作是现代警务合作最典型、最直接的方式，有关警察机构之间可以直接开展对话、即时联络、立即实施，它简化了与中央机关之间的联络与协商，也不需要涉及外

---

① 参见朱恩涛主编：《国际刑警与红色通缉令》，246页，北京，中国人民公安大学出版社，2006。

② 参见蒋丽华、陈明昕、陈国震：《论跨国犯罪的侦查对策》，载《山东公安专科学校学报》，2003（1）。

③ 参见沈惠章：《拓展国际警务合作新领域的探索》，载《新疆警官高等专科学校学报》，2004（3）。

交途径，是一种高效的警务合作形式。国际侦查协作主要有域外调查取证、追捕跨国犯罪、联合侦查、追缴犯罪收益、控制下交付等具体形式。控制下交付是侦破跨国有组织贩毒活动的有效方法，指禁毒执法机构发现非法或可疑麻醉药品或精神药品托运货物后，在涉案一国或几国主管当局知晓并监视下，仍旧让其出镜、入境或过境，同时秘密监控其运输过程和交货地点，以期查明所有涉案人员的一种侦查手段。①

近十年来，除了通过国际刑警组织和外交渠道进行合作外，越来越多的国家的警察机构之间开始建立这种直接的联系，开展经常性、制度化的交流与合作。

（四）引渡

引渡，是指一国把在该国境内被他国追捕、通缉或者判刑的人，根据有关国家的请求移交给请求国审判或处罚。引渡可以说是国际警务合作形式的滥觞，最早的国际警务合作形式就是从引渡开始。不仅如此，引渡罪犯到本国进行审判也是国际警务合作追求的最终目标。由于国家之间没有相互引渡的义务，因此国际警务合作引渡罪犯一般通过双边或者多边协议来实现。世界上双边引渡协议不胜枚举，比较著名的专门规定引渡的多边引渡公约主要有 1933 年《美洲国家间引渡公约》和 1957 年《欧洲引渡公约》，另外还有一些国际公约中包含引渡条款，如 1997 年《制止恐怖主义爆炸事件的国际公约》、2000 年《联合国打击跨国有组织犯罪公约》（该公约于 2003 年 9 月 29 日生效，我国在 2003 年 8 月 27 日批准该公约）和 2003 年《联合国反腐败公约》等。1990 年 12 月联合国大会通过了《引渡示范条约》，确定了引渡问题的一些基本原则，如双重犯罪原则，政治犯不引渡原则等。目前引渡请求的启动一般可以通过外交途径、领事途径、第三国途径或中央机关途径实现，另外还可以通过国际刑警组织在各成员国国家中心局的通缉文件或者请求协查文件中附带提出，不过这种通过国际刑警组织启动引渡程序是一种非正式的请求途径。关于引渡的具体问题论述颇多，大家可以参考国际法方面的资料，在此不再赘述。以下就简单介绍一下跟国际警务合作密切相关的两项引渡代替措施。

引渡虽然是一种打击国际犯罪的有力手段，但是各国之间没有相互引渡的义务，不存在相关条约的情况下，引渡的能否实现完全取决于被请求国的意愿，有时还会受到各种复杂政治因素的影响。再加上即便在有引渡条款的情况下，受“本国人不引渡”原则的限制，引渡罪犯在实践中困难重重。为了弥补引渡制度上的缺陷，20 世纪 70 年代前后，作为引渡替代措施的执行外国法院刑事判决和刑事诉讼转移管辖这两项新的国际刑事司法协助措施悄然兴起，它标志着国家间的执法合作发展到了新的历史高度。

执行外国法院的判决最先是由欧盟国家内部为了解决“本国人不引渡”造成的法制障碍，作为一种有条件的引渡手段而创制，它是指请求国在请求引渡被请求国的国民时把移管被判刑人作为附加条件，同意在请求国对被引渡人判处刑罚后，再将之送回被请求国服刑。这对于被请求国而言，接管被判刑人，也就是执行外国的法院刑事判决。刑事诉讼转移管辖，开始也是为了解决“本国人不引渡”原则造成的困境而产生的，它是指一国在不便或者不必由自己提起诉讼时，将属于其管辖范围内的刑事案件转移给另一国进行诉讼，即请求外国司法机关代为行使刑事管辖权。刑事诉讼转移管辖实际上是请求国对管辖权的放弃，由于刑事管辖权是国家主权的象征，一般不会轻易放弃，因此这种刑事管辖合作一般在罪行比较轻的情况下进行。

---

① 参见吴红霞：《初探“控制下交付”》，载《湖南公安高等专科学校学报》，2002（5）。

四、国际警务合作的发展历史和现状

（一）国际警务合作的发展历程

从国家交往的角度来看，国际警务合作的历史源远流长（虽然非现代意义上的国际警务合作）。犯罪是社会发展到一定阶段的产物，可以说当人类的交往跨出国界之日起便不可避免地将犯罪带向世界各地。警察是维护国家统治和社会治安的专职机构，是国家机器的重要组成部分，在阶级形成和国家产生的最初时期就已经产生了。国家间的警务合作就是基于跨国犯罪这一社会问题而形成的，它是古代各国进行国际交往的内容之一，是政治关系中的重要组成部分。

古代各国并没有像现在这样健全的国际警务合作制度，对跨国犯罪的犯罪分子的处置一般也比较原始，如一般采用遣返回国的形式加以处理，各国间相互遣返罪犯可以看成是国际警务合作的最初形式。公元前1280年，在埃及法老王和赫梯王签订了一个著名的和平条约中，已经出现了相互遣返逃到对方境内的罪犯的规定。当时埃及正处于拉美西斯二世时期，拉美西斯二世是古代埃及军事帝国最后一个强有力的法老，当时的赫梯也处于其鼎盛时期，双方进行了长达数十年的争霸战争，双方都没有取得决定性的胜利，长期战争消耗了双方的国力，为了稳定国内的情形，双方决定签署和平条约。条约规定：双方实现永久和平，“永远不再发生敌对”，永远保持“美好的和平和美好的兄弟关系”，双方实行军事互助，共同防御任何入侵之敌，双方承诺不得接纳对方的逃亡者，并有引渡逃亡者的义务。该条约全文以象形文字被铭刻在埃及卡纳克和拉美西乌姆（底比斯）寺庙的墙壁上。其中引渡逃亡者条款被看成是国际警务合作的最早记载。

在中国，相互遣返罪犯的历史也非常悠久，从春秋战国时期开始，出于各种政治意图的需要，各诸侯国之间遣返罪犯的现象十分普遍，并逐渐成为当时政治交易的一种惯例。如齐国在请求鲁国遣返犯人的国书中就提到“管仲、召忽，寡君之忧，请受而戮于太庙”，管仲、召忽就是当时扶持公子纠争位的谋臣。[①] 欧洲国家之间的警务合作则始于文艺复兴时期缉捕海盗的执法合作。中世纪之后，国家间的政治、经济往来活动开始逐渐增多，促使各国间开展合作、共同维护国际秩序。公元911年俄罗斯和希腊两国通过条约约定，两国之间的国民未持有合法身份证明而进入对方国的，对方有权将其拘留并将其遣返。到了近代，亚洲地区的许多国家如我国、越南、俄国、朝鲜等国在签订的通商条约中开始出现相互遣返越境分子和犯罪分子的规定。

但是19世纪之前，工业革命尚未结束，资本主义世界市场尚未形成，国与国之间的交往和人员往来并不频繁，因此出现警务合作的情况相对较少，并且一般局限于小范围或者邻国之间的合作，合作一般限于双边协议，其合作的内容也较为单一，一般以相互遣返罪犯为主要内容，跨境缉捕、联合侦查等现代意义上的警务合作手段尚未出现，并且各国间的罪犯引渡基本上附属于政治关系。

19世纪后，随着工业革命的顺利完成，各主要资本主义国家生产力得到了极大的解放，资本主义世界市场的形成，更是把地球上的每个角落都联系在了一起，先进国家成了工业生产基地，落后国家成了原料供应和工业品销售地，各国之间的经济联系日益密切，国家之间的大规模移民浪潮也开始不断升级，再加上技术革新带来的交通和通讯上的便利，

① 参见冯梦龙、蔡元放：《东周列国志》，2版，97页，北京，华夏出版社，2008。

直接拉近了时空距离。所有这些条件的综合作用，都大大促进了各国之间政治、经济、文化的交流。马克思和恩格斯在《共产党宣言》中指出："资产阶级，由于开拓了世界市场，使一切国家的生产和消费都成为世界性的了"，"过去那种地方的和民族的自给自足和闭关自守状态，被各民族的各方面的互相往来和各方面的互相依赖所替代了"①。在这种密切交往之下，国际性犯罪活动也随之而来，各国警察特别是欧洲各国的警察面对日益严峻的社会现象，为了维护本国的秩序，打击日益增长的国际犯罪，迫切需要开展合作。在这一大背景下，现代国际警务合作开始从不同层次、不同渠道向制度化、法制化方向发展。

国际警务合作制度化、法制化首先发生在引渡问题上。早在法国资产阶级革命时期，引渡的性质就开始发生变化，法国资产阶级革命后制定的1793年宪法宣布对"为了自由事业"而从本国流亡到法国的外国人给予庇护，拒绝引渡。这是引渡发展史上的一个重大转折，它实际上宣告把引渡作为政治迫害工具的时代已经结束，并确立了"政治犯不引渡"的原则。引渡由政治交易转变为司法协助的标志性事件是1833年《比利时引渡法》和英国《1870年引渡法》的颁布，此后引渡开始从排斥司法当局管辖权的政治手段，变成了一项具有司法特点的制度，现代意义上的引渡制度正式诞生。那个时代引渡的理论依据主要是引渡是基于人类共同利益，对于那些损害社会公共利益尤其是那些异常严重地破坏社会生活基础而受到普遍良知谴责的行为应该受到惩处，既然某一国家不能独自实现这一目标，国家间维护法律和秩序的共同利益促使他们进行一定程度的合作，以打击犯罪、主持正义。此后，英国以其引渡法为基础先后同美国等四十多个国家签订了引渡条约，而美国则与世界上一百多个国家签订了双边性质的引渡条约，并确立了一系列的引渡原则和引渡的范围、标准，如"政治犯不引渡"原则、"双重归罪"原则、"本国人不引渡"原则等。目前引渡已经成为国际警务合作的重要领域。

这一时期，除了国际警务合作制度化、法制化进程的开辟外，国际警务合作也开始由原先的双边合作性质向多边合作体系转变。

1987年，第一次联合执法预防国际犯罪的国际会议在瑞典斯德哥尔摩召开，开创了多国参与国际警务合作的先河。在会上各国警察代表一致认为"不同国家之间的警察合作可以预防犯罪，比较容易和有效制止犯罪"。这次大会通过了第一个涉及国家间警务合作的文件。当时不管是欧洲还是亚洲，面对日益严峻的跨国犯罪，各国都在努力寻找解决之道，并在探索的过程中，逐渐将国际警务合作纳入了法制轨道，国际警务合作开始朝更广泛的领域发展。1893年国际警长协会（IACP）成立，其总部设在美国，共有65个国家一万多名警察代表以个人名义参加。此后，英国等国也成立了类似的组织，将多边警务合作机制又向前推进了一步。但是这类组织的成员虽然来自世界各国，但都是个人性质的，并不代表国家，因此称不上是政府间的国际组织。

此后，针对某个特定罪行而进行的国际警务合作也开始不断出现。当时欧洲和其他地区向国外贩卖妇女的现象十分普遍，为了打击贩卖妇女犯罪，英国、法国、德国、俄国等12国在1904年签订了《禁止贩卖白奴国际协定》，1910年又由中国、法国、巴西、日本等32个国家签订了一项新的《禁止贩卖白奴国际公约》。两个公约要求各国加强情报交流，直接开展协作，以破获向国外贩卖妇女的案件，并把这种犯罪列为可引渡的罪行。为了打击跨国犯罪各国政府也积极开展关于扩大警务合作的国内立法和国际合作，从立法和法律制

① ［德］马克思、恩格斯：《共产党宣言》，载《马克思恩格斯选集》，2版，第1卷，276页，北京，人民出版社，1995。

度方面为开展国际警务合作奠定了良好的基础。

随着国际警务合作的继续深入，合作的内容开始突破原来单纯的引渡，交换情报、协助侦查、调查取证等新的合作内容不断出现。1914 年 4 月 14 日，在摩纳哥举行了第一次国际刑事警察会议，国际刑警组织由此诞生，标志着国际警务合作进入了一个新的时期。国际刑警组织虽然经历了两次世界大战的洗礼，名称也由原先的国际刑事警察委员会变为现在的国际刑事警察组织，总部几经搬迁，但自 1946 年重新恢复建立国际刑警组织后，该组织已经成为各国之间打击跨国犯罪进行国际警务合作的最重要渠道。目前该组织成员国已经扩大到 138 个，遍布亚洲、非洲、欧洲、拉丁美洲、北美洲、大洋洲。国际刑警组织成了一个具有广泛影响的政府间国际警察合作的国际组织。

（二）国际警务合作的发展趋势

1. 合作范围不断扩大

直到 19 世纪末，各国警察开展合作的范围还十分有限，仅限于引渡、调查取证等领域。20 世纪以后，随着犯罪活动呈现出智能化、网络化、组织化的特点，原有的警务合作手段已经不能适应社会发展的需求。针对跨国犯罪的新特点，国际警务合作开始突破传统模式，逐步拓展新的领域，包括协查犯罪案件、联合办案、通缉和逮捕罪犯、双方越境追捕、没收犯罪收益、追查和冻结或扣押赃物、联合开展专项打击活动、“控制下交付”等。警务合作范围开始从间接合作向直接合作发展，在互惠的基础上域外侦查能力不断得到强化。例如，1993 年德国同意大利签署的双边合作协议中规定，两国的警察可以相互在对方国家进行跟踪调查，涉及有组织犯罪活动的任何资料，双方警察必须无条件地尽快地提供相关内容。

2. 警务合作区域化、一体化

第二次世界大战之后建立的国际警务合作渠道主要有国际刑警组织，外交渠道以及双边或多边刑事司法协助系统。但随着国际新型犯罪的不断出现，这些传统的渠道难以有效打击犯罪，因此为了进一步提升跨国侦查能力，20 世纪 50 年代之后，根据新的双边或者多边协议建立的国际警务合作平台不断出现。

在合作渠道上，各国一方面建立本地区的合作机构，一些地理相邻或者接近，具有共同文化渊源，且社会制度相近的国家，开始探索警务合作的区域化。如欧盟建立的欧洲警察组织（EUROPOL），就是根据《欧洲警察组织公约》建立的新型警务合作平台，该组织实际上是欧盟一体化过程中形成的一个区域执法机构，旨在提高成员国警察机关与严重跨国有组织犯罪斗争的效率性和合作性。除欧盟外，北欧以及东盟也都建立了相应的国际警务合作制度。

除建立本地区的合作机构外，各国还努力发展国与国之间的双边合作。同时，一些专业化的跨国合作机构也不断出现。如 1989 年的“金融行动特别小组”（FATF），是国际公认的反洗钱组织，专门研究和制定国际反洗钱政策并促进这些政策的广泛实施。FATF 最初是根据巴黎西方七国首脑会议的建议，附设在经合组织下的一个工作组。这个工作组目前得到了联合国毒品管理计划署的协助，已经发展成一个包括美国、加拿大、澳大利亚、中国、香港地区等 31 个国家和地区以及欧盟、海湾合作委员会在内的共 33 个成员国和二十多名观察员的独立国际机构。

3. 反恐成为重要内容

“9.11”事件发生之后，非传统安全威胁对国家和国际社会安全的影响开始受到各国的极大关注。非传统安全是指除政治和军事安全以外的，其他能够对国家安全产生实质性影响的安全概念。由于非传统安全，特别是全球性的恐怖袭击事件，存在跨国性、不确定性、转化性等特征，平时不易定性和察觉，又能够对国际社会产生巨大威胁，打击恐怖主义在国际警务合作中的分量越来越重。恐怖主义不是一国一地独立存在的，恐怖组织之间通常具有广泛而密切的联系，通过国际警务合作机制，与周边的国家建立双边和多边反恐情报信息交流和合作以及反恐协作机制，能够有效遏制恐怖主义。“9.11”之后，为了联合打击反恐，中国、俄罗斯以及中亚国家建立的上海合作组织，是唯一一个中国为主导的反恐合作组织，同时也是中国和其他国家开展警务合作的重要平台。“9.11”之后作为国际警务合作主要平台的国际刑警组织也开始将“反恐”作为自身改革的重要方向。

4. 开展国际化培训

国际警务合作的新发展对警务人员的素质提出了很高的要求。为了提升各成员国国家中心局对国际刑警组织的了解和I—24/7信息系统数据库的使用，国际刑警组织每年都举办国际警务培训课程。2007年，共有来自20个国家和联合国驻科索沃特派团（UNMIK）的21名学员在里昂总部参加了为期10周的系统性培训。

2000年欧盟委员会通过了《组建欧洲警察学院的决定》。2003年欧盟委员会决定将CEPOL的秘书处常设于英国布莱姆希尔警察职业学院。根据以上决定，成立CEPOL的目的是协助成员国培训高级警官，为欧盟成员国打击跨国犯罪提供有力支持。

第二节　国际警务合作的主要渠道

一、国际刑警组织

（一）国际刑警组织的性质

国际刑警组织正式成立于1923年，全名为“国际刑事警察组织”（ICPO），是继联合国外，规模第二大的国际组织，也是全球最大的警察组织，截至2010年4月，共有188个成员国。[①] 第二次世界大战后国际刑警组织恢复重建，1989年总部设于法国巴黎，其后迁往里昂。多年来，国际刑警组织在打击国际犯罪的警务合作中起到了中流砥柱的作用，近年来，每年协助破获的案件都在1.5万件以上，每年预算超过3 000万欧元。现在它有182个成员国，其运作资金由成员国拨出。[②]

首先，从其成员的广泛性来看，国际刑警组织是一个全球性的组织。国际刑警组织有188个成员国，遍布世界各地，不仅包括世界上的主要国家，还包括许多领土面积较小的国家。其次，从其成员的性质来看，国际刑警组织是主权国家间的政府性组织。国际刑警组织章程规定，国际刑警组织的参加者必须是各主权国家，非政府团体不能成为该组织的成员。其章程规定，任何国家均可以派出官方警察机构作为本组织的成员，其职权限于本组织的活动范围。申请加入国际刑警组织必须由适当的政府当局提出，该政府当局必须能够代表本国在组织内行使权利并履行义务。可见，国际刑警组织是一个成员国政府间刑事警察合作的世界性组织，它不是民间的国际团体，也不是地区性的国家间组织。该组织和联合国一样是主权国家之间根据章程而设立的，并非一个“超国家”的组织，其全部权力均来源于成员国的授予。最后，从职能上来看，国际刑警组织不是一般的政治性组织，而是

①②参见国际刑警组织网：http：//www.interpol.int/public/icpo/default.asp。

技术性组织。《国际刑警组织章程》第3条规定："严禁本组织进行政治、军事、宗教或者种族等性质的干预或活动"，确定了该组织的非政治性。另外该组织设立的目的在于促进国家间的警察合作，建立和发展各种打击跨国犯罪的有效制度，因此国际刑警组织还是一个专门性的组织。

由此可见，国际刑警组织是一个政府间的有关刑事警察合作的全球性组织。

（二）国际刑警组织的宗旨和原则

《国际刑警组织章程》第2条明确规定了该组织宗旨。其内容主要可以分为两部分。

1. 在各国现行法律的限度之内并本着《世界人权宣言》的精神，保证和促进各刑事警察当局之间最为广泛的相互支援。该规定确认了在国际刑警组织执行警务的时候除要遵守国际法和国际惯例之外，还要遵守各国的国内法，不得干预成员国国内法禁止的事项原则，体现了国际警务合作的双重法律属性。此外，国际刑警组织框架下的警务合作是以《世界人权宣言》所表达的精神为共同的价值基础，由于刑事法律的规定具有很强的国别性，各国对犯罪的定义都各不相同，国际警务合作的过程中需要有统一价值尺度，以防止打击跨国犯罪的过程中出现滥用警察权导致侵害人权事件的发生。《世界人权宣言》是联合国大会1948年12月10日通过的，它是人类社会在总结两次世界大战造成的严重后果的经验和教训上，为了维护各国公民的利益而缔结的国际条约，它所提倡的尊重和保障人权的理念已经被世界上多数国家所认可。

2. 建立和发展可能有助于预防和镇压一般犯罪的各种制度。制度是合作常规化、法律化的基本保障。为了实现国际警务合作，建立和完善成员国之间的各项规定是非常有必要的，否则面对复杂的国际犯罪，国际刑警组织就会显得无章可循，不能承担起有效地打击和惩罚犯罪的职责，也无法保障各国之间警务合作的通畅进行。国际刑警组织为打击犯罪而建立的各种制度也是各成员国之间开展国际警务合作的法律依据。[①]

为了实现国际刑警组织合作的原则，该组织内部形成了一整套比较完善的运作原则：成员国平等合作原则、合作限于刑事犯罪和刑事警察事务原则、与各国合作不违反本国法律原则、资源合作原则、不涉及政治、军事、宗教和种族事务原则等。

（三）国际刑警组织的建立和发展

1914年4月，在摩纳哥王子普林茨·阿贝尔特一世的倡议下，14个国家的法学家和警察机关首脑在地中海沿岸的摩纳哥公国开会，讨论了以下四个问题：制定快速而简化的缉捕罪犯的措施；改进个人人身识别方法；设立国际档案中心；统一引渡方法。这次会议的决议提出："如果与会国政府同意，可以创立一个共同的组织机构，以搜集情报和进行咨询为目的，服务于各国的警察机构"，第一次表达了不同国家的警察部门想要协同起来共同对付国际犯罪的愿望。因而，人们把这次会议称作是"第一次国际刑事警察会议"，并且认为这次会议是国际刑警组织创立的最初尝试。

但是，第一次国际刑警会议之后两个月，第一次世界大战就爆发了，致使会议制定的具体计划未能付诸实施。战争结束后，原来的奥匈帝国分裂为几个国家。这几个国家的警察机关不时地到设在维也纳的原奥匈帝国犯罪档案中心去查找资料。这种情况启发了维也纳警察局长约翰·内斯·朔贝尔博士，于是他倡议召开了"第二次国际刑事警察会议"。

1923年9月3～7日，第二次国际刑事警察会议在维也纳召开。这次会议的重要任务是建立一个警察合作的常设机构——国际刑警委员会，并通过了委员会的章程共10条。这个

① 参见朱恩涛主编：《国际刑警与红色通缉令》，47页，北京，中国人民公安大学出版社，2006。

章程的基本精神是：在本国法律允许的范围内，尽最大可能并协助官方努力，促进各国刑警当局之间的相互援助和发展；建立和发展各种有助于有效地同一般性犯罪作斗争的组织。这次会议是“摩纳哥会议”的继续，是国际刑警组织发展史上的一个里程碑。一般认为，国际刑警组织从1923年起正式成立。

20世纪30年代初，开始形成了国际刑警组织的雏形：将原来国际刑警委员会的行政委员会改组成为国际刑事警察局，作为一种经常性的工作机构；在成员国内部，设立了经常与国际刑警局保持联系的国际刑警站。随后，国际刑警局开始对国际犯罪和罪犯进行登记，发布国际通缉令，并且根据其所掌握的罪犯卡片协助识别罪犯。这一期间，国际刑警委员会把自己的工作重点放在同伪造货币犯罪的斗争上，搜集了一整套完整的档案。到30年代中期，国际刑警局共掌握有包括诈骗罪、抢劫罪、杀人罪等方面共三千五百多名罪犯的档案材料，另外还有二千多名伪币犯的档案。这是当时有关国际犯罪分子的最完备的档案。

1938年以前，设在维也纳的国际刑警委员会的工作一直正常进行，成员国达34个。但是，1938年3月，希特勒德国吞并了奥地利，臭名昭著的德国保安警察局长海德里希自荐为国际刑警委员会主席。1939年，第二次世界大战全面爆发，档案被运往德国。国际刑警委员会名存实亡，处于瘫痪状态。

第二次世界大战结束后不久，国际刑警委员会活动即开始恢复。1946年6月，欧美两大洲各国的警察官员聚集在布鲁塞尔，讨论有关“各国刑事警察局在同国际犯罪分子作斗争中的协调与合作”问题。会议决定成立国际刑事警察委员会，其总部设在巴黎。新的“委员会”设立总秘书处，而在各成员国则设立国家中心局。会议通过了一个临时规则以取代战前的组织章程。这个临时规则一直沿用到1956年。会议选出了由5人组成、任期5年的执行委员会。该委员会主席比利时警察总监洛瓦格在发言中说：“过去需要建立国际刑事警察委员会的全部理由，今天又重新提到了我们面前，要求我们重建这一机构。我们绝不能让这股火焰熄灭。”1946年7月22日，新总部在巴黎邮政总局注册，邮政代码为“Interpor”，从此，它成了国际刑警组织的代号。

1956年6月7～13日，在维也纳又举行了一次会议。这是国际刑警组织发展史上的又一个里程碑。这次会议制定了新的章程共50条。为了适应全世界更大范围的合作，决定将“国际刑事警察委员会”更名为“国际刑事警察组织”，简称ICPO。

(四) 国际刑警组织的机构设置及职能

国际刑警组织的机构根据章程设立，主要机构包括全体成员国大会、执行委员会、总秘书处和国家中心局。

全体成员国大会是国际刑警组织的最高权力机构，每年召开一次全体会议，由成员国轮流举办，在执行委员会或多数成员国的要求下可以召开临时大会。全体成员国大会在每次大会的最后一次会议时会选择下次大会的会议地点。会议日期由邀请国和主席经与秘书长协商后确定。全体成员国大会由各个成员国委派的代表组成，每个成员国可以委派一个代表或者几个代表参加会议，但是每个成员国只能由该国政府主管当局委派一个代表团长。由于国际刑警组织的专业性，各国委派的代表一般从警察部门的高级官员、其正式职责和该组织有关联的官员或者各项议题的所涉专家选任。全体成员国大会对涉及组织内政策、情报、工作方式、财政、行动以及程序等所有重大问题有权作出决议。大会表决上采取简单多数表决，每个国家只能一个代表有表决权。会议期间可以成立特别委员会来处理特殊事务。

执行委员会是国际刑警组织的议事和执行机构，执行委员会成员通常每年召开三次会议，通常在一年中的5月份、7月份和成员国大会召开前一段时间，但至少每年必须召开一次，由主席主持。其主要工作职责有：监督成员国大会决议的实施；筹备成员国大会各次会议的议事日程；向大会提交预算及工作计划或者认为有用的方案；监督秘书长的行政工作；行使其他大会授予的一切权力。执行委员会由主席、3位副主席和9位代表共13人组成，这些人员全部在全体成员国代表大会上选举产生。执行委员会的成员根据公平原则，应该来自不同的国家，按照地理分布适当分担。根据1964年各成员国之间达成的妥协，委员名额确定为：亚洲3名、非洲3名、欧洲4名、美洲3名（目前这13位委员会成员分别来自：新加坡、摩洛哥、德国、阿根廷、巴西、挪威、加拿大、埃及、西班牙、土耳其、日本、巴基斯坦、尼日利亚）。主席和3位副主席由不同洲的代表来担任。主席4年选举一次，副主席3年选举一次，他们不能紧接着再当选同一职位或执行委员会代表，执行委员会的9名代表任期3年，同样不得紧接着再当选同一职位。根据该组织章程的规定，如果选举主席之后章程条款第15或16条的规定不能实施，应该选出第4位副主席，这样执行委员会的成员暂时会有14位成员，一旦实现章程条款的条件具备，暂时期即告结束。目前执行委员会主席由新加坡警察总监邱文晖担任。[①]

国际刑警组织总秘书处由秘书长和三百多名技术、行政人员组成，是国际刑警组织的常设机构。总秘书处设在法国里昂总部，全年365天，全天24小时开展工作，官方语言为：阿拉伯语、英语、法语和西班牙语。总秘书处的职责主要有：实施全体大会和执行委员会的决议；担任与犯罪作斗争的国际中心；担任技术和情报中心；保证本组织进行有效的行政工作；与国家的或者国际的有关当局保持联系，编印具有实用价值的出版物；组织和筹备大会、执委会以及其他机构的会议秘书工作；草拟下年度工作计划提交大会和执委会考虑和批准；尽可能保持与本组织的主席进行直接和经常的联系等。秘书长是总秘书处的负责人，也是整个国际刑警组织的领导人，秘书长进行工作时代表国际刑警组织而非某个国家，秘书长的人选是由执行委员会提名，经全体成员国大会批准，任期5年，秘书长可以被委任几个任期，但到达65岁时必须辞职。秘书长的人员对业务素质要求很高，必须是从最擅长警察业务的人员中选出。在特殊的情况下，执行委员会可以在全体成员国大会上提议免去秘书长的职务。

国家中心局是国际刑警组织在各国设立的职能机构，是本国与其他成员国以及总部之间互通情报、协调行动的联络站，同时它又是各国警方的一个部门（我国设在公安部），完全按照本国的法律进行活动，在国际警务合作的任务中负责协调本国的警察行动，并和国内的其他部门联系，确保任务完成。各国的国家中心局主要负责联络本国内的各个部门、别国的国家中心机构以及国际刑警组织秘书处。

除上面四个主要机构外，国际刑警组织还设有顾问，有关科学方面的事情可以向该顾问机构商议、咨询，是一个纯属咨询性质的机构。顾问由执行委员会委任，任期3年。顾问的任命只有在全体成员国大会通过之后才能确定，顾问一般从在某方面具有世界声誉的人中选任。

（五）国际刑警组织框架下的警务合作

1. 传递、交换犯罪信息

情报工作是国际警务合作的重要内容也是国际刑警组织的一项基本业务。国际刑警组

① 邱文晖，Khoo Boon Hui，由2008年10月第77届国际刑警成员国大会选任。

织拥有世界上最先进的情报通讯设备，通过分布在全球各地的国家中心局、分局以及其他情报机构广泛收集各种犯罪信息，并通过秘书处进行处理、存档并最终反馈给各成员国国家中心局。国际刑警组织凭借其发达的信息系统和通讯网络、庞大的犯罪信息数据库以及先进的交换存取技术，成为国际刑事犯罪斗争的情报中心。目前国际刑警组织的情报网络已经初具规模，在总秘书处的资料库中，目前存储了近150万人的个人识别资料，包括相貌特征、指纹、别名以及其他相关信息。资料库可以对所有成员国国家中心局的信息查询作出快速应答，为各国开展国际间警务合作和联合打击跨国犯罪提供了强有力的保障。

2. 发布国际通报

国际通报是国际刑警组织为了缉捕、查明罪犯或者发现犯罪线索以及查明无名尸体，请求各成员国警察机关进行协助的一项国际侦查措施。根据通报右上角方块颜色的不同，国际通报分为七种，用红、绿、蓝、黄、黑、白、紫七种颜色加以区分，每种通报都有不同的作用，成员国之间可以根据此国际通报开展相应的警察行为。其中最著名的当属红色通报，即通常国际上俗称的"红色通缉令"。

红色通报相当于一个逮捕令，任何成员国的警察在收到该通报后，都应该立即对被缉捕人实施逮捕并羁押，最终将罪犯引渡到求助国。红色通报是各国国家中心局对在逃犯进行缉捕的主要依据，是国际公认的一种可以进行临时拘留的国际证书。红色通报上面一般会有被通缉者的姓名、照片、指纹、犯罪事实等内容。目前上了"红色通缉令"的罪犯被逮捕率高达70%。我国从1984年加入国际刑警组织开始，至今已通过该组织发出了近四百个"红色通缉令"，已将不少外逃腐败分子押解回国。2005年2月，我国检察机关通过国际刑警组织对外逃贪官原浙江省建设厅副厅长杨秀珠发出了"红色通缉令"，3个月后，杨秀珠在阿姆斯特丹被捕。我国通过国际刑警组织发出的"红色通缉令"成了悬在外逃贪官头上的一把利剑。

除了红色通报外，其他通报也发挥着重要作用。绿色通报是犯罪嫌疑通报，提醒各国警方对国际性犯罪分子引起注意并加以预防。蓝色通报为协查通报，用于进一步收集有关人员的情况，黄色通报用于查找失踪人员，黑色通报用于查明不明尸体信息，白色通报用于查找失窃物品，紫色通报用于向各国通报最新或者特殊的作案手段。

3. 协调成员国进行侦查合作

协调成员国进行侦查合作是国际刑警组织的职责，其合作的内容包括协查犯罪事实、搜集与传送证据、引渡等。国际刑警组织作为国际警务合作的主要平台，每年都会接受到数以千计的案件，即便拥有世界上最先进的情报和侦查设备，面对数量庞大的案件也显得杯水车薪，因此，国际刑警组织并不会对所有的报案都进行协助侦查，而是根据一定的原则进行选择。根据国际刑警组织的章程和宗旨，对于国际刑警组织协查的案件，一般应该具有以下几个条件：首先，国际刑警组织只对刑事案件协助侦查，而且该刑事案件不能跟政治、宗教、军事或者种族有涉。对于什么样的行为属于刑事犯罪，一般是将世界各国公认的标准作为尺度，即应当是那些在各国的刑法典里面都明确规定为刑事犯罪的行为。其次，请求协助的刑事案件必须涉及两个或者两个以上的国家。很明显，如果刑事案件只牵涉一个国家，那么这个国家完全能够依靠本国的法律和警察力量对案件进行侦破，此时无须也没必要由国际刑警介入。当然这里的两个国家以上是指案件所涉的发生地或者结果地或者两者兼而有之，也可以是行为人、受害者的国籍是一国，而在他国作案或者受害。刑事案件跨国性带来的各种追诉困难是国际刑警组织存在的主要原因。最后，一国请求另一国协查案件必须尊重他国的主权和法律，国际刑警组织进行协查以不违反他国的法律为前提，超越他国法律允许范围的协助请求一般是不会得到该组织帮助的。

4. 派驻警务联络官

联络官员制度，是国际刑警组织和一些国家的警察机构之间，开展警务合作的一种新形式，是各国警察之间协商处理国际间犯罪案件的一种更加灵活有效的合作方式。

联络官制度起源于20世纪70年代的欧洲，是指一国警察机构派驻到另一个国家或者双方进行固定联系的警官，目的是收集犯罪情报，寻求合作途径。当时主要是为了同毒品犯罪展开有效的斗争。以后这种做法迅速在美洲、亚洲和非洲推广。许多国家在其驻外使馆中专门设立了警务联络官或独立的办事机构，使派驻国了解驻在国的法律和警界同行的活动，促进双方更直接、更密切的合作。以法国为例，应驻在国的警方邀请，经法国外交部批准，法国内政部已向世界各地52个国家一级国际组织派驻了警务联络官。[①] 联络官一般设在驻在国大使馆当中，后来也有些国家设立了独立的办事机构，如毒品事务联络所等。2008年为了保障北京奥运会的安保工作，我国在北京举办了有50个国家驻华使馆的79名警务联络官、安全官参加的新春招待会，进一步探讨国际间的警务合作工作。

联络官制度的出现具有重要的意义，对于社会历史、法律制度不同的国家之间开展国际警务合作具有深远的影响。首先联络官制度通过派驻联络官到合作国和当地的警务人员进行长期的接触，很好地解决了国际警务合作各方之间对彼此之间的国家制度不了解的问题。此外，联络官制度为合作国之间开展经常性的业务工作提供了高效便捷的新渠道。联络官制度逐渐在全球推广，目前全球性的联络网正在组建，它将对各国的国际警务合作走向具体化、效益化提供协作保障。

除了以上几种主要的警务合作机制外，国际刑警组织成员国还在其他许多非侦查领域开展业务合作，如警务人员培训、学术研讨、技术合作等。该组织还经常举办各种形式的国际研讨会和国际性讲座，为各国警务人员的交流提供国际平台。

（六）国际刑警组织面临的警务合作难题

1. 成员国之间法律不统一，难以达成一致。根据国际刑警组织的章程规定，成员国之间的警务合作限于各国国内法允许的范围之内，以达到尊重成员国主权和法律的目的。但在实践操作过程中，成员国之间的法律是基于各自不同的国情制定的，在内容和形式上都有巨大的差别。最为典型的是各国对什么行为是犯罪的定义有着很大的差异，如通奸行为，在伊斯兰国家属于重罪，任何人都可以用石头将通奸的人砸死，而在西方国家，通奸仅涉及个人的道德问题，并不触犯刑法，这种情况下，伊斯兰国家和西方国家的警务合作基本上就不可能开展。另外，管辖原则、死刑制度以及引渡条件等法律的差异都会给成员国警务合作带来巨大的障碍。

2. 各国参与合作的意愿不一，缺乏制度性约束。国际警务合作虽然是打击跨国犯罪的有效手段，但是即便是国际刑警组织成员国内部的警务合作，很多情况下也是取决于各成员国的自愿。在缺乏国际条约的情况下，这种靠自愿达成国际警务合作的弊端也十分明显。因为跨国犯罪往往涉及多个国家的利益，国家之间受国际政治、经济、文化、宗教等因素的影响，为了维护本国的利益不愿参与到国际警务合作的现象也经常发生。如在国际贩毒活动频繁的“金三角”地区，很多国家的经济和财政都直接或者间接来源于贩毒活动，因此这些国家对国际打击贩毒犯罪的警务合作一直持消极态度。中国许多贪官逃往美国、澳大利亚等国而这些西方国家当局拒绝引渡，很大程度上也是出于政治方面的考虑，如美国

① 参见公安部外事局编著：《欧洲主要国家警察概况》，128～129页，北京，群众出版社，2003。

出于政治上的考虑，一直不肯引渡法轮功组织的头目李洪志。

3. 国际犯罪的新发展带来新的挑战。近十年来，随着经济全球化的进一步深入，国际犯罪活动数量急剧增加，各种新型犯罪层出不穷，作案手段日益隐蔽，犯罪分子呈现出年轻化、智能化的特性。由于各国的刑事立法都不同程度地落后于犯罪的发展，面对很多新型犯罪，缺乏有效的法律制约。如对制造计算机病毒、克隆人、器官走私、组织邪教等现行法律尚未达成共识的情况下，很难把这些行为纳入到国际警务合作的范围之内。加上犯罪分子的年轻化，智能化，很多犯罪分子受过良好的教育，甚至具备很高的反侦查能力，给国际侦查带来极大的障碍。另外犯罪的网络化、高科技化、组织化、全球核武扩散等也给国际警务合作带来很大的困难。

二、其他主要国际警务合作平台

（一）欧洲警察组织（Europol）

欧洲警察组织又称欧洲警察办公室（European Police Office），是根据1992年2月7日《马斯特里赫特条约》而成立的旨在提高成员国警察机关在与严重的国际有组织犯罪之间斗争的效率性和合作性的欧盟执法组织。欧洲警察组织跟国际刑警组织最大的不同是它没有行政权，没有对个人进行缉捕或者入室进行搜查的权力，而是作为一个欧盟成员国之间犯罪情报交流的警务合作机构。

欧洲警察组织最早是为了打击欧洲的毒品犯罪而建立的，其前身是欧洲反毒组织，在1998年10月1日《欧洲警察组织公约》（以下简称《公约》）获得了所有欧盟成员国家的批准生效，次年欧洲警察组织建立并开始履行职责，总部设在海牙。到2002年1月，欧洲警察组织的权力已经涉及《公约》附件所列的所有的严重国际犯罪。

欧洲警察组织不是一个独立的机构，它受到欧盟司法和内政部长理事会（以下简称部长理事会）的指导和监督，并对其负责，向其报告工作，在主要官员的任命、年度财政预算、有关欧洲警察组织规章制定等重大问题上也都是由部长理事会任命、批准。

欧洲警察组织主要机构包括：管理委员会、主任办公室、重大犯罪处、信息和交流技术处、信息管理处、资源处、社团管理和发展处。管理委员会是欧洲警察组织内部的最高决策机构，它由各国的成员国代表组成，每个成员有一个投票权，每年召开两次会议讨论组织内的重大问题，但决议最终要部长理事会批准。每个成员国建立或者制定一个欧洲警察组织国家机构（类似于国际刑警组织国家中心局）作为欧洲警察组织与成员国之间唯一的联络机构，并派遣一个或多个联络官到欧洲警察组织工作，代表派遣国在该组织的利益。2003年11月修改的《欧洲公约议定书》增加了成员国国家机构在同时获得通知时，可以与其主管单位和欧洲警察组织进行沟通。主任办公室由1位主任和3位副主任组成，全部都由部长理事会任命，主任任期5年，副主任任期4年，主要负责欧洲警察日常行政管理、工作业绩考核、人事管理和其他由《公约》或管理委员会授权的事务。除以上组织外，还有一个联合监督委员会，由来自每个成员国的两名数据保护专家组成，监督组织内部个人数据资料的内容和使用情况。

欧洲警察组织由于没有行政权，也没有警察部队，因此不直接开展打击国际犯罪的活动，而主要是一个为成员国提供情报、支持各国之间开展打击跨国犯罪的警务合作信息平台。和国际刑警组织一样，欧洲警察组织工作的首要原则是不干涉成员国的内部事务，也不涉及政治、军事、宗教等事务。只有当犯罪涉及两个或两个以上的成员国时，请求国的协助请求才能被接受。根据《公约》的规定，欧洲警察组织的职责主要是：促进成员国之间的信息交流；整理和分析资料和情报；及时通知成员国与其有关的国内信息并提醒有关犯罪的任何信息；在成员国进行艾滋病调查；维护计算机系统信息；促进成员国主管机构人员的培训；加强成员国间的技术互动；打击假币犯罪等。另外在涉及有组织的国际犯罪时，其打击犯罪的职责范围还包括：预防和打击恐怖主义、国际贩毒、贩卖人口、非法移民、交易核武器和放射性物质、机动车犯罪、仿造和假冒支票、洗钱等多种犯罪领域。

欧洲警察组织是欧盟各成员国妥协的产物，其职权范围与其设立的初衷相去甚远，但是随着欧洲一体化进程的发展和国际犯罪的不断演变，欧洲警察组织的警察职能有不断扩大的趋势。

（二）金融行动特别小组（Financial Action Task Force，简称 FATF）

金融行动特别小组成立于 1989 年 7 月，起初是西方七国集团专门研究洗钱犯罪、预防、打击并协调反洗钱国际行动而成立的政府间国际组织，其秘书处设在法国巴黎。目前金融行动特别小组成员遍布各大洲，截至 2010 年 4 月份，该组织已经拥有 35 个成员国，其中包括 33 个国家和地区以及两个国际组织，另外还包括三十多个观察员，中国和中国香港地区分别于 1991 年和 2007 年成为该组织的正式成员。金融行动特别小组已经成为国际上最具有权威性的反洗钱组织。鉴于国际反恐形势的需要，2001 年 10 月，金融行动特别小组将恐怖主义金融犯罪列入了打击范围之列。①

金融行动特别小组的主要机构包括主席、副主席以及秘书处。主席在各成员国之间轮值，由轮值国政府任命的高级官员担任，任期为 1 年，2010 年墨西哥出任该小组轮值国，秘书处协助主席和副主席处理日常工作。目前金融行动特别小组的协议框架由著名的《40＋9 项建议》组成，以此为依据确定该组织的职责并开展工作。根据该建议，金融行动特别小组的工作目标主要有：向全球各国和地区提供反洗钱和反恐怖融资信息；监督并评估成员国执行《40＋9 项建议》的执行情况；不断关注洗钱和恐怖融资犯罪的发展趋势，并不断总结打击犯罪的经验。

金融行动特别小组的《40＋9 项建议》是一个全面的，既包括打击洗钱又包括反恐怖融资在内的新框架，目前已经得到了国际货币基金组织（International Monetary Fund）和世界银行（World Bank）的认可，并成为联合国《反腐败公约》的重要内容。该建议主要由 1990 年 2 月份提出的《关于洗钱问题的 40 项建议》、2001 年 10 月份针对恐怖融资提出的 8 项特别建议以及 2004 年 10 月份通过的一项特别建议组成，通常合称为《40＋9 项建议》。根据该建议各成员国都有义务采取必要的措施打击洗钱和恐怖融资活动，主要督促各成员国通过各自的国内立法将洗钱和恐怖融资确立为犯罪行为，通过立法、金融监管以及签订双边、多边国际协议的方式有效预防和打击国际洗钱和恐怖融资犯罪。

《40＋9 项建议》主要是督促成员国积极开展打击国际洗钱和反恐融资犯罪的活动，除此之外，为了促进各国和地区采用和执行该组织确立的反洗钱的国际标准，金融行动特别小组还建立了不合作国家和地区名单制度，即著名的 NCCT 制度。该制度规定，一旦被金融行动特别小组列为不合作国家，将会在吸引外资投资、国际结算等方面受到制裁。2000 年金融行动特别小组首次公布了不参加合作国家和地区的 25 条标准，不久公布了第一批不合作国家和地区的名单。由于名单所列国家将会受到经济上的制裁，因此各国都积极配合金融行动特别小组的反洗钱和反恐融资工作，名单上的国家逐渐减少，2006 年 10 月，名单上最后一个国家缅甸被删除，此后，NCCT 名单一直为空，该制度的存在极大地促进了各

① 参见金融行动特别小组主页：http：//www.fatf-gafi.org。

国在打击国际金融犯罪特别是打击国际洗钱和反恐融资上的合作。

除了以上提到的国际刑警组织、欧洲警察组织以及金融行动特别小组外，20 世纪 60 年代以来随着经济全球化和跨国犯罪的猖獗，新型的国际警务合作渠道不断得到拓展，特别是一些地理位置相邻，具有共同文化渊源，社会制度相近的国家在成立经济一体化组织的同时，积极探索、开展国际警务合作以更加有效地打击跨国犯罪。如欧盟根据《欧洲联盟条约》开始建立统一的边界政策和警务政策，北欧 5 国、北美共同体市场、东盟也都在积极探索区域化的国际警务合作。总之，随着越来越多的国际警务合作平台的出现，国际警务合作逐渐呈现出由多边合作向区域合作再到全球合作的大趋势。

第三节　中国国际警务合作

一、跨国犯罪与中国

（一）跨国犯罪情况不容乐观

新中国成立后至改革开放之前，第二次世界大战之后两大阵营对峙导致世界局势十分紧张，加上中国当时建立了高度集中的计划经济体制，整个国民经济基本上依靠国内人民的建设来发展，整个社会处于相对封闭的状态，因此和世界各国的联系特别是经济上的联系少之又少，跨国犯罪自然也十分罕见，即便是有，也都是以政治犯的形式出现比较常见。在当时的那种背景下，基本上没有国际警务合作的需求和必要，凭借国内的警察力量，中国也完全能够保证整个社会秩序的稳定和经济的有序发展。

改革开放三十多年，中国发生了翻天覆地的变化并迅速崛起为世界第三大经济实体，中国和世界各国不管在经济、政治还是文化上都形成了紧密的联系，并且随着中国加入 WTO，世界经济一体化进程的加速，这种国与国之间的相互联系将进一步深化。在经济高速发展的同时，利益纷争、人员流动、文化冲撞、宗教冲突等问题也开始凸显出来，就中国而言，跨国犯罪明显上升，特别是 20 世纪 90 年代以来，洗钱、贩毒、走私、诈骗、贩卖人口、偷越国边境、黑社会暴力犯罪、计算机犯罪、海盗等各种形式的国际犯罪严重危害了中国人民群众的生命财产安全和社会稳定，并对有关国家和地区的安全和稳定造成了严重威胁。目前国际社会对于跨国犯罪还没有形成明确而统一的界定，但通过各种国际条约对某些典型的国际犯罪的界定和打击已成为通常做法，如通过三个劫机公约确立的劫持航空器犯罪以及根据《联合国海洋公约》确定的水上暴力犯罪（海盗）等。

（二）“三股势力”十分猖獗

所谓“三股势力”是指宗教极端势力、民族分裂势力、国际恐怖势力。“三股势力”虽然表现形式各异，但并没有本质的区别，他们都制造恐怖活动，破坏社会安定，敌视国家政府，并带有强烈的政治色彩和意图，意图在制造混乱中推翻各国的世俗政权，建立他们的“纯粹民族教义”，建立“纯粹伊斯兰政权”。“三股势力”形成于中亚地区，几乎涉及中亚所有的国家和地区。

中国也同样遭受恐怖主义、分裂主义和极端主义“三股势力”的侵扰，“东突”恐怖势力是中亚“三股势力”的主要力量之一，该势力以将新疆从中国分裂出去为目标，与中亚地区的一些组织相勾结，参与、制造了一系列恶性恐怖事件，包括袭击中国驻外使馆、杀害中国公民等。在境外的“东突”组织有五十余个，在新疆境内，有组织、有纲领、有计划的恐怖主义组织也有四十多个，一些组织已形成一定规模。一直以来以“东伊运”和“世维会”为首的“东突”分子在海外不断扩充势力、寻求西方的支持，并不断制造分裂国家的阴谋活动。2009年7月5日，境内外“东突”势力精心策划和发动了新疆“7·5”打砸抢烧严重暴力犯罪事件，共造成197人死亡，造成直接经济损失高达6895万元，其中死难者绝大多数都是无辜的群众。以热比娅为首的“世维会”在海外不断打出人权牌和民族独立牌，寻求美国等西方国家的帮助，并跟达赖集团相互勾结，不断制造旨在分裂国家的各种犯罪活动，对中国人民的生命财产和国家安全稳定造成了极大的威胁。

（三）犯罪分子外逃现象十分严重

近些年来，一些严重刑事犯罪分子在获取巨额的非法财物后纷纷逃往境外，利用我国引渡方面的缺陷来逃避刑事追究，给我国经济造成了严重的损失。其中厦门“远华”案主要犯罪嫌疑人赖昌星逃往加拿大已经十多年尚未被引渡回国。在刑事犯罪分子外逃的浪潮中，尤以官员犯罪后携款逃往国外最为典型。这些手中掌握权力的官员，在案发之前往往是某个单位或者部门的一把手，利用手中的权力之便，借助出国机会或者事先安排家人移民等各种手段，转移财产，逃往国外。据2004年商务部发布的一份调查报告显示，中国改革开放三十多年来，外逃官员数量约为4 000人，携走资金500多亿美元，平均人均1亿元人民币。目前，涉案值大、身份高的官员喜欢逃往那些有独立司法体系的国家，特别是美国、加拿大等移民国家，这些国家更加容易接受外来移民，并且通常跟中国政府之间没有双边引渡条款，可以避免被引渡回国。如原来的浙江省建设厅副厅长杨秀珠逃往美国；原厦门市副市长蓝甫外逃澳大利亚；原云南省委书记逃往澳大利亚等。

（四）海外涉华犯罪频繁发生

在一些国家，针对当地华侨、华人和我国出国人员、留学人员的暴力犯罪事件屡屡发生，或者是中国人在国外的犯罪频频发生，对我国公民对外的正常交往和我国的国际形象造成了消极影响。自1991年以来，意大利先后发生2 000多起涉华犯罪案件；1992年至2000年在罗马尼亚、匈牙利有49名华侨、华人被杀，50多人失踪。涉华暴力犯罪案件尤以印尼为甚，20世纪60年代后，印尼大规模的排华事件时常发生，1998年5月，本是一场反对当时印尼总统苏哈托的政治运动也演变成为一场震骇世人的排华暴乱。据当时媒体不完全统计，暴乱期间，仅印尼首都雅加达就有5 000多家华人工厂店铺、房屋住宅被烧毁，约170名华人妇女被强暴，近1 200名华人被屠杀。同时发生在梭罗、巨港、楠榜、泗水、棉兰等地的类似暴乱所造成的华人生命财产损失更是无法估量。1999年，棉兰华人的数十艘渔船和数十辆卡车被焚毁，5 000多吨货物被抢劫；万隆的一家华人纺织厂被焚烧。2000年5月骚乱二周年之际，数以千计的暴徒集结雅加达，对华人商店进行了攻击和抢劫。

目前海外涉华犯罪的势头仍有上升的趋势，正逐渐成为影响中国与有关国家关系健康发展的突出问题。

二、中国参与国际警务合作的现状

面对国际犯罪的严峻形势，单凭某个国家的力量已经很难达到预防和惩罚犯罪的目的，加上在如今经济全球化的时代，任何国家想要独善其身、置身事外都已经不可能了，因此通过开展各国间的警务合作来实现联合打击跨国犯罪已经成为各国的共识。

（一）我国国际警务合作的法律渊源

法律渊源即法律形式，一般是指那些来源不同、因而具有法的不同效力意义和作用的外在表现形式，实际生活中是执法、司法活动的法律依据和来源。由于国际警务合作具有双重法律属性，因此，国际警务合作的法律渊源包括国内法渊源和国际法渊源两大部分。

1. 国内法渊源

（1）宪法

我国《宪法》规定的事项都是比较基本和原则性的内容，对警察制度方面没有直接作出规定，但宪法序言部分确定了外交的基本政策，即中国坚持独立自主的对外政策，在相互尊重主权和领土完整、互不侵犯、互不干涉内政、平等互利、和平共处五项原则的基础上发展同各国的外交关系和经济、文化的交流。当然国际警务合作也属于对外交流的一部分，因此该原则也被视为开展国际警务合作交流的基本原则，事实上，我国同各国开展警务合作也都是建立在平等互惠的基础之上，合作内容也以刑事案件执法、司法活动为核心，不涉及政治、宗教等因素。

除基本原则的规定外，《宪法》第一章第 32 条第 2 款还规定了给予外国人政治庇护的内容。该条款规定：中华人民共和国对于因政治原因要求避难的外国人，可以给予受庇护的权利。这一条款体现了《联合国引渡示范公约》所确立的政治犯不引渡原则，符合国际社会引渡制度的通行做法。根据这一规定，对于因为政治原因在我国长期留居并要求避难的，我国政府可以给予政治庇护也可以不给予政治庇护，如果给予政治庇护的，对申请政治避难的人不引渡。

（2）刑事法律

我国《刑法》对于警务合作方面的规定主要体现在总则关于管辖方面的规定。《刑法》第 6 条至第 9 条分别规定了属地管辖、属人管辖、保护管辖以及普遍管辖原则。其中普遍管辖原则是打击跨国犯罪时国际社会通行的做法，是我国刑法对国际公约的回应。这些管辖原则为国际警务合作过程中的司法管辖、具体执法活动提供了有效的依据。另外，我国《刑法》的分则部分在几次修改过程中也吸收了许多国际犯罪的概念，如劫持航空器罪、洗钱罪、计算机犯罪等，这既体现了我国履行加入国际公约的诚意，也为国际警务合作提供了法律依据。

《刑事诉讼法》第 17 条规定：根据中华人民共和国缔结或者参加的国际条约，或者按照互惠原则，我国司法机关和外国司法机关可以互相请求刑事司法协助。这是国际刑事司法合作的规定首次出现在我国基本法律当中。它明确规定了我国参与国际警务合作的依据是国际条约或者在没有条约的情况下依互惠原则，根据规定，我国司法机关可以主动请求他国司法机关进行警务合作，也可以应他国司法机关的请求开展警务合作。另外，《刑事诉讼法》第 16 条对外国人犯罪以及享有外交特权和豁免权的外国人犯罪的规定，也为实践当中解决警务合作外国人适用法律问题提供了依据。

根据刑诉法的规定，最高人民法院《关于适用〈中华人民共和国刑事诉讼法〉的解释》第十八章以及公安部《公安机关办理刑事案件程序规定》（以下简称《公安部规定》）第十三章对国际刑事司法协助和国际警务合作的内容都有所涉及，特别是《公安部规定》对刑事司法协助和国际警务合作的法律依据、基本原则、主管机关、合作范围、合作程序、引渡问题作出了详细的规定，为开展国际警务合作提供了具有可操作性的法律依据。

首先，《公安部规定》确定了刑事司法协助和国际警务合作的基本原则和法律依据。《公安部规定》再次明确了与有关国家的警察机关相互进行刑事协助和警务合作，应当在相互尊重国家主权和平等互惠的基础上进行。

其次，《公安部规定》确定了刑事司法协助国际警务合作的中央主管机关以及各司法机关之间的职责划分。《公安部规定》确认了公安部作为我国开展同他国刑事司法协助和警务合作的中央主管机关，地方各级公安机关依照职责分工办理，其他司法机关在办理刑事案件时，需要外国警方协助的，应当通过其中央主管机关与公安部联系办理。我国边境地区公安机关与相邻国家的警察机关相互进行警务合作，在不违背有关国际条约、协议和我国法律的前提下，可以按照惯例进行，但应当报公安部备案。

再次，《公安部规定》明确了开展刑事司法协助国际警务合作的范围和程序。公安机关进行刑事司法协助和警务合作的范围，主要包括犯罪情报信息的交流与合作、调查取证、送达刑事诉讼文书、移交物证、书证和视听资料、引渡以及国际条约规定的其他刑事司法协助、警务合作事宜。至于开展国际警务合作的具体程序、操作流程、期限、费用结算、语言规范等具体内容，该规定也都作了明确规定。

最后，对办理引渡案件，《公安部规定》第 373 条规定按照我国法律规定和有关条约执行。

（3）引渡法

各国通过开展国际警务合作打击跨国犯罪，很大程度上，最终惩罚犯罪都要通过引渡来实现，因此引渡在国际警务合作中具有重要的地位。新中国成立后到 1993 年，由于国内外的政治形势以及我国历史原因，我国虽然和某些国家签订过一些刑事司法协助条约，但对于引渡的相关内容都没有涉及。由于缺乏引渡条约，对引渡案件我国通常与有关国家采取遣返方式进行，即不通过外交途径，而由两个警方开展合作，将犯罪分子先驱逐出境，然后移交对方，以规避引渡条约缺失的障碍。1993 年之后，我国开始逐渐跟其他国家签订引渡条约，并开始着手同其他国家建立稳固、可靠的引渡关系。

为了建立完善的引渡制度，打击不断上升的国际刑事犯罪，我国于 2000 年 12 月 28 日第九届全国人大代表大会常务委员会议第十九次会议上通过了《引渡法》。《引渡法》的制定，以《联合国引渡示范公约》为基础，在内容和原则上大量吸收了国际社会在引渡问题上的通行做法，该法结束了我国引渡无法可依的历史，同时也为开展国际警务合作提供了重要的国内法渊源。

（4）行政法律

除了跟国际警务合作密切相关的刑事方面的法律外，一些行政法律当中也涉及关于惩罚刑事犯罪的规定和强制措施，某些行政法律还规定了涉外行政案件处理的程序等。如在不存在引渡条约的情况下，《出境入境管理法》和《国家安全法》中关于驱逐出境的规定是中外各国移交罪犯的重要法律措施。这些行政法律也是开展国际警务合作不可或缺的国内法渊源。

2. 国际法渊源

根据签订条约主体数目及范围的不同，国际社会各成员国签订的条约可分为国际公约、区域多边条约和双边条约。中国一贯重视国际警务合作方面国际框架的构建，积极倡导和加入各种打击跨国犯罪的国际公约、多边条约和双边条约。我国国际司法合作和国际警务合作规则的引进也是从对外签署有关的国际条约开始的。

1987 年，中国分别与法国和波兰缔结了双边司法协助条约（协定），这标志着在中国建立国际司法合作法律制度进程的启动。自 2007 年 1 月，到 2010 年 10 月，中国同 52 个国家，签订了 86 个司法协助类条约。其中民事、刑事司法协助条约 54 个、引渡条约 28 个、被判刑人移管条约 4 个。中国检察机关也已与 83 个国家签署 97 项检察合作协议。除签署上述双边条约（协定）外，中国还加入或者签署了 25 项包含司法合作条款的国际多边公约。根据国际法上“条约必须遵守”的国际法基本原则，这些国际公约、多边、双边条约的签订为我国开展国际警务合作提供了国际法上的法律渊源。[1]

(1) 国际公约

由世界上多数国家跨洲签订的条约称为全球公约，或者国际公约。目前世界上尚不存在一个专门为打击跨国犯罪而缔结的国际条约，国际警务合作方面的内容一般都包含在针对某一跨国犯罪的国际条约当中。国际社会打击跨国犯罪的警务合作历史悠久，但大多数都是限于多边或者双边层面。20世纪特别是联合国成立以来，国际社会为预防和惩罚犯罪作了许多努力，并逐渐形成了一系列惩罚国际犯罪及开展国际警务合作的全球公约。根据这些公约打击的犯罪不同可以分为：反对恐怖犯罪公约；打击毒品犯罪公约；打击跨国有组织犯罪公约；反腐败公约；惩罚海域犯罪公约；惩治文物犯罪公约；惩治偷渡犯罪公约；示范条约等几种合作公约。

反恐公约最早在1937年就已经出现，当时27个国家在日内瓦签订了一份《防止和惩治恐怖主义的公约》，该条约虽然最终未生效，但对反恐怖犯罪产生了重大意义。到目前为止国际社会共形成了12部与恐怖主义有关的国际公约，形成了打击恐怖主义犯罪的法律机制。反恐公约主要有著名的三个劫机公约、1973年联合国通过的《关于防止和惩处侵害应受国际保护人员包括外交代表的罪行的公约》、1979年联合国通过的《反对劫持人质国际公约》、1995年签订的《联合国人员和有关人员安全公约》、1979年国际原子能机构通过的《核材料实物保护公约》、1979年万国邮政联盟为打击通过邮寄爆炸物进行恐怖活动签订的《万国邮政公约》、1991年国际民航组织通过的《关于在可塑炸药中添加识别剂以便侦测的公约》、1997年联合国通过的《制止恐怖主义爆炸的国际公约》和1999年联合国通过的《制止向恐怖主义提供资金的国际公约》。

打击毒品犯罪适用国际公约主要有：1971年《关于控制适用治疗精神病药物公约》、1972年联合国《修正1961年麻醉品单一公约的议定书》以及1988年《联合国禁止非法贩运麻醉品和精神药物公约》。其中《联合国禁止非法贩运麻醉品和精神药物公约》对国际警务合作具有重大影响，它对各国警察机关及其他司法机构开展合作的范围、方式、途径等问题作出了详细的规定，并创建了一些新的国际侦查技术。

打击跨国有组织犯罪公约主要是2000年12月份联合国通过的《联合国打击跨国有组织犯罪公约》，该公约是世界上第一个控制跨国犯罪的全球性、全面性的国际公约。

反腐败公约主要是联合国于2003年10月份通过的《联合国反腐败公约》。为各国联合打击腐败行为提供了切实的法律依据。

打击海域犯罪的公约主要是1982年《联合国海洋公约》、1984年《保护海底电缆巴黎公约》、1985年《制止危及大陆架固定平台非法行为议定书》和1988年《制止危及海上航行安全的非法行为公约》。

打击文物犯罪公约主要有：1970年联合国教科文组织通过的《关于禁止和防止非法进出口文化财产和非法转让其所有权的方法的公约》、1995年国际统一司法协会通过的《关于被盗或者非法出口文物的公约》、1986年国际博物馆协会通过的《国际博物馆职业协会道德标准》。

打击偷渡犯罪公约主要有两个，一个是1957年在联合国的倡导下，德国、法国、意大利、瑞士、比利时、西班牙、希腊、印度、以色列、葡萄牙、巴西、秘鲁等国在比利时的

---

① 参见中华人民共和国外交部网站：http：//www.fmprc.gov.cn/chn/pds/gjhdq/gjhdqzz/lhg/zwbd/t434905.htm。

布鲁塞尔签署的《有关偷渡者的国际公约》（又称《国际偷渡公约》），该公约于1991年8月18日生效。另一个是《联合国打击跨国有组织犯罪公约》的补充议定书，即2000年联合国的《打击陆地、海上、空中偷运移民的议定书》。

示范条约主要有联合国1990年通过的《刑事事件互助示范条约》、《引渡示范条约》和《刑事案件转移诉讼示范条约》。

近些年，我国积极参与国际警务合作的国际公约框架当中，已经缔结和加入了许多重要的国际公约。[①] 此外，我国是联合国的成员国，因此，联合国框架下的国际警务合作相关公约，也是我国同各成员国开展国际警务合作的国际法渊源。

（2）区域性多边条约

区域性多边条约一般是由一定区域内大多数或者部分国家签订的条约，这些国家一般具有地理相邻、社会制度、文化背景和生活方式相近的特点，因此在共同打击跨国犯罪特别是在该地区开展打击跨国犯罪行为上面会有许多的共同点和相似处，也更加有开展警务合作的现实基础。国际公约虽然具有缔约国众多，全球适用的优势，但通常为了达成某一项国际公约，缔约国之间会作出较大的让步，很多签约国还会对某些条款设定保留，因此各国在国际公约的执行力上会大打折扣，而区域性多边条约具有更好的现实基础，各国都乐于签署多边合作协议，在达成共识和执行上面都要明显优于国际公约，因此区域性多边公约已经成为打击跨国犯罪，开展国际警务合作的重要法律依据。

在打击恐怖主义犯罪方面，比较有影响力的多边条约是1971年2月份签署的《美洲国家组织关于防止和惩罚恐怖主义行为的公约》和1976年11月份签署的《欧洲制止恐怖主义公约》。这两个公约确立了打击国际恐怖活动的两项原则，即普遍性原则和引渡或起诉原则。2001年9月，欧盟执行委员会通过了两项法案，明确界定了欧洲范围内恐怖主义行为的概念和对相关罪行的量罪标准，并首次提出了有助于跨国引渡的欧洲逮捕证制度。[②] 2001年6月，以中国为主导的上海合作组织正式成立，中国、哈萨克斯坦、吉尔吉斯斯坦、俄罗斯、塔吉克斯坦和乌兹别克斯坦六国签署了《打击恐怖主义、分裂主义和极端主义上海公约》，该条约成为各成员国在中亚开展反恐警务合作的重要法律依据。

其他如在打击经济犯罪方面1990年欧洲国家缔结的《欧洲理事会关于犯罪所得的清洗、搜查、捕获和没收公约》；在反腐败方面1996年中美洲国家缔结的《中美洲反腐败公约》；在引渡方面的《欧洲引渡公约》和《美洲引渡公约》，在打击毒品犯罪方面1993年10月中国和泰国、缅甸、老挝、柬埔寨五国签署了《禁毒谅解备忘录》，中国与上述国家在缉捕毒贩、情报交换方面展开广泛合作。总的来说，国际警务合作区域多边协议在一体化进程较好的欧盟地区以及北美地区较为成熟，而亚洲地区虽然也有区域性的组织，如“东盟”存在，但因为各国情况十分复杂，当中又夹杂着各种利益、政治、领土、资源、宗教纷争，短期内比较难在各国警务合作上面达成一致。

（3）双边条约

双边条约一般是指两个国家之间就某个问题达成的协议，对缔约国双方具有很强的约束力。双边合作条约一直以来都是国际警务合作的重要依据，为了打击跨国犯罪，各国都积极发展国与国之间的合作关系，通过签订各种双边条约来弥补国际公约和多边条约框架

① 参见司法部司法协助外事司、司法部司法协助交流中心编著：《中华人民共和国国际司法合作条约集》，北京，中国方正出版社，2005。

② 李贤华：《国际恐怖主义的现状与对策》，载《人民公安》，2001（20）。

下的不足。各国之间的双边条约不胜枚举。如美国已与八十多个国家签订了引渡条约。这里就我国签订双边条约的情况作简单介绍，根据缔结条约的具体内容，这些双边条约大致可以分成以下三类：

1）双边警务合作条约。这种双边条约一般直接是两国或者两国授权的警察机关直接针对国际警务合作的具体事项缔结条约，具有很强的目的性和执行力，是国际警务合作中最直接的法律依据。如我国黑龙江省公安厅和俄罗斯滨海边疆区警察机关签订的《中国黑龙江省公安厅和俄罗斯联邦远东联邦区内务总局合作协议》。多年来中国先后同俄罗斯、哈萨克斯坦、吉尔吉斯斯坦、乌克兰、越南、韩国等国家的内政部或者司法部签订了有关边境地区警务合作的条约，建立了联系制度。截至2010年，北京警方已经与近二十个国家首都和城市的警察部门签订了合作协议，大大推动了国际警务合作的开展。

2）双边刑事司法协助条约。目前中国已经和美国、越南、意大利、泰国、韩国等30多个国家签订了双边刑事司法协助条约，这些条约主要涉及互相代为诉讼、代为送达法律文书等方面的内容，包括询问当事人、嫌疑犯、罪犯、证人、鉴定人和其他诉讼参与人以及鉴定、搜查、检查、勘察等其他与调查有关的诉讼行为。双边刑事协助条约一般约定的都是代为诉讼的行为，即一般涉及的都是间接性的警务合作行为，这跟双边警务合作条约规定的内容有较大区别，双边警务合作条约更多涉及直接警务合作，如跨境追捕、联合侦查等。

3）双边引渡条约。2009年2月28日全国人大常委会批准通过了《中华人民共和国和菲律宾共和国引渡条约》，至此中国已经和阿联酋、阿塞拜疆、巴西、白俄罗斯、保加利亚、韩国、俄罗斯等将近三十个国家签订了双边引渡条约，同年3月2日，中国还同也门政府草签了引渡条约。[1] 此外中国同美国、日本等发达国家的引渡条约谈判也都在不断摸索当中。越来越多的引渡条约为中国开展国际警务合作打击和惩罚逃往国外的犯罪分子提供了有力的法律支持。

（二）合作的主要渠道

1. 国际刑警组织框架下的多边合作

1923年9月，国际刑警组织的前身——“国际刑事警察委员会”在奥地利正式成立，但可能是因为交通问题，中国代表到达奥地利时会议已经结束了，因此中国没有被列为国际刑警组织的创始国。1961年，国际刑警组织第30届代表大会在哥本哈根举行，当时台湾以“中华民国”的名义加入了国际刑警组织，此后国际刑警组织成员国的位置一直被台湾当局占据，一直到1984年，中华人民共和国才以中国唯一合法政府的身份加入了国际刑警组织。[2] 中国加入国际刑警组织是中国开展国际警务合作的里程碑，对中国开展国际警务合作具有重要的意义，它不仅让中国同国际社会的联系更加紧密也大大拓展了国际刑警组织开展合作的业务领域。在加入国际刑警组织的26年中，中国警察和国际刑警组织各国警官开展广泛合作，联手打击跨国犯罪，在国际执法领域取得了优异的成绩，中国警察机关在国际社会的声誉也不断提高。

作为成员国，中国忠实地履行国际刑警组织的宗旨和原则，在国际刑警组织框架内，积极开展同成员国之间的双边、多边执法合作，先后与一百多个国家和地区的内务、警察部门以及二十多个国际组织建立了业务交流与合作关系，在打击国际犯罪方面，逐渐形成

① 参见中华人民共和国外交部网站：http：//www.fmprc.gov.cn。

② 参见朱恩涛主编：《国际刑警与红色通缉令》，283页，北京，中国人民公安大学出版社，2006。

了比较完善的公安外事工作格局，为联合打击跨国犯罪，配合其他成员国的侦查、取证、引渡等各方面工作作出了积极的贡献。但国际刑警组织框架内的合作毕竟是基于多数国家之间相互协商、妥协达成的协议，在国际警务合作的内容和方式上各国之间为了取得普遍的一致作出了许多的限制和妥协，并且通过国际刑警组织开展国际警务合作需要符合一系列的程序规则，实际操作中影响到警务合作的效率。因此，仅仅通过框架内的合作来打击跨国犯罪还存在着诸多的限制和不便。为了在更深的层面上拓展国际警务合作内容，我国除了在国际刑警组织框架内的合作外，还通过国际刑警组织平台加深同成员国之间的相互了解和认同，在框架外还持续开展了多项多边和双边警务合作，通过与成员国之间的协商，以缔结双边、多边协议的方式，扩大同成员国之间的警务合作。

2. 多边、双边条约下的合作

多边、双边条约下的合作就是通过同其他国家缔结多边、双边条约的方式，专门对开展国际警务合作的相关内容作出规定，以这些条约为基础，或建立组织或建立合作联系或直接开展刑事侦查合作的合作方式。目前我国同周边国家特别是中亚地区在开展多边警务合作上取得了举世瞩目的成绩，即“上海合作组织”框架内的国际警务合作。在“上海合作组织”框架下，中国、俄罗斯以及中亚四国在政治、经济、军事、警务上开展了多方面、深层次的合作。2007 年，6 国政府举行了“和平使命——2007”联合反恐军事演习，进一步加强在联合打击恐怖犯罪活动上的合作，标志着“上海合作组织”防务安全迈上了新的台阶。比较重要的多边框架，还有 2005 年东盟和中日韩三国缔结的《关于加强东盟与中日韩首都警察局合作的北京宣言》(以下简称《北京宣言》)。《北京宣言》是在东盟成员国与中日韩于 1999 年发表的《东亚合作联合声明》框架下，共同致力于加强警务交流与合作，打击跨国犯罪活动，构建本地区良好的社会治安环境。现阶段任务包括，重点加强打击恐怖主义、洗钱、跨国有组织犯罪等，以及在大型国际体育盛会安全保卫工作中，突发性、群众性事件的处置，建立高效的城市交通执法体系，首都的外国人安全管理等方面的工作经验和相关信息的交流等。2009 年“金砖四国”(中国、俄罗斯、印度、巴西) 首脑在叶卡捷琳堡举行首次会晤，紧接着 2010 年 4 月，“金砖四国”又在巴西举行第二次会晤，另一个类似于“上海合作组织”的多边合作框架有望建立起来。双边条约下的合作非常多，比较突出的是中国和泰国关于引渡上的合作，中泰之间在 1993 年签订了《中泰引渡条约》，这是我国同外国签订的第一个引渡条约，也是唯一一个含有与中国建立简易引渡机制的引渡条约。

3. 利用举办大型国际会议开展合作

近年来通过举办大型国际会议来开展同各国间的警务合作的新形式开始进入人们的视野。举办国际盛会一方面是国际社会相互之间进行沟通、认识的绝佳平台，是一个国家向世界展示自己的重要平台，东道国通常会邀请世界各国人员参加，另一方面由于参加国家多，人员多，级别高，对举办盛会的安全保证系统有着极高的要求，因此，完全有必要开展同其他国家之间的警务合作。

以 2008 年的北京奥运会为例，为了保证奥运会的顺利举办，根据国际惯例和各国警务联络官的要求，中国专门成立了奥运会安全保卫指挥中心国际警务联络部，该国际警务联络部重点围绕大型活动安保、打击跨国犯罪以及防范恐怖活动等领域加强与国际安保组织、奥运会举办国安保机构、邻国警方开展信息交流与实务合作。据当时媒体统计，共有 71 个国家和 3 个国际组织的 295 名警务联络官和奥运安保联络官等在国际警务联络部办理了注册手续；举行安保信息通报会 19 次，共有 2 300 人次出席，平均每天 120 人次；开展双边交流活动173场次；驻外警务联络官报回各类涉奥信息一百多份；国际刑警组织提供境外媒体各类涉奥报道摘要七十多份。[①]

同样，为了保障上海世博会的顺利开展，2010年3月份上海世博会安全保障国际合作会议在上海举行，公安部邀请了来自83个国家和地区的执法机构以及国际刑警组织等相关国际组织的一百多名代表，对上海世博会期间的安保和警务合作进行了探讨。

4. 参加维和警务工作

中国是联合国的创始国和安理会常任理事国，对联合国维护和平、消除战乱的一切活动发挥着重大的作用，近些年，中国不断应联合国的请求派遣维和警察参加联合国维和行动。为此我国还在公安部国际合作局设立了维和民警处，专门负责协调、管理维和民事警察的选拔、培训以及派遣工作，并在武警学院成立了中国维和民事警察培训中心，专门致力于维和警察的培训工作。截至2010年1月，我国共向亚洲的东帝汶、阿富汗，欧洲的波黑、科索沃，非洲的利比里亚、苏丹和美洲的海地7个任务区派遣维和警察1 569人次，其中向海地派遣维和警察防暴队8支1 000人次，其中8人在工作中殉职。目前尚有191名维和警察在东帝汶、利比里亚、苏丹和海地4个任务区执行任务。中国在维和工作上的努力也为中国在国际警务合作领域赢得了荣誉，联合国秘书长潘基文曾经评价我国驻海地维和部队是“维护世界和平的使者，中国的骄傲”。

三、中国在国际警务合作中面临的问题

1. 主权和政治问题

在国际法上，国家主权是民族国家固有的处理对内对外事务的最高权力，每一个国家都是一个完整的实体，对本国的一切事务享有最高的统治权。主权的最高性还体现在排斥任何其他国家在本国范围内行使主权权力。国际警务合作涉及的刑事管辖权是一个国家主权的内容，合作必然涉及各国之间刑事管辖权的妥协和部分让渡。尽管20世纪90年代以来国家主权受到了各种因素的冲击，如经济全球化，区域一体化等，但本质上各国之间没有相互管辖权的本质没有改变，各国之间之所以乐意参与国际警务合作对自身的主权作出让渡，完全是基于自身利益的理性考虑。各国在涉及主权问题上都保持着十分的谨慎和敏感，国际警务合作即便是为了打击国际犯罪，在本国利益不是明显受到急迫的损害时，各国之间的合作将难以开展。也正因为如此，国际警务合作开展的比较好的地区一般都是社会制度相似、地理上毗邻，有着共同国家利益的地区。

除了主权的排他性外，主权问题往往跟政治因素牵涉在一起，很多西方国家在缔结国际条约时，试图通过各种条款来达到干涉、控制他国政治的目的。中国是社会主义国家，冷战结束之后，东西方阵营对峙虽然已经不复存在，但是冷战思维依然存在，特别是以美国为首的西方资本主义国家，将中国视为社会主义的最后堡垒，试图通过各种方式进行渗透、西化，进而达到改变我国国家性质的目的。这种意识形态上的差异和对抗在国际警务合作当中也表现得十分明显。比如在引渡问题上，很多外逃贪官都将美国、澳大利亚等西方国家视为避风港，这些国家出于政治上的目的，或给予这些犯罪分子政治庇护，或对我国的引渡请求采取不作为的态度，故意拖延，以至于许多犯罪分子能够逍遥法外。还有很多西方国家直接以中国与被申请国不存在引渡条约，主张引渡是其本国主权利益所在，拒

① 参见《人民公安报》，2008-08-26，第4版。

绝引渡。

中国目前除了国际刑警组织框架下的多边合作外，合作情况较好，签订条约较多的大都是周边国家和地区以及第三世界的国家，跟西方国家的合作进展明显滞后。

2. 立法问题

近几年中国的国际警务合作虽然发展速度非常快，也签订了很多国际条约，但由于起步相对晚，总的来说国际警务合作机制还处在起步阶段，特别是在立法层面上，对许多跨国犯罪活动，国内法没有明确作出回应，因此国际警务合作常常因为立法上的原因得不到其他国家的配合。

我国在国内立法上，为了适应国际警务合作的需要制定和修改了一些国内法，如《引渡法》、《反洗钱法》的颁布，为我国对外开展引渡合作提供了国内法依据，修改后的《刑法》和《刑事诉讼法》对国际警务合作涉及的刑事管辖权作出了规定，《刑法》分则还对洗钱、劫机等国际犯罪作出了界定，但总体上来讲，国际警务合作方面的立法还是明显偏少，《刑法》和《刑事诉讼法》的规定又过于原则和抽象，不利于在实际合作过程中的操作。很多国际上打击跨国犯罪所形成的一些共识性问题没有能够及时反映到国内法内，难以使国内法和国际警务合作形成紧密的配套。另外我国至今仍然没有形成单独的关于国际警务合作方面的法律。

除了国内立法脚步滞后外，对外缔结的警务合作条约和刑事司法协助条约数量也十分有限，特别是和西方发达国家的缔约工作进展缓慢。我国至今仍然没有跟美国、加拿大、澳大利亚等外逃贪官集中地国家签订引渡条约。

3. 执法问题

在执法问题上面，我国警察机关预防和打击跨国犯罪的水平远远落后于西方发达国家，不论是在组织机构、工作方式还是警务人员的素质上都难以适应国际警务合作的需要。中国目前的警察办案方式依然是传统的体力型办案，警务工作的科技含量非常低，专业化执法水平有待进一步提高，特别是运用高科技技术和信息网络进行侦查的能力明显不足。侦查工作的基本思路还停留在摸底排查、依赖口供、由案到人的方式，未能够真正适应现代主动警务中由人到案的工作方式。在国际警务合作的信息情报工作中，从情报意识、工作方式到情报体制、处理水平，基本上还处在一种手工作坊依靠人力的阶段，即便是有些公安机关配备了先进的现代化设备，也仍然存在信息来源有限、信息总量不足、信息分析能力不强、应用质量不高的问题。加上我国警察执法队伍素质不高，我国《人民警察法》规定进入警察队伍只要高中文化水平即可，这和参与国际警务合作时要求的娴熟外语能力、专业侦查能力、良好的法律素质等国际化标准明显不符。

加入 WTO 以后，中国的开放程度进一步深化，我国警察机关所要面对的是经济全球化、犯罪智能化、犯罪技能专业化的现实，我国警察机关的队伍整体素质和个人素质与其承担的日益艰巨的任务、职责不相适应的矛盾进一步加剧，我国迫切需要培养一批懂外语，具备国际意识，掌握国际法基本原则的高层次警务人才。

四、完善中国警务合作机制的几点建议

（一）加强立法与国际接轨

在国内立法上面，要进一步消化和吸收国际公约、国际惯例的相关内容，做好国内法跟国际法的衔接工作，为我国的国际警务合作拓展更为广阔的空间，提供强有力的国内法

支持。特别是在一些同国际通行做法相左的问题上，要尽快梳理，尽量和国际通行规则接轨。如在引渡制度上，“死刑不引渡原则”是国际社会的公认原则，即如果犯罪分子一旦被引渡回国，又有被申请国的司法机关判处死刑的可能，被申请国可以拒绝引渡请求。中国是保留死刑制度的国家，很多外逃的犯罪分子以此为借口成功规避被引渡回国，如远华案的主角赖昌星就曾经向加拿大当局声称如果他被引渡回国，肯定会被判处死刑，要求加拿大政府拒绝中国的引渡申请。目前“死刑不引渡原则”是我国同西方发达国家缔结引渡条约的重大障碍，我国坚持对犯罪分子执行死刑不让步和国际惯例“死刑不引渡原则”之间有着直接的矛盾。近些年来虽然我国开始通过外交照会的方式向某些国家承诺对引渡回来的犯罪分子不执行死刑，但外交照会毕竟属于外交手段的一种，完全取决于一个政府的信用，没有法律效力，且会对国内的司法公正形成实质上的冲击。因此，还有必要通过对国内法进行修改完善，特别是在《引渡法》中增设对引渡的死刑犯不执行死刑，既可以解决国际警务合作中的实质问题，又能保持国内法的权威和尊严。当然对于这些引渡回来的犯罪分子，可以采取其他的惩罚措施，如判处无期徒刑或者类似于美国某些州判处100年以上的监禁等。

在国际法层面上，一方面维护和完善业已建立的与周边国家之间的关系，进一步深化警务合作的区域一体化，加快从比较初步的证据调查、文件传递等方式向联合侦查、诉讼转移、简易引渡等合作程度高的直接合作领域拓展。另一方面要加快同西方发达国家缔结合作协议，积极寻求打击跨国犯罪的国际合作伙伴，特别是寻求同区域化程度很高的国际组织缔结有关方面协议。比如中国如果能跟欧盟整体签订国际警务合作方面的协议，那么就不用跟欧盟内部的成员国逐一谈判，可以大大节约人力、物力。

（二）加快警务改革，实现警务执法科学化

首先，加快警务改革要求我们转变执法的模式。受长期的计划经济和苏联模式影响，我国的警察机关一直以来都重打击，重镇压功能，执法行为更多的是体现国家的权力威严，办案过程中重侦查，轻权利保护，重结果，轻程序规则，强调警察机关和相对人是管理与被管理、侦查与被侦查的关系。国际警务合作是一个建立在各个主权国家平等的基础上，各国警察机关之间不存在领导与被领导的关系，传统的那种计划经济条件下形成的权力导向模式的警务执法模式已经难以适应打击跨国犯罪的需要，特别是在我国加入WTO之后，之前命令式、强制式的执法模式受到来自国际社会要求执法透明、公开、规范、符合程序等要求的制约。转变执法方式，要求我们的警察机关解放思想，树立起规则意识，按照国际通行的规则和原则办事，否则在同其他国家开展警务合作中将寸步难行。

其次，加快警务改革需要增强执法和决策的科学性。目前，我国的警务工作还是比较传统的人力密集型运作模式，网络化、信息化还有待加强。特别是在情报网络的建设上面，需要加快硬件和软件方面的升级，依靠现代化的高科技手段武装公安机关，建立以情报为主导的全国范围内统一的联络体制，实现警务决策由电脑分析、专家意见取代领导拍板，实现警务合作的科学化、现代化。

最后，加快警务改革还需要充分发挥公安机关的主导作用。目前国际警务合作方面的内容没有统一的法律加以调整，很多内容跟司法协助等涉外事务混合在一起，加上国际警务合作牵涉到外交、政治、行政等各部门的职能形式，因此在国际警务合作中，就存在各个职能部门之间相互协调配合的问题。国际警务合作主要是为了打击跨国犯罪，因此理应发挥公安机关的核心地位，通过统一指挥，协调运作打造全国上下一盘棋，即要建立以公安机关为核心，其他职能部门相配合的大国际警务合作平台，并最终形成预防和打击跨国犯罪的合力。

（三）人员专业化培训

国际警务合作是一项新兴的警务活动，从学科的角度分析，它融合了法学、外交学、犯罪学、侦查学、公关学、语言学等多种学科理论知识和技能，国际警务合作对警务人员素质的要求是国际性、多面性、复合型、应用性的，目前我国公安队伍还远不能达到国际警务合作的要求。

在人员的培训方面，首先要加强对现有公安队伍的改造和能力的提升，改变只重视侦查业务能力培养的传统培训模式，通过开展定期和不定期的涉外警务培训，着重“国际化”意识的培养和科技化业务能力的增强，使其尽快熟悉国际警务合作的规则、制度、程序以及相关的国际规则、惯例。其次要加强国际警务合作的学科建设，重视专业后备人员的培训。通过高校培养机制，培养一批熟悉国际法规和国际惯例，熟悉涉外行政管理和刑事管辖，掌握涉外法律知识和外交礼仪，精通一门以上外语能够跟外国人员进行无障碍沟通的国际执法人才。最后，积极举办和参与国际警务合作方面的研讨会和国际培训会议。国际刑警组织以及其他涉及国际警务合作方面的国际组织，经常会举办各种业内的学术研讨会或者经验交流会，通过参加或者举办这种会议，能够加强国内警务人员和其他国家警察机构的沟通、交流，了解目前国际警务合作的动态、存在问题、发展方向等前沿问题，有利于我国警务人员培训的走出去。

问题与思考

1. 如何充分发挥普遍管辖原则在国际警务合作中的作用？
2. 怎样看待国际刑警组织与欧洲警察组织、金融行动特别小组的关系？
3. 试述完善我国警务合作机制的必要性与可行性。

参考文献

1. 向党．国际警务合作概论．北京：中国人民公安大学出版社，2005
2. 朱恩涛．国际刑警与红色通缉令．北京：中国人民公安大学出版社，2006
3. 向党．加入世贸组织对公安工作的影响．北京：中国人民公安大学出版社，2002
4. 罗志斌．警察法．郑州：河南人民出版社，2005
5. 公安部外事局．欧洲主要国家警察概况．北京：群众出版社，2003
6. ［德］马克思，恩格斯．共产党宣言．见：马克思恩格斯选集．2版．第1卷．北京：人民出版社，1995
7. 冯梦龙，蔡元放．东周列国志．北京：华夏出版社，2008
8. 吴红霞．初探“控制下交付”．湖南公安高等专科学校学报，2002（5）
9. 蒋丽华，陈明昕，陈国震．论跨国犯罪的侦查对策．山东公安专科学校学报，2003（1）
10. 陈国庆，石献智．国际刑警组织及其合作程序．检察日报，2005-06-03

图书在版编目（CIP）数据

警察法通论/李元起，师维主编. —北京：中国人民大学出版社，2013.4
21 世纪中国高校法学系列教材
ISBN 978-7-300-16981-1

Ⅰ. ①警… Ⅱ. ①李…②师… Ⅲ. ①人民警察法-中国-高等学校-教材 Ⅳ. ①D922.14

中国版本图书馆 CIP 数据核字（2013）第 064652 号

21 世纪中国高校法学系列教材
警察法通论
主　编　李元起　师　维
副主编　杨玉海　孙振雷
Jingchafa Tonglun

出版发行	中国人民大学出版社		
社　　址	北京中关村大街 31 号	**邮政编码**	100080
电　　话	010－62511242（总编室）		010－62511770（质管部）
	010－82501766（邮购部）		010－62514148（门市部）
	010－62515195（发行公司）		010－62515275（盗版举报）
网　　址	http://www.crup.com.cn		
	http://www.ttrnet.com(人大教研网)		
经　　销	新华书店		
印　　刷	北京溢漾印刷有限公司		
规　　格	185 mm×260 mm　16 开本	**版　　次**	2013 年 6 月第 1 版
印　　张	26.25 插页 1	**印　　次**	2020 年 2 月第 3 次印刷
字　　数	646 000	**定　　价**	48.00 元

《　　　　　》※任课教师调查问卷

为了能更好地为您提供优秀的教材及良好的服务，也为了进一步提高我社法学教材出版的质量，希望您能协助我们完成本次小问卷，完成后您可以在我社网站中选择与您教学相关的1本教材作为今后的备选教材，我们会及时为您邮寄送达！如果您不方便邮寄，也可以申请加入我社的**法学教师QQ群：83961183（申请时请注明法学教师）**，然后下载本问卷填写，并发往我们指定的邮箱（cruplaw@163.com）。

邮寄地址：北京市海淀区中关村大街31号中国人民大学出版社411室收

邮　　编：100080

再次感谢您在百忙中抽出时间为我们填写这份调查问卷，您的举手之劳，将使我们获益匪浅！

基本信息及联系方式：※

姓名：____________ 性别：____________ 课程：____________________

任教学校：________________________ 院系（所）：________________

邮寄地址：________________________ 邮编：____________________

电话（办公）：____________ 手机：____________ 电子邮件：____________

调查问卷：※

1. 您认为图书的哪类特性对您使用教材最有影响力？（　　）（可多选，按重要性排序）

   A. 各级规划教材、获奖教材　　B. 知名作者教材

   C. 完善的配套资源　　D. 自编教材

   E. 行政命令

2. 在教材配套资源中，您最需要哪些？（　　）（可多选，按重要性排序）

   A. 电子教案　　B. 教学案例

   C. 教学视频　　D. 配套习题、模拟试卷

3. 您对于本书的评价如何？（　　）

   A. 该书目前仍符合教学要求，表现不错将继续采用。

   B. 该书的配套资源需要改进，才会继续使用。

   C. 该书需要在内容或实例更新再版后才能满足我的教学，才会继续使用。

   D. 该书与同类教材差距很大，不准备继续采用了。

4. 从您的教学出发，谈谈对本书的改进建议：________________________

____

____

选题征集：如果您有好的选题或出版需求，欢迎您联系我们：

联系人：黄　强　联系电话：010-62515955

索取样书：书名：____

书号：____

备注：※ 为必填项。

21世纪高等院校法学系列精品教材

书名	ISBN	作者	定价
法律解释学	978-7-300-13251-8	王利明　著	32.00
民法总论	978-7-300-10961-9	王利明　著	35.00
人格权法	978-7-300-10990-9	王利明　著	35.00
经济法学(第二版)	978-7-300-16089-4	张守文　著	45.00
财税法学（第三版）	978-7-300-14098-8	张守文　著	46.00
民事诉讼法	978-7-300-13632-5	张卫平　著	39.80
物权法（第二版）	978-7-300-13040-8	崔建远　著	59.00
判例刑法学（教学版）	978-7-300-14059-9	陈兴良　著	39.80
刑法总论（第二版）	978-7-300-14090-2	周光权　著	45.00
刑法各论（第二版）	978-7-300-14202-9	周光权　著	55.00
刑事诉讼法学（第三版）	978-7-300-16432-8	郑　旭　著	45.00
侵权法学	978-7-300-13533-5	周友军　著	49.80
普通公司法	978-7-300-11227-5	邓　峰　著	68.00
网络法学	978-7-300-11004-2	刘品新　著	25.00
中国宪法（第四版）	978-7-300-12301-1	许崇德　主编	29.80
商法学（第三版）	978-7-300-13955-5	徐学鹿　主编	49.80
证据学（第四版）	978-7-300-12740-8	陈一云　主编	32.00
外国法制史（第三版）	978-7-300-16149-5	林榕年 叶秋华 主编	38.00
婚姻家庭法学（第三版）	978-7-300-16894-4	杨大文 龙翼飞 主编	29.00

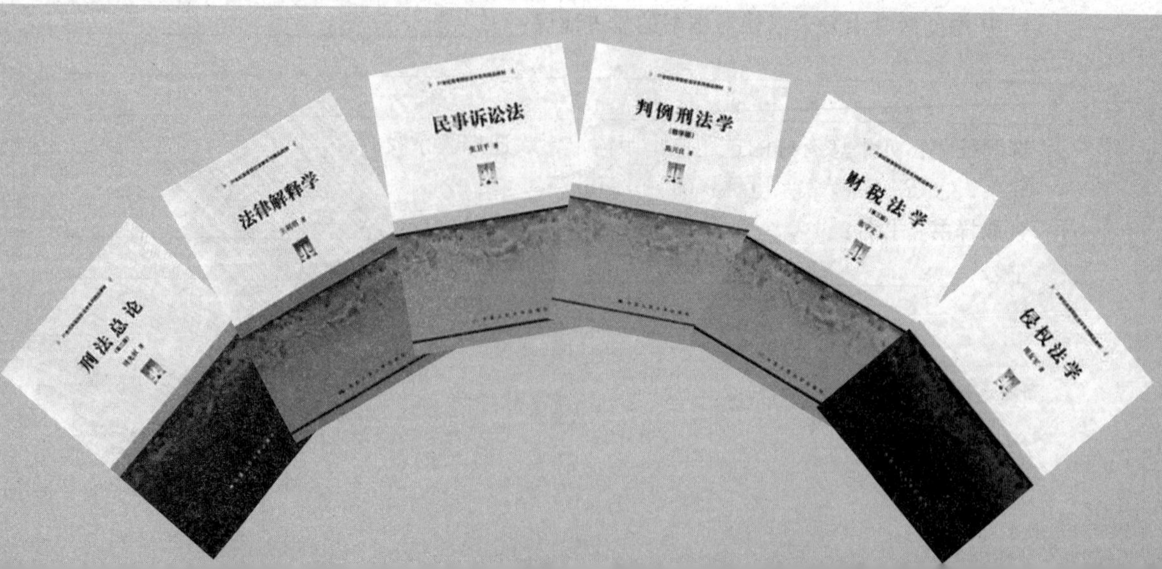